ARBEITSRECHT

2016

Günter Marschollek
Vorsitzender Richter am Landesarbeitsgericht

ALPMANN UND SCHMIDT Juristische Lehrgänge Verlagsges. mbH & Co. KG
48143 Münster, Alter Fischmarkt 8, 48001 Postfach 1169, Telefon (0251) 98109-0
AS-Online: www.alpmann-schmidt.de

Zitiervorschlag: Marschollek, Arbeitsrecht, Rn.

Marschollek, Günter
Arbeitsrecht
21., neu bearbeitete Auflage 2016
ISBN: 978-3-86752-431-5

Verlag Alpmann und Schmidt Juristische Lehrgänge
Verlagsgesellschaft mbH & Co. KG, Münster

INHALTSVERZEICHNIS

QUELLENVERZEICHNIS

LITERATUR

Lehrbücher, Handbücher, Grundrisse, Fallsammlungen

Brox/Rüthers/Henssler	Arbeitsrecht 18. Auflage 2010 (zit.: B/R/H)
Brox/Rüthers	Arbeitskampfrecht 2. Auflage 1982 (zit.: Brox/Rüthers, AK)
Däubler	Das Arbeitsrecht 1: Die gemeinsame Wahrung von Interessen im Betrieb. Leitfaden für Arbeitnehmer, 2006 (zit.: Däubler)
	Arbeitsrecht-Ratgeber für Beruf, Praxis und Studium 11. Auflage 2015 (zit.: Däubler, Ratgeber)
	Arbeitskampfrecht 3. Auflage 2011 (zit.: Bearbeiter in Däubler, AK)
Dütz/Thüsing	Arbeitsrecht 20. Auflage 2015
Hanau/Adomeit	Arbeitsrecht 14. Auflage 2007
Kissel	Arbeitskampfrecht 1. Auflage 2002
Münchener Handbuch	Arbeitsrecht, 2. Auflage, Bd. 1, IndividualarbeitsR I, 2009 Bd. 2, Kollektives Arbeitsrecht/Sonderformen, 2009 (zit.: MünchArbR/Bearbeiter)
Preis	Arbeitsrecht Bd. I, Individualarbeitsrecht, 4. Auflage 2012 Bd. II, Kollektives Arbeitsrecht, 3. Auflage 2012
Richardi/Annuß	Arbeitsrecht, Fälle und Lösungen nach höchstrichterlichen Entscheidungen 7. Auflage 2000

Schaub	Arbeitsrechtshandbuch 16. Auflage 2015 (zit.: Schaub/Bearbeiter)
Waltermann	Arbeitsrecht 16. Auflage 2012
Zöllner/Loritz/Hergenröder	Arbeitsrecht 7. Auflage 2015 (zit.: Z/L/H)

KOMMENTARE

Adomeit/Mohr	Allgemeines Gleichbehandlungsgesetz 2. Auflage 2011
Anzinger/Koberski	Kommentar zum Arbeitszeitgesetz 4. Auflage 2014
Bauer/Krieger	Allgemeines Gleichbehandlungsgesetz 4. Auflage 2015
Däubler	Kommentar zum Tarifvertragsgesetz 3. Auflage 2012 (zit.: Däubler/Bearbeiter)
Däubler/Bonin/Deinert	AGB-Kontrolle im Arbeitsrecht, Kommentierung zu den §§ 305–310 BGB 4. Auflage 2014 (zit.: Däubler/Bearbeiter)
Däubler/Kittner/Klebe/ Wedde	Betriebsverfassungsgesetz mit Wahlordnung, Kommentar für die Praxis 14. Auflage 2014 (zit.: D/K/K/Bearbeiter)
Däubler/Bertzbach	Allgemeines Gleichbehandlungsgesetz 3. Auflage 2013 (zit.: Bearbeiter in Däubler/Bertzbach)
Erfurter Kommentar	Erfurter Kommentar zum Arbeitsrecht 16. Auflage 2016 (zit.: ErfK/Bearbeiter)
Fitting/Engels/Schmidt/ Trebinger/Linsenmaier	Betriebsverfassungsgesetz 27. Auflage 2014 (zit.: F/E/S/T/L)
Gemeinschaftskommentar zum	Kündigungsschutzgesetz und sonstigen kündigungsschutzrechtlichen Vorschriften 10. Auflage 2013 (zit.: KR/Bearbeiter)

Germelmann/Matthes/ Prütting/Müller-Glöge	Arbeitsgerichtsgesetz 8. Auflage 2013 (zit.: Bearbeiter in G/M/P/M-G)
Großkommentar zum	gesamten Recht der Beendigung von Arbeitsverhältnissen 4. Auflage 2012 (zit.: GK/Bearbeiter)
Kempen/Zachert	Tarifvertragsgesetz 5. Auflage 2014 (zit.: Kempen/Bearbeiter)
Lakies/Malottke	Berufsbildungsgesetz 4. Auflage 2011 (zit.: Bearbeiter in Lakies/Malottke)
Meinel/Heyn/Herms	Teilzeit- und Befristungsgesetz 5. Auflage 2015 (zit.: M/H/H)
Münchener Kommentar	Bürgerliches Gesetzbuch, Allgemeiner Teil, Bd. 1 §§ 1–240 BGB, ProstG, AGG 7. Auflage 2015 Schuldrecht Allgemeiner Teil, Bd. 2 (§§ 241–432 BGB), 7. Auflage 2016 Schuldrecht Besonderer Teil, Bd. 4 (§§ 611–704 BGB, EFZG, TzBfG, KSchG), 6. Auflage 2012 (zit.: MünchKomm/Bearbeiter)
Neumann/Biebl	Arbeitszeitgesetz 16. Auflage 2013
Neumann/Fenski	Bundesurlaubsgesetz 10. Auflage 2011
Palandt	Bürgerliches Gesetzbuch 76. Auflage 2016 (zit.: Palandt/Bearbeiter)
Richardi	Betriebsverfassungsgesetz 14. Auflage 2014 (zit.: Richardi/Bearbeiter)
Schmitt	Entgeltfortzahlungsgesetz 7. Auflage 2012

Staudinger	Bürgerliches Gesetzbuch, Zweites Buch, Recht der Schuldverhältnisse Dienstvertragsrecht 1 (§§ 611–613) Neubearbeitung 2016 Dienstvertragsrecht 2 (§§ 613a - 619a) Neubearbeitung 2011 Dienstvertragsrecht 3 (Vorbem. zu §§ 620 ff.; §§ 620-630) Neubearbeitung 2011 (zit.: Staudinger/Bearbeiter)
Stege/Weinspach Schiefer	Betriebsverfassungsgesetz 9. Auflage 2002 (zit.: S/W/S)
v. Hoyningen-Huene/Linck	Kündigungsschutzgesetz 15. Auflage 2013

1. Teil: Allgemeine Lehren

1. Abschnitt: Anwendungsbereich des Arbeitsrechts und Grundbegriffe: Arbeitsvertrag, Arbeitsverhältnis, Arbeitnehmer und Arbeitgeber, Angestellte und Arbeiter

A. Der vom Arbeitsrecht geregelte Lebenssachverhalt

I. Vom Arbeitsrecht wird nicht die menschliche Arbeit schlechthin (z.B. nicht die Arbeit des selbstständigen Rechtsanwalts), sondern nur der Vorgang geregelt, durch den die meisten erwerbstätigen Personen (etwa 90%) in unserer Gesellschaft heute ihren Lebensunterhalt verdienen: Sie arbeiten als **Arbeitnehmer** im Dienste eines anderen, des Arbeitgebers. **Arbeitgeber** kann eine natürliche Person (Betriebsinhaber) sein, ist aber häufig eine juristische Person des Privatrechts (Aktiengesellschaft, GmbH), des öffentlichen Rechts (Bund, Land, Gemeinde, Universität) oder eine Personenhandelsgesellschaft (OHG, KG). Zweierlei ist für diesen Lebenssachverhalt wesentlich: 1

1. Der Arbeitgeber behält sich vor, innerhalb eines gewissen Rahmens Inhalt, Zweck, Art und Weise der Arbeit sowie die Arbeitszeit näher zu bestimmen und zu diesem Zweck **Weisungen zu erteilen**. Der Grund hierfür liegt u.a. darin, dass im normalen, arbeitsteilig organisierten Wirtschaftsbetrieb die Arbeit des Einzelnen nur im Zusammenhang mit anderen sinnvoll ist, und dass irgendjemand die Eingliederung des Einzelnen in den gesamten Arbeitsprozess durch Weisungen organisieren muss.

2. Der unmittelbare **Arbeitserfolg** kommt dem **Arbeitgeber** zugute. Der Arbeitnehmer arbeitet also auf fremde Rechnung, seine Tätigkeit ist fremdnützig. Der Arbeitgeber trägt die Verantwortung und das wirtschaftliche Risiko für Produktion und Absatz, also dafür, dass die Arbeit wirtschaftlich effektiv ist. Da somit der Arbeitnehmer den Arbeitsprozess, in den er eingegliedert ist, nicht steuern kann und damit auch keinen unmittelbaren Einfluss auf den wirtschaftlichen Erfolg seiner Arbeit hat, wäre es auch nicht gerechtfertigt, ihn das wirtschaftliche Risiko unmittelbar tragen zu lassen. Diesen Lebenssachverhalt gibt es heute in sämtlichen Ländern mit industriellen Produktionsformen, unabhängig von ihrer Wirtschafts- und Gesellschaftsordnung. Er wird nicht erst durch die Rechtsordnung geschaffen, sondern von ihr vorgefunden.

II. Das Arbeitsrecht in der Bundesrepublik Deutschland findet darüber hinaus Lebensverhältnisse vor, die durch das **Rechts- und Gesellschaftssystem der Bundesrepublik** geprägt sind. Insoweit ist der vom Arbeitsrecht zu regelnde Lebenssachverhalt nicht unabhängig von der Rechtsordnung, sondern teilweise „rechtserzeugt". Die Übernahme der bundesdeutschen Arbeitsrechtsordnung durch die neuen Bundesländer war deshalb nur bei gleichzeitiger Anpassung der sonstigen rechtlichen und wirtschaftlichen Rahmenbedingungen möglich.[1] 2

1. Das Rechts- u. Wirtschaftssystem der Bundesrepublik wird durch die Prinzipien der Marktwirtschaft und des Privateigentums an Produktionsmitteln geprägt. 3

---

1 Vgl. Art. 17 des Staatsvertrags zwischen der Bundesrepublik und der DDR vom 18.05.1990 und Richardi ZfA 2010, 215; Schliemann ZTR 2010, 110 zur Entwicklung des Arbeitsrechts im Rahmen des deutsch-deutschen Einigungsprozesses.

a) Nach dem Prinzip der **Marktwirtschaft** richtet sich der Wirtschaftsprozess (Art und Menge der Produktion, Preise) nach den Regeln des Marktes, insbes. nach Angebot und Nachfrage. Der Gegensatz dazu ist die Planwirtschaft (Zentralverwaltungswirtschaft), in der der Staat die entscheidenden Daten setzt, insbesondere Art und Menge der Produktion sowie die Preise hierfür entweder selbst festlegt oder durch Genehmigungsvorbehalte entscheidend beeinflusst.

In der Marktwirtschaft werden auch die Löhne und Gehälter der Arbeitnehmer als Kosten („Mensch als Kostenfaktor") angesehen. Wer zu welchen Bedingungen bei wem arbeitet, wird der privaten Entscheidung der Beteiligten (Abschluss- und Gestaltungsfreiheit) und damit marktwirtschaftlichen Regeln überlassen. Die Nachfrage nach und das Angebot an Arbeitskräften bestimmen deshalb darüber, welche Vergütungen gezahlt bzw. erzielt werden können. Dagegen hat der Staat keinen unmittelbaren Einfluss darauf, wer in einem bestimmten Unternehmen arbeitet und was er dort verdient. Will man diese Situation sachgerecht bewerten, muss man berücksichtigen, dass es für den einzelnen Arbeitnehmer lebensnotwendig ist, einen Arbeitsplatz zu finden, und dass dafür in unmittelbarer Nähe meist nur wenige Arbeitgeber in Betracht kommen. Demgegenüber kann der Arbeitgeber zwar nicht auf Arbeitnehmer generell, wohl aber auf einzelne Personen verzichten; im Regelfall hat er zumindest eine weitaus größere Auswahl. Der einzelne **Arbeitnehmer** ist also der **wirtschaftlich und sozial Schwächere**, sodass bei Begründung des Arbeitsverhältnisses regelmäßig ein Verhandlungsübergewicht des Arbeitgebers besteht. Würde er allein dem Spiel von Angebot und Nachfrage ausgesetzt, könnte er nur schwer angemessene Arbeitsbedingungen erreichen, da der Arbeitgeber nicht zuletzt aus Wettbewerbsgründen daran interessiert ist, die Personalkosten möglichst niedrig zu halten.

4 **b)** Das **Privateigentum an Produktionsmitteln** führt dazu, dass derjenige, der arbeiten will, dafür aber sachliche Hilfsmittel braucht (Räume, Maschinen, Material, Fahrzeuge), darauf angewiesen ist, dass ein anderer, der über diese Mittel verfügt, sie zur Verfügung stellt. Dadurch erhält der Eigentümer der Produktionsmittel als Arbeitgeber die Macht, die Arbeitsvergütungen der Arbeitnehmer so zu kalkulieren, dass ihm ein Teil der von den Arbeitnehmern mitbewirkten Wertschöpfung als Gewinn zufließt. Da die Produktionsmittel Kapitaleinsatz erfordern – teilweise Eigenmittel, in großem Umfange aber auch von den Banken zur Verfügung gestellte Fremdmittel – und der Gewinn sich teilweise wieder in Form von Kapital niederschlägt, handelt es sich hier um den wesentlichen Zug des kapitalistischen Wirtschaftssystems.

Damit sind die **Interessengegensätze** vorgezeichnet, deren Ausgleich Gegenstand des Arbeitsrechts ist:

- Der Unternehmer ist, um möglichst billig zu produzieren, an einem niedrigen, der Arbeitnehmer an einem möglichst hohen Lohn interessiert.
- Der Unternehmer will ohne Arbeit keinen Lohn zahlen; der Arbeitnehmer will eine Vergütung auch dann erhalten, wenn er einmal nicht arbeiten kann.
- Der Unternehmer möchte sein Personal frei verringern oder auswechseln können; der Arbeitnehmer möchte seinen Arbeitsplatz gesichert sehen.

- Der Arbeitnehmer ist daran interessiert, dass Anlagen und Gerätschaften so beschaffen sind, dass Unfälle ausgeschlossen sind; dem Interesse des Unternehmers laufen Sicherheitsauflagen zuwider, die die Produktion stark verteuern oder erschweren.
- Der Unternehmer möchte zu weitgehenden Weisungen berechtigt sein und insbes. die wirtschaftliche Seite des Unternehmens allein bestimmen; die Arbeitnehmer sind daran interessiert, dass die Weisungsbefugnisse begrenzt werden, und dass sie an wichtigen Entscheidungen beteiligt werden oder diese gar selbst treffen können.

2. Die Prinzipien der Marktwirtschaft und des Privateigentums an Produktionsmitteln sind aber für unsere Rechts- und Gesellschaftsordnung nicht allein entscheidend. Vielmehr sind dafür auch die verfassungsrechtlichen Grundentscheidungen für Demokratie und Sozialstaat (Art. 20 Abs. 1 GG) inhaltsbestimmend. Aus ihnen ergibt sich der Auftrag zu einem Ausgleich der geschilderten Interessengegensätze. 5

a) Das **Prinzip des Sozialstaates** schließt sowohl eine ungehemmte Marktwirtschaft als auch eine freie Verwertung des Produktionskapitals aus, weil sich dies stark zum Nachteil der sozial Schwächeren auswirken würde. Es verlangt zwingend ein Minimum an sozialen Sicherungen. Darüber hinaus werden von der ganz überwiegenden Mehrheit der Bevölkerung weiter gehende soziale Sicherungen verlangt, auch soweit sie vom Sozialstaatsprinzip nicht unbedingt gefordert werden. Daraus leitet sich der Auftrag des Arbeitsrechts zu einem weitgehenden Schutz der Arbeitnehmer ab.

b) Das **Demokratieprinzip** gilt zwar zunächst nur im staatlichen Bereich. Es hat aber zumindest politische Ausstrahlungswirkung auch auf den Bereich der Wirtschaft und legitimiert Forderungen nach Mitbestimmung der Arbeitnehmer im Bereich der Betriebe und Unternehmen. Dadurch wird die Verfügungsbefugnis der Inhaber der Produktionsmittel begrenzt (Art. 14 Abs. 1 S. 2 und Abs. 2 GG). 6

III. Der vom Arbeitsrecht zu regelnde Lebenssachverhalt lässt sich also **zusammenfassend** so beschreiben: In der industriellen Gesellschaft sind die meisten Erwerbspersonen Arbeitnehmer, d.h. sie arbeiten im Dienste eines anderen (Arbeitgebers), sind weisungsabhängig und arbeiten für fremde Rechnung; dafür tragen sie nicht das unmittelbare wirtschaftliche Risiko ihrer Arbeit. In der Bundesrepublik Deutschland kommt hinzu, dass sich die Eingliederung von Arbeitskräften in den Arbeitsprozess und deren Bezahlung grundsätzlich nach marktwirtschaftlichen Regeln richten und dass die Eigentümer der Produktionsmittel die maßgeblichen Entscheidungen treffen, was zu den vom Arbeitsrecht zu regelnden Interessengegensätzen führt. 7

Sozialstaatsprinzip, Demokratieprinzip und darauf aufbauende politische Grundströmungen mit der Folge der sozialen Marktwirtschaft als der Wirtschaftsform der Bundesrepublik verlangen einen Interessenausgleich, der die Interessen der Arbeitnehmer besonders berücksichtigt. Die Aufgabe des Arbeitsrechts ist es also, die aus der Marktwirtschaft resultierenden Nachteile für den wirtschaftlich und sozial schwächeren Arbeitnehmer beim Vertragsabschluss und bei der Vertragsdurchführung auszugleichen oder abzumildern.[2]

2 Zur Entwicklung des Arbeitsrechts in der sozialen Marktwirtschaft Kraft ZfA 1995, 419; Kissel NJW 1994, 217; ders. NZA 1994, 586; Hanau DB 1998, 69 und Picker ZfA 2005, 353 sowie Preis § 4: Überblick über die Geschichte des Arbeitsrechts.

B. Der Anwendungsbereich des Arbeitsrechts, Arbeitnehmer und Arbeitgeber, Arbeitsvertrag und Arbeitsverhältnis

I. Einleitung

8 Nach der üblichen Definition ist das **Arbeitsrecht** das **Sonderrecht (Schutzrecht) der Arbeitnehmer**.[3]

Als **Arbeitsverhältnis** wird allgemein die Gesamtheit der durch einen Arbeitsvertrag begründeten Rechtsbeziehungen zwischen Arbeitnehmer und Arbeitgeber definiert.[4] Ob ein Arbeitsverhältnis, also die Rechtsbeziehung Arbeitnehmer – Arbeitgeber vorliegt, ist vom Begriff des Arbeitnehmers her zu klären, sodass diesem Begriff für die praktische Rechtsanwendung (Zuständigkeit der Arbeitsgerichte, Bestehen arbeitsvertraglicher Rechte und Pflichten) entscheidende Bedeutung zukommt;[5] dazu Rn. 9 ff.

Wird im Einzelfall das Bestehen der Arbeitnehmereigenschaft festgestellt, dann bereitet die Bestimmung des Arbeitgebers regelmäßig keine Schwierigkeiten, weil dieser der andere Partner des Arbeitsverhältnisses ist; dazu Rn. 26 ff.

Auf andere Vertragsverhältnisse als Arbeitsverhältnisse sind arbeitsrechtliche Gesetze grds. nicht anwendbar, es sei denn, dass der Anwendungsbereich einzelner Gesetze auf andere Personengruppen ausdrücklich erweitert ist; dazu Rn. 30 ff.

II. Der Begriff des Arbeitnehmers

Fall 1: Kündigung des Orchestermusikers

Der Musiker M ist seit 6 Jahren bei der Orchesterproduktion R-GmbH (im Folgenden R), die ca. 300 Arbeitnehmer beschäftigt, als „Orchesteraushilfe" aufgrund eines Vertrages tätig, wonach M als „freier Mitarbeiter" eingestellt wurde und dem Orchester im Bedarfsfalle zur Verfügung stand. Die Vergütung erfolgte durch Einzelabrechnungen (pro Stunde 22,50 €) anhand von Anwesenheitslisten, in die sich M – ebenso wie die fest angestellten Musiker – bei seinen Einsätzen einzutragen hatte. Aufgrund eines jeweils durch Anschlag am schwarzen Brett bekannt gegebenen Dienstplanes spielte M durchschnittlich etwa 32 Stunden pro Woche, was im Wesentlichen der Arbeitszeit eines vollzeitbeschäftigten Musikers im Angestelltenverhältnis entsprach. Entsprechend der bei „freien Mitarbeitern" üblichen Praxis der R wurden für M weder Personalunterlagen geführt noch Lohnsteuern und Sozialversicherungsbeiträge gezahlt. M möchte wissen, ob die R das Vertragsverhältnis mit ihm nur durch eine nach § 1 KSchG sozial gerechtfertigte Kündigung oder ohne Weiteres ordentlich kündigen.

9 Die ordentliche Kündigung des Vertragsverhältnisses mit M bedarf dann gemäß § 1 Abs. 1 KSchG der sozialen Rechtfertigung, wenn es sich dabei um ein Arbeitsverhältnis

3 Schaub/Vogelsang § 8 Rn. 4 ff.; Däubler 1.1. findet „Sonderrecht" u.a. deshalb unpassend, weil das Arbeitsrecht für eine „große Mehrheit der aktiven Bevölkerung" gelte und es „einen zentralen Bereich der Existenz des Einzelnen" regele.

4 Waltermann Rn. 44; Schaub/Linck § 29 Rn. 8 f.; Z/L/H § 4 Rn. 2; Hanau/Adomeit Rn. 506, 580.

5 ErfK/Preis § 611 BGB Rn. 34 ff.; B/R/H Rn. 3; Hanau/Adomeit Rn. 504 ff.

handelt, M also Arbeitnehmer ist. In diesem Fall wäre das KSchG aufgrund der mehr als sechsmonatigen Tätigkeit des M und der Zahl der Beschäftigten (ca. 300) in persönlicher und betrieblicher Hinsicht anwendbar (§§ 1 Abs. 1, 23 Abs. 1 S. 2 KSchG). Entscheidend für die Anwendbarkeit des § 1 Abs. 1 KSchG ist somit, ob M Arbeitnehmer der R ist.

I. Der Begriff des Arbeitnehmers wird im KSchG nicht definiert. Vielmehr wird in § 14 Abs. 1 KSchG nur bestimmt, für welche Personen das KSchG keine Anwendung findet. Auch in anderen Gesetzen (z.B. § 2 Abs. 2 ArbZG, § 2 S. 1 BUrlG, § 5 Abs. 1 S. 1 ArbGG, § 5 Abs. 1 BetrVG) wird der Begriff des Arbeitnehmers nicht genau definiert, sondern lediglich folgendermaßen bestimmt: „Arbeitnehmer i.S.d. Gesetzes sind Arbeiter und Angestellte einschließlich der zu ihrer Berufsausbildung Beschäftigten." 10

Diese Definition ist aber zur Begriffsbestimmung des Arbeitnehmers unbrauchbar. Denn die Begriffe „Arbeiter und Angestellte" sind Einteilungsbegriffe von „Arbeitnehmer" und können deshalb ihrerseits ohne den Begriff des Arbeitnehmers gar nicht definiert werden. Sie hängen also vom Arbeitnehmerbegriff ab, sodass man nicht umgekehrt den Begriff des Arbeitnehmers von den Begriffen Arbeiter und Angestellte abhängig machen kann. Es ist somit davon auszugehen, dass eine gesetzliche Definition des Arbeitnehmerbegriffs im arbeitsrechtlichen Sinne fehlt.[6]

Trotz der fehlenden gesetzlichen Bestimmung des Arbeitnehmerbegriffs wird allgemein angenommen, dass Arbeitnehmer nach dem deutschen Arbeitsrecht derjenige ist, der aufgrund eines privatrechtlichen Vertrags für einen anderen regelmäßig gegen Entgelt (str.) unselbstständige Dienste leistet.[7]

Der Arbeitnehmer i.S.d. europäischen Arbeitsrechts wird dagegen vom EuGH teilweise weiter ausgelegt, sodass darunter insb. auch Organvertreter fallen können, die nach deutschem Arbeitsrecht grds. keine Arbeitnehmer sind (vgl. unten Rn. 41 ff.). Praktische Bedeutung dürfte der unionsrechtliche Arbeitnehmerbegriff für das deutsche Arbeitsrecht haben, das auf das EU-Recht zurückgeht.[8]

Voraussetzungen für die Annahme der Arbeitnehmereigenschaft sind also: 11

1. **Privatrechtlicher Vertrag**

   Das Rechtsverhältnis muss durch einen privatrechtlichen Vertrag begründet worden sein, sodass keine Arbeitnehmer sind[9]:

   - Beamte, Richter und Soldaten, weil ihre Rechtsbeziehungen zum Dienstherrn nicht durch privatrechtlichen Vertrag begründet, sondern durch öffentliches Recht (Bundes- bzw. LandesbeamtenG, DRiG, SoldG) geregelt werden.[10]
   - Strafgefangene und Sicherungsverwahrte, wenn sie die Arbeit im Rahmen der Anstaltsgewalt leisten, da ein öffentlich-rechtliches Gewaltverhältnis vorliegt.[11]
   - Erwerbsfähige Hilfsbedürftige, die nach § 16 d SGB II zu zusätzlichen, im öffentlichen Interesse liegenden und wettbewerbsneutralen Tätigkeiten herangezogen werden, die auf Erhaltung

6 Vgl. ErfK/Preis § 611 BGB Rn. 35; Dütz/Thüsing Rn. 33; Richardi DB 1999, 958.

7 BAG, Beschl. v. 17.09.2014 – 10 AZB 43/14, NJW 2015, 572; BGH, Urt. v. 10.07.2003 – III ZB 91/92, WM 2003, 2252; Preis § 8 I.

8 Vgl. dazu Thüsing/Stiebert ZESAR 2011, 124 (Befristungsrichtlinie); ders. ZESAR 2011, 24 (Urlaubsrichtlinie) sowie EuGH, Urt. v. 20.11.2010 – C-232/09, NZA 2011, 143; Wank EWiR 2011, 27 und Schubert ZESAR 2013, 5 (Mutterschutzrichtlinie) und EuGH, Urt. v. 09.07.2015 – C-229/14, NZA 2015, 861 (Massenentlassungsrichtlinie) und allg. Pötters NZA 2014, 704.

9 Weitere Beispiele bei MünchKomm/Müller-Glöge § 611 BGB Rn. 197, 198; ErfK/Preis § 611 BGB Rn. 76 ff.

10 Vgl. B/R/H Rn. 40; Hanau/Adomeit Rn. 523; MünchKomm/Müller-Glöge § 611 BGB Rn. 200 ff. m.w.N.

11 Schaub/Vogelsang § 8 Rn. 13 ff.; Hanau/Adomeit Rn. 530 f.; Müller-Glöge in G/M/P/M-G § 5 ArbGG Rn. 27 m.w.N.

oder Wiedererlangung der Beschäftigungsfähigkeit abzielen, und die nach § 16 d Abs. 7 S. 1 SGB II zusätzlich zum Arbeitslosengeld II eine angemessene Mehraufwandsentschädigung von i.d.R. 1 bis zu 2 € erhalten (sog. „Ein-Euro-Jobs"). Denn in diesen Fällen wird die Arbeitsleistung aufgrund eines Verwaltungsaktes (öffentliches Recht) und nicht aufgrund eines privatrechtlichen Vertrags erbracht, und zwar auch dann, wenn der Heranziehungsbescheid rechtswidrig ist. Insoweit orientiert sich § 16 d Abs. 7 S. 1 SGB II an den früher geltenden § 16 Abs. 3 SGB II bzw. § 19 Abs. 2 BSHG, sodass auf die Rspr. dazu zurückgegriffen werden kann.[12] Dass kein Arbeitsverhältnis begründet wird, stellt jetzt § 16 d Abs. 7 S. 2 Hs. 1 SGB II ausdrücklich klar. Auf dieses Rechtsverhältnis sind allerdings nach § 16 d Abs. 7 S. 2, Hs. 2, S. 3 SGB II die Arbeitsschutzvorschriften, das BUrlG und die Grundsätze über die Haftungsbeschränkung im Arbeitsverhältnis (vgl. dazu Rn. 400 ff.) entspr. anzuwenden.[13] Wird dagegen für den erwerbsfähigen Hilfsbedürftigen Gelegenheit zu gemeinnütziger und zusätzlicher Arbeit geschaffen und dafür vereinbarungsgemäß das übliche Arbeitsentgelt gezahlt (früher § 18 Abs. 2 Hs. 1 Alt. 1 BSHG), dann liegt ein Arbeitsverhältnis vor.[14] Die gleichen Grundsätze gelten bei einer Beschäftigung eines Hilfebedürftigen aufgrund einer vom zuständigen Träger als Eingliederungsleistung nach § 16 SGB II bewilligten betrieblichen Praxiserprobung.[15]

- Ordensleute und Diakonissen, weil sie die Tätigkeiten i.d.R. nicht aufgrund eines privatrechtlichen Vertrags bzw. eines Dienstvertrags, sondern aus religiösen oder karitativen Motiven aufgrund einer Vereinsmitgliedschaft erbringen, ohne dass zwingende arbeitsrechtliche Schutzvorschriften (objektiv) umgangen werden.[16]
- Familienangehörige, wenn die Mitarbeit auf familienrechtlicher Basis (§§ 1353, 1360, 1619 BGB) beruht. Arbeitnehmer sind sie dagegen dann, wenn sie sich privatrechtlich zur Erbringung der Arbeitsleistung verpflichtet haben.[17]

Die Rechtsbeziehungen zwischen dem Musiker M und der R als einer juristischen Person des Privatrechts sind durch einen privatrechtlichen Vertrag begründet worden, sodass diese Voraussetzung erfüllt ist.

Bedienstete juristischer Personen des öffentlichen Rechts (z.B. Bund, Länder, Gemeinden), deren Rechtsverhältnisse nicht durch einen Verwaltungsakt, sondern einen privatrechtlichen Vertrag begründet worden sind, sind Arbeitnehmer (Arbeiter, Angestellte) im öffentlichen Dienst.

12 2. **Dienstleistung für einen anderen (i.d.R.) gegen Entgelt, also Dienstvertrag i.S.d. § 611 BGB**

Der Arbeitsvertrag ist ein Sonderfall des Dienstvertrags i.S.d. § 611 BGB.[18] Die Annahme der Arbeitnehmereigenschaft setzt also zwingend voraus, dass die Merkmale eines Dienstvertrags i.S.d. § 611 BGB vorliegen. Dies sind:

a) **Leistung von Diensten**, also Tätigsein. Wird dagegen nicht nur das erfolgsorientierte Tätigsein, sondern der Tätigkeitserfolg selbst geschuldet, so liegt ein Werkvertrag i.S.d. § 631 BGB vor. Im Einzelfall kann die Abgrenzung Dienstvertrag – Werkvertrag Schwierigkeiten bereiten;[19] sie gehört ins Schuldrecht BT.

---

12 Vgl. BT-Drs. 15/1516, S. 58; BT-Drs. 15/1749, S. 32; BAG, Urt. v. 20.02.2008 – 5 AZR 290/07, NZA-RR 2008, 401; BVerwG, Urt. v. 21.03.2007 – 6 P 4/06, NZA-RR 2007, 499; Steppler/Denecke NZA 2013, 482, 484; Hanau/Adomeit Rn. 531 m.w.N.

13 Vgl. ausführlich zu Rechtsproblemen der „Ein-Euro-Jobs" Steppler/Denecke NZA 2013, 482; Koll/Grolms AiB 2013, 309; v. Koppenfels-Spies NZS 2010, 2; Zwanziger AuR 2005, 8 ff.; Rixen/Panos NJW 2005, 2177 ff.; Bieback NZS 2005, 337 ff.

14 BAG, Urt. v. 22.03.2000 – 7 AZR 824/98, NZA 2001, 605, 606; 1994, 214, 215; B/R/H Rn. 42 m.w.N.

15 Vgl. BAG, Urt. v. 19.03.2008 – 5 AZR 435/07, NZA 2008, 760.

16 BAG NZA 1996, 33 für Rote-Kreuz-Schwester; Müller-Glöge in G/M/P/M-G § 5 ArbGG Rn. 25; Preis § 8 II 2 b dd; Groeger ZTR 2014, 379; vgl. aber auch BAG AP Nr. 10 zu § 611 BGB „Rotes Kreuz" m.Anm. Mayer-Maly für sog. „Gastschwester".

17 BAG NZA 1994, 121, 123; LAG Schleswig-Holstein DB 2006, 2582; Schaub/Vogelsang § 8 Rn. 20; Müller-Glöge in G/M/P/M-G § 5 ArbGG Rn. 28; ausführlich zu Problemen eines Ehegattenarbeitsverhältnisses Schulz NZA 2010, 75 ff.

18 Vgl. Schaub/Linck § 29 Rn. 4; vgl. auch §§ 621, 627 BGB: „ … Dienstverhältnis, das kein Arbeitsverhältnis ist."

19 Vgl. dazu BAG, Urt. 25.09.2013 – 10 AZR 282/12, NJW 2013, 3672; ErfK/Preis § 611 BGB Rn. 12 ff.; Helml JuS 2006, 621 ff.

b) Leistung von Diensten **für einen anderen**. Unter diesem Gesichtspunkt ist zur BGB-Gesellschaft i.S.d. § 705 BGB und zu den Personenhandelsgesellschaften (OHG, KG) abzugrenzen, bei denen gemäß § 706 Abs. 3 BGB die Beitragsleistung des einzelnen Gesellschafters auch in der Leistung von Diensten bestehen kann. Wird der gemeinschaftliche Gesellschaftszweck durch Dienstleistung aufgrund der gemäß § 706 Abs. 3 BGB übernommenen Verpflichtung ohne zusätzliche Vergütung von einem Gesellschafter gefördert, dann liegt keine Dienstleistung für einen anderen und damit kein Arbeitsverhältnis vor. Die bloße Beteiligung an einer Gesellschaft schließt aber den Abschluss eines neben dem Gesellschaftsvertrag bestehenden Arbeitsvertrags nicht aus, was insbes. bei Kommanditisten, die außer der Gewinnbeteiligung für ihre Tätigkeit eine zusätzliche Vergütung erhalten, in der Praxis häufig vorkommt.[20]

Rechtsgrundlage für die Leistung von Diensten kann auch die **Vereinsmitgliedschaft** sein, da nach § 58 Nr. 2 BGB der Mitgliedsbeitrag auch durch Dienstleistung erbracht werden kann. Hierbei ist aber stets sorgfältig zu prüfen, ob die Begründung vereinsrechtlicher Dienstpflichten, die in persönlicher Abhängigkeit erbracht werden (dazu unten Rn. 15 ff.), nicht zu einer (auch objektiven) Umgehung zwingender arbeitsrechtlicher Schutzbestimmungen führt. Liegt eine solche Umgehung vor, ist ein Arbeitsverhältnis anzunehmen.[21] **13**

Werden die Rechtsbeziehungen in einem sog. Franchise-Vertrag geregelt, schließt das die Arbeitnehmereigenschaft des Franchisenehmers nicht aus, sodass eine einzelfallbezogene Prüfung der „Unselbstständigkeit" (dazu unten Rn. 15 ff.) erforderlich ist.[22]

c) Entgeltlichkeit der Dienstleistung, da anderenfalls regelmäßig ein Auftrag i.S.d. § 662 BGB vorliegt. Fehlt eine Vergütungsvereinbarung, so kann nicht bereits deswegen ein unentgeltlicher Auftrag i.S.d. § 662 BGB angenommen werden. Vielmehr muss insoweit § 612 Abs. 1 BGB beachtet werden, wonach eine Vergütung als stillschweigend vereinbart gilt, wenn die Dienstleistung den Umständen nach nur gegen eine Vergütung zu erwarten ist.[23]

Ob in Ausnahmefällen ein Arbeitsverhältnis trotz Unentgeltlichkeit der Dienstleistung (z.B. Einarbeitung, Kennenlernen des Betriebes) vorliegen kann und damit die Entgeltlichkeit der Dienstleistung Begriffsvoraussetzung ist, ist umstritten.[24] **14**

Dieser Meinungsstreit hat aber keine große praktische Bedeutung, da bei vollständiger Unentgeltlichkeit i.d.R. auch die persönliche Abhängigkeit bzw. die Verpflichtung zur Arbeitsleistung fehlt. Denn es kommt nur in krassen Ausnahmefällen vor, dass sich jemand verpflichtet, ohne Entgelt weisungsgebundene Tätigkeit zu verrichten, zumal sich in diesem Fall die Frage nach der Sittenwidrigkeit des vollständigen Lohnverzichts stellt.[25] Die **h.M.** geht davon aus, dass die **Entgeltlichkeit keine Begriffsvoraussetzung** ist.[26]

20 BAG, Beschl. v. 19.08.2004 – 1 AS 6/03, NZA 2004, 1116; LAG Hamm ZIP 2007, 2380; Müller-Glöge in G/M/P/M-G § 5 ArbGG Rn. 8, 15 m.w.N.; vgl. auch LAG Hessen NZA-RR 2001, 263: BGB-Gesellschafter wegen Zusammentreffens von Anspruch und Verpflichtung kein Arbeitnehmer.

21 BAG NZA 1995, 823, 832: Arbeitsverhältnis bei hauptamtlich tätigen außerordentlichen Mitgliedern von Scientology bejaht; anders aber jetzt BAG NZA 2002, 1412 u. BAG NZA 1996, 33 für Rote-Kreuz-Schwester.

22 Vgl. BAG NZA 1997, 1126; BGH NZA 2000, 390; 1999, 53; ErfK/Preis § 611 BGB Rn. 29 ff.; Hanau/Adomeit Rn. 538 ff.

23 Vgl. dazu ErfK/Preis § 612 BGB Rn. 2 ff.; MünchKomm/Müller-Glöge § 612 BGB Rn. 5 ff. m.w.N.

24 Vgl. dazu Z/L/H § 5 Rn. 11; MünchArbR/Richardi § 17 Rn. 8 ff.; jeweils m.w.N.

25 Vgl. Hanau/Adomeit Rn. 522 u. LAG Berlin NZA-RR 1997, 371; vgl. aber LAG Rheinland-Pfalz, Urt. v. 05.08.2015 – 7 Sa 170/15, juris; Barth BB 2009, 2546 zur grds. Zulässigkeit eines sog. Einfühlungsverhältnisses, wonach der AN während einer „Kennenlernphase" unentgeltlich tätig wird u. Worzalla P&R 2015, 7; Natzel BB 2014, 2490 zu Problemen im Zusammenhang mit Praktikantenverhältnissen, bei denen ein Ausbildungszweck im Vordergrund steht.

26 Vgl. BAG, Urt. v. 29.08.2012 – 10 AZR 499/11, DB 2013, 404 (Telefonische Seelsorge); Schaub/Vogelsang § 8 Rn. 29; MünchArbR/Richardi § 17 Rn. 8 ff.; Z/L/H § 5 Rn. 11; a.A. ErfK/Preis § 611 BGB Rn. 20; § 612 BGB Rn. 1 m.w.N.

Hier bestehen keine Bedenken dagegen, dass M aufgrund eines privatrechtlichen Vertrags für einen anderen, nämlich die R, entgeltlich Dienste leistet.

15 3. **Unselbstständigkeit der Dienstleistung**

Bei den Dienstleistungen i.S.d. § 611 BGB kann es sich um selbstständige Dienstleistungen (z.B. Leistungen des Rechtsanwalts oder Steuerberaters) oder um unselbstständige Dienstleistungen, also um Arbeitsleistungen eines Arbeitnehmers handeln, sodass an dieser Stelle die Abgrenzung Selbstständiger/Arbeitnehmer erfolgen muss. Maßgeblich für diese Abgrenzung ist dabei nach allg. Ansicht nicht, wie der Vertrag bzw. die Vertragsparteien bezeichnet werden, sondern die objektiven Umstände, unter denen die Dienstleistung tatsächlich erbracht wird.[27]

BAG:[28] „Der Status des Beschäftigten richtet sich nicht nach den Wünschen und Vorstellungen der Vertragspartner, sondern danach, wie die Vertragsbeziehung nach ihrem Geschäftsinhalt objektiv einzuordnen ist; denn durch Parteivereinbarung kann die Bewertung einer Rechtsbeziehung als Arbeitsverhältnis nicht abbedungen und der Geltungsbereich des Arbeitnehmerschutzrechts nicht eingeschränkt werden. Der wirkliche Geschäftsinhalt ist aus den ausdrücklich getroffenen Vereinbarungen und der praktischen Durchführung des Vertrags zu entnehmen. Wenn der Vertrag abweichend von den ausdrücklichen Vereinbarungen vollzogen wird, ist die tatsächliche Durchführung maßgeblich …". Denn aus ihr lassen sich am ehesten Schlüsse darauf ziehen, von welchen Rechten und Pflichten die Parteien in Wirklichkeit ausgegangen sind.

16 Für die Unterscheidung Arbeitnehmer/Selbstständiger ist **nicht** die **wirtschaftliche, sondern die persönliche Abhängigkeit** (Unselbstständigkeit) des Dienstleistenden vom Dienstberechtigten entscheidend.[29]

Es gibt Versuche, den Arbeitnehmerbegriff unter Berufung auf die Notwendigkeit einer angemessenen Verteilung von unternehmerischen Chancen und Risiken neu zu definieren. Als entscheidendes Abgrenzungsmerkmal wird dabei der unternehmerische Entscheidungsspielraum angesehen und auf die freiwillige Übernahme des Unternehmerrisikos abgestellt.[30] Diese Ansicht kommt allerdings trotz des unterschiedlichen Ansatzpunktes i.d.R. zum gleichen Ergebnis.

Das Merkmal „persönliche Abhängigkeit" ist aber selbst nicht definiert und viel zu pauschal, um in schwierigen Grenzfällen eine Abgrenzung des Arbeitnehmers vom Selbstständigen zu ermöglichen. Es ist deshalb bei der Abgrenzung im Einzelfall letztlich auf die einzelnen Vertragsumstände (Indizien) abzustellen, deren Aussagewert von der Eigenart der im Einzelfall ausgeübten Tätigkeit abhängig ist. Denn abstrakte, für alle Dienstverhältnisse geltende Abgrenzungskriterien lassen sich nicht aufstellen.[31]

Das BAG[32] führt insoweit aus: „Bei der Frage, in welchem Maße der Mitarbeiter persönlich abhängig ist, ist vor allem die Eigenart der jeweiligen Tätigkeit zu berücksichtigen. Es gibt keine ab-

27 BAG, Urt. v. 17.04.2013 – 10 AZR 272/12, NZA 2013, 903; BGH, Urt. v. 25.06.2002 – X ZR 83/00, NZA 2002, 1086; Schaub/Vogelsang § 8 Rn. 31; Freckmann DB 2013, 459 ff.; Schreiber Jura 2008, 21 ff.; Hromadka NZA 2007, 838 ff.

28 BAG NZA 1994, 169; vgl. auch BAG, Urt. v. 25.09.2013 – 10 AZR 282/12, NZA 2013, 1348 zum „Scheinwerkvertrag" und dazu auch Boemke RdA 2015, 115; Baeck/Winzer NZA 2015, 269.

29 BAG, Urt. v. 15.02.2012 – 10 AZR 111/11, NZA 2012, 733; BGH, Urt. v. 25.06.2002, Fn. 27; Schaub/Vogelsang § 8 Rn. 22; Richardi DB 1999, 958, 961, der aber die Formulierung „persönliche Abhängigkeit" als missglückt ansieht und den Begriff „Leistungsversprechen unselbstständiger Arbeit" vorzieht.

30 Vgl. Wank NZA 1999, 225, 226 m.w.N.; dagegen MünchArbR/Richardi § 16 Rn. 40; Richardi DB 1999, 958, 960; Griebeling NZA 1998, 1137, 1142 f.; krit. dazu auch ErfK/Preis § 611 BGB Rn. 55 ff., 74 f.; Linnenkohl BB 2002, 622 ff.

31 BAG, Urt. v. 25.05.2005 – 5 AZR 347/04, ZTR 2006, 43; NZA 2001, 551; Schaub/Vogelsang § 8 Rn. 23 ff., 31; gegen diese typologische Abgrenzungsmethode ErfK/Preis § 611 BGB Rn. 53 ff., Bramsen RdA 2010, 267 ff.

32 BAG DB 1978, 1035.; ablehnend dazu ErfK/Preis § 611 BGB Rn. 54 m.w.N.

strakten, für alle Arten von Arbeitnehmern schlechthin geltenden Kriterien. Für Dienstverhältnisse eines Akkordarbeiters, eines Kapitäns, einer Tänzerin oder eines Chefarztes kann es bei der Frage, ob sie persönlich abhängig sind oder nicht, kaum einen einheitlichen Maßstab geben."

a) Bei der Abgrenzung Selbstständiger/Arbeitnehmer ist zunächst auf die nachfolgenden **wichtigsten Indizien** abzustellen, wobei neben der Eigenart der konkreten Tätigkeit im Einzelfall auch zu berücksichtigen ist, dass dem Vorliegen und dem Nichtvorliegen der einzelnen Merkmale nicht das gleiche Gewicht zukommen muss.[33] 17

aa) Ausgangspunkt für die Prüfung der persönlichen Abhängigkeit ist dabei § 84 Abs. 1 S. 2 HGB, wonach selbstständig ist, wer im Wesentlichen frei seine Tätigkeit gestalten und seine Arbeitszeit bestimmen kann.[34]

Diese Vorschrift gilt zwar unmittelbar nur für die Abgrenzung des selbstständigen Handelsvertreters vom unselbstständigen Handlungsgehilfen, sie enthält aber nach ständiger Rspr. des BAG eine allgemeine gesetzgeberische Wertung, die auch bei der Abgrenzung Arbeitnehmer – Selbstständiger Beachtung finden muss.[35]

Erstes sehr wichtiges Indiz ist damit die **Weisungsgebundenheit** des Dienstleistenden bezüglich **Art und Weise**, der **Zeit und Dauer** sowie des **Ortes der Dienstleistung**. Unselbstständig und damit Arbeitnehmer ist damit regelmäßig der Mitarbeiter, dem insoweit überhaupt kein Bestimmungsrecht zusteht. Im Übrigen ist der Grad der Weisungsgebundenheit im Einzelfall hinsichtlich dieser Umstände ein wichtiges Indiz für das Vorliegen der persönlichen Abhängigkeit.[36]

Das Vorliegen einer **fachlichen Weisungsgebundenheit** ist zwar wichtiges Indiz für die persönliche Abhängigkeit, ihr Fehlen spricht aber nicht unbedingt gegen die Arbeitnehmerstellung. Denn die Art der Tätigkeit kann es mit sich bringen, dass dem Dienstverpflichteten ein hohes Maß an Gestaltungsfreiheit, Eigeninitiative und fachlicher Selbstständigkeit verbleibt, was insbesondere bei Diensten höherer Art der Fall ist. Denn bei dieser Art von Dienstleistungen weiß der Dienstleistende aufgrund seiner Ausbildung und Fachkenntnisse regelmäßig selbst, auf welche Art und Weise er die Dienstleistung zu erbringen hat. Darüber hinaus kann auch die Aufgabenstellung selbst (z.B. Abteilungsleiter) weitgehend selbstständiges Handeln erfordern.[37] 18

bb) Die **Eingliederung** in einen fremden Produktionsbereich (Betrieb) bzw. eine fremdbestimmte Arbeitsorganisation (sog. arbeitsorganisatorisches Abhängigkeitsmoment) ist ebenfalls ein sehr wichtiges Indiz für die persönliche Abhängigkeit.[38] 19

Dass der Dienstleistende die Tätigkeit nur in den zur Verfügung gestellten Räumen im Rahmen eines in fachlicher und zeitlicher Hinsicht vorgegebenen Rahmenplanes (z.B. Volkshochschuldozenten[39]) verrichten kann und daher insoweit gebunden ist, spricht

33 BAG NZA 1992, 407, 408; vgl. auch Preis § 8 II 4 a ff; Dütz/Thüsing Rn. 36; Hromadka DB 1998, 195 ff.

34 Vgl. BAG, Urt. v. 17.04.2013, Fn. 27; BAG, Urt. v. 20.05.2009 – 5 AZR 31/08, NZA-RR 2010, 172; ErfK/Preis § 611 BGB Rn. 50 ff.; ausführlich zur sog. Statusrechtsprechung des BAG Hochrather NZA-RR 2001, 561 ff.

35 BAG, Urt. v. 09.03.2005 – 5 AZR 493/04, ZTR 2005, 650; BGH NZA 1999, 110; Preis § 8 II 4 a bb.

36 BAG, Urt. v. 15.02.2012 – 10 AZR 301/10, NZA 2012, 731; NZA 1999, 205, 207; ErfK/Preis § 611 BGB Rn. 64 ff. m.w.N.

37 Vgl. dazu BAG NZA 1998, 874, 875 f.; 1995, 622, 623 f.; 1994, 169; ErfK/Preis § 611 BGB Rn. 68 m.w.N.

38 Vgl. dazu BAG, Urt. v. 13.03.2008 – 2 AZR 1037/06, NZA 2008, 878; MünchArbR/Richardi § 16 Rn. 22, 24 f.

39 Vgl. dazu BAG, Urt. v. 20.01.2010 – 5 AZR 106/09, ZTR 2010, 424; Urt. v. 09.03.2005 – 5 AZR 493/04, ZTR 2005, 590 und ausführlich zum Status von Lehrkräften/Dozenten Reinecke ZTR 2000, 535; Rohlfing NZA 1999, 1027 ff.

nicht zwingend für die Eingliederung in eine fremde Arbeitsorganisation, da insoweit die Besonderheiten der zu erbringenden Tätigkeit zu beachten sind.[40] Dass die Tätigkeit außerhalb des Betriebes zu erbringen ist, spricht nicht zwingend gegen die Arbeitnehmereigenschaft, da ein Arbeitsverhältnis auch bei einer sog. **Telearbeit** vorliegen kann.[41]

20 cc) Für die Arbeitnehmerstellung spricht außerdem, wenn der Dienstverpflichtete seine **gesamte Arbeitskraft** für fremdgeplante und fremdnützige Zwecke einsetzt, da er in diesem Fall über die eigene Arbeitskraft nicht mehr frei verfügen kann und daher nicht die Möglichkeit eigener unternehmerischer Teilnahme am Marktgeschehen hat.[42]

Dagegen spricht das Vorliegen einer bloßen **Nebenbeschäftigung** mit einer geringen Arbeitszeit grds. **nicht gegen** die Arbeitnehmereigenschaft des Dienstleistenden.[43]

Übernimmt der Dienstverpflichtete ein **Arbeitsvolumen**, das er trotz des Einsatzes der gesamten Arbeitskraft in der vorgegebenen Arbeitszeit nicht bewältigen kann, sodass ein **Einsatz weiterer Personen** erforderlich ist, liegt i.d.R. kein Arbeitsverhältnis vor.[44]

21 b) Lässt eine Gesamtbetrachtung der o.g. wichtigsten **Indizien** noch keine eindeutige Zuordnung zu, kann auch die Heranziehung der nachfolgenden Indizien im Einzelfall[45] nützlich sein:

- **Behandlung vergleichbarer Mitarbeiter**;[46]
- **Bezeichnung durch die Vertragsparteien** als Arbeiter/Angestellter oder als freier Mitarbeiter ist nur ein schwacher Anhaltspunkt;[47]
- **Art der Entlohnung**, d.h. festes Gehalt bzw. fester Lohn oder vom Erfolg abhängige Vergütung;[48]
- **Abführung von Lohn- und Sozialversicherungsbeiträgen** hat jedenfalls keine maßgebliche Bedeutung, da die steuer- und sozialversicherungsrechtliche Behandlung des Vertragsverhältnisses durch die Vertragsparteien unrichtig sein kann;[49]
- **Vergütungsfortzahlung im Krankheitsfall** und **Gewährung bezahlten Erholungsurlaubs**;[50]
- **Aushändigung von Arbeitspapieren**, wie z.B. Lohnsteuerkarte;
- **unternehmerisches Risiko**.[51]

---

40 BAG, Urt. v. 14.03.2007 – 5 AZR 499/06, NZA-RR 2007, 424 zu Status eines Sportredakteurs; NZA 1995, 572, 573 f.

41 Vgl. dazu Schaub NZA 2001, 364; Kramer DB 2000, 1329; Boemke BB 2000, 147 u. Wank NZA 1999, 225.

42 BAG, Urt. v. 20.01.2010 – 5 AZR 99/09, DB 2010, 788; BAG NZA 1994, 169, 170 („Erwartung ständiger Dienstbereitschaft"); 1993, 174, 175; Schaub/Vogelsang § 8 Rn. 27; ErfK/Preis § 611 BGB Rn. 72 ff.

43 BAG, Urt. v. 15.02.2012, Fn. 36; BB 1996, 60, 61; NZA 1995, 622, 623; Berger-Delhey/Alfmeier NZA 1991, 537, 538 f.

44 BAG, Urt. v. 20.01.2010, Fn. 42; Urt. v. 12.12.2001 – 5 AZR 253/00, NZA 2002, 787; BGH NZA 1999, 110 ff. und BAG, Urt. v. 13.03.2008, Fn. 38 „persönliche Leistungsverpflichtung grds. ein wesentliches Merkmal des Arbeitsverhältnisses".

45 Keine abschließende Aufzählung; vgl. auch ErfK/Preis § 611 BGB Rn. 49; Reiserer BB 1998, 1258 ff.

46 BAG AP Nr. 53 zu § 611 BGB „Abhängigkeit": kein sicheres Indiz; vgl. auch v. Einem BB 1994, 60, 62.

47 Vgl. BAG, Urt. v. 14.03.2007, Fn. 40; NZA 1992, 407, 408; Berger-Delhey/Alfmeier NZA 1991, 257, 260 u. unten Rn. 22, 24.

48 Vgl. BAG, Urt. v. 15.02.2012, Fn. 36; NZA 1992, 407, 409: „keine nennenswerte Rolle".

49 BAG, Urt. v. 14.03.2007, Fn. 40: sozial- und steuerrechtliche Behandlung arbeitsrechtlich ohne Belang.

50 BAG NZA 1992, 407, 409; ErfK/Preis § 611 BGB Rn. 49; Dütz/Thüsing Rn. 36.

51 BSG DB 1992, 1835; ErfK/Preis § 611 BGB Rn. 74 f.; vgl. aber Wank NZA 1999, 225, 226; DB 1992, 90, 92 der entscheidend darauf abstellen will; dagegen BAG, Urt. v. 25.05.2005 – 5 AZR 347/04, ZTR 2006, 43; MünchArbR/Richardi § 16 Rn. 38 ff.

Diese weiteren Vertragsumstände können aufgrund der schwachen Indizwirkung nicht als eigenständige und entscheidende Abgrenzungsmerkmale für persönliche Abhängigkeit bzw. Selbstständigkeit eines Dienstleistenden, sondern nur ergänzend herangezogen werden, wenn nach der Gesamtbetrachtung der o.g. wichtigsten Indizien keine eindeutige Zuordnung möglich ist. Während aber ihr Fehlen – mit Ausnahme des unternehmerischen Risikos – grundsätzlich nicht gegen ein Arbeitsverhältnis spricht, spricht ihr Vorhandensein in Zweifelsfällen dafür.[52]

c) **In Grenzfällen** ist für die Rechtsnatur des Vertragsverhältnisses aufgrund der Vertragsautonomie **ausnahmsweise** der **Parteiwille entscheidend**. Voraussetzung dafür ist aber, dass nach der tatsächlichen Gestaltung der Rechtsbeziehung zwischen dem Dienstberechtigten und dem Dienstverpflichteten ebenso viele Gründe für die Selbstständigkeit wie für die persönliche Abhängigkeit sprechen und damit beide Vertragsgestaltungen rechtlich möglich sind. Unbeachtlich ist dagegen der Parteiwille, wenn er der tatsächlichen Vertragsdurchführung widerspricht.[53] **22**

d) Der Vertragsstatus des Orchestermusikers M ist nach diesen Kriterien wie folgt zu beurteilen: **23**

aa) Dem Umfang der Weisungsgebundenheit des M kommt vorliegend keine ausschlaggebende Bedeutung zu.

Dem M kann zwar vorgeschrieben werden, wann und wo Proben und Aufführungen stattfinden sowie welche Musikstücke in welcher Reihenfolge und wie gespielt werden. Dies liegt aber in der Natur der Sache, weil es sich vorliegend um eine Team-Leistung handelt, bei der eine Leitung unumgänglich ist. Deshalb wäre auch ein für eine bestimmte Vorstellung engagierter Sänger bzw. ein nur ausnahmsweise wegen Erkrankung eines Stammmusikers für einen Auftritt über eine Agentur verpflichteter „Ersatzmusiker“ den gleichen Weisungen unterworfen. Insoweit gibt es also keine Unterschiede zwischen einem Arbeitnehmer und einem freien Mitarbeiter.[54]

bb) Aufgrund des Umfangs sowie der Art und Weise der Dienstleistung und Anwesenheitsfeststellung ist M in gleicher Weise wie die fest angestellten Musiker in das Orchester und damit in den Betrieb der R eingegliedert. Dies ist ein wichtiges Indiz für die Arbeitnehmerstellung des M.

Dazu BAG:[55] „Ist ein als ‚freier Mitarbeiter‘ beschäftigter Musiker zeitlich im Wesentlichen in derselben Weise und in demselben Umfang wie andere im Anstellungsverhältnis beschäftigte Musiker in den Orchesterbetrieb eingegliedert, so spricht dies dafür, dass dieser Musiker in einem Arbeitsverhältnis steht.“

---

52 Vgl. ErfK/Preis § 611 BGB Rn. 49; Berger-Delhey/Alfmeier NZA 1991, 257, 259.

53 Vgl. BAG, Urt. v. 17.04.2013 – 10 AZR 272/12, NZA 2013, 903; Urt. v. 09.06.2010 – 5 AZR 332/09, NZA 2010, 877; 2000, 1162, 1164; BSG Nr. 29 zu § 611 BGB „Abhängigkeit“; Preis § 8 II 4 a ff; Müller-Glöge in G/M/P/M-G § 5 ArbGG Rn. 12 und Reiserer BB 2003, 1557 sowie Stoffels NZA 2000, 690 zu Statusvereinbarungen im Arbeitsrecht.

54 BAG, Urt. v. 09.10.2002 – 5 AZR 405/01, ZTR 2003, 353; AP Nr. 16 zu § 611 BGB „Abhängigkeit“; Preis § 8 II 4 c: Einzelfälle.

55 BAG DB 1976, 299; zum Status eines Musikers auch BAG, Urt. v. 09.10.2002, Fn. 54; zum Status eines Opernsängers BAG, Urt. v. 07.02.2007 – 5 AZR 270/06, ZTR 2007, 391 m. zust. Anm. Depenheuer ZTR 2008, 304. krit. Opolony ZUM 2007, 519.

cc) M setzte auch seine gesamte Arbeitskraft für die R ein, was allein schon daraus folgt, dass M im gleichen Umfang wie die über eine volle Stelle im Angestelltenverhältnis verfügenden Kollegen eingesetzt wurde. Auch dies spricht für eine Arbeitnehmerstellung des M.

Dazu das BAG:[56] „Der Kläger ... arbeitete im Durchschnitt 32 Stunden in der Woche. Üblich ist für Musiker in Kulturorchestern eine Arbeitszeit von etwa 25 Wochenstunden ... Entsprechend diesem zeitlichen Umfang der Inanspruchnahme war der Kläger ausschließlich für die Beklagte tätig. Er konnte keine weiteren Nebenbeschäftigungen ausüben. Im Gegensatz zu den Möglichkeiten eines freien Mitarbeiters konnte er über seine Arbeitskraft nicht wie ein Unternehmer disponieren. Allein darin liegt schon eine ausgeprägte persönliche Abhängigkeit, wie sie nur für die Arbeitnehmer typisch ist."

24 4. Da der Einsatz der vollen Arbeitskraft für die R sowie die Art und Weise der Eingliederung in deren Betrieb stark für die Arbeitnehmerstellung des M sprechen, kommt eine andere Statusbeurteilung allenfalls nur dann in Betracht, wenn die übrigen Vertragsumstände (Indizien) eindeutig dagegen sprechen.

a) M erhält zwar Vergütung nach geleisteten Stunden. Während aber die Vereinbarung eines monatlichen Festgehalts für ein Arbeitsverhältnis spricht, lässt die Vereinbarung einer Stundenvergütung nicht ohne Weiteres auf das Vorliegen eines freien Mitarbeiterverhältnisses schließen, weil sie auch bei fest angestellten Musikern möglich ist.

b) Die Nichtabführung von Steuern und Sozialabgaben, die Nichtaushändigung von Arbeitspapieren und die Bezeichnung des M als „freier Mitarbeiter" lassen zwar darauf schließen, dass die Vertragsparteien von einer selbstständigen Tätigkeit des M ausgingen. Die Annahme eines „freien Mitarbeiterverhältnisses" durch die Vertragsparteien und die darauf aufbauende steuer- und sozialversicherungsrechtliche Behandlung sprechen aber ebensowenig gegen ein Arbeitsverhältnis wie die Nichtzahlung der Vergütung im Krankheitsfall und die Nichtgewährung bezahlten Erholungsurlaubs. Denn die steuer- und sozialversicherungsrechtliche Behandlung der Vergütung sowie die Anwendbarkeit arbeitsrechtlicher Arbeitnehmerschutzbestimmungen sind nur Folgen eines Arbeitsverhältnisses, die nicht zur Disposition der Vertragsparteien stehen. Deren Eingreifen kann daher jedenfalls nicht entscheidend von der rechtlichen Bewertung des Vertragsverhältnisses durch die Parteien und den daraus gezogenen „Schlussfolgerungen" abhängig sein. Entscheidend ist vielmehr, ob die Dienstleistung wegen der tatsächlichen Vertragsdurchführung selbstständig oder in persönlicher Abhängigkeit erbracht wird.[57] Die übrigen Umstände sprechen somit nicht eindeutig gegen die Annahme eines Arbeitsverhältnisses, sodass aufgrund des Einsatzes der gesamten Arbeitskraft für die R sowie der Art und Weise der Eingliederung des M in deren Betrieb von einem Arbeitsverhältnis und damit von der Arbeitnehmerstellung des M auszugehen ist.

---

56 BAG DB 1976, 299; zum Orchestermusiker auch BAG, Urt. v. 09.10.2002, Fn. 54.

57 Vgl. BAG, Urt. v. 17.04.2013 – 10 AZR 272/12, NZA 2013, 903; Urt. v. 20.01.2010 – 5 AZR 106/09, ZTR 2010, 424; ErfK/Preis § 611 BGB Rn. 47 ff.; Preis § 8 II 4 a ff; Hanau/Adomeit Rn. 513: „Rechtsformzwang" und oben Rn. 15 ff., 22 ff.

II. Da M Arbeitnehmer ist, kann die R das Arbeitsverhältnis mit ihm nicht ohne Weiteres nach Maßgabe des § 621 BGB, sondern nur durch eine nach § 622 BGB fristgerechte und nach § 1 Abs. 2, 3 KSchG sozial gerechtfertigte Kündigung kündigen. 25

M hat auch im Übrigen die gleiche Rechtsstellung wie die anderen Orchestermusiker mit Angestelltenvertrag, sodass auch auf sein Vertragsverhältnis die arbeitsrechtlichen Regelungen anwendbar sind. Andererseits muss die R von seiner Vergütung Lohnsteuer und Sozialabgaben abziehen und an das Finanzamt bzw. die Krankenkasse (§§ 28 d ff. SGB IV) abführen. Die Vergütungshöhe nach einem gewonnenen Statusprozess ist zunächst durch Vertragsauslegung zu ermitteln, wobei außerhalb des öffentlichen Dienstes allein aus der geänderten Statusbeurteilung nicht die Unwirksamkeit der getroffen Vergütungsvereinbarung bzw. ihr Fehlen für ein Arbeitsverhältnis angenommen werden kann.[58] Beim beiderseitigen Irrtum über die Rechtsnatur des Vertragsverhältnisses ist die für den Selbstständigen vereinbarte Vergütung nach den Grundsätzen über den Wegfall der Geschäftsgrundlage (§ 313 BGB) jedenfalls für die Zukunft i.d.R. an die übliche Bruttovergütung eines vergleichbaren Arbeitnehmers anzupassen, wenn das Festhalten an der bisherigen Vergütungsvereinbarung für den Arbeitgeber ein unzumutbares Opfer darstellen würde. Ein solches unzumutbares Opfer kann allerdings noch nicht allein darin gesehen werden, dass der Arbeitgeber auf der Grundlage der vereinbarten Vergütung Beiträge zur Sozialversicherung entrichten muss, weil diese gesetzliche Rechtsfolge einer Vergütungsvereinbarung allein keine Unzumutbarkeit begründen kann.[59] Die überzahlten Honorare sind nach der Feststellung der Arbeitnehmereigenschaft nach § 812 Abs. 1 S. 1 Alt. 1 BGB zurückzuzahlen, wenn nach der o.g. Auslegung der Vergütungsvereinbarung die geschuldete Vergütung nach § 612 Abs. 2 BGB festzulegen war, weil in diesem Fall für die höheren Honorarzahlungen kein Rechtsgrund bestand.[60]

III. Der Begriff des Arbeitgeber

Eine gesetzliche Definition des Arbeitgebers fehlt ebenfalls. Da er jedoch zwangsläufig der Vertragspartner des Arbeitnehmers ist, wird allgemein als **Arbeitgeber jede natürliche bzw. juristische Person sowie jede Personenhandelsgesellschaft** definiert, die **mindestens einen Arbeitnehmer beschäftigt**.[61] 26

Die Personenhandelsgesellschaften können aufgrund der in § 124 Abs. 1 HGB angeordneten Teilrechtsfähigkeit Partei eines Arbeitsvertrags sein. In welchem Umfang die Gesellschafter neben der Personenhandelsgesellschaft dem Arbeitnehmer haften, richtet sich nach den allgemeinen gesellschaftlichen Bestimmungen, insbesondere nach § 128 HGB und §§ 171 f., 176 HGB.[62]

Die früher h.M. ging davon aus, dass die **BGB-Gesellschaft** mangels einer dem § 124 Abs. 1 HGB vergleichbaren Regelung selbst nicht teilrechtsfähig war und daher auch nicht Arbeitgeber sein könnte. Arbeitgeber waren danach die BGB-Gesellschafter gemeinschaftlich, sodass auch gegen sie Klagen zu erheben waren.[63] Heute wird ganz überwiegend eine Teilrechts- und Parteifähigkeit einer BGB-(Außen-)Gesellschaft angenommen, sodass auch sie als Arbeitgeber verklagt werden kann.[64] Dies ändert aber nichts daran, dass die Gesellschafter der BGB-Gesellschafter auch Arbeitgeber i.S.d. § 2 27

---

58 BAG NZA 2002, 1338 für Privatwirtschaft einerseits und BAG, Urt. v. 12.01.2005 – 5 AZR 144/04, AP Nr. 69 zu § 612 BGB für den öffentlichen Dienst andererseits: nach § 612 Abs. 2 BGB tarifliche Vergütung.

59 BAG NZA 2002, 1338; AP Nr. 7 zu § 242 BGB „Geschäftsgrundlage" m.Anm. Mayer-Maly.

60 Vgl. BAG, Urt. v. 09.02.2005 – 5 AZR 175/04, NZA 2005, 814 und zu den Rechtsfolgen eines vom AN gewonnenen Statusprozesses z.T. abw. Ansichten Niepalla/Dütemeyer NZA 2002, 712; Reinecke RdA 2001, 357; Hochrather NZA 2000, 1083.

61 BAG, Urt. v. 20.05.2014 – 3 AZR 1094/12, NZA 2015, 225; Urt. v. 27.09.2012 – 2 AZR 838/11, NJW 2013, 1692; ErfK/Koch § 2 ArbGG Rn. 14; Preis § 7 und ausführlich zum Arbeitgeberbegriff Däubler KJ 2013, 133.

62 BAG, Beschl. v. 28.02.2006 – 5 AS 19/05, NZA 2006, 453; DB 1993, 843; MünchKomm/Müller-Glöge § 611 BGB Rn. 146; ErfK/Preis § 611 BGB Rn. 17 f., 186 f.: Persönlich haftende Gesellschafter sind Arbeitgeber i.S.d. § 2 Abs. 1 Nr. 3 ArbGG.

63 Vgl. BAG NZA 1989, 861; Preis § 7 II; Z/L/H § 4 Rn. 50 ff.

64 BVerfG, Beschl. v. 02.09.2002 – 1 BvR 1103/02, ZIP 2002, 2214; BAG, Urt. v. 24.06.2008 – 9 AZR 514/07, NZA 2008, 1289; BGH NJW 2001, 1056; ErfK/Preis § 611 BGB Rn. 184; Schaub/Linck § 16 Rn. 8; Markgraf/Kießling JuS 2010, 312.

Abs. 1 Nr. 3 ArbGG sind.[65] Eine Kündigungsschutzklage muss allerdings zur Wahrung der dreiwöchigen Klagefrist des § 4 KSchG gegen die BGB-Gesellschaft (oder eine Partnerschaftsgesellschaft nach § 7 Abs. 2 PartGG) erhoben werden, sodass eine gegen die BGB-Gesellschafter erhobene Klage nicht ausreicht. In diesem Fall ist aber stets zu prüfen, ob die Auslegung der Parteibezeichnung in der Klageschrift nicht ergibt, dass der richtige Arbeitgeber und damit die BGB-Gesellschaft verklagt werden sollte.[66]

28 Ein **nicht rechtsfähiger Verein** ist nach § 50 Abs. 2 ZPO n.F. aktiv und passiv legitimiert und kann daher als Arbeitgeber klagen und verklagt werden, wenn auch die Arbeitgeberfunktion vom Vorstand ausgeübt wird und die Gesamtheit der Mitglieder Träger der Rechte und Pflichten aus dem Arbeitsvertrag ist. Für Gewerkschaften, Arbeitgeberverbände sowie für Zusammenschlüsse solcher Verbände im Arbeitsrechtsprozess hatte die Änderung des § 50 Abs. 2 ZPO keine Bedeutung, weil diese Vereinigungen schon nach § 10 ArbGG unabhängig von der Rechtsform parteifähig sind und daher auch als Arbeitgeber selbst klagen und verklagt werden können.[67]

29 Die **Vor-GmbH** kann als Arbeitgeber klagen und verklagt werden.[68]

Die Gesellschafter der Vor-GmbH haften für die Verbindlichkeiten der Vor-GmbH persönlich, aber grds. nur im Innenverhältnis.[69] Ausnahme: Außenhaftung (auch gegenüber den Arbeitnehmern), wenn die Vor-GmbH vermögenslos ist, eine Einmann-Vor-GmbH vorliegt oder keine weiteren Gläubiger vorhanden sind. Die Gesellschafter haften in diesen Ausnahmefällen nach h.M. grds. nicht voll, sondern nur entspr. den Anteilen.[70]

IV. Anwendbarkeit des Arbeitsrechts auf besondere Personengruppen

30 Die Bestimmungen des Arbeitsrechts sind grds. nur auf Vertragsbeziehungen zwischen Arbeitnehmern und Arbeitgebern, also auf Arbeitsverhältnisse anwendbar. Einzelne Bestimmungen des Arbeitsrechts sind aber auch auf Vertragsverhältnisse zwischen einem Unternehmen und einer Person anwendbar, die zwar mangels persönlicher Abhängigkeit kein Arbeitnehmer ist, aber wegen der wirtschaftlichen Abhängigkeit vom Unternehmer teilweise im vergleichbaren Umfang wie Arbeitnehmer sozialen Schutz verdient. Voraussetzung dafür ist allerdings grds., dass die Anwendbarkeit der einzelnen Arbeitsrechtsgesetze bzw. Gesetzesregelungen auf andere Vertragsbeziehungen als Arbeitsverhältnisse im Einzelfall ausdrücklich angeordnet wird.[71]

1. Die arbeitnehmerähnlichen Personen

Fall 2: Der Reporter

A ist als Bildberichterstatter tätig. Früher bot er seine Arbeiten verschiedenen Verlagen an. Im Laufe der Zeit kam es zu einer immer engeren Zusammenarbeit mit dem Verleger Z, für den A die letzten Jahre ausschließlich arbeitete. Über die Zusammen-

65 BAG, Beschl. v. 19.08.2004 – 1 AS 6/03, ZTR 2004, 655; Schaub/Linck § 138 Rn. 23 f.; ErfK/Preis § 611 BGB Rn. 184, 186.

66 Vgl. dazu BAG, Urt. v. 24.10.2013 – 2 AZR 1057/12, NZA 2014, 725; Urt. v. 01.03.2007 – 2 AZR 525/05, NZA 2007, 1013; Dollmann ArbRB 2005, 30 ff.; Diller NZA 2003, 401 ff.

67 Vgl. zur Änderung des § 54 Abs. 2 BGB MünchKomm/Reuter § 54 BGB Rn. 20.

68 BGH NJW 1982, 1824; ErfK/Preis § 611 BGB Rn. 190; Schaub/Linck§ 16 Rn. 17 ff.; Beuthien WM 2013, 1485.

69 BAG, Urt. v. 25.10.2007 – 8 AZR 917/06, NZA-RR 2008, 367; Peifer JuS 2008, 490 (Haftung der Gesellschafter einer GmbH).

70 BAG, Urt. v. 25.01.2006 – 10 AZR 238/05, NZA 2006, 673; BB 1997, 1208 m. abl. Anm. Ensthaler; a.A. BAG NZA 1998, 27, 28; vgl. dazu auch AS-Skript Gesellschaftsrecht (2015), Rn. 350 ff.

71 BAG, Urt. v. 08.05.2007 – 9 AZR 777/06, BB 2007, 2298; Hanau/Adomeit Rn. 532 f.; Schaub/Vogelsang § 10 Rn. 6 ff.

arbeit wurde ein Vertrag geschlossen, wonach A sich verpflichtete, als „freier Mitarbeiter" ausschließlich für den Z Reportagen anzufertigen. Die Berichte und Bilder wurden einzeln auf Honorarbasis abgerechnet, womit A im Wesentlichen auch seinen Lebensunterhalt bestritt. Z stellte A eine neue Kameraausrüstung zur Verfügung. A nahm auch an den Redaktionskonferenzen des Verlages teil. Dabei wurden die einzelnen Projekte des A besprochen; teilweise wurden A auch Aufträge erteilt, die er meist ausführte. Nach Durchführung größerer Arbeiten legte A längere Pausen ein und unternahm auch mehrwöchige Reisen, ohne Berichte und Bilder anzufertigen. Nach Vertragsauflösung und Rückgabe der Kamera behauptet Z, sie sei beschädigt. Vor welchem Gericht müsste Z gegen A auf Schadensersatz klagen?

Gemäß § 2 ArbGG könnte der Rechtsweg zu den Arbeitsgerichten eröffnet sein. Nach **31**
§ 2 Abs. 1 Nr. 3 a sind die Arbeitsgerichte zuständig „**für bürgerliche Rechtsstreitigkeiten zwischen Arbeitnehmern und Arbeitgebern aus dem Arbeitsverhältnis** ...".

I. Die Streitigkeit zwischen A und Z resultiert aus einer privatrechtlichen Beziehung. Eine bürgerliche Rechtsstreitigkeit liegt somit vor (Gegensatz: öffentlich-rechtliche Streitigkeit i.S.d. § 40 VwGO). Ob es sich dabei um einen Arbeitsvertrag oder den Vertrag eines freien Mitarbeiters handelt, kann hier noch offen bleiben.

II. A müsste Arbeitnehmer des Z sein. **32**

In § 5 Abs. 1 S. 1 ArbGG ist die übliche Definition enthalten, wonach Arbeitnehmer im Sinne dieser Vorschrift in erster Linie „Arbeiter und Angestellte" sind; sie besteht aber selbst nur aus unbestimmten Unterbegriffen des Begriffs des Arbeitnehmers, sodass sie für die Feststellung der Arbeitnehmereigenschaft im Einzelfall ungeeignet ist. Ob daher A in persönlicher Abhängigkeit Dienstleistungen für den Z erbringt und daher Arbeitnehmer ist, ist nach den im Fall 1 (S. 4) entwickelten Kriterien zu beurteilen.

1. Umfang der Weisungsgebundenheit

a) In fachlicher Hinsicht war A an keinerlei Weisungen des Z gebunden, was allerdings tätigkeitsspezifisch ist und daher nicht unbedingt gegen eine Arbeitnehmerstellung des A spricht.

b) Bezüglich der Zeit und des Ortes der Dienstleistungen war A ebenfalls keinen Weisungen des Z unterworfen. Sofern die Zeit und der Ort der einzelnen Tätigkeiten durch die von der Berichterstattung betroffenen Projekte vorgegeben waren, so handelte es sich dabei um eine vertragliche Festlegung der geschuldeten Dienstleistung und nicht um eine Ausübung des arbeitgeberseitigen Weisungsrechts. Außerdem wurden Ort und Zeit nur für einzelne Tätigkeiten (z.B. Anfertigung von Bildern, Notizen), nicht aber für alle Tätigkeiten im Zusammenhang mit der jeweiligen Bildberichterstattung als einer Gesamtleistung vorgegeben.

Die weitgehend fehlende Weisungsgebundenheit des A spricht somit stark gegen eine Arbeitnehmerstellung.[72]

72 Vgl. dazu auch Schaub/Vogelsang § 9 Rn. 3 ff.; Hromadka DB 1998, 195, 197 ff.; Boemke ZfA 1998, 285 ff.

2. In den Betrieb des Z war A nicht eingegliedert, was ebenfalls stark gegen die Arbeitnehmerstellung spricht.

3. A hat sich zwar verpflichtet, ausschließlich für den Z zu arbeiten, was regelmäßig ein Indiz für Arbeitnehmerstellung ist. Vorliegend bestimmte aber A den Umfang seiner Dienstleistung im Wesentlichen selbst, weil er die Berichterstattung und damit die Erbringung der Dienstleistung für längere Zeit ablehnen konnte, sodass Z über seine Arbeitskraft nicht wie ein Arbeitgeber verfügen konnte.[73]

   Die bisherigen Gesichtspunkte sprechen schon sehr stark gegen eine Arbeitnehmerstellung des A.

4. Hinzu kommt, dass A ausdrücklich als „freier Mitarbeiter" bezeichnet und auf Einzelhonorarbasis nur für erbrachte Dienstleistungen bezahlt wurde, was vorliegend ebenfalls gegen die Arbeitnehmerstellung spricht. Dafür könnte zwar angeführt werden, dass A vom Z eine Kameraausrüstung als Arbeitsmittel zur Verfügung gestellt bekam: Angesichts der oben genannten Indizien gegen die Arbeitnehmerstellung des A fällt dieser Umstand allein nicht entscheidend ins Gewicht.

5. Zwischenergebnis: A ist kein Arbeitnehmer i.S.d. § 5 Abs. 1 S. 1 ArbGG. Der Rechtsweg zu den Arbeitsgerichten wäre nach dieser Vorschrift nicht eröffnet.[74]

33 III. Der **Arbeitnehmerbegriff** wird im **Anwendungsbereich des ArbGG ausgedehnt** auf

- die zu ihrer **Berufsausbildung** Beschäftigten, § 5 Abs. 1 S. 1 ArbGG; diese Ausdehnung ist im Arbeitsrecht ganz üblich, vgl. z.B. auch § 2 S. 1 BUrlG, § 5 BetrVG,
- Berufsausbildungsverhältnisse werden später im 9. Abschnitt behandelt.
- die in **Heimarbeit** Beschäftigten, § 5 Abs. 1 S. 2 ArbGG (dazu unten Rn. 36 ff.) und
- sonstige Personen, die wegen ihrer **wirtschaftlichen Unselbstständigkeit als arbeitnehmerähnliche Personen** anzusehen sind, § 5 Abs. 1 S. 2 ArbGG,[75]
- selbstständige **„Einfirmenhandelsvertreter"** i.S.d. § 5 Abs. 3 ArbGG.

Nach § 5 Abs. 3 ArbGG gelten selbstständige Handelsvertreter i.S.d. § 84 Abs. 1 S. 2 HGB nur dann als Arbeitnehmer i.S.d. ArbGG, wenn sie nach dem Vertragsinhalt nicht für weitere Unternehmer tätig sein dürfen, also sog. Einfirmenvertreter i.S.d. § 92 a HGB sind und in den letzten 6 Monaten durchschnittlich nicht mehr als 1.000 € pro Monat (ohne rückzahlbare Provisionsvorschüsse) tatsächlich verdient haben.[76] Greift § 5 Abs. 3 ArbGG wegen Überschreitung der Vergütungsgrenze nicht ein, sind für Klagen nicht die Arbeitsgerichte, sondern die Zivilgerichte auch dann zuständig, wenn es sich um wirtschaftlich abhängige und damit arbeitnehmerähnliche Personen i.S.d. **§ 5 Abs. 1 S. 2 ArbGG** handelt. Denn § 5 Abs. 3 ArbGG enthält nach h.M. eine besondere und in sich geschlossene **Zuständigkeitsregelung für selbstständige Handelsvertreter**, die der allgemeinen Regelung des § 5 Abs. 1 S. 2 ArbGG vorgeht.[77]

---

73 Vgl. zu diesem Fall BAG DB 1976, 298.

74 Ausführl. zur AN-Eigenschaft von Rundfunk- und Fernsehmitarbeitern: BVerfG NZA 2000, 1097; BAG, Urt. v. 20.05.2009 – 5 AZR 31/08, NZA-RR 2010, 172 (Status eines Nachrichtenredakteurs) u. Reinecke AfP 2014, 101; Bruns RdA 2008, 135.

75 Vgl. ausführlich dazu MünchArbR/Richardi § 20; KR/Rost, ArbNähnl.Pers.; Willemsen/Müntefering NZA 2008, 193 ff.

76 BGH, Beschl. v. 04.02.2015 – VII ZB 36/14, DB 2015, 613; Müller-Glöge in G/M/P/M-G § 5 ArbGG Rn. 39 ff. u. BAG, Urt. v. 09.06.2010 – 5 AZR 332/09, NZA 2010, 877; Oberthür/Lohr NZA 2001, 126 zur Abgrenzung AN/selbstständiger HV.

77 BAG, Urt. v. 24.10.2002 – 6 AZR 632/00, NZA 2003, 668; ErfK/Koch § 5 ArbGG Rn. 12 m.w.N.

A könnte als arbeitnehmerähnliche Person i.S.d. § 5 Abs. 1 S. 2 ArbGG anzusehen sein, sodass die Zuständigkeit des Arbeitsgerichts gegeben wäre. **34**

1. Wegen ihrer wirtschaftlichen Unselbstständigkeit sind als arbeitnehmerähnliche Personen i.S.d. § 5 Abs. 1 S. 2 ArbGG Dienst- oder Werkleistende anzusehen, die vom Unternehmer wirtschaftlich abhängig und auch der gesamten sozialen Stellung nach einem Arbeitnehmer vergleichbar sozial schutzbedürftig sind. Die wirtschaftliche Abhängigkeit allein reicht also für die Annahme der Arbeitnehmerähnlichkeit noch nicht aus.[78] Diese Voraussetzungen sind bei solchen Personen erfüllt, die auf die Verwertung ihrer Arbeitskraft und die Einkünfte daraus als Existenzgrundlage angewiesen sind und nach der maßgeblichen Verkehrsauffassung (z.B. Art der Dienste, Verdiensthöhe, Vertragsinhalt) eine einem Arbeitnehmer vergleichbare soziale Stellung haben. Dass die Tätigkeit nur für einen Auftraggeber erbracht wird, ist nicht erforderlich. Das Schwergewicht der wirtschaftlichen Tätigkeit muss jedoch bei Leistungen für einen Auftraggeber liegen.[79]
2. A arbeitete seit mehreren Jahren ausschließlich für den Z, bei dem er auch im Wesentlichen seinen Lebensunterhalt verdiente. A ist daher aufgrund der wirtschaftlichen Abhängigkeit von Z und der mit einem Arbeitnehmer vergleichbaren Schutzbedürftigkeit arbeitnehmerähnliche Person i.S.d. § 5 Abs. 1 S. 2 ArbGG. Da danach A als Arbeitnehmer i.S.d. ArbGG gilt, ist für die Streitigkeiten aus seinem Vertragsverhältnis mit dem Z der Rechtsweg zu den Arbeitsgerichten eröffnet.

Auch wenn für Streitigkeiten zwischen dem Unternehmer und der arbeitnehmerähnlichen Person i.S.d. § 5 Abs. 1 S. 2 ArbGG das Arbeitsgericht zuständig ist, findet das materielle Arbeitsrecht auf diese Vertragsbeziehung grds. nur dann und nur insoweit Anwendung, als dies einzelne Gesetze, wie z.B. § 2 S. 2 BUrlG, § 12 a TVG, § 6 Abs. 1 Nr. 3 AGG, § 2 Abs. 2 Nr. 3 ArbSchG ausdrücklich vorsehen.[80] Erhebt daher eine arbeitnehmerähnliche Person eine Klage unter Berufung auf die Sozialwidrigkeit der ausgesprochenen Kündigung, so ist das ArbG zwar nach §§ 2 Abs. 1 Nr. 3 b, 5 Abs. 1 S. 2 ArbGG zuständig, die zulässige Klage ist aber unbegründet, weil das KSchG nur für Arbeitnehmer gilt.[81] Keine Anwendung finden nach h.M. auch die Kündigungsfristen des § 622 BGB[82] sowie das Maßregelungsverbot des § 612 a BGB. Eine den Arbeitnehmer benachteiligende Maßnahme des Arbeitgebers, die eine Reaktion auf eine zulässige Rechtsausübung darstellt, führt aber i.d.R. zur Unwirksamkeit der Maßnahme wegen Sittenwidrigkeit nach § 138 BGB.[83] Auf die Haftung der arbeitnehmerähnlichen Personen sind dagegen nach h.M. die Grds. des innerbetrieblichen Schadensausgleichs (dazu unten Rn. 100 ff.) entsprechend anzuwenden.[84] **35**

IV. Ergebnis: Für die Schadensersatzklage des Z gegen A ist nach §§ 2 Abs. 1 Nr. 3 a, d, 5 Abs. 1 S. 2 ArbGG das Arbeitsgericht zuständig.

Die Zuständigkeit des Arbeitsgerichts kann jedenfalls in der Praxis auch mit einer sog. **Wahlfeststellung** bejaht werden, indem die Arbeitnehmereigenschaft offen gelassen wird, wenn zumindest Arbeitnehmerähnlichkeit i.S.d. § 5 Abs. 1 S. 2 ArbGG vorliegt.[85]

---

78 BAG, Urt. v. 17.01.2006 – 9 AZR 61/05, EzA § 2 BUrlG Nr. 6; BGH, Beschl. v. 27.01.2000 – III ZB 67/99, NZA 2000, 390.

79 BAG, Beschl. v. 21.12.2010 – 10 AZB 14/10, NZA 2011, 309; ErfK/Preis § 611 BGB Rn. 110 m.w.N.

80 BAG, Urt. v. 08.05.2007 – 9 AZR 777/06, BB 2008, 2298; MünchArbR/Richardi § 20 Rn. 2 ff.; ErfK/Preis § 611 BGB Rn. 112.

81 BAG, Urt. v. 20.01.2004 – 9 AZR 291/02, NZA 2004, 1058, 1061; BAG NZA 1999, 987, 989.

82 BAG, Urt. v. 08.05.2007, Fn. 80 mit Meinungsübersicht.

83 BAG, Urt. v. 14.12.2004 – 9 AZR 23/04, NZA 2005, 637; a.A. ErfK/Preis § 612 a BGB Rn. 4 m.w.N.: § 612 a BGB anwendbar.

84 BSG, Urt. v. 24.06.2003 – B 2 U 39/02 R, NJW 2004, 966; MünchArbR/Reichold § 51 Rn. 65; Joussen RdA 2006, 129 ff.; LAG Hessen BB 2013, 1726: jedenfalls dann, wenn sie in den Betrieb des „Arbeitgebers" eingegliedert sind; a.A. BGH AP Nr. 28 zu § 611 BGB Haftung des Arbeitnehmers; ErfK/Preis § 619 a BGB Rn. 19;

85 BGH NZA 1999, 53, 55; BAG DB 1999, 2172; Schliemann FA 1998, 173; ErfK/Koch § 5 ArbGG Rn. 5 und unten Rn. 174.

2. Die in Heimarbeit Beschäftigten

36 Nach § 1 Abs. 1 Heimarbeitsgesetz (HAG) sind in Heimarbeit Beschäftigte die **Heimarbeiter i.S.d. § 2 Abs. 1 HAG** und die **Hausgewerbetreibenden i.S.d. § 2 Abs. 2 HAG (Legaldefinition).** Wegen ihrer Schutzbedürftigkeit können ihnen weitere in § 1 Abs. 2 HAG genannte Personen gleichgestellt werden.[86]

Die in Heimarbeit Beschäftigten sind von dem Auftraggeber, für den sie aufgrund von Dienst-, Werk-, Kauf- oder Werklieferungsverträgen tätig sind, wirtschaftlich, nicht aber persönlich abhängig, sodass sie **keine Arbeitnehmer** sind. Ob im Einzelfall ein Arbeits-, Heimarbeits- oder ein sonstiges Vertragsverhältnis vorliegt, richtet sich nach dem tatsächlichen Geschäftsinhalt, der beim Widerspruch zwischen der getroffenen Vereinbarung und der tatsächlichen Vertragsdurchführung maßgeblich ist.

Keine Heimarbeiter sind die sog. **Hausangestellten,** die (i.d.R.) aufgrund eines Arbeitsverhältnisses in einem privaten Haushalt hauswirtschaftliche sowie Betreuungs- und Pflegetätigkeiten verrichten.[87]

37 Das **Arbeitsrecht** findet auf Heimarbeitsverhältnisse **grds. keine Anwendung**. Allerdings ist bei den einzelnen Arbeitsrechtsgesetzen bzw. Tarifverträgen[88] stets zu prüfen, ob und ggf. inwieweit sie auch auf Heimarbeitsverhältnisse anwendbar sind. Für Streitigkeiten zwischen dem Auftraggeber und den in Heimarbeit Beschäftigten aus dem Heimarbeitsverhältnis ist das **Arbeitsgericht** nach §§ 2, 5 Abs. 1 S. 2 ArbGG **zuständig**.

Weitere Vorschriften, in denen die „Heimarbeiter" den Arbeitnehmern gleichgestellt sind, sind insbes. § 5 Abs. 1 S. 2 BetrVG;[89] § 6 Abs. 1 Nr. 3 AGG; §§ 10, 11 EFZG; §§ 1 Nr. 2, 7 Abs. 4, 8 Abs. 5, 9 Abs. 1 S. 2, Abs. 4, 13 Abs. 2, 14, 18 Abs. 2, 24 MuSchG; § 5 PflegeZG, § 20 Abs. 2 BEEG; § 12 BUrlG (Urlaubsentgelt).[90]

38 Heimarbeiter, Hausgewerbetreibende und Gleichgestellte genießen wegen ihrer wirtschaftlichen Abhängigkeit im Verhältnis zu den übrigen selbstständig Tätigen **besonderen Schutz**, der **im HAG** geregelt ist.

Dazu gehören insbesondere:

- Arbeitsschutz, §§ 10, 11 HAG,
- Gefahrenschutz, §§ 12–16 a HAG,
- Entgeltregelungen und Entgeltschutz, §§ 17–27 HAG,
- Kündigungsschutz nach §§ 29, 29 a HAG. Der allgemeine Kündigungsschutz nach dem KSchG besteht daneben nicht, wohl aber der besondere Kündigungsschutz.[91] Zur Wirksamkeit einer Kündigung eines Heimarbeiterverhältnisses gehört aber eine ordnungsgemäße Betriebsratsanhörung nach § 102 BetrVG.[92] § 613 a BGB ist dagegen auch nicht analog anwendbar.[93]

---

86 Vgl. zur Heimarbeit MünchArbR/Heenen § 315; Schaub/Vogelsang § 163 Rn. 1 ff. u. KR/Rost, §§ 29, 29 a HAG Rn. 1 ff.

87 Vgl. ausführlich zu Problemen der sog Hausangestellten Kocher NZA 2013, 929 ff.; Heinlein AuR 2013, 469.

88 Vgl. § 12 a TVG und dazu BAG, Urt. v. 15.02.2005 – 9 AZR 51/04, NZA 2006, 223 und Mayer BB 1993, 1513.

89 Vgl. dazu BAG NZA 1992, 899 und ausführlich Schaub NZA 2001, 364.

90 Vgl. dazu ErfK/Gallner § 12 BUrlG Rn. 3 ff.; Schaub/Vogelsang § 163 Rn. 10 und Otten NZA 1995, 289, 292.

91 Z.B. § 9 Abs. 1 MuSchG, § 127 Abs. 2 SGB IX; dazu KR/Rost, §§ 29, 29 a HAG, Rn. 77 ff.

92 Vgl. dazu BAG NZA 1996, 380 ff.; KR/Rost, §§29, 29 a HAG, Rn. 42 f. m.w.N.

93 Vgl. dazu BAG NZA 1998, 1001; KR/Rost, §§ 29, 29 a HAG, Rn. 88 m.w.N.

3. Die Organmitglieder juristischer Personen

Fall 3: Kündigung eines GmbH-Geschäftsführers

Aufgrund eines Beschlusses der Gesellschafter der A-GmbH wurde im Dezember 2011 ein Anstellungsvertrag mit G geschlossen, der mit Wirkung zum 01.01.2012 zum Alleingeschäftsführer der A-GmbH bestellt wurde und zuletzt einen monatlichen Bruttoverdienst von 6.000 € erzielte. Anfang September 2015 entschlossen sich die Gesellschafter der A-GmbH dazu, die Geschäftsführung zum 01.01.2016 dem Gesellschafter A zu übertragen und den Anstellungsvertrag mit G zu diesem Zeitpunkt zu kündigen. Nachdem ein entsprechender Gesellschafterbeschluss gefasst worden war, wurde dem G mit Schreiben vom 24.09.2015 die Kündigung des Anstellungsvertrags zum 31.12.2015 erklärt. G sucht am 02.10.2015 den Rechtsanwalt R auf und möchte wissen, vor welchem Gericht er gegen die Kündigung Klage erheben soll und ob er sich als Schwerbehinderter auf besonderen Kündigungsschutz berufen kann.

A. Für die Klage des G könnte der Rechtsweg zu den Arbeitsgerichten nach § 2 Abs. 1 Nr. 3 b ArbGG eröffnet sein. Voraussetzung dafür ist, dass eine bürgerlich-rechtliche Streitigkeit zwischen einem Arbeitnehmer und einem Arbeitgeber über das Bestehen oder Nichtbestehen eines Arbeitsverhältnisses vorliegt. **39**

I. Eine bürgerlich-rechtliche Streitigkeit liegt vor, weil sie die Beendigung des privatrechtlichen Vertrags zwischen G und der A zum Gegenstand hat.

II. Fraglich ist aber, ob G als Alleingeschäftsführer der A-GmbH nach der abschließenden Regelung des § 5 ArbGG[94] deren Arbeitnehmer ist und deshalb ein Streit über das Bestehen bzw. Nichtbestehen eines Arbeitsverhältnisses vorliegt. **40**

1. Nach § 5 Abs. 1 S. 1 ArbGG sind Arbeitnehmer i.S.d. ArbGG „Angestellte und Arbeiter sowie die zu ihrer Berufsausbildung Beschäftigten".

   Stellt man bei der Prüfung der Arbeitnehmereigenschaft des G allein auf die im Fall 1 (S. 4 ff.) herausgearbeiteten Abgrenzungskriterien ab, so könnte G Arbeitnehmer i.S.d. § 5 ArbGG sein.

   a) Der Geschäftsführer einer GmbH ist nach § 37 GmbHG kraft Gesetzes gegenüber den Gesellschaftern weisungsgebunden.[95]

   b) Der Geschäftsführer einer GmbH ist zwar nach § 35 GmbHG der gesetzliche Vertreter der selbst handlungsunfähigen juristischen Person (vgl. § 13 GmbHG), er ist aber mit seiner Tätigkeit in die Organisation des Gesamtbetriebes eingegliedert.

   c) G schuldet seine gesamte Arbeitskraft der A und erhält auch ein festes Gehalt, sodass man ihn nach den allgemeinen Abgrenzungskriterien als Arbeitnehmer i.S.d. § 5 Abs. 1 S. 1 ArbGG bzw. als arbeitnehmerähnliche Person bei wirtschaftlicher Abhängigkeit von der A-GmbH i.S.d. § 5 Abs. 1 S. 2

---

94 BAG AP Nr. 6 zu § 5 ArbGG; ErfK/Koch § 5 ArbGG Rn. 1.

95 Vgl. Preis § 8 II 4 c ff; Wank/Maties NZA 2007, 353, 354 und ausführlich zur Rechtsstellung des GmbH-Geschäftsführers Stenslik DStR 2015, 2334; Schiefer/Worzalla ZfA 2013, 41 ff.; Preis/Sagan ZGR 2013, 26; Schubert ZESAR 2013, 5; Schulze/Hintzen ArbR 2012, 263; Lunk/Rodenbusch GmbHR 2012, 188; Fischer NJW 2011, 2329; Stagat NZA-RR 2011, 617.

ArbGG ansehen könnte. Der Rechtsweg zu den Arbeitsgerichten wäre danach nach § 2 Abs. 1 Nr. 3 b ArbGG eröffnet.

41 2. Nach § 5 Abs. 1 S. 3 ArbGG gelten jedoch Personen, die kraft Gesetzes, Satzung oder Gesellschaftsvertrags zur Vertretung einer juristischen Person oder einer Personengesamtheit berufen sind, nicht als Arbeitnehmer i.S.d. ArbGG. **§ 5 Abs. 1 S. 3 ArbGG** enthält dabei keine (negative) Regelung des Arbeitnehmerstatus der Organvertreter, sondern lediglich eine **(negative) Umschreibung des Personenkreises**, der ohne Einschränkung und ohne Rücksicht auf den Vertragsstatus wegen der formalen organschaftlichen Stellung **aus dem Zuständigkeitsbereich der Arbeitsgerichte herausgenommen wird**. Dies gilt auch dann, wenn der Organvertreter an sich als Arbeitnehmer i.S.d. § 5 Abs. 1 S. 1 ArbGG bzw. wegen der wirtschaftlichen Abhängigkeit als arbeitnehmerähnliche Person i.S.d. § 5 Abs. 1 S. 2 ArbGG zu qualifizieren wäre.[96]

Die Fiktion des § 5 Abs. 1 S. 3 ArbGG gilt grds. nur im Verhältnis zu der jur. Person bzw. der Personenhandelsgesellschaft, deren organschaftlicher Vertreter der Dienstverpflichtete ist, nicht dagegen im Verhältnis zu anderen Gesellschaften, mit denen Vertragsbeziehungen bestehen. Darüber hinaus greift die Fiktion nach h.M. auch im Verhältnis zu einer GmbH & Co. KG ein, wenn der Geschäftsführer der Komplementär-GmbH einen Anstellungsvertrag mit der GmbH & Co. KG geschlossen hat. Denn gesetzlicher Vertreter der GmbH & Co. KG ist nach § 161 Abs. 2, § 125, § 170 HGB die Komplementär-GmbH, die selbst nicht handeln kann, sondern ihrerseits kraft Gesetzes nach § 35 GmbHG durch den Geschäftsführer vertreten wird, der damit auch als Vertreter der GmbH & Co. KG die Arbeitgeberfunktionen wahrnimmt.[97]

Bei rechtsgeschäftlich erteilter Vollmacht ist § 5 Abs. 1 S. 3 ArbGG auch dann nicht anwendbar, wenn die Vollmacht sehr weit reicht. Ob der **rechtsgeschäftliche Vertreter** Arbeitnehmer oder arbeitnehmerähnliche Person ist, ist nach den o.g. Kriterien zu beurteilen.[98]

Kündigt daher die GmbH den der Organbestellung zugrunde liegenden Anstellungsvertrag, so sind die Arbeitsgerichte schon im Hinblick auf die gesetzliche Fiktion des § 5 Abs. 1 S. 3 ArbGG zur Entscheidung über die Wirksamkeit der Kündigung generell nicht zuständig, ohne dass es auf den Vertragsstatus des Organvertreters ankommt.[99]

Zu beachten ist allerdings, dass die Fiktion des § 5 Abs. 1 S. 3 ArbGG nach der neuesten Rspr. des BAG nur für die Dauer der Organbestellung gilt. Nach der Abberufung des Geschäftsführers durch die Gesellschafter, was nach § 38 GmbHG jederzeit möglich ist, greift diese Fiktion nicht mehr ein, sodass für Klagen, die die Feststellung des Bestehens eines Arbeitsverhältnisses zum Gegenstand haben, insb. Kündigungsschutzklagen („festzustellen, dass das Arbeitsverhältnis nicht durch die Kündigung vom ... aufgelöst ..."), die Arbeitsgerichte zuständig sind. Dies gilt entgegen der bisherigen Rspr. auch dann, wenn der Geschäftsführer zum Zeitpunkt der Klageerhebung vor dem Arbeitsgericht noch nicht abberufen wurde, er aber noch vor einer rechtskräftigen Entscheidung über die Rechtswegzuständigkeit abberufen wird oder sein Amt niederlegt. Der Grund dafür ist, dass der Bestand des Arbeitsverhältnisses eine sog. doppelt relevante Tatsache ist, von der sowohl die Zulässigkeit des Rechtsweges zu den Arbeitsgerichten als auch die Begründetheit der Klage abhängig sind. In diesen sog. sic-non-Fällen (vgl. dazu Rn. 174) reicht für die Annahme der Zuständigkeit der Arbeitsgerichte bei

96 Vgl. BAG, Beschl. v. 15.11.2013 – 10 AZB 28/13, GmbHR 2014, 137; Beschl. v. 04.02.2013 – 10 AZB 78/12, NZA 2013, 397.

97 Vgl. dazu BAG, Beschl. v. 20.08.2003 – 5 AZB 79/02, NZA 2004, 1108; Zimmer/Rupp GmbHR 2006, 572; Müller-Glöge in G/M/P/M-G § 5 ArbGG Rn. 47, 49; a.A. früher BAG DB 1997, 2029, 2030 und Jäger NZA 1998, 961, 966 f.

98 BAG NZA 1997, 959, 960; ErfK/Koch § 5 ArbGG Rn. 6; Müller-Glöge in G/M/P/M-G § 5 ArbGG Rn. 50.

99 BAG, Beschl. v. 04.02.2013, Fn. 96; ausführl. zur Trennung zwischen der Abberufung als Organ und Kündigung des der Organbestellung zugrunde liegenden Vertragsverhältnisses (sog. Trennungstheorie) Schneider GmbHR 2012, 929; Kothe-Hegemann/Schelp GmbHR 2011, 75; Freund GmbHR 2010, 117; Tschöpe/Wortmann NZG 2009, 85 u. 161.

streitiger Tatsachengrundlage schon die bloße Rechtsansicht des Klägers aus, dass das streitige Vertragsverhältnis ein Arbeitsverhältnis ist. Ist dies entgegen der Ansicht des Klägers nicht der Fall, wird die Klage vom Arbeitsgericht als unbegründet abgewiesen.[100]

III. Ergebnis zu (A): Da die Streitigkeit die Beendigung des der Organbestellung zugrunde liegenden Vertragsverhältnisses des G betrifft und auch keine nach § 2 Abs. 4 ArbGG zulässige Vereinbarung der Zuständigkeit des Arbeitsgerichts vorliegt,[101] muss G schon allein wegen § 5 Abs. 1 S. 3 ArbGG die Klage vor dem Landgericht erheben, §§ 23 Nr. 1, 71 Abs. 1 GVG.[102]

Aus der Fiktion des § 5 Abs. 1 S. 3 ArbGG kann allerdings nicht hergeleitet werden, dass der Rechtsweg zu den Arbeitsgerichten immer dann ausgeschlossen ist, wenn die Klage von einem Organvertreter erhoben wird. Denn diese Fiktion greift nur für Streitigkeiten aus dem der Organbestellung zugrunde liegenden Anstellungsvertrag für die Dauer der Organstellung ein. Macht dagegen der Organvertreter Ansprüche geltend, die bereits in einem früheren Arbeitsverhältnis entstanden sind (z.B. Weihnachtsgeld), so sind die Arbeitsgerichte nach § 2 Abs. 1 Nr. 3 a ArbGG zuständig, da der Status im Zeitpunkt der Klageerhebung nichts daran ändert, dass ausschließlich das frühere Arbeitsverhältnis der entscheidende rechtliche Anknüpfungspunkt für den geltend gemachten Anspruch ist.[103] Darüber hinaus ist es nicht ausgeschlossen, dass im Einzelfall zwischen dem Organ und der juristischen Person zwei Rechtsverhältnisse bestehen, von denen eines ein eindeutig abgrenzbares Arbeitsverhältnis ist – sog. Doppelstellung als Arbeitnehmer und Organ. Soweit in einem solchen Fall eine Streitigkeit aus dem eindeutig abgrenzbaren Arbeitsverhältnis vorliegt, sind die Arbeitsgerichte ebenfalls nach § 2 ArbGG zuständig, obwohl die Klage von einem Organvertreter erhoben wird.[104] 42

Beispiel: G war seit 2011 bei der X-GmbH als Leiter der Einkaufsabteilung beschäftigt. Nach Prokura-Erteilung wurde er im Juli 2013 zum Geschäftsführer bestellt, wobei das bisherige Arbeitsverhältnis für die Dauer der Geschäftsführertätigkeit ruhen sollte. Am 12.08.2014 kündigt die GmbH die Vertragsbeziehungen mit G zum 31.03.2015.

Für die Kündigungsschutzklage ist das ArbG nach § 2 Abs. 1 Nr. 3 b ArbGG zuständig.
G war zwar zuletzt Organvertreter der X-GmbH i.S.d. § 5 Abs. 1 S. 3 ArbGG, durch die Organbestellung ist aber der zunächst bestehende Arbeitsvertrag nicht aufgehoben worden, sondern nach den getroffenen Vereinbarungen im Zustand des Ruhens bestehen geblieben. Durch die Abberufung als Geschäftsführer ist der Ruhenszustand beendet und das Vertragsverhältnis in seinen ursprünglichen Zustand (Arbeitsverhältnis) zurückgeführt worden. Die von der Abberufung des Geschäftsführers rechtlich zu trennende Vertragskündigung betrifft dann nicht nur das der Organbestellung zugrunde liegende Dienstverhältnis, sondern auch das ursprüngliche Arbeitsverhältnis.[105] Da die Vertragsparteien das Ruhen des Arbeitsverhältnisses ausdrücklich vereinbart haben, kommt es nicht darauf an, ob und unter welchen Voraussetzungen durch den Abschluss des Geschäftsführervertrags nach dem Willen der Vertragsparteien das bisherige Arbeitsverhältnis im Zweifel aufgehoben werden sollte[106] und unter welchen Voraussetzungen die Einigung hinsichtlich der Aufhebung des Arbeitsverhältnisses dem Schriftformzwang des § 623 BGB entspricht.[107] Wird dagegen im Zusammenhang mit der Bestellung eines bisherigen

100 Vgl. BAG, Beschl. v. 03.12.2014 – 10 AZB 98/14, NJW 2015, 718; Beschl. v. 22.10.2014 – 10 AZB 46/14, NZA 2015, 60; Lunk NJW 2015, 528; Haase GmbHR 2015, 253; a.A. noch BAG, Beschl. v. 15.11.2013 – 10 AZB 28/13: Ztpkt. der Klageerhebung maßgeblich; so auch Hützen EWiR 2015, 163; Geck/Fiedler BB 2015, 1077; ausführl. dazu auch Stagat NZA 2015, 193.

101 Vgl. dazu ErfK/Koch § 2 ArbGG Rn. 35; Bauer BB 1994, 855, 857.

102 Vgl. BAG, Beschl. v. 03.02.2009 – 5 AZB 100/08, NZA 2009, 907; Beschl. v. 20.08.2003 – 5 AZB 79/02, NZA 2004, 1108.

103 Vgl. BAG, Beschl. v. 04.02.2013, Fn. 96; Beschl. v. 26. 10. 2012 – 10 AZB 60/12, NZA 2013, 54; Klasen BB 2013, 1849 ff.

104 BAG, Beschl. v. 04.02.2013, Fn. 96; Beschl. v. 03.02.2009, Fn. 102; Gehlhaar NZA-RR 2009, 569; Schulte ArbRB 2007, 340 ff.

105 Vgl. BAG AP Nr. 3, 6 zu § 5 ArbGG; Müller-Glöge in G/M/P/M-G § 5 ArbGG Rn. 44; Stagat DB 2010, 2801; jeweils m.w.N.

106 BAG, Beschl. v. 26.10.2012 – 10 AZB 55/12, GmbHR 2013, 253; Beschl. v. 23.08.2011 – 10 AZB 51/10, DB 2011, 2386 (anders die frühere Rspr); vgl. auch BAG, Urt. v. 13.02.2003 – 8 AZR 654/01, NZA 2003, 552: „Bestellung eines AN einer Obergesellschaft zum GF einer konzernabhängigen GmbH beinhaltet noch nicht Aufhebung des AV mit der Obergesellschaft".

107 BAG, Beschl. v. 04. 02. 2013; Beschl. v. 26.10.2012, Fn. 106; Beschl. v. 03.02.2009, Fn. 102; Urt. v. 19.07.2007 – 6 AZR 774/06, BB 2008, 390 (Wahrung der Schriftform durch formgerechten Geschäftsführerdienstvertrag); Gehlhaar NZA-RR 2009, 569; a.A. Lembke BB 2008, 393; Jooß RdA 2008, 285; Wackerbarth RdA 2008, 376 ff.

Arbeitnehmer zum gesetzlichen Vertretungsorgan der Geschäftsführeranstellungsvertrag nur mündlich oder stillschweigend abgeschlossen, wird das bisherige Arbeitsverhältnis wegen Nichteinhaltung des Schriftformerfordernisses des § 623 BGB nicht wirksam aufgehoben, sondern besteht während der Dauer der Organstellung ruhend fort. Mit Beendigung der Organstellung lebt der ruhende Arbeitsvertrag wieder auf mit der Folge, dass für Streitigkeiten daraus die Arbeitsgerichte zuständig sind, da die Fiktion des § 5 Abs. 1 S. 3 ArbGG nicht eingreift. Dies gilt auch für die während der Zeit der Geschäftsführerbestellung auf dieser arbeitsvertraglichen Basis entstandenen Ansprüche, da in diesem Fall sämtliche Ansprüche auf einer einheitlichen, unveränderten arbeitsvertraglichen Grundlage basieren.[108]

43 B. Nach § 85 SGB IX bedarf die **Kündigung des Arbeitsverhältnisses eines Schwerbehinderten** durch den Arbeitgeber der vorherigen Zustimmung des Integrationsamtes, es sei denn, dass die Ausnahmevorschrift des § 90 SGB IX eingreift.

I. Da § 90 SGB IX – anders als § 5 Abs. 1 S. 3 ArbGG – die Organmitglieder nicht ausdrücklich aus dem Anwendungsbereich des SGB IX herausnimmt, kommt es darauf an, ob das der Organbestellung des G zugrunde liegende Vertragsverhältnis ein Arbeitsverhältnis ist.

Weitere Vorschriften, die die Anwendung der jeweiligen Gesetze auf die Organmitglieder ausschließen, sind z.B. § 5 Abs. 2 Nr. 1 BetrVG; § 14 Abs. 1 KSchG; § 3 Abs. 1 MitbestG.

44 Allein die Bestellung eines Arbeitnehmers zum Geschäftsführer einer GmbH schließt also nach § 14 Abs. 1 Nr. 1 KSchG die Anwendbarkeit des KSchG aus, sodass die ordentliche Kündigung auch dann keiner sozialen Rechtfertigung bedarf, wenn Grundlage für die Organbestellung ausnahmsweise ein Arbeitsvertrag ist. Eine vorherige Anhörung des Betriebsrates nach § 102 BetrVG ist wegen § 5 Abs. 2 Nr. 1 BetrVG ebenfalls nicht erforderlich.[109] Die Parteien können allerdings aufgrund der Vertragsautonomie grds. die entspr. Anwendung arbeitsrechtlicher Vorschriften auf den Anstellungsvertrag eines Organvertreters (z.B. des KSchG) vereinbaren.[110] Umstritten ist, ob vor einer außerordentlichen Kündigung des Anstellungsvertrages eines Organvertreters nach § 626 BGB eine vorherige Abmahnung erforderlich ist.[111] Dem Organvertreter steht zwar nach seiner Abberufung auch beim Fortbestand des Anstellungsvertrages kein Weiterbeschäftigungsanspruch zu. Die Vertragsparteien können aber für diesen Fall einen Anspruch auf Beschäftigung in einer ähnlichen Position unterhalb der Organvertreterebene als leitender Angestellter regeln.[112]

45 II. Wendet man bei der Beurteilung des Rechtsstatus des Geschäftsführers G allein die für die Abgrenzung Selbstständige – Arbeitnehmer maßgeblichen Kriterien an, so könnte G Arbeitnehmer und damit § 85 SGB IX anwendbar sein. Der **Begriff des Arbeitnehmers** ist aber nicht nur im Verhältnis zum Selbstständigen, sondern **auch gegenüber** dem **Arbeitgeber abzugrenzen**. Die **juristische Person** bzw. Personenhandelsgesellschaft ist zwar Vertragspartner des Arbeitnehmers und damit **Arbeitgeber im Rechtssinne** (sog. abstrakter Prinzipal). Da jedoch die juristischen Personen selbst **handlungsunfähig** sind, werden die Arbeitgeberfunktionen im Verhältnis zu den Arbeitnehmern von den Organen ausgeübt, so-

108 Vgl. dazu BAG, Beschlüsse v. 23.08.2011, Fn. 106 und v. 15.03.2011 – 10 AZB 32/10, NZA 2011, 874; Henne EWiR 2012, 37.

109 Vgl. dazu BAG, Urt. v. 25.10.2007 – 6 AZR 1045/06, NZA 2008, 168; Bauer/Arnold DB 2008, 350; Goll-Müller/Langehan/Komus NZA 2008, 687; Haase GmbHR 2007, 821und Langer DStR 2007, 535 zur Problematik des § 623 BGB.

110 Vgl. dazu BGH, Urt. v. 10.05.2010 – II ZR 70/09, NZA 2010, 889; Thiessen ZIP 2011, 1029; Stagat NZA-RR 2011, 617; ders. NZA 2010, 975; Diller NZG 2011, 254; Joost EWiR 2010, 613; Ulrich GmbHR 2010, 811; a.A. Bauer/Arnold ZIP 2010, 709.

111 Dagegen BGH, Urt. v. 02.07.2007 – II ZR 71/06, NJW-RR 2007, 1520; Trappehl/Scheurer DB 2005, 1276; dafür Schumacher-Mohr DB 2002, 1606 unter Hinweis auf § 314 Abs. 2 BGB und grds. auch Koch ZIP 2005, 1621.

112 Vgl. dazu BGH, Urt. v. 11.10.2010 – II ZR 266/08, NJW 2011, 920; Horn NZA 2012, 186; Lunk/Rodenbusch NZA 2011, 497; Kothe-Heggemann/Schelp GmbHR 2011, 75; Thiessen ZIP 2011, 1029; Otte GWR 2011, 25; Diller NZG 2011, 254.

dass die **Organe** auch der **konkrete Prinzipal** des Arbeitnehmers sind. Wegen der Ausübung der Arbeitgeberfunktionen wäre es daher nach h.M. nicht gerechtfertigt, die Organe als Arbeitnehmer und den der Organbestellung zugrunde liegenden Anstellungsvertrag als ein Arbeitsverhältnis zu qualifizieren.[113]

Nach der Gegenansicht[114] kann der Anstellungsvertrag eines GmbH-Geschäftsführers ausnahmsweise ein Arbeitsverhältnis sein. Voraussetzung dafür ist aber, dass die GmbH über das gesellschaftsrechtliche Weisungsrecht hinaus auch arbeitsbegleitende und verfahrensorientierte Weisungen erteilen und dadurch die konkreten Modalitäten der Leistungserbringung bestimmen kann. Da aber auch in diesem Ausnahmefall die Arbeitsgerichte wegen der ausdrücklichen Regelung in § 5 Abs. 1 S. 3 ArbGG nicht zuständig ist, müssten die Zivilgerichte nach § 17 Abs. 2 GVG notfalls das Arbeitsrecht (vgl. aber § 14 Abs. 1 Nr. 1 KSchG u. Rn. 175) anwenden.[115]

Die gesetzlichen Vertreter der juristischen Personen bzw. Personenhandelsgesellschaften sind somit keine Arbeitnehmer, sodass der Anstellungsvertrag bei Entgeltlichkeit als ein Dienstvertrag, der eine Geschäftsbesorgung zum Gegenstand hat (§§ 611, 675 BGB), bei Unentgeltlichkeit als Auftrag (§ 662 BGB) zu qualifizieren ist. Da durch die Kündigung des Anstellungsvertrags kein Arbeitsverhältnis beendet wird, ist die vorherige Zustimmung des Integrationsamtes nach § 85 SGB IX nicht erforderlich.[116]

III. Ergebnis zu (B): G kann sich auf den besonderen Kündigungsschutz nach § 85 ff. SGB IX und damit auf die fehlende Zustimmung des Integrationsamtes zu der Kündigung nicht berufen.

Die Tatsache, dass ein Organvertreter nach dem nationalen Recht kein Arbeitnehmer ist, schließt es nicht aus, dass er Arbeitnehmer im Sinne des europäischen Unionsrechts sein kann. Denn die Arbeitnehmereigenschaft i.S.d. Unionsrechts kann nur einheitlich ohne Rücksicht auf das jeweilige nationale Recht bestimmt werden. Da das wesentliche Merkmal des Arbeitsverhältnisses i.S.d. Unionsrechts darin besteht, dass eine Person während einer bestimmten Zeit für eine andere nach deren Weisung Leistungen erbringt, für die sie als Gegenleistung eine Vergütung erhält,[117] ist der unionsrechtliche Arbeitnehmerbegriff weiter als der nach dem deutschen Arbeitsrecht. Bei der unmittelbaren Anwendung des EU-Rechts gilt daher auch uneingeschränkt der europarechtliche Arbeitnehmerbegriff. Bei der Anwendung des nationalen Rechts, das auf europäischen Richtlinien beruht, kommt dagegen bei einer europarechtskonformen Auslegung dieser Vorschriften (z.B. § 9 MuSchG, § 17 KSchG) die Anwendung auf Organvertreter, insbesondere auf Fremdgeschaftsführer einer GmbH in Betracht. Ob sich der deutsche Arbeitnehmerbegriff im Hinblick auf die o.g. Rechtsprechung des EuGH künftig aufrecht erhalten lässt, nachdem das BAG entschieden hat, dass der Fremdgeschäftsführer einer GmbH auch beim Vorliegen eines Dienstvertrages Verbraucher i.S.d. § 13 BGB ist, [118] wird in letzterer Zeit zunehmend bezweifelt.[119] Inzwischen hat auch der BGH entschieden, dass der GmbH-Geschäftsführer Beschäftigter

113 BGH, Urt. v. 10.05.2010, Fn. 110; BB 1984, 1892 Z/L/H § 5 Rn. 33; MünchArbR/Richardi § 17 Rn. 54 f.; Vielmeier NJW 2014, 2678; Ulrich GmbHR 2010, 811; Bauer/Arnold ZIP 2010, 709; jeweils m.w.N.

114 BAG, Urt. v. 24.11.2005 – 2 AZR 614/04, NZA 2006, 366; 1999, 987, 988; Schaub/Vogelsang § 14 Rn. 2 ff.

115 BAG, Beschl. v. 20.08.2003 – 5 AZB 79/02, NZA 2003, 1108; Diller NZG 2011, 254 (Kündigungsschutz u. Weiterbeschäftigungsanspruch eines GmbH-GF) u. Schiefer/Worzalla ZfA 2013, 41 zu Rechten aufgrund des GF-Anstellungsvertrages.

116 BGH AP Nr. 1 zu § 38 GmbHG; OLG Düsseldorf BB 2013, 1403; ErfK/Rolfs § 85 SGB IX Rn. 3; vgl. aber für die Dauer der Kündigungsfristen BGH AP Nr. 14, 15 zu § 622 BGB a.F. u. LAG Rheinland-Pfalz NZG 2009, 195 zu § 622 BGB n.F.; Reiserer DB 2006, 1787; zur betriebl. Übung Nebendahl NZA 1992, 289; Thüsing/Stiebert NZA 2011, 641 zu Altersgrenzen bei Organmitgliedern sowie Bauer/v. Medem GWR 2011, 435; Menke NJW 2009, 636 zu nachvertragl. Wettbewerbsverboten.

117 Vgl. EuGH, Urt. v. 09.07.2015 – C-229/14, NZA 2015, 861; Urt. v. 11.11.2010 – C-232/09, NZA 2011, 143; dazu Lunk NZA 2015, 917; Schubert ZESAR 2013, 5; Rebhahn EuZA 2012, 3; Wank EWiR 2011, 27 sowie Schiefer/Worzalla ZfA 2013, 41 ff.

118 BAG, Urt. v. 19.05.2010 – 5 AZR 253/09, NZA 2010, 939 und zur AGB-Kontrolle von Geschäftsführer-Dienstverträgen Lunk/Rodenbusch GmbHR 2012, 188; Kempermann NJW-Spezial 2012, 15; Wank RdA 2011, 178; Khanian GmbHR 2011, 116.

119 Dazu Stenslik DStR 2015, 2334; Schiefer/Worzalla ZfA 2013, 41; v. Alversleben/Haug/Schnabel BB 2012, 774; Lunk/Rodenbusch GmbHR 2012, 188; Wank RdA 2011, 178; Fischer NJW 2011, 2329; Oberthür NZA 2011, 253; Junker NZA 2011, 950.

i.S.d. § 6 Abs. 3 AGG ist, dem die Beweislastregelung des § 22 AGG zugute kommt und der bei einer altersdiskriminierenden Ablehnung eines Abschlusses eines Dienstvertrages Schadensersatz- und Entschädigungsansprüche nach Maßgabe des § 15 AGG hat.[120]

C. Die Einteilung der Arbeitnehmer in Arbeiter und Angestellte; die Rechtsstellung der leitenden Angestellten

I. Die Unterscheidung zwischen Angestellten und Arbeitern

46 **1.** Die Einteilung der Arbeitnehmer in Angestellte und Arbeiter ist in der geschichtlichen Entwicklung begründet und reicht bis in das 19. Jahrhundert zurück. Die Angestellten, die etwas Besonderes, Besseres waren, stellten eine relativ kleine Minderheit der Arbeitnehmer dar, die nicht nur hinsichtlich der Höhe der Vergütung bevorzugt behandelt wurde. Mit zunehmender technischer Entwicklung am Arbeitsplatz und den gestiegenen intellektuellen Anforderungen an die Arbeitnehmer ist die Unterscheidung zwischen Arbeitern (Handarbeit) und Angestellten (Kopfarbeit), die früher stark ausgeprägt war, immer schwieriger geworden. Es gibt heute viele Facharbeiter, die erheblich mehr verdienen, mehr Fachwissen besitzen und auch mehr Verantwortung tragen als Angestellte, die heute auch die Mehrheit der Arbeitnehmer ausmachen.[121] Nicht zuletzt wegen dieser Entwicklung ist die unterschiedliche Behandlung dieser beiden Arbeitnehmergruppen auch im Hinblick auf den Gleichbehandlungsgrundsatz des Art. 3 Abs. 1 GG immer problematischer geworden, da dafür ein sachlicher Rechtfertigungsgrund vorliegen muss, den die Gruppenzugehörigkeit allein nach heute allgemeiner Ansicht nicht mehr bildet.[122] Gleichzeitig hat die Unterscheidung wegen der fortschreitenden Angleichung der Rechtsstellung dieser beiden Arbeitnehmergruppen immer mehr an praktischer Bedeutung verloren.[123] Nachdem jetzt § 622 BGB für **Arbeiter und Angestellte gleiche gesetzliche Kündigungsfristen** vorsieht, das EFZG die **Entgeltfortzahlungsansprüche** der Angestellten und Arbeiter im **Krankheitsfall einheitlich** regelt, die Differenzierung im BetrVG (§ 6 BetrVG a.F.) bzw. im Personalvertretungsrecht (vgl. § 4 BPersVG a.F.) aufgehoben wurde und seit dem 01.01.2005 auch in der gesetzlichen Rentenversicherung nicht mehr zwischen Arbeitern und Angestellten differenziert wird, hat die Unterscheidung zwischen Angestellten und Arbeitern nur noch relativ geringe praktische Bedeutung.

47 Bisher waren für die Rentenversicherung der Arbeiter die Landesversicherungsanstalten und für die der Angestellten die Bundesversicherungsanstalt in Berlin (BfA) zuständig. Seit dem 01.01.2005 regelt die Zuständigkeit der gesetzlichen Rentenversicherungsträger das Gesetz zur Organisationsreform der gesetzlichen Rentenversicherung neu. Die BfA und der Verband der Deutschen Rentenversicherungsträger, der ein Spitzenverband der bisherigen Landesversicherungsanstalten war, wurden zu der Deutschen Rentenversicherung Bund zusammengefasst. Die Landesversicherungsanstalten bleiben zwar auch nach der Organisationsreform als „Regionalträger" erhalten, wurden aber zum 01.10.2005 (z.B. in Deutsche Rentenversicherung Westfalen) umbenannt. Die bisherigen „Sonderversicherungsträger", die Bundesknappschaft, die Bahnversicherungsanstalt und die Seekasse, wurden zu einem zweiten Rentenversicherungsträger mit Sonderzuständigkeiten zusammengefasst, der Deutschen Rentenversi-

---

120 BGH, Urt. v. 23.04.2012 – II ZR 103/10, NZA 2012, 797; Lunk RdA 2013, 111; Reufels/Molle NZA-RR 2011, 281 zum Diskriminierungsschutz für Organmitglieder und Oberthür/Becker ArbRB 2009, 26 zu AGG- Klagen von Organmitgliedern.

121 Vgl. dazu Hanau/Adomeit Rn. 554 ff. und Molitor RdA 1989, 240.

122 BAG, Urt. v. 12.10.2005 – 10 AZR 640/04, DB 2006, 283; Schaub/Vogelsang § 12 Rn. 1 und unten Rn. 161 ff.

123 Vgl. dazu Hromadka NZA 1998, 1, 5 f.; ZfA 1994, 251 ff.; MünchArbR/Richardi § 18 Rn. 19 ff.; Preis § 9 I.

cherung Knappschaft-Bahn-See. Mit dieser Organisationsreform der Rentenversicherungsträger ist auch die bisherige Abgrenzung Angestellter/Arbeiter überflüssig geworden, weil die Zuordnung der Neuversicherten einheitlich nach dem in § 127 Abs. 2 SGB VI geregelten Zuordnungsverfahren erfolgt. Versicherte, die schon vor dem 01.01.2005 eine Versicherungsnummer hatten, bleiben nach § 274 c Abs. 1 S. 1 SGB VI grds. dem am 31.12.2004 zugeordneten Versicherungsträger erhalten.[124]

Praktische Bedeutung hat die Unterscheidung zwischen Angestellten und Arbeitern heute im Wesentlichen nur noch bei Tarifverträgen, die zwischen diesen Arbeitnehmergruppen unterscheiden (vgl. zu tariflichen Kündigungsfristen unten und Rn. 466).[125] 48

Bei unterschiedlicher Behandlung der Arbeiter und Angestellten durch Tarifvertrag, Betriebsvereinbarungen oder einzelvertragliche Regelungen, die dem Gleichbehandlungsgrundsatz unterliegen (dazu später Rn. c) ff.), ist stets sorgfältig zu prüfen, ob dies auch sachlich gerechtfertigt ist. Die **bloße Zugehörigkeit** eines Arbeitnehmers **zu einer der Arbeitnehmergruppen begründet noch keinen sachlichen Rechtfertigungsgrund für die unterschiedliche Behandlung der Arbeiter und Angestellten,** sodass andere Differenzierungsgründe vorliegen müssen.[126] Deshalb sind auch die gesetzlichen Kündigungsfristen seit dem 15.10.1993 einheitlich für Arbeiter und Angestellte in § 622 BGB geregelt, nachdem das BVerfG[127] entschied, dass § 622 Abs. 2 BGB a.F. insoweit mit Art. 3 Abs. 1 GG unvereinbar war, als er für Arbeiter kürzere Kündigungsfristen als für Angestellte vorsah.

2. Für die Abgrenzung zwischen Angestellten und Arbeitern ist die Verkehrsauffassung maßgeblich, die auf die Natur der ausgeübten Tätigkeit abstellt.[128] **Jeder Arbeitnehmer** ist entweder **Arbeiter oder Angestellter**. Eine dritte Arbeitnehmergruppe oder eine Mischgruppe gibt es nicht. Die Abgrenzung erfolgt dabei nach h.M. vom Begriff des Angestellten her, was in erster Linie darauf zurückzuführen ist, dass die Angestellten i.S.d. des Sozialversicherungsrechts in einem Berufsgruppenverzeichnis aufgeführt waren, das teilweise von § 133 Abs. 2 SGB VI a.F. übernommen wurde, sodass darauf auch bei der Abgrenzung im Arbeitsrecht zurückgegriffen werden konnte. Auch wenn § 133 SGB VI mit Wirkung zum 01.01.2005 neu gefasst wurde und eine Aufzählung der Angestellten nicht mehr enthält, dürften die bisherigen sozialversicherungsrechtlichen Abgrenzungskriterien weiterhin für die Abgrenzung zwischen Arbeitern und Angestellten im Arbeitsrecht nach der Verkehrsauffassung maßgeblich sein. Denn die Änderung des § 133 SGB VI allein ändert nichts daran, dass die Verkehrsauffassung bisher maßgeblich durch die Abgrenzungspraxis im Sozialversicherungsrecht erheblich beeinflusst wurde, sodass sie auch im Arbeitsrecht praktische Relevanz hat.[129] 49

Für die Bestimmung der für die Abgrenzung zwischen Angestellten und Arbeitern maßgeblichen Verkehrsauffassung dürfte deshalb – wie bisher – eine **mehrstufige Prüfung** entscheidend sein. Zunächst ist auf die **Aufzählung der acht wichtigsten Berufsgruppen** abzustellen, die nach **§ 133 Abs. 2 SGB VI a.F.** zu den Angestellten im Sozialversicherungsrecht gehörten, die aber nicht abschließend war. Danach ist auf das zum § 3 AVG als dem Vorgänger des § 133 Abs. 2 SGB VI a.F. in Form einer RechtsVO erlassene **Berufsgruppenverzeichnis** abzustellen.[130] Ist ein Arbeitnehmer auch dort nicht aufgeführt, ist für die Unterscheidung auf der dritten Stufe maßgeblich, ob die konkrete Tä- 50

124 Ausführlich zur Reform der gesetzlichen Rentenversicherung Göbel/Dünn DRV 2007, 22 ff.; Rische DRV 2007, 691 ff.
125 Schaub/Vogelsang § 12 Rn. 1 ff.; ErfK/Preis § 611 BGB Rn. 104; Z/L/H § 6 Rn. 10; zum Direktionsrecht unten Rn. 169 ff.
126 BAG, Urt. v. 16.02.2010 – 3 AZR 216/09, NZA 2010, 701; BVerfG NZA 1997, 1339; Schumann EWiR 2006, 111.
127 Vgl. dazu BVerfG NZA 1990, 721 ff.; Marschollek DB 1991, 1069 ff.; Worzalla NZA 1994, 145 ff.; Kramer ZIP 1994, 929 ff.
128 BAG, Urt. v. 21.08.2003 – 8 AZR 430/02, NZA 2004, 1184; ErfK/Preis § 611 BGB Rn. 104; B/R/H Rn. 57 ff.
129 BAG, Urt. v. 21.08.2003, Fn. 128; LAG Hamm, Urt. v. 23.07.2004 – 10 Sa 279/04, juris; Hanau/Adomeit Rn. 554 ff., 558.
130 BAG, Urt. v. 21.08.2003, Fn. 128; BAG NZA 1994, 39, 40; MünchArbR/Richardi § 18 Rn. 29 ff.; jeweils m.w.N.

tigkeit derjenigen einer Berufsgruppe entspricht, deren Angehörige nach der Verkehrsauffassung allgemein als Angestellte betrachtet werden. Ergibt sich auch danach keine Lösung, ist auf der **vierten Stufe auf das Gesamtbild der Tätigkeit** abzustellen.[131]

51 **Angestellter** ist danach, wer **kaufmännische oder büromäßige oder sonst vorwiegend geistige Arbeit leistet**, ohne dass es auf die Vorbildung des Arbeitnehmers und den Schwierigkeitsgrad der Tätigkeit ankommt.

52 **Arbeiter** ist dagegen, wer überwiegend **körperliche Arbeit** verrichtet.[132]

Ist auch danach keine eindeutige Einordnung der Tätigkeit möglich, ist auf der letzten Stufe auf den übereinstimmenden Parteiwillen abzustellen.[133]

II. Die Rechtsstellung der leitenden Angestellten

53 Die leitenden Angestellten haben im Arbeitsrecht eine Sonderstellung. Rechtlich sind sie zwar Arbeitnehmer. Sie stehen aber in der betrieblichen Hierarchie zwischen dem Arbeitgeber (einschl. der die Arbeitgeberfunktionen ausübenden Organe bei juristischen Personen) und den „normalen" Arbeitnehmern, weil ihnen zumindest teilweise die Ausübung von Arbeitgeberfunktionen übertragen worden ist. Wegen der übertragenen Entscheidungskompetenz ist bei ihnen – zumindest subjektiv – der Gegensatz zwischen ihrer Interessenlage und der des Arbeitgebers nicht so deutlich ausgeprägt wie bei den „normalen" Arbeitnehmern, d.h. sie stehen interessenmäßig eher auf der Arbeitgeberseite. Diese durch die **Arbeitnehmereigenschaft einerseits** und die **Ausübung der Arbeitgeberfunktionen andererseits** bedingte Zwischenstellung der leitenden Angestellten erfordert in einigen Beziehungen eine rechtliche Sonderbehandlung.[134]

54 Die wichtigsten **Sonderregelungen für leitende Angestellte** sind insbes.

- § 5 Abs. 3 BetrVG: Keine Anwendung des BetrVG. Es gilt das SprecherausschussG,
- § 18 Abs. 1 Nr. 1 und 2 ArbZG: Keine Anwendung des ArbZG auf leitende Angestellte i.S.d. § 5 Abs. 3 BetrVG, Chefärzte und auf „leitende" Angestellte im öffentlichen Dienst,
- § 14 Abs. 2 KSchG: Eingeschränkter Kündigungsschutz nach dem KSchG,[135]
- §§ 12 Abs. 1, 15 Abs. 1 S. 2 und Abs. 3 Nr. 2 MitbestG: Ein Sitz im Aufsichtsrat von Unternehmen, die dem MitbestG unterliegen,
- §§ 22 Abs. 2 Nr. 2, 37 Abs. 2, 43 Abs. 3 ArbGG; § 16 Abs. 4 Nr. 4 SozGG: Leitende Angestellte nur auf Arbeitgeberseite als ehrenamtliche Richter bei den Arbeits- und Sozialgerichten tätig.

Die begriffliche Erfassung der leitenden Angestellten bereitet in der Praxis große Schwierigkeiten, da es für das Arbeitsrecht keinen einheitlichen Begriff des ltd. Angestellten gibt.[136]

131 BAG, Urt. v. 21.08.2003, Fn. 128; NZA 1994, 39, 40 m.w.N.

132 BVerfG AP Nr. 16 zu § 622 BGB; BSG AP Nr. 10 zu § 3 AVG; BAG AP Nr. 1 zu § 616 BGB „Angestellter"; Preis § 9 I und Brill DB 1981, 316 ff. mit vielen Beispielen sowie Fröhlich ArbRB 2014, 16 zu Problemen im Zusammenhang mit BR-Wahlen.

133 BAG, Urt. v. 21.08.2003 – 8 AZR 430/02, NZA 2004, 1184; 1994, 39, 40 m.w.N.

134 Ausführlich zum ltd. Angestellten: MünchArbR/Richardi § 19 Rn. 5 ff.; vgl. auch Rn. 699.

135 Vgl. dazu BAG, Urt. v.19.04.2012 – 2 AZR 186/11, NZA 2013, 27; Urt. v. 24.03.2011 – 2 AZR 674/09, DB 2011, 2383; Urt. v. 27.09.2001 – 2 AZR 176/00, NZA 2002, 1277 und Kramer NZA 2013, 311; Horn NZA 2012, 186 sowie Vogel NZA 2002, 313.

136 Vgl. MünchArbR/Richardi § 18 Rn. 5 f.; Schaub/Vogelsang § 13 Rn. 1 ff.; Kaiser AR-Blattei SD 70.2. „Ltd. Angestellte".

Das Arbeitsrecht ist das Sonderrecht (Schutzrecht) der Arbeitnehmer

Arbeitnehmer

ist, wer aufgrund eines privatrechtl. Vertrages für einen anderen gegen Entgelt (str.) unselbstständige Dienste leistet. Voraussetzungen sind also:

- **Privatrechtlicher Vertrag**
  Keine Arbeitnehmer sind deshalb insbes. Beamte, Richter, Soldaten (öffentlich-rechtliche Rechtsbeziehung, vgl. BeamtenG, DRiG, SoldG) und Familienangehörige, soweit die Tätigkeit nur der Erfüllung der gesetzl. Verpflichtungen (§§ 1353, 1360, 1619 BGB) dient.
- **Dienstleistung für einen anderen gegen Entgelt** (letzteres str.), also **Dienstvertrag i.S.d. § 611 BGB**
  - Nur Tätigkeit, nicht Tätigkeitserfolg (Werk) geschuldet. Abgrenzung zum Werkvertrag i.S.d. § 631 BGB;
  - fremdnützige Tätigkeit, also keine Tätigkeit, die zum Zwecke der Förderung des gemeinschaftlichen Zweckes aufgrund eines Gesellschaftsvertrags als eigener Gesellschafterbeitrag gem. § 706 Abs. 3 BGB erbracht wird. Abgrenzung zum Gesellschaftsvertrag;
  - Entgeltlichkeit der Dienstleistung. Abgrenzung zum Auftrag i.S.d. § 662 BGB, der unentgeltliche Dienstleistung voraussetzt. Str., ob Arbeitsvertrag ausnahmsweise trotz Unentgeltlichkeit vorliegen kann. Die h.M. bejaht dies.
- **Unselbstständigkeit der Dienstleistung**
  Abgrenzung Arbeitnehmer – Selbstständiger. Entscheidend nicht wirtschaftliche, sondern persönliche Abhängigkeit (Unselbstständigkeit) vom Dienstherrn. Ausgangspunkt für Abgrenzung ist § 84 Abs. 1 S. 2 HGB, der insoweit eine allgemeine gesetzgeberische Wertung enthält. Abgrenzung nur einzelfallbezogen anhand von Indizien (Weisungsgebundenheit bzgl. Ort, Zeit, Dauer sowie Art und Weise der Tätigkeit, Eingliederung in den Betrieb, gesamte Arbeitskraft als wichtigste Indizien).

Arbeitnehmerähnliche Personen

Wegen Schutzbedürftigkeit aufgrund der wirtschaftlichen Abhängigkeit von einem Unternehmer finden arbeitsrechtliche Bestimmungen ausnahmsweise auch auf arbeitnehmerähnliche Personen, wozu insbes. freie Mitarbeiter, Heimarbeiter, sog. Einfirmenhandelsvertreter gehören, Anwendung, wenn und soweit dies **gesetzlich** ausdrücklich **angeordnet** ist, vgl. § 5 Abs. 1 S. 2, Abs. 3 ArbGG; § 6 Abs. 1 Nr. 3 AGG; § 2 S. 2 BUrlG; § 12 a TVG. Auf Vertragsverhältnisse der **in Heimarbeit Beschäftigten** finden neben dem **HAG** noch weitere Bestimmungen Anwendung (z.B. § 5 Abs. 1 S. 2, § 8 Abs. 1 S. 1 BetrVG, §§ 10, 11 EFZG)

Arbeitnehmer oder Angestellte

Alle Arbeitnehmer sind entweder Arbeiter oder Angestellte, wobei die Abgrenzung vom Begriff des Angestellten her erfolgt.

- Angestellter ist nach der maßgeblichen Verkehrsauffassung, wer kaufmännische, büromäßige oder sonst vorwiegend geistige Arbeit leistet.
- Arbeiter ist, wer überwiegend körperliche Arbeit verrichtet. Die Abgrenzung wird angesichts der fortschreitenden technischen Entwicklung immer schwieriger; sie verliert aber wegen der Angleichung der Rechtsstellung dieser beiden Arbeitnehmergruppen immer mehr an Bedeutung.

Leitende Angestellte

nehmen eine Sonderstellung innerhalb der Gruppe der Arbeitnehmer ein. Sie üben teilweise Arbeitgeberfunktionen aus und es gelten teilweise Sonderregelungen (z.B. § 18 Abs. 1 Nr. 1 und 2 ArbZG, § 14 Abs. 2 KSchG, SprecherausschussG, vgl. § 5 Abs. 3 BetrVG).

Arbeitgeber

ist, wer mindestens einen Arbeitnehmer beschäftigt.

2. Abschnitt: Das Arbeitsrecht im Rechtssystem; die arbeitsrechtlichen Rechtsquellen und Gestaltungsfaktoren

A. Das Arbeitsrecht im Rechtssystem

I. Die Stellung des Arbeitsrechts in der Rechtsordnung

55 Im modernen Rechtsstaat ist zwischen öffentlichem Recht und dem Privatrecht zu unterscheiden. Die Einordnung des Arbeitsrechts in diese Zweiteilung bereitet aber Probleme, weil es zwar in weiten Teilen dem Privatrecht zuzuordnen ist, wozu insbes. das gesamte Arbeitsvertragsrecht gehört. Es gibt aber auch arbeitsrechtliche Regelungen, die zweifellos zum öffentlichen Recht gehören (z.B. ArbeitsschutzG). Außerdem bestehen Zuordnungsschwierigkeiten beim Betriebsverfassungs- und Personalvertretungsrecht, da Letzteres sich sowohl auf die (privatrechtlichen) Arbeitnehmer des öffentlichen Dienstes als auch auf die (öffentlich-rechtlichen) Beamten bezieht. Praktische Probleme bereitet die genaue dogmatische Einordnung des Arbeitsrechts allerdings nicht, da die Rechtswegfrage durch die ausdrückliche Zuweisung in § 2 ArbGG geklärt ist.[137]

Nach der wohl h.M. ist das Arbeitsrecht – ähnlich dem Handels- und Gesellschaftsrecht – insgesamt ein besonderer Teil des Privatrechts, da es auf dem im BGB verankerten allgemeinen Privatrecht aufbaut, das lediglich durch öffentlich-rechtliche Bestimmungen teilweise ergänzt und modifiziert wird.[138]

II. Die Gliederung des Arbeitsrechts

56 Das Arbeitsrecht wird entsprechend seinen Regelungsbereichen üblicherweise in das **Individualarbeitsrecht** einschl. des Arbeitsschutzrechts und das **kollektive Arbeitsrecht** eingeteilt.[139]

Neuerdings wird das Arbeitsschutzrecht (d.h. die gesetzlichen Bestimmungen zum Zwecke des Schutzes des Arbeitnehmers vor den Gefahren des Arbeitslebens) systematisch als selbstständiger dritter Teil des Arbeitsrechts angesehen,[140] was nach dem In-Kraft-Treten des ArbSchG sowie der Verordnungen dazu nicht ganz unberechtigt erscheint (vgl. dazu auch unten Rn. 348).

Die herkömmliche Einteilung liegt auch der folgenden Darstellung zugrunde.

Der entscheidende Vorteil dieser Darstellung ist, dass man mit den vom allgemeinen Privatrecht her vertrauten vertraglichen Beziehungen anfangen kann, um sich erst danach den unbekannten Fragestellungen des kollektiven Arbeitsrechts zuzuwenden. Der Nachteil besteht darin, dass bei der Lösung eines konkreten arbeitsrechtlichen Falles leicht übersehen werden kann, dass die Fallprobleme weder nur in den Bereich des Individualarbeitsrechts noch in den des kollektiven Arbeitsrechts und schon gar nicht nur in den Bereich der allgemeinen Lehren gehören.[141]

---

137 Vgl. dazu Kissel NZA 1995, 345 und Schaub BB 1993, 1666.

138 Vgl. Waltermann Rn. 18 ff.; Hanau/Adomeit Rn. 71.

139 Vgl. Hanau/Adomeit Rn. 53 ff.; Z/L/H § 7 Rn. 49 ff.

140 So z.B. Waltermann Rn. 18; Preis § 1 II; Dütz/Thüsing Rn. 3 ff.

141 MünchArbR/Richardi § 4 Rn. 1 ff.; Dütz/Thüsing Rn. 4; Hanau/Adomeit Rn. 55 ff.

Der normale arbeitsrechtliche Fall (z.B. ein Urlaubsanspruch)

- beginnt vielfach mit einer individualrechtlichen Anspruchsgrundlage (z.B. Anspruch aus Arbeitsvertrag),
- wendet sich dann allg. Fragen zu (z.B.: Liegt ein Arbeitsverhältnis vor?),
- führt zum kollektiven Arbeitsrecht (Besteht ein Anspruch aus Tarifvertrag? Sind Arbeitnehmer und Arbeitgeber infolge ihrer Zugehörigkeit zur Gewerkschaft bzw. zum Arbeitgeberverband tarifgebunden?) und
- endet schließlich wieder im Bereich des Individualarbeitsrechts (Entscheidung über den geltend gemachten Anspruch).

Auf den Zusammenhang der verschiedenen Teile des Arbeitsrechts, der bei der Fallbearbeitung wichtig ist, sei deshalb hier besonders hingewiesen.

1. Das Individualarbeitsrecht

a) Unter dem Individualarbeitsrecht ist der Teil des Arbeitsrechts zu verstehen, der die Rechtsbeziehungen zwischen dem Arbeitgeber und den einzelnen Arbeitnehmern regelt. Er erfasst insbesondere Entstehung, Inhalt, Störungen, Übergang und Beendigung von Arbeitsverhältnissen.[142] **57**

b) Überblick über die wichtigsten Gesetze des Individualarbeitsrechts einschließlich des Arbeitsschutzrechts **58**

aa) Zunächst gibt es die nachfolgenden Gesetze, die – im Rahmen ihres jeweiligen sachlichen Geltungsbereichs – **für alle Arbeitnehmer** gelten.

- KündigungsschutzG (KSchG)
- Allgemeines Gleichbehandlungsgesetz (AGG, seit dem 16.08.2006 in Kraft)

  Die Einzelheiten dazu werden bei den einzelnen Problemen, insb. beim Abschluss des Arbeitsvertrages, bei Nebenpflichten des Arbeitgebers und bei der Kündigung des Arbeitsverhältnisses behandelt (vgl. unten Rn. c) ff., 195 ff., 350 und Rn. 439).

- ArbeitszeitG (Ausnahmen: §§ 18 ff. ArbZG) und AltersteilzeitG
- EntgeltfortzahlungsG (EFZG)
- BundesurlaubsG (BUrlG)
- NachweisG (NachwG)
- Gesetz über Teilzeit und befristete Arbeitsverträge (TzBfG)
- Gewerbeordnung (GewO), aber nur die §§ 105 bis 110 GewO

  Diese Bestimmungen der GewO, die früher nur in Gewerbebetrieben galten, gelten seit dem 01.01.2003 gemäß § 6 Abs. 2 GewO nunmehr einheitlich für alle Arbeitnehmer.[143]

---

142 Vgl. Waltermann Rn. 19; Preis § 1 II; Dütz/Thüsing Rn. 3; Hanau/Adomeit Rn. 55.

143 Vgl. dazu Bauer/Opolony BB 2002, 1590; Schöne NZA 2002, 829 und Wisskirchen DB 2002, 1886.

- ArbeitssicherheitsG (ASiG)
- ArbeitsschutzG (ArbSchG)
- MutterschutzG (MuSchG)
- Bundeselterngeld- und ElternzeitG (BEEG)

  Das BEEG hat zum 01.01.2007 das bisherige BundeserziehungsgeldG (BErzGG) abgelöst.

- JugendarbeitsschutzG (JArbSchG)
- Sozialgesetzbuch IX – (SGB IX – Schwerbehindertenrecht)
- ArbeitsplatzschutzG (ArbPlSchG)
- ArbeitnehmererfindungsG (ArbNErfG)
- ArbeitnehmerüberlassungsG (AÜG)
- PflegezeitG und das FamilienpflegezeitG (dazu Rn. 365)
- Gesetz zur Verbesserung der betrieblichen Altersversorgung (BetrAVG).

59 **bb)** Daneben gibt es Sondergesetze, die abhängig von bestimmten rechtlichen Eigenarten des Arbeitgebers nur **für bestimmte Arbeitnehmergruppen** gelten.

(1) Wer in einem Handelsgewerbe (Arbeitgeber muss Kaufmann i.S.d. §§ 1 ff. HGB sein) kaufmännische Dienste leistet, ist kaufmännischer Angestellter (Handlungsgehilfe). Es gelten die §§ 59 ff. HGB. Dazu gehören vor allem Verkäufer, Einkäufer, Buchhalter.

(2) Für Bergleute und Bergwerksangestellte gelten einige Sondervorschriften im Bundesberggesetz, §§ 51 ff.

(3) Für Schiffsbesatzungen gilt das Seemannsgesetz.

60 **cc)** Die gesetzlichen Kündigungsfristen für Angestellte und Arbeiter richten sich seit dem 15.10.1993 einheitlich nach § 622 BGB (vgl. oben Rn. 48).

61 **dd)** Da der Arbeitsvertrag ein privatrechtlicher Vertrag ist, gelten für alle Arbeitnehmer grundsätzlich auch die **Bestimmungen des BGB** (insb. §§ 305 ff., 611 ff. BGB), soweit die unter I) u. II) aufgeführten Spezialgesetze nicht eingreifen.

Für alle Arbeitnehmer gilt also das BGB zumindest subsidiär. Da die arbeitsrechtlichen Spezialgesetze nicht alle Fragen regeln, gibt es kein Arbeitsverhältnis, für das nicht gewisse Vorschriften aus dem BGB Anwendung finden!

Für alle Arbeitnehmer gelten z.B.: §§ 104 ff.; 305 ff., aber gem. § 310 Abs. 4 nur unter Berücksichtigung arbeitsrechtlicher Besonderheiten, §§ 611, 612 (Arbeits- und Vergütungspflicht); § 612 a (Maßregelungsverbot); § 613 a (Betriebsübergang); § 615 (Annahmeverzug); § 616 (persönl. Verhinderung); § 618 (Fürsorgepflicht); § 619 a (Haftung) u. § 626 (fristlose Kündigung).

62 **ee)** Die Berufsausbildung ist im Berufsbildungsgesetz geregelt. Für die Berufsausbildung im Handwerk enthält die Handwerksordnung ergänzende Bestimmungen. (Dazu später im 6. Abschnitt des 2. Teils, Rn. 625 ff.)

2. Das kollektive Arbeitsrecht

Das kollektive Arbeitsrecht ist der Teil des Arbeitsrechts, der die Rechtsbeziehungen der arbeitsrechtlichen Koalitionen (Gewerkschaften, Arbeitgeberverbände) und Belegschaftsvertretungen (Betriebs-/Personalräte) zu ihren Mitgliedern und zu ihren „Gegenspielern" regelt. Dazu gehört insbes. das Koalitions-, Arbeitskampf-, Tarifvertrags-, Betriebsverfassungs- und Mitbestimmungsrecht.[144] 63

Zu den **wichtigsten Gesetzen** des kollektiven Arbeitsrechts gehören 64

- Art. 9 Abs. 3 GG,
- TarifvertragsG (TVG),
- BetriebsverfassungsG (BetrVG) bzw. PersonalvertretungsG des Bundes und der Länder (BPersVG bzw. LPersVG) für den öffentlichen Dienst,
- SprecherausschussG (SprAuG),
- MitbestimmungsG (MitbestG),
- Montan-MitbestimmungsG (Montan-MitbestG),
- MitbestimmungsergänzungsG (MitbestErgG).
- DrittelbeteiligungsG (DrittelbG, das die §§ 76–87a BetrVG 1952 ablöste).[145]

3. Sonstige für das Arbeitsrecht bedeutsame Gesetze

Nicht eigentlich zum Arbeitsrecht gehörend, aber im **Zusammenhang mit dem Arbeitsrecht** bedeutsam, sind insbes. folgende Gesetze: 65

- ArbeitsgerichtsG (ArbGG),
- Sozialgesetzbücher III (Arbeitsförderung), IV (Gemeinsame Vorschriften für die Sozialversicherung), V bis VII (gesetzliche Kranken-, Renten-, und Unfallversicherung) und IX (Rehabilitation und Teilhabe behinderter Menschen)
- InsolvenzO (InsO),

  Vor allem §§ 113, 120–122, 125–128 InsO enthalten arbeitsrechtliche Sonderregelungen im Insolvenzfall, insbes. die Verkürzung der Kündigungsfrist auf höchstens drei Monate sowie Erleichterungen der betriebsbedingten Kündigungen durch den Insolvenzverwalter.[146]
- LadenschlussG und DienstleistungsabendG (LadschlG),
- Gesetz zur Vermögensbildung der Arbeitnehmer (VermBiG).

---

144 Vgl. Waltermann Rn. 21; Preis § 1 II; Dütz/Thüsing Rn. 4.

145 Vgl. dazu Hirdina NZA 2010, 683; Deilmann NZG 2005, 659; Seibt NZA 2004, 767 ff.; Huke/Prinz BB 2004, 2633 ff.

146 Vgl. zu Kündigungen in der Insolvenz Graf ArbRB 2015, 54; Fuhlrott FA 2011, 166; zum Beschlussverfahren nach § 126 InsO Rieble NZA 2007, 1393; zum Arbeitsentgelt und Insolvenzanfechtung Wroblewski ArbuR 2015, 210; Zwanziger DB 2014, 239; Klinck DB 2014, 2455; Graf ArbRB 2014, 371; Rspr.-Übers. zum Insolvenzarbeitsrecht bei Lakies DB 2014, 1138; Weste ZInsO 2014, 1431; Zwanziger BB 2012, 1601; 2011, 1205; 2009, 668; zu arbeitsgerichtlichen Streitigkeiten und Insolvenz des AN Reinfelder NZA 2014, 633; 2009, 124; Mohn NZA-RR 2008, 617; Kolvenbach/Sprick AuA 2014, 173 zum Insolvenzschutz von Zeitwertguthaben nach dem sog. Flexigesetz II; Reinecke DB 2011, 995 zu Rentenanwartschaften in der Insolvenz u. Staufenbiel/Brill ZInsO 2015, 173 zum Betriebsübergang nach § 613a BGB im Insolvenzverfahren.

Die obige Aufzählung zeigt, dass es immer noch kein einheitliches Arbeitsgesetzbuch gibt, obwohl es nach Art. 30 des Einigungsvertrags Aufgabe des Gesetzgebers ist, möglichst bald eine Kodifikation des Arbeitsvertragsrechts (= Individualrecht) zu schaffen. Der Freistaat Sachsen brachte zwar bereits am 23.06.1995 den Entwurf eines ArbeitsvertragsG in den Bundesrat förmlich ein, mit einem entspr. Gesetz ist aber in absehbarer Zeit wohl nicht zu rechnen, nachdem auch der Entwurf eines Arbeitsvertragsgesetzes von Preis und Henssler bisher keine Zustimmung gefunden hat.[147]

B. Die arbeitsrechtlichen Rechtsquellen und Gestaltungsfaktoren sowie deren Rangfolge

I. Die arbeitsrechtliche Rechtsquellenlehre

66 Die arbeitsrechtliche Rechtsquellenlehre ist aus folgenden Gründen recht kompliziert:

- Zunächst gelten die allgemeinen Rechtsquellen:

  supranationales Recht, vor allem das EU-Recht – Verfassung – formelle Gesetze – RechtsVO – Satzung – Gewohnheitsrecht einschl. des Richterrechts.

- Im Arbeitsvertragsrecht als einem Bestandteil des Privatrechts (Privatautonomie) kommt als weiterer Gestaltungsfaktor der Arbeitsvertrag hinzu.

- Wichtige Besonderheit im Arbeitsrecht ist, dass die Tarifvertragsparteien (Gewerkschaften und Arbeitgeberverbände bzw. einzelne Arbeitgeber) und Betriebspartner (Arbeitgeber und Betriebsrat) Rechtssetzungsbefugnisse haben. Deshalb kommen als weitere Rechtsquellen die Tarifverträge und Betriebsvereinbarungen hinzu.

- Da der Arbeitnehmer den Weisungen des Arbeitgebers unterliegt, ist auch das Direktionsrecht des Arbeitgebers ein weiterer arbeitsrechtlicher Gestaltungsfaktor.

Das einseitige Direktionsrecht des Arbeitgebers ist aber keine arbeitsrechtliche Rechtsquelle im juristischen Sinne. Im Folgenden wird daher der umfassendere Begriff „arbeitsrechtliche Gestaltungsfaktoren" verwendet, da er alle Rechtsquellen im juristischen Sinne und auch das Direktionsrecht erfasst.

1. Die Rangfolge der arbeitsrechtlichen Gestaltungsfaktoren

67 Da der Inhalt des Arbeitsverhältnisses von unterschiedlichen arbeitsrechtlichen Gestaltungsfaktoren abhängig sein kann, muss zunächst deren Rangfolge festgelegt werden. Diese lautet vom ranghöchsten bis zum rangniedrigsten Gestaltungsfaktor:

- Europäisches Gemeinschaftsrecht (EU-Recht),
- Verfassung,
- Gesetzes- und Gewohnheitsrecht,
- Tarifvertrag,
- Betriebsvereinbarung bzw. Dienstvereinbarung im öffentlichen Dienst,
- Arbeitsvertrag einschl. der Allgemeinen Arbeitsbedingungen, der betrieblichen Übung und des arbeitsrechtlichen Gleichbehandlungsgrundsatzes,

147 Vgl. Richardi ZfA 2010, 215 u. NZA 2008, 1; zu Kodifizierungsversuchen Preis § 1 V; Neumann DB 2008, 60; Preis/Henssler NZA 2007, Beil. Nr. 1, S. 6; NZA 2006, Beil. zu Heft 23: Entwurf eines ArbeitsvertragsG; dazu Sittard/Lampe RdA 2008, 249.

- dispositives Gesetzesrecht und dispositive Kollektivvereinbarungen,

  Lässt das dispositive Gesetzesrecht Abweichungen zulasten der Arbeitnehmer nur durch einen TV zu (z.B. § 13 Abs. 1 S. 2 BUrlG), steht es rangmäßig vor der Betriebsvereinbarung.

- Direktionsrecht des Arbeitgebers.

Für das Verhältnis zwischen dem EU-Recht und der Verfassung geht die heute h.M. vom Vorrang des primären und sekundären EU-Rechts vor den nationalen Rechtsquellen einschließlich der Verfassung aus.[148] Die **völkerrechtlichen Verträge (Internationales Arbeitsrecht)**, deren praktische Bedeutung wesentlich geringer ist als die des EU-Rechts, werden im Zusammenhang mit EU-Recht behandelt.

2. Die Rangregeln für die Lösung der Konkurrenz zwischen mehreren Gestaltungsfaktoren

Bei der Gestaltung von Arbeitsverhältnissen können unterschiedliche Gestaltungsfaktoren auf verschiedenen oder auf denselben Rangstufen in Konkurrenz zueinander treten. Diese Konkurrenzprobleme sind nach folgenden Grundsätzen zu lösen: **68**

- Für **Konkurrenzen auf verschiedenen Rangstufen** gilt das **Rangprinzip**, d.h. ranghöhere Regelung geht der rangniedrigeren vor. **Ausnahme: Günstigkeitsprinzip**: rangniedrigere Regelung geht der ranghöheren vor, wenn sie für den Arbeitnehmer günstiger ist (vgl. § 4 Abs. 3 TVG, der einen allgemeinen Rechtsgedanken enthält).[149]

- Für **Konkurrenzen auf derselben Rangstufe** gelten das **Spezialitäts- und das Ordnungsprinzip**. Danach geht die speziellere der allgemeinen bzw. die neuere der älteren Regelung vor. Für die Anwendung des Günstigkeitsprinzips ist kein Raum.[150]

Beispiel: Dauer des Erholungsurlaubs
Der Arbeitsvertrag sieht für den Arbeitnehmer A 27, der FirmenTV 26 und der VerbandsTV 28 Arbeitstage als Urlaub vor, während die Betriebsvereinbarung 30 Arbeitstage vorsieht.

I. Die Rangfolge der Gestaltungsfaktoren lautet:

- Gesetz: § 3 Abs. 1 BUrlG – mindestens 24 Werktage,
- Tarifvertrag: 26 bzw. 28 Arbeitstage,
- Betriebsvereinbarung: 30 Arbeitstage,
- Arbeitsvertrag: 27 Arbeitstage

II. Bei Lösung der Konkurrenzprobleme unter Berücksichtigung des Rang- und Günstigkeitsprinzips allein stünde dem A nach der Betriebsvereinbarung ein Erholungsurlaub von 30 Arbeitstagen zu. Die Betriebsvereinbarung ist aber wegen Verstoßes gegen § 77 Abs. 3 BetrVG (Regelungssperre zugunsten von Tarifverträgen) unwirksam.[151]

III. Zwischen dem FirmenTV und dem VerbandsTV besteht eine Konkurrenz auf derselben Rangstufe, sodass der FirmenTV nach dem Spezialitätsgrundsatz dem VerbandsTV vorgeht. Für die Anwendung des Günstigkeitsprinzips ist kein Raum. Danach bestünde ein tariflicher Anspruch auf 26 Arbeitstage. Gegenüber dieser tariflichen Regelung ist aber die einzelvertragliche Vereinbarung im Arbeitsvertrag günstiger, sodass A nach dem Günstigkeitsprinzip (§ 4 Abs. 3 TVG) ein Anspruch auf Erholungsurlaub i.H.v. 27 Arbeitstagen zusteht.

---

148 Vgl. dazu BVerfG, Beschl. v. 14.01.2014 – 2 BvE 13/13, NJW 2014, 907; NJW 1987, 231; Dederer JZ 2014, 313; Polzin JuS 2012, 1 ff.; ausführl. dazu AS-Skript Europarecht (2013), Rn. 407 ff.

149 BAG NZA 1999, 887, 892; Krauss NZA 1996, 294 ff.; Preis § 13; Waltermann Rn. 121 ff.; Melms/Kentner NZA 2014, 127 ff.

150 BAG, Urt. v. 26.08.2008 – 1 AZR 353/07, DB 2009, 46; Hanau/Adomeit Rn. 50; Annuß NZA 2001, 756 ff.

151 Vgl. dazu BAG, Urt. 09.07.2013 – 1 AZR 275/12, NZA 2013, 1438; Urt. v. 13.03.2012 – 1 AZR 659/10, NZA 2012, 990; Urt. v. 18.03.2010 – 2 AZR 337/08, ArbR 2010, 480; Edenfeld DB 2012, 575; Goethner NZA 2006, 303 und unten Rn. 130 ff.

II. Die einzelnen arbeitsrechtlichen Gestaltungsfaktoren

1. Europäisches Gemeinschaftsrecht und internationales Arbeitsrecht

69 **a)** Das **EU-Recht** gewinnt im Arbeitsrecht immer mehr an praktischer Bedeutung, wobei insoweit zwischen dem primären und dem sekundären Gemeinschaftsrecht zu unterscheiden ist.[152]

70 **aa)** Zum **primären EU-Recht, das Kernbestand des Gemeinschaftsrechts ist,** gehört das in den drei Gründungsverträgen (Europäische Gemeinschaft für Kohle und Stahl = EGKS bzw. Montanunion, Europäische Atomgemeinschaft = Euratom und Europäische Wirtschaftsgemeinschaft = EWG) und ihren Änderungen gesetzte Recht (zuletzt der Vertrag zur Reform der Europäischen Union und der Vertrag zur Gründung der Europäischen Gemeinschaft von Lissabon, der am 01.12.2009 in Kraft trat).[153] Von unmittelbarer Bedeutung für das Arbeitsrecht sind insbesondere die im Vertrag über die Arbeitsweise der Europäischen Union (AEUV, bisher EG-Vertrag) in Art. 45 ff. geregelten Grundfreiheiten,[154] das geschlechtsspezifische Entgeltdiskriminierungsverbot des Art. 157 AEUV, die Antidiskriminierungsrichtlinien, die das AGG umsetzt (dazu unten Rn. 75, 162 ff. u. Rn. 195 ff.) und Art. 6 Abs. 1 des EU-Vertrages, der die unmittelbare Geltung der am 07.12.2000 in Nizza proklamierten Europäischen Grundrechtscharta regelt, deren praktische Bedeutung für das deutsche Arbeitsrecht noch nicht abschließend geklärt ist.[155]

71 **Art. 157 AEUV** (bisher Art. 141 Abs. 1 EG) verbietet nicht nur eine unmittelbare, sondern auch eine **mittelbare Diskriminierung wegen des Geschlechts** bei Entgeltregelungen, es sei denn, die Benachteiligung ist objektiv gerechtfertigt und nichts mit einer Diskriminierung wegen des Geschlechts zu tun. Eine mittelbare **Frauendiskriminierung** liegt vor, wenn von der Ungleichbehandlung aufgrund einer geschlechtsneutral formulierten Regelung erheblich mehr Frauen als Männer betroffen sind (vgl. auch § 3 Abs. 2 AGG), was in erster Linie der Fall ist, wenn Teilzeitkräfte schlechter als Vollzeitkräfte behandelt werden (vgl. auch § 4 Abs. 1 TzBfG). Bei einem Verstoß gegen Art. 157 Abs. 1 AEUV besteht ein Anspruch auf Gewährung der vorenthaltenen Leistung.[156] Nach ständiger Rspr. des EuGH und BAG besteht mangels Frauendiskriminierung i.S.d. § 157 AEUV kein Anspruch einer Teilzeitbeschäftigten auf **Überstundenzuschläge**, wenn die Regelarbeitszeit einer Vollzeitkraft nicht überschritten wird.[157]

72 **Art. 45 ff. AEUV** (bisher Art. 39 ff. EG) garantieren die **Freizügigkeit der Arbeitnehmer** der Mitgliedstaaten. Sie sorgten vor allem durch das sog. Bosman-Urteil für Aufsehen, in dem die sog. Ausländerklauseln und Transferregeln der Fußballverbände für unwirksam erklärt wurden.[158] Bei einem rein „internen" Sachverhalt ist die Berufung auf die Freizügigkeit nach Art. 45 AEUV ausgeschlossen, weil insofern nicht das Gemeinschaftsrecht, sondern das interne Rechtssystem des Mitgliedstaates maßgeblich ist.[159]

---

152 Vgl. zu Entwicklungen und Auswirkungen des EU-Rechts auf das nationale Arbeitsrecht: BVerfG, Beschl. v. 10.12.2014 – 2 BvR 1549/07, NZA 2015, 375: EuGH gesetzlicher Richter für die Auslegung des EU-Rechts; EuGH, Urt. v. 19.01.2010 – Rs. C- 555/07, BB 2010, 507: Gebot einer gemeinschaftskonformen Auslegung von Rechtsnormen; Schlachter EuZA 2015, 1; Franzen EuZA 2012, 295; Kamanabrou EuZA 2010, 157; Steiner EuZA 2009, 140; Schaub/Linck § 4 Rn. 1 ff.

153 Vgl. dazu Mayer JuS 2010, 189 ff.; Herrmann Jura 2010, 161 ff. und AS-Skript Europarecht (2013), Rn. 14 ff.

154 Vgl. dazu Ruffert JZ 2009, 97; Junker ZfA 2009, 281; Nagel ArbuR 2009, 155; AS-Skript Europarecht (2013), Rn. 226 ff.

155 Vgl. dazu ErfK/Wißmann Vorbm. zum AEUV Rn. 4 (Auszug); ErfK/Linsenmaier Art. 9 GG Rn. 109 f.; Kirchhoff NVwZ 2014, 1537; Jarass EuR 2013, 29; Rabe NJW 2013, 1407; Junker ZfA 2013, 91; Willemsen/Sagan NZA 2011, 258.

156 EuGH NZA 1997, 1221; BAG, Urt. v. 24.09.2008 – 6 AZR 657/07, ZTR 2009, 66; Urt. v. 25.04.2007 – 6 AZR 746/06, NZA 2007, 881; DB 2002, 47 ff. und Hanau DB 2005, 946 ff zur Gleichbehandlung geringfügig Beschäftigter beim Arbeitsentgelt.

157 EuGH NZA 1995, 218; BAG NZA 1999, 939 ff.; vgl. auch EuGH, Urt. v. 27.05.2004 – Rs. C-285/02, NZA 2004, 783; BAG NZA 1999, 939 ff.; Thüsing, NZA 2000, 570 ff.: zur unterschiedl. Vergütungshöhe und BVerfG NZA 1999, 815; BAG, Urt. v. 11.12.2007 – 3 AZR 249/06, NZA 2008, 532 und Adomeit/Mohr ZfA 2008, 449 zu Betriebsrenten.

158 EuGH, Urt. v. 16.03.2010 – C-325/08, NZA 2010, 346; Urt. v. 08.05.2003 – Rs. C-438/00, NZA 2003, 845; NZA 1996, 191 m.A. Wertenbruch EuZW 1996, 91; Nesmann NJW 2010, 1703; Kreis/Schmid NZA 2003, 1013; Hilf/Pache NJW 1996, 1169.

159 Vgl. EuGH NZA 1997, 1105; BGH NZA-RR 2000, 10 u. BAG NZA 1997, 647: Unwirksamkeit einer Transferentschädigung nach § 138 BGB wegen unzulässiger Einschränkung der Berufsfreiheit; ausführl. zu Entschädigungsregelungen Oberthür NZA 2003, 463 u. Bohn SpuRt 2009, 107; Neuß RdA 2003, 161 zu Transfers von Profisportlern.

Die **Art. 49 ff. AEUV** (bisher Art. 43 ff. EG) garantieren die **Niederlassungsfreiheit**, die **Art 56 ff. AEU** (bisher Art. 49 ff. EG) die **Dienstleistungsfreiheit.** Sie haben in letzter Zeit insb. wegen des grenzüberschreitenden Arbeitnehmereinsatzes und dem ArbeitnehmerentsendeG[160] und der sog. Tariftreueregelungen (Aufträge nur an Unternehmer, die das am Leistungsort tariflich vorgesehene Entgelt zahlen) beim grenzüberschreitenden Dienstleistungsverkehr[161] an praktischer Bedeutung gewonnen. **73**

bb) Unter dem **sekundären EU-Recht** versteht man die zum Zwecke der Rechtsangleichung in der EG von deren Organen (i.d.R. dem Rat) in Form von Verordnungen und Richtlinien erlassenen Bestimmungen. **74**

Die **EU-Verordnungen** enthalten gemäß **Art. 288 Abs. 2 AEUV** (bisher Art. 249 Abs. 2 EG) ohne innerstaatliche Transformation in jedem Mitgliedstaat **unmittelbar geltendes Recht**, dürfen aber vom Rat nur aufgrund einer besonderen Ermächtigungsgrundlage im AEUV (z.B. Art. 46) erlassen werden.

Beispiel: VO Nr. 1612/68: umfassendes Gleichbehandlungsgebot der Arbeitnehmer aus allen Mitgliedstaaten.

Die **EU-Richtlinien** wenden sich gem. **Art. 288 Abs. 3 AEUV** (bisher Art. 249 Abs. 3 EG) an die einzelnen Mitgliedstaaten, indem sie die Verpflichtung begründen, bestimmte Regelungsziele innerhalb eines bestimmten Zeitraumes durch Erlass geeigneter Rechtsnormen zu verwirklichen. **Innerstaatliche Geltung** erlangen die EU-Richtlinien grds. erst aufgrund einer entsprechenden **Transformation** in das innerstaatliche Recht. **75**

Beispiele für die Umsetzung von EU-Richtlinien in das nationale Recht sind das am 18.08.2006 in Kraft getretene AGG (Antidiskriminierungsrichtlinien 2000/43/EG, 2000/78/EG, 2004/113/EG und 76/207/EG in der Fassung der Richtlinie 2002/73/EG), § 613 a BGB (Richtlinie 77/187/EWG; dazu später Rn. 615 ff.), das NachwG (Richtlinie 91/533/EWG), das ArbeitsschutzG (Richtlinie 89/391/ EWG)[162] und die Änderung des ArbZG (Richtlinie 93/104/EG).[163] Die praktische Bedeutung der o.g. Antidiskriminierungsrichtlinien zeigt sich insbes. bei Problemen im Zusammenhang mit dem **Benachteiligungsverbot des § 7 Abs. 1 AGG,** das das geschlechtsspezifische Benachteiligungsverbot des § 611 a BGB a.F. abgelöst hat (dazu unten Rn. 162 ff. u. 195 ff.),[164] den **Frauenquotenregelungen**[165] sowie dem **Zugang der Frauen zum Dienst mit der Waffe**[166] und dem **Verbot der Benachteiligung der schwerbehinderten Beschäftigten** des § 81 Abs. 2 SGB IX, das wegen der Einzelheiten auf das AGG verweist.[167]

Setzt ein Mitgliedsstaat eine EU-Richtlinie nicht innerhalb des vorgesehenen Zeitraumes in das nationale Recht um, so kann die Kommission ein Vertragsverletzungsverfahren nach Art. 258 AEUV einleiten.[168] **76**

---

160 Vgl. BVerfG, Beschl. v. 20.03.2007 – 1 BvR 1047/05, DB 2007, 978; EuGH, Urt. v. 18.07.2007 – C 490/04, NZA 2007, 917; BAG, Urt. v. 17.08.2011 – 5 AZR 490/10, ArbRB 2012, 9; Junker RIW 2015, 1;Schwab NZA-RR 2010, 225; Seel MDR 2011, 5.

161 Vgl. EuGH, Urt. 18.09.2014 – C-549/13, ArbuR 2015, 105 zur angenommenen EU-Rechtswidrigkeit des § 4 Abs. 3 Tariftreue- und VergabeG NRW für den Fall der Erbringung der Dienstleistung im EU-Ausland einerseits und BVerfG, Beschl. v. 01.07.2006 – 1 BvL 4/00, NZA 2007, 42, das noch die Verfassungsmäßigkeit des Berliner VergabeG angenommen hat, andererseits; dazu auch Greiner/Hennecken EuZA 2015, 252; Hütter ZESAR 2015, 170; Forst NJW 2014, 3755.

162 Aufzählung der wichtigsten EU-Richtlinien bei MünchArbR/Oetker § 11 Rn. 25 ff.

163 Vgl. dazu BAG, Urt. v. 16.03.2004 – 9 AZR 93/03, NZA 2004, 927; Baeck/Lösler NZA 2005, 247 ff.

164 Vgl. auch Eichenhofer ArbuR 2013, 62; Ring JA 2008, 1; Rspr.-Übersichten zum AGG bei Bissels/Lützeler BB 2012, 701 u. 833; 2010, 1725; 2009, 774; Raffler FA 2011, 73; Hunold NZA-RR 2009, 113; Fischer RiA 2009, 9 (öffentl. Dienst).

165 EuGH NZA 2000, 935; BAG BB 1996, 1332 einerseits: Verstoß gegen EU-Recht, soweit unterrepräsentierten Frauen bei gleicher Qualifikation automatisch der Vorrang vor Männern einzuräumen ist (a.A. noch BAG BB 1993, 2455) u. EuGH NZA 1997, 1337; BAG, Urt. v. 21.03.2003 – 9 AZR 307/02, NZA 2003, 1036 andererseits: kein Verstoß gegen EU-Recht, wenn bei einer grds. Bevorzugung der Frauen im Einzelfall eine „Öffnungsklausel" zugunsten der Männer besteht sowie Röder/Arnold NZA 2015, 279; Herb DB 2015, 964 zur Frauenquote bei Führungspositionen in der Privatwirtschaft.

166 Vgl. EuGH, Urt. v. 11.01.2000 – Rs. C-285/98, NZA 2000, 137 u. EuGH NZA 2000, 25 zu Ausnahmefällen.

167 BAG, Urt. v. 27.01.2011 – 8 AZR 580/09, NZA 2011, 737; Urt. v. 17.08.2010 – 9 AZR 839/08, NZA 2011, 153; Busch AiB 2011, 134; Burger BB 2010, 190; Schlachter RdA 2008, 179; Joussen NZA 2007, 174; Düwell FA 2008, 362 und Rn. 195 ff.

168 Vgl. zu den Verfahrensarten vor dem EuGH AS-Skript Europarecht (2013), Rn. 443 ff; Preis § 14 2 d; Ehlers Jura 2009, 31 ff., 366 ff.; 2007, 505 ff. u. 684. ff. und Thiele EuR 2008, 320 zu Sanktionen zur Durchsetzung des EU-Rechts.

Nach **heute ganz h.M.** kann sich außerdem der Einzelne nach Fristablauf gegenüber dem Staat unmittelbar auf die Richtlinie berufen, soweit sie ihm in klarer und unmissverständlicher Weise Rechte einräumt. Die **EU-Richtlinien** erlangen insoweit **ausnahmsweise** auch **ohne Transformation** unmittelbare Geltung in den Mitgliedstaaten.[169]

77 **b)** Aus den für das Arbeitsrecht einschlägigen **völkerrechtlichen Vereinbarungen außerhalb des EU-Rechts** sind insbesondere zu nennen

- Europäische Menschenrechtskonvention (EMRK),
- Europäische Sozial-Charta (ESC),
- Übereinkommen der Internationalen Arbeitsorganisation (IAO).

Während die EMRK, die in Art. 11 Abs. 1 das Koalitionsrecht für Arbeitnehmer regelt, das aber nicht über Art. 9 GG hinausgeht,[170] unmittelbar geltendes Recht darstellt (vgl. Art. 6 Abs. 3 AEUV), das nach h.M. jedenfalls einen Rang unter der Verfassung hat,[171] enthält die ESC nach h.M. kein innerstaatliches Recht, sondern begründet nur eine völkerrechtliche Verpflichtung des Staates.[172] Auch die Bestimmungen der IAO sind kein unmittelbar anwendbares Recht, sondern nur völkerrechtliche Vereinbarungen, die in das nationale Recht übertragen werden müssen, um für die Mitgliedstaaten verbindlich zu sein.[173]

2. Das Verfassungsrecht, insbesondere die Grundrechte

78 Das Arbeitsrecht ist als Schutzrecht der Arbeitnehmer in besonderer Weise dem Sozialstaatsprinzip des Grundgesetzes (Art. 20 Abs. 1, 28 Abs. 1 GG) verpflichtet, sodass das Verfassungsrecht als eine nur dem EU-Recht untergeordnete Rechtsquelle im Arbeitsrecht eine erhebliche praktische Bedeutung hat.[174] Denn alle staatlichen oder kollektiven Rechtsnormen sind nichtig, wenn sie gegen das vorrangige Verfassungsrecht, insbesondere die Grundrechte verstoßen.

Dass dies bei den vom Staat als dem Adressat der Grundrechte erlassenen Rechtsnormen wegen der Bindung der Gesetzgebung und der Verwaltung an die Verfassung (vgl. Art. 1 Abs. 3, Art. 20 Abs. 3 GG) gilt, ist selbstverständlich. Die Anwendung der Grundrechte auf Tarifverträge und Betriebsvereinbarungen lässt sich zwar nicht unmittelbar unter Hinweis auf Art. 1 Abs. 3, Art. 20 Abs. 3 GG rechtfertigen, da es sich insoweit nicht um staatliche Normen handelt. Da jedoch die Kollektivpartner Normsetzungsbefugnisse haben, haben sie – nicht anders als die staatliche Gesetzgebung – die Grundrechte des Einzelnen zu respektieren. Die Begründung dafür ist allerdings umstritten.[175]

79 Problematisch ist dagegen, ob und gegebenenfalls inwieweit die Grundrechte auf einzelvertragliche Vereinbarungen oder einseitige Maßnahmen des Arbeitgebers anzuwenden sind.[176]

---

169 EuGH, Urt. v. 01.07.2010 – c-194/08, EuZW 2010, 712; BVerfG JZ 1992, 913, 914 (Nachtarbeitsverbot für Frauen, RiL 76/207 Art. 5); BAG, Urt. v. 24.03.2009 – 9 AZR 983/07, DB 2009, 1018 und AS-Skript Europarecht (2013), Rn. 44 ff.

170 Vgl. BAG, Urt. v. 20. 11. 2012 – 1 AZR 611/11, NZA 2013, 437, 445 f.; ErfK/Linsenmaier Art. 9 GG Rn. 106; Schaub/Treber § 192 Rn. 29 f.; Payandeh JuS 2009, 212 u. Nußberger ArbuR 2014, 130 zum Einfluss der EMRK auf das deutsche ArbR.

171 BVerfGE 6, 389 ff.; BAG, Urt. v. 24.03.2004 – 5 AZR 303/03, NZA 2004, 971, 974; Hanau/Adomeit Rn. 135.

172 BAG, Urt. v. 20. 11. 2012 – 1 AZR 611/11, NZA 2013, 437, 446; Urt. v. 24.03.2004 – 5 AZR 303/03, BB 2004, 1909; ErfK/Linsenmaier Art. 9 GG Rn. 105; Nußberger RdA 2012, 270; Rieble RdA 2005, 200, 202 ff.

173 BAG DB 1994, 1088 ff.; Hanau/Adomeit Rn. 138; ErfK/Preis § 611 BGB Rn. 201; Leinemann/Schütz ZfA 1994, 1 ff.

174 Vgl. dazu ErfK/Schmidt, GG Einl. Rn. 15 ff.; Gornik NZA 2012, 1399; Kühling AuR 1994, 126 ff.; Söllner NZA 1992, 721 ff.

175 Vgl. BAG, Urt. v. 03.07.2014 – 6 AZR 1067/12, NZA 2015, 172; Belling ZfA 1999, 547 ff. für TV; BAG, Urt. v. 18.07.2006 – 1 AZR 578/05, NZA 2007, 462 ff.; Z/L/H § 9 Rn. 46 für § 75 BetrVG u. BV sowie später für TV Rn. 102 und BV Rn. 133.

176 Vgl. dazu Poscher JuS 2003, 1151 ff.; Boemke/Gründel ZfA 2001, 245 ff.; Zachert BB 1998, 1310 ff.; Kühling AuR 1994, 126.

Fall 4: Der radikale Bankangestellte

K kündigte fünf Monate nach Aufnahme seiner Tätigkeit als Bankkaufmann bei der B-Bank (im Folgenden B) sein Arbeitsverhältnis wegen der Geschäftspraktiken der B fristgerecht zum 30.06. Danach verteilte er am Rande einer Wahlveranstaltung der DKP am 09.06. ein Extrablatt. Darin wurden die Geschäftspraktiken der B angegriffen, wobei auch deren Verstaatlichung gefordert wurde. Ein Unternehmer, der ein guter Kunde der B ist, teilte dies dem Vorstand der B mit. Daraufhin fand am 19.06. ein Gespräch zwischen K und einem Vorstandsmitglied der B statt, in dem K die in dem Extrablatt vertretene Ansicht verteidigte. Mit Schreiben vom 20.06. kündigte B formell einwandfrei das Arbeitsverhältnis mit K fristlos. K hält die Kündigung für unwirksam, da sie gegen seine Grundrechte verstoße. Zumindest aber fehle es wegen der fristgerechten Eigenkündigung am wichtigen Grund i.S.d. § 626 Abs. 1 BGB. Ist die fristlose Kündigung wirksam?

Die Wirksamkeit einer fristlosen Kündigung setzt zunächst voraus, dass ein wichtiger Grund i.S.d. § 626 Abs. 1 BGB vorliegt.

A. Da die Kündigung im unmittelbaren Zusammenhang mit der Verteilung des Extrablattes steht, könnte sie als ein einseitiges Rechtsgeschäft wegen Verletzung der Grundrechte des K aus Art. 5 Abs. 1 GG (Meinungsfreiheit) und Art. 3 Abs. 3 GG (Verbot der Benachteiligung u.a. wegen einer politischen Ansicht) nach § 134 BGB unwirksam sein.

I. Voraussetzung dafür ist zunächst, dass die Grundrechtsartikel des GG Verbotsgesetze i.S.d. § 134 BGB sind. **80**

1. **Verbotsgesetze i.S.d. § 134 BGB** sind Vorschriften, die ein nach unserer Rechtsordnung grds. zulässiges Rechtsgeschäft wegen seines Inhalts oder der Umstände seines Zustandekommens untersagen, wobei sich das Verbot gerade gegen die Vornahme des Rechtsgeschäfts richten muss.[177] Ob die einzelnen Grundrechtsartikel des GG solche Verbotsgesetze enthalten, ist fraglich.

2. Nach dem Wortlaut des Art. 1 Abs. 3 GG ist zwar nur der Staat Adressat der Grundrechte als Abwehrrechte der Bürger. Es besteht jedoch Einigkeit darüber, dass die Grundrechte auch im Rahmen privatrechtlicher Rechtsbeziehungen, insbesondere auch im Arbeitsrecht, zu berücksichtigen sind.[178] Verbotsgesetze i.S.d. § 134 BGB können allerdings die einzelnen Grundrechtsartikel nur dann sein, wenn sie auch im Rahmen privatrechtlicher Rechtsbeziehungen unmittelbar anwendbar sind, weil sie nur dann ein gegen den Abschluss oder die Vornahme eines privatrechtlichen Rechtsgeschäfts gerichtetes Verbot enthalten können. Es handelt sich hierbei um das Problem der sog. **Drittwirkung von Grundrechten im Arbeitsrecht**. **81**

a) Eine unmittelbare Anwendung der Grundrechte im Privatrechtsverkehr und damit auch im Arbeitsrecht lässt sich zwar nicht aus Art. 1 Abs. 3 GG **82**

177 Vgl. BAG, Urt. v. 18.03.2009 – 5 AZR 355/08, NZA 2009, 663; Palandt/Heinrichs § 134 BGB Rn. 2 ff.
178 Vgl. BAG, Urt. 19.02.2015 – 8 AZR 1007/13, BB 2015, 563; Z/L/H § 9 Rn. 16 ff. m.w.N.

herleiten, da danach nur der Staat an die Grundrechte gebunden ist (Ausnahme: Art. 9 Abs. 3 S. 2 GG, der in S. 2 die unmittelbare Geltung der Koalitionsfreiheit auch gegenüber privatrechtlichen Maßnahmen und Abreden normiert[179]). Im Hinblick darauf, dass die regelmäßig vorhandene faktische und rechtliche Überlegenheit des Arbeitgebers gegenüber dem Arbeitnehmer mit der dem Staat eingeräumten Machtbefugnis häufig vergleichbar ist, könnte man wegen der Machtungleichheit zwischen den Vertragsparteien die unmittelbare Geltung der Grundrechte im Arbeitsverhältnis annehmen, zumal der Arbeitnehmer i.d.R. nicht nur persönlich, sondern auch wirtschaftlich vom Arbeitgeber abhängig ist.[180]

Danach wären die einzelnen Grundrechtsartikel im Arbeitsverhältnis unmittelbar anwendbar, sodass die Kündigung nach § 134 BGB wegen Verstoßes gegen die Grundrechte des K aus Art. 5 Abs. 1 und Art. 3 Abs. 3 GG unwirksam sein könnte.

83 b) Dabei bliebe aber unberücksichtigt, dass die regelmäßig vorhandene Machtungleichheit zwischen den Arbeitsvertragsparteien allein keine Abweichung von dem eindeutigen Wortlaut des Art. 1 Abs. 3 GG rechtfertigen kann. Denn zum einen kommt sie auch bei anderen privatrechtlichen Vertragsbeziehungen (z.B. Mieter – Vermieter) vor, sodass sie keine Besonderheit des Arbeitsrechts ist. Zum anderen ist die unmittelbare Anwendung der Grundrechte im Arbeitsverhältnis zur Wahrung der berechtigten Belange des Arbeitnehmers auch nicht erforderlich. Denn die Grundrechte beider Vertragspartner können mittelbar bei der Auslegung und Anwendung von Generalklauseln und der sonstigen unbestimmten Rechtsbegriffe (§§ 138, 242, 315 BGB) berücksichtigt werden, zumal insoweit in Teilbereichen besondere gesetzliche Regelungen (z.B. § 612 a BGB, § 7 Abs. 1 AGG, § 4 TzBfG, § 81 SGB IX) den Schutz des Arbeitnehmers gewährleisten. Die **Grundrechte** sind daher mit **Ausnahme des Art. 9 Abs. 3 GG nach heute ganz h.M. im Arbeitsverhältnis nicht unmittelbar**, sondern nur mittelbar bei der Anwendung und Auslegung der privatrechtlichen Generalklauseln (§§ 138, 242, 315 BGB) oder sonstigen unbestimmten Rechtsbegriffen (z.B. wichtiger Grund i.S.d. § 626 BGB, Sozialwidrigkeit der Kündigung i.S.d. § 1 KSchG, Maßregelung i.S.d. § 612 a BGB und vertragliche Rücksichtnahmepflichten nach § 241 Abs. 2 BGB) **anwendbar**.[181]

II. Ergebnis zu (A): Die fristlose Kündigung ist nicht bereits nach § 134 BGB wegen Verstoßes gegen Art. 5 Abs. 1 bzw. Art. 3 Abs. 3 GG unwirksam, weil die Grundrechtsartikel des GG keine Verbotsgesetze i.S.d. § 134 BGB sind.

84 Teilweise wird trotz der generellen Ablehnung der unmittelbaren Geltung der Grundrechte im Arbeitsverhältnis neben dem unstreitig anwendbaren Art. 9 Abs. 3 GG auch noch Art. 3 Abs. 3 GG unmittelbar angewandt, weil das darin enthaltene Diskriminierungsverbot dem einzelnen Bürger im Verhältnis zu den übrigen Bürgern mit zwingender Wirkung eine bestimmte Rechts-

---

179 Vgl. dazu BAG, Urt. v. 26.08.2009 – 4 AZR 290/08, NZA 2010, 891; Preis § 15 II 2 a; Höfling/Burkiczak RdA 2004, 263 ff.

180 So früher st. Rspr. des BAG, z.B. BAGE 1, 185, 191 ff.; 13, 168, 174; BAG AP Nr. 2 zu § 134 BGB; Hager JZ 1994, 373 ff.

181 BVerfG, Beschl. v. 22.10.2014 – 2 BvR 661/12, ZTR 2015, 34; BAG [GS] NZA 1985, 702, 703; BAG, Urt. v. 18.02.2014 – 3 AZR 770/12, AP Nr. 70 zu § 1 BetrAVG; ErfK/Schmidt, GG, Einl. Rn. 15 ff.; Söllner NZA 1996, 897, 901; Kühling AuR 1994, 126.

position einräume, die durch privatrechtliche Gestaltungs- und Vertragsfreiheit nicht ungebührlich eingeschränkt werden dürfe.[182] Würde man dieser Auffassung folgen, wäre die Unwirksamkeit der Kündigung nach § 134 BGB i.V.m. Art. 3 Abs. 3 GG schon deswegen abzulehnen, weil ein Verstoß dagegen nur dann vorliegt, wenn eine Sonderbehandlung nur wegen der in Art. 3 Abs. 3 GG abschließend aufgezählten Gründe vorliegt. Die B-Bank hat aber die Kündigung nicht wegen einer politischen Ansicht des K, sondern wegen der Verteilung des Extrablattes und der darin liegenden Meinungsäußerung erklärt.[183]

B. Die fristlose Kündigung könnte wegen Fehlens eines wichtigen Grundes i.S.d. § 626 Abs. 1 BGB unwirksam sein. **85**

I. Eine fristlose Kündigung ist nach § 626 Abs. 1 BGB nur dann wirksam, wenn sie unausweichlich die letzte Maßnahme (ultima ratio) für den Kündigungsberechtigten ist. Dies setzt voraus, dass ein Sachverhalt vorliegt, der an sich geeignet ist, einen wichtigen Grund i.S.d. § 626 Abs. 1 BGB zu bilden, und dem Kündigenden nach einer Interessenabwägung unter Berücksichtigung aller Einzelfallumstände die Fortsetzung des Arbeitsverhältnisses selbst bis zum Ablauf der Kündigungsfrist bzw. einem früheren Beendigungstermin (hier: 30.06.) nicht zumutbar war.[184]

II. Eine radikale und provozierende Meinungsäußerung, die mit Angriffen gegen den eigenen Arbeitgeber verbunden ist, ist grundsätzlich nur dann geeignet, einen wichtigen Kündigungsgrund i.S.d. § 626 Abs. 1 BGB abzugeben, wenn eine konkrete Beeinträchtigung der Geschäftsinteressen oder eine konkrete Störung des Betriebsfriedens eingetreten ist. Auf das Recht der freien Meinungsäußerung aus Art. 5 Abs. 1 GG kann sich der Arbeitnehmer in einem solchen Fall nicht berufen, weil es in den Regeln des Arbeitsverhältnisses eine Schranke i.S.d. Art. 5 Abs. 2 GG findet.[185]

Da aufgrund der provozierenden Meinungsäußerung und der Kritik an den Geschäftspraktiken der B durch K in der Freizeit keine konkrete Störung der Interessen der B eingetreten ist, ist fraglich, ob dieses Verhalten schon an sich geeignet ist, einen wichtigen Grund i.S.d. § 626 Abs. 1 BGB zu bilden.[186] Die fristlose Kündigung ist jedenfalls deswegen unwirksam, weil der B nach Berücksichtigung der Gesamtumstände des Einzelfalles (keine konkrete Schädigung, keine herausragende Stellung des K, politische Meinungsäußerung während der Freizeit) die Fortsetzung des Arbeitsverhältnisses bis zum 30.06. (10 Tage) zumutbar war.[187]

---

182 KR/Friedrich § 13 KSchG Rn. 185 f.; dagegen konsequent BAG, Beschl. v. 19.09.2006 – 1 ABR 2/06, NZA 2007, 277, 278; MünchKomm/Armbrüster § 134 BGB Rn. 33 ff.; Reichold ZfA 2006, 257 ff.

183 Vgl. BAG AP Nr. 2 zu § 134 BGB u. BAG, Urt. v. 24.06.2004 – 2 AZR 63/03, NZA 2005, 158: Meinungsäußerung im Intranet.

184 Vgl. KR/Fischermeier § 626 BGB Rn. 83 ff. m.w.N. und später 2. Teil, 4. Abschnitt unter C., Rn. 498 ff.

185 BAG, Urt. v. 18.12.2014 – 2 AZR 265/14, NZA 2015, 797; MünchArbR/Richardi § 12 Rn. 49 ff.; Kissel NZA 1988, 145, 150; vgl. auch BVerfG AP Nr. 12 zu Art. 5 GG „Meinungsfreiheit" bei der Übernahme eines Auszubildenden.

186 Vgl. dazu KR/Fischermeier § 626 BGB Rn. 115 ff.; ErfK/Müller-Glöge § 626 BGB Rn. 124 ff. m.w.N.

187 Vgl. dazu BAG JZ 1973, 375 m. abl. Anm. Schwerdtner: ordentliche Kündigung nach 5-monatiger Betriebszugehörigkeit (KSchG mangels Erfüllung der Wartezeit des § 1 Abs. 1 KSchG nicht anwendbar) wirksam.

3. Die arbeitsrechtlichen Gesetze einschließlich des Gewohnheitsrechts

86 Die arbeitsrechtlichen Gesetze (Gesetze im formellen Sinne und RechtsVO) einschließlich des Gewohnheitsrechts, das gesetzesgleiche Geltung hat, sind gegenüber dem EU-Recht und der Verfassung untergeordnet. Gegenüber den übrigen Gestaltungsfaktoren sind sie dagegen grds. übergeordnet. Ausnahmsweise gehen die übrigen Gestaltungsfaktoren den Arbeitsrechtsgesetzen vor, wenn und soweit diese dispositiven Charakter haben oder die nachrangigen Gestaltungsfaktoren für die Arbeitnehmer günstigere Regelungen vorsehen (Günstigkeitsprinzip).

87 **Zwingende Wirkung** haben grds. die Arbeitsrechtsgesetze, die der Erfüllung der rechtspolitischen Aufgabe des Arbeitsrechts als dem Schutzrecht des Arbeitnehmers dienen. Das sind insbes. KSchG, AGG (vgl. § 31), MutterschutzG, §§ 81 ff. SGB IX, EFZG (vgl. § 12), §§ 1, 2, 3 Abs. 1 BUrlG (vgl. § 13 Abs. 1), NachweisG (vgl. § 5), § 619 BGB.

Beispiel: Eine Regelung im Tarif- oder Arbeitsvertrag, die einen Anspruch auf Erholungsurlaub von 16 Werktagen im Jahr vorsehen würde, wäre nach § 134 BGB wegen Verstoßes gegen die zwingenden Regelungen der §§ 1, 3 Abs. 1 BUrlG (vgl. § 13 Abs. 1 S. 1 BUrlG) unwirksam, da der gesetzliche Mindesturlaub von 24 Werktagen unzulässigerweise verkürzt worden wäre.

88 **Tarifdispositives Gesetzesrecht** liegt vor, wenn Abweichungen zu Ungunsten der Arbeitnehmer in Tarifverträgen, nicht dagegen in Betriebsvereinbarungen bzw. Arbeitsverträgen zulässig sind.

Beispiel: Die Höhe des Urlaubsentgelts richtet sich grds. nach dem Durchschnittsverdienst der letzten 13 Wochen vor Urlaubsbeginn, § 11 Abs. 1 BUrlG. Abweichungen zu Ungunsten des Arbeitnehmers sind in einem TV, nicht aber im Arbeitsvertrag zulässig, § 13 Abs. 1 BUrlG.

Vgl. auch § 622 Abs. 4 BGB; § 7 ArbZG; § 21 a JArbSchG; § 17 Abs. 3 BetrAVG; § 4 Abs. 4 EFZG; § 12 Abs. 3 S. 1 TzBfG; §§ 48 Abs. 2, 101 Abs. 1, 2 ArbGG; § 3 Abs. 1 BetrVG.

89 **Sonstiges dispositives Gesetzesrecht** lässt Abweichungen zu Ungunsten der Arbeitnehmer nicht nur in Tarifverträgen, sondern auch in Betriebsvereinbarungen und Arbeitsverträgen zu; vgl. z.B. §§ 612, 615, 616 BGB. Ob Abweichungen von diesen dispositiven Bestimmungen in Einzelarbeitsverträgen aufgrund der Privatautonomie bis zur Grenze des § 138 BGB zulässig sind oder ob dafür ein sachlicher Grund nötig ist, ist umstritten.[188] Eine Abweichung von dispositiven Gesetzen in Formularverträgen muss einer AGB-Kontrolle nach den §§ 305 ff. BGB stand halten.[189]

Die Bedeutung von Rechtsverordnungen im Arbeitsrecht, die dem Gesetz im formellen Sinne rangmäßig untergeordnet sind und die nur aufgrund einer den Anforderungen des Art. 80 GG entsprechenden Ermächtigungsgrundlage erlassen werden dürfen, ist zwar im modernen Arbeitsrecht nicht besonders groß. Dennoch gibt es auch heute, insb. im Bereich des Arbeitsschutzrechts noch nicht unbedeutende RechtsVO, wie z.B. die ArbeitsstättenVO, die VO zum ArbSchG und die MutterschutzrichtlinienVO.

90 Wegen der Lückenhaftigkeit arbeitsrechtlicher Regelungen spielt zwar das **Richterrecht** bei der Fortentwicklung des Arbeitsrechts eine große praktische Rolle. Es hat aber – anders als das Gewohnheitsrecht – keine gesetzesgleiche Geltung und kann auch den übrigen Rechtsquellen wegen der fehlenden normativen Geltungsweise nicht gleichgesetzt werden.[190]

---

188 Vgl. dazu Schaub, Arbeitsrechtshandbuch, 11. Aufl., § 31 Rn. 54 m.w.N.

189 Ausführl. zur AGB-Kontrolle Stöhr/Illner JuS 2015, 299; Benedict JZ 2012, 172; Stoffels ZfA 2009, 861u. Rn. 145 ff.

190 Vgl. BVerfG NZA 1993, 213, 214; BAG NZA 1996, 437, 439; Giesen RdA 2014, 78; Rüthers NZA Beil. 2011, Nr. 3 S. 100; Richardi NZA 2008, 1; Steiner NZA 2007, 4; Jacklowsky NZA 2001, 644; Dieterich NZA 1996, 673; Z/L/H § 7 Rn. 57 ff. m.w.N.

4. Der Tarifvertrag

a) Der Tarifvertrag ist ein schriftlicher **Vertrag zwischen einem Arbeitgeber oder Arbeitgeberverband und einer Gewerkschaft** zur Regelung von Rechten und Pflichten der Vertragschließenden (schuldrechtlicher Teil) und **zur Regelung von Inhalt, Abschluss und Beendigung von Arbeitsverhältnissen** sowie von betrieblichen und betriebsverfassungsrechtlichen Fragen (normativer Teil). **91**

Die gesetzliche Regelung findet sich im Tarifvertragsgesetz (TVG). Die wichtigste Vorschrift ist § 4 TVG:

Abs. 1:
„Die Rechtsnormen des Tarifvertrags, die den Inhalt, den Abschluss oder die Beendigung von Arbeitsverhältnissen ordnen, gelten unmittelbar und zwingend zwischen den beiderseits Tarifgebundenen, …".

Abs. 3:
Abweichende Abmachungen sind nur zulässig, soweit sie durch den Tarifvertrag gestattet sind oder eine Änderung der Regelungen zugunsten des Arbeitnehmers enthalten" (Günstigkeitsprinzip).

b) Die praktische Bedeutung der Tarifverträge, durch die die (Mindest-)Arbeitsbedingungen festgelegt werden, ist groß. Während sich auf der Ebene des Einzelarbeitsvertrags Arbeitgeber und Arbeitnehmer gegenüberstehen und infolge der tatsächlichen Überlegenheit des Arbeitgebers keine Gewähr dafür besteht, dass ein ausgehandelter Vertrag auch den Interessen des Arbeitnehmers gerecht wird, ist dies auf der Ebene der Verbände anders; dort stehen sich der einzelne Arbeitgeber oder der Arbeitgeberverband und die Gewerkschaften als im Wesentlichen gleichwertige Partner gegenüber. **92**

Tarifverträge haben vier Funktionen:[191] **93**

- Schutzfunktion zugunsten des Arbeitnehmers;
- Ordnungsfunktion, weil Arbeitgeber und Arbeitnehmer während der Laufzeit des Tarifvertrags auf bestimmte Arbeitsbedingungen vertrauen können;
- Friedensfunktion, weil während der Laufzeit des Tarifvertrags keine Arbeitskämpfe stattfinden dürfen;
- Verteilungsfunktion, weil sie durch die unterschiedlichen Vergütungsgruppen eine Einkommensverteilung zwischen den Arbeitnehmern bestimmen und die Beteiligung der Arbeitnehmer am Sozialprodukt sicherstellen.

c) Tarifnormen gehören zu den wichtigsten Anspruchsgrundlagen im Arbeitsrecht. Deshalb werden bereits an dieser Stelle die **Voraussetzungen für** die **Wirksamkeit sowie** die **Anwendbarkeit eines Tarifvertrags** auf das einzelne Arbeitsverhältnis dargestellt. **94**

aa) Wirksamkeitsvoraussetzungen eines Tarifvertrags (TV)

(1) Es muss ein **Vertrag** vorliegen (§ 1 Abs. 1 TVG), für dessen Zustandekommen die §§ 145 ff., 164 ff. BGB gelten.[192] Ob der abgeschlossene Vertrag die Rechtsqualität eines **95**

---

191 Schaub/Treber § 196 Rn. 3 ff; ausführlich zum Tarifvertragsrecht AS-Skript Kollektives Arbeitsrecht, (2015), Rn. 33 ff.

192 BAG, Urt. v. 18.11.2009 – 4 AZR 491/08, NZA 2010, 835; Preis § 89 und Löwisch NZA 1997, 2261 zur Vertretung.

Tarifvertrages, also Rechtsnormcharakter hat oder lediglich eine schuldrechtliche Vereinbarung der Tarifvertragsparteien darstellt, ist durch Auslegung zu ermitteln. Maßgeblich sind dabei die allgemeinen Regeln, die für die Auslegung schuldrechtlicher Verträge gemäß §§ 133, 157 BGB gelten.[193]

Nach h.M. besteht kein einklagbarer Anspruch einer Tarifvertragspartei auf Aufnahme von Tarifverhandlungen, da ein solcher Verhandlungsanspruch insbesondere mit der Vertragsfreiheit des sozialen Gegenspielers nicht zu vereinbaren wäre.[194] Die Tarifvertragsparteien können sich aber aufgrund der Vertragsautonomie in einem Vorvertrag zum Abschluss eines TV verpflichten.[195]

96 **(2)** Der TV muss gemäß § 1 Abs. 2 TVG schriftlich abgeschlossen werden. Hinsichtlich der **Schriftform** gelten die §§ 125, 126 BGB.[196]

Die Verletzung der Kundmachungsnormen (z.B. §§ 6, 7, 8 TVG) hat dagegen noch keine Unwirksamkeit des TV zur Folge, da es sich dabei um bloße Ordnungsvorschriften handelt.[197]

97 **(3)** Die Vertragsparteien müssen **tariffähig** sein. Nach § 2 TVG können Tarifvertragsparteien nur sein

- auf Seiten der Arbeitnehmer: Gewerkschaften und deren Spitzenverbände;
- auf Seiten der Arbeitgeber: Vereinigungen von Arbeitgebern einschl. der Innungen und Innungsverbände (§§ 54 Abs. 3 Nr. 1, 82 Nr. 3, 85 Abs. 2 HandwO), die Spitzenverbände[198] sowie einzelne Arbeitgeber (beim FirmenTV). Fehlt einer Vertragspartei die Tariffähigkeit, ist der abgeschlossene TV nach h.M. von Anfang an nichtig. Der gute Glaube an die Tariffähigkeit einer Vereinigung wird dabei nicht geschützt.[199]

  Gewerkschaften und Arbeitgeberverbände werden unter dem Oberbegriff „Koalitionen" zusammengefasst. Die Merkmale einer tariffähigen Koalition sind zum Teil umstritten und werden erst im kollektiven Arbeitsrecht näher behandelt (dazu unten 3. Teil, 1. Abschnitt, Rn. 635 ff.).

98 **(4)** Die Tarifvertragsparteien, die den TV abgeschlossen haben, müssen dafür zuständig gewesen sein. Die **Tarifzuständigkeit,** die nach h.M. Wirksamkeitsvoraussetzung eines TV ist, ergibt sich aus den Satzungen der vertragschließenden Verbände.[200]

Beispiel für fehlende Tarifzuständigkeit: Die IG Metall schließt mit der Stadt S einen TV über die Gehälter der Orchestermitglieder. Der Tarifvertrag ist wegen fehlender Tarifzuständigkeit der Gewerkschaft IG Metall nach h.M. unwirksam.

99 **(5)** Der TV muss einen zulässigen Inhalt haben.

- Die Normsetzungsbefugnis der Tarifvertragsparteien (Tarifautonomie) beschränkt sich gem. Art. 9 Abs. 3 S. 1 GG auf Regelungen „zur Wahrung und Förderung der Arbeits- und Wirtschaftsbedingungen". Darunter fallen die sechs in §§ 1 Abs. 1, 4 Abs. 1, 2 TVG aufgeführten Regelungsgegenstände sowie die Regelung vermögenswirksamer Leistungen (Fünftes VermögensbildungsG).

---

193 Vgl. BAG, Urt. v. 08.12.2011 – 6 AZR 291/10, NJW-Spezial 2012, 180; Urt. v. 15.04.2008 – 9 AZR 159/07, NZA-RR 2008, 586.

194 BAG, Urt. v. 25.09.2013 – 4 AZR 173/12, juris; NZA 1989, 601; Hanau NZA 2003, 128, 130; MünchArbR/Rieble/Klump § 165 Rn. 13; a.A. Mikosch in Festschrift für Dieterich, 1999, 379 ff.; Wiedemann/Thüsing RdA 1995, 280 ff.; jeweils m.w.N.

195 Vgl. BAG, Urt. v. 25.09.2013, Fn. 194; Urt. v. 05.07.2006 – 4 AZR 381/05, BB 2007, 556 m.Anm. Haußmann.

196 BAG, Beschl. v. 21.09.2011 – 7 ABR 54/10, ArbR 2012, 122; Löwisch/Rieble § 1 TVG Rn. 538 ff.

197 BAG NZA 2002, 800, 804; AP Nr. 1 zu § 8 TVG; Schaub/Treber § 198 Rn. 25, 26; a.A. Fischer BB 2000, 354 ff.; ausführlich zur Bekanntmachung und Verletzungsfolgen Bunte RdA 2009, 21 ff.; Hohenhaus NZA 2001, 1107 ff.

198 BAG, Beschl. v. 14.12.2010 – 1 ABR 19/10, SAE 2011, 68 m. abl. Anm. Löwisch SAE 2011, 61; dazu auch Jacobs ZfA 2010, 27.

199 BAG, Urt. v. 15.11.2006 – 10 AZR 665/05, NZA 2007, 268; ErfK/Franzen § 2 TVG Rn. 4 f. m.w.N.

200 BAG, Beschl. v. 11.06.2013 – 1 ABR 32/12, ArbR 2013, 551; ErfK/Franzen § 2 TVG Rn. 33 ff. und Junker ZfA 2007, 229.

Beispielsweise sind Vorschriften über die Lohnverwendung durch den Arbeitnehmer unzulässig, weil diese Frage dem Individualbereich überlassen bleiben muss. Es handelt sich hier um eine schwierige Frage, auf die im kollektiven Arbeitsrecht noch genauer einzugehen ist.

Nach § 1 Abs. 1 TVG kann ein Tarifvertrag regeln:

- „Rechte und Pflichten der Tarifvertragsparteien" **(schuldrechtlicher Teil).** 100

  Beispiele:
  Verpflichtung, nach Ablauf des TV ein Schlichtungsverfahren durchzuführen oder Verpflichtung zur Regelung der Notdiensteinsätze bei einem Streik.[201] Ungeschriebener Bestandteil des schuldrechtlichen Teils des TV ist die Friedenspflicht, d.h. die Pflicht, während der Laufzeit und im Regelungsbereich des TV keinen Arbeitskampf durchzuführen. Die Friedenspflicht wird ergänzt durch die – gleichfalls ungeschriebene – Einwirkungspflicht. Danach müssen die Verbände ihre Mitglieder (z.B. durch Androhung und Verhängung von Verbandsstrafen) zur Einhaltung des TV anhalten. Die praktische Durchsetzung der Einwirkungspflichten ist aber problematisch, weil von der anderen Tarifvertragspartei im Klagewege grds. nicht die Vornahme einer ganz bestimmten Einwirkungsmaßnahme verlangt werden kann.[202]

- „Rechtsnormen, die den Inhalt, den Abschluss und die Beendigung von Arbeitsver- 101
  hältnissen sowie betriebliche und betriebsverfassungsrechtliche Fragen ordnen können" **(normativer Teil).**

  „Inhaltsnormen" regeln z.B. Lohnhöhe und Lohnformen, Zulagen, Urlaub, Arbeitszeit, Nebentätigkeiten, Haftungsbeschränkung.

  „Abschlussnormen" kommen vor als Formvorschriften, Abschlussgebote (z.B. zugunsten älterer Arbeitnehmer) oder Abschlussverbote (z.B. von Heimarbeitern, Auszubildenden, Ausländern über eine bestimmte Quote der Gesamtbelegschaft hinaus).

  „Beendigungsnormen" z.B. Fragen der Befristung oder Kündigung von Arbeitsverhältnissen.

  „Betriebsnormen" (vgl. § 3 Abs. 2 TVG) regeln die betriebliche Ordnung (z.B. Torkontrolle) und Betriebsgestaltung (z.B. Klimaanlage).

  „Betriebsverfassungsrechtliche Normen" (vgl. § 3 Abs. 2 TVG) sind z.B. in §§ 3, 47 Abs. 4, 55 Abs. 4 BetrVG vorgesehen.

  „Normen über gemeinsame Einrichtungen der Tarifvertragsparteien" (§ 4 Abs. 2 TVG) betreffen z.B. die Schaffung von Pensionskassen, Erholungsheimen, Ausbildungszentren.

- Die Normsetzungsbefugnis der Tarifparteien ist darüber hinaus insoweit beschränkt, 102
  als die Tarifnormen nicht gegen höherrangiges Recht, also EU-Recht, Verfassung und zwingende Gesetze, verstoßen dürfen.[203] Dabei besteht im Ergebnis Einigkeit darüber, dass **auf Tarifverträge**, die – ebenso wie staatliche Gesetze – Rechtsnormen enthalten (vgl. § 1 Abs. 1 TVG), die **Grundrechte anwendbar** sind.[204] Während aber die bisher h.M., insbes. das BAG teilweise auch in neueren Entscheidungen wegen des Rechtsnormcharakters der Tarifnormen von der unmittelbaren Geltung der Grundrechte ausgeht,[205] nimmt die heute h.L. lediglich eine mittelbare Geltung der Grundrechte an, weil Tarifverträge trotz ihrer normativen Wirkung keine staatlichen Regelungen sind und deshalb nicht als Gesetzgebung i.S.d. Art. 1 Abs. 3 GG angesehen werden können. Umstritten ist allerdings die dogmatische Begründung für die

201 Vgl. dazu BAG NZA 1995, 958 ff.; Preis § 96; zum Notdienst Kursawe/Pirpamer AuA 2014, 276; Gaumann DB 2001, 1722 ff.
202 BAG, Beschl. v. 15.10.2014 – 7 ABR 74/12, NZA 2015, 560; MünchArbR/Rieble/Klump § 189 Rn. 6 ff.; Feudner BB 2007, 266.
203 Vgl. BAG, Urt. v. 18.03.2009 – 4 AZR 64/08, NZA 2009, 1028; dazu auch Schubert ZfA 2013, 1; Waltermann ZfA 2000, 53.
204 Vgl. MünchArbR/Rieble/Klump § 169 Rn. 36 ff.; ErfK/Schmidt, GG, Einl. Rn. 20 ff., 46 ff.; Belling ZfA 1999, 547, 553.
205 Vgl. BAG, Urt. v. 24.07.2001 – 3 AZR 681/00, NZA 2002, 1291,1293; NZA 2002, 331, 334; Löwisch RdA 2000, 3123; Belling ZfA 1999, 547 ff.; vgl. dazu auch Gornik NZA 2012, 1399 ff.; Waltermann Rn. 77 ff.; Burkiczak RdA 2007, 17 ff.

mittelbare Geltung der Grundrechte.[206] Das BVerfG[207] hat diese Frage bisher offen gelassen und die Ansicht von dem Schutzauftrag der Grundrechte als Grundlage für die Grundrechtsbindung jenseits der Fragestellung von unmittelbarer oder mittelbarer Bindung entwickelt. Die Grundrechte stellen sich danach nicht nur als Abwehrrechte dar, sondern auch als Schutzpflichten der staatlichen Gewalt in dem Sinne, dass diese verpflichtet ist, die Durchsetzung der Grundrechte auch in Privatrechtsverhältnissen zu gewährleisten. Diese Schutzpflicht trifft alle staatlichen Grundrechtsadressaten, somit auch die Gerichte, und zwar auch bei der Auslegung und Anwendung von Tarifverträgen als Ergebnis kollektiv ausgeübter Privatautonomie. Dieser Begründung folgt inzwischen immer häufiger auch das BAG.[208]

Eine Tarifnorm, die unterschiedliche Löhne für Männer und Frauen bei gleicher Tätigkeit vorsehen würde, wäre wegen Verstoßes gegen Art. 157 AUE, Art. 3 Abs. 2 GG und § 7 Abs. 1 AGG nichtig.[209] Eine tarifliche Regelung, nach der ausschließlich das Lebensalter für die Höhe der Vergütung oder die Dauer des Erholungsurlaubs entscheidend ist, stellt eine nach § 7 Abs. 1 AGG verbotene Benachteiligung wegen des Alters dar.[210] Ein Ausschluss der Teilzeitkräfte von tariflichen Leistungen verstößt gegen § 4 TzBfG.[211] Das gleiche gilt bei einem niedrigeren Lohn wegen Teilzeit.[212]

Nach h.M. sind Tarifverträge, die zum Zwecke der Beschäftigungssicherung (z.B. Standortsicherung, befristeter Ausschluss betriebsbedingter Kündigungen) eine Verkürzung der Arbeitszeit ohne (vollständigen) Lohnausgleich bzw. Lohnkürzungen vorsehen (sog. **tarifliche Bündnisse für Arbeit**), von der Regelungsbefugnis der Tarifvertragsparteien gedeckt.[213]

103 An das **Richterrecht** sind die Tarifvertragsparteien zwar nicht gebunden, da die Gerichte keine „Ersatzgesetzgeber" sind und daher keine allgemein gültigen Rechtsnormen setzen dürfen.[214] Da aber die Tarifverträge einer gerichtlichen Überprüfung unterliegen, müssen die Tarifparteien auch das Richterrecht beachten, soweit es vom BAG nicht zu deren Disposition gestellt worden ist.[215]

104 Bei der Prüfung der Frage, ob die Tarifvertragsparteien ihre Regelungsbefugnis überschritten haben, ist zu beachten, dass ihnen ein aufgrund der verfassungsrechtlich garantierten Tarifautonomie größerer **Gestaltungsspielraum** zukommt als den Betriebs- und Arbeitsvertragsparteien. Es ist nicht Aufgabe der Gerichte zu prüfen, ob die Tarifvertragsparteien die gerechteste und zweckmäßigste Lösung für den zu regelnden Sachverhalt gefunden haben, sodass **keine Billigkeits- bzw. Zweckmäßigkeitskontrolle** stattfindet. Es findet auch **keine Inhaltskontrolle nach** den neuen **§§ 307 ff. BGB** statt (vgl. § 310 Abs. 4 BGB). Es genügt regelmäßig, wenn ein sachlich vertretbarer Grund für die getroffene Regelung besteht.[216]

---

206 Vgl. MünchArbR/Richardi § 10 Rn. 19 ff.; Schliemann ZTR 2000, 198 ff.; Söllner NZA 1996, 897 ff.; Singer ZfA 1995, 611 ff.; Käppler NZA 1991, 745, 748 u. BAG NZA 2001, 613 mit Meinungsübersicht, das die Frage selbst offen gelassen hat.

207 BVerfG, Beschl. v. 09.08.2000 – 1 BvR 514/00, NZA 2000, 1113; EzA GG Art. 3 Nr. 72a; NZA 1994, 661, 664.

208 Vgl. BAG, Urt. v. 21.02.2013 – 6 AZR 539/11, NZA-RR 2013, 296; Urt. v. 12.12.2012, 10 AZR 718/11, NZA 2013, 577.

209 Vgl. EuGH, Urt. v. 27.05.2004 – Rs. C-285/02, NZA 2004, 783; BB 1995, 1484; BAG NZA 1996, 579.

210 BAG, Urt. v. 20.03.2012 – 9 AZR 529/10, NZA 2012, 803 (Urlaub); dazu Boemke JuS 2013, 264; Urt. v. 08.12.2011 – 6 AZR 319/09, NZA 2012, 275 (Vergütung); dazu Franzen RdA 2013, 180; vgl. aber auch BAG, Urt. v. 21.10.2014 – 9 AZR 956/12, NZA 2015, 297 zur Zulässigkeit des Zusatzurlaubs von 2 Arbeitstagen für AN nach Vollendung des 58. Lebensjahres.

211 BAG, Urt. v. 11.12.2003 – 6 AZR 64/03, NZA 2004, 723; 1999, 882; Thüsing ZfA 2003, 249 ff.

212 BAG NZA 2002, 1211: unerlaubte Handlung nach § 823 Abs. 2 BGB i.V.m. § 2 BeschFG (jetzt: § 4 TzBfG).

213 BAG, Urt. v. 28.05.2009 – 6 AZR 144/08; juris; DB 2002, 274; BB 2000, 677: vorübergehende Arbeitszeitverkürzung ohne vollen Lohnausgleich grds. zulässig; Hanau/Adomeit Rn. 11; Rieble ZfA 2004, 1 ff.; Gotthardt DB 2000, 1462.

214 Vgl. BVerfG NZA 1993, 213, 214; ErfK/Preis § 611 BGB Rn. 234 f.; Richardi NZA 2008, 1 ff. und oben Rn. 90.

215 Sog. tarifdispositives Richterrecht, vgl. z.B. BAG NZA 2002, 1155, 1157;1996, 437, 439; ErfK/Preis § 611 BGB Rn. 234 f.

216 Vgl. BAG, Urt. v. 15.01.2015 – 6 AZR 646/13, NZA-RR 2015, 272; NZA 2002, 47, 49; 2001, 613, 617: „Verbot der Tarifzensur".

Umstritten ist dagegen das **Verhältnis zwischen TV** und den Bestimmungen des Einzelarbeitsvertrages, die auf einer für alle Arbeitnehmer des Betriebs geltenden **Einheitsregelung, betrieblichen Übung oder Gesamtzusage** beruhen, also „kollektiven" Bezug haben.[217] Dieses Problem wird später im Zusammenhang mit der Betriebsvereinbarung (unter Rn. 135 ff.) behandelt, wo es in der Praxis eine größere Rolle spielt. Die Ausführungen dazu gelten für Tarifverträge entsprechend. 105

bb) Voraussetzungen für die Anwendbarkeit eines TV auf ein Arbeitsverhältnis 106

(1) Die **normative Wirkung eines TV** beschränkt sich auf die Arbeitsverhältnisse, die in seinen Geltungsbereich fallen.

- **Persönlicher Anwendungsbereich**

Der persönliche Anwendungsbereich eines TV ist grds. auf die **tarifgebundenen Vertragsparteien** beschränkt, § 3 Abs. 1 TVG.[218] Tarifgebunden sind danach „Mitglieder der Tarifparteien und der Arbeitgeber, der selbst Partei des Tarifvertrags ist", wobei für die Mitgliedschaft das Satzungsrecht des jeweiligen Verbandes maßgeblich ist.[219] Die beiderseitige Tarifbindung entsteht auch dann, wenn die Vertragsparteien noch während der Laufzeit des Tarifvertrags dem zuständigen Verband beitreten.[220] Entscheidend ist der Zeitpunkt der Annahme der Beitrittserklärung, sodass eine rückwirkende Begründung der Tarifgebundenheit unzulässig ist.[221] 107

Nach § 3 Abs. 2 TVG gelten allerdings Rechtsnormen des TV über betriebliche und betriebsverfassungsrechtliche Fragen für alle Betriebe, deren Arbeitgeber tarifgebunden sind. Insoweit genügt also für die normative Wirkung die einseitige Tarifbindung des Arbeitgebers.[222]

In letzter Zeit hat die Frage nach der Zulässigkeit der sog. **OT-Mitgliedschaft** immer mehr an praktischer Bedeutung gewonnen. Bei dieser Mitgliedschaftsform sind zwar die Arbeitgeber Mitglieder des Arbeitgeberverbandes, sie unterliegen aber nach der Verbandssatzung nicht der Tarifbindung.[223] Während die h.M. eine solche Verbandsmitgliedschaft unter Berufung auf die Koalitionsfreiheit des Art. 9 Abs. 3 GG grds. für zulässig hält,[224] geht die Gegenansicht insb. unter Hinweis auf die Störung der Verhandlungsparität zwischen den Gewerkschaften und den Arbeitgeberverbänden von der Unzulässigkeit der OT-Mitgliedschaft aus, sodass auch die OT-Mitglieder tarifgebunden sind.[225] Notwendige Voraussetzung einer wirksamen Regelung der OT-Mitgliedschaft ist allerdings auch nach der h.M., dass die Verbandssatzung für die OT-Mitglieder nicht nur die Tarifbindung nach § 3 Abs. 1 TVG ausschließt, sondern darüber hinaus für Tarifangelegenheiten eine klare und eindeutige Trennung der Befugnisse mit und ohne Tarifbindung vorsieht.[226] Auch wenn ein vereinsrechtlich wirksamer Statuswechsel in die OT-Mitgliedschaft vorliegt, der einvernehmlich auch ohne Einhaltung der sonst vorgesehenen Kündigungsfrist erfolgen kann (sog. Blitzaustritt), ist er tariflich als eine die Funktionsfähigkeit der Tarifautonomie beeinträchtigende Abrede nach Art. 9 Abs. 3 S. 2 GG unwirksam, wenn er während der laufenden Tarifverhandlungen erfolgt und der konkrete Wechsel für die an der Verhandlung beteiligte Gewerkschaft nicht vor dem endgültigen Tarifabschluss erkennbar war, weil in diesem Fall die Gewerkschaft auf den Statuswechsel vor dem Tarifabschluss 108

217 Dazu BAG, Urt. v. 18.03.2003 – 3 AZR 101/02, NZA 2004, 1099; Schaub/Treber § 207 Rn. 24 ff.; Schaub/Koch § 231 Rn. 37.

218 Vgl. BAG NZA 2001, 613 (Zulässigkeit der Herausnahme von Werkstudenten aus dem Anwendungsbereich eines TV).

219 BAG, Beschl. v. 11.06.2013 – 1 ABR 32/12, ArbRB 2013, 334; Ricken RdA 2007, 35; Feudner BB 2004, 2297.

220 BAG NZA 1998, 484, 485; Waltermann Rn. 615 ff.; Kempen/Kempen § 3 TVG Rn. 313 ff.; Däubler NZA 1996, 225, 226.

221 BAG, Urt. v. 22.11.2000 – 4 AZR 688/99, NZA 2001, 980 ff.; ErfK/Franzen § 3 TVG Rn. 19.

222 BAG, Beschl. v. 18.03.2008 – 1 ABR 81/06, DB 2008, 1922 u. Roßmann NZA 1999, 1252 zur Nachwirkung dieser Normen.

223 Vgl. zu Formen der OT-Mitgliedschaft ErfK/Franzen § 2 TVG Rn. 9 ff.; Deinert RdA 2007, 83 ff.

224 BVerfG, Beschl. v. 01.12.2010 – 1 BvR 2593/09, NZA 2011, 60; BAG, Urt. 12.02.2014 – 4 AZR 450/12, ZTR 2014, 330; Kothe JR 2011, 91; ErfK/Franzen § 2 TVG Rn. 9 a; Höpfner ZfA 2009, 54; Worblewsky NZA 2007, 421; Bayreuther BB 2007, 325.

225 Hensche NZA 2009, 815; Berg AuR 2001, 393; Däubler NZA 1996, 225, 230 ff.; kritisch auch Deinert RdA 2007, 83; Schaub NZA 2000, 15; vgl. aber auch Glaubitz NZA 2003, 140: Tarifunfähigkeit des AG-Verbandes und Unwirksamkeit der TV.

226 Vgl. BAG, Urt. 21.11.2012 – 4 AZR 27/11, DB 2013, 1735; Besgen/Weber SAE 2010, 1; Grimm/Kleinertz ArbRB 2010, 345.

nicht reagieren konnte. In einem solchen Fall bleibt das OT-Mitglied an die Tarifverträge trotz eines vereinsrechtlich wirksamen Wechsels in die OT-Mitgliedschaft nach § 3 Abs. 1 TVG gebunden.[227]

109 ■ Ausnahmsweise **entfaltet ein Tarifvertrag** trotz fehlender beiderseitiger Tarifbindung i.S.d. § 3 Abs. 1 TVG **normative Wirkung, wenn** er **für allgemeinverbindlich erklärt** worden ist. Die **Allgemeinverbindlichkeitserklärung** nach § 5 TVG, die nach ganz h.M. auch mit Rückwirkung erfolgen kann,[228] ersetzt also die fehlende Tarifgebundenheit der Vertragsparteien nach § 3 Abs. 1 TVG. Zuständig für die Allgemeinverbindlichkeit ist nach § 5 Abs. 1 TVG der Bundesminister für „Arbeit und Soziales", der die Entscheidung nach § 5 Abs. 6 TVG auf die zuständige Landesbehörde übertragen kann, was bei Regional-TV in der Praxis auch geschieht.[229]

110 Der Arbeitgeber kann sich der Tarifbindung durch einen **Austritt aus dem Arbeitgeberverband** während der Laufzeit eines TV wegen der durch § 3 Abs. 3 TVG angeordneten Nachbindung nicht entziehen.[230] Vielmehr entsteht die beiderseitige Tarifbindung auch dann, wenn ein Arbeitnehmer erst nach dem Verbandsaustritt des Arbeitgebers der Gewerkschaft beitritt.[231] Umgekehrt kann sich aber auch ein Arbeitnehmer nicht einer ungünstigen Regelung im TV (z.B. Verfallfrist) durch einen Gewerkschaftsaustritt entziehen.[232] Die Nachbindung nach einem Verbandsaustritt nach § 3 Abs. 3 TVG endet nicht nur bei einer Beendigung, sondern auch bei jeder Änderung des TV, und zwar auch hinsichtlich der nicht geänderten Regelungen, nicht aber bei einer bloßen Nichtausübung der bestehenden Kündigungsmöglichkeit durch eine Tarifvertragspartei.[233]

Nach einem **Betriebsübergang** i.S.d. § 613 a BGB gelten die bisherigen TV auch dann weiter, wenn der neue Arbeitgeber nicht Mitglied des zuständigen Arbeitgeberverbandes ist. Dies gilt auch dann, wenn die Tarifverträge zwar vor dem Betriebsübergang abgeschlossen worden sind, ihre Wirksamkeit aber erst nach dem Betriebsübergang entfalten.[234] Sie haben aber nicht die zwingende Wirkung des § 4 Abs. 1 TVG, sondern gelten nach § 613 a Abs. 1 S. 2 BGB nur „wie arbeitsvertraglich vereinbarte Regelungen und damit individualrechtlich weiter", können allerdings vor Ablauf eines Jahres nicht zu Ungunsten der Arbeitnehmer abgeändert werden.[235] Etwas anderes gilt allerdings dann, wenn Tarifnormen nach § 613 Abs. 1 S. 2 BGB Inhalt des Arbeitsverhältnisses geworden sind, die im Zeitpunkt des Betriebsüberganges lediglich nach § 4 Abs. 5 TVG nachwirkten.[236] Diese individualrechtliche Weitergeltung ist aber nach § 613 a Abs. 1 S. 3 BGB ausgeschlossen, wenn dieselben Arbeitsbedingungen beim Betriebserwerber in einem anderen TV geregelt sind, wofür die beiderseitige TV-Bindung erforderlich ist.[237] § 613 a Abs. 1 S. 3 BGB greift auch dann ein, wenn die Regelungen in dem neuen TV für die Arbeitnehmer ungünstiger sind.[238] Ob für den Ausschluss der individualrechtlichen Weitergeltung tariflicher Normen nach § 613 a Abs.1 S. 3 BGB auch eine wirksame Betriebsvereinbarung ausreicht, (sog. Überkreuzablösung), insb. auch außerhalb der zwingenden Mitbestimmung, ist sehr umstritten.[239]

---

227 Vgl. dazu BAG, Urt. v. 19. 06. 2012 – 1 AZR 775/10, NZA 2012, 1372; Urt. 04.06.2008 – 4 AZR 316/07, NZA 2008, 1366; Willemsen/Mehrens NZA 2013, 79; a.A. zur Rechtsfolgen des „Blitzaustritts" Franzen NZA Beilage 2011, Nr 3, 108; Rieble RdA 2009, 280; Bauer/Haußmann RdA 2009, 99; a.A. Hensche NZA 2009, 815, der die Zulässigkeit des „Blitzaustritts" ablehnt.

228 BAG, Urt. v. 20.03.2013 – 10 AZR 744/11, ArbuR 2013, 273; Löwisch/Rieble § 5 TVG Rn. 52; jeweils Meinungsübersicht.

229 Vgl. zu Wirksamkeitsvoraussetzungen BAG, Urt. v. 22.10.2003 – 10 AZR 13/03, DB 2004, 712; Schaub/Treber § 205 Rn. 21 ff.; Forst RdA 2015, 25 zum 5 TVG n.F.; Maul-Sartori NZA 2014, 1305 zum Rechtsschutz nach dem neuen § 98 ArbGG und BAG, Beschl. v. 07.01.2015 – 10 AZB 109/14 zur Voraussetzung für eine Aussetzung nach § 98 Abs. 6 ArbGG n.F.

230 BAG, Urt. v. 22.02.2012 – 4 AZR 8/10, ZTR 2012, 436; ErfK/Franzen § 3 TVG Rn. 25 ff.; Willemsen/Mehrens NZA 2010, 307.

231 BAG, Urt. v. 06.07.2011 – 4 AZR 424/09, NZA 2012, 281; ErfK/Franzen § 3 TVG Rn. 23; Däubler NZA 1996, 225, 226.

232 Vgl. BAG, Urt. v. 16.05.2001 – 10 AZR 357/00, EzA § 3 TVG Nr. 23; Schaub/Treber § 204 Rn. 22 ff.

233 Vgl. dazu BAG, Urt. v. 22.02.2012 Fn. 230; 2002, 750, 752; Höpfner NJW 2010, 2173; a.A. bei ungenutzter Kündigungsmöglichkeit ErfK/Franzen § 3 TVG Rn. 27; krit. zur unbegrenzten Nachbindung Willemsen/Mehrens NZA 2010, 307.

234 Vgl. dazu BAG, Urt. v. 19.07.2007 – 4 AZR 711/06, NZA 2008, 241; zust. Kast BB 2008, 45.

235 Vgl. dazu BAG, Urt. v. 22.04.2009 – 4 AZR 100/08, NZA 2010, 41; Hohenstatt NZA 2010, 23; Meyer DB 2010, 1404.

236 Vgl. BAG, Urt. v. 12.12.2007 – 4 AZR 996/06, NZA 2008, 892; ausführlich zur Fortgeltung von TV bei einem Betriebsübergang Seel öAT 2015, 26; Salamon/Hoppe ArbR 2014, 144 und 172; Braun/Rütz ArbRB 2013, 27.

237 Vgl. BAG, Urt. v. 21.11.2012 – 4 AZR 85/11, NZA 2013, 512; BB 2001, 1847 m.Anm. Waas; Sagan RdA 2011, 163 ff.

238 Vgl. BAG, Urt. v. 11.05.2005 – 4 AZR 315/04, NZA 2005, 1362; Bepler RdA 2009, 65 ff.; vgl. aber neuerdings EuGH, Urt. v. 06.09.2011 – C-108/10, 2011, 1077 (Scatollon); dazu Steffan NZA 2012, 473; abl. Sittard/Flockenhaus NZA 2013, 652.

239 Dagegen BAG, Urt. v. 03.07.2013 – 4 AZR 961/11, DB 2013, 2335; Urt. v. 21.04.2010 – 4 AZR 768/08, DB 2010, 1998; ErfK/Preis § 613 a BGB Rn. 126; dafür Döring/Grau BB 2009, 158, die ausführlich auf die „Überkreuzablösung" eingehen.

Zeitlicher Geltungsbereich

- Der **Beginn der normativen Wirkung** eines TV richtet sich nach dem TV selbst, der i.d.R. den Zeitpunkt des In-Kraft-Tretens regelt. Fehlt eine solche Regelung, tritt die normative Wirkung mit Abschluss des TV ein.[240] Wirksamkeitsvoraussetzung einer Allgemeinverbindlichkeitserklärung, die auch den Zeitpunkt des Eintritts der Allgemeinverbindlichkeit des TV nennt, ist gemäß § 5 Abs. 7 TVG die öffentliche Bekanntmachung.[241] Eine Rückwirkung von TV sowie der Allgemeinverbindlichkeitserklärung ist nur zulässig, wenn dadurch keine rechtsstaatlichen Grundsätze, insb. der Vertrauensschutz, verletzt werden.[242] Es gelten insoweit die für die echte bzw. unechte Rückwirkung von Gesetzen entwickelten Grundsätze entspr.[243] Eine **Rückwirkung**, für die eine klare und unmissverständliche Regelung erforderlich ist,[244] ist grds. jedenfalls dann unzulässig, wenn dadurch fällige Ansprüche oder feste Rechtspositionen (z.B. Unkündbarkeit) entzogen werden, auf deren Fortbestand die normunterworfenen Arbeitsvertragsparteien vertrauen durften.[245] Voraussetzung einer wirksamen Rückwirkung ist dabei stets, dass die Arbeitsvertragsparteien sowohl im Zeitpunkt der Änderung des TV als auch in dem zurückliegenden Zeitraum, auf den sich die Rückwirkung bezieht, tarifgebunden waren, weil anderenfalls den Tarifvertragsparteien die Legitimation zur Normsetzung fehlt.[246] **111**

Das **Ende der normativen Wirkung** eines TV richtet sich bei beiderseitiger Tarifgebundenheit nach Vertragsrecht, also insbes. durch Fristablauf, Aufhebung und Kündigung.[247] Bei Allgemeinverbindlichkeitserklärung eines TV endet die normative Wirkung außerdem durch deren Aufhebung, § 5 Abs. 5 S. 1, 3 TVG. Die Auflösung einer Tarifvertragspartei hat dagegen nach heute h.M. keine Beendigung der normativen Wirkung eines Tarifvertrages zur Folge.[248] **112**

Endet danach ein TV, ohne durch einen neuen ersetzt zu werden, so gelten die bisherigen Tarifbestimmungen aufgrund der **Nachwirkung** gem. § 4 Abs. 5 TVG weiter, um „einen tariflosen Zustand und ein inhaltsloses Arbeitsverhältnis" zu verhindern. Ausnahme: tariflicher Ausschluss der Nachwirkung.[249] Die Nachwirkung ist dabei nach h.M. zeitlich unbefristet.[250] Keine Nachwirkung nach § 4 Abs. 5 TVG haben dagegen nach h.M. die Rechtsnormen eines Tarifvertrages, für die nur durch Rechtsverordnung im Wege des § 7 Abs. 1 AEntG (früher § 1 Abs. 3a Satz 1 AEntG) bestimmt ist, dass sie auf alle unter den Geltungsbereich dieses Tarifvertrages fal- **113**

240 LAG Hamm NZA-RR 1999, 195; Z/L/H § 40 Rn. 30 ff.; Kempen/Stein § 4 TVG Rn. 154 ff.; Löwisch/Rieble § 3 TVG Rn. 188 ff.

241 Vgl. Schaub/Treber § 205 Rn. 24; Kempen/Stein § 5 TVG Rn. 72; Löwisch/Rieble § 5 TVG Rn. 167 m.w.N.

242 BAG, Urt. v. 21.08.2007 – 3 AZR 102/06, SAE 2009, 63 m.Anm. Steinmeyer; Houben NZA 2007, 130, jeweils m.w.N.

243 BAG, Urt. 20.03.2013 – 10 AZR 744/11, ArbR 2013, 290; Löwisch/Rieble § 5 TVG Rn. 82 ff.; krit. Bieder ArbuR 2008, 244.

244 BAG, Urt. v. 01.12.2004 – 4 AZR 103/04, juris; BAG NZA 1989, 559; Kempen/Stein § 5 TVG Rn. 72.

245 BAG, Urt. v. 11.10.2006 – 4 AZR 486/05, NZA 2007, 634; 2000, 1297 f.; 1999, 1059, 1063 f.; Bieder ArbuR 2008, 244 ff.

246 BAG, Urt. v. 24.10.2007 – 10 AZR 878/06, NZA 2008, 131; Urt. v. 11.10.2006, Fn. 245; a.A. Löwisch/Rieble § 3 TVG Rn. 196.

247 Vgl. BAG, Urt. v. 08.11.2006 – 4 AZR 590/05, NZA 2007, 576 zur Kündigung eines sog. mehrgliedrigen TV und zur außerordentlichen Kündigung eines TV BAG DB 1997, 782 u. 2331 m.Anm. Meyer; ausführl. Kempen/Stein § 5 TVG Rn. 73 ff.

248 Vgl. BAG, Urt. v. 23.01.2008 – 4 AZR 312/01, NZA 2008, 771 mit Meinungsübersicht; Kempen/Kempen § 3 TVG Rn. 56; Boemke BB 2009, 1516; a.A. noch BAG, Urt. v. 28.05.1997 – 4 AZR 546/95, NZA 1998, 40.

249 Vgl. BAG, Urt. v. 16.05.2012 – 4 AZR 366/10, NZA 2013, 220; NZA 2000, 535, 536; ErfK/Franzen § 4 TVG Rn. 58 m.w.N.

250 BAG, Urt. v. 16.05.2012, Fn. 249; Urt. v. 15.03.2003 – 4 AZR 573/02, NZA 2004, 387; Stein ArbuR 2005, 30; jeweils mit Meinungsübersichten; a.A. Bährendt/Gaumann/Liebermann NZA 2006, 525: Befristung entspr. § 39 Abs. 2 BGB auf 2 Jahre.

lenden und nicht tarifgebundenen Arbeitgeber und Arbeitnehmer Anwendung finden. In diesem Fall ist § 4 Abs. 5 TVG auch nicht entsprechend anwendbar, da diese Vorschrift, die als Rechtsfolge die Weitergeltung der Rechtsnormen eines Tarifvertrages anordnet, nicht dazu herangezogen werden kann, außer Kraft getretenes staatliches Recht außerhalb des dafür vorgesehenen Verfahrens in der Sache wieder „in Geltung" zu setzen. Dies obliegt allein dem Verordnungsgeber.[251]

Nach h.M. ist unter „Ablauf eines Tarifvertrags" i.S.d. § 4 Abs. 5 TVG nicht nur Zeitablauf, sondern nach Sinn und Zweck auch die Beendigung der Tarifbindung aus anderen Gründen (z.B. Verbandsaustritt) zu verstehen.[252] Bei einem Verbandsaustritt schließt sich die Nachwirkung nach § 4 Abs. 5 TVG an die verlängerte Tarifgebundenheit nach § 3 Abs. 3 TVG an.[253]

114 Die gem. § 4 Abs. 5 TVG **nachwirkenden Tarifvertragsnormen** haben jedoch **keine zwingende Wirkung** mehr. Sie können daher auch durch einzelvertragliche Regelungen zum Nachteil des Arbeitnehmers abgeändert werden.[254] Die „andere Abmachung" i.S.d. § 4 Abs. 5 TVG kann auch während der Laufzeit des Tarifvertrages abgeschlossen werden. Voraussetzung dafür ist aber, dass der Vereinbarung (ggf. durch Auslegung) zu entnehmen ist, dass sie die bevorstehende Nachwirkung beseitigen soll.[255] Für die Nachwirkung ist unerheblich, ob der Tarifvertrag kraft beiderseitiger Tarifbindung oder einer Allgemeinverbindlichkeitserklärung gegolten hat, sodass die Nachwirkung bei „Beendigung" eines allgemeinverbindlichen Tarifvertrags auch gegenüber Nichttarifgebundenen (sog. Außenseiter) gilt.[256] Die Nachwirkung erstreckt sich allerdings nach h.M. nur auf Arbeitsverhältnisse, die bei Beendigung des TV bereits existiert haben.[257]

Ob und unter welchen Voraussetzungen frühere, aufgrund der zwingenden Wirkung eines TV unwirksam gewordene Vertragsbestimmungen nach Beendigung der Laufzeit des TV wieder „aufleben", wenn insoweit keine besondere Regelung vorliegt, ist umstritten. Die wohl h.M. nimmt das „Wiederaufleben" der Regelung an, weil sie durch den späteren Abschluss des Tarifvertrages nicht nichtig, sondern lediglich für die Dauer der Wirksamkeit des TV verdrängt wird.[258]

115 In **räumlicher** Hinsicht gilt der TV für das gesamte Tarifgebiet, für das die Tarifvertragsparteien nach ihrer Verbandssatzung zuständig sind. Eine Beschränkung auf Teile des Tarifgebiets (z.B. BezirksTV) ist ebenso zulässig wie der Abschluss von HausTV, die nach dem Spezialitätsprinzip Vorrang haben.[259] Deutsche Tarifparteien können auch für ins Ausland entsandte Arbeitnehmer TV abschließen.[260]

116 ■ Der **sachliche** Geltungsbereich eines TV wird – einleitend – für Betriebe eines bestimmten Wirtschaftszweiges (Industrietarif) und/oder für bestimmte berufliche Tätigkeiten (Fachtarif) festgelegt.

---

251 Vgl. BAG, Urt. v. 20.04.2011 – 4 AZR 467/09, NZA 2011, 1105; ausführlich dazu Sittard NZA 2012, 29 ff.

252 BAG, Urt. v. 16.05.2012, Fn. 249; MünchArbR/Rieble/Klump § 181 Rn. 19; Schaub ZTR 2000, 10, 12; Ehmann/Lambrich NZA 1996, 346, 357; vgl. aber auch BAG NZA 1995, 178, wo der 9. Senat die Nachwirkung im Fall des Ausscheidens des AG aus dem fachlichen Geltungsbereich eines allgemeinverbindlichen TV ablehnte.

253 BAG, Urt. v. 06.07.2011 – 4 AZR 424/09, NZA 2012, 281; Urt. v. 07.11.2001 – 4 AZR 703/00, BB 2002, 1050 m.Anm. Giesen.

254 Vgl. BAG NZA 2002, 750, 753 zur Beendigung der Nachwirkung durch Änderungskündigung.

255 Vgl. BAG, Urt. v. 22.10.2008 – 4 AZR 41/05, NZA 2009, 265; Urt. v. 17.01.2006 – 9 AZR 41/05, NZA 2006, 923.

256 BVerfG NZA 2000, 947; BAG, Urt. v. 24.10.2002 – 6 AZR 743/00, NZA 2004, 105; 2001, 1146.

257 BAG, Urt. v. 05.08.2009 – 10 AZR 1006/08, ZTR 2009, 587; Röger DB 2005, 1058 ff.; a.A. Waltermann Rn. 589.

258 Vgl. BAG, Urt. v. 01.07.2009 – 4 AZR 261/08, BB 2010, 59; Urt. v. 12.12.2007 – 4 AZR 998/06, NZA 2008, 699; 1998, 40, 42; LAG Berlin BB 1995, 728 einerseits u. LAG Berlin NZA 1991, 278 f. andererseits; vgl. auch Schaub ZTR 2000, 10, 11 m.w.N.

259 Vgl. dazu BAG, Urt. v. 16.11.2011 – 4 AZR 856/09, NZA-RR 2012, 308; Leuchten/Melms DB 1999, 1803.

260 BAG NZA 1992, 321 f.; Zachert NZA 2000, 121.

- Überschneiden sich mehrere Tarifverträge, so spricht man von Tarifpluralität, wenn in demselben Betrieb kraft Tarifgebundenheit des Arbeitgebers nach § 3 Abs. 1 bzw. § 5 TVG mehrere Tarifverträge gelten, während die einzelnen Arbeitnehmer je nach Gewerkschaftszugehörigkeit nur an einen dieser Tarifverträge normativ gebunden sind.[261] Tarifkonkurrenz liegt dagegen vor, wenn mehrere Tarifverträge auf dasselbe Arbeitsverhältnis normativ anwendbar sind.[262] In beiden Fällen galt nach der bisherigen Rspr. des BAG und einem Teil der Lit. der Grundsatz der Tarifeinheit und damit nur ein TV.[263] Nach dem Grundsatz der Tarifeinheit ist die Konkurrenz der TV nach dem Prinzip der Spezialität bzw. Sachnähe zu lösen. Zu prüfen ist insoweit, welcher TV dem Betrieb räumlich, betrieblich, fachlich und persönlich am nächsten steht und deshalb den Eigenarten des Betriebes und der darin tätigen Arbeitnehmer am ehesten gerecht wird.[264] In Mischbetrieben, in denen Tätigkeiten verschiedener Fachrichtungen verrichtet werden, ist derjenige TV anzuwenden, der der überwiegenden Arbeitszeit der Arbeitnehmer entspricht.[265] 117

Beispiel: Die in einem Einzelhandelsbetrieb tätigen Lkw-Fahrer unterliegen dem EinzelhandelTV.

Nachdem die Anwendung des Grundsatzes der Tarifeinheit bei Tarifpluralität in der Lit. immer heftiger mit der Begründung kritisiert wurde, dass die dafür vor allem angeführten Gründe der Rechtsklarheit und Praktikabilität nicht geeignet sind, die Verdrängung eines normativ wirkenden Tarifvertrages und damit die Einschränkung der durch Art. 9 Abs. 3 GG verfassungsrechtlich garantierten Koalitionsfreiheit der davon betroffenen Arbeitnehmer zu rechtfertigen,[266] gab das BAG seine Rechtsprechung zur Tarifeinheit bei Tarifpluralität ausdrücklich auf.[267] Dies hatte zur Folge, dass bei Tarifpluralität in einem Betrieb mehrere Tarifverträge normativ anwendbar sein konnten. Als Reaktion auf diese Änderung der Rspr. ist mit dem TarifeinheitsG vom 03.07.2015 mit Wirkung zum 10.07.2015 insb. § 4 a TVG eingeführt worden. Überschneiden sich die Geltungsbereiche nicht inhaltsgleicher Tarifverträge verschiedener Gewerkschaften (sog Tarifkollision), sind innerhalb eines Betriebs nach der Kollisionsregel des § 4 a Abs. 2 S. 2 TVG nur die Rechtsnormen des Tarifvertrags derjenigen Gewerkschaft anzuwenden, die im Betrieb den höchsten Mitgliederbestand aufweist. Da durch die Kollisionsregel des § 4 Abs. 2 TVG im Konfliktfall den Minderheitsgewerkschaften im Betrieb eine normative Geltung der von ihnen abgeschlossenen Tarifverträge zur Herstellung der betrieblichen Tarifeinheit verweigert wird und auch ungeklärt ist, welche Bedeutung die Kollisionsregel für die Zulässigkeit der Streiks der Minderheitsgewerkschaften hat, ist die Verfassungsmäßigkeit dieses Gesetzes im Hinblick auf die durch Art. 9 Abs. 3 GG geschützte Koalitionsfreiheit der Minderheitsgewerkschaften sehr umstritten.[268]

---

261 BAG, Urt. v. 07.07.2010 – 4 AZR 549/08, NZA 2010, 1068; ErfK/Franzen § 4 TVG Rn. 70; Hanau NZA 2003, 128, 131.

262 BAG, Urt. v. 07.07.2010, Fn. 261; Urt. v. 22.10.2008 – 4 AZR 789/07, NZA 2009, 265; Gerhards BB 1995, 1290, 1291.

263 BAG, Urt. v. 07.07.2010, Fn. 261; Beschl. v. 27.01.2010 – 4 AZR 549/08, NZA 2010, 645; jeweils mit Meinungsübersicht.

264 Vgl. dazu BAG, Urt. v. 15.11.2006 – 10 AZR 665/09, NZA 2007, 448; Urt. v. 04.12.2003 – 10 AZR 113/02, DB 2003, 1067.

265 BAG, Urt. v. 18.05.2011 – 10 AZR 190/10, juris; Urt. v. 15.11.2006, Fn. 264; ErfK/Franzen § 2 TVG Rn. 36; Heinze DB 1997, 2122, 2125; ausführlich zu TV in Mischbetrieben Boemke/Sachadae BB 2011, 1973; Braner NZA 2007, 596 ff.

266 Vgl. dazu MünchArbR/Rieble/Klump § 186 Rn. 18 ff. und Meinungsübersicht bei BAG, Urt. v. 07.07.2010, Fn. 261.

267 BAG, Urt. v. 07.07.2010, Fn. 261; zust. ErfK/Linsenmaier Art. 9 GG Rn. 68 a; ErfK/Franzen § 4 TVG Rn. 71; Hegenröder/Deyhle RdA 2012, 51; Richardi JZ 2011, 282; abl. Hromadka/Schmitt-Rolfes NZA 2010, 687; Huke/Ubber AuA 2010, 344.

268 Vgl. dazu Giesen/Kersten ZfA 2015, 201; Konzen/Schliemann RdA 2015, 1; de Beauregard DB 2015, 1527; Greiner RdA 2015, 36 u. NZA 2015, 769; Baeck/Winzer/Ruttloff NZG 2015, 670; Rüthers ZRP 2015, 2; Preis FA 2014, 354.

Im Falle der Tarifkonkurrenz muss dagegen die Kollision weiterhin aufgelöst werden, weil zwei konkurrierende Tarifverträge nicht gleichzeitig auf ein Arbeitsverhältnis anwendbar sein können. Umstritten ist allerdings, welche Kriterien im Einzelnen für die Festlegung der Spezialität bzw. der Sachnähe eines TV maßgeblich sind.[269]

118 **(2)** Beim Fehlen der beiderseitigen Verbandszugehörigkeit bzw. der Allgemeinverbindlichkeit des einschlägigen TV (§§ 3 Abs. 1, 5 TVG) können zwar die Vertragsparteien aufgrund der Vertragsautonomie die Anwendung eines bestimmten TV, der nicht unbedingt (örtlich, fachlich, zeitlich) einschlägig sein muss,[270] ganz oder teilweise ausdrücklich oder stillschweigend vereinbaren.[271] Der TV gilt aber in diesen Fällen nicht normativ und zwingend (§ 4 Abs. 1, 3 TVG), sondern lediglich **aufgrund einer vertraglichen Vereinbarung**, sodass die TV-Normen auch zum Nachteil des Arbeitnehmers von den Vertragsparteien abgeändert werden können. Überschneiden sich bei einer einzelvertraglichen Bezugnahme mehrere Tarifverträge, liegt nach heute h.M. weder eine Tarifkonkurrenz noch eine Tarifpluralität vor, sodass nicht der Grundsatz der Tarifeinheit, sondern das Günstigkeitsprinzip des § 4 Abs. 3 TVG maßgeblich ist.[272] Bei einem tarifgebundenen Arbeitgeber war die mit den Außenseitern einzelvertraglich vereinbarte Bezugnahme auf den einschlägigen TV nach der bisher h.M., insb. der Rspr. des BAG **im Zweifel** als eine **sog. Gleichstellungsabrede** auszulegen, d.h. dass die Tarifverträge gelten sollen, die auch auf die Arbeitsverhältnisse der gewerkschaftlich organisierten Arbeitnehmer anwendbar sind, wenn und solange der Arbeitgeber daran gebunden ist.[273] Das BAG hat sich inzwischen unter Hinweis auf den Wortlaut der Bezugnahmeklausel („TV in der jeweils gültigen Fassung") und die Unklarheitsregel des § 305 c Abs. 2 BGB unter ausdrücklicher Aufgabe seiner bisherigen Rspr. der Gegenansicht bei solchen Bezugnahmeklauseln angeschlossen, die nach der Schuldrechtsreform (01.01.2002) vereinbart wurden. Bei vor dem 01.01.2002 vereinbarten Bezugnahmeklauseln bleibt es nach dem BAG aus Gründen des Vertrauensschutzes bei der Auslegung im Sinne der Gleichstellungsabrede ohne zeitliche Beschränkung.[274] Eine Vertragsänderung ist als Neuvertragsabschluss auszulegen, wenn die Bezugnahmeklausel des „Altvertrags" Gegenstand der rechtsgeschäftlichen Willensbildung der Vertragsparteien war.[275] Ob die Bezugnahme auf einen Tarifvertrag „in der jeweils gültigen Fassung" auch bei einem Betriebsübergang entspr. der bisher. Rechtsprechung mit der Bedeutung, dass der nicht tarifgebundene Betriebserwerber daran nach § 613 a Abs. 1 S. 1 BGB so gebunden ist , als ob er diese Vertragsabrede selbst mit dem Arbeitnehmer getroffen hätte (sog. „Ewigkeitsbindung"), mit dem EU-Recht vereinbar ist, ist noch nicht abschließend geklärt.[276]

119 Noch nicht abschließend geklärt ist auch, welche Auswirkungen die im Zuge der Schuldrechtsreform eingeführten §§ 305 ff. BGB, die seit dem 01.01.2003 auch auf die vor dem 01.01.2002 abgeschlossenen

---

269 Vgl. dazu ErfK/Franzen § 4 TVG Rn. 67 ff.; MünchArbR/Rieble/Klump § 186 Rn. 2 ff.; Freckmann/Müller BB 2010, 1981.

270 BAG, Urt. v. 21.08.2002 – 4 AZR 263/01, NZA 2003, 442; Lakies ArbR 2014, 8; v. Hoyningen-Huene NZA 1996, 617 ff.

271 BAG, Urt. v. 19.03.2003 – 4 AZR 331/02, NZA 2003, 1207; ErfK/Franzen § 3 TVG Rn. 29 ff.; Richardi NZA 2013, 408.

272 BAG, Urt. v. 10.12.2014 – 4 AZR 503/12, NZA 2015, 946; a.A. noch BAG, Urt. v. 23.03.2005 – 4 AZR 203/04, NZA 2005, 1003.

273 BAG, Urt. v. 21.08.2002 – 4 AZR 263/01, NZA 2003, 442; Lakies ArbR 2014, 8; Wulf AiB 2004, 288; vgl. aber BAG NZA 2001, 510; Bauer NZA 2008, 6 zum Branchenwechsel; BAG NZA 2002 100 ff. zur Bezugnahme auf einen branchenfremden TV.

274 BAG, Urt. v. 10.12.2014 – 4 AZR 503/12, NZA 2015, 946; ErfK/Preis § 611 BGB Rn. 230; Gaul/Ludwig ArbRB 2012, 283.

275 Vgl. dazu BAG, Urt. v. 19.10.2011 – 4 AZR 811/09, DB 2011, 2783; Urt. v. 24.02.2010 – 4 AZR 691/08, NZA-RR 2010, 530.

276 Vgl. dazu BAG, Beschl. v. 17.06.2015 – 4 AZR 61/14 (A), P.M. 33/15: Vorlage an den EuGH und Haußmann DB 2015, 1605; Hartmann EuZA 2015, 203; Roßbruch PflR 2015, 256; Commandeur/Kleinebrink BB 2014, 181; Lobinger NZA 2013, 945.

Arbeitsverträge anwendbar sind (vgl. Art. 229 § 5 EGBGB), auf die einzelvertragliche Bezugnahme auf Tarifverträge in Formulararbeitsverträgen haben. Die h.M. geht davon aus, dass die Bezugnahme auf den einschlägigen TV grds. nicht überraschend i.S.d. § 305 c Abs. 1 BGB ist und auch nicht gegen das Transparenzgebot des § 307 Abs. 1 S. 2 BGB verstößt. Umstritten ist auch, ob und inwieweit die einbezogenen Tarifnormen auch unter Berücksichtigung des § 310 Abs. 4 S. 3 BGB einer Inhaltskontrolle unterliegen.[277] Die h.M. geht dabei davon aus, dass eine Inhaltskontrolle nach §§ 307 ff. BGB grds. nur dann ausgeschlossen ist, wenn eine Globalverweisung auf den – bei unterstellter Tarifbindung – einschlägigen TV vorliegt, weil anderenfalls die Gefahr einer mittelbaren Tarifzensur bestünde.[278]

Klausurhinweis: *Bei der Prüfung eines tariflichen Anspruchs ist im Regelfall folgende Prüfungsreihenfolge zweckmäßig:*[279] 120

- *Bestehen eines Arbeitsverhältnisses,*
- *Anwendbarkeit des TV auf das Arbeitsverhältnis (vgl. oben Rn. 106 ff.),*
- *Voraussetzungen der anspruchsbegründenden Norm erfüllt (Verfallfrist?),*
- *Wirksamkeit des TV (vgl. oben Rn. 95 ff.).*

5. Die Betriebsvereinbarung

a) Die Betriebsvereinbarung ist eine schriftliche Vereinbarung zwischen dem Arbeitgeber und dem Betriebsrat über Angelegenheiten, die zum Aufgabenbereich des Betriebsrats gehören. Ihrer **Rechtsnatur** nach ist die Betriebsvereinbarung nach ganz h.M. ein privatrechtlicher Normenvertrag, der als **„Gesetz des Betriebs"** von außen auf die einzelnen Arbeitsverhältnisse einwirkt, ohne deren Inhalt zu werden.[280] 121

Einige grundsätzliche Bestimmungen für die Betriebsvereinbarung enthält § 77 BetrVG, dessen Abs. 4 bestimmt (ähnlich § 4 Abs. 1 TVG): „Betriebsvereinbarungen gelten unmittelbar und zwingend." Die Betriebsvereinbarung kann also als das **Parallelinstitut zum Tarifvertrag auf der Betriebsebene** angesehen werden.

b) Die **praktische Bedeutung** der Betriebsvereinbarungen ist sehr groß. Denn sie dienen der generellen (= kollektiven) Regelung der Fragen der betrieblichen und betriebsverfassungsrechtlichen Ordnung sowie der Gestaltung der Rechtsbeziehungen zwischen dem Arbeitgeber und den Arbeitnehmern, wofür in der Praxis im beiderseitigen Interesse ein großer Regelungsbedarf besteht. 122

c) Ausgehend von dem Regelungsinhalt und der Art des Zustandekommens, ist zwischen erzwingbaren und freiwilligen Betriebsvereinbarungen zu unterscheiden.

aa) Eine **erzwingbare Betriebsvereinbarung** liegt in den Fällen vor, in denen die fehlende Einigung zwischen dem Arbeitgeber und dem Betriebsrat durch einen Spruch der Einigungsstelle (§ 76 BetrVG) ersetzt werden kann, § 76 Abs. 5 BetrVG. Diese Fälle sind gesetzlich geregelt; der wichtigste Fall betrifft die Mitbestimmung in sozialen Angelegenheiten, § 87 Abs. 2 BetrVG.[281] 123

---

277 Vgl. BAG, Urt. 10.12.2014 – 7 AZR 1002/12, ZTR 2015, 329; Urt. v. 24.09.2008 – 6 AZR 76/07, NZA 2009, 154; Preis NZA 2010, 361; ErfK/Preis § 310 BGB Rn. 12 ff.; Stoffels ZfA 2009, 861; Korinth ArbRB 2007, 21; Reinecke BB 2006, 2637.

278 Vgl. BAG, Urt. v. 18.09.2012 – 9 AZR 1/11, NZA 2013, 216; Schlewing NZA Beil. 2012, Nr. 2, S. 33; Korinth ArbRB 2007, 21; Schrader BB 2005, 714; Hanau NZA 2005, 489; Annuß ZfA 2005, 405; Witt NZA 2004, 135; Diehn NZA 2004, 129.

279 Vgl. auch Hanau/Adomeit Rn. 265

280 Vgl. BAG NZA 1990, 351, 353 f.; Richardi NZA 1990, 331, 333; F/E/S/T/L § 77 BetrVG Rn. 12.

281 Vgl. die Aufzählung der übrigen Fälle bei F/E/S/T/L § 76 BetrVG Rn. 95; vgl. auch zu BV Plocher DB 2013, 1485 ff.

124 **bb)** Eine **freiwillige Betriebsvereinbarung** (§ 88 BetrVG) liegt in den übrigen Fällen vor. Die Einigungsstelle kann aber bei fehlender Einigung zwischen dem Arbeitgeber und dem Betriebsrat nur auf Antrag oder mit Einverständnis beider Betriebsparteien tätig werden. Ihr Spruch ersetzt die fehlende Einigung nur, wenn beide Betriebspartner sich ihm im Voraus unterwerfen oder ihn nachträglich annehmen, § 76 Abs. 6 BetrVG.[282]

125 **d)** Die **Wirksamkeits- und Anwendbarkeitsvoraussetzungen einer Betriebsvereinbarung** sind:

aa) Einigung zwischen dem Arbeitgeber und dem Betriebsrat **oder verbindlicher Spruch der Einigungsstelle**

Bei erzwingbaren Betriebsvereinbarungen wird die fehlende Einigung zwischen den Betriebspartnern durch Spruch der Einigungsstelle, der dem billigem Ermessen entsprechen muss (§ 76 Abs. 5 S. 3 BetrVG), ersetzt.[283] Bei freiwilligen Betriebsvereinbarungen kann der Spruch der Einigungsstelle die fehlende Einigung nur unter den Voraussetzungen des § 76 Abs. 6 BetrVG ersetzen (dazu oben Rn. 124).

126 **bb) Schriftform** der Einigung gemäß § 77 Abs. 2 BetrVG

Dabei ist für die Einhaltung der Schriftform die Unterzeichnung beider Betriebspartner auf derselben Urkunde erforderlich. Beruht die Betriebsvereinbarung auf einem Spruch der Einigungsstelle, so ist sie von deren Vorsitzenden zu unterzeichnen (§ 76 Abs. 3 S. 2 BetrVG). Eine Unterzeichnung durch die Betriebspartner ist in diesem Fall nicht vorgesehen, § 77 Abs. 2 S. 2 Hs. 2 BetrVG.

Entgegen § 126 Abs. 2 S. 2 BGB genügt also für die Wahrung der Schriftform einer BV wegen der Sonderregelung des § 77 Abs. 2 S. 1 BetrVG der Austausch einseitig unterzeichneter Urkunden nicht.[284]

Die Bezugnahme in einer BV auf einen bestimmten Tarifvertrag, eine andere Betriebsvereinbarung oder eine sonstige schriftliche Regelung reicht nach h.M. für die Wahrung der Schriftform aus. Unzulässig sind dagegen grds. die sog. dynamischen Blankettverweisungen (z.B. „auf den jeweils gültigen TV"), weil sich die Betriebsparteien damit ihrer gesetzlichen Normsetzungsbefugnis entäußern.[285]

127 Ein **Verstoß gegen** das **Schriftformerfordernis** des § 77 Abs. 2 BetrVG hat die **Nichtigkeit der Betriebsvereinbarung** entspr. § 125 S. 1 BGB zur Folge.[286]

Eine wegen Verstoßes gegen dieses Schriftformerfordernis als Betriebsvereinbarung nichtige Einigung zwischen den Betriebspartnern kann aber nachfolgende Rechtsfolgen auslösen.

Im Verhältnis zwischen dem Betriebsrat und dem Arbeitgeber kann die nichtige Betriebsvereinbarung als **formlose Regelungsabrede** wirksam sein, die allerdings **keine normative Wirkung** hat und daher keine unmittelbaren Ansprüche der Arbeitnehmer begründet, sondern lediglich die **Rechtsbeziehungen zwischen den Betriebspartnern** betrifft.[287] Eine formlose Regelungsabrede kann als gegenüber einer Betriebsvereinbarung schwächere Regelung keine Betriebsvereinbarung ablösen, wohl aber durch eine Betriebsvereinbarung abgelöst werden.[288]

---

282 BAG NZA 1996, 218, 219; Beispiele bei F/E/S/T/L § 76 BetrVG Rn. 106 ff.; Plocher DB 2013, 1485 ff.

283 Vgl. zur Überprüfung des Spruchs: BAG, Beschl. v. 17.09.2013 – 1 ABR 24/12, NZA 2014, 740; Beschl. v. 09.11.2010 – 1 ABR 75/08, ArbR 2011, 253; F/E/S/T/L § 76 BetrVG Rn. 138 ff.; Zeppenfeld/Fries NZA 2015, 647; zur Bestellung der E-Stelle u. zum Verfahren Kempter/Merkel DB 2014, 1807; Schulze ArbR 2013, 321; Ramm ZfPR 2014, 106; Helml AuA 2011, 465.

284 Vgl. F/E/S/T/L § 77 Rn. 21; D/K/K/Berg § 77 BetrVG Rn. 58 ff. m.w.N.

285 BAG, Urt. v. 22.08.2006 – 3 AZR 319/05, DB 2007, 639; NZA 1998, 382, 384; F/E/S/T/L § 77 BetrVG Rn. 21 ff., 24.

286 BAG NZA 1998, 382; F/E/S/T/L § 77 BetrVG Rn. 21; D/K/K/Berg § 77 BetrVG Rn. 63; Schaub BB 1995, 1639, 1642.

287 BAG, Urt. v. 28.04.2009 – 1 AZR 18/08, juris; Schaub/Koch § 231 Rn. 65 ff.; Kleinebrink ArbRB 2012, 27 ff.; jeweils m.w.N.

288 Vgl. BAG BB 1991, 835; Schaub/Koch § 231 Rn. 68; Hanau RdA 1989, 207, 208 m.w.N.

Individualrechtlich kann eine nichtige Betriebsvereinbarung u.U. in gebündelte Angebote des Arbeitgebers unter ihrer stillschweigenden Annahme durch die Arbeitnehmer entsprechend § 140 BGB umgedeutet werden oder aber einen vertraglichen Anspruch aufgrund betrieblicher Übung oder einer Gesamtzusage begründen.[289] Voraussetzung dafür ist aber, dass eindeutige Anhaltspunkte für einen von der Wirksamkeit der Betriebsvereinbarung unabhängigen individualrechtlichen Verpflichtungswillen des Arbeitgebers vorliegen. Daran fehlt es im Regelfall, da im Zweifel davon auszugehen ist, dass der Arbeitgeber nur bestehende Verpflichtungen aus der Betriebsvereinbarung (sog. Normvollzug) erfüllen und keine zusätzlichen Leistungen gewähren wollte.[290]

cc) Die **Bekanntgabe der Betriebsvereinbarung** gemäß § 77 Abs. 2 S. 3 BetrVG (i.d.R. durch Aushang im Betrieb) ist nach **h.M. keine Wirksamkeitsvoraussetzung**, da dem Arbeitgeber nicht überlassen werden kann, die Betriebsvereinbarung wirksam werden zu lassen. Es handelt sich daher dabei lediglich um eine Ordnungsvorschrift.[291] **128**

dd) Die Betriebsvereinbarung muss einen **zulässigen Inhalt** haben, insbesondere darf sie nicht gegen höherrangiges Recht verstoßen. **129**

(1) Betriebsvereinbarungen können nur über solche Fragen abgeschlossen werden, die zum Aufgabenbereich des Betriebsrats nach dem BetrVG gehören, da dieses Gesetz die Grundlage für die Tätigkeit des Betriebsrats ist.[292]

Unzulässigen Inhalt haben z.B. Betriebsvereinbarungen, die die Verpflichtung der Arbeitnehmer begründen, bestimmten Organisationen beizutreten und Beiträge abzuführen, oder die die Verwendung der Vergütung oder der Freizeit bzw. das außerbetriebliche Verhalten der Arbeitnehmer betreffen, da sie sich auf den privaten Lebensbereich der Arbeitnehmer erstrecken.[293]

Nach ganz h.M. können **Inhalt einer Betriebsvereinbarung** Normen für Abschluss, Inhalt und Beendigung von Arbeitsverhältnissen sowie überbetriebliche und betriebsverfassungsrechtliche Fragen sein. Grundsätzlich kann also Inhalt einer Betriebsvereinbarung alles sein, was auch Inhalt eines Tarif- bzw. Arbeitsvertrags sein könnte, soweit nicht die zum Schutz der Tarifautonomie bestehende Regelungssperre nach §§ 77 Abs. 3, 87 Abs. 1 S. 1 BetrVG eingreift (sog. umfassende Regelungskompetenz).[294]

- In **§ 77 Abs. 3 BetrVG** ist das Verhältnis der Tarifvertragsparteien und der Betriebspartner in ihrer Regelungsbefugnis ausdrücklich zugunsten der Tarifautonomie entschieden **(Regelungssperre zum Schutz der Tarifautonomie)**. **130**

  § 77 Abs. 3 BetrVG lautet: „Arbeitsentgelte und sonstige Arbeitsbedingungen, die durch Tarifvertrag geregelt sind oder üblicherweise geregelt werden, können nicht Gegenstand einer Betriebsvereinbarung sein. Dies gilt nicht, wenn ein TV den Abschluss einzelner Betriebsvereinbarungen zulasst."

  Die Regelungssperre des § 77 Abs. 3 BetrVG, die ohne Rücksicht auf eine Tarifbindung eingreift, soll gewährleisten, dass die Normsetzungsbefugnis der Tarifvertrags-

---

289 BAG NZA 1996, 948; AP Nr. 42 zu § 77 BetrVG m.Anm. Hromadka; ErfK/Kania § 77 BetrVG Rn. 27 f.; a.A. LAG Hamm NZA-RR 2000, 27; Veit/Waas BB 1991, 1329 ff.; Schaub BB 1995, 1639, 1642; vgl. dazu auch Belling/Hartmann NZA 1998, 673.

290 BAG, Urt. v. 17.03.2010 – 7 AZR 706/08, juris; MünchArbR/Matthes § 239 Rn. 90; ErfK/Kania § 77 BetrVG Rn. 27 ff.

291 BVerfG, Beschl. v. 09.02.2000 – 1 BvR 85/00, BB 2000, 1143 m.Anm. Fischer; BAG, Beschl. v. 17.04.2012 – 3 AZR 400/10, BB 2013, 57; S/W/S § 77 BetrVG Rn. 6; a.A. Z/L/H § 50 Rn. 23; Fischer BB 2000, 354; Heinze NZA 1994, 580, 582.

292 BAG, Urt. v. 12.12.2006 – 1 AZR 96/06, NZA 2007, 453; ErfK/Kania § 77 BetrVG Rn. 36 ff.; Plocher DB 2013, 1485 ff.

293 Vgl. BAG, Beschl. v. 22.07.2008 – 1 ABR 40/07, NZA 2008, 1248; Beschl. v. 13.02.2007 – 1 ABR 18/06, NZA 2007, 641; Urt. v. 01.07.2000 – 1 AZR 551/99, NZA 2001, 462: BV kann keine Beteiligung der AN an Kosten für im Interesse des AG eingeführte einheitliche Kleidung bzw. an Kantinenkosten ohne Rücksicht auf tatsächliche Nutzung regeln; BAG, Urt. v. 18.07.2006 – 1 AZR 578/05, NZA 2007, 462: Unzulässigkeit der Regelung der Erstattung der Lohnpfändungskosten in BV.

294 BAG, Urt. v. 05.05.2015 – 1 AZR 435/13, juris; F/E/S/T/L § 77 BetrVG Rn. 45 ff.; Preis/Ulber RdA 2013, 211; Schaub/Koch § 231 Rn. 21 ff.; vgl. aber auch Waltermann RdA 2007, 257; ders. ZfA 2005, 505, 511 ff.; NZA 1996, 357, 359.

parteien in der Praxis nicht dadurch ausgehöhlt wird, dass Arbeitgeber und Betriebsrat ohne Öffnungsklausel (§ 77 Abs. 3 S. 2 BetrVG) ergänzende oder abweichende Betriebsvereinbarungen schließen.[295] Für das Günstigkeitsprinzip ist im Anwendungsbereich der Regelungssperre des § 77 Abs. 3 BetrVG nach h.M. kein Raum.[296]

Regelungsabreden verbietet dagegen die Regelungssperre des § 77 Abs. 3 BetrVG nicht, weil sie keine normative Wirkung haben und deshalb zu TV nicht in Konkurrenz treten können.[297]

Ob und in welcher Verfahrensart die Gewerkschaften wegen einer Beeinträchtigung ihrer Koalitionsfreiheit vom Arbeitgeber die Unterlassung von tarifwidrigen betriebseinheitlichen Regelungen verlangen können, die sich auf materielle Arbeitsbedingungen erstrecken, ist sehr umstritten.[298] Umstritten ist in diesem Zusammenhang auch, ob sog. betriebliche Bündnisse für Arbeit, die als Gegenleistung für eine Standortsicherung bzw. Verzicht auf betriebsbedingte Kündigungen Einschränkungen tariflicher Ansprüche vorsehen (z.B. Lohnverzicht, Verzicht auf tarifliche Sonderzuwendung), einem Günstigkeitsvergleich zu unterziehen sind, was die h.M. ablehnt.[299]

- **Umstritten** ist allerdings der **Umfang der Regelungssperre des § 77 Abs. 3 BetrVG und** deren **Verhältnis zum § 87 Abs. 1 BetrVG**.

131 - Nach der heute h.M. erstreckt sich die Regelungssperre des § 77 Abs. 3 BetrVG sowohl auf materielle als auch auf formelle, also auf alle Arbeitsbedingungen, die im Tarifvertrag geregelt sind oder üblicherweise geregelt werden (z.B. Lohnhöhe, Urlaubsdauer, Überstundenvergütung, Verfallfristen).[300]

Wäre also für die Abgrenzung der Regelungskompetenz der Tarifvertragsparteien und der Betriebspartner allein § 77 Abs. 3 BetrVG maßgeblich, so wären alle Betriebsvereinbarungen über Arbeitsentgelte und sonstige Arbeitsbedingungen wegen Verstoßes gegen § 77 Abs. 3 BetrVG nichtig, wenn die gleichen Arbeitsbedingungen durch Tarifvertrag geregelt sind oder üblicherweise geregelt werden (vgl. aber unten Rn. 132).

Tarifüblichkeit liegt vor, wenn eine bestimmte Regelung Gegenstand mehrerer hintereinander abgeschlossener Tarifverträge oder eines über längere Zeit abgeschlossenen Tarifvertrags war und die Tarifvertragsparteien nicht zu erkennen gegeben haben, dass sie eine bestimmte Frage nicht mehr regeln wollen. Nach heute wohl h.M. kann auch bei erstmaliger tariflicher Regelung eine Tarifüblichkeit angenommen werden, wenn erkennbar ist, dass eine künftige Fortsetzung der tariflichen Regelung gewollt ist. Für Tarifüblichkeit reicht dagegen nicht aus, wenn die Tarifvertragsparteien nur zu erkennen geben, dass sie in Zukunft bestimmte Fragen regeln wollen oder (erstmals) bereits Verhandlungen über tarifliche Regelung geführt haben.[301]

---

295 BAG, Urt. v. 24.04.2013 – 7 AZR 523/11, ArbR 2013, 390; Urt. v. 26.08.2008 – 1 AZR 354/07, BB 2009, 501; ausführl. dazu Waas RdA 2006, 312; Goethner NZA 2006, 303 u. Edenfeld DB 2012, 575 zur Regelungssperre im Gemeinschaftsbetrieb.

296 BAG, Urt. v. 18.03.2010 – 2 AZR 337/08, ArbR 2010, 480; ErfK/Kania § 77 BetrVG Rn. 40 ff.; F/E/S/T/L § 77 BetrVG Rn. 74 ff.; Schaub ZTR 2000, 10, 13; a.A. Ehmann/Schmidt NZA 1995, 193; Blomeyer NZA 1996, 337: Günstigkeitsprinzip uneingeschränkt bzw. grds. anwendbar; Richardi/Richardi § 77 BetrVG Rn. 260, 271: Tarifbindung des AG erforderlich.

297 BAG, Beschl. v. 21.01.2003 – 1 ABR 9/02, NZA 2003, 1097; NZA 1999, 887 ff.; F/E/S/T/L § 77 BetrVG Rn. 216 ff.; Waltermann ZfA 2005, 505, 521; Bauer NZA 1999, 957, 958; Wohlfarth NZA 1999, 962, 963; Goethner NZA 2006, 303.

298 Dafür und für Beschlussverfahren BAG, Urt. v. 17.05.2011 – 1 AZR 473/09, NJW 2012, 250; Beschl. v. 13.03.2001 – 1 AZB 19/00, NZA 2001, 1037; 1999, 887; Husemann SAE 2012, 54; a.A. Sutschet ZfA 2007, 207 ff.; Richardi DB 2000, 40, 44; Löwisch BB 1999, 2080, 2082; zur Bestimmtheit des Unterlassungsantrags BAG, Urt. v. 19.03.2003 – 4 AZR 271/02,NZA 2003, 1221; Sutschet ZfA 2007, 207, 224; krit. Dieterich AuR 2005, 121; Kocher NZA 2005 140; Schwarze RdA 2005, 159.

299 BAG, Beschl. v. 13.03.2001, Fn. 298; BAG NZA 1999, 887: „Kein Vergleich von Äpfeln mit Birnen"; a.A. Hänlein DB 2001, 2097; Niebler BB 2001, 1631; krit. B/R/H Rn. 687 ff.; dazu auch Waltermann ZfA 2005, 505, 520 ff.; Robert NZA 2004, 633.

300 BAG [GS] NZA 1992, 749; 1992, 193, 195 m. zust. Anm. Hönn; F/E/S/T/L § 77 BetrVG Rn. 70 ff.; a.A. Richardi/Richardi § 77 BetrVG Rn. 256; Z/L/H § 50 Rn. 36 ff.: Regelungssperre erfasst nur materielle Arbeitsbedingungen, d.h. Bedingungen, die Inhalt und Umfang der Hauptpflichten des Arbeitsverhältnisses bestimmen (z.B. Vergütung, Urlaub, Kündigung), nicht dagegen formelle Arbeitsbedingungen (z.B. Ordnung im Betrieb, Lage der Arbeitszeit).

301 BAG, Urt. v. 05.03.2013 – 1 AZR 417/12, NZA 2013, 916; DB 1993, 996; F/E/S/T/L § 77 BetrVG Rn. 90 ff.

- Bei der erzwingbaren Mitbestimmung des Betriebsrats in sozialen Angelegenheiten nach § 87 Abs. 1 BetrVG geht allerdings die **h.M.** vom **Anwendungsvorrang des § 87 Abs. 1 BetrVG vor § 77 Abs. 3 BetrVG** aus (sog. Vorrangtheorie). Danach schließt nur eine (bestehende) abschließende tarifliche oder gesetzliche Regelung das Mitbestimmungsrecht des Betriebsrats aus. Für das Eingreifen des Tarifvorrangs des § 87 Abs. 1 BetrVG reicht bereits die Tarifbindung des Arbeitgebers aus. Die bloße **Tarifüblichkeit** bzw. ein Tarifvertrag im Stadium der **Nachwirkung reicht** dagegen für den Ausschluss der Betriebsvereinbarung **nicht** aus.[302] 132

Zusammenfassend kann man also feststellen, dass nach der wohl h.M. gem. § 77 Abs. 3 BetrVG Betriebsvereinbarungen über alle Arbeitsbedingungen unzulässig sind, soweit eine tarifliche Regelung vorliegt oder üblich ist. Im Anwendungsbereich des § 87 Abs. 1 BetrVG, der gegenüber § 77 Abs. 3 BetrVG eine Spezialregelung enthält, sind dagegen Betriebsvereinbarungen nur bei Bestehen einer tariflichen oder gesetzlichen Regelung ausgeschlossen.

Eine wegen Verstoßes gegen § 77 Abs. 3 bzw. § 87 Abs. 1 BetrVG unwirksame Betriebsvereinbarung kann grds. in eine kollektivrechtliche „Regelungsabrede" oder individualrechtliche Einheitsregelung (Gesamtzusage oder gebündelte Angebote) umgedeutet werden. Eine Umdeutung in eine Einheitsregelung kommt aber nur dann in Betracht, wenn besondere Umstände dafür vorliegen, dass der Arbeitgeber sich unabhängig von der Wirksamkeit der Betriebsvereinbarung zur Gewährung der vorgesehenen Leistung verpflichten wollte.[303]

(2) Die Regelungsbefugnis der Betriebspartner ist außerdem insoweit eingeschränkt, als Betriebsvereinbarungen nicht gegen höherrangiges Recht, insbes. gegen EU-Recht, Verfassung und zwingendes Gesetzesrecht, verstoßen dürfen. 133

Nach h.M. sind die Grundrechte trotz der normativen Wirkung von Betriebsvereinbarungen nicht unmittelbar, sondern nur mittelbar anwendbar.[304] Dieser Meinungsstreit hat aber keine große Bedeutung, weil nach § 75 Abs. 1 BetrVG Arbeitgeber und Betriebsrat darüber zu wachen haben, dass die Beschäftigten nach den „Grundsätzen von Recht und Billigkeit" behandelt werden. Der Grundrechtsschutz der Arbeitnehmer wird daher bei Betriebsvereinbarungen zumindest über § 75 BetrVG gewährleistet, da diese Bestimmung auch auf die Freiheitsrechte des Grundgesetzes verweist.[305]

Die früher h.M. leitete aus den §§ 75 Abs. 1, 76 Abs. 5 S. 3 BetrVG ab, dass Betriebsvereinbarungen nicht nur einer Rechtskontrolle auf Vereinbarkeit mit höherrangigem Recht, sondern auch einer abstrakten **Billigkeitskontrolle** (§ 315 BGB) zu unterziehen wären.[306] Nach heute h.M. beschränkt sich die gerichtliche Kontrolle von Betriebsvereinbarungen im Ergebnis auf eine über § 75 BetrVG vermittelte Rechtskontrolle, bei der auch der Verhältnismäßigkeitsgrundsatz zu beachten ist.[307] Eine Inhaltskontrolle nach §§ 307 ff. BGB findet dagegen gemäß § 310 Abs. 4 BGB nicht statt. 134

---

302 BAG, Beschl. v. 23.03.2011 – 4 AZR 268/09, ArbR 2011, 515; ErfK/Kania § 77 BetrvG Rn. 53 ff.; Preis § 153 I 5; Schaub NZA 1998, 617, 623; a.A. sog. „Zwei-Schranken-Theorie": Hohmeister BB 1999, 418, 419; Heinze NZA 1995, 5, 6: mitbestimmungspflichtige Angelegenheiten unterliegen sowohl dem Eingangssatz von § 87 Abs. 1 BetrVG als auch dem Tarifvorrang des § 77 Abs. 3 BetrVG; ausführl. dazu Richardi/Richardi § 77 BetrVG Rn. 247 ff.

303 BAG, Urt. v. 25.02.2015 – 5 AZR 481/13, juris; Urt. v. 29.10.2002 – 1 AZR 573/01, NZA 2003, 393 und oben Rn. 127.

304 BAG, Urt. v. 18.05.2010– 3 AZR 80/08, ZTR 2010, 539; MünchArbR/Richardi § 12 Rn. 32 ff. mit Meinungsübersicht.

305 BVerfG NJW 1987, 827; BAG, Beschl. v. 09.07.2013 – 1 ABR 2/13 (A), juris; ErfK/Schmidt, GG, Einl. Rn. 59 ff. m.w.N.

306 BAG NZA 1995, 1009, 1011; 266, 267 f.; Kissel NZA 1995, 1, 4; a.A. MünchArbR/Matthes § 239 Rn. 85 m.w.N.

307 Vgl. ausführlich dazu Richardi/Richardi § 77 BetrVG Rn. 117 ff. und Preis/Ulber RdA 2013, 21 ff.

(3) Die Betriebsvereinbarung geht dem Arbeitsvertrag im Range vor. Umstritten ist allerdings das **Verhältnis** der **Betriebsvereinbarung zum Einzelarbeitsvertrag**, wenn sein Inhalt auf einer für alle Arbeitnehmer des Betriebs geltenden **Einheitsregelung**, einer **Gesamtzusage** oder **betrieblicher Übung** beruht.

135 ■ Nach der ganz h.M. gilt im Verhältnis zwischen einer Betriebsvereinbarung und dem „Einheitsarbeitsvertrag" das Günstigkeitsprinzip, wenn die Rechtsquellenkonkurrenz sich auf Regelungen erstreckt, die keine freiwilligen Sozialleistungen mit kollektivem Bezug zum Gegenstand haben. Als **allgemeiner Grundsatz** gilt also insoweit das **Günstigkeitsprinzip**.[308]

136 ■ Äußerst umstritten ist dagegen, ob und ggf. inwieweit bei freiwilligen Sozialleistungen mit kollektivem Bezug (z.B. Betriebsrenten) eine Betriebsvereinbarung eine bestehende „Einheitsregelung" zum Nachteil der Arbeitnehmer abändern kann.

Nach der wohl h.L. ist eine unterschiedliche Behandlung der arbeitsvertraglichen Vereinbarungen nicht zulässig, sodass Betriebsvereinbarungen im Hinblick auf das Günstigkeitsprinzip generell keine einzelvertraglichen Regelungen verschlechtern oder ablösen können.[309]

Nach der Rspr. des BAG und einem Teil der Lit. ist dagegen das Günstigkeitsprinzip bei freiwilligen Sozialleistungen aufgrund von „Einheitsregelungen" zu modifizieren, da durch den kollektiven Bezug die Eigenart der geschützten Rechtsposition des Arbeitnehmers gekennzeichnet wird, sodass die inhaltlichen Besonderheiten dieser Ansprüche den Vergleichsmaßstab bestimmen müssen. Zulässig sind danach Betriebsvereinbarungen, die sich zwar für einzelne Arbeitnehmer nachteilig auswirken (sog. individueller Günstigkeitsvergleich), die aber für die gesamte Belegschaft nicht ungünstiger sind (sog. **kollektiver Günstigkeitsvergleich**). Mit einer Betriebsvereinbarung kann also innerhalb des durch vertragliche „Einheitsregelung" geschaffenen Dotierungsrahmens eine Umverteilung auch zu Ungunsten einzelner Arbeitnehmer erfolgen, nicht aber der Dotierungsrahmen selbst verringert werden.[310]

Einigkeit besteht dagegen weitgehend darüber, dass die Arbeitsvertragsparteien ausdrücklich oder stillschweigend vereinbaren können, dass Vertragsregelungen auch zum Nachteil der Arbeitnehmer durch Betriebsvereinbarungen abgeändert werden können, sog. Änderungsvorbehalt.[311]

ee) Der räumliche, persönliche und zeitliche **Geltungsbereich** einer Betriebsvereinbarung

137 **(1)** Betriebsvereinbarungen gelten **räumlich** nur für den Betrieb bzw. für die Betriebe des Unternehmens oder des Konzerns, für die sie vom Arbeitgeber und Betriebsrat, Gesamtbetriebsrat (GesamtBV) bzw. Konzernbetriebsrat (KonzernBV) innerhalb ihrer Regelungsbefugnis abgeschlossen worden sind.[312]

---

308 BAG [GS] NZA 1990, 816, 819; BAG, Urt. v. 15.02.2011 – 3 AZR 35/09, NZA 2012, 415; F/E/S/T/L § 77 BetrVG Rn. 196 ff.; a.A. BAG NJW 1978, 1069: Ablösung nach dem Ordnungsprinzip, da Rechtsquellenkonkurrenz auf derselben Rangstufe.

309 MünchArbR/Richardi § 7 Rn. 34 ff.; Joost RdA 1989, 7; Belling DB 1987, 1888; Blomeyer DB 1987, 634.

310 BAG [GS] NZA 1987, 168; BAG, Urt. v. 18.09.2012 – 3 AZR 415/10, NZA 2013, 210; ErfK/Kania § 77 BetrVG Rn. 70 ff.; weiter Säcker BB 2013, 2677; Matthes FA 2013, 2: Betriebliche Einheitsregelungen können generell durch Betriebsvereinbarungen abgelöst werden; dagegen Preis/Ulber NZA 2014, 6; Waltermann SAE 2013, 94; vgl. auch Hromadka NZA 2013, 1361.

311 BAG, Urt. v. 05.03.2013 – 1 AZR 417/12, NZA 2013, 916; ErfK/Kania § 77 BetrVG Rn. 79 ff.; Richardi NZA 1990, 331, 333.

312 BAG, Beschl. v. 19.02.2002 – 1 ABR 26/01, NZA 2002, 1300; Richardi/Richardi § 77 BetrVG Rn. 126 ff.

Nach § 50 Abs. 1 S. 1 bzw. § 58 Abs. 1 S. 1 BetrVG n.F. werden betriebsratslose Einzelbetriebe von einer Gesamt- bzw. Konzernbetriebsvereinbarung erfasst.[313]

(2) In **persönlicher Hinsicht** gilt die Betriebsvereinbarung für alle, auch später eingetretene Arbeitnehmer des Betriebs mit Ausnahme der leitenden Angestellten (§ 5 Abs. 3 BetrVG). Für im Zeitpunkt des Abschlusses bereits ausgeschiedene Arbeitnehmer (auch Pensionäre) gilt dagegen die Betriebsvereinbarung nach h.M. grundsätzlich nicht.[314] **138**

Zulässig ist aber eine einzelvertragliche Vereinbarung, nach der sich die Versorgungsansprüche der Arbeitnehmer auch nach dem Ausscheiden aus dem Betrieb nach der jeweils gültigen BV richten sollen. Diese **einzelvertragliche Jeweiligkeitsklausel** lässt allerdings nur solche Verschlechterungen zu, die einer Billigkeitskontrolle (Verhältnismäßigkeit, Vertrauensschutz) nach § 315 BGB standhalten.[315]

(3) In **zeitlicher Hinsicht** gilt die Betriebsvereinbarung innerhalb der vereinbarten Zeit. Als vorzeitige Beendigungsgründe kommen Aufhebungsvertrag, Betriebsstilllegung und Kündigung in Betracht. Für eine ordentliche Kündigung nach § 77 Abs. 5 BetrVG, die ausgeschlossen werden kann, ist keine besondere Form und nach h.M. kein Kündigungsgrund erforderlich.[316] Der Wegfall des Betriebsrates führt dagegen nicht zur Beendigung der Betriebsvereinbarung. Da aber der Betriebsrat als Empfänger der Kündigungserklärung ausscheidet, muss der Arbeitgeber die Kündigung der Betriebsvereinbarung einheitlich gegenüber allen Arbeitnehmern des Betriebes erklären.[317] **139**

Eine **Nachwirkung** (unmittelbare, aber keine zwingende Weitergeltung der Normen) haben nach der dispositiven Regelung des § 77 Abs. 6 BetrVG[318] grds. nur die erzwingbaren Betriebsvereinbarungen[319] (dazu oben Rn. 123 ff.) sowie Regelungsabreden, sofern die Angelegenheit der erzwingbaren Mitbestimmung unterliegt.[320] Die freiwilligen Betriebsvereinbarungen haben dagegen nach h.M. grundsätzlich keine Nachwirkung, es sei denn, es liegt eine abweichende Regelung vor, die nach h.M. zulässig ist.[321]

Eine Nachwirkung hat eine Betriebsvereinbarung über freiwillige Leistungen im vollen Umfang ausnahmsweise dann, wenn ihre Kündigung durch den Arbeitgeber nicht die vollständige Streichung der Zusatzleistung, sondern nur die Kürzung des Leistungsvolumens und eine Änderung der nach § 87 Abs. 1 Nr. 10 BetrVG mitbestimmungspflichtigen Verteilungsgrundsätze bezweckt – sog. **teilmitbestimmte Betriebsvereinbarung**.[322]

Mit dem Ende einer Betriebsvereinbarung, der keine Nachwirkung zukommt, fallen die allein aus der Betriebsvereinbarung folgenden Ansprüche weg.[323] **140**

Durch die Beendigung einer Betriebsvereinbarung können allerdings bereits erworbene Rechtspositionen nicht rückwirkend entzogen werden. Dementsprechend ist z.B. die rückwirkende Kürzung einer

313 Vgl. ErfK/Koch § 50 BetrVG Rn. 2; a.A. zur bisherigen Rechtslage BAG AP Nr. 5 zu § 50 BetrVG.

314 BAG NZA 1998, 160 ff.; ErfK/Kania § 77 BetrVG Rn. 34; a.A. F/E/S/T/L § 77 Rn. 39; Waltermann NZA 1998, 505 ff.; ders. 1996, 357, 363 f.; vom BAG, Urt. v. 18.09.2012 – 3 AZR 431/10, NZA-RR 2013, 65 ausdrücklich offen gelassen.

315 BAG, Urt. v. 18.09.2012, Fn. 310; NZA 2001, 221, 222; 1998, 160, 162 f.; Griebeling ZIP 1993, 1055, 1057 ff.

316 BAG, Urt. v. 15.02.2011 – 3 AZR 35/09, BB 2011, 3068; Preis § 152 I 5; MünchArbR/Matthes § 239 Rn. 38 ff. m.w.N.

317 Vgl. dazu BAG, Beschl. v. 18.09.2002 – 1 ABR 54/01, NZA 2003, 670 und ausführlich Salamon NZA 2007, 367 ff.

318 BAG, Urt. v. 29.09.2004 – 1 AZR 445/03, NZA 2005, 532; 1995, 1010, 1013; Schaub/Koch § 231 Rn. 57 ff.

319 BAG, Urt. v. 09.07.2013 – 1 AZR 275/12, juris; ErfK/Kania § 77 BetrVG Rn. 103 ff., 106; Schaub/Koch § 231 Rn. 57 ff.

320 H.M.: BAG SAE 1993, 68 m. krit. Anm. Peterek; Preis § 152 I 5; F/E/S/T/L § 77 Rn. 226 mit Meinungsübersicht.

321 BAG, Beschl. v. 19.02.2008 – 1 ABR 84/06, NZA 2008, 1078; NZA 1998, 1348, 1350 f.; Preis § 152 I 5; ErfK/Kania § 77 BetrVG Rn. 109; MünchArbR/Matthes § 239 Rn. 64; a.A. Jacobs NZA 2000, 69; Schöne/Klaes BB 1997, 2374.

322 BAG, Urt. v. 09.07.2013, Fn. 319; Urt. v. 15.02.2011 – 3 AZR 35/09, BB 2011, 3068; F/E/S/T/L § 77 BetrVG Rn. 189; a.A. v. Hoyningen-Huene BB 1997, 1998; vgl. dazu auch Grau/Sittard RdA 2013, 118; Salamon NZA 2010, 745.

323 BAG, Beschl. v. 05.10.2010 – 1 ABR 20/09, NZA 2011, 598; NZA 1995, 1010, 1012 f.; Schaub BB 1995,1639, 1642.

bereits verdienten Versorgungsanwartschaft als Entwertung einer eigentumsgleichen Rechtsposition grds. unzulässig, es sei denn, dass die Versorgung auch nach der Kürzung 100% des letzten monatlichen Nettoeinkommens nicht unterschreitet.[324]

141 Eine nachfolgende günstigere freiwillige Betriebsvereinbarung über materielle Arbeitsbedingungen (z.B. übertarifliches Weihnachtsgeld, Jubiläumszuwendung) löst eine frühere ungünstigere einzelvertragliche Vereinbarung nicht ab, sondern „überlagert" sie lediglich für die Dauer ihrer zwingenden Wirkung; der einzelvertragliche Anspruch besteht somit latent fort, es sei denn, es liegt eine abweichende Vereinbarung vor. Ist die einzelvertragliche Vereinbarung günstiger als die Betriebsvereinbarung, so besteht der einzelvertragliche Anspruch aufgrund des Günstigkeitsprinzips neben dem Anspruch aus der Betriebsvereinbarung weiter.[325]

Klausurhinweis: *Bei der Prüfung eines Anspruchs aus einer Betriebsvereinbarung ist im Regelfall folgende Prüfungsreihenfolge zweckmäßig:*

- *Bestehen eines Arbeitsverhältnisses,*
- *Anwendbarkeit der Betriebsvereinbarung auf das Arbeitsverhältnis (vgl. oben Rn. 137 f.),*
- *Voraussetzungen der anspruchsbegründenden Norm,*
- *Wirksamkeit der Betriebsvereinbarung (vgl. oben Rn. 125 ff.).*

6. Der Arbeitsvertrag

142 Der Grundsatz der Vertragsfreiheit gilt zwar auch im Arbeitsvertragsrecht, sodass die Vertragsparteien den Inhalt des Arbeitsverhältnisses grds. frei bestimmen können (vgl. §§ 611, 612 BGB, § 59 HGB, § 105 GewO). Er ist aber aus Gründen des Arbeitnehmerschutzes erheblich eingeschränkt durch zahlreiche zwingende gesetzliche Vorschriften (z.B. § 31 AGG,[326] §§ 7, 12 ArbZG, § 12 EFZG, § 13 BUrlG), Tarifverträge, Betriebsvereinbarungen und auch das Richterrecht.[327] In der Praxis werden allerdings die einzelnen Vertragsbedingungen i.d.R. nicht im Einzelnen ausgehandelt (Ausnahme: Verträge mit leitenden Angestellten), sondern es werden häufig nur der Zeitpunkt der Arbeitsaufnahme, die Art der Tätigkeit (z.B. Buchhalterin, kaufm. Angestellte, Schlosser, Hilfsarbeiter), der regelmäßige Arbeitsumfang (Voll- oder Teilzeitbeschäftigung) sowie die Höhe der Grundvergütung festgelegt. Alle übrigen Vertragsbedingungen ergeben sich dann aus Gesetzen, Tarifverträgen, Betriebsvereinbarungen, aus den evtl. verwendeten Formularverträgen, den sonstigen „betriebsüblichen Regelungen" sowie dem einseitigen Direktionsrecht des Arbeitgebers (vgl. aber auch § 2 Abs. 1 NachwG; dazu Rn. 214).

Auf der Vertragsebene kann der Inhalt des Arbeitsverhältnisses insbes. durch

- Allgemeine Arbeitsbedingungen (unten Rn. 143),
- betriebliche Übung (unten Rn. 154) und den
- arbeitsrechtlichen Gleichbehandlungsgrundsatz (vgl. Rn. 161) bestimmt werden.

324 BAG NZA 1999, 444, 447; vgl. zur Ablösung von Betriebsvereinbarungen über Betriebsrenten BAG, Urt. v. 09.12.2014 – 3 AZR 323/13, DB 2015, 989 und Diller/Beck BetrAV 2014, 345; Schnitker/Sittard NZA 2011, 331 sowie Kort NZA 2004, 889.

325 BAG, Urt. v. 28.03.2000 – 1 AZR 366/99, NZA 2001, 49, 52; 1990, 351, 355; Gruber/Stumpf BB 2014, 1205 ff.

326 Ausführl. zur Einschränkung der Vertragsfreiheit durch das AGG Schwab DNotZ 2006, 649 und unten Rn. 195 ff.

327 Vgl. dazu Zöllner NZA 2000, Beil. 1, S. 1; Junker NZA 1997, 1305; Boemke NZA 1993, 532; Hanau/Adomeit Rn. 60, die das Arbeitsrecht als „einziges großes Kontrollsystem gegenüber der Vertragsfreiheit" bezeichnen.

a) Allgemeine Arbeitsbedingungen

aa) Allgemeine Arbeitsbedingungen (i.e.S.) sind aus Gründen der Vereinfachung und Gleichbehandlung vom Arbeitgeber einseitig aufgestellte und den einzelnen Arbeitsverträgen formularmäßig zu Grunde gelegte, sog. **Einheitsarbeitsverträge** (Formularverträge) oder sog. **Gesamtzusagen**, also vom Arbeitgeber (i.d.R.) durch Aushang oder ein Schreiben bekannt gemachte Regelungen des Arbeitsverhältnisses, die für alle Beschäftigten eines Betriebs oder für bestimmte Gruppen von ihnen gelten sollen. **143**

Umstritten ist zwar, auf welchem Weg die einseitig vom Arbeitgeber zugesagten Leistungen (z.B. Weihnachtsgeld, Urlaubsgeld, Betriebsrenten) zum Inhalt des Einzelarbeitsverhältnisses werden. Da aber im Ergebnis Einigkeit über die Verbindlichkeit der **Gesamtzusagen** besteht, hat dieser Meinungsstreit keine große praktische Bedeutung. Die heute wohl ganz h.M. geht von einer stillschweigenden Annahme durch die Arbeitnehmer gem. § 151 S. 1 BGB aus.[328]

Die allgemeinen Arbeitsbedingungen sind mit den im sonstigen Privatrecht üblichen Allgemeinen Geschäftsbedingungen vergleichbar, weil auch sie im Ergebnis nicht ausgehandelt, sondern einseitig vom Arbeitgeber aufgestellt und durch „Unterwerfung" seitens des Arbeitnehmers Vertragsinhalt werden. Die insoweit notwendige Inhaltskontrolle konnte früher nicht unmittelbar nach dem damals geltenden AGBG durchgeführt werden, da es nach dem unmissverständlichen Wortlaut des § 23 Abs. 1 AGBG auf Arbeitsverträge nicht, nach h.M. auch nicht analog, anwendbar war.[329] Nachdem im Zuge der Schuldrechtsreform das AGBG mit Wirkung zum 1.2.2002 aufgehoben wurde und seine Regelungen weitgehend in die **§§ 305 ff. BGB n.F.** eingefügt wurden, sind diese Bestimmungen gemäß § 310 Abs. 4 S. 2 BGB n.F. **ab dem 1.1.2003 auf alle „Formulararbeitsverträge"** (Ausnahme § 305 Abs. 2, 3 i.V.m. § 310 Abs. 4 S. 3 BGB n.F.) **anwendbar**, allerdings nur mit der Maßgabe, dass die im Arbeitsrecht geltenden Besonderheiten angemessen zu berücksichtigen sind.[330] Bei Tarifverträgen sowie Betriebs- bzw. Dienstvereinbarungen findet dagegen keine Inhaltskontrolle statt, § 310 Abs. 4 S. 1 BGB. **144**

Bei einer einzelvertraglichen Bezugnahme auf TV ist eine Inhaltskontrolle der einzelnen Regelungen nach § 310 Abs. 4 S. 3 BGB nach h.M. grds. nur dann ausgeschlossen, wenn eine Globalverweisung auf den einschlägigen TV vorliegt, weil anderenfalls der TV, der eine Richtigkeitsgewähr hat, im Ergebnis doch einer Inhaltskontrolle unterliegen würde.[331] Die Bezugnahmeklausel als solche ist dagegen einer AGB-Kontrolle nach § 310 Abs. 4 BGB nicht entzogen. Ist nach dem Formulararbeitsvertrag auch nach Ausschöpfung aller anerkannten Auslegungsregeln unklar, auf welche TV verwiesen wird (Branche, Art des TV, statisch/dynamisch), geht diese Unklarheit nach § 305 c Abs. 2 BGB zulasten des Verwenders. Voraussetzung für die Anwendung der Unklarheitsregel ist, dass feststellbar ist, welche der Tarifverträge günstiger ist.[332] Wird dagegen nicht generell, sondern nur auf einzelne Bestimmungen des einschlägigen oder einen branchenfremden TV verwiesen, dann findet nach ganz h.M. eine Inhaltskontrolle statt. Denn in diesem Fall liegt nicht mehr eine Verweisung auf „den TV" als eine für die Branche „ausgewogene Gesamtheit" vor, sodass den einzelnen Regelungen nicht mehr die Richtigkeitsgewähr zukommt, von der bei einem einschlägigen TV in seiner Gesamtheit ausgegangen werden kann.[333] **145**

Die allgemeinen Arbeitsbedingungen im Bereich der Kirche (kirchliche Arbeitsvertragsregelungen), auf die einzelvertraglich Bezug genommen wird, sind nach ganz h.M. schon deswegen keine Tarifverträge, weil sie nicht unter Beteiligung der Gewerkschaften zustande gekommen sind, sodass sie nicht als Ta-

---

328 BAG, Urt. v. 18.05.2010 – 3 AZR 102/08, ArbR 2010, 396; MünchArbR/Richardi § 7 Rn. 44 ff. mit Meinungsübersicht; ausführlich zur Gesamtzusage Kolbe ZfA 2011, 95 ff.

329 Vgl. dazu Reinecke NZA 2000, Beil. 1, S. 23 ff.; Przytulla NZA 1998, 521 ff.; Pauly NZA 1997, 1030 ff.

330 Dazu v. Steinau-Steinrück/Hurek NZA 2004, 965; Birnbaum NZA 2003, 944; Hönn ZfA 2003, 325; Thüsing NZA 2002, 591.

331 BAG, Urt. v. 18.09.2012 – 9 AZR 1/11, NZA 2013, 216; Schlewing NZA Beil. 2012, Nr. 2, 33, 40; Reinecke BB 2006, 2637 ff.

332 BAG, Urt. v. 21.11.2012 – 4 AZR 85/11, DB 2013, 999; Urt. v. 09.06.2010 – 5 AZR 637/09, juris; Haußmann DB 2013, 1359 ff.

333 Vgl. dazu ErfK/Preis § 310 BGB Rn. 12 ff.; Schrader BB 2005, 1714; Annuß ZfA 2005, 405 ff. und oben Rn. 119.

rifverträge einer AGB-Kontrolle nach § 310 Abs. 4 BGB entzogen sind. Dennoch geht die ganz h.M. im Ergebnis davon aus, dass solche kirchlichen Arbeitsvertragsregelungen, die auf dem sog. „Dritten Weg" von einer paritätisch mit weisungsunabhängigen Mitgliedern besetzten Arbeits- und Dienstrechtlichen Kommission beschlossen wurden, nur einer eingeschränkten Kontrolle unterliegen. Teilweise wird davon ausgegangen, dass es sich dabei nicht um einseitig vom Arbeitgeber gestellte allgemeine Arbeitsbedingungen i.S.d. § 305 BGB, sondern um Leistungsbestimmungen durch einen Dritten i.S.d. § 317 BGB handelt, die nicht einer Inhaltskontrolle, sondern nur einer Ausübungskontrolle nach §§ 317, 319 BGB auf grobe Unbilligkeit unterliegen.[334] Andere nehmen zwar an, dass es sich um allgemeine Arbeitsbedingungen i.S.d. § 305 BGB handelt, sodass eine Inhaltskontrolle nach §§ 307 ff. BGB vorzunehmen ist. Dabei ist aber als arbeitsrechtliche Besonderheit i.S.d. § 310 Abs. 4 S. 2 BGB zu berücksichtigen, dass wegen der paritätischen Besetzung der Kommission mit weisungsunabhängigen Mitgliedern eine Richtigkeitsgewähr für die beschlossenen Arbeitsbedingungen besteht, sodass sie – ebenso wie Tarifverträge – allein daraufhin zu untersuchen sind, ob sie gegen die Verfassung, gegen anderes höherrangiges zwingendes Recht oder gegen die guten Sitten verstoßen.[335]

146 **bb)** Die **Inhaltskontrolle** bei „Formulararbeitsverträgen", die bisher nach den Generalklauseln der §§ 138, 242, 315 BGB durchgeführt wurde, ist nach der Schuldrechtsreform nach den §§ 307 bis 309 BGB vorzunehmen. Diese Gesetzesänderung hat zwar in der Sache selbst keine grundlegenden Änderungen zur Folge, weil auch das BAG bei der Inhaltskontrolle nach den Generalklauseln der §§ 138, 242, 315 BGB die Wertungen des AGBG, insbesondere den Vorrang der Individualabrede (§ 305 b BGB), das Verbot überraschender Klauseln (§ 305 c Abs. 1) und die Unklarheitsregel (§ 305 c Abs. 2 BGB) berücksichtigt hat.[336] Die Wirksamkeit einzelner Formularklauseln ist aber nach der Schuldrechtsreform wegen des strengeren Kontrollmaßstabs problematischer geworden, sodass sie in jedem Einzelfall nach §§ 305 ff. BGB unter Berücksichtigung der arbeitsrechtlichen Besonderheiten (§ 310 Abs. 4 S. 2 BGB) überprüft werden muss.

Eine **überraschende Klausel i.S.d. § 305 c Abs. 1 BGB** setzt voraus, dass ihr insbesondere aufgrund des äußeren Erscheinungsbildes des Vertrages (z.B. Unterbringung an unerwarteter Stelle, unübliche Klausel ohne Hervorhebung) ein „Überrumpelungs- oder Übertölpelungseffekt" innewohnt. Das Überraschungsmoment ist dabei desto eher zu bejahen, je belastender die Bestimmung ist.[337] Die Anwendung der **Unklarheitsregel des § 305 c Abs. 2 BGB** verlangt, dass die Auslegung einer AGB-Bestimmung mindestens zwei Ergebnisse als vertretbar erscheinen lässt und von diesen keines den klaren Vorzug verdient. Der Arbeitgeber als Verwender muss die für ihn ungünstigste Auslegungsmöglichkeit erst dann gegen sich gelten lassen, wenn nach Ausschöpfung aller Auslegungsmethoden erhebliche Zweifel an der richtigen Auslegung bestehen.[338]

Bei „Formulararbeitsverträgen" findet nach § 310 Abs. 4 S. 2 Hs. 2 BGB – anders als im allgemeinen Zivilrecht – **keine Einbeziehungskontrolle nach § 305 Abs. 2, 3 BGB** statt, sodass für eine Einbeziehung der Formularbestimmungen jede, auch eine stillschweigende Übereinkunft genügt.[339] Außerdem ist zu berücksichtigen, dass **Arbeitnehmer**

334 Vgl. dazu BAG, Urt. v. 18.11.2009 – 4 AZR 493/08, AP Nr. 54 zu § 611 BGB Kirchendienst; Urt. v. 10.12.2008 – 4 AZR 801/07, AP Nr. 52 zu § 611 BGB Kirchendienst m. abl. Anm. Reichold/Ludwig; a.A. Deinert ZTR 2005, 507.

335 Vgl. BAG, Urt. v. 24.03.2011 – 6 AZR 769/09, NZA 2011, 698; Urt. v. 22.07.2010 – 6 AZR 847/07, BB 2011, 186 m.Anm. Thüsing; ders. ZTR 2005, 507; Richardi RdA 2011, 119; Reichold NZA 2009, 1377; v. Tiling NZA 2009, 590 u. NZA 2007, 78; v. Hoyningen-Huene, Festschrift für Richardi zum 70. Geburtstag, 2007, S. 909 ff.; a.A. Deinert ZTR 2005, 507.

336 Übersicht über Vertragskontrolle nach dem bisherigen Recht bei Hunold NZA-RR 2002, 225 ff.

337 Vgl. BAG, Urt. v. 20.08.2014 – 10 AZR 453/13, ZIP 2015, 49; ErfK/Preis §§ 305-310 BGB Rn. 29, 30 m.w.N.

338 Vgl. dazu BAG, Urt. v. 21.01.2015 – 10 AZR 84/14, NZA 2015, 871; ErfK/Preis §§ 305-310 BGB Rn. 31, 32 m.w.N.

339 BAG, Urt. v. 18.09.2007 – 9 AZR 822/06, ZTR 2008, 382; ErfK/Preis §§ 305–310 BGB Rn. 26; Richardi NZA 2002,1057, 1058.

nach h.M. **Verbraucher i.S.d. § 13 BGB**[340] (dazu auch Rn. 153) sind, sodass eine AGB-Kontrolle nach § 305 c Abs. 2 (Unklarheitsregel) und §§ 307 ff. BGB (Inhaltskontrolle) bereits beim Vorliegen der Voraussetzungen des § 310 Abs. 3 BGB erfolgt, wenn der Arbeitnehmer auf den Inhalt der Vertragsbedingungen keinen Einfluss nehmen konnte (§ 310 Abs. 3 Nr. 2 BGB).[341] Schließlich ist zu beachten, dass sich die Unwirksamkeit einzelner Vertragsklauseln nicht nur aufgrund einer Inhaltskontrolle nach §§ 307 Abs. 2, 308, 309 BGB, sondern auch aus einem Verstoß gegen das Transparenzgebot des § 307 Abs. 1 S. 2 BGB ergeben kann.[342] Inwieweit sich bei der Beurteilung einzelner Fragen wegen der grds. Anwendbarkeit der §§ 305 ff. BGB Änderungen im Verhältnis zu der bisherigen Rechtslage ergeben werden, ist zwar noch nicht abschließend geklärt.[343] Die nachfolgenden Beispiele zeigen aber, dass einige in der Praxis bisher üblichen Vertragsklauseln, die einer Inhaltskontrolle nach den Generalklauseln der §§ 138, 242 BGB noch standhielten, bei einer Inhaltskontrolle nach §§ 307 ff. BGB nicht mehr zulässig sind.

- **Vertragsstrafeversprechen, §§ 339 ff. BGB** 147

Nach der Rspr. des BAG stehen arbeitsrechtliche Besonderheiten i.S.d. § 310 Abs. 4 S. 2 BGB (fehlende Vollstreckungsmöglichkeit der Arbeitsleistung nach § 888 ZPO) der generellen Unwirksamkeit von Vertragsstrafenvereinbarungen in Formulararbeitsverträgen nach § 309 Nr. 6 BGB entgegen, die für den **Fall des vertragswidrigen Verhaltens des Arbeitnehmers** (Nichtantritt der Arbeit, Kündigung ohne Einhaltung der Kündigungsfrist) vorgesehen sind. Vertragsstrafen sind deshalb auch in Formulararbeitsverträgen grds. zulässig, wobei ein Monatsgehalt generell als Maßstab für die angemessene Höhe einer Vertragsstrafe geeignet ist, ohne dass es sich dabei um eine absolute Höchstgrenze handelt. Die Formularvertragsstrafe darf aber den möglichen Verdienst, der innerhalb der einzuhaltenden Kündigungsfrist erzielt werden könnte, grds. nicht überschreiten, weil sie anderenfalls wegen unangemessener Benachteiligung nach § 307 BGB unwirksam ist.[344] Dies gilt entspr. für Vertragsstrafeversprechen für den **Fall der fristlosen Kündigung des Arbeitsverhältnisses durch den Arbeitgeber** nach § 626 BGB. Insoweit ist aber zu beachten, dass für derartige Vertragsstrafen § 309 Nr. 6 BGB schon nach seinem Wortlaut nicht gilt, sodass sich die Unwirksamkeit nur aus § 307 BGB ergeben kann. Voraussetzung für die Wirksamkeit der Vertragsstrafe ist aber, dass sowohl die Pflichtverletzung, die zur Verwirkung der Vertragsstrafe führt, als auch die Höhe der zu zahlenden Vertragsstrafe klar bestimmt sind. An dieser **Bestimmtheit** fehlt es nach dem BAG, wenn Voraussetzung für die Vertragsstrafe „ein schuldhaftes vertragswidriges Verhalten des Arbeitnehmers, das den Arbeitgeber zu einer fristlosen Kündigung des Arbeitsverhältnisses veranlasst hat“ bzw. ein „gravierender Vertragsverstoß“ ist.[345] Liegt eine unwirksame Vertragsstrafenvereinbarung vor, scheidet eine geltungserhaltende Reduktion nach § 306 Abs. 2 BGB bzw. eine Herabsetzung der Vertragstrafenhöhe nach § 343 BGB entgegen der früheren Rspr. aus, da durch das Verbot der geltungserhaltenden Reduktion verhindert werden soll, dass in Formularverträgen risikolos zu weite Klauseln verwendet werden.[346] Eine Teilung einer einheitlichen Vertragsstrafenregelung in

340 BVerfG, Beschl. v. 23.11.2006 – 1 BvR 1909/06, NZA 2007, 85; BAG, Urt. v. 10.12.2014 – 7 AZR 1009/12, NZA 2015, 811; Urt. v. 13.02.2013 – 5 AZR 2/12, NZA 2013, 1024; Reinecke DB 2002, 583, 587; a.A. Richardi NZA 2002, 1004, 1008.

341 Vgl. zu den inhaltsgl. Begriffen des „Aushandelns“ i.S.d. § 305 Abs. 1 BGB u. der „Einflussnahme“ i.S.d. § 310 Abs. 3 Nr. 2 BGB BAG, Urt. v. 12.12.2013 – 8 AZR 829/12, NZA 2014, 905; Urt. v. 19.10.2011 – 7 AZR 743/10, juris; Kähler BB 2015, 450 ff.

342 BAG, Urt. v. 21.01.2015 – 10 AZR 84/14, NZA 2015, 871; Urt. v. 20.03.2013 – 10 AZR 8/12, NZA 2013, 970; ErfK/Preis §§ 305–310 BGB Rn. 44; Graf v. Westphalen NJW 2015, 2223 ff.; Schramm/Kuhnke NZA 2012, 127.

343 Ausführl. zur AGB-Kontrolle der Formularverträge nach §§ 305 ff. BGB ErfK/Preis §§ 305–310 BGB Rn. 33 ff.; Stöhr/Illner JuS 2015, 299; Stöhr ZfA 2013, 213; Tödtmann/Kaluza DB 2011, 114; Hamann/Rudnik Jura 2009, 335; Stoffels ZfA 2009, 861; Hunold NZA-RR 2008, 449; Preis/Roloff ZfA 2007, 43 u. Wank/Maties Jura 2010, 1: „AGB in der Arbeitsrechtsklausur“.

344 Vgl. BAG, Urt. v. 23.01.2014 – 8 AZR 130/13, NZA 2014, 777; Urt. v. 28.05.2009 – 8 AZR 896/07, SAE 2010, 167; ErfK/Müller-Glöge §§ 339–345 BGB Rn. 6 ff.; Lakies ArbR 2014, 313; Niemann RdA 2013, 92; Günther/Nolde NZA 2012, 62; a.A. wegen § 309 Nr. 6 BGB Reinecke NZA 2004, Beil. zu Heft 18, S. 27, 321; Thüsing BB 2002, 2666, 2673; differenzierend nach Art der Dienste: Reichenbach NZA 2003, 309; zu Vertragsstrafen bei Wettbewerbsverstößen Diller NZA 2008, 574.

345 Vgl. dazu BAG, Urt. v. 23.01.2014, Fn. 344; Urt. v. 14.08.2007 – 8 AZR 973/06, NZA 2008, 170; Urt. v. 21.04.2005 – 8 AZR 425/04, NZA 2005, 1053; Urt. v. 18.08.2005 – 8 AZR 65/05, NZA 2006, 34; kritisch dazu Haas/Fuhlrott NZA-RR 2010, 1 ff.

346 Vgl. BAG, Urt. v. 25.09.2008 – 8 AZR 717/07, NZA 2009, 370; Hauck NZA 2006, 816, 817; a.A. v. Hoyningen-Huene SAE 2005, 155, Bayreuther NZA 2004, 953, der sich ausführlich mit dem Verbot der geltungserhaltenden Reduktion im Arbeitsrecht befasst und Wensing/Nieman NJW 2007, 401 zum Anwendungsbereich des § 343 BGB im Arbeitsrecht.

Höhe eines Monatsverdienstes (sog. blue-pencil-test) für die Zeit während der Probezeit (unwirksam, vgl. Kündigungsfrist des § 622 Abs. 3 BGB) und die Zeit danach (wirksam) ist ebenso wenig möglich wie eine entsprechende ergänzende Klauselauslegung, sodass die Vertragsstrafe insgesamt unwirksam ist. Anderenfalls läge das Risiko der Vorformulierung unwirksamer Klauseln entgegen dem Gesetzeszweck nicht beim Arbeitgeber als Verwender.[347]

148 ▪ **Verfallfristen**, deren Ablauf zum Erlöschen des Anspruchs führt

Während bisher nach BAG eine einzelvertragliche Verfallfrist zulässig war, nach der ein Anspruch innerhalb eines Monats nach Fälligkeit geltend zu machen war (sog. einstufige Verfallfrist),[348] sind nach der Schuldrechtsreform nach h.M. **einstufige Verfallfristen**, die **kürzer als drei Monate** sind, wegen unangemessener Benachteiligung des Arbeitnehmers nach § 307 Abs. 1 S. 1 BGB **unwirksam.**[349] Eine Verfallfrist, die nicht auf die **Fälligkeit des Anspruchs,** sondern auf einen feststehenden Zeitpunkt (z.B. Beendigung des Arbeitsverhältnisses) abstellt, ist ebenfalls wegen unangemessener Benachteiligung unwirksam, weil sie das Erlöschen eines Anspruchs bewirken kann, bevor er erkennbar und durchsetzbar war.[350] Die **Wirksamkeit von sog. zweistufigen Verfallfristen**, die nach der erfolglosen Geltendmachung in der 1. Stufe zusätzlich die Klageerhebung innerhalb einer weiteren Frist (2. Stufe) erfordern, scheitert zwar nach h.M. nicht an § 309 Nr. 13 BGB und der bisher h.M. auch nicht an § 307 BGB, die **2. Stufe** darf aber nach h.M. **ebenfalls nicht kürzer als drei Monate** sein.[351] Hängen die Vergütungsansprüche vom Bestehen des Arbeitsverhältnisses ab und hat der Arbeitnehmer fristgerecht eine Bestandsschutzklage erhoben, wird nach neuer Rspr. des BAG wegen der Unklarheitsregel des § 305 c Abs. 2 BGB im Zweifel die zweite Stufe einer einzelvertraglichen Verfallfrist gewahrt, soweit nicht ausdrücklich die Erhebung einer bezifferten Leistungsklage verlangt wird. Ob eine solche zweistufige Verfallfrist, die dem Arbeitnehmer trotz des unsicheren Bestandes des Arbeitsverhältnisses die Erhebung einer kostspieligen Zahlungsklage (vgl. § 12 a ArbGG) abverlangt, nach § 307 BGB wirksam wäre, ließ zwar das BAG ausdrücklich offen, [352] ist aber nach der Entscheidung des BVerfG, nach der solche Fristen in Tarifverträgen eine mit Art. 2 Abs. 1 GG i.V.m. dem Rechtstaatsprinzip nicht zu vereinbarende Erschwerung des effektiven Rechtsschutzes darstellen,[353] abzulehnen. Zweistufige tarifliche Verfallfristen sind im Hinblick auf die o.g. Entscheidung des BVerfG verfassungskonform dahingehend auszulegen, dass die Erhebung einer Bestandsschutzklage auch die 2. Stufe für solche Ansprüche wahrt, die vom Ausgang des Bestandsschutzstreits abhängig sind.[354] Ist die 2. Stufe der Verfallfrist unwirksam, führt dies nicht automatisch auch zur Unwirksamkeit der 1. Stufe, wenn diese keine kürzere Geltendmachungsfrist als drei Monate vorsieht. Denn die zweistufige Verfallfrist stellt keine einheitliche und untrennbare Gesamtregelung dar. Vielmehr regelt die 1. Stufe eigenständig eine Verfallfrist, die auch ohne die 2. Stufe vereinbart werden könnte und häufig auch vereinbart wird.[355] Umgekehrt gilt das allerdings nicht, weil bei der Unwirksamkeit der 1. Stufe es keinen Zeitpunkt mehr gibt, an den der Fristenlauf der 2. Stufe anknüpfen könnte, sodass auch die auf der 1. Stufe aufbauende und damit mit ihr untrennbar verbundene 2. Stufe unwirksam ist.[356] Ob einzelvertragliche Verfallklauseln, die sich auf

---

347 Vgl. BAG, Urt. v. 23.09.2010 – 8 AZR 897/08, NZA 2011, 89; LAG Hamm, Urt. v. 04.05.2004 – 19 Sa 360/04, juris; ErfK/Müller-Glöge § 345 BGB Rn. 14; vgl. auch BAG, Urt. v. 25.09.2008, Fn. 346: Teilung von Vertragstrafenklauseln in einen unwirksamen und wirksamen Teil kommt nur dann in Betracht, wenn der unzulässige Teil sprachlich eindeutig trennbar ist, sodass auch nach dem Wegstreichen des unzulässigen Teils ein aus sich heraus verständlicher Klauselrest verbleibt; vgl. auch Ohlendorf/Salamon RdA 2006, 281, 284; krit. zu dem sog. „blue-pencil-test" Thüsing BB 2006, 661.

348 Vgl. BAG, Urt. v. 13.12.2000 – 10 AZR 168/00, NZA 2001, 723; Kortstock NZA 2010, 311.

349 BAG, Urt. v. 13.03.2013 – 5 AZR 954/11, NZA 2013, 68; Urt. v. 19.03.2008 – 5 AZR 429/07, NZA 2008, 757; ErfK/Preis §§ 194–218 BGB Rn. 44 ff.; Lakies ArbR 2013, 318; a.A. Reinecke BB 2005, 378 ff.: 6 Monate; a.A. Lingemann NZA 2001, 181, 189 f.: keine Änderung der Rechtslage; a.A. Nägele/Chwalisch MDR 2002, 1341 ff.: einzelvertragliche Verfallfristen generell unzulässig; vgl. dazu auch Matthiesen NZA 2007, 361 ff.; Preis/Roloff RdA 2005, 144 ff.: § 309 Nr. 7 BGB anwendbar.

350 Vgl. dazu BAG, Urt. v. 01.03.2006 – 5 AZR 511/05, NZA 2006, 783 ff.; ErfK/Preis §§ 194-218 BGB Rn. 52 ff. m.w.N.

351 BAG, Urt. v. 12.03.2008 – 10 AZR 152/07, JR 2009, 87; ErfK/Preis §§ 194 -218 BGB Rn. 45 f.; Bayreuther NZA 2005, 1337; a.A Reinecke BB 2005, 378, 382; Lakies NZA 2004, 569, 574: Unwirksam nach § 309 Nr. 13 BGB.

352 BAG, Urt. v. 19.03.2008, 349; ErfK/Preis §§ 194-218 BGB Rn. 64, 64 a (Unwirksamkeit solcher Klauseln bejaht); jeweils m.w.N.; a.A. für Tarifverträge noch BAG, Urt. v. 26.04.2006 – 5 AZR 403/05, NZA 2006, 1750 u. BAG, Urt. v. 27.10.2005 – 8 AZR 546/03, 2006, 259 für einen „Altfall"; vgl. auch BAG, Urt. v. 12.12.2006 – 1 AZR 96/06, NZA 2007, 453: Vereinbarung einer solchen zweistufigen Verfallfrist in einer Betriebsvereinbarung unverhältnismäßig und damit unwirksam.

353 Vgl. dazu BVerfG, Beschl. v. 01.12.2010 – 1 BvR 1682/07, NZA 2011, 354; Brecht/Heitzmann DB 2011, 1523.

354 BAG, Urt. v. 24.09.2014 – 5 AZR 593/12, NZA 2015, 35; v. Medem NZA 2013, 345 ff.; Husemann BB 2013, 2615 ff.

355 Vgl. BAG, Urt. v. 12.03.2008 – 10 AZR 152/07, JR 2009, 87; LAG Brandenburg DB 2006, 786; Thüsing BB 2006, 661, 663.

356 BAG, Urt. v. 16.05.2012 – 5 AZR 251/11, AP Nr. 128 zu § 615 BGB mit zust. Anm. Ricken.

„alle Ansprüche aus dem Arbeitsverhältnis" beziehen, auch Ansprüche aus einer vorsätzlichen Handlung erfassen, deren Verfall nach § 202 BGB formularmäßig nicht wirksam vereinbart werden kann, ist umstritten.[357] Nach BAG sind derartige Arbeitsvertragsklauseln dahingehend auszulegen, dass ihre Anwendung auch auf die Fälle, die durch zwingende gesetzliche Verbote oder Gebote geregelt sind, regelmäßig nicht gewollt ist, sodass Ansprüche aus vorsätzlichen Handlungen nicht erfasst werden und die Klauseln wirksam sind.[358] Bei konsequenter Anwendung dieser Rspr. dürften einzelvertragliche Verfallfristen auch Ansprüche auf den seit dem 01.01.2015 geltenden Mindestlohn von 8,50 €, der nach § 3 MiLoG unabdingbar ist (vgl. dazu unten Rn. 306), nicht erfassen.[359] Einer tarifvertraglichen Ausschlussfrist, die Schadensersatzansprüche aus vorsätzlichem Handeln erfasst, steht dagegen § 202 Abs. 1 BGB nicht entgegen, da das Gesetz die Erleichterung der Haftung wegen Vorsatzes nur „durch Rechtsgeschäft" verbietet.[360] Einseitige Verfallfristen, die nur der Arbeitnehmer einzuhalten hat, sind dagegen wegen unangemessener Benachteiligung des Arbeitnehmers nach § 307 Abs. 1 S. 1 BGB unwirksam.[361] Auf die Unwirksamkeit einer Verfallfrist nach den o.g. Grundsätzen kann sich der Arbeitgeber als Verwender des Formularvertrages nicht berufen, da die Inhaltskontrolle lediglich einen Ausgleich für die einseitige Inanspruchnahme der Vertragsfreiheit durch den Klauselverwender schafft, nicht dagegen dem Schutz des Klauselverwenders vor den von ihm selbst vorformulierten Vertragsbedingungen dient.[362]

■ Widerrufs- und Freiwilligkeitsvorbehalte 149

Früher ging das BAG[363] davon aus, dass ein **Widerrufsvorbehalt,** nach dem der Arbeitgeber eine zusätzliche Leistung (z.B. übertarifliche Zulage) grundlos bzw. nach freiem Ermessen widerrufen konnte, jedenfalls dann unwirksam war, wenn er sich auf Bestandteile des laufenden Verdienstes bezog. Das BAG legte aber einen solchen Widerrufsvorbehalt im Wege der geltungserhaltenden Reduktion dahingehend aus, dass der Widerruf entsprechend § 315 Abs. 1 BGB nach billigem Ermessen erfolgen konnte und überprüfte anschließend die Billigkeit des Widerrufs. Ein solches Vorgehen ist bei Verträgen, die nach dem 01.01.2002 abgeschlossen wurden, nicht mehr zulässig. Denn ein grundloser bzw. im freien Ermessen stehender Vorbehalt des Widerrufs ist nach heute ganz h.M. nach der Regelung des § 308 Nr. 4 BGB, die als „lex specialis" gegenüber § 307 BGB Vorrang hat, unwirksam. Änderungs- und Widerrufsvorbehalte, die nach dem 31.12.2001 vereinbart wurden, sind danach in formeller Hinsicht nur dann wirksam, wenn Voraussetzungen und Umfang der vorbehaltenen Änderung entspr. dem Transparenzgebot des § 307 Abs. 1 S. 2 BGB so klar geregelt sind, dass der Arbeitnehmer eindeutig erkennen kann, „was auf ihn zukommen kann". Dies setzt neben der Angabe der Art und Höhe der widerruflichen Leistung voraus, dass das Widerrufsrecht wegen der unsicheren Entwicklung des Arbeitsverhältnisses als Instrument der Anpassung notwendig sein muss und die Widerrufsgründe, die triftig sein müssen, zumindest der Richtung nach (wirtschaftliche Lage, Leistung oder Verhalten des Arbeitnehmers) angegeben werden.[364] Bei „Altverträgen" kommt aber aus Gründen des Vertrauensschutzes grds. eine ergänzende Vertragsauslegung in Betracht, bei der zu fragen ist, was die Vertragsparteien vereinbart hätten, wenn ihnen die durch § 308 Nr. 4 BGB gesetzlich angeordnete Unwirksamkeit des Widerrufsvorbehalts bekannt gewesen wäre. Ergibt die Auslegung, dass die Parteien einen Widerruf (z.B. aus wirtschaftlichen Gründen) vereinbart hätten (1. Prüfungsstufe: generelle Zulässigkeit), und liegen diese Gründe vor (2. Prüfungsstufe: Einzelfall-

---

357 Dafür für Tarifverträge BAG, Urt. v. 18.08.2011 – 8 AZR 187/10, ZTR 2012, 31 und unter Berufung auf den eindeutigen Wortlaut auch für Formulararbeitsverträge LAG Hamm, Urt. v. 10.10.2011 – 14 Sa 543/11, BB 2011, 2676.

358 BAG, Urt. v. 20.06.2013 – 8 AZR 280/12, NZA 2013, 1265; vgl. auch BAG, Urt. v. 25.05.2005 – 5 AZR 572/04, NZA 2005, 1111: nur Unwirksamkeit hinsichtlich der Vorsatzhaftung, da i.d.R. im Wege der ergänzenden Vertragsauslegung anzunehmen, dass die Parteien die Verfallklausel auch ohne den teilbaren unwirksamen Teil vereinbart hätten; zust. Mohr SAE 2006, 156; a.A. LAG Hamm, Urt. v. 25.11.2014 – 14 Sa 463/14, ZTR 2015, 294 (Rev. 8 AZR 67/15): Formularklausel unwirksam; zust. Richter/Lange NZA-RR 2012, 57; dazu auch Hahne DB 2015, 317: Angriff des LAG Hamm auf die Rechtsprechung des BAG.

359 Vgl. dazu Preis/Lukes ArbRB 2015, 153 ff.; Waltermann ArbuR 2015, 166 ff.; Grimm/Linden ArbRB 2014, 339 ff.

360 BAG, Urt. v. 20.06.2013, Fn. 358; Achilles/Belzner ZTR 2013, 355 ff.

361 Vgl. BAG, Urt. v. 31.08.2005 – 5 AZR 545/04, NZA 2006, 324; Reichold SAE 2007, 233; Preis/Roloff RdA 2005, 144, 154.

362 Vgl. dazu BAG, Urt. v. 25.04.2007 – 10 AZR 634/06, NZA 2007, 875; Urt. v. 28.06.2006 – 10 AZR 407/05, NZA 2006, 1157.

363 Vgl. z.B. BAG, Urt. v. 15.08.2000 – 1 AZR 458/99, juris; BAG ZTR 1997, 39.

364 BAG, Urt. v. 21.03.2012 – 5 AZR 651/10, NZA 2012, 616; Urt. v. 20.04.2011 – 5 AZR 191/10, NZA 2011, 796; Lakies ArbR 2013, 251; zu Änderungsvorbehalten Gaul/Kaul BB 2011, 181; Franzen, Gedächtnisschrift für Zachert 2010, 386; Leder RdA 2010, 93; Kroeschel NZA 2008, 1393; Preis/Lindemann NZA 2006, 632; zur Flexibilisierung der Arbeitsbedingungen auch Wank NZA 2012, Beil. 2, S. 41; Reiserer NZA 2010, Beil. 2, S.39; Willemsen/Jansen RdA 2010, 1; Otto/Walk BB 2010, 373 u. Häcker ArbRB 2009, 51; Hümmerich/Bergwitz BB 2005, 997 (chefärztliche Entwicklungsklauseln).

prüfung), dann ist der Widerruf zulässig, sofern kein Eingriff in den durch § 2 KSchG geschützten Kernbereich des Arbeitsverhältnisses (Grenze bei zusätzlichen Entgeltbestandteilen von 25 bis 30% der Gesamtvergütung) vorliegt.[365] Die Gerichte sind allerdings grundsätzlich nicht dazu berechtigt, im Wege der ergänzenden Vertragsauslegung an Stelle einer unzulässigen Klausel eine zulässige Klauselfassung zu wählen, die die Parteien voraussichtlich vereinbart hätten, wenn ihnen die Unwirksamkeit der Klausel bekannt gewesen wäre. Eine ergänzende Vertragsauslegung ist daher ausnahmsweise nur dann möglich, wenn das Festhalten am Vertrag für den Klauselverwender eine unzumutbare Härte i.S.d. § 306 Abs. 3 BGB darstellen würde. Ferner kann eine verfassungskonforme, den Grundsatz der Verhältnismäßigkeit wahrende Auslegung und Anwendung der unwirksamen Vertragsklausel eine ergänzende Auslegung deshalb gebieten, weil die §§ 307 ff. BGB hinsichtlich der Anforderungen an eine wirksame Vertragsformulierung für Altverträge auf eine echte Rückwirkung hinauslaufen.[366] Die Notwendigkeit einer ergänzenden Vertragsauslegung wegen krasser Störung des Gleichgewichts hat das BAG bei einem nach § 308 Nr. 4 BGB unwirksam gewordenen Widerruf einer übertariflichen Zulage zum laufenden Arbeitsentgelt angenommen, beim unwirksamen Widerruf der Überlassung eines auch zur Privatnutzung zur Verfügung gestellten Dienstwagens abgelehnt.[367] Eine ergänzende Vertragsauslegung scheidet allerdings grds. aus, wenn der Formularvertrag nach dem 01.01.2002 geändert bzw. ergänzt worden ist, ohne dass die unwirksame Altklausel der neuen Rechtslage angepasst wurde, weil der Arbeitgeber die vorhandene Möglichkeit der Vertragsanpassung nicht genutzt hat.[368] Ob eine ergänzende Vertragsauslegung bei sog. Altverträgen auch dann ausscheidet, wenn der Arbeitgeber nicht den Versuch unternommen hat, die nicht mehr den §§ 307 ff. BGB genügenden Altklauseln mit den Mitteln des Vertragsrechts (insb. Änderungsangebot, das der Arbeitnehmer redlicherweise annehmen müsste) der neuen Rechtslage anzupassen, ist noch nicht abschließend geklärt.[369] **Freiwilligkeitsvorbehalte bei Sonderzuwendungen** sind dagegen auch nach der Schuldrechtsreform in Formularverträgen nach h.M. zulässig, weil in solchen Fällen – anders als bei Widerrufsvorbehalten – ein vertraglicher Anspruch auf eine zusätzliche Leistung nicht besteht, sodass eine entspr. Heranziehung des Rechtsgedankens des § 308 Nr. 4 BGB ausgeschlossen ist. Sie halten auch einer Inhaltskontrolle nach § 307 BGB stand, weil der Arbeitgeber damit nur die Entstehung einer eigenen Verpflichtung ausschließt und bestehende Rechte des Arbeitnehmers nicht einschränkt.[370] Voraussetzung für einen wirksamen Freiwilligkeitsvorbehalt ist allerdings, dass klar und widerspruchsfrei zum Ausdruck gebracht wird, dass auch bei wiederholter Zahlung kein Rechtsanspruch auf künftige Zahlungen begründet wird, sodass der bloße Hinweis darauf, dass es sich um eine freiwillige Leistung handelt, noch nicht genügt.[371] Ist unklar, ob ein Freiwilligkeits- oder ein Widerrufsvorbehalt vorliegt (z.B. jederzeit widerrufbare Leistung, auf die kein Rechtsanspruch besteht – sog. **Kombination von Freiwilligkeits- und Widerrufsvorbehalt**), liegt nach h.M. wegen Widersprüchlichkeit ein Verstoß gegen das Transparenzgebot des § 307 Abs. 1 S. 2 BGB vor mit der Folge, dass überhaupt kein wirksamer Vorbehalt gegeben ist.[372] Dies gilt nach BAG auch dann, wenn der Arbeitgeber bei einem an sich eindeutigen Freiwilligkeitsvorbehalt in derselben oder einer anderen Klausel eine Sonderzuwendung in einer ganz bestimmten Höhe zusagt.[373] **Freiwilligkeitsvorbehalte, die sich auf laufendes Arbeitsentgelt beziehen** (z.B. monatliche Leistungszulage), sind dagegen wegen unangemessener Benachteiligung des Arbeitnehmers

365 BAG, Urt. v. 20.04.2011, Fn. 364; Urt. v. 11.02.2009 – 10 AZR 222/08, NZA 2009, 428, Urt. v. 12.01.2005 – 5 AZR 364/04, NZA 2005, 465; ErfK/Preis §§ 305–310 BGB Rn. 51 ff.; z.T. krit. zum Vertrauensschutz Gaul/Mückl NZA 2009, 1233 ff.

366 BAG, Urt. v. 19.12.2006 – 9 AZR 294/06, DB 2007, 1253; Urt. v. 11.04.2006 – 9 AZR 610/05, DB 2006, 2241.

367 BAG, Urt. v. 12.01.2005, Fn. 365 (übertarifliche Zulage); Urt. v. 19.12.2006 – 9 AZR 294/06, NZA 2007, 809 (Dienstwagen).

368 Vgl. dazu BAG, Urt. v. 30.07.2008 – 10 AZR 606/07, NZA 2008, 1173; Gaul/Kaul BB 2011, 181 ff.; Greßlin BB 2009, 1136 ff.

369 Dagegen BAG, Urt. v. 20.04.2011, Fn. 364; ErfK/Preis §§ 305-310 BGB Rn. 20; vgl. aber BAG, Urt. v. 16.02.2010 – 3 AZR 118/08, NZA 2011, 104: „Es sprechen gewichtige Gründe dafür" u. BAG, Urt. v. 11.02.2009, Fn. 365: „Es spricht viel dafür".

370 BAG, Urt. v. 16.01.2013 – 10 AZR 26/12, DB 2013, 819; Urt. v. 14.09.2011 – 10 AZR 526/10, NZA 2012, 81; ErfK/Preis §§ 305–310 BGB Rn. 68 ff.; Preis/Sagan NZA 2012, 697; Salamon NZA 2009, 656; krit. zur Differenzierung zwischen Widerrufs- und Freiwilligkeitsvorbehalten Bayreuther BB 2009, 102; Kroeschel NZA 2008, 1393; Schmiedel NZA 2006, 1195.

371 Vgl. BAG, Urt. v. 03.09.2014 – 5 AZR 1020/12, ArbR 2015, 104; Urt. 17.04.2013 – 10 AZR 281/12, NZA 2013, 787; abl. dazu Niebeling NJW 2013, 3011; vgl. dazu Kock NJW 2013, 2846 und Lakies DB 2014, 659.

372 BAG, Urt. v. 14.09.2011, Fn. 370; LAG Hamm NZA-RR 2006, 125; Bayreuther BB 2009, 102, 103; a.A. LAG Berlin NZA-RR 2006, 68; Hromadka, AP Nr. 91 zu § 242 BGB Betriebliche Übung: Nach der Unklarheitsregel des § 305 c Abs. 2 BGB zulasten des AG ein Widerrufsvorbehalt; a.A. Wißmann/Schneider EWiR 2008, 645: Freiwilligkeitsvorbehalt, weil Streichung des Widerrufsvorbehalts; (sog. Blue-pencil-Test) möglich; ausführlich dazu auch Preis NZA 2009, 281 ff.

373 BAG, Urt. v. 10.12.2008 – 10 AZR 1/08, DB 2009, 779, kritisch dazu Bayreuther ZfA 2011, 45 ff.; ders. BB 2009, 102 ff.

nach § 307 Abs. 1 BGB unwirksam.[374] Ein Freiwilligkeitsvorbehalt, der **alle zukünftigen Leistungen unabhängig von ihrer Art und ihrem Entstehungsgrund** erfasst, verstößt allerdings wegen der zu weiten Fassung gegen den Vorrang der Individualabrede des § 305 b BGB und benachteiligt zudem den Arbeitnehmer regelmäßig auch unangemessen i.S.v. § 307 Abs. 1 Satz 1, Abs. 2 Nr. 1 und 2 BGB, sodass er unwirksam ist.[375]

■ Versetzungsvorbehalte 150

Ein Versetzungsvorbehalt, der materiell der Regelung des § 106 GewO nachgebildet ist oder zugunsten des Arbeitnehmers davon abweicht, unterliegt nicht einer Angemessenheitskontrolle nach § 307 Abs. 1 S. 1 BGB, sondern nur einer Transparenzkontrolle nach § 307 Abs. 1 S. 2 BGB, weil keine Abweichung von Rechtsvorschriften zulasten des Arbeitnehmers vorliegt (§ 307 Abs. 3 S. 1 BGB). Die Nennung konkreter Versetzungsgründe, Ankündigungsfristen oder Entfernungsgrenzen ist zur Wirksamkeit des Versetzungsvorbehalts im Hinblick auf das Transparenzgebot nicht erforderlich.[376] Eine andere Frage ist, ob die Ausübung des Versetzungsrechts im Einzelfall dem billigen Ermessen nach § 315 BGB entspricht. Unwirksam ist dagegen eine Versetzungsklausel nach § 307 Abs. 1 BGB dann, wenn nach ihrem Wortlaut nicht gewährleistet ist, dass die Zuweisung mindestens eine gleichwertige Tätigkeit zum Gegenstand haben muss. Eine geltungserhaltende Reduktion der zu weit gefassten Versetzungsklausel scheidet aus.[377]

■ Ausgleichsquittungen/Verzicht auf Kündigungsschutzklage 151

Nach heute h.M. sind Ausgleichsquittungen, deren Rechtsqualität (Erlassvertrag bzw. deklaratorisches oder konstitutives Schuldanerkenntnis) und Umfang durch Auslegung nach §§ 133, 157 BGB zu ermitteln sind, zwar regelmäßig nicht überraschend, aber wegen unangemessener Benachteiligung des Arbeitnehmers nach § 307 BGB unwirksam, wenn der Arbeitnehmer ohne kompensatorische Gegenleistung auf seine Rechte aus dem Arbeitsverhältnis oder die Erhebung einer Kündigungsschutzklage verzichtet.[378] Ausgleichsquittungen außerhalb von Aufhebungsverträgen und Prozessvergleichen sind zwar im Interesse der Rechtssicherheit grds. weit auszulegen, sie erfassen aber nach BAG im Zweifel nicht unstreitige Ansprüche, für die kein Ausgleich gezahlt wird.[379]

■ Sonstige Formularklauseln 152

Die Regelungen für **fingierte Erklärungen** (§ 308 Nr. 5 BGB) sowie **Zugangsfiktionen** (§ 308 Nr. 6 BGB) sind auch auf Formulararbeitsverträge anwendbar, weil insofern keine arbeitsrechtlichen Besonderheiten i.S.d. § 310 Abs. 4 BGB vorliegen. Unzulässig sind daher z.B. Klauseln, nach denen der Aushang am „Schwarzen Brett" als Zugang gilt.[380] Ebensowenig rechtfertigen arbeitsrechtliche Besonderheiten eine Abweichung von § 309 Nr. 13 BGB, wonach für **Anzeigen oder Erklärungen keine strengere Form als die Schriftform** und keine besonderen Zugangserfordernisse vereinbart werden dürfen. Damit sind z.B. Vereinbarungen unzulässig, nach denen eine Kündigung nur per Einschreiben wirksam erfolgen kann.[381] Eine sog. **doppelte Schriftformklausel** in einem Formularvertrag, nach der nicht nur die Änderung des Arbeitsvertrages der Schriftform bedarf, sondern auch die Aufhebung des diesbezüglichen Schriftformzwanges, ist nach ganz h.M. wegen unangemessener Benachteiligung nach § 307 Abs. 1 BGB unwirksam, weil sie den falschen Eindruck vermittelt, dass auch mündliche Individualabreden, die

---

374 BAG, Urt. v. 25.04.2007 – 5 AZR 627/06, BB 2007, 1900 m.Anm. Sprenger; ausführlich dazu Otto/Walk BB 2010, 373; Leder RdA 2010, 93; Lembke NJW 2010, 257; Bayreuther BB 2009, 102; Waltermann SAE 2009, 98; Singer RdA 2008, 246.

375 BAG, Urt. v. 14.09.2011, Fn. 370; ErfK/Preis §§ 305-310 BGB Rn. 72 a; abl. dazu Rolfs EWiR 2012, 131; Hromadka DB 2012, 1037; Schmitt-Rolfes AuA 2012, 199; Hunold DB 2012, 1096; vgl. auch unten Rn. 152, 157.

376 Vgl. dazu BAG, Urt. v. 13.04.2010 – 9 AZR 36/09, ArbR 2010, 500; ErfK/Preis §§ 305–310 BGB Rn. 55 ff.; Busemann NZA 2015, 705; Reinecke NZA-RR 2013, 393; Hromadka NZA 2012, 233; Hunold DB 2013, 636 und Seel MDR 2011, 901.

377 Vgl. BAG, Urt. v. 26.01.2012 – 2 AZR 102/11, NZA 2012, 856; ausführl. zu Versetzungsklauseln auch Hunold BB 2011, 693.

378 Vgl. dazu BAG, Urt. v. 25.09.2014 – 2 AZR 788/13, NZA 2015, 350; LAG Schleswig-Holstein BB 2004, 608 m. zust. Anm. v. Steinau-Steinrück; ErfK/Preis §§ 305–310 BGB Rn. 77; Stoffels NJW 2012, 107; Reinecke DB 2002, 583, 586.

379 BAG, Urt. v. 07.11.2007 – 5 AZR 880/06, NZA 2008, 355 u. BAG, Urt. v. 27.05.2015 – 5 AZR 137/14, juris; Urt. v. 22.10.2008 – 10 AZR 617/07 zum weiten Umfang einer Ausgleichsklausel in einem Prozessvergleich bzw. Aufhebungsvertrag; ausf. zur Auslegung u. Inhaltskontrolle von Ausgleichsquittungen Böhm NZA 2008, 919; Preis/Bleser/Rauf DB 2006, 2812.

380 ErfK/Preis §§ 305–310 BGB Rn. 101; Hümmerich NZA 2003, 753, 764 und Maurer DB 2002, 1442 ff.

381 Hümmerich NZA 2003, 1053, 1064; Richardi NZA 2002, 1061, 1064; Reinecke DB 2002, 583, 586.

nach § 305 b BGB Vorrang haben, ebenfalls nach § 125 S. 2 BGB nichtig sind. Bei einer entsprechenden Klarstellung des Vorrangs der Individualabrede nach § 305 b BGB dürfte allerdings die doppelte Schriftformklausel wirksam sein.[382] Ungeklärt ist auch, ob und inwieweit die formularmäßige **Vereinbarung eines einseitigen Freistellungsrechts des Arbeitgebers** im Hinblick auf den grds. bestehenden Be- bzw. Weiterbeschäftigungsanspruch des Arbeitnehmers zulässig ist. Solche Freistellungsklauseln dürften jedenfalls dann nach § 307 Abs. 1 S. 1 BGB unwirksam sein, wenn sie eine generelle und einschränkungslose Freistellung vorsehen.[383] Wirksam ist dagegen die formularmäßige Vereinbarung der **Geltung der verlängerten Kündigungsfristen des § 622 Abs. 2 BGB auch für den Arbeitnehmer**.[384] Nach h.M. unterliegen **Vereinbarungen hinsichtlich der Entgelthöhe und des Arbeitszeitumfangs** auch nach der neuen Rechtslage keiner Angemessenheitskontrolle nach § 307 BGB, weil es sich dabei nicht um Allgemeine Geschäftsbedingungen i.S.d. § 307 Abs. 3 BGB handelt. Denn diese Abreden betreffen den unmittelbaren Gegenstand der Hauptleistung und unterliegen deshalb aus Gründen der Vertragsfreiheit keiner Inhaltskontrolle, sondern nur einer Transparenzkontrolle nach § 307 Abs. 1 S. 2 BGB.[385] Demgegenüber sind Klauseln, die das Haupt- oder Gegenleistungsversprechen einschränken, verändern oder ausgestalten, inhaltlich zu kontrollieren.[386] Ob auch **Überstundenpauschalen** darunter fallen oder ob es sich dabei um nach § 307 Abs. 1 S. 1 BGB kontrollfähige Preisnebenabreden handelt, ist umstritten. Sie sind allerdings schon im Hinblick auf das Transparenzgebot des § 307 Abs. 1 S. 2 BGB unwirksam, wenn der Vereinbarung nicht klar entnommen werden kann, welche Anzahl der Überstunden mit der Pauschale abgegolten wird, sodass für den Arbeitnehmer nicht erkennbar ist, „worauf er sich einlässt".[387] Ungeklärt ist bisher auch, ob und ggf. inwieweit sog. **Zielvereinbarungen** als Entgelt- oder als Sonderzuwendungsvereinbarungen zu qualifizieren sind, die der vollen Inhaltskontrolle nach §§ 307 ff. BGB unterliegen, und inwieweit einzelne Regelungen zulässig sind.[388] Der Nichtabschluss einer vorgesehenen Zielvereinbarung bzw. das Unterlassen einer Zielvorgabe kann nach h.M. Schadensersatzansprüche des Arbeitnehmers nach §§ 280 Abs. 1, 3, 283 S. 1 BGB begründen.[389]

Schließlich sind auch **Kürzungs- bzw. Stichtagsregelungen sowie Rückzahlungsklauseln** (sog. Bindungsklauseln) bei Sonderzuwendungen[390] und Ausbildungskosten[391] sowie sog. **Kurzarbeitsklauseln**[392] grds. zulässig. Ob allerdings bei der Inhaltskontrolle von Sonderzuwendungsabreden zwischen Stichtags- und Rückzahlungsklauseln – wie bei Ausbildungskosten[393] – danach zu differenzieren ist, ob der Grund für die Beendigung des Arbeitsverhältnisses im Verantwortungsbereich des Arbeitnehmers oder des Arbeitgebers liegt, wenn es sich um Gratifikationen handelt, ist umstritten.[394] Unzulässig sind allerdings Stichtags- und Rückzahlungsklauseln bei Sonderzuwendungen, die jedenfalls auch eine Gegenleistung für geleistete Dienste darstellen (sog. Sonderzuwendungen mit Mischcharakter), weil sie im Widerspruch zum Grundgedanken des § 611 Abs. 1 BGB stehen, indem sie dem Arbeitnehmer den

---

382 BAG, Urt. v. 20.05.2008 – 9 AZR 382/07, NZA 2008, 1233; ErfK/Preis §§ 305–310 BGB Rn. 96; Lingemann/Gotham NJW 2009, 268; Franzen SAE 2009, 89; Schramm/Kröppelin DB 2008, 2362; a.A. Sutschet RdA 2009, 386; Bieder SAE 2007, 379.

383 Vgl. dazu LAG Hamm, Urt. v. 10.11.2011 – 14 Sa 543/11, BB 2011, 2676; LAG Hamburg, Urt. v. 22.10.2008 – 5 SaGa 5/08, juris; Lingemann/Steinhauser NJW 2014, 1428, 1429; Mues ArbRB 2009, 214; a.A. Ohlendorf/Salomon NZA 2008, 858.

384 Vgl. BAG, Urt. v. 28.05.2009 – 8 AZR 896/07, SAE 2010, 167; Ünsal AuA 2013, 272; Junker/Amschler SAE 2010, 165.

385 BAG, Urt. v. 15.09.2009 – 3 AZR 17/09, NZA 2010, 1674; Urt. v. 27.08.2008 – 5 AZR 820/07, NZA 2009, 49; ErfK/Preis §§ 305–310 BGB Rn. 34 ff.; a.A. Däubler NZA 2001, 1329, 1334 f.; ausführlich zur AGB-Kontrolle von Entgeltvereinbarungen Lembke NJW 2010, 257 u. 321; Ludwig/Rein NZA 2010, 865; Willemsen/Jansen RdA 2010, 1 ff.

386 Vgl. BAG, Urt. v. 19.10.2011 – 7 AZR 33/11, juris; Urt. v. 09.02.2011 – 7 AZR 91/10, AP Nr. 52 zu § 307 BGB.

387 Vgl. BAG, Urt. v. 16.05.2012 – 5 AZR 331/11, NZA 2012, 908: (nur Transparenzkontrolle); ErfK/Preis §§ 305–310 BGB Rn. 91 f. m.w.N. (auch Inhaltskontrolle); ausführl. dazu Klocke RdA 2014, 223; Salamon/Hoppe/Rogge BB 2013, 1720.

388 Dazu BAG, Urt. v. 19.03.2014 – 10 AZR 622/13, NZA 2014, 595; ErfK/Preis § 611 BGB Rn. 504; Reinfelder NZA Beil. 2014, Nr. 1, 10, 15; Simon/Hidalgo/Koschker NZA 2012, 1071; Bordet/Raif ArbR 2011, 607; Heiden DB 2009, 1705.

389 Vgl. dazu BAG, Urt. v. 12.05.2010 – 10 AZR 390/09, NZA 2010, 1009; Brors RdA 2010, 179; Gaul/Rauf DB 2008, 969.

390 Vgl. BAG, Urt. v. 22.07.2014 – 9 AZR 981/12, NZA 2014, 1136; Urt. v. 18.01.2012 – 10 AZR 667/10, SAE 2013, 17 m. Anm. Beitz; ErfK/Preis § 611 BGB Rn. 547 ff.; Günther/Biedrzynska ArbR 2014, 66; Spielberger ArbR 2014, 373 u. Rn. 314 f.

391 BAG, Urt. v. 06.08.2013 – 9 AZR 442/12, juris; Urt. v. 19.01.2011 – 3 AZR 621/08, NZA 2012, 85; ErfK/Preis §§ 305–310 BGB Rn. 94; Dorth RdA 2013, 287; Jesgarzewski RdA 2013, 53 u. BB 2011, 1594; Straube NZA-RR 2012, 505 u. BAG, Urt. v. 23.01.2007 – 9 AZR 482/06, NZA 2007, 748 zur Vorfinanzierung der Ausbildungskosten durch ein AG-Darlehen.

392 Vgl. dazu Däubler/Dorndorf/Bonin § 307 BGB Rn. 181; Müller/Deeg ArbR 2010, 209; ausführlich zur Kurzarbeit Grimm/Linden ArbRB 2013, 86; Petrak NZA 2010, Beil. 2, S. 44; Kleinebrink DB 2009, 342; Bauer/Günther BB 2009, 662.

393 Vgl. dazu BAG, Urt. v. 28.05.2013 – 3 AZR 103/12, DB 2013, 2152; Urt. v. 19.01.2011, Fn. 391.

394 Dagegen BAG, Urt. v. 18.01.2012, Fn. 390; Urt. v. 10.12.2008 – 10 AZR 15/08, NZA 2009, 322 bei Stichtagsregelungen; a.A. LAG Hamm, Urt. v. 16.09.2010 – 15 Sa 812/09, juris und LAG Düsseldorf, Urt. v. 19.07.2011 – 16 Sa 607/11, NZA-RR 2011, 630 und ErfK/Preis § 611 BGB Rn. 547 ff. für Rückzahlungsklauseln.

bereits vor dem Stichtag erarbeiteten Lohn entziehen.[395] Bei Ausbildungskosten scheidet die bisher von der Rspr. bei Vereinbarung einer zu langen Bindungsdauer vorgenommene Rückführung auf das zulässige Maß im Wege der geltungserhaltenden Reduktion bzw. einer ergänzenden Vertragsauslegung im Hinblick auf das Verbot der geltungserhaltenden Reduktion des § 306 Abs. 2, 3 BGB aus.[396] Ist die Rückzahlungsklausel nach den o.g. Grundsätzen unwirksam, ist der Arbeitnehmer auch nicht nach § 812 BGB zur Rückzahlung der Ausbildungskosten verpflichtet, da die von der Rechtsprechung aus Gründen des Arbeitnehmerschutzes im Hinblick auf Art. 12 Abs. 1 GG vorgenommene Einschränkung der Zulässigkeit der Rückzahlungsvereinbarungen auch im Rahmen des Bereicherungsanspruchs aus § 812 BGB zu berücksichtigen ist.[397]

Noch problematischer als bisher ist die Rechtmäßigkeit einzelner Regelungen der Berufssportler, insbesondere der Berufsfußballspieler („Lizenzspieler"). Sie unterwerfen sich in ihren Arbeitsverträgen formularmäßig den Satzungen des Deutschen Fußballbundes, der für den Abschluss von Arbeitsverträgen Musterverträge herausgegeben hat.[398] Vor allem dann, wenn es sich um eine einschneidende Beeinträchtigung der Berufsfreiheit der Lizenzfußballspieler handelt, waren einzelne Regelungen schon nach der bisherigen Rechtslage unwirksam.[399]

cc) Früher war der Verbraucherschutz weitgehend außerhalb des BGB geregelt, sodass 153
Verbraucherschutz- und Arbeitsrecht als zwei selbstständige Sonderrechtsgebiete angesehen wurden. Mit der Aufnahme des Verbraucherschutzrechts in das BGB im Zuge der Schuldrechtsreform entbrannte ein Streit darüber, ob der Arbeitnehmer Verbraucher i.S.d. § 13 BGB ist. Das BAG ließ die Verbrauchereigenschaft des Arbeitnehmers zunächst offen und entschied im Anschluss an die h.L., dass dem Arbeitnehmer **kein Recht zum Widerruf eines Aufhebungsvertrages nach §§ 312, 355 BGB** zusteht, weil der Aufhebungsvertrag jedenfalls kein Haustürgeschäft i.S.d. § 312 BGB ist.[400] Später lehnte es mit der h.L. die Verpflichtung zur Zahlung der erhöhten Zinsen von 8%-Punkten über dem Basiszinssatz nach § 288 Abs. 2 BGB ab, weil der höhere Zinssatz nur bei Geschäftsvorgängen „zwischen Unternehmern oder Unternehmern und öffentlichen Stellen" gelten soll, sodass § 288 Abs. 2 BGB jedenfalls einschränkend dahingehend auszulegen ist, dass er Ansprüche aus einem Arbeitsverhältnis nicht erfasst.[401] Nachdem das BAG die Eigenschaft des Arbeitnehmers als Verbraucher i.S.d. § 13 BGB bejaht und das BVerfG diese Ansicht bestätigt hat, ist für die Praxis entschieden, dass Arbeitsverträge der erweiterten AGB-Kontrolle nach Maßgabe des § 310 Abs. 3 BGB unterliegen.[402] Dies ist insbes. auch deshalb sachgerecht, weil die Feststellung, ob und inwieweit der vorformulierte Arbeitsvertrag nur für eine einmalige Verwendung bestimmt war (vgl. § 310 Abs. 3 Nr. 2 BGB), kaum möglich wäre.

395 Vgl. BAG, Urt. v. 13.11.2013 – 10 AZR 848/12, AP Nr. 303 zu § 611 BGB Gratifikation m. zust. Anm. Preis/Lukes; Ceruti DB 2014, 2167; Spielberger ArbR 2014, 373; Dzida/Klopp ArbRB 2014, 149; vgl. aber noch BAG, Urt. v. 18.01.2012 – 10 AZR 612/10, BB 2012, 2250 m. zust. Anm. Bartholomä: Stichtag nur außerhalb des Bezugszeitraumes unzulässig.

396 BAG, Urt. v. 18.03.2014 – 9 AZR 545/12, NZA 2014, 957 und Urt. v. 14.01.2009 – 3 AZR 900/07, NZA 2009, 666 (ergänzende Vertragsauslegung im Ausnahmefall bei Ausbildungskosten wegen besonders schwierig voraussehbarer zulässiger Bindungsdauer); vgl. dazu auch Hoffmann NZA-RR 2015, 337; Sasse/Häcker DB 2014, 600; Natzel SAE 2013, 86 u. Fn. 391.

397 Vgl. BAG, Urt. v. 28.05.2013 – 3 AZR 103/12, DB 2013, 2152; LAG Rheinland-Pfalz, Urt. v. 19.09.2013 – 10 Sa 85/13, juris.

398 Vgl. dazu Henkel/Illes AuA 2015, 649; Jungheim CaS 2010, 247, ders. RdA 2008, 222 sowie Kleinebrink ArbRB 2008, 14.

399 Vgl. Persch NZA 2010, 986 (EuGH u. Arbeitsrecht im Sport; dazu auch Fn. 158, 159); Jungheim CaS 2010, 247 (Musterarbeitsvertrag für Lizenzspieler u. AGB-Kontrolle); RdA 2008, 222 zur Vertragsbeendigung bei Lizenzspielern; BAG, Urt. v. 25.04.2013 – 8 AZR 453/12, BB 2014, 443 (Einseitige Vertragsverlängerungsoptionen im Berufsfußball); BGH NZA-RR 2000, 10: Sittenwidrigkeit einer Transfer- bzw. Ausbildungsentschädigung ohne Auslandsbezug; dazu auch Kruhl StBW 2014, 515; ArbG Mainz NZA 2015, 684; Katzer/Frodl NZA 2015, 657; Urban-Crell DB 2015, 1413; Beckmann/Beckmann SpuRt 2015, 160 (Befristungen); Richtsfeld CaS 2014, 371; Methner CaS 2009, 217 (Vertragsstrafen im Berufssport); Oberthür NZA 2003, 463 (Spielertransfers) u. LAG Hamm BB 2011, 2676; Richter/Lange NZA-RR 2012, 57 u.a. zu Freistellungsklauseln.

400 BAG, Urt. v. 22.04.2004 – 2 AZR 281/03, BAGReport 2004, 325; Urt. v. 27.11.2003 – 2 AZR 177/03, BB 2004, 1852.

401 Vgl. BAG, Urt. v. 23.02.2005 – 10 AZR 602/03, NZA 2005, 604; ErfK/Preis § 611 BGB Rn. 182; Thüsing BB 2002, 2666 ff.

402 BVerfG, Beschl. v. 23.11.2006 – 1 BvR 1909/06; NZA 2007, 85; BAG, Urt. v. 13.02.2013 – 5 AZR 2/12, NZA 2013, 1024; Riesenhuber/v. Vogel JuS 2006, 81 ff.; Benecke/Pils ZIP 2005, 1956; ErfK/Preis §§ 305–310 BGB Rn. 23.

Ein Teil der Lit. lehnt zwar eine generelle Qualifizierung des Arbeitnehmers als Verbraucher ab, nimmt aber die Verbraucherstellung i.S.d. § 13 BGB insbes. bei Kauf-, Miet- und Darlehensverträgen an, bei denen das BAG schon bisher die Anwendung des AGBG bejaht hat.[403]

b) Die betriebliche Übung

Fall 5: Weihnachtsgeld ohne Vorbehalt

Der Arbeitgeber B zahlt zumindest seit 2004 im Dezember an alle Arbeitnehmer ohne Vorbehalt zusätzliches Weihnachtsgeld in Höhe eines Monatsbruttoverdienstes. Im Jahr 2015 hat B die Zahlung des Weihnachtsgeldes unter Hinweis auf die schlechte Geschäftsentwicklung und den freiwilligen Charakter dieser Zusatzzahlung verweigert. A möchte wissen, ob er Zahlung des bereits verplanten Weihnachtsgeldes verlangen kann, obwohl der schriftliche Arbeitsvertrag dazu keine Regelung enthält.

154 I. Nach dem Sachverhalt existiert zwar zwischen A und B ein schriftlicher Arbeitsvertrag. Dieser Vertrag enthält aber hinsichtlich des Weihnachtsgeldes keine Regelung.

II. Dem A könnte aber ein vertraglicher Zahlungsanspruch im Hinblick auf eine sog. **betriebliche Übung** zustehen.

1. Es besteht heute weitgehend Einigkeit darüber, dass aufgrund ständiger betrieblicher Übung Ansprüche des Arbeitnehmers auf **freiwillige Leistungen** des Arbeitgebers (z.B. Weihnachts- und Urlaubsgeld, Betriebsrente) entstehen können.

Von freiwilligen Leistungen spricht man dann, wenn der Arbeitgeber zu deren Erbringung weder durch ein Gesetz noch durch einen Tarifvertrag verpflichtet ist.[404]

155 Umstritten ist allerdings die dogmatische Begründung der Bindungswirkung einer betrieblichen Übung.

a) Die früher vertretene Ansicht von einer Normenwirkung der betrieblichen Übung (ähnlich wie Betriebsvereinbarung), die aus dem betrieblichen Gewohnheitsrecht oder der konkreten Ordnung des Betriebs herrühren sollte,[405] wird heute nahezu einhellig abgelehnt.[406]

b) Nach heute ganz h.M. ist die **betriebliche Übung ein schuldrechtlicher Verpflichtungstatbestand**, wobei die bindende Wirkung überwiegend mit der Vertragstheorie oder der Vertrauenshaftungstheorie begründet wird.[407]

Nach der **Vertragstheorie**, die insbes. das BAG in ständiger Rspr. vertritt, stellt die regelmäßige Wiederholung bestimmter Verhaltensweisen durch den Arbeitgeber ein (konkludentes) Angebot dar, das vom Arbeitnehmer entspr. § 151 BGB stillschweigend angenommen wird. Dabei kommt es nicht auf den Verpflichtungswillen des Arbeitgebers an. Entscheidend ist vielmehr, wie die Arbeitnehmer sein Verhalten nach Treu und Glauben unter Berücksichtigung aller Begleitumstände verstehen mussten und durften.[408]

---

403 Vgl. dazu Tschöpe RdA 2004, 358; Brors ZGS 2003, 34 ff.; Annuß NJW 2002, 2544; Riebele/Klump ZIP 2002, 2153.

404 BAG, Urt. v. 17.04.2013 – 10 AZR 281/12, NZA 2013, 787; Urt. v. 11.04.2000 – 9 AZR 255/99, NZA 2001, 24, 25 m.w.N.

405 Vgl. RAG ARS 33, 172 ff.

406 Vgl. aber Gamillscheg I Nr. 13 a; Thüsing NZA 2005, 718 ff.

407 Meinungsübersichten bei MünchArbR/Richardi § 8 Rn. 4 ff.; Hromadka NZA 2011, 65; Walker JuS 2007, 1; krit. zum Begriff der betrieblichen Übung ErfK/Preis § 611 BGB Rn. 220 ff. und Schwarze NZA 2012, 289 zu Grenzen der Anfechtung.

408 Vgl. BAG, Urt. v. 05.05.2015 – 1 AZR 806/13, juris; vgl. auch Pauly ArbuR 2013, 249; Schneider DB 2011, 2718.

Die Vertragstheorie wird von der in der Lit. herrschenden Vertrauenshaftungstheorie unter Hinweis darauf abgelehnt, dass die Annahme einer stillschweigenden Willensübereinstimmung häufig nur eine Fiktion sei. Der Zurechnungsgrund ist nach dieser Theorie das im Arbeitnehmer erweckte Vertrauen auf die Fortsetzung der bisherigen Übung, sodass das „Abbrechen dieser Übung mit dem bisherigen Verhalten des Arbeitgebers in einer gegen Treu und Glauben verstoßenden Weise in Widerspruch stehen würde". Teilweise wird insoweit – in Parallele zur Verwirkung – auch von Erwirkung gesprochen.[409]

2. Voraussetzung für die Begründung eines Anspruchs aufgrund der betrieblichen Übung ist, dass der Arbeitgeber bestimmte Verhaltensweisen regelmäßig wiederholt und damit den objektiven Tatbestand einer verbindlichen Zusage gesetzt hat, die der Arbeitnehmer stillschweigend (§ 151 BGB) angenommen hat bzw. auf deren Fortsetzung er nach Treu und Glauben vertrauen durfte. 156

Die Regelungen des § 305 Abs. 2, 3 BGB über die Einbeziehung von allgemeinen Geschäftsbedingungen in den Vertrag stehen der Entstehung einer betrieblichen Übung schon deswegen nicht entgegen, weil sie gemäß § 310 Abs. 4 S. 2 BGB für Arbeitsverträge nicht gelten.[410]

Eine betriebliche Übung auf Zahlung einer Sonderzuwendung kann nach neuer Rspr. des BAG auch dann entstehen, wenn der Arbeitgeber mindestens drei Mal ohne Vorbehalt Zahlungen jeweils in unterschiedlicher Höhe leistet, da aus der fehlenden „Gleichförmigkeit" der Zahlungen allein nicht auf den fehlenden Willen hinsichtlich der Bindung dem Grunde nach zu schließen ist. Die Höhe muss dann der Arbeitgeber nach billigem Ermessen (§ 315 BGB) bestimmen.[411]

a) Nach einer mindestens dreimaligen Zahlung von Weihnachtsgeld ohne jeden Vorbehalt wird grds. der „objektive Tatbestand" einer verbindlichen Zusage gesetzt bzw. im Arbeitnehmer Vertrauen auf Fortsetzung der Gratifikationszahlung erweckt, das nicht enttäuscht werden darf.[412]

Etwas anderes gilt aber dann, wenn der Arbeitgeber die Leistung nur im Hinblick auf eine (vermeintlich) bestehende Verpflichtung (z.B. aufgrund einer nichtigen Betriebsvereinbarung) erbringen will, da er in diesem Fall im Zweifel nur den Willen zum Normvollzug hat.[413]

Diese Voraussetzung ist vorliegend erfüllt.

Die Entstehung einer betrieblichen Übung kann der Arbeitgeber – außer bei laufendem Arbeitsentgelt – durch einen sog. **Freiwilligkeitsvorbehalt** verhindern, mit dem er unmissverständlich zum Ausdruck bringen muss, dass ihm der Verpflichtungswille fehlt (z.B. Zahlung „freiwillig ohne Rechtsbindung für die Zukunft" bzw. „ohne Anerkennung eines Rechtsanspruchs"). Der bloße Hinweis auf die Freiwilligkeit der Leistung reicht für die Annahme eines solchen Vorbehalts noch nicht aus.[414] Dagegen liegt ein (stillschweigender) Vorbehalt vor, wenn der Arbeitgeber eine erkennbar nur **auf das jeweilige Jahr bezogene Entscheidung** (z.B. Hinweis auf den Jahresumsatz) bezüglich der Gewährung der Sonderleistung trifft. Es ist also nicht entscheidend, wie der Vorbehalt kund getan wird, sondern ob dies klar und unmissverständlich geschieht.[415] Der Freiwilligkeitsvorbehalt kann nach BAG grds. auch in ei- 157

409 MünchArbR/Richardi § 8 Rn. 13 ff.; Kettler NZA 2001, 928 ff.; Mertens/Schwartz DB 2001, 646 ff.

410 Vgl. BAG, Urt. v. 15.04.2008 – 9 AZR 159/07, NZA-RR 2008, 586; ErfK/Preis §§ 305-310 BGB Rn. 26 ff. m.w.N.

411 BAG, Urt. v. 13.05.2015 – 10 AZR 266/14, juris; a.A. BAG BB 1996, 1387: Mangels „Gleichförmigkeit" keine betriebliche Übung; so auch Schaub/Koch § 110 Rn. 11; Korinth ArbRB 2015, 147; vgl. dazu auch ErfK/Preis § 611 BGB Rn. 220 ff.

412 BAG, Urt. v. 05.05.2015, Fn. 408; Urt. v. 08.12.2010 – 10 AZR 671/09, NZA 2011, 628; MünchKomm/Müller-Glöge § 611 BGB Rn. 411 ff.; vgl. auch BAG, Urt. v. 28.06.2006 – 10 AZR 385/05, NZA 2006, 1174: Anders als bei Sonderzuwendungen reicht die dreimalige Gewährung ohne Vorbehalt bei sonstigen Leistungen nicht ohne Weiteres aus.

413 Vgl. BAG, Urt. v. 17.03.2010 – 5 AZR 317/09, DB 2010, 1406; Bepler RdA 2005, 323, 326 ; a.A. Erfk/Preis § 611 BGB Rn. 226.

414 Vgl. BAG, Urt. v. 13.05.2015, Fn. 411; Salamon FA 2013, 101 ff.; Bepler RdA 2005, 323, 325 und oben Rn. 149.

415 BAG, Urt. v. 22.07.2014 – 9 AZR 981/12, NZA 2014, 1136; Urt. v. 18.03.2009 – 10 AZR 289/08, NZA 2009, 535; ErfK/Preis §§ 305-310 BGB Rn. 68; § 611 BGB Rn. 220 ff.; MünchArbR/Krause § 56 Rn. 6 ff.; jeweils m.w.N. und oben Rn. 149.

nem Formularvertrag enthalten sein und muss bei späteren Zahlungen nicht wiederholt werden.[416] Da in diesen Fällen kein Rechtsanspruch besteht, kann der Arbeitgeber die Voraussetzungen, unter denen die Leistung unter Beibehaltung des Freiwilligkeitsvorbehalts künftig gewährt werden soll (z.B. Kürzung wegen Ruhens des Arbeitsverhältnisses, Einführung von Stichtagsregelungen), einseitig ändern; er muss allerdings bei einer Leistungsgewährung den Gleichbehandlungsgrundsatz beachten.[417]

158 Wird die Gratifikation unter Hinweis auf einen **„Widerrufsvorbehalt"** gewährt, so steht dies der Annahme einer betrieblichen Übung nicht entgegen; der Arbeitgeber kann sich jedoch von ihr durch einen einseitigen Widerruf lösen, der aber unmissverständlich unter Angabe der Widerrufsgründe vereinbart und vor Fälligkeit der Leistung ausgeübt werden muss.[418]

159 **Konstitutive Schriftformerfordernisse**, die einzelvertraglich nicht aufgehoben werden können, stehen der Entstehung einer Betriebsübung entgegen; die Berufung auf den Formzwang kann aber im Einzelfall treuwidrig sein.[419] Dementsprechend ist die Entstehung einer betrieblichen Übung im öffentlichen Dienst sehr eingeschränkt. Denn zum einem bestehen vielfach Schriftformerfordernisse (z.B. § 2 Abs. 3 TVöD für Nebenabreden), zum anderen kann der Arbeitnehmer i.d.R. nur davon ausgehen, dass der öffentliche Arbeitgeber nur die Leistungen erbringen will, zu denen er rechtlich verpflichtet ist (Wille zum sog. Normvollzug).[420] Einzelvertragliche Schriftformerfordernisse können dagegen auch stillschweigend aufgehoben werden und stehen daher der Entstehung einer betrieblichen Übung nicht zwingend entgegen. Anders ist es dagegen bei einer sog. **doppelten Schriftformklausel,** d.h. dann, wenn auch die Aufhebung der Schriftform der Schriftform bedarf.[421] Diese zur alten Rechtslage ergangene Rspr. wird zwar bei Formularverträgen nach der Schuldrechtsreform insb. im Hinblick auf den Vorrang der Individualabrede des § 305 b BGB kritisiert.[422] Dabei wird aber übersehen, dass der Vorrang der Individualabrede schon deswegen nicht eingreifen kann, weil bei der betrieblichen Übung, die ein wiederholtes gleichförmiges Verhalten des Arbeitgebers voraussetzt, mit den einzelnen Arbeitnehmern nichts ausgehandelt wird, sodass § 305 b BGGB insoweit gar nicht anwendbar ist.[423] Ist allerdings die **doppelte Schriftformklausel in einem Formularvertrag** enthalten, ist sie wegen unangemessener Benachteiligung des Arbeitnehmers nach § 307 Abs. 1 BGB unwirksam, wenn sie zu weit gefasst ist und dabei den irreführenden Eindruck erweckt, dass auch eine nach § 305 b BGB vorrangige Individualabrede unwirksam sei. Eine solche zu weit gefasste doppelte Schriftformklausel (keine Herausnahme des Vorrangs der Individualabrede nach § 305 b BGB) fällt wegen des Verbots der geltungserhaltenden Reduktion insgesamt weg und kann deshalb die Entstehung einer betrieblichen Übung nicht verhindern.[424]

b) Bei einer – wie hier – für den Arbeitnehmer günstigen Übung kann ohne Weiteres von ihrer stillschweigenden Annahme (§ 151 BGB) ausgegangen werden.[425] Der Meinungsstreit hinsichtlich des Verpflichtungsgrundes der betrieblichen Übung hat also insoweit kaum praktische Bedeutung.

416 BAG, Urt. v. 30.07.2008 – 10 AZR 497/07, DB 2009, 67; zust. Waltermann SAE 2009, 98; abl. Wiedemann RdA 2009, 186; vgl. aber auch zu Einschränkungen BAG, Urt. v. 14.09.2011 – 10 AZR 526/10, NZA 2012, 81.

417 Vgl. BAG, Urt. v. 18.03.2009, Fn. 415; Urt. v. 10.12.2008 – 10 AZR 35/08, NZA 2009, 258; ErfK/Preis § 611 BGB Rn. 220 ff.

418 BAG, Urt. v. 11.02.2009 – 10 AZR 222/08, NZA 2009, 428; Urt. v. 30.07.2008, Fn. 416; vgl. auch oben Rn. 149.

419 Vgl. BAG DB 1987, 1996 f.; ErfK/Preis § 611 BGB Rn. 224; MünchArbR/Richardi § 8 Rn. 26; Korinth ArbRB 2015, 147.

420 BAG, Urt. v. 01.11.2005 – 1 AZR 355/04, NZA 2007, 1303; vgl. aber auch BAG NZA 1997, 664 ff.; a.A. Singer ZfA 1993, 487: willkürliche Bevorzugung des öffentl. Arbeitgebers; krit. auch Bieder RdA 2013, 274; Mertens NZA 2001, 928, 930.

421 BAG NZA 1995, 1194, 1195 und BAG, Urt. v. 24.06.2003 – 9 AZR 302/02, NZA 2003, 1145: Keine betriebliche Übung bei einer sog. doppelten Schriftformklausel; a.A. ErfK/Preis § 611 BGB Rn. 224.

422 ErfK/Preis § 611 BGB Rn. 224; Ulrici BB 2005, 1902; Roloff NZA 2004, 1191; Hromadka DB 2004, 1261.

423 Vgl. BAG, Urt. v. 28.06.2006 – 10 AZR 385/05, DB 2007, 113; Walker JuS 2007, 1, 5; Däubler/Däubler § 305 b BGB Rn. 12 f.

424 Vgl. dazu BAG, Urt. v. 20.05.2008 – 9 AZR 382/07, NZA 2008, 1233; a.A. Sutschet RdA 2009, 386; ausführlich dazu Franzen SAE 2009, 89; Lingemann/Gotham NJW 2009, 268; Preis NZA 2009, 281und Pauly ArbuR 2013, 249; Bauer BB 2009, 1588 sowie Jensen NZA-RR 2011, 225 zu Arbeitsvertragsklauseln gegen Entstehung einer betrieblichen Übung.

425 Vgl. dazu BAG NZA 1999, 1162 ff.; Schaub/Koch § 110 Rn. 2 ff.; Walker JuS 2007, 1 ff.

Die Notwendigkeit eines rechtsgeschäftlichen Tatbestandes (Vertragstheorie) erfüllt dagegen eine unentbehrliche Schutzfunktion zugunsten der Arbeitnehmer,[426] wenn es um die **Entstehung einer betrieblichen Übung zum Nachteil der Arbeitnehmer** geht, die nach bisher h.M., insb. der Rspr. des BAG, beim mindestens dreimaligen Schweigen des Arbeitnehmers auf eine verschlechternde Handhabung seiner Ansprüche in Betracht kam.[427] Das BAG hat allerdings inzwischen seine bisherige Rspr. unter Hinweis darauf ausdrücklich aufgegeben, dass die negative betriebliche Übung nach der Schuldrechtsreform mit dem Klauselverbot für fingierte Erklärungen nach § 308 Nr. 5 BGB unvereinbar ist.[428] **160**

3. Die entstandene betriebliche Übung ist auch nicht dadurch beendet worden, dass B die Zahlung unter Hinweis auf den freiwilligen Charakter der Gratifikation und die schlechte Geschäftsentwicklung verweigerte. Denn die entstandene betriebliche Übung ist Bestandteil der Arbeitsverträge mit den bereits beschäftigten Arbeitnehmern geworden. Sie kann deshalb nur unter den gleichen Voraussetzungen wie eine einzelvertragliche Vereinbarung beendet bzw. geändert werden (z.B. durch Aufhebungsvertrag, Änderungskündigung). Eine einseitige Lossagung bzw. ein einmaliges Schweigen des Arbeitnehmers beseitigt daher die entstandene betriebliche Übung nicht, die auch nicht durch eine sog. negative betriebliche Übung beseitigt werden könnte.[429]

   Ergebnis: A kann daher von B Zahlung des Weihnachtsgeldes aus dem Gesichtspunkt der betrieblichen Übung verlangen.

c) Der arbeitsrechtliche Gleichbehandlungsgrundsatz

Fall 6: Gleichbehandlung bei rückwirkender Lohnerhöhung

Die Sozialarbeiterin A stand bis zum 30.9. im Dienste des V-Verbandes (im Folgenden V). Ihr monatliches Gehalt betrug 1.100 € brutto. Durch Beschluss des V vom 16.10. wurden die Löhne und Gehälter aller Beschäftigten mit Wirkung vom 1.8. um den Satz angehoben, wie er kurz zuvor tarifvertraglich für den öffentlichen Dienst bestimmt worden war. In den Genuss der rückwirkenden Lohnerhöhung sollten alle Arbeitnehmer kommen, die am 16.10. im Dienst des V standen. A ist der Ansicht, auch ihr sei nachträglich für ihre im Rückwirkungszeitraum tatsächlich geleistete Arbeit der erhöhte Lohn zu zahlen. Das wären monatlich 80 € brutto. Ist der Anspruch begründet?

Der Zahlungsanspruch der A könnte sich aus § 611 Abs. 1 BGB i.V.m. dem Arbeitsvertrag ergeben, der evtl. durch eine andere Rechtsquelle ergänzt wird. **161**

I. Voraussetzung ist zunächst, dass ein Arbeitsverhältnis besteht.

   Das zwischen A und V begründete Arbeitsverhältnis ist zwar bis zum 30.9. aufgelöst worden. Da jedoch A die Lohnerhöhung nur für die Zeit bis zum 30.9. verlangt, liegt diese Voraussetzung vor.

426 Vgl. MünchArbR/Richardi § 8 Rn. 29 f.; Schaub/Koch § 110 Rn. 26 ff.; Bepler RdA 2005, 323, 325. m.w.N.

427 Vgl. BAG NZA 1999, 1162 ff.; 1997, 1007 ff.; MünchArbR/Richardi § 8 Rn. 30; a.A. Speiger NZA 1998, 510 ff.

428 BAG, Urt. v. 25.11.2009 – 10 AZR 779/08, NZA 2010, 283; Waltermann SAE 2010, 193 und RdA 2006, 257, 268 sowie Bepler RdA 2005, 323, die außerdem auf das Transparenzgebot des § 307 Abs. 1 S. 2 BGB u die Unklarheitsregel des § 305 c BGB hinweisen; vgl. dazu auch Bloching/Ortolf NZA 2010, 1335 ff.

429 Vgl. BAG, Urt. v. 18.03.2009 – 10 AZR 281/08, NZA 2009, 601; 1996, 1323; ErfK/Preis § 611 BGB Rn. 225 m.w.N.

II. Nach dem ursprünglich abgeschlossenen Arbeitsvertrag steht A nur ein Gehaltsanspruch i.H.v. 1.100 € zu. Die Lohnerhöhung für die Monate August und September kann sie daher nur verlangen, wenn sich dies aus einer besonderen Regelung ergibt.

1. Aus Verfassung oder aus arbeitsrechtlichen Gesetzen ergibt sich eine Erhöhung des Lohnes der A im August und September um 80 € nicht.

2. Der im öffentlichen Dienst abgeschlossene Tarifvertrag ist auf das Arbeitsverhältnis zwischen V und A nicht anwendbar. Andernfalls wäre der Beschluss des V vom 16.10. nicht verständlich gewesen.

3. Eine Betriebsvereinbarung liegt nicht vor und hätte die Lohnerhöhung wegen der Regelungssperre zugunsten der Tarifautonomie des § 77 Abs. 3 BetrVG auch nicht regeln können.

4. Einzelarbeitsvertraglich ist keine Lohnerhöhung vereinbart worden. Zwar liegt in dem Beschluss des V vom 16.10. das Angebot zur Abänderung der einzelnen Arbeitsverträge in dem Sinne, dass der Lohn erhöht wird. Dieses Angebot richtete sich aber nur an die am 16.10. noch beim V-Verband Tätigen, und nicht an A.

162 5. Ein Anspruch auf Zahlung des erhöhten Lohnes könnte A aus dem **allgemeinen arbeitsrechtlichen Gleichbehandlungsgrundsatz** zustehen.

Ein Entgeltanspruch, der auf einen Verstoß gegen das Verbot der Geschlechterdiskriminierung gestützt wurde, war nach der bisherigen Rechtslage nicht aus dem allgemeinen Gleichbehandlungsgrundsatz, sondern nur aus der Sonderregelung des **§ 612 Abs. 3 BGB** a.F. herzuleiten. Diese Vorschrift enthielt eine **spezielle Anspruchsgrundlage** für den Bereich der **Lohngleichheit von Männern und Frauen**, die für eine Herleitung des Vergütungsanspruchs aus dem allg. arbeitsrechtlichen Gleichbehandlungsgrundsatz bzw. aus Art. 3 Abs. 2 GG keinen Raum ließ.[430] Da § 612 Abs. 3 a.F. BGB mit dem In-Kraft-Treten des AGG aufgehoben wurde und § 8 Abs. 2 AGG ein dem § 613 Abs. 3 S. 1 BGB a.F. entsprechendes Diskriminierungsverbot nicht enthält, besteht Einigkeit darüber, dass § 8 Abs. 2 AGG jedenfalls nach seinem Wortlaut keine eigenständige Anspruchsgrundlage darstellt. Die h.M. nimmt an, dass sich aus der Wertung in § 2 Abs. 1 Nr. 2 AGG und § 8 Abs. 2 AGG ergibt, dass diese Vorschriften bei Vergütungsregelungen, die gegen das Benachteiligungsverbot des § 7 Abs. 1 AGG verstoßen, eine Grundlage für Ansprüche auf die vorenthaltene Leistung bilden, weil auch § 612 Abs. 3 BGB a.F. trotz seiner Formulierung als Verbotsnorm eine Anspruchsgrundlage für die vorenthaltene Leistung darstellte.[431]

163 a) Der **Gleichbehandlungsgrundsatz beschränkt die Gestaltungsmacht des Arbeitgebers** und verpflichtet ihn, vergleichbare Arbeitnehmer gleich zu behandeln, d.h. Differenzierungen nicht willkürlich, sondern nur aus sachlichen Gründen vorzunehmen.[432] Er gehört zum Privatrecht, hat **anspruchsbegründende Wirkung** und bestimmt deshalb auch den Inhalt des Arbeitsverhältnisses.[433]

---

430 BAG, Urt. v. 18.05.2006 – 6 AZR 631/05, NZA 2007, 103; 1997, 724, 725.

431 Vgl. BAG, Urt. v. 11.12.2007 – 3 AZR 249/06, NZA 2008, 532; MünchKomm/Thüsing § 8 AGG Rn. 47; Richardi NZA 2006, 881, 886; Wisskirchen DB 2006, 1491, 1495; Dette in Däubler/Bertzbach § 7 AGG Rn. 78 ff., 97 ff., 133 ff.: § 612 Abs. 2 BGB bei nach § 7 Abs. 2 AGG unwirksamen Vergütungsregelungen; ErfK/Schlachter § 7 AGG Rn. 6 ff.: § 612 Abs. 1 BGB und Adomeit/Mohr § 7 AGG Rn. 17: Anspruch aus allgemeinen Gleichbehandlungsgrundsatz.

432 BAG, Urt. v. 27.05.2015 – 5 AZR 724/13, juris; Urt. v. 04.12.2011 – 5 AZR 675/10, ArbR 2012, 171; Preis § 33 II 1.

433 BAG, Urt. 17.03.2010 – 5 AZR 168/09, NZA 2010, 696; DB 2002, 273, 274; MünchArbR/Richardi § 9 Rn. 2 ff.; vgl. aber auch BAG NZA 1997, 101 (Gesamtnichtigkeit einer Tarifnorm wegen Verstoßes gegen Art. 3 Abs. 1 GG).

Die dogmatische Begründung ist streitig. Teilweise wird der arbeitsrechtliche Gleichbehandlungsgrundsatz als unmittelbare Anwendung des Art. 3 GG verstanden,[434] andere verstehen ihn als eine „Ausprägung" von Art. 3 GG, jedoch „von schwächerer Wirkung".[435] Nach Schaub[436] ist darin ein allgemeiner Rechtsgedanke zu sehen, der seine gesetzliche Ausgestaltung u.a. in § 75 BetrVG, § 67 BPersVG findet. Nach Waltermann[437] ist die Gleichbehandlung „ein wichtiges Erfordernis der Billigkeit", während Richardi[438] sie als ein „Gebot der Verteilungsgerechtigkeit" sieht, dessen Rechtsgedanke auf Art. 3 Abs. 1 GG beruht.

b) Der allgemeine Gleichbehandlungsgrundsatz ist **anwendbar bei Maßnahmen, die der einseitigen Gestaltungsmacht des Arbeitgebers unterliegen**, also dort, wo der Arbeitgeber die Arbeitnehmer „behandelt". Hauptanwendungsgebiet sind deshalb freiwillig und generell gewährte Leistungen wie Sonderzahlungen,[439] Versorgungszusagen,[440] Zulagen und andere soziale Leistungen.[441] Der allg. Gleichbehandlungsgrundsatz gilt gem. § 2 Abs. 3 AGG neben dem AGG weiter und kommt immer dann zur Anwendung, wenn das spezielle Benachteiligungsverbot des § 7 Abs. 1 AGG nicht eingreift.[442] 164

BAG:[443] „Grundsätzlich kann der Arbeitgeber zwar frei bestimmen, ob er freiwillige Leistungen gewährt. Ihm ist es nach dem arbeitsrechtlichen Gleichbehandlungsgrundsatz jedoch verwehrt, in seinem Betrieb einzelne Arbeitnehmer oder Gruppen von Arbeitnehmern ohne sachlichen Grund von allgemein begünstigenden Regelungen auszunehmen und schlechterzustellen."

Der allgemeine Gleichbehandlungsgrundsatz ist dagegen nicht anwendbar, wenn die Arbeitsbedingungen individuell und einzeln ausgehandelt werden. Der Grundsatz der **Vertragsfreiheit** hat also **gegenüber** dem **Gleichbehandlungsgrundsatz Vorrang**. Gleichbehandlung gilt insbes. nicht im Bereich der Einstellungen[444] und der individuellen Lohnvereinbarungen, sofern nicht zwingende Bestimmungen (z.B. Art. 157 AEUV, § 7 Abs. 1, 2 AGG, § 4 TzBfG, § 9 Nr. 2 AÜG) eingreifen.[445] 165

BAG:[446] „Ein Arbeitnehmer, dem kraft einzelvertraglicher Regelung ein bestimmter Lohnanspruch zusteht, kann nicht deshalb einen höheren Lohn fordern, weil anderen Arbeitnehmern der höhere Lohn kraft einer mit diesen getroffenen Vereinbarung gewährt wird."

Im vorliegenden Fall geht es um Lohn, ohne dass das Benachteiligungsverbot des § 7 Abs. 1 AGG eingreift. Grundsätzlich ist hier keine Gleichbehandlung ge-

---

434 Vgl. Gamillscheg AcP 164, 385, 409 ff. und BAG, Urt. v. 15.11.2011 – 9 AZR 387/10, NZA 2012, 218: „privatrechtliche Ausprägung des in Art. 3 Abs. 1 GG statuierten Gleichheitssatzes".

435 Vgl. Hanau/Adomeit Rn. 89.

436 Schaub/Schaub, Arbeitsrechtshandbuch, 11. Aufl., § 112 Rn. 6 ff., 10 u. Schaub/Linck § 112 Rn. 1: Gewohnheitsrecht.

437 Waltermann Rn. 210.

438 MünchArbR/Richardi § 9 Rn. 8; ähnlich BAG NZA 1993, 215, 216.

439 BAG, Urt. v. 15.04.2015 – 4 AZR 796/13, juris; Moderegger ArbRB 2010, 90; Beckers NZA 1997, 129.

440 BAG, Urt. v. 12.08.2014 – 3 AZR 764/12, BetrAV 2015, 75; Urt. v. 16.02.2010 – 3 AZR 216/09, NZA 2010, 701.

441 BAG, Urt. v. 27.05.2015 – 5 AZR 724/13, juris; Urt. v. 16.05.2013 – 6 AZR 619/11, ZTR 2013, 441; Urt. v. 28.07.2004 – 10 AZR 19/04, NZA 2004, 1152; Urt. v. 11.12.2003 – 6 AZR 64/03, NZA 2004, 723; 2002, 47; 1999, 501.

442 Vgl. dazu Hinrichs/Zimmer in Däubler/Bertzbach § 2 AGG Rn. 173 ff.; Adomeit/Mohr § 2 AGG Rn. 212 ff.; Richardi ZfA 2008, 31; Maier/Mehlich DB 2007, 110 mit Erwiderung v. Hinrichs/Zwanziger DB 2007, 574 u. Replik von Maier/Mehlich.

443 BAG DB 1982, 120; vgl. auch BAG, Urt. v. 27.05.2015, Fn. 432 und Schaub/Linck § 111 Rn. 8 ff.

444 BAG, Urt. v. 13.08.2008 – 7 AZR 513/07, NZA 2009, 27; DB 1987, 693, 694; Die Einstellungsentscheidung kann aber eine nach § 7 Abs. 1 AGG verbotene Benachteiligung darstellen.

445 BAG, Urt. v. 27.05.2015, Fn. 432; Urt. v. 27.07.2010 – 1 AZR 874/08, juris; Urt. v. 03.12.2008 – 5 AZR 74/08, NZA 2009, 367; zum **Gebot der Lohngleichheit bei Leiharbeit** BAG, Urt. v. 24.09.2014 – 5 AZR 254/13, juris; Urt. v. 13.03.2013 – 5 AZR 954/11, NZA 2013, 680; Stang/Ulber NZA 2015, 910; Zimmer NZA 2013, 289; Düwell DB 2013, 756; Löwisch SAE 2013, 11.

446 BAG AP Nr. 32 zu § 242 BGB Gleichbehandlung; vgl. auch BAG, Urt. v. 18.11.2003 – 1 AZR 604/02, NZA 2004, 803: Grundsatz „Gleicher Lohn für gleiche Arbeit" ist keine allgemeingültige Anspruchsgrundlage.

boten. Ausnahmen gelten aber dann, wenn eine Lohnerhöhung einseitig und generell angeordnet wird[447] oder wo bei Gehaltserhöhungen über einen gewissen Zeitraum eine „lineare Komponente" feststellbar ist.[448]

Da es sich hier um eine betriebseinheitliche Regelung der Lohnerhöhung handelte, ist der Gleichbehandlungsgrundsatz anwendbar.[449]

166 c) Fraglich ist aber, ob eine Ungleichbehandlung vorliegt, für die kein Rechtfertigungsgrund gegeben ist.

aa) Eine Ungleichbehandlung liegt vor, weil nur die verbliebenen, nicht dagegen die bereits ausgeschiedenen Arbeitnehmer die rückwirkende Lohnerhöhung erhalten.

bb) Das Ausscheiden eines Arbeitnehmers wäre nur dann ein sachlicher Grund für den Ausschluss von der rückwirkenden Lohnerhöhung, wenn der erhöhte Lohn wenigstens teilweise in Zusammenhang mit der Betriebstreue stünde. Das ist jedoch vorliegend abzulehnen.

BAG:[450] „Eine allgemein gewährte und mit allgemeinen Motiven begründete Lohnerhöhung knüpft objektiv an den Tatbestand der erbrachten Arbeitsleistung an. Sachlich vertretbar wäre bei dieser Sachlage eine Lohnerhöhung, die nach objektiven, an die Arbeitsleistung anknüpfenden Merkmalen differenziert, etwa nach dem Wert der Arbeitsleistung; als sachlich vertretbar ließe sich auch eine unterschiedliche Lohnerhöhung ansehen, die an soziale Merkmale anknüpft …"

Der Umstand, dass der einzelne Arbeitnehmer ausgeschieden ist, steht mit der nachträglichen Lohnerhöhung nicht im Zusammenhang. Er kann „nicht zu einer Differenzierung der hier vorliegenden Art herangezogen werden; denn die Pflicht zur Lohnzahlung ist von der Wahrung der Betriebstreue rechtlich und wirtschaftlich unabhängig". Somit fehlt es für die Differenzierung an einem sachlichen Grund, sodass der Gleichbehandlungsgrundsatz verletzt ist. A kann deshalb wie die anderen Arbeitnehmer den üblichen Erhöhungsbetrag für die Monate August und September verlangen.[451]

III. A hat somit einen Anspruch aus dem arbeitsrechtlichen Gleichbehandlungsgrundsatz auf Zahlung von 160 €.

Zulässig wäre dagegen ein Ausschluss der ausscheidenden Arbeitnehmer von der Zahlung einer unter Freiwilligkeitsvorbehalt stehenden Weihnachtsgratifikation, da das Ausscheiden ein sachlicher Rechtfertigungsgrund ist, sodass der Gleichbehandlungsgrundsatz nicht verletzt ist.[452]

---

447 BAG, Urt. v. 27.05.2015, Fn. 432; Urt. v. 16.05.2013, Fn. 441; Urt. v. 14.12.2011 – 5 AZR 675/10, ArbR 2012, 171.

448 BAG NZA 1995, 939; ErfK/Preis § 611 BGB Rn. 593 ff.; MünchKomm/Müller-Glöge § 611 BGB Rn. 1123 ff.

449 Zur Gleichbehandlung allg. Schreiber Jura 2010, 499; Richardi ZfA 2008, 31; Rspr.-Übersicht bei Bissels/Lützeler BB 2012, 701; 833; Hunold NZA-RR 2006, 561; 617 u. Fischer RiA 2009, 9 speziell zum öffentl. Dienst; bei Betriebsrenten: Wilhelm/Sprinck DB 2014, 1927; Cisch/Bleck/Karst BB 2014, 1141; 2013, 1205; bei Sozialplänen: BAG, Urt. v. 09.12.2014 – 1 AZR 102/13, NZA 2015, 365; Wölfel DB 2015, 319; zum räumlichen Geltungsbereich: BAG, Urt. v. 03.12.2008, Fn. 445: „Der arbeitsrechtliche Gleichbehandlungsgrundsatz ist nicht auf den Betrieb beschränkt, sondern ist jedenfalls dann unternehmensweit anwendbar, wenn die verteilende Entscheidung des AG nicht auf einen einzelnen Betrieb beschränkt ist, sondern sich auf alle oder mehrere Betriebe des Unternehmens bezieht; dazu auch ErfK/Preis § 611 BGB Rn. 583 ff.

450 BAG NJW 1976, 1551.

451 Vgl. BAG, Urt. v. 25.06.2015 – 6 AZR 383/14, juris; AP Nr. 40 zu § 242 BGB m. zust. Anm. v. Schwerdtner zu einzelvertraglichen Regelungen; vgl. aber auch BAG AP Nr. 47 zu § 242 BGB m. zust. Anm. v. Wiedemann: „Herausnahme ausgeschiedener AN aus dem Anwendungsbereich eines LohnTV, der eine rückwirkende Lohnerhöhung vorsieht, kein Verstoß gegen den Gleichbehandlungsgrundsatz".

452 Vgl. BAG, Urt. v. 22.07.2014 – 9 AZR 981/12, NZA 2014, 1136; Urt. v. 18.03.2009 – 10 AZR 289/08, NZA 2009, 535.

Da die Prüfung der Verletzung des Gleichbehandlungsgrundsatzes eine Kenntnis der 167
Differenzierungskriterien erfordert, muss der Arbeitgeber seine nicht ohne Weiteres erkennbaren Gründe für die Differenzierung spätestens in dem Prozess darlegen, in dem der Arbeitnehmer den Anspruch auf die vorenthaltene Leistung unter Berufung auf den arbeitsrechtlichen Gleichbehandlungsgrundsatz geltend macht. Anderenfalls hätte der Arbeitnehmer, der grds. die Darlegungs- und Beweislast für die anspruchsbegründenden Voraussetzungen trägt, trotz einer objektiv vorliegenden Ungleichbehandlung keine Möglichkeit eines effektiven Rechtschutzes. Diesen Auskunftsanspruch kann der Arbeitnehmer auch selbstständig einklagen und sich so die erforderlichen Kenntnisse verschaffen, um die Chancen für eine weitere Rechtsverfolgung einzuschätzen.[453]

Entgegen der früheren Rspr. des BAG ist der Arbeitgeber also mit den erst im Prozess „nachgeschobenen Gründen" nicht ausgeschlossen und muss sie daher nicht „spätestens dann offen legen, wenn die Arbeitnehmer, die die geltende Besserstellung für sich in Anspruch nehmen, an ihn herantreten".[454]

Zusammenfassend kann man zum **Verhältnis des Gleichbehandlungsgrundsatzes zur betrieblichen Übung** feststellen, dass der allg. Gleichbehandlungsgrundsatz als Anspruchsgrundlage heranzuziehen ist, wenn es – wie im letzten Fall – um das Problem der „gleichmäßigen Behandlung in der Person geht". Dazu der abschließende Überblick:

Gleichbehandlung im Arbeitsrecht

in der Zeit

„Betriebliche Übung"

- Regelmäßige Wiederholung einer bestimmten Verhaltensweise (tatsächliche Übung),
- lässt Schluss auf Verpflichtungswillen (= objektiver Tatbestand einer verbindlichen Zusage) bzw. Vertrauen auf Weitergewähr zu. Fehlt bei Vorbehalt der Freiwilligkeit sowie bei tariflicher oder einzelvertraglich übernommener tariflicher Schriftformklausel.

in der Person

„Gleichbehandlungsgrundsatz"

- Maßnahme unterliegt der einseitigen Gestaltungsmacht des Arbeitgebers,
- ist generell motiviert und wird generell durchgeführt (Regelhaftigkeit),
- sachwidrige (willkürliche) Ungleichbehandlung einzelner Arbeitnehmer.

7. Das dispositive Recht

Im Rang nach dem Einzelarbeitsvertrag folgt das dispositive Recht, d.h. die Bestimmun- 168
gen im Gesetz, Tarifvertrag oder einer Betriebsvereinbarung, die aber der Disposition der Arbeitsvertragsparteien unterliegen (vgl. § 4 Abs. 3 TVG, § 77 Abs. 4 BetrVG).

Lediglich **tarifdispositives Recht**, d.h. gesetzliche Bestimmungen, die nur durch Tarifverträge zum Nachteil der Arbeitnehmer abgeändert werden können (z.B. § 13 Abs. 1 S. 1 BUrlG, § 622 Abs. 4 BGB, § 7 ArbZG), gehen dagegen dem Einzelarbeitsvertrag vor. Die wichtigsten grds. abdingbaren Gesetzesbestimmungen sind die BGB-Vorschriften über Leistungsstörungen, die im zweiten Teil behandelt werden. Die meisten Arbeitsrechtsgesetze, insb. die Arbeitnehmerschutzbestimmungen sind dagegen einseitig zwingend, da sie nicht zum Nachteil des Arbeitnehmers abgeändert werden können.[455]

---

453 Vgl. dazu BAG, Urt. v. 23.02.2011 – 5 AZR 84/10, NZA 2011, 693; Urt. v. 27.07.2010 – 1 AZR 874/08, NZA 2010, 1369; vgl. dazu auch ErfK/Preis § 611 BGB Rn. 605; MünchKomm/Müller-Glöge § 611 BGB Rn. 1139 f.

454 So noch BAG NZA 1994, 125, 127; dagegen Lieb ZfA 1996, 319, 333, da die Zulässigkeit der Ungleichbehandlung nach objektiven Kriterien zu beurteilen ist und nicht von einer Begründung gegenüber dem AN abhängig sein kann.

455 Vgl. Dütz/Thüsing Rn. 57 ff.; Z/L/H § 7 Rn. 6; Boemke NZA 1992, 532 ff. und oben Rn. 86 ff.

8. Das Direktionsrecht

Fall 7: Forschung und Gewissen

Der Arzt A ist in der Forschungsabteilung des Pharmakonzerns P tätig. Anfang 2014 begannen dort Arbeiten an einer Substanz, die Brechreiz unterdrücken kann. In einem internen Firmenvermerk hieß es dazu, dass das Marktpotential für diese Substanz im Falle eines Atomkrieges erheblich erhöht würde, weil dadurch die ersten Symptome der Strahlenkrankheit gemildert werden könnten. A, dem diese neuen Arbeiten zugewiesen wurden, ist empört und weigert sich aus Gewissensgründen, an der Erforschung der für den militärischen Einsatz gedachten Substanz mitzuarbeiten. Ist A zur Mitarbeit an dem Forschungsprojekt verpflichtet?

169 I. Die Art der zu leistenden Tätigkeit ist regelmäßig allein dem Arbeitsvertrag zu entnehmen. Daraus ergibt sich, dass A als Mediziner an „Forschungsarbeiten" mitzuwirken hat. Über das konkrete Projekt enthält der Arbeitsvertrag keine Aussage.

II. Die Zuweisung der konkreten Projektarbeit könnte für A aufgrund des seinem Arbeitgeber P zustehenden Direktionsrechts verbindlich sein.

1. Da der Arbeitsvertrag die vom A zu leistende Arbeit nur allgemein bezeichnet, darf P aufgrund seines Direktionsrechts (= Weisungsrechts) nach § 106 GewO, der einheitlich für alle Arbeitnehmer gilt, durch Weisungen genauer festlegen, welche Arbeit A im Ergebnis schuldet. Die Direktionsbefugnis ist daher das Recht des Arbeitgebers, im Rahmen des Arbeitsvertrags „die Arbeitspflicht des Arbeitnehmers nach Zeit, Art und Ort zu konkretisieren und diesem bestimmte Arbeiten zuzuweisen".[456] Der Arbeitgeber kann somit anordnen, was zu tun ist und wie es zu tun ist; den Umfang der Vergütungs- und Arbeitspflicht kann er jedoch aufgrund des allgemeinen Direktionsrechts nach § 106 GewO nicht einseitig festlegen.[457]

2. Das Direktionsrecht und die Weisungen haben keine normative Wirkung. Rechtsgrundlage für die Direktionsbefugnis ist der Arbeitsvertrag. Rechtsgrundlage für die Arbeitspflicht des Arbeitnehmers ist in diesen Fällen „der Arbeitsvertrag, konkretisiert durch eine aufgrund der Direktionsbefugnis ergangene Weisung".

170 3. Danach ist A zur Übernahme der zugewiesenen Aufgabe verpflichtet, wenn sich die **Weisung** des Arbeitgebers **im Rahmen des Arbeitsvertrags und der Billigkeit** (§ 106 S. 1 GewO i.V.m § 315 Abs. 3 BGB) hält und nicht gegen Gesetz oder Kollektivvereinbarung verstößt.[458]

a) Ist im Arbeitsvertrag eine bestimmte Tätigkeit des Arbeitnehmers vereinbart, so ist grundsätzlich nur sie vertraglich geschuldet, sodass der Arbeitgeber dem Arbeitnehmer nicht unter Berufung auf sein Direktionsrecht eine andere Tätig-

456 BAG, Urt. v. 27.05.2015 – 5 AZR 88/14, juris; Lakies ArbR 2013, 3; Hromadka NZA 2012, 233; Preis/Genenger NZA 2008, 969 zum DiR allg.; Reinecke NZA-RR 2013, 393; Hunold BB 2011, 693 (Rspr.-Übers.); Hunold DB 2013, 636; Salamon/Fuhlrott NZA 2011, 839 (Arbeitsort); Preis/Ulber NZA 2010, 729 (Sonntagsarbeit); Schubert PersR 2011, 64 (öffentl. Dienst).

457 BAG, Urt. v. 17.08.2011 – 10 AZR 322/10, NZA-RR 2012, 106; DB 1985, 1240, 1241; Lakies NZA 2003, 364 ff.

458 Vgl. BAG, Urt. v. 16.04.2015 – 6 AZR 242/14, ZTR 2015, 439; Urt. v. 25.02.2015 – 5 AZR 886/12, NZA 2015, 494; Raif ArbR 2015, 1; Hromadka DB 1995, 1609; 2601; ausführl. zur Rechtsnatur des Weisungsrechts auch Enriques ZfA 2011, 121 ff.

keit einseitig zuweisen kann. Ist dagegen die Tätigkeit nur „rahmenmäßig" festgelegt, ist der Arbeitgeber aufgrund seines allgemeinen Direktionsrechts nach § 106 GewO berechtigt, die Leistungspflicht des Arbeitnehmers innerhalb der vereinbarten Tätigkeitsbeschreibung näher zu konkretisieren.[459]

BAG:[460] „Der Arbeitgeber kann dem Arbeitnehmer nicht einseitig eine andere Tätigkeit zuweisen und damit die vertraglich vereinbarte Leistungspflicht ändern. Das Direktionsrecht beschränkt sich in einem solchen Falle darauf, die im Rahmen der vereinbarten Tätigkeit liegenden Verrichtungen zuzuweisen."

Die Zuweisung einer vertraglich nicht geschuldeten, insb. einer geringwertigen Tätigkeit, ist auch bei Fortzahlung der bisherigen Vergütung nur in Ausnahme- und Notsituationen verbindlich. So muss z.B. der Prokurist bei einem Umzug unter Umständen beim Einpacken der Geschäftsunterlagen helfen und bei einem Brand zum Feuerlöscher greifen.[461]

Kann eine Arbeitnehmerin die vertraglich geschuldete Tätigkeit wegen eines Beschäftigungsverbots nach dem MuSchG nicht verrichten, ist sie grds. verpflichtet, vorübergehend auch eine andere Tätigkeit auszuüben, die zumutbar sein muss.[462]

Die dem A zugewiesene Projektarbeit hält sich im Rahmen seines Arbeitsvertrags, weil es sich auch dabei um eine Forschungstätigkeit handelt.

Erweiterungen des Direktionsrechts durch Tarifvertrag und in engeren Grenzen auch durch Einzelvertrag (sog. Versetzungsvorbehalte) sind grds. zulässig. Grenzen für derartige Erweiterungen ergeben sich aber insbes. aus unverzichtbaren Kündigungsschutzbestimmungen.[463] Regelungen in Formulararbeitsverträgen, die eine Erweiterung des Direktionsrechts ermöglichen sollen, müssen außerdem nach §§ 305 ff. BGB wirksam sein, insbesondere einer Transparenz -und Inhaltskontrolle nach §§ 307 ff. BGB standhalten.[464] Liegt eine wirksame Regelung hinsichtlich der Erweiterung des Direktionsrechts vor, muss auch die darauf beruhende Einzelweisung des Arbeitgebers, also die Ausübung des Direktionsrechts im Einzelfall, nach § 106 S. 1 GewO der Billigkeit i.S.d. § 315 BGB entsprechen.[465] 171

b) Die in § 315 Abs. 3 BGB geforderte Billigkeit wird inhaltlich auch durch das Grundrecht der Gewissensfreiheit (Art. 4 Abs. 1 GG) bestimmt.[466] Es ist deshalb zu prüfen, ob die Weigerung des A, an der Entwicklung der Substanz mitzuarbeiten, eine Gewissensentscheidung ist. Als Gewissensentscheidung ist jede ernste, an den Kategorien von „Gut" und „Böse" orientierte Entscheidung zu respektieren, die der Einzelne in einer bestimmten Lage als für sich bindend erfährt, sodass er nicht ohne ernste Gewissensnot gegen sie handeln kann.[467]

---

459 Vgl. BAG, Urt. v. 10.07.2013 – 10 AZR 915/12, NZA 2013, 1142; Urt. v. 19.01.2011 – 10 AZR 738/09, NZA 2011, 638; ErfK/Preis § 106 GewO Rn. 2 ff.; ; Raif ArbR 2015, 1 ff.; Buschmann ZTR 2015, 63 ff.; Hromadka NZA 2012, 233 ff.

460 BAG DB 1981, 799; vgl. auch Raif ArbR 2015, 1 zum Umfang des Weisungsrechts bei Tätigkeitsbeschreibung im AV.

461 Vgl. BAG AP Nr. 18 zu § 611 BGB Direktionsrecht; NZA 1997, 104; 1996, 440; LAG Baden-Württemberg AuA 2007, 122; ErfK/Preis § 106 GewO Rn. 13; Hromadka DB 1995, 2601, 2602; ausführlich dazu Köbl, Festschrift für Birk, 2008, 385 ff.

462 Vgl. dazu BAG, Urt. v. 15.11.2000 – 5 AZR 365/98, BB 2001, 527 ff.; NZA 1999, 1044 ff.; 1998, 936 ff.

463 BAG, Urt. v. 23.08.2012 – 8 AZR 804/11, NZA 2013, 268; ErfK/Preis § 106 GewO Rn. 9 f.; Schmitz-Scholemann JbArbR 51 (2014), 51; Hromadka NZA 2012, 233; Preis/Genenger NZA 2008, 969; Bayreuther NZA 2006, Beil. Nr. 1 S. 1 ff.

464 Vgl. BAG, Urt. v. 23.08.2012, Fn. 463; ErfK/Preis §§ 305–310 BGB Rn. 51 ff.; Däubler/Dorndorf/Bonin § 307 BGB Rn. 169 ff.; Reinecke NZA-RR 2013, 393; Hromadka NZA 2012, 233; Salamon/Hoppe AuA 2012, 209; Hunold DB 2013, 636 und BB 2011, 693 (AGB-Kontrolle formularmäßiger Versetzungsklauseln); Salamon/Fuhlrott NZA 2011, 839 und Fn. 463.

465 BAG, Urt. v. 25.02.2015, Fn. 458; Dzida/Schramm BB 2007, 1221, 1227; ErfK/Preis § 106 GewO Rn. 6.

466 Ausführlich dazu Scholl BB 2012, 53; Kraushaar ZTR 2001, 208; Rüfner RdA 1992, 1 ff. und Reuter BB 1986, 385.

467 BAG, Urt. v. 24.02.2011 – 2 AZR 636/09, NZA 2011, 1087; abl. Richardi SAE 2012, 7; LAG Hamm, Urt. v. 20.04.2011 – 4 Sa 2230/10, NZA-RR 2011, 640; Zachert BB 1998, 1310, 1311; sog. subjektiver Gewissensbegriff sowie ausführlich zur Glaubens- und Gewissenfreiheit der Arbeitnehmer Scholl BB 2012, 53; Kleinebrink ArbRB 2011, 209; Kraushaar ZTR 2001, 208.

Da A ernsthaft und nachvollziehbar erläutern kann, warum ihm sein Gewissen die Mitarbeit an dem für Kriegszwecke nutzbaren Projekt verbot, hat er eine Gewissensentscheidung getroffen.

Geht man davon aus, dass A bei Abschluss seines Arbeitsvertrags mit einem derartigen Konflikt nicht rechnen musste und P auf die Mitarbeit des A an dem Projekt nicht zwingend angewiesen war, so war die Arbeitsanweisung bei Abwägung aller Umstände nicht von dem Direktionsrecht nach § 106 GewO i.V.m. § 315 BGB gedeckt. A war daher die Mitarbeit an dem Forschungsprojekt aufgrund der getroffenen sowie der P offenbarten Gewissensentscheidung nach Abwägung aller Umstände nicht zumutbar (vgl. § 275 Abs. 3 BGB), sodass er zur Erbringung der bisherigen Arbeitsleistung nicht verpflichtet war.[468]

Da Direktionsrecht kann auch durch das Grundrecht des Arbeitnehmers auf Religionsfreiheit eingeschränkt werden, sodass der Arbeitgeber z.B. nicht ohne Weiteres das Tragen einer bestimmten Kleidung (z.B. Kopftuch)[469] bzw. das Gebet am Arbeitsplatz[470] verbieten kann.

172 **Zusatzfrage:** Behält A gemäß § 615 BGB seinen Lohnanspruch, wenn er seine Mitarbeit aus Gewissensgründen verweigert?

Die Antwort hängt in erster Linie davon ab, ob die Tätigkeit, die A bisher ausgeübt hat, weiterhin vorhanden ist. Ist dies nicht der Fall, kommt es darauf an, ob P dem A aufgrund des ihm nach § 106 GewO zustehenden Direktionsrechts eine andere Forschungstätigkeit zuweisen und seinen Gewissenskonflikt dadurch ausräumen kann.

I. Kann der Arbeitnehmer die bisherige Tätigkeit weiterhin verrichten und weist ihm der Arbeitgeber unter Überschreitung seines Direktionsrechts nach § 106 GewO eine neue Tätigkeit nicht wirksam zu, so kann der Arbeitnehmer bis zu einer wirksamen Neuausübung des Direktionsrechts die bisherige Tätigkeit weiterhin als die geschuldete Leistung anbieten. Lehnt der Arbeitgeber deren Annahme ab, so gerät er in Annahmeverzug und muss daher den Annahmeverzugslohn nach § 615 BGB zahlen. Der Arbeitnehmer unterlässt auch nicht „böswillig" i.S.v. § 615 S. 2 BGB die anderweitige Verwendung seiner Arbeitskraft, wenn er eine vom Direktionsrecht nicht gedeckte Weisung unter Berufung auf seine Gewissensentscheidung berechtigterweise nicht befolgt.[471]

Das BAG (5. Senat) hat zwar neulich entschieden, dass der Arbeitnehmer an eine unbillige Weisung des Arbeitgebers, die nicht aus sonstigen Gründen unwirksam ist, vorläufig gebunden ist und sie daher solange befolgen muss, bis durch ein rechtskräftiges Urteil gem. § 315 Abs. 3 S. 2 BGB die Unverbindlichkeit der Leistungsbestimmung festgestellt wird.[472] Abgesehen aber von Bedenken ge-

468 Vgl. BAG, Urt. v. 24.02.2011 – 2 AZR 636/09, BB 2011, 2094; ErfK/Preis § 611 BGB Rn. 687 f u. LAG Düsseldorf NZA 1993, 411 zur zulässigen Tätigkeitszuweisung bei einer Kollision der Gewissensfreiheit des AN mit der Kunstfreiheit des AG.

469 Vgl. BVerfG, Beschl. v. 27.01.2015 – 1 BvR 471/10, NJW 2015, 1359: Pauschales gesetzliches Kopftuchverbot für Lehrkräfte an öffentlichen Schulen verletzt Glaubens- und Bekenntnisfreiheit der Lehrer und daher unzulässig; dazu auch Traub NJW 2015, 1338; krit. Schwabe DVBl 2015, 570; vgl. aber auch BAG, Urt. v. 24.09.2014 – 5 AZR 611/12, Kopftuchverbot an Schule in kirchl. Trägerschaft grds. zulässig; Glatzel NZA-RR 2015, 293; krit. dazu Roßbruch PflR 2015, 26; ausführl. zu Kleiderordnungen Brose/Greiner/Preis NZA 2011, 369; Thüsing JZ 2006, 223; zur Einführung von Ethik- bzw. Verhaltens-/Compliancerichtlinien aufgrund des Direktionsrechts Kock ZIP 2009, 1406; Schulz/Kuhnke BB 2012, 143.

470 LAG Hamm NZA 2002, 675 ff.; 1090 ff. und ausführl. zur Religionsfreiheit Kleinebrink ArbRB 2011, 209; Adam NZA 2003, 1375 sowie Hoevels ArbR 2012, 5; Bock NZA 2011, 1201 (Der Islam in der aktuellen Rechtsprechung der Arbeitsgerichte).

471 Vgl. dazu BAG DB 1981, 799; LAG Rheinland-Pfalz, Urt. v. 29.08.2013 – 2 Sa 248/13, juris; ErfK/Preis § 611 BGB Rn. 688; MünchKomm/Henssler § 616 BGB Rn. 49; Ulber 2012, 1069, 1073; Scholl BB 2012, 53, 58; Boemke NZA 2013, 6 ff.

472 Vgl. dazu BAG, Urt. v. 22.02.2012 – 5 AZR 249/11, NZA 2012, 858; zust. Schmitt-Rolfes AA 2013, 200; dagegen Preis NZA 2015, 1 , 4 ff.; Boemke NZA 2013, 6 ff.; ders. JuS 2012, 1125; Ulber JuS 2012, 1069 ff.

gen diese Entscheidung, die im Widerspruch zu der bisherigen Rspr. und der h.L. steht und das Risiko der Fehlbeurteilung der Grenzen des billigen Ermessens bei der Ausübung des Direktionsrechts auf den Arbeitnehmer abwälzt, dürfte aber auch danach bei einer nach § 106 GewO unbilligen Weisung des Arbeitgebers keine vorläufige Befolgungspflicht bestehen, wenn dem Arbeitnehmer wegen einer Grundrechtsausübung, insb. eines Gewissenskonflikts die Befolgung der Weisung nicht zumutbar ist, weil er wegen eines persönlichen Leistungshindernisses zur Leistungserbringung „außerstande" i.S.d. § 297 BGB ist.[473]

II. Besteht die bisherige Beschäftigungsmöglichkeit dagegen nicht mehr oder kann sie vom Arbeitnehmer nicht verrichtet werden und ist dem Arbeitgeber P die Zuweisung einer anderen Tätigkeit, die dem Gewissenskonflikt des A Rechnung trägt, nicht möglich, so ist der Arbeitnehmer A gemäß § 297 BGB (i.V.m § 275 Abs. 3 BGB) außerstande, die von ihm vertraglich geschuldete Arbeit zu erbringen und anzubieten. P kommt daher nicht in Annahmeverzug und A verliert grundsätzlich seinen Lohnanspruch gemäß § 326 Abs. 1, S. 1 BGB.[474]

Bei einer nur kurzfristigen Leistungsverhinderung aus Gewissensgründen kommt zwar ein Entgeltfortzahlungsanspruch aus § 616 Abs. 1 BGB in Betracht, der aber von der h.M. unter Berufung auf den Wortlaut des § 326 Abs. 1 BGB und darauf abgelehnt wird, dass die Ausubung der verfassungsrechtlich garantierten Gewissensfreiheit nicht bedeuten kann, dass auch die wirtschaftlichen Nachteile dieser Entscheidung dem Arbeitgeber aufgebürdet werden.[475]

III. Kann zwar der Arbeitnehmer die bisherige Tätigkeit nicht mehr verrichten, ist aber dem Arbeitgeber die Zuweisung einer anderen Tätigkeit, bei der das persönliche Leistungshindernis nach § 297 BG nicht besteht, jedoch möglich, nahm das BAG bisher ebenfalls einen Annahmeverzug des Arbeitgebers mit der Folge des § 615 BGB an.[476] Dabei bliebe aber unberücksichtigt, dass der Arbeitnehmer in diesem Fall die ihm wirksame zugewiesene Tätigkeit nach § 297 BGB nicht verrichten und die geschuldete Tätigkeit auch nicht in annahmeverzugsbegründender Weise anbieten kann. Ein Annahmeverzug des Arbeitgebers scheidet aus, da sich aus § 296 BGB keine Verpflichtung des Arbeitgebers herleiten lässt, die von ihm wirksam konkretisierte Arbeitspflicht nach den Wünschen des Arbeitnehmers neu zu bestimmen. Das Unterlassen der aufgrund des Direktionsrechts möglichen Zuweisung einer anderen Tätigkeit begründet aber nach heute h.M. eine schuldhafte Verletzung der Rücksichtnahmepflicht nach § 241 Abs. 2 BGB, sodass der Arbeitnehmer die entgangene Vergütung als Schadensersatz nach § 280 Abs. 1 BGB verlangen kann.[477] Kann allerdings dem Arbeitgeber eine schuldhafte Verletzung der Rücksichtnahmepflicht aus § 241 Abs. 2 BGB wegen Nichtzuweisung einer anderen Tätigkeit nicht vorgeworfen werden, wofür der Arbeitnehmer im Prozess grds. die Darlegungs- und Beweislast

473 Vgl. auch BAG, Urt. v. 24.02.2011 – 2 AZR 636/09, NZA 2011, 1087; ErfK/Preis § 615 BGB Rn. 45 u. ausführlich zur Arbeitsverweigerung aus Glaubens- oder Gewissensgründen Scholl BB 2012, 53; Richardi SAE 2012, 7: Hunold DB 2011, 1580;

474 Vgl. dazu BAG BB 1990, 212; ErfK/Preis § 615 BGB Rn. 45; § 611 BGB Rn. 687 f; Ulber JuS 2012, 1069, 1073; Scholl BB 2012, 53, 57; Boecken RdA 2012, 210, 219.; Henssler RdA 2002, 129, 131.

475 Vgl. dazu ErfK/Preis § 611 BGB Rn. 688; MünchKomm/Henssler § 616 BGB Rn. 49; Satudinger/Oetker § 616 BGB Rn. 69; Scholl BB 2012, 53, 58; a.A. Kamanabrou Gedächtnisschrift für Ulrich Zachert 2010, 400 ff., die sich ausführlich mit Entgeltfortzahlung bei gewissensbedingter Arbeitsverweigerung befasst.

476 Vgl. dazu BAG, Urt. v. 08.11.2006 – 5 AZR 51/06, ZTR 2007, 204; Urt. v. 24.09.2003 – 5 AZR 282/02, NZA 2003, 1332; so auch MünchKomm/Henssler § 615 BGB Rn. 31; ErfK/Preis § 615 BGB Rn. 43 ff.; Staudinger/Oetker § 616 BGB Rn. 69.

477 Vgl. ausführlich dazu BAG, Urt. v. 27.05.2015 – 5 AZR 88/14, juris; Urt. v. 19.05.2010 – 5 AZR 162/09, DB 2010, 2056; LAG Berlin-Brandenburg NZA-RR 2012, 624; LAG Rheinland-Pfalz, Urt. v. 29.08.2013, Fn. 471; Ulber JuS 2012, 1069, 1073; Boecken RdA 2012, 210 und Greiner RdA 2013, 9, 11 (Schadensersatzanspruch aus §§ 281, 280 Abs. 1 BGB wegen Verletzung einer Nebenpflicht aus § 241 Abs. 1 BGB).

trägt,[478] scheidet der verschuldensabhängige Schadensersatzanspruch aus, sodass die Rechtsposition des Arbeitnehmers nach der h.M. schlechter als bei Annahme des Annahmeverzuges des Arbeitsgebers ist, der kein Verschulden voraussetzt.

Wegen des Risikos einer Fehlbeurteilung der Zulässigkeit der Arbeitszuweisung ist dem Arbeitnehmer i.d.R. zu empfehlen, der für unzulässig gehaltenen Weisung entsprechend der Regelung bei der Änderungskündigung (§ 2 KSchG) unter dem Vorbehalt einer gerichtlichen Klärung zunächst nachzukommen.[479] Vorliegend wäre diese Empfehlung allerdings deswegen bedenklich, weil der Arbeitnehmer die Gewissensentscheidung als für sich „bindend und unbedingt verpflichtend" erfahren muss, sodass er gegen sie nicht ohne ernste Gewissensnot handeln könnte. Gerade dieser „innere Zwang" begründet die erforderliche Unzumutbarkeit der Weisungsbefolgung, sodass der Arbeitnehmer, der sich darauf beruft, konsequenterweise auch die Risiken einer Fehlbeurteilung tragen müsste, da anderenfalls die Unzumutbarkeit der Weisungsbefolgung zumindest sehr fraglich ist.[480]

---

478 Vgl. BAG, Urt. v. 27.05.2015, Fn. 477; ausführlich dazu und die neue BAG-Rspr. ablehnend Kaiser RdA 2015, 76 ff.; vgl. aber auch BAG, Urt. v. 09.04.2014, 10 AZR 637/13, BB 2014, 2750 m. Anm. Breetzke: Annahmeverzug trotz Nachtdienstuntauglichkeit und Schichtbetrieb; zust. Raif ArbR 2014, 477; Hromadka RdA 2015, 59 (dem Erg. zust., die Begr. abl.).

479 Vgl. Richter DB 1989, 2430; Leßmann DB 1992, 1137, 1141 Fn. 73.

480 Vgl. dazu auch LAG Hamm NZA-RR 2011, 640

Einstellung des Arbeitsrechts

Das ArbeitsR wird in IndividualarbeitsR und kollektives ArbeitsR eingeteilt. Das **Individualarbeitsrecht** regelt die Rechtsbeziehungen zwischen dem AG und dem AN, insbes. Entstehung, Inhalt, Störungen, Übergang und Beendigung von Arbeitsverhältnissen. Das **kollektive ArbeitsR** regelt die Rechtsbeziehungen der arbeitsrechtl. Koalitionen und Belegschaftsvertretungen zu ihren Mitgliedern sowie zu ihren „Gegenspielern". Dazu gehört insbesondere das Koalitions-, Arbeitskampf-, Tarifvertrags-, Betriebsverfassungs- und Mitbestimmungsrecht.

Gestaltungsfaktoren des Arbeitsrechts – Konkurrenzverhältnis

Die **Rangfolge** der **arbeitsrechtl. Gestaltungsfaktoren** lautet: EU-Recht, Verfassung, zwingendes Gesetzesrecht einschl. GewohnheitsR, Tarifvertrag, Betriebsvereinbarung, Arbeitsvertrag einschl. allg. Arbeitsbedingungen, betriebliche Übung und arbeitsrechtl. Gleichbehandlungsgrds., dispositive Regelungen und DirektionsR des AG.

Für Konkurrenzen auf verschiedenen Rangstufen gilt das **Rangprinzip. Ausnahme: Günstigkeitsprinzip**. Für Konkurrenzen auf derselben Rangstufe gelten das **Spezialitäts- und Ordnungsprinzip**. Für **Günstigkeitsprinzip** ist **kein Raum**.

Umstritten ist das Verhältnis von TV und BV zu vertraglichen Einheitsregelungen.

EU-Recht

Das EU-Recht gewinnt im Arbeitsrecht immer mehr an **Bedeutung**. Die praktisch wichtigsten Bestimmungen des Arbeitsrechts im EU-Vertrag (= primäres EU-Recht) sind Art. 45 ff. (Freizügigkeit der AN) und Art. 157 AUV (Lohngleichheit für Mann und Frau).

Die EU-Verordnungen und EU-Richtlinien sind die wichtigsten Rechtsquellen des sekundären EU-Rechts. Die EU-Richtlinien sind – anders als die EU-VO – grds. erst nach entsprechender Transformation innerstaatliches Recht. Art. 157 AUV verbietet nicht nur die unmittelbare, sondern auch die mittelbare Frauendiskriminierung durch geschlechtsneutrale Regelungen, die in ihren praktischen Auswirkungen wesentlich mehr Frauen als Männer betreffen. Dies hat insbes. für unterschiedliche Behandlung von Teilzeit- und Vollzeitbeschäftigten praktische Bedeutung.

Verfassung

Die **Grundrechte** sind auf staatliche und tarifvertragl. Regelungen (bisher h.M.) unmittelbar anwendbar, auf Betriebsvereinbarungen zumindest über § 75 BetrVG. Auf arbeitsvertragl. Regelungen und einseitige Maßnahmen des AG finden die GrundR nach h.M. nur mittelbar Anwendung, indem sie bei Auslegung privatrechtl. Generalklauseln (z.B. §§ 138, 242, 315 BGB) oder sonst. unbest. Rechtsbegriffe zu berücksichtigen sind.

Gesetze

Zwingende Gesetze sind insbes. die ArbeitnehmerschutzG, z.B. KSchG, MuSchG. **Tarifdispositive** Gesetze können nur durch TV, **sonstiges dispositives** Gesetzesrecht auch durch Arbeitsvertrag zum Nachteil der Arbeitnehmer abgeändert werden.

Tarifvertrag

Tarifvertrag **regelt** Rechte und Pflichten der Vertragsparteien (schuldrechtl. Teil) sowie Inhalt, Abschluss u. Beendigung von Arbeitsverträgen. Die wichtigste Norm enthält § 4 TVG (unmittelb. u. zwingende Wirkung). Ein TV muss schriftl. (§ 1 Abs. 3 TVG), von tariffähigen Parteien (§ 2 TVG) innerhalb ihrer Tarifzuständigkeit geschlossen werden u. darf nicht gegen höherrangiges Recht verstoßen. Allgemeinverbindliche TV sind auch bei fehlender TV-Bindung (§ 3 TVG) gem. § 5 TVG anwendbar. Nach Beendigung eines TV (z.B. Zeitablauf) gelten die TV-Normen kraft Nachwirkung (§ 4 Abs. 5 TVG) weiter, aber nicht zwingend. Es gilt der Grunds. der Tarifeinheit („ein Betrieb, ein TV"). Der speziellere TV geht dem allgemeinen vor.

Betriebsvereinbarungen

Betriebsvereinbarungen gelten als **„Gesetz des Betriebs"** gem. § 77 Abs. 4 BetrVG ebenfalls unmittelb. u. zwingend. Kommt zwischen AG u. BR keine Einigung zustande, wird sie in gesetzl. vorgesehenen Fällen (z.B. § 87 Abs. 2 BetrVG) durch Spruch der Einigungsstelle ersetzt.

§§ 77 Abs. 3, 87 Abs. 1 BetrVG enthalten für BV eine Regelungssperre zugunsten der Tarifautonomie. Nach h.M. hat aber § 87 Abs. 1 BetrVG Vorrang vor § 77 Abs. 3 BetrVG, sodass im Anwendungsbereich des § 87 Abs. 1 BetrVG nur ein bestehender TV eine BV ausschließt. BV gelten für alle AN des Betriebes mit Ausn. der ltd. Angestellten. Nachwirkung haben gem. § 77 Abs. 6 BetrVG grds. nur die Regelungen einer erzwingbaren BV.

Arbeitsvertrag

Die Vertragsfreiheit ist im ArbeitsR durch Arbeitnehmerschutzbestimmungen sehr eingeschränkt. **Formulararbeitsverträge** unterliegen nach h.M. neben einer Rechtskontrolle auch einer Inhaltskontrolle nach §§ 307 ff. BGB n.F.

Die **betriebl. Übung** ist ein schuldrechtl. VerpflichtungsTB. Str. ist, ob die bindende Wirkung durch Vertrag o. Vertrauenstatbestand begründet wird. Betriebl. Übung kann insbes. Ansprüche auf Sonderzuwendungen, die über längere Zeit gewährt wurden, begründen.

Der **arbeitsrechtl. Gleichbehandlungsgrundsatz** begründet einen Anspruch bei unterschiedlicher „Behandlung" der AN. Die Vertragsfreiheit hat Vorrang gegenüber diesem Grundsatz, aber nur bei individuellen Vereinbarungen. Beim Verstoß gegen das Benachteiligungsverbot des § 7 Abs. 1 AGG gelten Regelungen des AGG

Arbeitgeber

Das **Direktionsrecht** berechtigt den AG, in Grenzen des Arbeitsvertrags die Vertragspflichten des AN zu konkretisieren.

3. Abschnitt: Der Rechtsschutz im Arbeitsrecht – Arbeitsgerichtsbarkeit

A. Aufgabenbereich der Arbeitsgerichte (§ 1 ArbGG:[481] „Gerichte für Arbeitssachen")

I. Maßgebliche Zuständigkeitsnormen

173 Die Zuständigkeit der Arbeitsgerichte ist in §§ 2, 2 a in einem umfangreichen Katalog aufgeführt. Die meisten Fälle in der Praxis betreffen Streitigkeiten zwischen den Arbeitsvertragsparteien über Rechte und Pflichten aus dem Arbeitsverhältnis sowie den Bestand des Arbeitsverhältnisses nach § 2 Abs. 1 Nr. 3 a bzw. b.

1. Die Zulässigkeit des Rechtsweges zu den Arbeitsgerichten

Bei den Arbeitsgerichten ist eine besondere Prüfung der Zulässigkeit des Rechtsweges grds. nicht erforderlich. Vielmehr braucht nur gemäß §§ 2, 2 a geprüft zu werden, ob die Arbeitsgerichte „ausschließlich zuständig" sind.

Das ergibt sich aus dem Wortlaut der §§ 2, 2 a, wo von „zuständig" die Rede ist, sowie daraus, dass die für die Rechtswegfrage zunächst entscheidende Abgrenzung, ob eine bürgerlich-rechtliche oder eine öffentlich-rechtliche Streitigkeit vorliegt, innerhalb der Prüfung der einzelnen Fälle des § 2 vorzunehmen ist: Abs. 1 und 2 verlangen ausdrücklich das Vorliegen einer bürgerlichen Streitigkeit. Aus der Streichung der Wörter „sachliche" Zuständigkeit in den Überschriften der §§ 2, 2 a und der Neufassung des § 48 über die Verweisung bei Unzulässigkeit des Rechtsweges (dazu unten) folgt, dass die §§ 2, 2 a nicht mehr die sachliche Zuständigkeit im Verhältnis zu Zivilgerichten, sondern die Frage der **Zulässigkeit des Rechtsweges** zu den Arbeitsgerichten regeln.[482] Diese „Abnabelung" der Arbeitsgerichte von den Zivilgerichten wirkt sich jedoch auf die Anwendung der §§ 2, 2 a nicht aus. Die Frage der Zulässigkeit des Rechtsweges zu den Arbeitsgerichten ist auch dann zu prüfen, wenn es um den Rechtsschutz gegen kirchliche Beschlüsse von arbeitsrechtlichen Kommissionen im Rahmen der kirchlichen Rechtssetzung (sog. Dritter Weg) geht, wobei insoweit streitig ist, ob solche Beschlüsse überhaupt einer gerichtlichen (kirchlichen bzw. staatlichen) Rechtskontrolle unterliegen.[483]

Das bedeutet: Bei der Zulässigkeit der Klage wird geprüft, ob die Arbeitsgerichte nach §§ 2, 2 a „ausschließlich zuständig" sind. Ist das der Fall, so ist das Rechtswegverhältnis zu den anderen Gerichtsbarkeiten geklärt. Es ist dann nur noch die örtliche Zuständigkeit innerhalb der Arbeitsgerichtsbarkeit zu prüfen.

174 Für die Zulässigkeit des Rechtsweges ist der jeweilige Streitgegenstand maßgeblich; dieser wird ausschließlich durch den Kläger bestimmt. Für die Abgrenzung, ob eine bürgerliche oder eine öffentlich-rechtliche Streitigkeit vorliegt, kommt es beim Fehlen einer ausdrücklichen Rechtswegzuweisung auf die Natur des Rechtsverhältnisses an, aus dem der Klageanspruch hergeleitet wird. Maßgeblich ist die wahre Natur des Anspruchs, wie er sich nach dem Sachvortrag des Klägers darstellt, und nicht, ob der Kläger sich auf eine zivilrechtliche oder auf eine öffentlich-rechtliche Anspruchsgrundlage beruft.[484] Beim Streit über die Zulässigkeit des Rechtsweges zu den Arbeits- bzw. den ordentlichen Gerichten ist umstritten, ob die Verweisung bereits aufgrund einer einseitigen **Schlüssigkeitsprüfung des Klägervorbringens** erfolgen darf.[485] Da nicht einzusehen ist, weshalb es der Kläger allein in der Hand haben

481 Paragraphen ohne Gesetzesangabe sind solche des ArbGG.

482 BAG NZA 1996 112; 1005, 1006; Kissel NZA 1995, 345; Schaub BB 1993, 1666; jeweils m.w.N.

483 Dagegen ArbG Herne, Urt. v. 23.09.2008 – 3 Ca 1900/08, juris; v. Tiling NZA 2009, 590 ff.; vgl. dazu auch Richardi, Festschrift für Birk, 2008, S. 741 ff.; Belling NZA 2006, 1132 ff.

484 Vgl. BGH, Beschl. v. 27.10.2009 – VIII ZB 42/08, NJW 2010, 873; BAG, Beschl. v. 19.08.2008 – 5 AZB 75/08, NZA 2008, 1313.

485 Vgl. Meinungsübersicht bei Hoffmann JR 2011, 24; Kissel NZA 1995, 345, 353.

sollte, die Zulässigkeit des Rechtsweges durch einen schlüssigen, aber bestrittenen Tatsachenvortrag zu bestimmen, erscheint es gerechtfertigt, über die Zuständigkeit erst nach einer **Beweiserhebung** hinsichtlich der zuständigkeitserheblichen Tatsachen zu entscheiden (sog. Beweiserhebungstheorie).[486] Die bloßen Rechtsansichten der Parteien sind dagegen bei unstreitigen Tatsachen für die Beurteilung der Rechtswegfrage unerheblich.[487] Kann aber der prozessuale Anspruch **ausschließlich nur auf eine arbeitsrechtliche Grundlage** gestützt werden (z.B. Feststellung der Sozialwidrigkeit einer ordentlichen Kündigung, § 1 Abs. 1 KSchG, Klage auf Feststellung des Bestehens eines Arbeitsverhältnisses), sodass die Tatsachenbehauptungen sowohl für die Rechtswegzuständigkeit als auch für die Begründetheit der Klage maßgebend sind (sog. sic-non-Fälle), reicht für die Annahme der Zuständigkeit des ArbG die Ansicht des Klägers, es liege ein Arbeitsverhältnis vor, grds. aus. Trifft dieses nicht zu, ist die Klage – gegebenenfalls nach einer Beweisaufnahme – als unbegründet abzuweisen.[488] Diese Grundsätze gelten allerdings bei Bestandsstreitigkeiten der sog. Organvertreter im Anwendungsbereich der Fiktion des § 5 Abs. 1 S. 3 auch dann nicht, wenn der der Organbestellung zugrunde liegende Anstellungsvertrag ausnahmsweise ein Arbeitsvertrag ist.[489] Eine Beweiserhebung ist auch dann entbehrlich, wenn der Kläger entweder Arbeitnehmer oder eine arbeitnehmerähnliche Person i.S.d. § 5 Abs. 1 S. 2 ist, weil die Zuständigkeit des ArbG mit einer sog. **Wahlfeststellung** bejaht werden kann.[490]

2. Vorabentscheidung über den Rechtsweg

Ist das Arbeitsgericht angerufen worden, ohne dass einer der Fälle der §§ 2, 2 a eingreift, **175**
oder ist ein anderes Gericht (z.B. Landgericht, Verwaltungsgericht) mit einer Streitigkeit befasst, die vor die Arbeitsgerichte gehört, so ist über die Zulässigkeit des Rechtsweges nach §§ 17 bis 17 b GVG zu entscheiden. Das folgt für die Arbeitsgerichte aus der Verweisungsvorschrift in § 48.

Die Verweisung innerhalb der einzelnen Rechtswege erfolgt nunmehr notfalls von Amts wegen durch einen Beschluss, der für das Gericht, an das der Rechtsstreit verwiesen worden ist, nur hinsichtlich des Rechtsweges grundsätzlich bindend ist.[491] Eine Vorabentscheidung durch einen Beschluss ist zwingend, wenn die Zulässigkeit des Rechtsweges gerügt wird. Eine Abweisung der Klage wegen Unzulässigkeit des Rechtsweges ist damit nicht mehr möglich, wohl aber eine Weiterverweisung innerhalb des Rechtsweges an das (örtlich/funktional) zuständige Gericht.[492]

Beispiel für die Fallbehandlung:
Hätte der Kläger oben in Fall 3 („Kündigung eines GmbH-Geschäftsführers") das Arbeitsgericht angerufen und wäre dieses zu der Überzeugung gelangt, dass der eingeschlagene Rechtsweg nicht zulässig sei, so hätte es dies – nach Anhörung der Parteien – notfalls von Amts wegen aussprechen und den Rechtsstreit zugleich an das zuständige Gericht des zulässigen Rechtsweges – hier also an das Landgericht – verweisen müssen (§ 17 a Abs. 2 S. 1 GVG i.V.m. § 48 Abs. 1). Bleibt die sofortige Beschwerde des Klägers gegen den Beschluss an das LAG und auch Rechtsbeschwerde i.S.d. §§ 574 ff. ZPO an das BAG, die allerdings nur bei einer entspr. Zulassung durch das LAG möglich ist, erfolglos, so bleibt ihm nur die Möglichkeit der Klagerücknahme, wenn er die Verweisung nicht hinnehmen will.[493]

486 BGH, Urt. v. 27.10.2009 – VIII 42/08, NJW 2010, 873; BAG, Beschl. v. 11.06.2003 – 5 AZB 43/02, NZA 2003, 163; 1994, 141; 234; Walker ZZP 123, 185; Kissel NZA 1995, 345, 353; vgl. auch BVerfG NZA 1999, 1234 und dazu Kluth NZA 2000, 1275.

487 BAG NZA 1999, 1175, 1176; 1997, 674, 676.

488 Vgl. BGH, Beschl. v. 27.10.2009, Fn. 486; BAG, Beschl. v. 08.11.2006 – 5 AZB 36/06, NZA 2007, 53.

489 Vgl. dazu BAG, Beschl. v. 03.12.2014 – 10 AZB 98/14, NJW 2015, 718; Stagat NZA 2015, 193 und oben Rn. 42.

490 Vgl. BAG NZA 1999, 1175, 1176; 1997, 399 ff.; BB 1997, 2220 ff.; ErfK/Koch § 5 ArbGG Rn. 5.

491 § 17 a Abs. 2 S. 3 GVG; vgl. auch BGH, Urt. v. 16.12.2003 – X AZR 363/03, NZA 2004, 341; BAG, Beschl. v. 17.06.2004 – 5 AS 3/04, NZA 2005, 183; 2000, 503 ff.; 1996, 112; SAE 1993, 86 m.Anm. Lißeck.

492 BAG NZA 1996, 112; 1994, 959; LAG Nürnberg, Beschl. v. 28.04.2010 – 4 Sa 566/09, juris; Germelmann in G/M/P/M-G § 48 ArbGG Rn. 75 ff.; Einzelheiten zu den §§ 17–17 b GVG bei Kissel NZA 1995, 345 ff.; Schaub BB 1993, 1666 ff.

493 Vgl. § 17 a Abs. 4 S. 3–6 GVG und BAG, Beschl. v. 26.09.2002 – 5 AZB 15/02, NZA 2002, 1302; 1995, 1223.

II. Zuständigkeit der Arbeitsgerichte in Sonderfällen

176 Eine Erweiterung der Zuständigkeiten der Arbeitsgerichte regeln § 2 Abs. 3 (Sachzusammenhang mit Streitigkeiten nach § 2),[494] § 3 (Rechtsnachfolge oder Prozessführungsbefugnis)[495] und § 2 Abs. 4 zur Zulässigkeit der Rechtswegvereinbarung mit Organvertretern.[496] Bei den sog. Zusammenhangsklagen ist zu beachten, dass die Zusammenhangszuständigkeit nach § 2 Abs. 3 nicht dazu missbraucht werden darf, dass unter Berufung darauf Streitgegenstände vor das Arbeitsgericht (z.B. aus Kostengründen, vgl. § 12 a) gebracht werden, für die an sich andere Gerichte zuständig sind. Bei der Anwendung des § 2 Abs. 3 im Einzelfall muss also gewährleistet sein, dass eine Rechtswegerschleichung verhindert wird, da diese eine Umgehung des gesetzlichen Richters i.S.d. Art. 101 Abs. 1 S. 2 GG zur Folge hat, der nicht zur Auswahl der Parteien steht, sondern aufgrund allgemeiner Kriterien feststellbar sein muss.[497]

B. Instanzenzug der Arbeitsgerichtsbarkeit

177 Arbeitsgerichte gibt es in **drei Instanzen**:

1. Instanz: Arbeitsgericht,
2. Instanz: Landesarbeitsgericht als Berufungs- bzw. Beschwerdeinstanz,
3. Instanz: Bundesarbeitsgericht als Revisions- bzw. Rechtsbeschwerdeinstanz.

C. Zusammensetzung der Arbeitsgerichte

178 Die Arbeitsgerichte sind in allen Instanzen **Kollegialgerichte**. Sie sind besetzt mit Berufsrichtern (insbes. ist ein Berufsrichter Vorsitzender Richter) sowie mit ehrenamtlichen Richtern. Diese stammen je zur Hälfte aus Kreisen der Arbeitnehmer und der Arbeitgeber (paritätische Besetzung). Sie werden von den Verbänden der Arbeitnehmer und Arbeitgeber vorgeschlagen (§§ 6, 16, 20 ff.).

D. Verfahren vor den Arbeitsgerichten

179 Für das **Verfahren vor den Arbeitsgerichten** gilt grundsätzlich die ZPO (§§ 46 Abs. 2, 80 Abs. 2), sofern das ArbGG keine Sonderregelungen enthält. Von diesen Sonderregelungen sind insbesondere zu erwähnen:[498]

- **Parteifähig** sind nach § 10 – über § 50 ZPO hinaus – Gewerkschaften und Vereinigungen von Arbeitgebern sowie Zusammenschlüsse solcher Verbände auch dann, selbst wenn sie nicht rechtsfähig sind.

---

494 Vgl. dazu BAG AP Nr. 76 zu § 2 ArbGG 1979; Schlewing in G/M/P/M-G § 2 ArbGG Rn. 113 ff.

495 GmS-OBG, Beschl. v. 27.09.2009 – 1/09, NZA 2011, 534: (Insolvenzverwalter als „faktischer Arbeitgeber); zust. Anm. Urban ZInsO 2011, 2015 und BAG, Beschl. v. 09.07.2003 – 5 AZB 34/03, NZA 2004, 400; 2000, 671.

496 Vgl. dazu BAG NZA 1994, 234 ff.; ErfK/Koch § 2 Rn. 35; Schlewing in G/M/P/M-G § 2 ArbGG Rn. 131 ff.

497 Vgl. dazu BAG, Beschl. v. 23.08.2001 – 5 AZB 20/01, DB 2002, 52: keine weite Auslegung, sonst Rechtswegerschleichung möglich; Beschl. v. 29.11.2006 – 5 AZB 47/06, NZA 2007, 110: Unzuständigkeit für Zusammenhangsklage bei Rücknahme der Hauptklage vor Verhandlungsbeginn; Beschl. v. 11.06.2003 – 5 AZB 43/02: § 2 Abs. 3 nicht anwendbar, wenn die Zuständigkeit allein aus der Verbindung mit einem sic-non-Antrag folgen kann; BAG NZA 2001, 1258: Aufrechnung mit rechtswegfremder Forderung, für die ein anderes Gericht ausschl. zuständig ist und Kluth NZA 2000, 1275 ff.

498 Vgl. zu Besonderheiten der Arbeitsgerichtsbarkeit Weth NZA 1998, 680 ff.; zu Änderungen des ArbGG Gussen FA 2015, 165; Tiedemann ArbRB 2014, 385; ders. ArbRB 2008, 224: Übersicht der wichtigsten Fristen im arbeitsgerichtlichen Urteilsverfahren sowie Hartwig Jura 2009, 370 ff. zum einstweiligen Rechtsschutz im Arbeitsgerichtsverfahren.

- Die **Prozessvertretung** ist in § 11 teilweise besonders geregelt: In erster und in zweiter Instanz können sich die Parteien auch durch Vertreter von Gewerkschaften oder von Vereinigungen von Arbeitgebern vertreten lassen.

- **Sonderregelung für örtliche Zuständigkeit** in § 48 Abs. 1 a: Örtlich das ArbG zuständig ist, in dessen Bezirk der Arbeitnehmer gewöhnlich seine Arbeit verrichtet bzw. verrichtet hat (besonderer Gerichtsstand des Arbeitsortes). Ist ein **gewöhnlicher Arbeitsort** nicht feststellbar, ist das ArbG örtlich zuständig, von dessen Bezirk aus der Arbeitnehmer seine Arbeit verrichtet bzw. verrichtet hat (vgl. auch § 48 Abs. 2 zur Zulässigkeit der Regelung der örtlichen Zuständigkeit durch TV-Parteien).[499] **180**

- Abweichend von der ZPO (§§ 339 Abs. 1, 700 ZPO) beträgt die **Einspruchsfrist bei einem Versäumnisurteil bzw. einem Vollstreckungsbescheid** nicht zwei Wochen, sondern nur eine Woche (vgl. § 59). Für das Mahnverfahren enthält § 46 a Besonderheiten (z.B. Widerspruchsfrist eine Woche, § 46 a Abs. 3). **181**

- Die **Einlassungsfrist** bei Klageerhebung/-erweiterung und Widerklage beträgt ebenfalls nur eine Woche, § 47 Abs. 1 (vgl. § 274 Abs. 3 ZPO: zwei Wochen).

- Nach § 54 beginnt die mündliche Verhandlung (Urteilsverfahren) mit einer **Güteverhandlung** vor dem Vorsitzenden (vgl. auch § 55 zur Entscheidungsbefugnis des Vorsitzenden), die an die Stelle des frühen ersten Termins i.S.d. § 275 ZPO tritt und eine gütliche Einigung zum Ziel hat. Im Beschlussverfahren kann gemäß § 80 Abs. 2 eine Güteverhandlung anberaumt werden. Gemäß § 46 Abs. 2 findet kein schriftliches Vorverfahren statt (vgl. aber § 128 ZPO). **182**

  Nach §§ 278, 279 ZPO geht der mündlichen Verhandlung bei den Zivilgerichten grds. eine Güteverhandlung voraus, die aber auch vorweg durchgeführt werden kann.

- Vollstreckungsfähige Urteile des Arbeitsgerichts sind gemäß § 62 Abs. 1 S. 4 kraft Gesetzes ohne Sicherheitsleistung vorläufig vollstreckbar. Die vorläufige **Vollstreckbarkeit** kann nach § 62 Abs. 1 S. 2 ausgeschlossen werden. Nach Erlass des Urteils kommt eine Einstellung der Zwangsvollstreckung nur nach Maßgabe des § 62 Abs. 1 S.3 in Betracht, wobei dies anders als im zivilprozessualen Verfahren gemäß § 62 Abs. 4 nur ohne Sicherheitsleistung erfolgen kann.[500] **183**

- Gegen Urteile des ArbG ist **Berufung** beim LAG zulässig, wenn der Beschwerdewert 600 € übersteigt, bei Streitigkeiten über das Bestehen bzw. Nichtbestehen oder die Kündigung eines Arbeitsverhältnisses oder wenn sie zugelassen wird (§ 64; vgl. auch Abs. 2 d). Gegen Urteile des LAG ist Revision beim BAG nur dann zulässig, wenn sie zugelassen wird (§ 72). Bei Nichtzulassung kommt Nichtzulassungsbeschwerde in Betracht (§ 72 a). Ist gegen eine arbeitsgerichtliche Entscheidung ein Rechtsmittel nicht (mehr) gegeben, kann bei Verletzung des rechtlichen Gehörs eine sog. Gehörsrüge nach Maßgabe des § 78 a erhoben werden. **184**

- Abweichend von § 91 ZPO hat in der ersten Instanz (Urteilsverfahren) die obsiegende Partei **keinen Anspruch auf Erstattung von Kosten** wegen Zeitversäumnis und we- **185**

---

499 Vgl. dazu Germelmann in G/M/P/M-G § 48 ArbGG Rn. 34 ff.; Künzl ArbR 2009, 59; Bergwitz NZA 2008, 443.
500 Vgl. dazu Hartwig Jura 2009, 203 ff.; Groeger NZA 1994, 251 ff.; Beckers NZA 1997, 1322 ff.

gen Zuziehung eines Prozessbevollmächtigten (§ 12 a Abs. 1). In erster Instanz muss also auch derjenige, der obsiegt, die Kosten seines Rechtsanwalts selbst bezahlen.[501]

Diese Regelung hat folgenden Grund: Der AN soll nicht befürchten müssen, dass er im Falle des Unterliegens den RA des AG bezahlen muss. Der AG soll also seinen RA in jedem Fall selbst bezahlen. Der AN kann sich von seiner Gewerkschaft vertreten lassen, wobei ihm keine besonderen Kosten entstehen. Diese Regelung kann zu groben Unbilligkeiten führen, wenn der AN auf eigene Kosten anwaltliche Hilfe in Anspruch nehmen muss: Der AG kann mutwillig eine Widerklage erheben, z.B. wegen angeblicher Schadensersatzforderung, und dadurch den Streitwert erheblich erhöhen. Selbst wenn der AN voll obsiegt, kann es so sein, dass der eingeklagte Betrag durch die an seinen Rechtsanwalt zu zahlenden Kosten aufgezehrt wird.

186 ■ Nach der Neufassung des § 11 a gilt auch im Arbeitsgerichtsverfahren für Prozesskostenhilfe die ZPO. Die Möglichkeit, einer bedürftigen Partei auf Antrag einen **Rechtsanwalt** durch das Arbeitsgericht **beizuordnen**, wenn die Gegenpartei durch einen Rechtsanwalt vertreten wird, gibt es nicht mehr (so aber § 11 a Abs. 1 a.F.).[502]

187 ■ Im **Beschlussverfahren** gilt (§ 2 a) gemäß § 83 Abs. 1 der Untersuchungsgrundsatz, sodass das Arbeitsgericht den Sachverhalt im Rahmen der gestellten Anträge von Amts wegen aufklären muss. Die Amtsermittlungspflicht zwingt allerdings das Gericht nicht zu einer uferlosen Ermittlungstätigkeit „ins Blaue". Die Amtsermittlung ist vielmehr nur soweit auszudehnen, als das bisherige Vorbringen der Beteiligten bei pflichtgemäßer Würdigung Anlass dafür bietet, dass der entscheidungserhebliche Sachverhalt noch nicht vollständig ist und noch weiterer Aufklärung bedarf.[503] Die Amtsermittlungspflicht umfasst auch die Pflicht, die am Verfahren Beteiligten von Amts wegen zu ermitteln und am Verfahren zu beteiligen.[504]

Das Beschlussverfahren wird nicht durch Klage, sondern durch einen Antrag eingeleitet (§ 81 Abs. 1) und nicht durch Urteil, sondern durch Beschluss entschieden (§ 84), gegen den Beschwerde beim LAG (§ 87) unabhängig von der Höhe der Beschwer eingelegt werden kann. Gegen die Beschlüsse des LAG kann bei entsprechender Zulassung Rechtsbeschwerde beim BAG (§ 92), sonst Nichtzulassungsbeschwerde (§ 92 a) eingelegt werden. Auch im Beschlussverfahren kann nach Maßgabe des § 78 a eine sog. Gehörsrüge erhoben werden.

Bei Streitigkeiten aus dem kirchlichen Mitarbeitervertretungsrecht, die mit Streitigkeiten aus dem Betriebsverfassungsrecht vergleichbar sind, sind nicht die staatlichen Arbeitsgerichte, sondern die Kirchengerichte zuständig.[505] Etwas anderes gilt aber dann, wenn es um Fragen des bürgerlichen Rechts (z.B. Freizeitausgleichsanspruch eines Mitglieds der Mitarbeitervertretung) geht, für die grds. die staatlichen Gerichte zuständig sind, die dann auch das kirchliche Recht anzuwenden haben.[506]

501 Vgl. BAG NZA 1994, 284; 1992, 1101: § 12 a schließt auch materiellrechtliche Kostenerstattungsansprüche aus; vgl. aber LAG Thüringen NZA 2001, 1216 zum Erstattungsanspruch bei ursprünglicher Anrufung des unzuständigen Gerichts; ausführlich zur Reichweite des § 12 a Schleusner/Kühn NZA 2008, 147 ff.

502 Vgl. zur Neuregelung der PKH im Arbeitsgerichtsverfahren Schrader/Siebert NZA 2014, 348 ff.

503 Vgl. dazu BAG NZA 2000, 1180; Matthes/Spinner in G/M/P/M-G § 83 ArbGG Rn. 82 f.; allgemein zur Rspr. zum arbeitsgerichtlichen Beschlussverfahren Busemann NZA-RR 2014, 457 ff.; 513 ff. und Walker JbArbR 52, 95-114 (2015); Bader NZA 2015, 644 sowie Maul-Satori NZA 2014, 1305 zum Beschlussverfahren nach dem neuen § 98.

504 Vgl. BAG, Beschl. v. 10.02.2009 – 1 ABR 36/08, NZA 2009, 908; Matthes/Spinner in G/M/P/M-G §§ 83 ArbGG Rn. 85.

505 BAG NZA 1993, 597; Richardi NZA 2000, 1306 ff. und Menges ZMV 2015, 136 zu Klagen vor kirchlichen Arbeitsgerichten.

506 Vgl. dazu BAG, Urt. v. 11.11.2008 – 1 AZR 646/07, ZMV 2009, 121 und Bepler ZMV 2010, Sonderheft, 22 ff.

2. Teil: Das Individualarbeitsrecht

1. Abschnitt: Begründung und Mängel des Arbeitsverhältnisses

A. Das Prinzip der Vertragsfreiheit im Arbeitsvertragsrecht

Grundsätzlich können beide Vertragsparteien frei darüber entscheiden, ob und mit 188
wem sie ein Arbeitsverhältnis begründen (sog. **Abschlussfreiheit**) sowie welchen Inhalt das Arbeitsverhältnis haben soll, § 105 GewO (sog. inhaltliche Gestaltungsfreiheit bzw. **Inhaltsfreiheit**). Während aber die inhaltliche Gestaltungsfreiheit der Vertragsparteien durch zahlreiche Arbeitnehmerschutzbestimmungen (z.B. ArbZG, MuSchG, SGB IX, JArbSchG, KSchG, Tarifverträge, Betriebsvereinbarungen) und bei Formularverträgen zusätzlich durch §§ 305 ff. BGB erheblich eingeschränkt ist,[507] unterliegt die Abschlussfreiheit der Vertragsparteien grds. keinen rechtlichen Beschränkungen. In Ausnahmefällen ist allerdings auch die Abschlussfreiheit des Arbeitgebers zumindest in faktischer Hinsicht eingeschränkt.[508]

I. Grundsatz der Abschlussfreiheit

1. Die **Abschlussfreiheit des öffentlichen Arbeitgebers** ist allerdings durch Art. 33 189
Abs. 2 GG rechtlich insoweit eingeschränkt, als Eignung, Befähigung und fachliche Leistung über die Zuweisung freier Arbeitsplätze an die Einstellungsbewerber entscheiden sollen. Aus Art. 33 Abs. 2 GG folgt aber grds. kein Einstellungsanspruch, sondern nur ein Anspruch auf eine ermessensfehlerfreie Entscheidung des öffentlichen Arbeitgebers.[509] Ein **Einstellungsanspruch**, der auch im Wege der einstweiligen Verfügung geltend gemacht werden kann, steht dem Bewerber ausnahmsweise dann zu, wenn seine Einstellung die einzig rechtmäßige Entscheidung der Behörde über die Bewerbung darstellt und der Arbeitsplatz noch nicht anderweitig besetzt ist.[510] Der Bewerber kann vom öffentlichen Arbeitgeber beim fehlerhaften Auswahlverfahren mit einer sog. **Konkurrentenklage**, insb. im Wege der einstweiligen Verfügung, die Unterlassung der Einstellung oder der Beförderung eines Mitbewerbers geltend machen.[511] Das Stellenbesetzungsverfahren kann allerdings nach h.M. aus sachlichen Gründen abgebrochen werden mit der Folge, dass sich dadurch die Verfahrensrechte der Bewerber nach Art. 33 Abs. 2 GG erledigen.[512] Wurde die Stelle einem Mitbewerber bereits endgültig übertragen, kommt nur ein Schadensersatzanspruch wegen schuldhafter Verletzung der Auswahlgrundsätze des Art. 33 Abs. 2 GG in Betracht.[513] Auf Begründung der Arbeitsverhältnisse mit **privaten Arbeitgebern** ist dagegen Art. 33 Abs. 2 GG nach ganz h.M. **nicht**, auch nicht entsprechend anwendbar.[514]

507 Ausführlich dazu MünchArbR/Buchner §§ 30 ff. zur Zulässigkeit einzelner Vertragsklauseln oben Rn. 146 ff.

508 Vgl. zur Einschränkungen der Abschlussfreiheit Pallasch RdA 2015, 108 ff. und Horcher RdA 2014, 93 ff.

509 BAG, Urt. v. 12.10.2010 – 9 AZR 518/09, NZA 2011, 306; MünchArbR/Buchner § 30 Rn. 131 ff.; Graetz DVP 2010, 416.

510 BAG, Urt. v. 11.06.2013 – 9 AZR 668/11, ZTR 2013, 556; Urt. v. 24.03.2009 – 9 AZR 277/08, NZA 2009, 901; Urt. v. 19.02.2008 – 9 AZR 70/07, NZA 2008, 1016; MünchArbR/Buchner § 30 Rn. 152; Zimmerling öAT 2011, 78.

511 BAG, Urt. v. 19.05.2015 – 9 AZR 837/13, juris; LAG Schleswig-Holstein NZA-RR 2015, 443.

512 Vgl. BAG, Urt. v. 17.08.2010 – 9 AZR 447/09, NZA 2011, 516; Urt. v. 24.03.2009, Fn. 510; Sasse öAT 2010, 105 ff.

513 BAG, Urt. v. 19.02.2008, Fn. 510; NZA 1998, 882, 884; Reinhard/Kliemt NZA 2005, 545 ff.m.w.N.

514 Vgl. Z/L/H § 14 Rn. 54; MünchArbR/Buchner § 30 Rn. 39 ff., 131 ff. m.w.N.

190 **2.** Eine gewisse Einschränkung der Abschlussfreiheit des privaten Arbeitgebers enthält § 78 a BetrVG (vgl. auch § 9 BPersVG für den öffentlichen Arbeitgeber), als Auszubildenden, die u.a. Mitglied einer Jugend- und Auszubildendenvertretung oder des Betriebsrats sind, nach Maßgabe des § 78 a BetrVG ein einklagbarer Anspruch auf Begründung eines Arbeitsverhältnisses zusteht.[515] Darüber hinaus sehen auch einige Tarifverträge eine Verpflichtung des Arbeitgebers vor, mit einem Auszubildenden nach Ausbildungsabschluss zumindest einen befristeten Arbeitsvertrag abzuschließen.[516]

191 **3.** Die Abschlussfreiheit des Arbeitgebers ist außerdem im Zusammenhang mit der Teilzeit insofern eingeschränkt, als er nach § 7 Abs. 1 TzBfG einen freien Arbeitsplatz auch als Teilzeitarbeitsplatz auszuschreiben, wenn sich der Arbeitsplatz dafür eignet. Darüber hinaus sind auch die Arbeitnehmer, die den Wunsch nach Veränderung der Arbeitszeit geäußert haben, nach § 7 Abs. 2 TzBfG über entsprechende Arbeitsplätze zu informieren, die im Betrieb oder Unternehmen zu besetzen sind. Die Verletzung der Unterrichtungspflicht nach § 7 Abs. 2 TzBfG allein kann nach wohl h.M. einen vertraglichen Schadensersatzanspruch eines bereits beschäftigten Arbeitnehmers aus § 280 Abs. 1 BGB begründen. Voraussetzung dafür ist aber, dass er darlegen und beweisen kann, dass er die Stelle tatsächlich bekommen hätte und ihm wegen der unterbliebenen Verkürzung der bisherigen Arbeitszeit ein Vermögensschaden (z.B. erforderliche Kinderbetreuungskosten höher als die Vergütungsdifferenz zwischen Voll- und Teilzeit) entstanden ist, was selten vorkommt und schwierig zu beweisen ist.[517] Deliktische Schadensersatzansprüche scheiden dagegen aus, weil § 7 TzBfG kein SchutzG i.S.d. § 823 Abs. 2 BGB ist.[518] Ob die Verletzung der Ausschreibungspflicht nach § 7 Abs. 1 TzBfG ein Zustimmungsverweigerungsrecht des Betriebsrates nach § 99 Abs. 2 BetrVG begründet, ist umstritten.[519] Bereits beschäftigte Arbeitnehmer haben nach Maßgabe der §§ 8, 9 TzBfG einen einklagbaren Anspruch auf Verkürzung bzw. Verlängerung der bisherigen Arbeitszeit.[520] Da eine Teilzeitkraft, die den Wunsch nach Verlängerung der Arbeitszeit geäußert hat, gemäß § 9 TzBfG bei der Besetzung eines freien Arbeitsplatzes bei gleicher Eignung bevorzugt zu behandeln ist, sofern dem nicht dringende betriebliche Gründe oder Arbeitszeitwünsche anderer Arbeitnehmer entgegen stehen, kann die Verletzung des § 9 TzBfG nach ganz h.M. eine Schadensersatzpflicht des Arbeitgebers nach § 280 Abs. 1 BGB begründen.[521] Die unberechtigte Verweigerung einer nach § 8 TzBfG verlangten Arbeitszeitverkürzung kann nach h.M. ebenfalls einen vertraglichen Schadensersatzanspruch nach § 280 Abs. 1 BGB begründen, wenn dadurch (ausnahmsweise) ein Vermögensschaden entstanden ist, da kein Grund ersichtlich ist, weshalb die schuldhafte Nichterfüllung des einklagbaren Anspruchs aus § 8 TzBfG insoweit anders behandelt werden sollte als die schuldhafte Nichterfüllung des Anspruchs aus § 9 TzBfG.[522]

---

515 BAG, Beschl. v. 05.12.2012 – 7 ABR 38/11, NZA-RR 2013, 241; Beschl. v. 17.02.2010 – 7 ABR 89/08, DB 2010, 1355; BVerwG, Urt. v. 11.03.2008 – 6 PB 16/07, NZA-RR 2008, 445; Dzida ArbRB 2014, 275; Lakies ArbR 2012, 34; Reuter BB 2007, 2678.

516 BAG, Urt. v. 29.09.2005 – 8 AZR 573/04, EzA § 611 BGB 2002 Einstellungsanspruch Nr. 1; BAG, Urt. v. 17.06.1998 – 7 AZR 443/97, NZA 1998, 1178; ausführl. dazu Houben NZA 2011, 182; Kleinebrink ArbRB 2010, 279; Schulze NZA 2007, 1329.

517 ErfK/Preis § 7 TzBfG Rn. 8; MünchKomm/Müller-Glöge § 7 TzBfG Rn. 8 m.w.N.; a. A. Schloßer BB 2001, 411 f.; Herber/Hix DB 2002, 2377 ff.; Hanau NZA 2001, 1168, 1173.

518 ErfK/Preis § 7 TzBfG Rn. 8; MünchKomm/Müller-Glöge § 7 TzBfG Rn. 8; Ehler BB 2001, 1146 f.; Schloßer BB 2001, 411.

519 Dagegen ErfK/Preis § 7 TzBfG Rn. 4; MünchKomm/Müller-Glöge § 7 TzBfG Rn. 4; Ehler BB 2001, 1146; a.A. LAG Baden-Württemberg, Beschl.v. 19.07.2004 – 14 TaBV 4/03, juris; Herbert/Hix DB 2002, 2377; Fischer ArbuR 2001, 325.

520 Vgl. dazu BAG, Urt. v. 13.11.2012 – 9 AZR 259/11, NZA 2013, 373; Urt. v.15.08.2006 – 9 AZR 30/06; NZA 2007, 259; Stöhr ZfA 2015, 167; Lorenz NZA-RR 2006, 281; Hunold NZA-RR 2004, 225 und später Rn. 274 ff.

521 BAG, Beschl. v. 01.06.2011 – 7 ABR 117/09, NZA 2011, 1435; ErfK/Preis § 9 TzBfG Rn. 15; Hanau NZA 2001, 1168, 1169.

522 Vgl. LAG Düsseldorf NZA-RR 2004, 234; ErfK/Preis § 7 TzBfG Rn. 8; MünchKomm/Müller-Glöge § 7 TzBfG Rn. 8; a.A. Hanau NZA 2001, 1168, 1172.

Nach § 71 Abs. 1 SGB IX haben zwar Arbeitgeber, die mindestens über 20 Arbeitsplätze verfügen, auf mind. 5% der Arbeitsplätze Schwerbehinderte zu beschäftigen, der einzelne arbeitssuchende Schwerbehinderte erlangt aber keinen Einstellungsanspruch, wenn der Arbeitgeber die Pflichtquote nicht erfüllt. Der Arbeitgeber muss aber dann eine Ausgleichsabgabe nach Maßgabe des § 77 SGB IX zahlen.[523] 192

II. Zustimmung Dritter grds. keine Wirksamkeitsvoraussetzung des Arbeitsvertrages

1. Soweit in einem Unternehmen oder in einem Gemeinschaftsbetrieb mehrerer Unternehmen[524] regelmäßig mehr als zwanzig wahlberechtigte Arbeitnehmer beschäftigt sind, braucht der Arbeitgeber nach § 99 BetrVG u.a. für jede Einstellung die Zustimmung des Betriebsrats[525] (vgl. auch § 75 Abs. 1 Nr. 1 BPersVG und LPersVG für den öffentlichen Dienst). Der **Betriebsrat** kann danach also die Einstellung eines bestimmten Arbeitnehmers durch die Zustimmungsverweigerung nach Maßgabe des § 99 Abs. 2, 3 BetrVG u.U. verhindern (vgl. auch § 99 Abs. 4 BetrVG), die Einstellung eines bestimmten Arbeitnehmers kann er jedoch nicht erzwingen. Darüber hinaus stehen dem Betriebsrat in Personalangelegenheiten Beteiligungsrechte nach §§ 92 ff. BetrVG zu.[526] 193

Ein ohne die nach § 99 Abs. 1 BetrVG erforderliche Zustimmung des Betriebsrats abgeschlossener Arbeitsvertrag ist zwar nicht nach § 134 BGB nichtig, der Arbeitgeber darf aber den Arbeitnehmer nicht beschäftigen.[527] Dem Betriebsrat stehen allerdings beim Verstoß gegen § 99 Abs. 1 BetrVG die Rechte aus § 101 BetrVG,[528] dem Arbeitnehmer bei Nichtbeschäftigung der Anspruch aus § 615 BGB zu. Ein allgemeiner (vorbeugender) Unterlassungsanspruch, mit dem der Betriebsrat eine Verletzung des § 99 BetrVG verhindern könnte, steht dem Betriebsrat nach h.M. dagegen nicht zu.[529]

2. Staatsangehörige der neuen EU-Staaten dürfen zwar nach § 284 Abs. 1 SGB III und Staatsangehörige aus Drittstaaten nach § 4 AufenthaltsG (vgl. auch §§ 18, 19, 39 AufenthaltsG) ohne eine **Arbeitserlaubnis** grds. nicht beschäftigt werden. Der ohne Arbeitserlaubnis abgeschlossene Arbeitsvertrag ist aber nach ganz h.M. nicht nach § 134 BGB nichtig. Vielmehr besteht nur ein tatsächliches Beschäftigungsverbot.[530] Ein Arbeitsvertrag, der die Ausübung des ärztlichen Berufes zum Gegenstand hat, ist dagegen nach Sinn und Zweck der ärztlichen Zulassungsregeln gem. § 134 BGB nichtig, wenn dem Arbeitnehmer die erforderliche Approbation bzw. Berufsausübungserlaubnis fehlt.[531] 194

523 Vgl. zur Verfassungsmäßigkeit BVerfG, Beschl. v. 01.10.2004 – 1 BvR 221/03, NZA 2005, 102 u. Banafsche NZS 2012, 205.

524 Nach dem Wortlaut des § 99 BetrVG ist zwar Anknüpfungspunkt für das Mitbestimmungsrecht – anders als nach § 99 BetrVG a.F. – nicht der Betrieb, sondern das Unternehmen. Wegen der vergleichbaren Interessenlage ist aber § 99 BetrVG nach h.M. auf Gemeinschaftsbetriebe analog anzuwenden, vgl. BAG, Beschl. v. 29.09.2004 – 1 ABR 39/03, NZA 2005, 420; F/E/S/T/L § 99 BetrVG Rn. 8 ff.; krit. Reichold NZA 2005, 622: „Fürsorgliche Betreuung eines unfähigen Gesetzgeber".

525 Vgl. zum Einstellungsbegriff: BAG, Beschl. v. 23.06.2010 – 7 ABR 1/09, DB 2010, 2173; Fuhlrott/Reiß AuA 2014, 205; Richardi NZA 2009, 1; kritisch zur Rspr. des BAG zum Einstellungsbegriff i.S.d. BetrVG Bengelsdorf FA 2009, 70.

526 Vgl. dazu Heither AR-Blattei SD 530.14.3.; Hunold DB 1993, 224, 227 f.; Buchner NZA 1991, 577, 586 ff.

527 BAG, Urt. v. 05.01.2001 – 2 AZR 580/99, NZA 2001, 893, 896; 1998, 1225, 1228; Schaub/Koch § 241 Rn. 53; Raab ZfA 1995, 479, 489; jeweils m.w.N.; a.A. F/E/S/T/L § 99 BetrVG Rn. 278.

528 Vgl. dazu F/E/S/T/L § 101 BetrVG Rn. 3 ff. und ausführlich Mittag/Junghans AiB 2009, 30 ff.; Lahusen NZA 1989, 869 ff.

529 Vgl. dazu BAG, Beschl. v. 23.06.2009 – 1 ABR 23/08, NJW 2010, 172; Schöne SAE 2010, 218; krit. Gastell BB 2010, 769.

530 ErfK/Preis § 611 BGB Rn. 329, 342 ff.; MünchArbR/Buchner § 29 Rn. 35; Staudinger/Richardi/Fischinger § 611 BGB Rn. 629 ff.; Für Staatsangehörige der Staaten, die am 30.04.2004 EU-Mitglied waren, folgt das Recht auf Zugang zum Arbeitsplatz unmittelbar aus Art. 45 AUV, der ab dem 01.05.2011 auch für die AN der Staaten gilt, die 2004 im Rahmen der Osterweiterung der EU beigetreten sind, vgl. dazu Richert AuA 2011, 264; Schlachter ZESAR 2011, 156; zur Beschäftigung von Ausländern allgemein Schaub/Koch § 27 Rn. 4 ff.; MünchArbR/Buchner § 29; Mävers ArbR 2013, 483.

531 Vgl. dazu BAG, Urt. v. 03.11.2004 – 5 AZR 592/03, NZA 2005, 1409; ErfK/Preis § 611 BGB Rn. 334 und Joussen NZA 2006, 963 zum Vertrauensschutz im fehlerhaften Arbeitsverhältnis.

III. Verbot der Diskriminierung im Zusammenhang mit einer Einstellung nach § 7 Abs. 1 AGG aus den in § 1 AGG genannten Gründen

195 Nach § 1 AGG ist es **Ziel des AGG**, das nach § 31 AGG unabdingbar ist, Benachteiligungen aus Gründen der Rasse, wegen der ethnischen Herkunft, des Geschlechts, der Religion oder Weltanschauung, einer Behinderung, des Alters oder der sexuellen Identität (sog. verpönte Merkmale) zu verhindern oder zu beseitigen.[532] Der für das Arbeitsrecht bedeutsame **sachliche Anwendungsbereich des AGG** ist in § 2 Abs. 1 Nr. 1 bis 4 AGG geregelt. Er erfasst alle Stadien der Erwerbstätigkeit, insb. die Anbahnung, Begründung, Durchführung und Beendigung eines Arbeitsverhältnisses (vgl. aber § 2 Abs. 4 AGG; dazu unten Rn. 439). Im Zusammenhang mit der Begründung des Arbeitsverhältnisses erstreckt er sich nach § 2 Abs. 1 Nr. 1 AGG auf die Stellenausschreibung, das Auswahlverfahren und die konkrete Einstellung.[533] Nach § 7 Abs. 1 AGG, der die arbeitsrechtliche Grundnorm des AGG darstellt, dürfen Beschäftigte i.S.d. § 6 Abs. 1 AGG bei einer Stellenbesetzung nicht aus den in § 1 AGG genannten Gründen benachteiligt werden, insb. darf eine Stellenausschreibung gem. § 11 AGG nicht unter Verstoß gegen das Benachteiligungsverbot des § 7 Abs. 1 AGG erfolgen.[534] Auf einen **Verstoß gegen das Benachteiligungsverbot des § 7 Abs. 1 AGG** allein kann nach der ausdrücklichen Regelung des **§ 15 Abs. 6 AGG kein Einstellungsanspruch** gestützt werden. Es können aber Schadens- und Entschädigungsansprüche nach § 15 AGG bestehen, wobei Ansprüche aus anderen Rechtsvorschriften nach § 15 Abs. 5 AGG unberührt bleiben.[535]

Das AGG trat nach langen Diskussionen am 18.08.2006 in Kraft. Es dient in erster Linie der Umsetzung von vier EU-Diskriminierungsrichtlinien und regelt einheitlich und umfassend den Schutz vor Benachteiligungen. Gleichzeitig mit seinem In-Kraft-Treten wurden als nunmehr entbehrlich die geschlechterbezogenen Diskriminierungsregelungen der §§ 611 a, 611 b (jetzt § 11 AGG), § 612 Abs. 3 BGB a.F. und das BeschSchG aufgehoben. Außerdem wurde insb. § 81 Abs. 2 SGB IX, der ein Verbot der Diskriminierung der schwerbehinderten Beschäftigten enthält, inhaltlich geändert, indem er jetzt unter Aufhebung der bisherigen S. 2 bis 5 auf das AGG verweist.[536] Trotz dieser Änderungen ist zu berücksichtigen, dass die Grundsätze zum Verbot der Geschlechterdiskriminierung bzw. der Diskriminierung der schwerbehinderten Beschäftigten nach § 611 a BGB a.F. bzw. § 81 Abs. 2 SGB IX a.F. mangels abweichender Regelungen auf alle Benachteiligungsverbote des § 7 Abs. 1 AGG entspr. anwendbar sind.[537]

---

532 Vgl. zu Arbeitsrechtsnormen des AGG Preis § 34 II; Hanau ZIP 2006, 2189; Annuß BB 2006, 1629; Kamanabrou RdA 2006, 321; Willemsen/Schweibert NJW 2006, 2583; Richardi NZA 2006, 881; Wisskirchen DB 2006, 1491; zur Rspr. zum AGG Winter JbArbR 52, 51 (2015); Wendeling-Schröder ArbuR 2015, 49; Fuhlrott/Hoppe ArbR 2015, 35 u. 2014, 37; Bissels/Lützeler BB 2012, 701 u. 833; 2010, 1725; 1661; 2009, 774; 833 u. 2008, 666; Schmitz-Scholemann/Brune RdA 2011, 129; Raffler FA 2011, 73; Hunold NZA-RR 2009, 113; Schiefer ZfA 2008, 493; speziell zum öffentl. Dienst Fischer RiA 2009, 9.

533 Adomeit/Mohr § 2 AGG Rn. 10 ff. und NZA 2007, 179, 180; Däubler in Däubler/Bertzbach § 2 AGG Rn. 28.

534 Zur Bedeutung des AGG bei einer Stellenbesetzung Laws MDR 2013, 625; Jesgarzewski BB 2013, 2553; Hoppe/Fuhlrott ArbR 2013, 91 u. 2012, 131; Raif ArbR 2011, 209; Moderegger ArbRB 2010, 181; Ohlendorf/Schreier BB 2008, 2458; Kania/Merten ZIP 2007, 8; Seel JA 2007, 206 Wisskirchen DB 2006, 1491; Schrader DB 2006, 2571; Diller BB 2006, 1968; Wichert/Zange DB 2007, 970 zur Zulässigkeit der Suche nach Berufsanfängern in Stellenanzeigen; Schwab NZA 2007, 178: Diskriminierende Stellenanzeigen durch Personalvermittler; Diller NZA 2007, 649: Einstellungsdiskriminierung durch Dritte u. Deinert EuZA 2009, 232; v. Tilling ArbRB 2009, 80 zu Einstellungen bei kirchlichen Arbeitgebern.

535 Vgl. BAG, Urt. v. 25.06.2014 – 7 AZR 847/12, BB 2015, 122: Schadensersatzanspruch eines Betriebsratsmitglieds nach § 78 S. 2 BetrVG i.V.m. § 280 Abs. 1, § 823 Abs. 2, § 249 Abs. 1 BGB auf Abschluss eines Folgevertrages (Naturalrestitution) bei Ablehnung einer Befristungsverlängerung unter Verstoß gegen das Benachteiligungsverbot des § 78 BetrVG.

536 Vgl. zum Benachteiligungsverbot im Zusammenhang mit einer Behinderung Lingscheid NZA 2015, 147; Fuhlrott ArbR 2014, 307; Rehwald AiB 2013, 331; Pacholski/Naumann NJW-Spezial 2013, 626; Busch AiB 2011, 134; Bayreuther NZA 2010, 679; Fuerst DB 2009, 2153; Düwell BB 2006, 1741u. speziell zum öffentl. Dienst Laber ArbR 2011, 247.

537 Vgl. zum § 611 a BGB a.F. BVerfG, Beschl. v. 21.09.2006 – 1 BvR 308/03, NZA 2007, 195; BAG, Urt. v. 05.02.2004 – 112/03, DB 2004, 1944; Wendeling-Schröder NZA 2004, 1320; Bergwitz DB 1999, 94; Hohmeister BB 1998, 1790; Kreber NZA 1998, 856; zum § 81 Abs. 2 SGB IX a.F. BAG, Urt. v. 18.11.2008 – 9 AZR 643/07, juris; Urt. v. 16.09.2008 – 9 AZR 791/07, NZA 2009, 79; Urt. v. 15.02.2005 – 9 AZR 635/03, DB 2005, 1802 m. zust. Anm. Leder SAE 2006, 305; Schliek NZA 2004, 873.

Fall 8: Ablehnung der Einstellung wegen einer Behinderung

A ist nach einem Verkehrsunfall erkennbar gehbehindert (Grad der Behinderung = GdB: 30). Als der Unternehmer U in einer Stellenanzeige eine Aufsichtskraft für sein Sonnenstudio suchte, bewarb sich um diese Stelle u.a. auch A, der bisher nicht in einem Sonnenstudio gearbeitet hat. In dem Vorstellungsgespräch am 05.03. lehnte U die Einstellung des A unter Hinweis darauf ab, dass A aufgrund der Gehbehinderung als Aufsichtskraft für ein Sonnenstudio aus optischen Gründen nicht geeignet sei. Am 06.03. stellte U den B ein, der bereits in mehreren Sonnenstudios beschäftigt war und zudem kleinere Reparaturen an den Geräten vornehmen kann. Aufgrund dieser Fähigkeiten erhielt B den Vorzug vor den anderen Bewerbern, die teilweise entsprechende Tätigkeiten in der Vergangenheit ausgeübt haben. A fühlt sich durch die Art der Ablehnung diskriminiert und möchte wissen, ob er gegen U Ansprüche nach dem AGG geltend machen kann?

I. Ein Einstellungsanspruch steht A schon aufgrund der ausdrücklichen Regelung in § 15 Abs. 6 AGG unabhängig vom Vorliegen einer Benachteiligung i.S.d. § 7 Abs. 1 AGG nicht zu. **196**

§ 15 Abs. 6 AGG schränkt durch den Ausschluss des Einstellungs- bzw. Beförderungsanspruchs den Grundsatz der Naturalrestitution der §§ 249 ff. BGB ein. Ansprüche darauf, die sich aus anderen Gründen ergeben (z.B. Art. 33 Abs. 2 GG), bleiben aber unberührt.

II. Dem A könnten Schadens- bzw. Entschädigungsansprüche nach § 81 Abs. 2 SGB IX i.V.m. § 15 Abs. 1 bzw. Abs. 2 AGG[538] zustehen. **197**

1. Nach § 81 Abs. 2 SGB IX darf der Arbeitgeber schwerbehinderte Beschäftigte nicht wegen ihrer Behinderung benachteiligen. Schwerbehinderte Beschäftigte i.S.d. § 81 Abs. 2 SGB IX sind aber nur solche Personen, die gemäß § 2 Abs. 2 SGB IX einen GdB von mindestens 50 haben oder gemäß § 2 Abs. 3 SGB IX aufgrund eines Bescheides der Bundesagentur für Arbeit einem schwerbehinderten Menschen gleichgestellt sind.[539]

2. A hat zwar aufgrund seiner Behinderung einen GdB von 30, was nach § 2 Abs. 3 SGB IX Voraussetzung für eine Gleichstellung ist. Da jedoch A einem schwerbehinderten Menschen nicht gleichgestellt ist, kann er sich schon deshalb nicht auf das nur zugunsten der schwerbehinderten Beschäftigten eingreifende Benachteiligungsverbot des § 81 Abs. 2 SGB IX berufen.

3. Ergebnis zu II): Schadens- bzw. Entschädigungsansprüche aus § 81 Abs. 2 SGB IX i.V.m. § 15 Abs. 1 bzw. Abs. 2 AGG scheiden schon deswegen aus, weil A kein schwerbehinderter Beschäftigter i.S.d. § 81 Abs. 2 SGB IX ist.

III. Dem A könnte ein Anspruch auf Ersatz des materiellen Schadens aus § 15 Abs. 1 AGG zustehen. **198**

1. Das Bestehen eines solchen Schadensersatzanspruchs setzt zunächst voraus, dass ein Verstoß gegen das Benachteiligungsverbot des § 7 Abs. 1 AGG vorliegt.

---

538 Ausführl. zu Ansprüchen nach § 15 AGG v. Roetteken NZA-RR 2013, 337; Walker NZA 2009, 511; Stoffels RdA 2009, 204; Deinert DB 2007, 398; Adomeit/Mohr JZ 2009, 183 u. NZA 2007, 179; Simon/Greßlin BB 2007, 1782; Bauer/Evers NZA 2006, 893; Wagner/Potsch JZ 2006, 1085; Diller NZA 2007, 649 zur Haftung bei Einstellungsdiskriminierung durch Dritte.

539 Vgl. Lingscheid NZA 2015, 147 und Selzer EuZA 2014, 95 ff. zu Anforderungen an Behinderung i.S.d. AGG.

Nach § 7 Abs. 1 AGG dürfen Beschäftigte i.S.d. § 6 Abs. 1 AGG von einem Arbeitgeber i.S.d. § 6 Abs. 2 AGG nicht wegen eines in § 1 AGG genannten Grundes benachteiligt werden.

199 a) A ist als Bewerber um die vom U ausgeschriebene Stelle nach § 6 Abs. 1 S. 2 AGG Beschäftigter i.S.d. AGG.

Der persönliche Anwendungsbereich des AGG ist in § 6 Abs. 1 AGG geregelt. Der Begriff des Beschäftigten i.S.d. § 6 Abs. 1 AGG ist weiter als der Arbeitnehmerbegriff, weil Beschäftigte auch Auszubildende (Nr. 2), arbeitnehmerähnliche Personen (Nr. 3, Hs. 1) und Heimarbeiter (Nr. 3, Hs. 2) sowie Personen sind, deren Beschäftigungsverhältnis bereits beendet worden ist. Soweit es um die Bedingungen für den Zugang zu einer Erwerbstätigkeit sowie den beruflichen Aufstieg geht, gelten die Vorschriften des 2. Abschnittes des AGG (aber auch nur insoweit) darüber hinaus auch für Selbstständige und Organmitglieder entsprechend.[540]

b) U ist als natürliche Person, die zumindest eine Person nach § 6 Abs. 1 AGG beschäftigt, Arbeitgeber i.S.d. § 6 Abs. 2 AGG.

Nach dem Wortlaut des § 6 Abs. 2 AGG sind neben natürlichen und juristischen Personen nur rechtsfähige Personengesellschaften Arbeitgeber i.S.d. 2. Abschnitts des AGG. Da jedoch die Arbeitgebereigenschaft der BGB-Gesellschaft inzwischen weitgehend anerkannt ist (vgl. oben Rn. 27), ist auch die BGB-Gesellschaft als solche Arbeitgeber i.S.d. § 6 Abs. 2 AGG.[541]

c) U müsste durch die Ablehnung des Stellenbewerbers A gegen das Benachteiligungsverbot des § 7 Abs. 1 AGG verstoßen haben.

200 aa) Nach § 1 AGG sind u.a. Benachteiligungen wegen einer Behinderung des Beschäftigten verboten. Einen **Begriff der Behinderung** enthält zwar das AGG nicht, Einigkeit besteht jedoch weitgehend darüber, dass für eine Behinderung i.S.d. § 1 AGG – anders als für § 81 Abs. 2 SGB IX – nicht erforderlich ist, dass der Beschäftigte einen GdB von mindestens 50 hat, also ein schwerbehinderter Mensch i.S.d. § 2 Abs. 2 SGB IX ist. Behindert i.S.d. § 1 AGG ist bereits der Beschäftigte, dessen Teilhabe am Berufsleben über einen längeren Zeitraum (länger als 6 Monate) eingeschränkt ist. Insoweit wird auf den sozialversicherungsrechtlichen Begriff der Behinderung i.S.d. § 2 Abs. 1 SGB IX zurückgegriffen.[542]

201 bb) Da U die Einstellung des Bewerbers A, der einen GdB von 30 hat, ausdrücklich bereits wegen der dauerhaften Gehbehinderung abgelehnt hat, steht das Vorliegen einer unmittelbaren Benachteiligung i.S.d. § 3 Abs. 1 AGG wegen einer Behinderung und damit ein Verstoß gegen das Benachteiligungsverbot des § 7 Abs. 1 AGG positiv fest. Ein Rückgriff auf die **Beweiserleichterungsregelung des § 22 AGG** ist wegen der feststehenden Benachteiligung nicht erforderlich.[543]

---

540 Vgl. dazu BGH, Urt. v. 23.04.2012 – II ZR 163/10, RdA 2013, 111 m. Anm. Lunk; Preis/Sagan ZGR 2013, 26; Kort NZG 2013, 601; Schubert ZIP 2013, 289; Bauer/Arnold ZIP 2012, 597; v. Alversleben/Haug/Schnabel BB 2012, 774 u. oben Rn. 45.

541 Vgl. Schrader/Schubert in Däubler/Bertzbach § 6 AGG Rn. 22 f. m.w.N.

542 Vgl. dazu EuGH, Urt. v. vom 18.12.2014 – C-354/13, NJW 2015, 393; BAG, Urt. v. 14.01.2015 – 7 AZR 880/13, juris; Adomeit/Mohr § 1 AGG Rn. 116 ff.; Gennert DB 2015, 252; Linscheid NZA 2015, 147; Schreier JuS 2007, 308, 311.

543 Ausführl. zu § 22 AGG, dessen Vereinbarkeit mit EU-Recht umstr. ist, Windel RdA 2011, 193; 2007, 1; v. Mehdem NZA 2007, 545; Hoentsch DB 2006, 2631; zur Eignung von statistischen Daten als Indiz für eine mittelbare Diskriminierung BAG, Urt. v. 22.07.2010 – 8 AZR 1012/08, NZA 2011, 93; Krolop NJ 2013, 261; Dahm BB 2010, 1792; EuGH, Urt. v. 19.04.2012 – C-415/10, NZA 2012, 493; BAG, Urt. v. 25.04.2013 – 8 AZR 287/08, DB 2013, 2509: grds. kein Auskunftsanspruch darüber, ob und aufgrund welcher Kriterien ein anderer Bewerber berücksichtigt wurde; dazu Gola NZA 2013, 360; Hanau EuZA 2013, 105; Simon/Rein BB 2012, 1224 u. BAG, Urt. v. 22.08.2013 – 8 AZR 563/12, DB 2014, 252: Verstoß gegen § 82 S. 2 SGB IX als Indiz.

Für eine **unmittelbare Benachteiligung** reicht es nach h.M bereits aus, wenn ein verpöntes Merkmal für die Schlechterstellung einer Person im Verhältnis zu einer anderen Person in vergleichbarer Situation innerhalb eines Motivbündels des Arbeitgebers (nur) mitursächlich war. Eine Benachteiligungsabsicht ist dabei nicht erforderlich.[544] Eine **mittelbare Benachteiligung** i.S.d. § 3 Abs. 2 AGG setzt dagegen bereits auf der Tatbestandsseite voraus, dass für die Benachteiligung kein sachlicher Rechtfertigungsgrund vorliegt, der dem Verhältnismäßigkeitsprinzip genügt.[545] Für eine **Belästigung i.S.d. § 3 Abs. 3 AGG** ist neben der unerwünschten Handlung die Schaffung eines „feindlichen Umfelds" erforderlich, was keine zwingende Voraussetzung für eine **sexuelle Belästigung i.S.d. § 3 Abs. 4 AGG** ist. Ob für jede Belästigung, insbes. aber für eine Belästigung i.S.d. § 3 Abs. 3 AGG wegen der Tatbestandsvoraussetzung „Schaffung eines feindlichen Umfelds" vorsätzliches Verhalten erforderlich ist, ist umstritten.[546] Die „Unerwünschtheit" der Verhaltensweisen muss für den Verbotsadressaten erkennbar sein, sie muss aber von dem Betroffenen – anders als bisher nach § 2 BeschSchG – nicht aktiv verdeutlicht werden.[547] Nach § 3 Abs. 5 AGG steht die **Anweisung zu einer Benachteiligung** der Benachteiligung gleich. Dies wird aber auf Fälle beschränkt, in denen eine Weisungsbefugnis besteht, sodass darunter vor allem Anweisungen durch den Arbeitgeber oder einen Vorgesetzten zu verstehen sind.[548] Eine Benachteiligung durch den Angewiesenen ist nicht erforderlich, sodass bei dem Anweisenden der Versuch genügt.[549] **202**

2. Der Verstoß des U gegen das Benachteiligungsverbot des § 7 Abs. 1 AGG müsste rechtswidrig sein.

   a) Die unmittelbare Benachteiligung des A ist rechtswidrig, es sei denn, dass Rechtfertigungsgründe eingreifen. Da A wegen seiner Behinderung benachteiligt wurde, kommt als Rechtfertigungsgrund für das Verhalten des U nur die **allgemeine Rechtfertigungsklausel des § 8 Abs. 1 AGG** in Betracht. **203**

   b) Nach § 8 Abs. 1 AGG ist eine unterschiedliche Behandlung aus den in § 1 AGG genannten Gründen ausnahmsweise gerechtfertigt, „wenn dieser Grund wegen der Art der auszuübenden Tätigkeit oder der Bedingungen ihrer Ausübung eine wesentliche und entscheidende berufliche Anforderung darstellt, sofern der Zweck rechtmäßig und die Anforderung angemessen ist".

An diesen Rechtfertigungsgrund, der als eine **Ausnahmeregelung eng auszulegen** ist, sind trotz des abweichenden Wortlauts die gleichen Anforderungen zu stellen, die an die Rechtfertigung einer Benachteiligung wegen des Geschlechts nach § 611 a BGB a.F. („unverzichtbare Voraussetzung") zu stellen waren.[550] Eine Differenzierung ist nur zulässig, wenn die Tätigkeit sonst überhaupt nicht oder nicht ordnungsgemäß ausgeübt werden kann, sodass der die berufliche Anforderung bildende Grund die eigentliche Aufgabe betreffen muss.[551] **204**

---

544 Vgl. BAG, Urt. v. 18.09.2014 – 8 AZR 759/13, ZTR 2015, 216; Schrader/Schubert in Däubler/Bertzbach § 3 AGG Rn. 37 f.; Annuß BB 2006, 1629, 1630; a.A. Adomeit/Mohr § 3 AGG Rn. 8, 25 ff., 58 ff.: „Entscheidendes Motiv" erforderlich.

545 BAG, Urt. v. 14.01.2015 – 7 AZR 880/13, juris; Urt. v. 23.04.2013 – 1 AZR 916/11, NZA 2013, 980; ErfK/Schlachter § 3 AGG Rn. 11; Preis § 34 II 4 c bb; Hoffmann AcP 214, 822; Mohr NZA 2014, 459, 462; Richardi NZA 2006, 881, 883.

546 Dagegen: BAG, Urt. v. 09.06.2011 – 2 AZR 323/10; NJW 2012, 407; Preis § 34 II 4 c cc u. dd; ErfK/Schlachter § 3 Rn. 13 ff.; Schrader/Schubert in Däubler/Bertzbach § 3 AGG Rn. 71 ff.; Annuß BB 2006, 1629, 1632; Schreier JuS 2007, 308, 310; dafür bei § 3 Abs. 3 Kamanabrou RdA 2006, 321, 326. u. generell Adomeit/Mohr § 3 AGG Rn. 211 ff, 233 f.; Hadeler NZA 2003, 77, 78; MünchKomm/Thüsing § 3 AGG Rn. 65; jeweils m.w.N.

547 Vgl. dazu BAG, Urt. v. 24.09.2009 – 8 AZR 705/09, NZA 2010, 387; ErfK/Schlachter § 3 AGG Rn. 12; MünchKomm/Thüsing § 3 AGG Rn. 56 ff.; Schrader/Schubert in Däubler/Bertzbach § 3 AGG Rn. 66 ff.; Kamanabrou RdA 2006, 321, 326.

548 Vgl. dazu MünchKomm/Thüsing § 3 AGG Rn. 80; ErfK/Schlachter § 3 AGG Rn. 19; Kamanabrou RdA 2006, 321, 326; Annuß BB 2006, 1629, 1632; weiter Deinert in Däubler/Bertzbach § 3 AGG Rn. 85: Es genügt, wenn der Anweisende Druck ausüben kann und negative Folgen eintreten können; ähnlich KR/Treber § 3 AGG Rn. 88.

549 Kamanabrou RdA 2006, 321, 326; Annuß BB 2006, 1629, 1632; krit. dazu Adomeit/Mohr § 3 AGG Rn. 255 ff.; 266.

550 Brors in Däubler/Bertzbach § 8 AGG Rn. 7; Annuß BB 2006, 1629, 1632; Richardi NZA 2006, 881, 884.

551 Vgl. dazu Adomeit/Mohr § 8 AGG Rn. 17 ff.; Brors in Däubler/Bertzbach § 8 AGG Rn. 3 ff.; KR/Treber § 8 AGG Rn. 4 ff.

Da das Aussehen einer Person, insbes. das Fehlen einer Gehbehinderung, keine wesentliche und entscheidende Voraussetzung für die Ausübung der Tätigkeit einer Aufsichtskraft in einem Sonnenstudio ist, ist die Benachteiligung des A wegen seiner Gehbehinderung nicht nach § 8 Abs. 1 AGG gerechtfertigt.[552]

205 **Spezielle Rechtfertigungsgründe für eine Benachteiligung wegen der Religion oder Weltanschauung bzw. des Alters regeln § 9 Abs. 1 AGG** (sog. Kirchenklausel) **bzw. § 10 AGG**. Ob die Religion oder Weltanschauung eine gerechtfertigte berufliche Anforderung ist, ist unter Beachtung des Selbstverständnisses der Religion- oder Weltanschauungsgemeinschaft zu bestimmen.[553] Welche Ziele legitim sind und wann sie eine unterschiedliche Behandlung wegen des Alters (sowohl Benachteiligung der Jüngeren als auch der Älteren erfasst) rechtfertigen können, hängt vom Einzelfall ab. Anhaltspunkte dafür bieten die in § 10 S. 3 AGG genannten Regelbeispiele.[554] Zu beachten ist dabei, dass an die Rechtfertigung einer Altersdiskriminierung strenge Anforderungen zu stellen sind, sodass einzelvertragliche oder kollektive Regelungen (TV, BV), die eine ausschließlich altersabhängige Erhöhung von Arbeitgeberleistungen (z.B. Vergütung, Urlaubsdauer) vorsehen, grds. unzulässig sind.[555] Unwirksam sind auch Altersgrenzenregelungen, nach denen das Arbeitsverhältnis enden soll, bevor das gesetzliche Rentenalter erreicht ist.[556] Außer nach §§ 8, 9, 10 AGG kann eine unterschiedliche Behandlung auch durch **positive Maßnahmen i.S.d. § 5 AGG** gerechtfertigt sein. Diese Vorschrift soll die Förderung bisher benachteiligter Gruppen ermöglichen, wobei unklar ist, wie dies zulässigerweise geschehen kann. Da nach § 5 AGG die positiven Maßnahmen sowohl den Tarif- und Betriebspartnern als auch dem einzelnen Arbeitgeber gestattet sind, ist diese Vorschrift nach h.M. europarechtswidrig.[557]

206 3. Nach dem Wortlaut des § 15 Abs. 1 S. 2 AGG ist der Schadensersatzanspruch ausgeschlossen, wenn der Arbeitgeber den Verstoß gegen das Benachteiligungsverbot des § 7 Abs. 1 AGG nicht zu vertreten hat. Da U zumindest ohne Weiteres erkennen konnte, dass eine Ablehnung der Bewerbung des A allein wegen der Gehbehinderung nicht zulässig war, bestehen gegen das schuldhafte Verhalten des U i.S.d. § 276 BGB keine Bedenken. Es kann daher offen bleiben, ob das Verschuldenserfordernis entgegen der h.M. mit dem EU-Recht vereinbar ist.[558]

Wird der Beschäftigte nicht unmittelbar durch den Arbeitgeber, sondern durch einen Dritten benachteiligt, kommt eine **Zurechnung des schuldhaften „Drittverhaltens"** grds. nur über § 278 BGB (z.B. Personalleiter) oder § 31 BGB (Organverhalten) in Betracht. Ob außerdem dem

---

552 Vgl. zur Rechtfertigung der unterschiedlichen Behandlung durch Kundenerwartungen, die selbst nicht diskriminierend sein dürfen Brors in Däubler/Bertzbach § 8 AGG Rn. 10 ff.; Adomeit/Mohr § 8 AGG Rn. 26 ff.; Novara NZA 2015, 142.

553 Vgl. dazu BAG, Urt. v. 25.04.2013 – 2 AZR 579/12, NZA 2013, 113; Urt. v. 08.09.2011 – 2 AZR 543/10, NJW 2012, 1099; Wedde in Däubler/Bertzbach § 9 AGG Rn. 33 ff.; ausführl. zu der sog. Kirchenklausel und deren (angezweifelten) Vereinbarkeit mit EU-Recht in der bisherigen Fassung Thüsing/Fink-Jamann/v. Hoff ZfA 2009, 153; v. Tiling ArbRB 2009, 80; Deinert EuZA 2009, 332 u. Schreiben der Europäischen Kommission v. 31.08.2008, ArbuR 2008, 145 u. dazu Busch AiB 2008, 184.

554 Vgl. Adomeit/Mohr § 10 AGG Rn. 14 ff., 18 ff.; Brors in Däubler/Bertzbach § 10 AGG Rn. 20 ff., 33 ff.; Hoppe/Fuhlrott ArbR 2015, 35; Stümper öAT 2015, 72; Adam ArbuR 2014, 140; zu Altersgrenzen bei der Einstellung BAG, Beschl. v. 08.12.2010 – 7 ABR 98/09, NZA 2011, 751; krit. dazu Kolbe SAE 2011, 256; Berg/Natzel ZfA 2012, 65; Mohr EuZA 2010, 371; zur Geltung des AGG für die betriebliche Altersversorgung Steinmeyer SAE 2014, 7; Rolfs/Schmid SAE 2011, 12; Preis BetrAV 2010, 513; zu Altersdifferenzierungen in Sozialplänen BAG, Urt. v. 09.12.2014 – 1 AZR 102/13, NZA 2015, 365: Welkoborsky ArbR 2014, 196; Willemsen RdA 2013, 166; zur Altersdiskriminierung in TV Henssler/Tilmanns, Festschrift für Birk, 2008, S. 179 Rieble/Zäbler ZfA 2006, 273 u. zur Bedeutung des Alters bei einer Kündigung u. Rn. 493.

555 BAG, Urt. v. 08.12.2011 – 6 AZR 319/09, NZA 2012, 275; Lehmann BB 2012, 117 (Vergütungshöhe); BAG, Urt. v. 20.03.2012 – 9 AZR 529/10, NZA 2012, 803; Schreiner EWiR 2012, 1 (Urlaubsdauer) u. allg. Tempelmann/Stenslik DStR 2011, 1183.

556 Vgl. BAG, Urt. v. 18.01.2012 – 7 AZR 112/08, SAE 2013, 36 m. Anm. Mohr (Tarifliche Altersgrenze von 60 Jahren für Piloten unwirksam, da Flugsicherheit kein legitimes Ziel i.S.v. § 10 S. 1 AGG ist); a.A. noch BAG, Urt. v. 21.07.2004 – 7 AZR 589/03, ZTR 2005, 255 und BAG, Urt. v. 05.03.2013 – 1 AZR 417/12, NZA 2013, 916 und allgemein zu Altersgrenzen Schumacher DB 2013, 2331; Löwisch ZTR 2011, 78 unter Berücksichtigung der Anhebung der Regelaltersgrenze auf 67.

557 Vgl. Annuß BB 2006, 1629, 1634; Kamanabrou RdA 2006, 321, 323; a.A. KR/Treber § 5 AGG Rn. 6 ff. und wohl auch Hinrichs/Zimmer in Däubler/Bertzbach § 5 AGG Rn. 6 ff.; vgl. dazu auch ErfK/Schlachter § 5 AGG Rn. 2 f.

558 So Bauer/Krieger § 15 AGG Rn. 15; wohl auch BAG, Urt. 21.06.2012 – 8 AZR 188/11, DB 2012, 2521; a.A. v. Roetteken NZA-RR 2013, 337, 344; Preis § 34 II 6 b aa; Kamanabrou RdA 2006, 321, 336; Adomeit/Mohr § 15 AGG Rn. 29 (Meinungsübers.).

Arbeitgeber der Verstoß eines Dritten gegen das Benachteiligungsverbot des § 7 Abs. 1 AGG zuzurechnen ist, wenn er seine Handlungspflichten nach § 12 AGG verletzt hat, ist umstritten.[559]

4. A müsste durch den Verstoß des U gegen das Benachteiligungsverbot des § 7 Abs. 1 AGG ein nach §§ 249 ff. BGB ersatzfähiger Vermögensschaden entstanden sein, was nach der sog. Differenzmethode zu beurteilen ist.[560] 207

Bei der Stellenbesetzung hat sich U für den B entschieden, der eine entsprechende Berufserfahrung hat und kleinere Reparaturen an den Geräten ausführen kann, was für den Vorzug gegenüber den anderen Bewerbern entscheidend war. Da somit feststeht (vgl. auch § 22 AGG), dass A auch bei einem benachteiligungsfreien Stellenbesetzungsverfahren nicht eingestellt worden wäre, kommt entgangener Verdienst schon aus diesem Grund als nach § 15 Abs. 1 AGG ersatzfähiger Vermögensschaden nicht in Betracht. Ob und ggf. welche Bewerbungskosten dem A entstanden sind, lässt sich dem Sachverhalt nicht entnehmen, sodass auch insoweit ein Schadensersatzanspruch ausscheidet.

Ob die Bewerbungskosten als sog. „Sowieso-Kosten" nach § 15 Abs. 1 AGG ersatzfähig sind, ist umstritten.[561] Umstritten ist auch, ob der Verdienstausfall von dem bestqualifizierten Bewerber bei einer diskriminierenden Nichteinstellung im Hinblick auf den Ausschluss des Einstellungsanspruchs nach § 15 Abs. 6 AGG als ersatzfähiger Vermögensschaden geltend gemacht werden kann und ob dieser Anspruch auf den Zeitpunkt des nächstmöglichen Kündigungstermins beschränkt ist (so h.M.) bzw. dem Beschäftigten ein Abfindungsanspruch entspr. §§ 9, 10 KSchG zusteht.[562] Eine zeitliche Beschränkung des Schadensersatzanspruchs bei einer diskriminierenden Nichtbeförderung scheidet dagegen nach h.M. aus, weil unbegrenzte Schadensersatzansprüche bei unterbliebener Beförderung außerhalb des Diskriminierungsrechts anerkannt sind.[563] 208

5. Ergebnis zu III) A steht gegen U kein Anspruch auf Ersatz eines Vermögensschadens aus § 15 Abs. 1 AGG zu.

IV. Dem A könnte gegen den U ein **Anspruch auf Zahlung einer angemessenen Entschädigung nach § 15 Abs. 2 AGG** zustehen. 209

1. Ein rechtswidriger Verstoß des U gegen das Benachteiligungsverbot des § 7 Abs. 1 AGG liegt vor. U hat zwar auch schuldhaft gehandelt, erforderlich ist es aber für den Entschädigungsanspruch aus § 15 Abs. 2 AGG nicht.[564]

Der Arbeitgeber muss sich die objektive Pflichtverletzung der in seinem Einflussbereich eingesetzten Personen im Rahmen eines Stellenbesetzungsverfahrens zurechnen lassen, da es für § 15 Abs. 2 AGG auf eine Verschuldenszurechnung i.S.d. § 278 BGB nicht ankommt.[565]

---

559 Vgl. dazu Deinert in Däubler/Bertzbach § 15 AGG Rn. 134 ff; Stoffels RdA 2009, 204; Simon/Greßlin BB 2007, 1782; Bauer/Evers NZA 2006, 893, 896 und BVerfG, Beschl. 21.09.2006, 1 BvR 308/03 zur Verpflichtung des AG, die Stellenausschreibung durch die Bundesagentur für Arbeit zu überwachen; abl. Adomeit/Mohr NJW 2007, 2522 sowie Fischer NJW 2009, 3547 und Kursawe/Osterkorn AuA 2013, 40; Diller NZA 2007, 649 zur Einstellungsdiskriminierung durch Dritte.

560 Adomeit/Mohr § 15 AGG Rn. 32; KR/Treber § 15 AGG Rn. 17; Stoffels RdA 2009, 204, 211; Deinert DB 2007, 398, 399.

561 Dagegen Wisskirchen DB 2006, 1491, 1499; Stoffels RdA 2009, 204, 209 m.w.N.; wohl auch ErfK/Schlachter § 15 AGG Rn. 3; dafür Adomeit/Mohr § 15 AGG Rn. 34; Deinert in Däubler/Bertzbach § 15 AGG Rn. 37.

562 Vgl. ErfK/Schlachter § 15 AGG Rn. 3; KR/Treber § 15 AGG Rn. 20 ff.; Adomeit/Mohr § 15 AGG Rn. 35 ff.; Deinert in Däubler/Bertzbach § 15 AGG Rn. 38 ff.; ders. DB 2007, 398, 399 f.; Stoffels RdA 2009, 204, 212 f.; Bauer/Evers NZA 2006, 893, 894; dagegen v. Roetteken NZA-RR 2013, 337, 341 wegen Unvereinbarkeit mit EU-Recht und LAG Berlin-Brandenburg ArbuR 2009, 134: Schadensersatzanspruch zeitlich unbegrenzt; zust. Maier ArbuR 2009, 136; abl. Heyn/Meinel NZA 2009, 20.

563 ErfK/Schlachter § 15 AGG Rn. 4; MünchKomm/Thüsing § 15 AGG Rn. 31; a.A. Adomeit/Mohr § 15 AGG: §§ 9, 10 KSchG.

564 BAG, Urt. v. 26.06.2014 – 8 AZR 547/13, ZTR 2014, 731; KR/Treber § 15 AGG Rn. 32; Bauer/Krieger § 15 AGG Rn. 32; Bauer/Evers NZA 2006, 893, 896; krit. Adomeit/Mohr § 15 AGG Rn. 48 ff.; Willemsen/Schweibert NJW 2006, 2583, 2589.

565 Vgl. dazu BAG, Urt. v. 22.08.2013 – 8 AZR 563/12; NZA 2014, 82; KR/Treber § 15 AGG Rn. 15 f.

210 2. Nach der **Rechtsfolgenbestimmung des § 15 Abs. 2 AGG** steht dem benachteiligten Arbeitnehmer ein Anspruch auf angemessene Entschädigung in Geld zu, der **keine Kausalität der Benachteiligung für die Nichteinstellung, aber eine „Benachteiligung in einer vergleichbaren Situation"** voraussetzt. Die objektive Eignung für die vorgesehene Stelle ist nach der Rspr. des BAG keine ungeschriebene Voraussetzung der Bewerbereigenschaft, sondern ein Kriterium der „vergleichbaren Situation". Denn nur beim Vorliegen der objektiven Eignung kann eine Benachteiligung aus den in § 1 AGG genannten Gründen vorliegen.[566] Da A für die Aufsichtstätigkeit in einem Sonnenstudio objektiv geeignet war und sich auch ernsthaft beworben hat, steht ihm ein Entschädigungsanspruch nach § 15 Abs. 2 AGG zu. Er ist aber der Höhe nach auf drei Monatsverdienste begrenzt (so auch früher § 611 a Abs. 3 BGB a.F.), weil A die Stelle auch bei einer benachteiligungsfreien Entscheidung nicht erhalten hätte.[567] Für die Höhe der Entschädigung sind die Einzelfallumstände maßgeblich, insb. Art und Schwere der Benachteiligung und Grad der Verantwortlichkeit des Arbeitgebers.[568]

Beispiel: Obwohl in einer Zeitung – entgegen dem Gebot der geschlechtsneutralen Ausschreibung des § 11 AGG – die Stelle nur für „eine Buchhalterin" ausgeschrieben wird, kann der Hilfsarbeiter A keinen Schadens- bzw. Entschädigungsanspruch nach § 15 Abs. 1 bzw. 2 AGG geltend machen, weil er für die Stelle schon wegen seiner beruflichen Qualifikation nicht in Betracht kommt. Ein Entschädigungsanspruch steht nach der bisher h.M. zumindest nach § 242 BGB auch solchen Personen nicht zu, die zwar objektiv in Betracht gekommen wären, die aber die Stelle gar nicht wollten und sich nur wegen des Entschädigungsanspruches beworben haben.[569]

211 3. Um den Untergang des Entschädigungsanspruchs zu verhindern, muss ihn A nach dem Wortlaut des § 15 Abs. 4 S. 1, 2 AGG zunächst mangels einer abweichenden tariflichen Regelung innerhalb von zwei Monaten nach Ablehnung der Bewerbung schriftlich gegenüber U geltend machen, wobei für die Fristberechnung die §§ 187 ff. BGB gelten. Die **schriftliche Geltendmachung** der Entschädigung muss also U spätestens am 05.05. zugehen (vgl. § 187 Abs. 1 BGB), weil A bereits am 06.03. von den benachteiligenden Tatsachen Kenntnis erlangt hat.[570] Die Ausschlussfrist des § 15 Abs. 4 AGG ist nach ganz h.M. jedenfalls dann mit dem EU-Recht vereinbar, wenn sie teleologisch europarechtskonform dahin ausgelegt wird, dass sie erst zu dem Zeitpunkt zu laufen beginnt, zu dem der Arbeitnehmer von der behaupteten Benachteiligung Kenntnis erlangt hat.[571] Die Geltendmachung einer bestimmten Entschädigungshöhe ist nach h.M. nicht erforderlich.[572]

---

566 BAG, Urt. v. 18.09.2014 – 8 AZR 759/13, ZTR 2015, 216; ErfK/Schlachter § 15 AGG Rn. 10; ff.; Raif ArbR 2011, 209 ff.

567 **Für den „bestqualifizierten Bewerber"**, also die Person, die die Stelle bei benachteiligungsfreien Auswahl erhalten hätte, sieht das **Gesetz keine Haftungsobergrenze** vor, vgl. BAG, Urt. v. 17.08.2010 – 9 AZR 839/08, juris; Deinert in Däubler/Bertzbach § 15 AGG Rn. 64, 80 ff.; a.A. Bauer/Evers NZA 2006, 893, 897; Seel MDR 2006, 1321, 1324: Begrenzung entspr. der Rspr. zu § 628 Abs. 2 BGB nach §§ 9, 10 KSchG; krit. zu der unterschiedlichen Behandlung ErfK/Schlachter § 15 AGG Rn. 8; MünchKomm/Thüsing § 15 AGG Rn. 11 u. allg. zum § 15 Abs. 2 AGG Walker NZA 2009, 5 ff.

568 BAG, Urt. v. 18.03.2010 – 8 AZR 1044/08, juris; Adomeit/Mohr § 15 AGG Rn. 56 ff.: Faustregel: 1 Monatsverdienst; Bauer/Evers NZA 2006, 893, 896; Deinert in Däubler/Bertzbach § 15 AGG Rn. 66 ff., 84: Faustregel: 2 Monatsverdienste.

569 BAG, Urt. v. 13.10.2011 – 8 AZR 608/10, ArbR 2011, 561; ErfK/Schlachter § 15 AGG Rn. 9; Diller NZA 2007, 1321 ff.; vgl. aber BAG, Beschl. v. 18.06.2015 – 8 AZR 848/13 (A), ZIP 2015, 1508 m. zust. Anm. Steinau-Steinrück/Reiter: Vorlage an den EuGH zur Vereinbarkeit des Ausschlusses des Entschädigungsanspruchs der sog. **AGG-Hopper** mit dem EU-Recht.

570 Vgl. aber BAG, Urt. v. 22.05.2014 – 8 AZR 662/13, NZA 2014, 924: Geltendmachung durch Klage – § 167 ZPO anwendbar.

571 Vgl. EuGH, Urt. v. 08.07.2010 – C-246/09, NZA 2010, 869; BAG, Urt. v. 20.06.2013 – 8 AZR 482/12, NZA 2014, 21; BVerwG, Beschl. v. 16.04.2013 – 2 B 145/11, juris; Germelmann in G/M/P/M-G § 61 b ArbGG Rn. 5 ff.; Fischinger NZA 2010, 1048.

572 BAG, Urt. v. 16.09.2008 – 9 AZR 791/07, DB 2009, 177; Urt. v. 15.02.2005 – 9 AZR 635/03, SAE 2006, 310 m. zust. Anm. Leder zu § 81 Abs. 2 SGB IX a.F.; Deinert in Däubler/Bertzbach § 15 AGG Rn. 112; Adomeit/Mohr § 15 AGG Rn. 77 ff.

Außerdem muss A beachten, dass er wegen des Entschädigungsanspruchs nach § 15 Abs. 2 AGG entspr. § 61 b Abs. 1 ArbGG, der beim Schadensersatzanspruch nach § 15 Abs. 1 AGG nach h.M. nicht gilt,[573] innerhalb von drei Monaten nach der schriftlichen Geltendmachung **Leistungsklage** beim Arbeitsgericht erheben muss, wenn U den Anspruch nicht anerkennt. Bei Versäumung nur einer Stufe dieser „zweistufigen Ausschlussfrist" erlischt der Anspruch durch Zeitablauf.[574]

4. **Ergebnis:** A hat gegen U einen Entschädigungsanspruch nach § 15 Abs. 2 AGG, der der Höhe nach auf drei Monatsverdienste beschränkt ist. Um den Untergang des Anspruchs zu verhindern, muss A die Ausschlussfristen der § 15 Abs. 4 AGG und § 61 b Abs. 1 ArbGG einhalten.

Nach dem Wortlaut des § 15 Abs. 3 AGG ist der Arbeitgeber bei **Anwendung von Kollektivvereinbarungen** nur dann zur Zahlung einer Entschädigung verpflichtet, wenn er vorsätzlich oder grob fahrlässig gehandelt hat. Ob diese **Haftungsprivilegierung des Arbeitgebers nach § 15 Abs. 3 AGG** mit dem EU-Recht vereinbar ist, ist sehr fraglich.[575] Diese Vorschrift erfasst nach h.M. entsprechend ihrem Wortlaut nur den Entschädigungsanspruch nach § 15 Abs. 2 AGG, nicht dagegen auch den Schadensersatzanspruch nach § 15 Abs. 1 AGG.[576] **212**

Nach § 15 Abs. 5 AGG bleiben Ansprüche aus anderen Rechtsvorschriften unberührt, sodass neben den Ansprüchen aus § 15 Abs. 1, 2 AGG insbesondere auch Ansprüche aus § 823 Abs. 1 BGB i.V.m. § 253 BGB auf Schmerzensgeld wegen Verletzung des allgemeinen Persönlichkeitsrechts bzw. aus § 1004 BGB entspr. auf Beseitigung bzw. Unterlassung gegeben sein können. Nach h.M. verdrängt allerdings § 15 AGG als lex specialis den Anspruch aus § 280 Abs. 1 BGB.[577] **213**

IV. Grundsatz der Formfreiheit

Für den Abschluss des Arbeitsvertrags gilt auch der **Grundsatz der Formfreiheit**, sodass Arbeitsverträge schriftlich, mündlich und durch schlüssiges Verhalten wirksam abgeschlossen werden können, es sei denn, es liegt eine abweichende gesetzliche oder vertragliche Regelung vor.[578] **§ 2 NachwG** ändert daran nichts, weil diese Norm insbes. der Rechtssicherheit dient und keine gesetzliche Formvorschrift darstellt.[579] **214**

Nach § 2 Abs. 1 NachwG muss der Arbeitgeber grds. spätestens einen Monat nach dem vereinbarten Beginn des Arbeitsverhältnisses die wesentlichen Vertragsbedingungen (Parteien, Vertragsbeginn, Befristung, Arbeitsort, Tätigkeitsbeschreibung, Arbeitsentgelt, Arbeitszeit, Urlaub, Kündigungsfristen, Hinweis auf sonstige Regelungen) schriftlich niederlegen, die Niederschrift unterzeichnen und dem Arbeitnehmer aushändigen, worauf der Arbeitnehmer auch einen klagbaren Anspruch hat.[580] Die Nichteinhaltung des NachwG, das keine Sanktionen vorsieht, hat zwar keine Unwirksamkeit des Arbeitsvertrags bzw. Beweistlastumkehr zur Folge, kann aber zu Beweiserleichterungen im Prozess führen.[581] Außerdem begründet die Verletzung der Nachweispflicht nach § 2 Abs. 1 NachwG Schadensersatzansprüche bei Versäumung einer unbekannten Verfallfrist.[582]

573 Vgl. BAG, Urt. v. 20.06.2013 – 8 AZR 482/12, ArbuR 2013, 332; a.A. Bauer/Krieger § 15 AGG Rn. 57; jeweils m.w.N.

574 Deinert in Däubler/Bertzbach § 15 AGG Rn. 99; Adomeit/Mohr § 15 AGG Rn. 93; ErfK/Koch § 61 b ArbGG Rn. 1 ff.

575 Dagegen v. Roetteken NZA-RR 2013, 337, 334; MünchKomm/Thüsing § 15 AGG Rn. 41; Adomeit/Mohr § 15 AGG Rn. 80 ff.; Jacobs RdA 2009, 193, 197 f.; v. BAG, Urt. v. 16.02.2012 – 8 AZR 697/10, NZA 2012, 667 offen gelassen.

576 BAG, Urt. v. 20. 03. 2012 – 9 AZR 529/10, NZA 2012, 803; MünchKomm/Thüsing § 15 AGG Rn. 40; ErfK/Schlachter § 15 AGG Rn. 13; a.A. Bauer/Evers NZA 2006, 893, 897; Adomeit/Mohr § 15 AGG Rn. 85: § 15 Abs. 1 u. 2 AGG.

577 Vgl. BAG, Urt. v. 21.06.2012 – 8 AZR 188/11, NZA 2012, 1211 mit Meinungsübersicht; ErfK/Schlachter § 15 AGG Rn. 19.

578 Vgl. ErfK/Preis § 611 BGB Rn. 311; Schaub/Linck § 32 Rn. 46 ff.; Waltermann Rn. 168.

579 BAG NZA 1998, 37; ErfK/Preis Einf. NachwG Rn. 7 ff.; Melms/Weck RdA 2006, 171: Rspr. zu Problemen des NachweisG.

580 LAG Niedersachsen NZA-RR 2002, 118; Preis NZA 1997, 10 ff.; Birk NZA 1996, 281 ff.

581 EuGH, Urt. v. 08.01.2001 – Rs. C-350/99, FA 2001, 77; BAG DB 2001, 586; LAG Köln AuA 2010, 370; Weber NZA 2002, 641.

582 BAG, Urt. v. 21.02.2012 – 9 AZR 486/10, NZA 2012, 750; Hanau/Adomeit Rn. 620; Weber NZA 2002, 641 ff.

B. Zustandekommen des Arbeitsverhältnisses. Vertrags- und Eingliederungstheorie

Fall 9: Kündigung vor Arbeitsantritt

Der Informatiker A vereinbarte am 01.02. mit der Firma F, dass er zum 01.07. eingestellt werde. Einigung über Gehalt, Arbeitszeit und Arbeitsgebiet wurde erzielt. Außerdem wurde eine beiderseitige Kündigungsfrist von 3 Monaten zum Quartalsende vereinbart. Diese Klausel war auf dringenden Wunsch des A aufgenommen worden. Der Betriebsrat hat die beantragte Zustimmung zur Einstellung erteilt. Noch im März ergibt sich, dass die Produktion, für die A eingestellt worden war, nicht aufgenommen werden kann. A hatte nach seiner erfolgreichen Bewerbung bei F seinen bisherigen Arbeitsplatz aufgegeben. Könnte ihm von F noch im März mit der Wirkung gekündigt werden, dass A seine Arbeit am 01.07. nicht mehr aufzunehmen braucht?

I. Gekündigt werden kann ein Arbeitsverhältnis (vgl. § 622 BGB). Fraglich ist, ob zwischen A und F bereits ein Arbeitsverhältnis zustande gekommen ist.

1. Lange Zeit war im Arbeitsrecht stark umstritten, unter welchen Voraussetzungen ein Arbeitsverhältnis zur Entstehung gelangt.

215 a) Nach der Vertragstheorie wird ein Arbeitsverhältnis durch den Abschluss eines Arbeitsvertrags begründet.

Dagegen könnte man am Beispiel dieses Falles einwenden: A hat zwar am 01.02. einen Arbeitsvertrag geschlossen. Jedoch kann dieser die entscheidenden Rechtswirkungen des Arbeitsverhältnisses wie Arbeitspflicht, Lohnanspruch, Anspruch auf Urlaub, auf Sozialversicherung usw. noch nicht haben. Diese Wirkungen könnten erst mit der tatsächlichen Arbeitsaufnahme am 01.07. eintreten.

216 b) Nach der vor allem von Nikisch[583] entwickelten Eingliederungstheorie ist Begründungstatbestand des Arbeitsverhältnisses nicht der Arbeitsvertrag, sondern der tatsächliche Akt der Einstellung des Arbeitnehmers in den Betrieb. Der Arbeitsvertrag begründe noch kein Arbeitsverhältnis, sondern sei ein rein schuldrechtlicher Vertrag, der den Arbeitgeber zur Einstellung, den Arbeitnehmer zum Eintritt in die Dienste des Arbeitgebers verpflichte.

Danach wird das Arbeitsverhältnis also zweistufig begründet: durch Arbeitsvertrag und anschließende Eingliederung in den Betrieb. Diese Konstruktion erscheint zunächst unnötig kompliziert. Sie hat auch erhebliche Mängel, so kann z.B. der Arbeitgeber durch Verweigerung der Eingliederung den Lohnanspruch des Arbeitnehmers zunächst einmal verhindern.

217 2. Heute wird einhellig die Vertragstheorie vertreten: Ein **Arbeitsverhältnis** wird also **durch den Abschluss eines Arbeitsvertrags** begründet. Für das Arbeitsverhältnis vor Dienstantritt gelten jedoch teilweise andere Regeln als nach Arbeitsantritt. Das Arbeitsverhältnis wird mit Arbeitsantritt erst **aktualisiert**.[584]

a) Danach ist für das Zustandekommen eines Arbeitsverhältnisses der Abschluss eines Arbeitsvertrags erforderlich und auch ausreichend. Zwischen A und F ist am 01.02. ein Arbeitsvertrag geschlossen worden.

583 Nikisch, Arbeitsrecht, 1. Aufl. 1951, S. 81.

584 BAG NZA 1998, 752; ErfK/Preis § 611 BGB Rn. 7; Hennige NZA 1999, 281: „Eingliederungstheorie ist längst überholt".

b) Der Betriebsrat hat die beantragte Zustimmung zur Einstellung erteilt, sodass auch nach der **Mindermeinung** ein wirksamer Arbeitsvertrag vorliegt (vgl. oben Rn. 193).

c) Zwar wird das Arbeitsverhältnis erst mit Dienstantritt aktualisiert. Für die Kündigung ist aber keine Aktualisierung erforderlich, weil keine Rechte auf Lohn, Urlaub usw. in Anspruch genommen werden. Denn es geht nur um die Vertragsbeendigung. Der tatsächliche Dienstantritt ist für die mit der Kündigungsfrist bezweckte rechtzeitige Unterrichtung des Vertragspartners von dem Vertragsende ohne Bedeutung.[585]

Das Arbeitsverhältnis zwischen A und F ist somit grundsätzlich vor Arbeitsbeginn kündbar.

d) A und F könnten aber das Recht zur ordentlichen Kündigung für die Zeit vor dem 01.07. durch stillschweigende Vereinbarung abbedungen haben. Der Umstand, dass A sich ausdrücklich eine längere als die gesetzliche Kündigungsfrist ausbedungen und er in Erwartung der neuen Stelle seinen bisherigen Arbeitsplatz aufgegeben hatte, reicht jedoch für eine solche Vertragsauslegung nicht aus. Die Annahme des Ausschlusses des ordentlichen Kündigungsrechts vor Dienstantritt setzt vielmehr voraus, „dass die Parteien dieses Kündigungsrecht entweder ausdrücklich ausgeschlossen haben oder dass ein dahingehender beiderseitiger Wille eindeutig erkennbar ist".[586] „Besondere Umstände, die einen gesteigerten Vertrauensschutz für den Kündigungsempfänger erforderlich machen",[587] sind hier nicht ersichtlich. A wusste, dass noch kein Dauerarbeitsplatz vorhanden war. F war auch nicht an A herangetreten, um ihn zur Aufgabe seines bisherigen sicheren Arbeitsplatzes zu veranlassen. **218**

Eine Kündigung vor Dienstantritt ist somit zulässig (aber erst nach Anhörung des Betriebsrats nach § 102 BetrVG).[588]

II. Die Nichtaufnahme der Produktion, für die A eingestellt worden ist, rechtfertigt keine außerordentliche Kündigung.[589] Für eine ordentliche Kündigung durch F ist eine soziale Rechtfertigung nicht erforderlich, weil auf das Arbeitsverhältnis zwischen A und F das KSchG mangels Erfüllung der sechsmonatigen Wartezeit des § 1 Abs. 1 KSchG nicht anwendbar ist. F kann daher das Arbeitsverhältnis nur unter Einhaltung der aufgrund der Vertragsautonomie zulässigerweise vereinbarten Kündigungsfrist von 3 Monaten zum Quartalsende kündigen.[590] **219**

III. Fraglich ist, ob diese Frist schon mit dem Zugang der Kündigungserklärung beginnt (dann würde sie hier bereits zum 30.06. wirksam) oder erst zum Zeitpunkt des ver- **220**

585 BAG, Urt. v. 25.03.2004 – 2 AZR 324/03, NZA 2004, 1089; DB 1979, 1086; andere Dauerschuldverhältnisse sehen eine Kündigung vor Invollzugsetzung ausdrücklich vor, vgl. z.B. §§ 542, 544, 569, 570 BGB für die Miete, § 671 BGB für den Auftrag.

586 BAG, Urt. v. 25.03.2004, Fn. 585; KR/Spilger § 622 BGB Rn. 127 ff.; Bonanni/Niklas ArbRB 2008, 249 ff.

587 BAG DB 1986, 1681; ErfK/Müller-Glöge § 620 BGB Rn. 69 ff.; Schaub/Linck § 123 Rn. 61 ff.; ausführlich zur Kündigung vor Dienstantritt Bonanni/Niklas ArbRB 2008, 249; Herbert/Oberrath NZA 2004, 121 und Joussen NZA 2002, 1177 ff.

588 Vgl. dazu BAG, Urt. v. 25.03.2004, Fn. 588; DB 1985, 2689; LAG Hessen DB 1985, 2689; ARST 1980, 15.

589 Vgl. BAG AP Nr. 1 zu § 22 KO zur Insolvenz des Arbeitgebers; Herbert/Oberrath NZA 2004, 121, 125.

590 Vgl. § 622 Abs. 5 S. 3, Abs. 6 BGB und Diller NZA 2000, 294 ff.; Worzalla NZA 1994, 145, 151.

traglich festgelegten Dienstantritts (dann begänne der Fristablauf erst am 01.07., die Kündigung würde wirksam zum 30.09.).
Haben die Parteien hierüber keine eindeutige Vereinbarung getroffen, so liegt eine Vertragslücke vor, die im Wege der ergänzenden Vertragsauslegung zu schließen ist. Der mutmaßliche Parteiwille ist unter Würdigung der beiderseitigen Interessenlagen zu ermitteln, wobei insoweit auch der Länge der vereinbarten Kündigungsfrist maßgebliche Bedeutung zukommt.[591]

Gegen eine von den Parteien gewollte Mindestbindung spricht die Vereinbarung einer Probezeit (vgl. § 622 Abs. 3 BGB), da dann an einer kurzfristigen Vertragserfüllung beiderseits i.d.R. kein Interesse besteht.[592] Umgekehrt bringt z.B. die Vereinbarung einer Vertragsstrafe für den Fall der Nichtaufnahme der Arbeit regelmäßig den Willen der Parteien zum Ausdruck, dass das Arbeitsverhältnis aktualisiert und die Kündigungsfrist erst mit vereinbarter Arbeitsaufnahme beginnen soll.[593]

221 Die Vereinbarung einer langen Kündigungsfrist spricht für ein Interesse an der Durchführung des Vertrags für die Dauer der Frist. Der Arbeitnehmer sichert sich eine nicht unerhebliche Mindestbeschäftigungszeit und kann sich aus einem bestehenden Arbeitsverhältnis um eine neue Stelle bemühen; der Arbeitgeber erhält während der Frist eine dem Arbeitsentgelt entsprechende Leistung.[594] Vorliegend wurde die lange Kündigungsfrist auf Wunsch des A vereinbart. F hat damit dem Interesse des A Rechnung getragen, sich vor Aufgabe einer alten Stellung eine gewisse Mindestbeschäftigungsdauer zu sichern. Die Kündigungsfrist beginnt daher erst am Tag des vereinbarten Dienstbeginns (01.07.) zu laufen, sodass die Kündigung erst zum 30.09. wirksam wird. Das Arbeitsverhältnis muss also bis zum 30.09. abgewickelt werden, wenn es nicht früher einvernehmlich aufgehoben wird (vgl. zum Aufhebungsvertrag unten Rn. 418).

C. Die Besonderheiten von Arbeitsvertrag und Arbeitsverhältnis

222 Nach dem BGB ist der Dienstvertrag und damit auch der Arbeitsvertrag ein schuldrechtlicher Austauschvertrag, auf den die §§ 320 ff. BGB grundsätzlich anwendbar sind.

Jedoch weist der Arbeitsvertrag Besonderheiten auf.

I. Er begründet ein **Dauerschuldverhältnis**, aus dem sich ständig neue Rechte und Pflichten der Beteiligten ergeben. Jedenfalls den Besonderheiten dieses Dauerschuldverhältnisses hat das BGB nicht, auch nicht in der am 1.1.2002 in Kraft getretenen Schuldrechtsreform, die nötige Aufmerksamkeit geschenkt, was sich bei Lösung arbeitsrechtlicher Fälle immer wieder bemerkbar macht.

Das Arbeitsrecht hatte in den Vorarbeiten zu der Schuldrechtsreform zunächst keine, jedenfalls keine große Rolle gespielt.[595] Erst im Laufe des Gesetzgebungsverfahrens kam man zu dem Schluss, dass potentielle Auswirkungen der Schuldrechtsreform auf das Arbeitsrecht mit bedacht werden müssten, weshalb erst bei der Endfassung der Schuldrechtsreform einige arbeitsrechtliche Besonderheiten berücksichtigt wurden.[596]

---

591 BAG, Urt. v. 09.02.2006 – 6 AZR 283/05, NZA 2006, 1207; KR/Spilger § 622 BGB Rn. 128; ErfK/Müller-Glöge § 620 BGB Rn. 69 ff.; Joussen NZA 2002, 1177, 1180; Bonanni/Niklas ArbRB 2008, 249 ff.

592 BAG, Urt. v. 25.03.2004 – 2 AZR 324/03, NZA 2004, 1089; Herbert/Oberrath NZA 2004, 121,123; Joussen NZA 2002, 1177.

593 BAG, Urt. v. 13.01.1990 – 5 AZR 304/99, juris; ErfK/Müller-Glöge § 620 BGB Rn. 71; a.A. LAG Hessen DB 1997, 1572.

594 Vgl. BAG DB 1986, 1681; ErfK/Müller-Glöge § 620 BGB Rn. 69.

595 Vgl. dazu Löwisch NZA 2001, 465; Joussen NZA 2001, 745; Däubler NZA 2001, 1329 ff.

596 Vgl. § 310 Abs. 4 BGB und oben Rn. 144 ff. zur grds. Anwendbarkeit der §§ 305 ff. BGB auf Arbeitsverträge.

II. Arbeitsvertrag und Arbeitsverhältnis bilden normalerweise die **wirtschaftliche Existenzgrundlage** des Arbeitnehmers. Auch hängen zahlreiche soziale Sicherungen vom Bestehen eines Arbeitsverhältnisses ab, z.B. die Sozialversicherung gegen Alter und Arbeitslosigkeit.

III. Das Arbeitsverhältnis nimmt durch seine **Zeitdauer und Intensität** den Arbeitnehmer persönlich in weit stärkerem Maße in Anspruch als z.B. ein Kaufvertrag den Verkäufer, ein Mietvertrag den Vermieter. **223**

Insbes. der letzte Gesichtspunkt führte dazu, das Arbeitsverhältnis als „personenrechtliches Gemeinschaftsverhältnis" zu bezeichnen.[597] Außerdem wurde vertreten, die BGB-Regeln über Schuldverhältnisse seien auf das Arbeitsverhältnis grds. nicht anwendbar.[598] Danach war eine gewisse Umkehr festzustellen,[599] die mit der Schuldrechtsreform auch vom Gesetzgeber vollzogen wurde, wenn auch entspr. Art. 30 EinigungsV an einer Gesamtkonzeption des Arbeitsvertragsrechts gearbeitet wird (vgl. oben Rn. 65).

Schaub:[600] „Auch soziologisch ist der Arbeitsvertrag als Austauschvertrag zu begreifen. Der moderne Arbeitnehmer versteht sich nicht als Dienst- oder Gefolgsmann des Arbeitgebers, den er namentlich in Großunternehmen in den seltensten Fällen kennt, sondern betrachtet sich als Gegenspieler und die Ausübung seiner Berufstätigkeit als Job, aufgrund dessen er seinen Lebensunterhalt bestreitet."

Danach ist der Arbeitsvertrag grds. ein Schuldvertrag i.S.d. BGB, und zwar ein Austauschvertrag (gegenseitiger Vertrag). Die Vorschriften des BGB AT und des Schuldrechts, insbes. §§ 320 ff. BGB, sind grds. anwendbar. **224**
Allerdings können die oben erwähnten Besonderheiten des Arbeitsvertrags auch nach der Schuldrechtsreform eine Abweichung erfordern; diese muss aber jeweils sachlich begründet werden (vgl. auch § 310 Abs. 4 S. 2 BGB).

„Grundsätzlich gelten alle Vorschriften des Allgemeinen Teils des BGB auch für das Arbeitsverhältnis; nur soweit sie mit dem Wesen und dem Inhalt des Arbeitsverhältnisses als einem Rechtsverhältnis besonderer Art unvereinbar sind, sind sie unanwendbar."[601]

Für die Rechtsanwendung im Arbeitsrecht bedeutet dies praktisch: **225**

- Zunächst ist zu prüfen, ob eine arbeitsrechtliche Sonderregelung (Gesetz oder Kollektivregelung) die allgemeinen Vorschriften des BGB verdrängt (so verdrängt z.B. das EFZG den § 616 BGB) bei krankheitsbedingter Arbeitsunfähigkeit.

- Fehlt eine arbeitsrechtliche Sondervorschrift, ist die Rechtsfrage zunächst anhand des BGB zu beantworten, wobei bereits insoweit die arbeitsrechtlichen Sonderregelungen zu berücksichtigen sind (vgl. z.B. §§ 275 Abs. 3, 615 S. 3, 619 a, 622 BGB). Anschließend ist aufgrund einer Art arbeitsrechtlichen Unbedenklichkeitsprüfung festzustellen, ob das dabei gefundene Ergebnis mit den besonderen arbeitsrechtlichen Wertungen (Sozialstaatsprinzip; Schutzauftrag des Arbeitsrechts) vereinbar ist.[602]

597 Vgl. Hueck/Nipperdey § 22 II 1.

598 „Weg vom BGB", vgl. Isele, Juristenjahrbuch VIII, 1967/68, 63.

599 Vgl. Richardi NZA 1992, 769, 772: „Das Arbeitsvertragsrecht muss im BGB eingebettet bleiben."

600 Schaub/Schaub, 11. Aufl. § 29 Rn. 4.

601 Vgl. BAGE 5, 159, 161; Schaub/Linck § 29 Rn. 5; Waltermann Rn. 151.

602 Vgl. MünchArbR/Richardi, Band 1, 2. Aufl., 2000, § 14 Rn. 40 ff.: „Billigkeitsgebot und Vertragskontrolle".

- Ist das zu verneinen, so werden die BGB-Normen im Wege **arbeitsrechtlicher Rechtsfortbildung** modifiziert oder ersetzt[603] (Beispiele: Begrenzung der Arbeitnehmerhaftung, Einschränkung des Anfechtungsrechts bei unzulässigen Einstellungsfragen, Verteilung des Lohnrisikos bei beiderseits unverschuldeten Betriebsstörungen trotz des § 615 Abs. 3 BGB, Abwicklung fehlerhafter Arbeitsverhältnisse).

D. Der fehlerhafte Arbeitsvertrag

I. Grundfall; faktisches Arbeitsverhältnis

Fall 10: Eine gelungene Überraschung

Als der Geschäftsführer G einer GmbH von einer fünfwöchigen Geschäftsreise zurückkommt, stellt er fest, dass der Angestellte A, dem während der Abwesenheit des G die Leitung des Büros übertragen war, eine neue Sekretärin S und den Kraftfahrer K eingestellt hat. Beide haben bereits die Arbeit aufgenommen. Der Betriebsrat war damit einverstanden gewesen. A, der für Personalangelegenheiten keine Vollmacht hatte, erklärt dem G, die Geschäfte seien so gut gegangen, dass er es für seine Pflicht gehalten habe, zusätzliche Arbeitsplätze zu schaffen. Wie ist die Rechtslage für S und K, wenn G mit der Einstellung beider nicht einverstanden ist?

226 I. Liegen zwischen der GmbH und S und K Arbeitsverhältnisse vor?

Nach der Vertragstheorie wird das Arbeitsverhältnis durch Abschluss eines Arbeitsvertrags begründet. Ein Arbeitsvertrag wurde zwar geschlossen. A hat aber für die GmbH als Vertreter ohne Vertretungsmacht gehandelt. Es gilt § 177 BGB. G hat die Genehmigung verweigert. Ein wirksamer Vertrag ist nicht zustande gekommen.

Konkrete Anhaltspunkte für Verbindlichkeit des Vertragsschlusses für die GmbH unter dem Gesichtspunkt der Duldungs- bzw. Anscheinsvollmacht liegen nicht vor.[604]

227 II. Dieses Ergebnis würde dazu führen, dass der Arbeitnehmer, selbst wenn er die vorgesehene Arbeitsleistung tatsächlich erbracht hat, keine arbeitsvertraglichen Ansprüche hätte, insbes. keinen Lohnanspruch und keinen Anspruch auf die Abführung von Sozialversicherungsbeiträgen. Er hätte zwar einen Anspruch aus §§ 812 ff. BGB, jedoch könnte der Arbeitgeber geltend machen, die Arbeit des Arbeitnehmers sei für ihn nicht von wirtschaftlichem Wert gewesen (z.B. während der Einarbeitung), sodass er entweder nicht bereichert oder die Bereicherung weggefallen sei (§ 818 Abs. 3 BGB). Der Lohnschutz gegen Pfändung und Aufrechnung würde nicht eingreifen.

Ein solches Ergebnis wird für unerträglich gehalten. Um es zu verhindern, ist die Rechtsfigur des faktischen Arbeitsverhältnisses entwickelt worden.[605]

Das faktische Arbeitsverhältnis beruht auf dem gleichen Gedanken wie die Lehre von der fehlerhaften, aber wirksamen (auch: faktischen) Gesellschaft im Gesellschaftsrecht.

---

603 Martens JuS 1987, 337, 338; vgl. auch § 310 Abs. 4 S. 2 BGB: „im Arbeitsrecht geltende Besonderheiten".

604 Vgl. dazu ausführlich AS-Skript BGB AT 1 (2015), Rn. 254 ff.

605 BAG NZA 1998, 199, 200; Waltermann Rn. 175; ausführl. dazu Joussen NZA 2006, 963; Walker JA 1985, 138.

Voraussetzungen für ein faktisches Arbeitsverhältnis: 228

1. Es muss ein fehlerhafter Arbeitsvertrag vorliegen. Für einen „Arbeitsvertrag" ist wenigstens eine **natürliche Willenseinigung** darüber erforderlich, dass gearbeitet werden soll, und zwar nicht unentgeltlich.

   a) „Fehlerhaft" wird im weitesten Sinn verstanden. Auch ein nichtiger Vertrag, bei dem aber wenigstens einer der Beteiligten davon ausgeht, dass er gültig sei, ist ein fehlerhafter Vertrag.[606]

   „Die Grundsätze über das faktische Arbeitsverhältnis dienen der Bewältigung der Rechtsfolgen eines übereinstimmend in Vollzug gesetzten Arbeitsvertrags, der sich zu einem späteren Zeitpunkt als nichtig oder anfechtbar erweist."[607]

   Die anfängliche objektive Leistungsunmöglichkeit reicht nach der Schuldrechtsreform für die Annahme der „Fehlerhaftigkeit" nicht mehr aus, weil der Arbeitsvertrag in diesem Fall – anders als nach der bisherigen Rechtslage (vgl. § 306 BGB a.F.) – wirksam ist, was aus § 275 BGB folgt und § 311 a BGB ausdrücklich klarstellt.[608]

   Ist der Arbeitsvertrag wegen Verstoßes gegen ein gesetzliches Verbot i.S.d. § 134 BGB nichtig, sind auch nach der Schuldrechtsreform grds. die Grundsätze über das faktische Arbeitsverhältnis anwendbar. Zu prüfen ist aber stets, ob Sinn und Zweck des Verbotsgesetzes der Annahme des faktischen Arbeitsverhältnisses nicht entgegen stehen.[609]

   b) Vorliegend sind zwischen der GmbH einerseits und S und K andererseits Arbeitsverträge geschlossen worden, die wegen der fehlenden Vollmacht des A fehlerhaft sind.[610]

2. **Vollzug** des Arbeitsvertrags: Der Arbeitsvertrag ist grds. erst dann vollzogen, wenn die Arbeit aufgenommen ist.[611] 229

   Vor Aufnahme der Arbeit sind auf den Arbeitsvertrag die allgemeinen Regeln über Nichtigkeit und Anfechtung unbeschränkt anwendbar. Dasselbe gilt grundsätzlich auch, sobald der zunächst vollzogene Arbeitsvertrag nachträglich durch endgültigen Wegfall der Arbeitsleistung wieder „außer Funktion gesetzt wird".[612]

   S und K haben die Arbeit aufgenommen.

3. Ein faktisches Arbeitsverhältnis besteht ausnahmsweise nicht, wenn seine Anerkennung mit **überwiegenden öffentlichen Interessen oder überwiegenden schutzwürdigen Belangen des Einzelnen**, insbesondere des Arbeitnehmers, unvereinbar wäre. Diese Ausnahmefälle kommen vor allem bei Nichtigkeit des Ar- 230

---

606 Vgl. ErfK/Preis § 611 BGB Rn. 145 ff.; Keller NZA 1999, 1311, 1312.

607 BAG, Urt. v. 26.09.2007 – 5 AZR 857/06, NZA 2007, 1422, 1424; BGH, Urt. v. 03.07.2000 – II ZR 282/98, NZA 2000, 945: faktischer Geschäftsführeranstellungsvertrag, wenn nicht von der zuständigen Gesellschafterversammlung abgeschlossen.

608 Vgl. Däubler NZA 2001, 1329, 1330 und BAG, Urt. v. 21.08.2008 – 8 AZR 201/07, NZA 2009, 29, 34.

609 Vgl. BAG, Urt. v. 27.07.2010 – 3 AZR 317/08, BB 2011, 572; Däubler NZA 2001, 1329, 1332; ErfK/Preis § 611 BGB Rn. 146, 342 ff.; zweifelnd Löwisch NZA 2001, 465, 466 unter Hinweis darauf, dass „rechtliche Unmöglichkeit" vorliegt und daher § 311 a BGB eingreift; vgl. auch Fn. 613.

610 BAG AP Nr. 1 zu § 611 BGB „faktisches Arbeitsverhältnis"; Gamillscheg I Nr. 62 m.w.N.; a.A. Walker JA 1985, 149, der bei fehlender Vertretungsmacht nur die gesetzlichen Ansprüche aus §§ 179, 812 BGB gewähren will; vgl. aber BAG NZA 1998, 199: Kein faktisches Arbeitsverhältnis beim Verschweigen der als auflösende Bedingung vereinbarten Bewilligung einer Erwerbsunfähigkeitsrente und BAG, Urt. v. 20.03.2001 – 3 AZR 276/00, DB 2001, 2612, bei Beschäftigung aufgrund einer aufschiebenden Wirkung des Widerspruchs bei Entlassung eines Beamten auf Probe.

611 Vgl. ErfK/Preis § 611 BGB Rn. 365 ff.; Schaub/Linck § 34 Rn. 47 ff.; B/R/H Rn. 171 ff.

612 Vgl. ausführlich zum Zeitpunkt und zu den Folgen der „Außervollzugsetzung" BAG NZA 1999, 584; AP Nr. 24 zu § 123 BGB m. krit. Anm. Brox; ErfK/Preis § 611 BGB Rn. 365 ff.; Staudinger/Richardi/Fischinger § 611 BGB Rn. 692 ff.

beitsvertrages nach § 134 BGB wegen Verstoßes gegen ein gesetzliches Verbot bzw. bei Sittenwidrigkeit nach § 138 BGB in Betracht.[613]

Beispiel: Die Eheleute A verpflichten sich gegenüber X, der in seiner Nachtbarschaft eine Universal-Show veranstaltet, allabendlich auf der Bühne einen Geschlechtsverkehr vorzuführen. Dieser Vertrag ist nach § 138 Abs. 1 BGB sittenwidrig (BAG:[614] Der menschliche Geschlechtsverkehr gehört nicht auf die Bühne). Da es sich in diesem Fall um einen besonders schweren Mangel handelt, scheidet auch ein faktisches Arbeitsverhältnis aus. – Zu Arbeitsverträgen Minderjähriger vgl. noch unten Rn. 232 ff.

Im vorliegenden Fall bestehen solche Bedenken nicht, sodass faktische Arbeitsverhältnisse vorliegen.[615]

231 III. Rechtsfolgen:

Das faktische Arbeitsverhältnis wird grds. wie ein aufgrund wirksamen Arbeitsvertrags zustande gekommenes Arbeitsverhältnis behandelt.[616] Der Arbeitnehmer hat Ansprüche auf Lohn, Entgeltfortzahlung im Krankheitsfall, Urlaub, Fürsorge, Zeugnis.

Die Höhe des Lohnes ergibt sich aus Tarifvertrag, falls ein solcher bei Wirksamkeit des Arbeitsvertrags für die Höhe der Vergütung maßgeblich wäre. Andernfalls kann man die Vereinbarung in dem – allerdings nicht wirksamen – Arbeitsvertrag zugrunde legen, falls sie angemessen erscheint. Sonst ist der übliche Lohn geschuldet, § 612 BGB.[617]

Für die Zukunft besteht jedoch keine Bindung.
„Ein faktisches Arbeitsverhältnis kann von jedem Partner **jederzeit durch einseitige Erklärung beendet werden**, ohne dass die Voraussetzungen einer fristlosen Kündigung vorzuliegen brauchen."[618]
Somit können sowohl G namens der GmbH als auch S und K die bestehenden faktischen Arbeitsverhältnisse durch einseitige Erklärung beenden.

II. Das Arbeitsverhältnis bei Geschäftsunfähigkeit oder beschränkter Geschäftsfähigkeit der Arbeitsvertragsparteien

1. Bedeutung für die Wirksamkeit des Arbeitsvertrages

232 Die Wirksamkeit des Arbeitsvertrags setzt nach §§ 104 ff. BGB grds. die volle Geschäftsfähigkeit des Arbeitnehmers und des Arbeitgebers im Zeitpunkt des Vertragsabschlusses voraus. Bei **Geschäftsunfähigkeit** (§ 104 BGB) **eines der Vertragspartner** ist der abgeschlossene Arbeitsvertrag nach § 105 BGB auch dann nichtig, wenn er tatsächlich in Vollzug gesetzt worden ist.

613 Vgl. dazu BAG, Urt. v. 03.11.2004 – 5 AZR 592/03, NZA 2005, 1409: kein faktisches Arbeitsverhältnis bei Nichtigkeit des AV nach § 134 BGB mit einem Arzt, der die erforderliche Approbation bzw. Erlaubnis vortäuschte, und Verpflichtung zur Rückzahlung der Vergütung, §§ 812, 817 S. 2 BGB u. BAG, Urt. v. 18.03.2009 – 5 AZR 355/08, NZA 2009, 663: kein faktisches Arbeitsverhältnis, wenn ein Meister lediglich als Konzessionsträger seinen Titel zur Verfügung stellt.

614 BAG NJW 1976, 1958.

615 Vgl. zum faktischen Arbeitsverhältnis Joussen NZA 2006, 963 ff. und Hönn ZfA 1987, 61.

616 BAG, Urt. v. 03.11.2004, Fn. 613; ErfK/Preis § 611 BGB Rn. 367; Kettler NZA 2001, 928, 933.

617 BAG, Urt. v. 27.07.2010, Fn. 609; JZ 1993, 319 m.Anm. Hanau/Rolfs; Hanau/Adomeit Rn. 637 ff.

618 BAGE 12, 104; BGH, Urt. v. 03.07.2000 – II ZR 282/98, NZA 2000, 945; ErfK/Preis § 611 BGB Rn. 147.

Ist der **Arbeitnehmer minderjährig und damit in der Geschäftsfähigkeit beschränkt**, kann er ein Arbeitsverhältnis nicht ohne Mitwirkung des gesetzlichen Vertreters eingehen (§§ 106 ff., 182 ff. BGB). Beim Minderjährigen ist die **Mitwirkung der Eltern** beim Abschluss eines Berufsausbildungsvertrags oder Arbeitsvertrags eine der wichtigsten elterlichen Aufgaben. 233

Die sog. **partielle Geschäftsfähigkeit des minderjährigen Arbeitnehmers nach § 113 BGB** kommt erst dann in Betracht, wenn ein wirksamer Arbeitsvertrag zustande gekommen ist. Dann ist der Minderjährige für solche Rechtsgeschäfte unbeschränkt geschäftsfähig, welche die Eingehung oder Aufhebung eines Dienst- oder Arbeitsverhältnisses der gestatteten Art oder die Erfüllung der sich aus einem solchen Verhältnis ergebenden Verpflichtungen betreffen.[619] Nach ganz h.M. wird dadurch auch der Gewerkschaftsbeitritt gedeckt.[620]

Auf Berufsausbildungsverhältnisse ist § 113 BGB nach h.M. nicht anwendbar, weil nicht die Arbeit, sondern der Ausbildungszweck im Vordergrund steht, sodass die Interessenlage nicht vergleichbar ist.[621]

Bei **Minderjährigkeit des Arbeitgebers** gelten ebenfalls grds. die §§ 107, 108, 182 ff. BGB. Hat jedoch der gesetzliche Vertreter den minderjährigen Arbeitgeber zum selbstständigen Betrieb eines Erwerbsgeschäfts mit Zustimmung des Vormundschaftsgerichts ermächtigt (§ 1643 Abs. 1 bzw. §§ 1793 ff. i.V.m. § 1822 Nr. 3 BGB), dann ist der minderjährige Arbeitgeber gemäß § 112 BGB für alle Rechtsgeschäfte unbeschränkt geschäftsfähig, welche der Geschäftsbetrieb mit sich bringt. Dazu gehört insbesondere auch der Abschluss von Arbeitsverträgen. Ausgenommen sind nur solche Rechtsgeschäfte, zu denen auch der gesetzliche Vertreter der Genehmigung des Vormundschaftsgerichts bedarf (vgl. § 1643 und §§ 1821, 1822 BGB). In diesen Fällen bleibt es bei §§ 107, 108 BGB, sodass im Einzelfall sowohl die Genehmigung des gesetzlichen Vertreters als auch die des Vormundschaftsgerichts erforderlich ist.[622] 234

2. Rechtsfolgen der Unwirksamkeit bei erbrachter Arbeitsleistung

Liegt nach §§ 104 ff. BGB kein wirksamer Arbeitsvertrag vor, so stellt sich die Frage, ob und ggf. inwieweit die Grundsätze des **faktischen Arbeitsverhältnisses** anwendbar sind.

Nach ganz h.M. steht der Schutz des Geschäftsbeschränkten einem faktischen Arbeitsverhältnis grds. entgegen. Grob unbillig wäre allerdings, wenn man dem **minderjährigen bzw. geschäftsunfähigen Arbeitnehmer, der tatsächlich gearbeitet hat**, den Lohnanspruch vorenthalten würde, mit der Begründung, das ergebe sich aus dem Schutzzweck der §§ 104 ff. BGB. Deshalb kann sich der Arbeitgeber nach Treu und Glauben (Verbot des widersprüchlichen Verhaltens) für die Zeit, in der er den Minderjährigen tatsächlich beschäftigt hat, nicht auf die Unwirksamkeit berufen. Er muss insbes. den vereinbarten Lohn zahlen. Dagegen stehen dem Arbeitgeber nach h.M. keine vertragli- 235

619 Vgl. BAG, Urt. v. 13.02.2008 – 2 AZR 864/06, NZA 2008, 1055 (Kündigungszugang); NZA 2000, 34; Joussen RdA 2009, 182; NZA 2000, 34; vgl. ausführlich zu §§ 112, 113 BGB Brehm/Overdick JuS 1992, Lernbogen S. 89 ff.

620 MünchKomm/Schmitt § 113 BGB Rn. 24; ErfK/Preis § 113 BGB Rn. 9. m.w.N.

621 Vgl. Palandt/Heinrichs § 113 BGB Rn. 2; MünchKomm/Schmitt § 113 BGB Rn. 14; ErfK/Preis § 113 BGB Rn. 6 m.w.N.

622 Vgl. dazu Palandt/Heinrichs § 112 BGB Rn. 4; MünchKomm/Schmitt § 112 BGB Rn. 11 ff., 19 ff. m.w.N.

chen Leistungs- und Schadensersatzansprüche zu, da wegen des Mangels der Geschäftsfähigkeit keine wirksame Verpflichtung begründet werden konnte.[623]

236 Bei Geschäftsunfähigkeit oder Minderjährigkeit des Arbeitgebers stehen dem Arbeitnehmer nach h.M. keine vertraglichen Ansprüche zu, insbesondere steht ihm kein Lohnanspruch zu, wenn er tatsächlich gearbeitet hat. Vielmehr hat der Arbeitnehmer ggf. lediglich Bereicherungsansprüche und deliktische Schadensersatzansprüche.[624]

III. Die Anfechtung des Arbeitsvertrages

Fall 11: Verfehlte Personalpolitik

Dem Personalchef P der X-AG gelingt an einem Morgen die Einstellung mehrerer Arbeitnehmer. Leider hat er nicht immer eine glückliche Hand.
Die A wurde für die Abteilung Materialbeschaffung eingestellt und sollte dort u.a. die Kasse führen. Die Frage nach Vorstrafen, insbesondere wegen Eigentums- und Vermögensdelikten, hatte sie mit „keine" beantwortet, obwohl sie kurz davor wegen fortgesetzten Diebstahls, Unterschlagung und Betruges bestraft worden war. Als sich das nach 3 Monaten herausstellt, legt sie ein ärztliches Attest vor, dass sie seit 6 Wochen schwanger ist.
Die B wurde als Sekretärin eingestellt, nachdem sie einen vom Betriebsrat nicht beanstandeten Personalbogen ausgefüllt hatte. Auf die Frage: „Bevorzugen Sie rote oder blaue Nachtwäsche?" hatte sie mit „blau" geantwortet, obwohl sie in Wahrheit nackt schläft. Die Frage: „Nehmen Sie regelmäßig die Anti-Baby-Pille?" hatte sie wahrheitswidrig mit Ja beantwortet. Auf die Frage: „Sind Sie schwanger", hatte sie mit „Nein" geantwortet, obwohl sie wusste, dass sie schwanger war. Rechtslage?

237 A. Der Fall der Arbeitnehmerin A

I. Zwischen A und der X-AG ist durch Abschluss eines Arbeitsvertrags ein Arbeitsverhältnis zustande gekommen.

II. Es kommt eine Kündigung dieses Arbeitsverhältnisses in Betracht. Aus den falschen Angaben der A und dem Umstand, dass sie nach ihren Vorstrafen für den in Aussicht genommenen Arbeitsplatz nicht geeignet erscheint, könnte sich ein wichtiger Grund für eine außerordentliche Kündigung i.S.d. § 626 BGB ergeben. Die Kündigung gegenüber einer Frau während der Schwangerschaft und bis zum Ablauf von vier Monaten nach der Entbindung ist jedoch nach § 9 Abs. 1 S. 1 MuSchG unzulässig. Dieses **absolute Kündigungsverbot** gilt sowohl für eine ordentliche als auch für eine außerordentliche Kündigung, sodass die Kündigung unzulässig war.[625]

---

623 Vgl. MünchArbR/Richardi/Buchner § 34 Rn. 47; BAG DB 1974, 2062: keine (vertragl.) Schadensersatzpflicht des Minderjährigen aus einem von den Eltern nicht genehmigten Arbeitsverhältnis (u.U. aber § 823 BGB).

624 Vgl. B/R/H Rn. 176; MünchArbR/Richardi/Buchner § 34 Rn. 47; Die Gegenansicht (z.B. MünchKomm/Schmidt § 105 BGB Rn. 55) stellt das soziale Schutzinteresse des Arbeitnehmers in den Vordergrund und bejaht quasi-vertragliche Ansprüche des Arbeitnehmers, was dem Schutzzweck der §§ 104 ff. BGB widerspricht.

625 Vgl. BAG, Urt. v. 26.03.2015 – 2 AZR 237/14, NZA 2015, 734; Schaub/Linck § 169 Rn. 2, 15.

Zum Schutz der Mutter und des werdenden Lebens soll der Mutter auf jeden Fall die Aufregung, die sich aus einer Kündigung ergeben kann, erspart werden. In ganz besonderen Ausnahmefällen kann die zuständige Arbeitsschutzbehörde nach § 9 Abs. 3 MuSchG eine Kündigung für zulässig erklären.[626]

III. Es kommt eine Anfechtung der den Arbeitsvertrag begründenden Willenserklärung des P in Betracht.

1. Sind die Anfechtungsregeln der §§ 119 ff. BGB auf den Arbeitsvertrag überhaupt anwendbar? 238

a) Gegen die Anwendbarkeit der Anfechtungsregeln könnten deshalb Bedenken bestehen, weil die Anfechtung den Vertrag rückwirkend vernichtet (§ 142 Abs. 1 BGB). Danach würde die Anfechtung zu dem Zustand führen, der im Fall 10 (S. 102) als unerträglich bezeichnet wurde. Daraus folgt zunächst, dass die Anfechtung grds. keine rückwirkende Kraft haben darf.

b) Legt man der Anfechtung nur die Wirkung bei, das Rechtsverhältnis für die Zukunft zu beenden, könnte man sie als überflüssig ansehen, weil sie dann praktisch die gleichen Rechtsfolgen wie eine Kündigung hätte.

Jedoch kann, wie der vorliegende Fall zeigt, eine Kündigung ausgeschlossen sein. Würde man die Anfechtungsregeln generell für unanwendbar erklären, könnte das zur Folge haben, dass ein Willensmangel bei Eingehung des Arbeitsvertrags keine Berücksichtigung fände. Für eine so weitgehende Ausschaltung der dem Gedanken der Privatautonomie Rechnung tragenden Anfechtungsregeln besteht kein Grund. Daher sind die **Anfechtungsregeln auch auf den Arbeitsvertrag anwendbar**. Die Anfechtung hat jedoch grds. nur die Wirkung, dass sie das bereits durch Arbeitsaufnahme aktualisierte Arbeitsverhältnis nur mit **Jetztwirkung** (ex nunc) beendet.[627] 239

Nach ganz h.M. steht der Zulässigkeit der Anfechtung auch nicht das Kündigungsverbot des § 9 MuSchG entgegen. Diese Vorschrift bezweckt nur, dass die Schwangere das rechtsfehlerfrei begründete Arbeitsverhältnis nicht verliert. Sie bezweckt dagegen nicht den Schutz der nach §§ 104 ff. BGB rechtsfehlerhaft zustande gekommenen Arbeitsverhältnisse. Daher schrankt das Kündigungsverbot des § 9 MuSchG auch die durch §§ 119 ff. BGB geschutzte freie Willensentschließung des Arbeitgebers nicht ein.[628] 240

§ 9 MuSchG schließt auch nicht aus, dass der Arbeitgeber ein bloß faktisches Arbeitsverhältnis mit einer schwangeren Arbeitnehmerin nach den allg. Regeln beendet.[629]

Somit ist auch bei einer derartigen Fallgestaltung eine Anfechtung nicht ausgeschlossen.

2. Eine Anhörung des Betriebsrats vor Erklärung der Anfechtung entspr. § 102 BetrVG ist nach ganz h.M. nicht erforderlich, da zum einen die Kündigung und 241

---

626 Vgl. dazu Bayerischer VGH NZA-RR 2012, 302; ErfK/Schlachter § 9 MuSchG Rn. 12 ff.; Kittner NZA 2010, 198 ff.

627 BAG, Urt. v. 18.10.2000 – 2 AZR 380/99, NZA 2001, 315 ff.; 1999, 584, 585; Preis § 23 I 1; jeweils m.w.N.; vgl. aber auch Gamillscheg AcP 176, 197, 216 ff.; Hönn ZfA 1987, 61 ff.

628 BAG NZA 1991, 719; KR/Bader/Gallner § 9 MuSchG Rn. 136; ErfK/Schlachter § 9 MuSchG Rn. 16.

629 KR/Bader/Gallner § 9 MuSchG Rn. 134; Schaub/Linck § 169 Rn. 3 m.w.N.

Anfechtung unterschiedliche Voraussetzungen und Rechtsfolgen haben. Zum anderen muss der Arbeitgeber nach Aufdeckung des Willensmangels frei darüber entscheiden können, ob er die Nichtigkeit des Arbeitsvertrags geltend machen will.[630]

242 3. Eine arglistige Täuschung durch bewusste Falschbeantwortung einer Einstellungsfrage stellt nach allgemeiner Ansicht nur dann eine arglistige Täuschung i.S.d. § 123 BGB dar, wenn die Frage zulässig war.[631] Welche Einstellungsfragen zulässig sind, kann an dieser Stelle aber noch offen bleiben, weil ein Einstellungsbewerber unzweifelhaft nach Vorstrafen gefragt werden darf, die seine Eignung für den in Aussicht genommenen Arbeitsplatz infrage stellen.[632] Da A in der Abteilung Materialbeschaffung tätig sein und u.a. auch die Kasse führen sollte, war die Frage nach Vorstrafen, insbesondere wegen Eigentums- und Vermögensdelikten zulässig.

243 Eine Einschränkung des Anfechtungsrechts wird gemacht, wenn der Anfechtungsgrund seine Bedeutung für das Arbeitsverhältnis verloren hat, insbes. wenn das Arbeitsverhältnis längere Zeit unbeanstandet durchgeführt worden ist. Dann ist die Anfechtung wegen Verstoßes gegen § 242 BGB unzulässig.[633] Als unbestraft darf sich allerdings ein Bewerber dann bezeichnen, wenn seine Vorstrafen nach §§ 51, 53 BZRG zu tilgen sind.[634] Hier greifen diese Gesichtspunkte nicht ein.

Somit kann die X-AG das Arbeitsverhältnis mit A durch Anfechtung beenden. Die Anfechtung hat Wirkung grundsätzlich nur für die Zukunft; das gilt auch bei einer arglistigen Täuschung.[635]

B. Der Fall der Arbeitnehmerin B

I. Zwischen B und der X-AG ist ein Arbeitsvertrag geschlossen worden und damit ein Arbeitsverhältnis zustande gekommen.

II. Eine Kündigung ist nach § 9 MuSchG ausgeschlossen (vgl. oben Rn. 237).

III. Es kommt eine Anfechtung nach § 123 BGB in Betracht.

244 Die Anfechtungsregeln sind zwar anwendbar (vgl. oben Rn. 237 ff.). Fraglich ist aber, ob die B den Personalchef der X-AG zum Abschluss des Arbeitsvertrags durch eine arglistige Täuschung i.S.d. § 123 BGB bestimmt hat.

1. Eine arglistige Täuschung könnte man darin sehen, dass B drei Fragen des Personalfragebogens bewusst falsch beantwortet hat. Es kann jedenfalls nicht ausgeschlossen werden, dass diese Antworten für ihre Einstellung mitursächlich geworden sind.

2. Möglicherweise waren die gestellten Fragen aber nicht zulässig und müssen deshalb im Rahmen des § 123 BGB außer Betracht bleiben.

---

630 BAG NZA 1996, 371, 374; KR/Etzel § 102 BetrVG Rn. 42; ErfK/Kania § 102 BetrVG Rn. 2 m.w.N.; a.A. Hönn ZfA 1987, 61, 89 f.; Wolf/Gangel AuR 1982, 271, 275 f.

631 BAG, Urt. v. 07.07.2011 – 2 AZR 396/10, NZA 2012, 34; Wisskirchen/Bissels NZA 2007, 169, 170. m.w.N.

632 BAG NZA 1999, 975, 976; MünchArbR/Buchner § 30 Rn. 342 ff.; Moritz NZA 1987, 329, 334.

633 BAG, Urt. v. 06.07.2000 – 2 AZR 543/99, NZA 2001, 317, 320; 1999, 975, 977; ErfK/Preis § 611 BGB Rn. 347.

634 Vgl. BAG NZA 1991, 719; LAG Köln ArbuR 2013, 413; Schaub/Linck § 26 Rn. 36; MünchArbR/Buchner § 30 Rn. 346.

635 BAG NZA 1999, 975; MünchArbR/Buchner § 34 Rn. 42 f.; ErfK/Preis § 611 BGB Rn. 365 ff.

a) Vor Abschluss des Arbeitsvertrags hat der Arbeitgeber ein Interesse daran, möglichst viel über die Person des Stellenbewerbers zu erfahren. Andererseits ist der Arbeitnehmer daran interessiert, seine persönlichen Belange nicht gegenüber einer ihm fremden Person zu offenbaren. Das Aufklärungsinteresse des Arbeitgebers steht dem Interesse des Arbeitnehmers an Wahrung seiner Menschenwürde (Art. 1 Abs. 1 GG) und seines allg. Persönlichkeitsrechts (Art. 2 GG) gegenüber. Aus diesem Interessenwiderstreit folgt: **245**

aa) Dem Arbeitgeber steht kein uneingeschränktes Fragerecht zu. Denn es ist mit der Menschenwürde und dem Schutz des allg. Persönlichkeitsrechts unvereinbar, einen Menschen „in seiner ganzen Persönlichkeit zu registrieren und zu katalogisieren, … und ihn damit wie eine Sache zu behandeln, die einer Bestandsaufnahme in jeder Beziehung zugänglich ist". Da Art. 1 und Art. 2 GG den Schutz der Privatsphäre und des Intimbereichs garantieren,[636] besteht Einigkeit darüber, dass „Intimbefragungen" schlechthin unzulässig sind. **246**

bb) Der Arbeitgeber darf vielmehr grds. nur nach solchen Tatsachen fragen, die für ihn von berechtigtem, billigenswertem und schutzwürdigem Interesse im Hinblick auf das angestrebte Arbeitsverhältnis (**„konkreter Bezug zum Arbeitsplatz"**) sind. Außerdem darf der Zulässigkeit der Frage keine gesetzgeberische Wertentscheidung, insbesondere das Benachteiligungsverbot des § 7 Abs. 1 AGG, entgegenstehen. Denn der Arbeitgeber kann kein billigenswertes und schützenswertes Interesse an Fragen haben, die zu einer nach § 7 Abs. 1 AGG unzulässigen Diskriminierung aus den in § 1 AGG genannten Gründen führen.[637] **247**

Unzulässig, weil die Privatsphäre betreffend, sind danach insbes. folgende Fragen:[638] **248**

- Mit wem verbringen Sie Ihre Freizeit am häufigsten?
- Wieviel Prozent Ihres Einkommens sparen Sie in etwa?
- Wer trifft in Ihrer Familie die Entscheidungen?
- Wie oft gehen Sie pro Monat mit Freunden, Bekannten oder Kollegen aus?

b) Für die Zulässigkeit der der B gestellten Fragen gilt danach:

aa) Die Fragen nach der Farbe der Nachtwäsche sowie der Einnahme der Anti-Baby-Pille stehen in keinem Zusammenhang mit der zu leistenden Arbeit, dringen in den Intimbereich ein und sind deshalb unzulässig.[639]

bb) Die **Frage nach** der **Schwangerschaft** ist nach der heute **ganz h.M. zumindest bei unbefristeten Verträgen generell unzulässig**. **249**

---

636 Vgl. dazu BVerfGE 27, 1, 6 und BVerfG NZA 1997, 992; BVerfGE 34, 238, 245; ErfK/Preis § 611 BGB Rn. 271 ff.

637 BAG, Urt. v. 06.02.2003 – 2 AZR 621/01, NZA 2003, 848; MünchArbR/Buchner § 30 Rn. 259 f.; Wisskirchen/Bissels NZA 2007, 169, 170; ErfK/Preis § 611 BGB Rn. 272 ff.; Linxweiler AA 2015, 67 ff. und oben Rn. 195 ff.

638 Nach Hunold DB 1993, 224. ff.; vgl. auch Wisskirchen/Bissels NZA 2007, 169 ff. mit weiteren Beispielen.

639 Schaub/Linck § 26 Rn. 16 ff., 25; ErfK/Preis § 611 BGB Rn. 274 ff.; Künzl ArbR 2012, 235 ff.

Der Arbeitgeber hat zwar im Hinblick auf die finanziellen Belastungen und die Beschäftigungsverbote nach dem MuSchG ein erhebliches Interesse daran zu erfahren, ob die Bewerberin schwanger ist. Die Frage nach der Schwangerschaft kann aber naturgemäß nur weibliche Bewerberinnen betreffen, sodass sie mit dem geschlechtsbezogenen Diskriminierungsverbot des § 7 Abs. 1 AGG (insoweit bisher § 611 a BGB) unvereinbar ist. Dies gilt selbst dann, wenn der tatsächlichen Beschäftigung Beschäftigungsverbote nach dem MuSchG entgegen stehen.[640]

Bei der Zulässigkeit der Frage nach der Schwangerschaft wird der Einfluss des EU-Rechts und der Rspr. des EuGH auf das nationale Recht sehr deutlich. Nach der früheren Rspr. des BAG[641] war die Frage nach der Schwangerschaft generell zulässig. Danach entschied das BAG,[642] dass diese Frage zulässig ist, soweit sich nur Frauen um einen Arbeitsplatz bewerben, da in diesem Fall keine geschlechtsspezifische Benachteiligung i.S.d. § 611 a BGB a.F. vorliegen könne. Diese vielfach kritisierte und für die Praxis kaum brauchbare differenzierte Beurteilung der Zulässigkeit der Schwangerschaftsfrage gab das BAG im Hinblick auf die Rspr. des EuGH auf. Danach hat das BAG entschieden, dass die Schwangerschaftsfrage grds. unzulässig und nur ausnahmsweise dann zulässig ist, wenn die Schwangerschaft mit der zu verrichtenden Tätigkeit unvereinbar ist (z.B. Tänzerin, Vorführdame) oder die Frage objektiv dem gesundheitlichen Schutz der Schwangeren und des ungeborenen Kindes (Beschäftigungsverbote nach dem MuSchG) dient.[643] Zuletzt gab das BAG im Anschluss an die neueste Rspr. des EuGH auch diese Rspr. jedenfalls für den Fall einer unbefristeten Einstellung auf.

Nach der Rspr. des EuGH stellt die Ablehnung der Einstellung einer Arbeitnehmerin bzw. der Verlängerung eines befristeten Arbeitsvertrags wegen der Schwangerschaft eine Geschlechterdiskriminierung i.S.d. unmittelbar anwendbaren EU-Richtlinien 76/207 EWG und 92/85 EWG dar.[644] In einem weiteren Urteil stellte der EuGH[645] fest, dass die o.g. EU-Richtlinien nicht zwischen befristeten und unbefristeten Arbeitsverhältnissen unterscheiden, sondern allen schwangeren Arbeitnehmerinnen den gleichen Schutz gewähren. Deshalb hat er auch die Kündigung eines befristeten Arbeitsvertrags in einem Fall für unwirksam erklärt, in dem die Arbeitnehmerin beim Abschluss des Arbeitsvertrags auf das Bestehen der Schwangerschaft nicht hinwies, obwohl feststand, dass sie wegen der Schwangerschaft während eines wesentlichen Teils der Vertragszeit nicht arbeiten können wird. Bei konsequenter Anwendung dieser Grundsätze des EuGH dürfte die **Frage nach der Schwangerschaft im Hinblick auf das geschlechterbezogene Benachteiligungsverbots des § 7 Abs. 1 AGG** (früher § 611 a BGB) **generell unzulässig** sein.[646] Ob das BAG auch diese letzte Konsequenz, insb. bei einer befristeten Beschäftigung mit einem anfänglichen Beschäftigungsverbot nach dem MuSchG, tatsächlich zieht, bleibt abzuwarten.[647]

---

640 BAG, Urt. v. 06.02.2003, Fn. 637; EuGH DB 2001, 2451 m.Anm. Thüsing; BAG NZA 2001, 1243, 1246; LAG Köln NZA-RR 2013, 232 m. zust. Anm. Pallasch; ErfK/Preis § 611 BGB Rn. 274; Wisskirchen/Bissels NZA 2007, 169, 173; a.A. Palasch NZA 2007, 306: Schwangerschaftsfrage nach § 8 Abs. 1 AGG ausnahmsweise zulässig, wenn Tätigkeit schon am ersten Tag oder kurz nach Arbeitsaufnahme wegen Schwangerschaft nicht ausgeführt werden kann; a.A. Hunold DB 2000, 573: Frage nach der „Verfügbarkeit" zulässig, was aber mit den o.g. Grds. als eine bloße Umgehung nicht zu vereinbaren ist.

641 Z.B. BAG AP Nr. 15 zu § 123 BGB; zur Entwicklung der Rspr. des BAG auch Kasper FA 2000, 243.

642 BAG NZA 1986, 739.

643 Vgl. BAG DB 1993, 1978 m. zust. Anm. Ehrich; NZA 1989, 178; vgl. dazu auch Paul DB 2000, 974 ff.

644 Vgl. EuGH DB 2001, 2451 m.Anm. Thüsing; DB 2000, 380 ff.; NZA 2001, 1243.

645 EuGH NZA 2001, 1243; krit dazu B/R/H Rn. 169; vgl. dazu auch Preis/Bender NZA 2005, 1321, 1322.

646 ErfK/Preis § 611 BGB Rn. 274; Däubler, Ratgeber, Rn. 449 a; Thüsing, Fn. 644; Schrader DB 2006, 2571, 2573; a.A. Stege/Weinspach § 94 BetrVG Rn. 16 e; Sowka NZA 1994, 967, 969; Stürner NZA 2001, 526: Frage bei befristeter Einstellung zulässig; vgl. auch Thüsing/Lambrich BB 2002, 1146, 1147: Einwand des Rechtsmissbrauchs in Ausnahmefällen; ausführl. zur Schwangerschaftsfrage im Hinblick auf das Benachteiligungsverbot des § 7 Abs. 1 AGG: Pallasch Fn. 640.

647 Zur Zulässigkeit einzelner Fragen im Hinblick auf das Benachteiligungsverbot des § 7 Abs. 1 AGG Linxweiler AA 2015, 67; Künzl ArbR 2012, 235; Ohlendorf/Schreier BB 2008, 2458; Kania/Merten ZIP 2007, 8; Wisskirchen/Bissels NZA 2007, 169; zur Diskriminierung u. Einstellungsfragen auch Hunold NZA-RR 2009, 133 ff. und Preis/Bender NZA 2005, 1321 ff.

Da vorliegend die o.g. Ausnahmefälle nicht eingreifen, ist bereits mit der bisher ganz h.M. von der Unzulässigkeit der Befragung der B nach dem Bestehen der Schwangerschaft auszugehen, sodass es nicht darauf ankommt, ob die Schwangerschaftsfrage generell unzulässig ist.

Zulässig war dagegen nach der bisher ganz h.M. die Frage nach dem Bestehen einer Schwerbehinderung oder einer Gleichstellung i.S.d. § 2 SGB IX.[648] Nach dem In-Kraft-Treten des § 81 Abs. 2 SGB IX, der grds. eine Benachteiligung der schwerbehinderten Menschen verbietet, und des § 7 Abs. 1 AGG, der grds. eine Benachteiligung der „lediglich" behinderten Menschen wegen einer Behinderung bei der Einstellung verbietet (vgl. dazu oben Rn. 200), dürfte die **Frage nach der Schwerbehinderung bzw. einer Behinderung** nicht mehr generell, sondern nur noch insoweit zulässig sein, als eine unterschiedliche Behandlung des behinderten Arbeitnehmers nach § 8 Abs. 1 AGG bzw. § 5 AGG ausnahmsweise zulässig ist.[649] Im bestehenden Arbeitsverhältnis ist dagegen die Frage nach der Schwerbehinderung jedenfalls nach Ablauf der Sechsmonatsfrist des § 90 Abs. 1 Nr. 1 SGB IX zulässig.[650] **250**

Die Frage nach einer **Aids**-Erkrankung ist nach ganz h.M. zulässig. Ob und inwieweit die Frage nach der HIV-Infektion zulässig ist, ist dagegen äußerst umstritten.[651] **251**

c) Somit waren alle drei Fragen, aus denen sich hier eine arglistige Täuschung ergeben könnte, unzulässig.[652] Problematisch ist, welche Konsequenzen sich daraus ergeben.

Sicher ist, dass der Befragte sich weigern kann, unzulässige Fragen zu beantworten. Praktisch ist das aber keine Lösung, weil er damit rechnen muss, dann nicht eingestellt zu werden. Nach h.M. ist deshalb eine falsche Antwort auf eine Einstellungsfrage **nur dann eine rechtswidrige arglistige Täuschung** i.S.d. § 123 BGB, wenn **die Frage zulässig** war.[653] **252**

Personalfragebogen bedürfen nach Maßgabe des § 94 Abs. 1 BetrVG der Zustimmung des Betriebsrats. Der Arbeitgeber entscheidet danach mitbestimmungsfrei über die Verwendung selbst, nicht aber über den Inhalt des Personalfragebogens. Kommt eine Einigung über den Inhalt des Personalbogens nicht zustande, entscheidet darüber die Einigungsstelle.[654] Der Betriebsrat kann also verhindern, dass unzulässige Fragen gestellt werden. Es ist allerdings nicht zu verkennen, dass es für den Betriebsrat im Normalfall schwierig ist, einzelne Fragen auf ihre Zulässigkeit hin zu überprüfen und zu beanstan- **253**

---

648 BAG, Urt. v. 18.10.2000 – 2 AZR 380/99, NZA 2001, 315; 1999, 584; Moritz NZA 1989, 329, 335; a.A. Großmann NZA 1989, 702 ff.: nur, wenn Schwerbehinderung für die auszuübende Tätigkeit von Bedeutung.

649 LAG Hamm, Urt. v. 19.10.2006 – 15 Sa 740/06, juris; ErfK/Preis § 611 BGB Rn. 274; Moderegger ArbRB 2015, 144; Husemann RdA 2014, 16; Maties RdA 2013, 115; Bayreuther NZA 2010, 679; Wisskirchen/Bissels NZA 2007, 169, 173; Adomeit/Mohr § 2 AGG Rn. 40 ff.; a.A.; MünchArbR/Buchner § 30 Rn. 290 f.; Giesen RdA 2013, 49: generell zulässig; a.A. Messingschläger NZA 2003, 301: generell unzulässig; v. BAG, Urt. v. 07.07.2011, Fn. 631 offen gelassen.

650 Vgl. dazu BAG, Urt. v. 16.02.2012 – 6 AZR 553/10, juris; Schrader/Siebert ArbR 2012, 157; Hoppe/Fuhlrott ArbR 2012, 131.

651 Vgl. dazu Mallmann AiB 2008, 212 ff.; Wisskirchen/Bissels NZA 2007, 169, 171 f.; MünchArbR/Buchner § 30 Rn. 286 ff.

652 Ausführl. zur **Zulässigkeit einzelner Fragen** Schaub/Linck § 26 Rn. 16 ff.; ErfK/Preis § 611 BGB Rn. 271 ff.; Künzl ArbR 2012, 235; Ertel DuD 2012, 126; Wisskirchen/Bissels NZA 2007, 169; Kaehler ZfA 2006, 519; allg. **zum öffentlichen Dienst** Adam ZTR 2003, 158; zur **Mitgliedschaft im Arbeitgeberverband** Boemke NZA 2004, 142; zur **Gewerkschaftszugehörigkeit** Wendeling-Schröder ArbuR 2013, 408; Meyer BB 2011, 2363; zum **Lebensalter** (vgl. auch § 10 AGG) Adomeit/Mohr § 2 AGG Rn. 50 ff.; Wisskirchen/Bissels NZA 2007, 169, 172; nach **Religionszugehörigkeit** v. Tiling ArbRB 2009, 80; Adam NZA 2003, 1375 (vgl. auch § 9 AGG); zur **Scientology** Bauer/Baeck DB 1997, 2534; Berger-Delhey ZTR 1999, 116 (öffentl. Dienst); zu **Krankheiten** Thüsing/Wege NZA 2006, 136; zum **Alkohol** Künzl BB 1993, 1582, 1583; zur grds. Zulässigkeit der Frage nach **Stasi-Tätigkeit** (aber nur nach 1970) u. früheren Parteifunktionen im öffentl. Dienst BVerfG NZA 1999, 1095; BAG, Urt. v. 20.03.2014 – 2 AZR 1071/12, NZA 2014, 1131; Walker/Schmitt-Kästner RdA 2015, 121; Wybitul ZD 2013, 238; zur grds. Zulässigkeit der Frage nach **Vorstrafen** u. laufenden **Ermittlungsverfahren**. Die Zulässigkeit der Frage nach dem **Wehr- bzw. Ersatzdienst** ist im Hinblick auf das geschlechterbezogene Diskriminierungsverbot des § 7 Abs. 1 AGG zweifelhaft (ErfK/Preis § 611 BGB Rn. 273; Boemke RdA 2008, 129; Wisskirchen/Bissels NZA 2007, 169, 174).

653 BAG NZA 1998, 1052, 1053; MünchArbR/Buchner § 30 Rn. 260; Praktisch steht dem Arbeitnehmer ein „Recht zur Lüge auf unerlaubte Fragen" zu, so Larenz in Anm. zu BAG AP § 123 BGB Nr. 15; Preis/Bender NZA 2005, 1321.

654 Ausführlich dazu MünchArbR/Matthes § 258 Rn. 4 ff.

den, zumal für die Notwendigkeit der Frage das Betriebsinteresse geltend gemacht wird. Die Verletzung des Mitbestimmungsrechts des Betriebsrats nach § 94 BetrVG allein berechtigt den Arbeitnehmer allerdings nicht zu einer wahrheitswidrigen Beantwortung einer nach den o.g. Grundsätzen individualrechtlich zulässigen Frage.[655]

Da vorliegend alle drei Fragen unzulässig waren, stellt ihre Falschbeantwortung keine rechtswidrige arglistige Täuschung i.S.d. § 123 BGB dar. Eine Anfechtung nach § 123 BGB scheidet deshalb aus, ohne dass es auf die erforderliche Kausalität der arglistigen Täuschung für den Vertragsabschluss ankommt.[656]

Nach ganz h.M. ist die Anfechtung wegen arglistiger Täuschung bzw. einer rechtswidrigen Drohung innerhalb der Jahresfrist des § 124 BGB zu erklären. Die Zwei-Wochen-Frist des § 626 Abs. 2 BGB, die bei einer fristloser Kündigung einzuhalten ist, ist nicht entsprechend anwendbar.[657]

254 IV. Es kommt auch eine Anfechtung nach § 119 Abs. 2 BGB in Betracht (Irrtum über Eigenschaften der Person). P als Vertreter der X-AG (vgl. § 166 Abs. 1 BGB) hat irrtümlich angenommen, B sei nicht schwanger. Jedoch liegen „Eigenschaften der Person …., die im Verkehr als wesentlich angesehen werden", nur vor, wenn sie eine gewisse Dauer haben. Das ist bei der Schwangerschaft nicht der Fall. Außerdem handelt es sich dabei um einen natürlichen Zustand, der keine besondere Eigenschaft ist. Somit ist die Schwangerschaft jedenfalls grds. keine wesentliche Eigenschaft der Arbeitnehmerin und berechtigt nicht zur Anfechtung.[658]

Die Anfechtung nach § 119 Abs. 2 BGB war nach der bisher h.M. zulässig, wenn der Arbeitnehmerin infolge der Schwangerschaft unmöglich war, die übernommene Arbeit auszuführen, z.B. bei einer Tänzerin oder Vorführdame.[659] Nach der neueren Rspr. des EuGH, nach der die Schwangerschaftsfrage generell unzulässig sein dürfte, dürfte auch eine Anfechtung nach § 119 Abs. 2 BGB generell ausscheiden.[660]

Das Arbeitsverhältnis zwischen B und der X-AG kann somit weder durch Kündigung noch durch Anfechtung beendet werden.

Die Anfechtungsfrist des § 121 BGB („ohne schuldhaftes Zögern") ist nach ganz h.M. verstrichen, wenn die Anfechtung später als zwei Wochen nach Erlangung der Kenntnis vom Anfechtungsgrund erklärt wird, da insoweit die Grundsätze des § 626 Abs. 2 BGB entspr. anwendbar sind.[661]

---

255 Auch wenn der Arbeitgeber keine Fragen gestellt hat, kommt eine arglistige Täuschung durch bewusstes Verschweigen von Tatsachen in Betracht. Voraussetzung ist aber dafür, dass dem Arbeitnehmer eine **Offenbarungspflicht** obliegt. Da grundsätzlich jeder Vertragspartner für die Wahrnehmung der eigenen Interessen selbst sorgen muss, besteht eine Offenbarungspflicht des Arbeitnehmers ausnahmsweise nur dann, wenn der Arbeitgeber eine Aufklärung nach Treu und Glauben erwarten durfte.[662] Dies trifft nur

655 BAG NZA 2001, 107; ErfK/Kania § 94 BetrVG Rn. 3; MünchArbR/Richardi/Buchner § 34 Rn. 29.

656 Vgl. dazu BAG, Urt. v. 07.07.2011 – 2 AZR 396/10, NZA 2012, 34.

657 BAG AP Nr. 25 zu § 123 BGB m. zust. Anm. Mühl; ErfK/Preis § 611 BGB Rn. 363.

658 BAG NJW 1989, 929; ErfK/Preis § 611 BGB Rn. 352 f.; Schaub/Linck § 34 Rn. 36.

659 Vgl. ErfK/Preis § 611 BGB Rn. 353; MünchArbR/Richardi/Buchner § 34 Rn. 23; Dütz/Thüsing Rn. 118, 118 a.

660 So auch ErfK/Preis § 611 BGB Rn. 353; B/R/H Rn. 165; KR/Bader/Gallner § 9 MuSchG Rn. 137; Schaub/Linck § 34 Rn. 36; Dütz/Thüsing Rn. 90 a; einschränkend MünchArbR/Richardi/Buchner § 34 Rn. 23: nur noch bei befristeten Arbeitsverhältnissen; vgl. auch oben Rn. 249 entsprechend.

661 Vgl. BAG AP Nr. 4 zu § 119 BGB m.Anm. Mühl; ErfK/Preis § 611 BGB Rn. 356 f.; a.A. Picker ZfA 1981, 1, 15 f.

662 BAG NZA 1996, 371; ErfK/Preis § 611 BGB Rn. 288 ff., 359; MünchArbR/Buchner § 30 Rn. 355 ff. m.w.N.

bei solchen Umständen zu, die dem Arbeitnehmer die Erfüllung der arbeitsvertraglichen Leistungspflicht unmöglich machen oder sonst für den in Betracht kommenden Arbeitsplatz von ausschlaggebender Bedeutung sind.[663] Das **Fragerecht des Arbeitgebers** geht also **weiter als** die **Offenbarungspflicht des Arbeitnehmers**.

Beispielsweise besteht grds. keine Verpflichtung zur ungefragten Offenbarung einer Schwerbehinderung[664] oder einer Schwangerschaft.[665] Etwas anderes dürfte aber bei einer Aids-Erkrankung gelten.

Eine Durchführung genetischer Untersuchungen oder Analysen darf der Arbeitgeber nach § 19 GenDG (Ausnahmen in § 20 GenDG) ebenso wenig verlangen wie die Mitteilung der Ergebnisse der bereits durchgeführten Untersuchungen oder Analysen.[666] **Graphologische Gutachten** dürfen nur mit Zustimmung des Arbeitnehmers eingeholt werden.[667] Zulässig mit Zustimmung des Arbeitnehmers sind auch **ärztliche Einstellungsuntersuchungen.** Sie dürfen aber im Ergebnis nicht der Umgehung der Unzulässigkeit einer Einstellungsfrage dienen und dürfen sich nur auf die gegenwärtige Eignung für den zu besetzenden Arbeitsplatz beziehen. Der Arzt muss die ärztliche Schweigepflicht auch dann beachten, wenn er die Untersuchung im Interesse des Arbeitgebers vornimmt.[668] Die **Zulässigkeit psychologischer Tests** ist dagegen auch bei Zustimmung des Arbeitnehmers nicht unproblematisch.[669] **256**

In einem vom LAG Tübingen entschiedenen Fall[670] war ein graphologisches Gutachten ohne Zustimmung der AN (Hausmeisterin) eingeholt worden. Den Inhalt beschreibt das LAG so: „Die Klägerin wird in diesem ‚Gutachten' als eine nicht intelligente, schlaue, raffinierte, rachsüchtige, herrschsüchtige, durchtriebene, taktlose, schwatzhafte, kontaktarme, gefühls- und gemütskalte Intrigantin geschildert, der man nicht glauben kann und die hintergründig wählend auf Rache sinnt. Sie sei … nicht in der Lage, echte und tiefe Beziehungen zu pflegen und zu ihren Mitarbeitern ein gutes Verhältnis zu haben. Die Klägerin wird sogar wegen der ungenügenden Strichqualität als krank bezeichnet und es wird ihr deswegen eine psychische Behandlung empfohlen." Das LAG hat die Firma nach §§ 823 Abs. 1, 847 BGB analog (Verletzung des Persönlichkeitsrechts) zu 2.000 DM Schmerzensgeld verurteilt.

IV. Teilweise Nichtigkeit des Arbeitsvertrags; Anwendung des § 139 BGB

Fall 12: Vertraglicher Ausschluss des Mutterschutzgesetzes?

Arbeitgeber G stellt die Arbeitnehmerin A ein. Im Arbeitsvertrag wird u.a. vereinbart, das Mutterschutzgesetz soll keine Anwendung finden, weil im Betrieb des G schon zwei Arbeitnehmerinnen wegen des Mutterschutzes ausgefallen seien. G fügt hinzu, ohne diese Klausel hätte er den Arbeitsvertrag nicht schließen können. Wie ist die Rechtslage?

---

663 BAG NZA 1991, 719; ErfK/Preis, Fn. 662; Moritz NZA 1987, 329 und MünchArbR/Buchner § 30 Rn. 357 f.

664 Vgl. BAG NZA 1991, 719; ErfK/Preis § 611 BGB Rn. 290.

665 Vgl. LAG Hamm DB 1999, 2114; ErfK/Preis § 611 BGB Rn. 290.

666 Vgl. zu dem am 01.02.2010 in Kraft getretenen GenDG Wiese BB 2011, 313; Fischinger NZA 2010, 65; Krimphove AuA 2010, 340; Geneger NJW 2010, 113; Eberbach MedR 2010, 155; Oberthür ArbRB 2010, 81; Braun RiA 2010, 49 und Fuhlrott/Hoppe ArbR 2010, 183 zu Einstellungsuntersuchungen und Gentests sowie Franzen RDV 2014, 200 und NZA 2013, 1; Wybitul ZD 2013, 99; Düwell FA 2013, 104; Howald öAT 2013, 133; Ertel DuD 2012, 126; Gola RDV 2011, 109; Riesenhuber RdA 2011, 257 zur Bedeutung des geplanten Beschäftigtendatenschutzes im Stellenbesetzungsverfahren.

667 BAG NJW 1984, 446; ErfK/Preis § 611 BGB Rn. 304 ff.; a.A. Adam AuR 2005, 129, 133: unzulässig.

668 Vgl. ErfK/Preis § 611 BGB Rn. 292 ff.; Bayreuther NZA 2010, 679 u. Forst RDV 2010, 8 zu Blutproben vor der Einstellung.

669 Schaub/Linck § 26 Rn. 13; ErfK/Preis § 611 BGB Rn. 300 ff., 309; Albrecht AiB 2010, 576; Kaehler DB 2006, 277; Wiese BB 2005, 2073 u. BB 1994, 1209; Adam AuR 2005, 129, 132; Hunold DB 1993, 224, 227; Michel/Wiese NZA 1986, 505.

670 LAG Tübingen NJW 1976, 310.

I. Die Klausel, wonach das Mutterschutzgesetz keine Anwendung findet, ist nichtig. Denn das MuSchG, dessen persönlicher Anwendungsbereich in § 1 MuSchG geregelt ist, enthält zwingendes Recht, sodass seine Anwendung auf Arbeitsverhältnisse mit Frauen nicht ausgeschlossen werden kann.[671]

257 II. Fraglich ist, welche Auswirkungen die Nichtigkeit dieser Vereinbarung auf den Arbeitsvertrag im Übrigen hat?

1. An sich liegt der Fall des § 139 BGB vor. Danach gilt der Grundsatz: Teilnichtigkeit führt zur Vollnichtigkeit. Das würde zu dem sinnwidrigen Ergebnis führen, dass zwischen G und A kein wirksamer Arbeitsvertrag besteht, obwohl das MuSchG gerade den Zweck verfolgt, der Arbeitnehmerin ihren Arbeitsplatz zu sichern.

2. Deshalb ist **§ 139 BGB auf den Arbeitsvertrag nicht anwendbar**, wenn die Anwendung **dem Schutzzweck der Norm**, aus der sich die Teilnichtigkeit ergibt, **zuwiderlaufen würde**. An die Stelle des nichtigen Teils tritt die gesetzliche oder tarifliche Regelung.[672] Dies gilt insbes. regelmäßig auch dann, wenn der tatsächlichen Beschäftigung ein gesetzliches **Beschäftigungsverbot** entgegensteht.[673]

Steht dagegen bereits beim Vertragsschluss fest, dass das Arbeitsverhältnis nur unter Verletzung des bestehenden gesetzlichen Beschäftigungsverbots tatsächlich vollzogen werden kann, ist der Arbeitsvertrag insgesamt nach § 134 BGB nichtig. § 311 a BGB steht dem nicht entgegen, weil er sich nur auf die anfänglichen Leistungshindernisse nach § 275 BGB bezieht.[674]

Im vorliegenden Fall ergibt sich die Teilnichtigkeit des Arbeitsvertrages aus dem MuSchG, das dem Schutz der schwangeren Arbeitnehmerin dient. Diesem Gesetzeszweck würde die Annahme einer Gesamtnichtigkeit des Arbeitsvertrages nach § 139 BGB zuwiderlaufen. Der Arbeitsvertrag zwischen A und G ist somit nur hinsichtlich des Ausschlusses der Anwendbarkeit des MuSchG teilweise unwirksam und im Übrigen gültig. Das MuSchG findet daher Anwendung.

258 Die Vereinbarung von Schwarzarbeit führt wegen Verstoßes gegen § 1 Abs. 1, § 2 Abs. 1 SchwarzArbG gemäß § 134 BGB grds. zur Nichtigkeit des Vertrags.[675] Wird allerdings bei einem Arbeitsvertrag die Abrede getroffen, die Arbeitsvergütung ohne Berücksichtigung von Steuern und Sozialversicherungsbeiträgen („schwarz") auszuzahlen, so ist regelmäßig nur die **„Schwarzgeldabrede"** und nicht der Arbeitsvertrages insgesamt nach § 139 BGB nichtig. Dies bringt § 14 Abs. 2 S. 2 SGB IV („Sind bei illegalen Beschäftigungsverhältnissen Steuern und Beiträge zur Sozialversicherung und zur Arbeitsförderung nicht gezahlt worden, gilt ein Nettoarbeitsentgelt als vereinbart") deutlich zum Ausdruck. Der Gesetzgeber will mit dieser gesetzlichen Fiktion ersichtlich der Sozialversicherung und dem Fiskus die Steuern und Beiträge sichern, die bei Nichtigkeit der Vergütungsvereinbarung nicht anfallen würden. Die Fiktion des § 14 Abs. 2 S. 2 SGB IV hat aber nur sozialversicherungsrechtliche und keine arbeitsrechtliche Wirkung. Da die Arbeitsvertragsparteien mit der Schwarzgeldabrede nur die Hinterziehung der Steuern und Sozialversicherungsbeiträge, nicht dagegen deren Übernahme durch den Arbeitgeber bezwecken, liegt regelmäßig keine Nettolohnvereinbarung vor. Der Arbeitnehmer kann daher von dem Arbeitgeber grundsätzlich die vereinbarte Vergütung nur als Bruttobetrag verlangen.[676]

671 Schaub/Linck § 166 Rn. 5 ff.; 169 Rn. 4.
672 Waltermann Rn. 174; Schaub/Linck § 34 Rn. 20 f.
673 ErfK/Preis § 611 BGB Rn. 329 und ausführlich dazu MünchArbR/Buchner § 30 Rn. 46 ff.
674 BAG, Urt. v. 24.02.2005 – 2 AZR 211/04, NZA 2005, 759; Palandt/Heinrichs § 311 a BGB Rn. 4.
675 BGH, Urt. v. 11.06.2015 – VII ZR 216/14 (Werkvertrag); Lorenz NJW 2013, 3132; Jerger NZBau 2013, 608.
676 Vgl. dazu BAG, Urt. v. 17.03.2010 – 5 AZR 301/09, NZA 2010, 881; Urt. v. 26.02.2003 – 5 AZR 690/01, BB 2004, 447; Reufels/Litterscheid ArbRB 2005, 89 und Dietrich JuS 2009, 343 zu zivilrechtlichen Folgen der Schwarzarbeit.

Begründung und Mängel des Arbeitsverhältnisses

Grundsatz der Vertragsfreiheit

d.h. die Parteien können grds. frei darüber entscheiden, ob und mit wem sie ein Arbeitsverhältnis

- begründen (Abschlussfreiheit) und
- welchen Inhalt das Arbeitsverhältnis haben soll (Inhaltsfreiheit).

Während aber die Inhaltsfreiheit durch zahlreiche Arbeitnehmerschutzbestimmungen eingeschränkt wird (z.B. ArbZG, MuSchG, JArbSchG), unterliegt die Abschlussfreiheit grds. keinen rechtlichen Beschränkungen.

Arbeitsverhältnis – Begründung

Das Arbeitsverhältnis wird nach der heute ganz h.M. nicht erst durch die tatsächliche Einstellung des Arbeitnehmers, sondern bereits durch den Abschluss des Arbeitsvertrags begründet **(Vertragstheorie)**. Für das Zustandekommen und für die Durchführung des Arbeitsverhältnisses gelten **grundsätzlich** die **allgemeinen Regeln** (z.B. §§ 104 ff., 145 ff., 164 ff., 275 ff., §§ 305 ff i.V.m. § 310 Abs. 4 BGB, 320 ff. BGB), es sei denn, dass besondere gesetzliche oder kollektivrechtliche Bestimmungen eingreifen.

Kündigung vor Dienstantritt

Das Arbeitsverhältnis kann schon **vor Dienstantritt** gekündigt werden. Ob die **Kündigung** bereits mit Zugang der Kündigungserklärung (Normalfall) oder erst im Zeitpunkt der vorgesehenen Arbeitsaufnahme zu laufen beginnt, ist beim Fehlen einer entsprechenden Regelung eine Frage der Vertragsauslegung.

Faktisches Arbeitsverhältnis

Wird ein unwirksamer Arbeitsvertrag tatsächlich vollzogen, so liegt für die Dauer der Vollziehung ein sog. faktisches Arbeitsverhältnis vor, das grds. wie ein wirksames Arbeitsverhältnis behandelt wird. Für die Zukunft kann das faktische Arbeitsverhältnis von beiden Vertragsparteien durch einseitige Erklärung mit sofortiger Wirkung beendet werden, ohne dass die Voraussetzungen einer fristlosen Kündigung vorliegen müssen.

Arbeitsvertrag – Anfechtung

Das Arbeitsverhältnis kann auch durch eine Anfechtung beendet werden, aber abweichend von § 142 Abs. 1 BGB grundsätzlich nur mit Jetztwirkung. Mit Wirkung für die Vergangenheit kann das Arbeitsverhältnis nur insoweit beendet werden, als es nicht in bzw. wieder außer Vollzug gesetzt worden ist.

- Die Anfechtung durch Arbeitgeber wegen arglistiger Täuschung setzt die bewusste Falschbeantwortung einer zulässigen Frage bzw. bewusstes Verschweigen einer offenbarungspflichtigen Tatsache voraus.
  - Im Hinblick auf Art. 1 und Art. 2 GG ist das Fragerecht des Arbeitgebers eingeschränkt. Unzulässig sind insbes. Fragen, die in die Intim- bzw. Privatsphäre des Arbeitnehmers eindringen bzw. eine unzulässige Benachteiligung nach § 7 Abs. 1 AGG darstellen. Die Falschbeantwortung einer unzulässigen Frage stellt keine arglistige Täuschung dar.
  - Eine Offenbarungspflicht des Arbeitnehmers besteht nur ausnahmsweise hinsichtlich solcher Umstände, die die Erfüllung der Leistungspflicht unmöglich machen o. sonst für den zu besetzenden Arbeitsplatz von entscheidender Bedeutung sind.
- Bei der Anfechtung gelten die besonderen Kündigungsschutzbestimmungen (z.B. § 9 MuSchG, § 85 SGB IX) nicht. Eine Anhörung des Betriebsrats ist nach ganz h.M. nicht erforderlich.

Graphologische Gutachten u. ärztliche Einstellungsuntersuchungen sind nur mit Zustimmung des Arbeitnehmers zulässig. Genetische Tests und Analysen sind nach § 19 GenDG grds. unzulässig. Zulässigkeit psychologischer Tests auch bei Zustimmung des Arbeitnehmers nicht unproblematisch.

Teilnichtigkeit

Bei Teilnichtigkeit des Arbeitsvertrags ist § 139 BGB nicht anwendbar, wenn die Annahme der Gesamtnichtigkeit entspr. § 139 BGB dem **Schutzzweck der Norm** widerspricht, aus der die Teilnichtigkeit folgt.

2. Abschnitt: Die Rechte und Pflichten aus dem Arbeitsverhältnis

A. Die Arbeitspflicht des Arbeitnehmers

I. Inhalt der Arbeitspflicht

259 Die Arbeitspflicht ist die **Hauptpflicht des Arbeitnehmers**. Ihre Rechtsgrundlage ist § 611 BGB i.V.m. dem Arbeitsvertrag, der durch Gesetz, Tarifvertrag, Betriebsvereinbarung und durch Weisungen des Arbeitgebers aufgrund des Direktionsrechts ergänzt und konkretisiert wird. Die Arbeitspflicht des Arbeitnehmers steht im **Gegenseitigkeitsverhältnis** zu der **Vergütungspflicht** als der Hauptpflicht des Arbeitgebers (vgl. §§ 320 ff. BGB). Der **Arbeitnehmer** ist aber beim Fehlen abweichender Regelung **vorleistungspflichtig**, § 614 BGB.

Für die Art der vom Arbeitnehmer geschuldeten Arbeitsleistung ist in erster Linie der Arbeitsvertrag maßgeblich. Je konkreter die Arbeitspflicht im Arbeitsvertrag geregelt ist, desto weniger Raum verbleibt für die Konkretisierung durch Weisungen aufgrund des Direktionsrechts des Arbeitgebers (vgl. oben Rn. 169 ff.).

II. Die Arbeitszeit. Die geschuldete Arbeit und Bezahlung von Überstunden

Fall 13: Überstunden, und das am Freitag

A arbeitet als Buchhalterin im Betrieb des B. Im Arbeitsvertrag wurde eine 40-Stunden-Woche bei arbeitsfreiem Samstag vereinbart. Die Arbeitszeit am Freitag beträgt 8 Stunden; Büroschluss ist 17.00 Uhr. Außerdem ist B berechtigt, bei Bedarf bezahlte Überstunden nach billigem Ermessen anzuordnen, für die in der Vergangenheit ein Zuschlag von 25% gezahlt wurde. B will seinen Betrieb seit längerer Zeit verkaufen und findet an einem Freitag einen schnell entschlossenen Interessenten. Die Verhandlungen sollen am nächsten Tag geführt werden. Mittags weist B die A an, eine aktuelle Vermögensübersicht zu erstellen, „selbst wenn es Mitternacht wird". Muss A diese Arbeitsanweisung befolgen? Kann sie eine zusätzliche Vergütung verlangen?

I. Besteht eine Verpflichtung zur Arbeit über den Dienstschluss hinaus?

260 Bei der Ermittlung der Arbeitszeit im konkreten Einzelfall sind zwei Fragen zu unterscheiden:[677]

1. Welche Arbeitszeit ist öffentlich-rechtlich erlaubt?

Die maßgebliche Regelung für öffentlich-rechtlich erlaubte Arbeitszeit für Arbeitnehmer über 18 Jahre (vgl. § 18 Abs. 2 ArbZG) enthält das ArbZG, das vorliegend nach §§ 2 Abs. 2,18 ff. ArbZG anwendbar ist.

Das ArbZG regelt den **öffentlich-rechtlichen Arbeitszeitschutz** (§ 3 gesetzliche Höchstarbeitszeiten, § 4 Mindestruhepausen, § 5 Mindestruhezeiten, § 6 Nachtarbeitsbeschränkungen einschließlich des grundsätzlichen Verbots von Sonn- und Feiertagsarbeit, §§ 9–11, das verfas-

677 Schaub/Linck § 45 Rn. 42 ff.; B/R/H Rn. 201 ff. u. Zwanziger DB 2007, 1336: BAG-Rspr. zu Grundbegriffen des ArbZG.

sungsgemäß ist[678]) für alle Arbeitnehmer in allen Beschäftigungsbereichen einheitlich, soweit die Ausnahmeregelungen der §§ 18 ff. ArbZG (insbes. JArbSchG, MuSchG, LadenschlussG) nicht eingreifen. Die LandesladenschlussG dürfen Sonntagsarbeit wegen des durch Art. 140 GG verfassungsrechtlich geschützten Sonntags nur bei einem Sachgrund zulassen.[679]

a) Die Arbeitszeit darf gemäß § 3 S. 1 ArbZG werktäglich acht und wöchentlich 48 Stunden nicht überschreiten. Nach § 3 S. 2 ArbZG darf die werktägliche Arbeitszeit bis zu 10 Stunden nur verlängert werden, wenn innerhalb von sechs Monaten oder 24 Wochen im Durchschnitt acht Stunden werktäglich nicht überschritten werden.[680] Als Arbeitszeit gilt dabei nach der Legaldefinition des § 2 ArbZG die Zeit vom Beginn bis zum Ende der Arbeit ohne Pausen, ohne dass eindeutig geregelt wird, wann die Arbeitszeit beginnt und wann sie endet. Der Weg von der Wohnung und zurück gehört nach einhelliger Ansicht nicht zur Arbeitszeit i.S.d. ArbZG. Finden Arbeitszeitkontrollen durch Arbeitszeiterfassungssysteme statt, dann beginnt und endet die Arbeitszeit i.d.R. bei Durchschreiten der Kontrollstellen.

Fraglich ist aber, ob die erforderlichen **Wasch- und Umkleidezeiten sowie der Weg zum** **261**
Arbeitsplatz nach dem Betreten des Betriebsgeländes, die grds. keine Arbeitszeit i.S.d. § 2 ArbZG sind, als vergütungspflichtige Arbeitszeit gelten. Die h.M. stellt insoweit auf die Einzelfallumstände ab und lehnt das Vorliegen einer vergütungspflichtigen Arbeitszeit in der Regel ab.[681] Etwas anderes gilt aber dann, wenn das Umkleiden zur vertraglich geschuldeten Arbeitspflicht des Arbeitnehmers (z.B. Dienstkleidung, die dem einheitlichen Erscheinungsbild des Arbeitgebers dient) gehört.[682] Die **Reisezeit während einer Dienstreise** ist dann keine Arbeitszeit i.S.d. § 2 ArbZG, wenn dem Arbeitnehmer weder die Nutzung des eigenen PKW noch die Erledigung von Arbeitsaufgaben während der Fahrzeit vorgegeben wird, weil in diesen Fällen die Fahrzeit ohne zusätzliche Beanspruchung des Arbeitnehmers lediglich der Beförderung des Arbeitnehmers zu einem auswärtigen Ort dient.[683] Vergütungspflichtig sind solche Reisezeiten nur dann, wenn dies vereinbart oder eine Vergütung entspr. § 612 Abs. 1 BGB „den Umständen nach" zu erwarten ist.[684] **Reisezeiten bei Außendienstmitarbeitern**, bei denen die Fahrten zum Kunden und zurück zu der vertraglichen Hauptpflicht gehören, sind dagegen vergütungspflichtige Arbeitszeit.[685]

Seit dem 01.01.2004 gilt nach Umsetzung der EU-Zeitarbeitsrichtlinie 93/104 vom **262**
23.11.1993 (heute RL 2003/88/EG) auch der **Bereitschaftsdienst einschließlich der inaktiven Zeit als Arbeitszeit** i.S.d. § 2 ArbZG.[686] Dieser liegt vor, wenn der Arbeitnehmer sich für

678 BVerfG, Beschl. v. 09.06.2004 – 1 BvR 636/02, DB 2004, 1504; allg. zur Arbeitszeit Schliemann NZA 2006, 1009; Baeck/Lösler NZA 2005, 247; zur Sonn- und Feiertagsarbeit Schiefer P&R 2015, 99 und 123; Preis/Ulber NZA 2010, 729; Kühn ArbuR 2010, 299; speziell für Presse Berger-Delhey BB 1994, 2199; BVerwG, Urt. v. 26.11.2014 – 6 CN 1/13, NVwZ 2015, 590 m. Anm. Wiebauer NVwZ 2015, 543 zu Ausnahmen nach § 13 Abs. 1 ArbZG; BVerwG, Urt. v. 19.09.2000 – 1 C 17/99, NZA 2001, 1232 u. Rose DB 2000, 1662 zur Ausnahmegenehmigung nach § 13 Abs. 5 ArbZG.

679 Vgl. BVerfG, Beschl. v. 01.12.2009 – 1 BvR 2857/07, JZ 2010, 137; OVG Münster ArbuR 2015, 340; Moosbacher NVwZ 2010, 537; Rozek ArbuR 2010, 148; Kühn NJW 2010, 2094 u. Kollmer NZA 1998, 1268 zur Arbeit von Kindern und Jugendlichen.

680 Vgl. dazu ErfK/Wank § 3 ArbZG Rn. 1 ff.; Schaub/Vogelsang § 156 Rn. 13 ff.; Hanau/Adomeit Rn. 662 ff. u. zur **Sonderregelung des § 21 a ArbZG für Kraftfahrer und Beifahrer** BAG, Urt. v. 20.04.2011 – 5 AZR 200/10, NZA 2011, 917; VG Hamburg ArbuR 2015, 238; Anzinger/Koberski § 21 a ArbZG Rn. 5 ff.; Grimm ArbR 2011, 261; Langer DAR 2008, 421.

681 BAG, SAE 2002, 12 m. zust. Anm. Walker; ErfK/Wank § 2 ArbZG Rn. 16; Schreiner/Hellenkemper AuA 2014, 86; Roßbruch PflR 2013, 83; Salamon/Ohlendorf ArbR 2012, 61; Mareck AA 2010, 66; Neumann/Biebl § 2 ArbZG Rn. 143 ff.: zum Waschen, Umkleiden u. zu Wegezeiten auf dem Betriebsgelände; a.A. Adam AuR 2001, 481: Vergütungspflicht.

682 BAG, Urt. v. 19.09.2012 – 5 AZR 678/11, BB 2013, 445; Bartz EWiR 2013, 237 und MünchArbR/Reichold § 36 Rn. 63 ff.

683 BAG, Urt. v. 22.04.2009 – 5 AZR 292/08, DB 2009, 1602; Urt. v. 11.07.2006 – 9 AZR 519/05, NZA 2007, 155; Kleinebrink ArbRB 2011, 26; Heins/Leder NZA 2007, 249; Hunold AuA 2007, 341; a.A. Adam AuR 2010, 481; Wulff AiB 2009, 91 ff.

684 BAG, Urt. v. 26.07.2006 – 7 AZR 495/05, NZA 2007, 147, 151; vgl. dazu auch Laskawy AA 2013, 209 und Hunold NZA 2006, Beil. 1 zu Heft 10, S. 38: Arbeitszeit- und Vergütungsprobleme des Aktenlesens während der Bahnfahrt.

685 Vgl. BAG, Urt. v. 12.12.2012 – 5 AZR 355/12, NZA 2013, 1158; Wortmann ArbRB 2015, 57; Kleinebrink ArbRB 2011, 26.

686 EuGH, Urt. v. 01.12.2005 – C-14/04, NZA 2006, 89; BAG, Urt. v. 19.11.2014 – 5 AZR 1101/12, DB 2015, 253; Urt. v. 23.06.2010 – 10 AZR 543/09, NZA 2010, 1081; ErfK/Wank § 2 ArbZG Rn. 20 ff.; Rebhahn EuZA 2013, 297.

Zwecke des Betriebes an einer vom Arbeitgeber bestimmten Stelle innerhalb oder außerhalb des Betriebes aufzuhalten hat, damit er gegebenenfalls seine volle Arbeitstätigkeit unverzüglich aufnehmen kann. Die **bloße Rufbereitschaft** gilt dagegen auch nach der Änderung des ArbZG nicht als Arbeitszeit i.S.d. § 2 ArbZG.[687] Allerdings kann allein aus der Tatsache, dass der Bereitschaftsdienst als Arbeitszeit i.S.d. §§ 2, 3 ArbZG gilt, nicht abgeleitet werden, dass dafür auch die gleiche Vergütung wie für die „volle" Arbeitszeit einschließlich der Überstundenzuschläge verlangt werden kann, wenn und soweit der Arbeitnehmer tatsächlich nicht gearbeitet hat. Vielmehr kann für die „Aufenthaltsbeschränkung aufgrund des Bereitschaftsdienstes" auch eine niedrigere Vergütung als für die „Vollarbeitszeit" vereinbart werden, die aber angemessen sein muss.[688] Die Übergangsregelung des § 25 ArbZG für „Alttarifverträge", die insb. hinsichtlich der Bereitschaftszeiten i.S.d. § 7 Abs. 1, 2 ArbZG bzw. § 12 S. 1 ArbZG abweichende Regelungen enthalten, galt nur bis zum 31.12.2006. Tarifverträge, die bis zum Ablauf der Übergangsfrist nicht angepasst wurden, sind jetzt nach § 134 BGB nichtig, soweit sie von den Vorgaben der §§ 7 Abs. 1, 2, 12 Abs. 1 ArbZG abweichen.[689] Die Verhandlungen über die insb. wegen der Behandlung der Bereitschaftszeit geplanten Änderungen der Arbeitszeitrichtlinie 88/2003 sind jedenfalls zunächst gescheitert.[690]

263 Um die **Kontrolle der Einhaltung** der nach § 3 ArbZG öffentlich-rechtlich **zulässigen Höchstarbeitszeit** durch die Aufsichtsbehörde (§ 17 ArbZG) zu ermöglichen, ist der Arbeitgeber nach § 16 Abs. 2 ArbZG verpflichtet, die Überschreitungen der werktäglichen Arbeitszeit von acht Stunden aufzuzeichnen und die Aufzeichnungen mindestens zwei Jahre aufzubewahren. Dieser Verpflichtung kann sich der Arbeitgeber auch nicht durch Einführung der sog. Vertrauensarbeitszeit entziehen.[691]

264 b) Vorliegend ist somit eine Verlängerung der Arbeitszeit um zwei Stunden, also bis 19.00 Uhr, öffentlich-rechtlich nur dann zulässig, wenn ein Ausgleich entsprechend § 3 S. 2 ArbZG erfolgt. Verstöße gegen die Arbeitszeitschutzbestimmungen stellen nach Maßgabe der §§ 22, 23 ArbZG Ordnungswidrigkeiten bzw. Straftaten dar.

Ein außergewöhnlicher Fall i.S.d. § 14 ArbZG, bei dem auch längere Arbeitszeit möglich ist, liegt trotz Dringlichkeit der Angelegenheit schon deswegen nicht vor, weil die erforderlichen Arbeiten nicht unvorhersehbar gewesen sind. Die Dringlichkeit beruht vielmehr auf einer Fehldisposition des B, der trotz der Verkaufsbemühungen bisher keine Vermögensübersicht erstellen ließ.[692]

2. Welche Arbeitszeit wird privatrechtlich geschuldet?

265 Das ArbZG, das auch eine Flexibilisierung der Arbeitszeit ermöglichen soll, regelt nur die Dauer der Arbeitszeit, bis zu der ein Arbeitgeber einen Arbeitnehmer über 18 Jahre sanktionslos beschäftigen darf. Die vom Arbeitnehmer privatrechtlich geschuldete Arbeitszeit ergibt sich dagegen aus Arbeitsvertrag, Tarifvertrag und gegebenenfalls aus einer Betriebsvereinbarung.[693]

266 Die Verpflichtung zur Leistung von **Überstunden** (= Überschreitung der vom Arbeitnehmer privatrechtlich geschuldeten Arbeitszeit) muss bei einzelvertraglich, tariflich oder in einer Betriebsvereinbarung geregelten Arbeitszeit grds. besonders vereinbart werden. Denn das ArbZG be-

---

687 BAG, Urt. v.19.11.2014, Fn. 686; ErfK/Wank § 2 ArbZG Rn. 30; v. Steinau-Steinrück NJW-Spezial 2012, 178.

688 BAG, Urt. v. 12.12.2012 – 5 AZR 918/11, ArztR 2013, 217; urt. 24.03.2011 – 6 AZR 684/09, ZTR 2011, 423; Urt. v. 28.01.2004 – 5 AZR 530/02, BB 2004, 1796; Mayer AiB 2008, 307 (TV im öffentl. Dienst) und BAG, Urt. v. 22.07.2010 – 6 AZR 78/09, NZA 2010, 1194; Schlottfeldt/Kutscher NZA 2009, 697 zum Freizeitausgleich für Bereitschaftsdienst.

689 Vgl. BAG, Urt. v. 17.12.2009 – 6 AZR 729/08, NZA-RR 2010, 440; Neumann/Biebl § 25 ArbZG Rn. 3.

690 Vgl. dazu Drewes DRiZ 2013, 41; Mayer AiB 2011, 498; Reusch AiB 2009, 78 ff.; vgl. aber auch Böning PersR 2015, Nr. 6, 17.

691 BAG, Beschl. v. 06.05.2003 – 1 ABR 13/02, NZA 2003, 1348; vgl. auch Schlottfeldt/Hoff NZA 2001, 530.

692 Vgl. BAG AP Nr. 1 zu § 14 AZO; ErfK/Wank § 14 ArbZG Rn. 3; Neumann/Biebl § 14 ArbZG Rn. 3 ff.

693 Vgl. dazu BAG, Urt. v. 25.03.2015 – 5 AZR 602/13, NZA 2015, 1002; Anzinger/Koberski § 3 ArbZG Rn. 8.

gründet keine privatrechtliche Verpflichtung des Arbeitnehmers, während der vom ArbZG zugelassenen Höchstarbeitszeiten Arbeitsleistung zu erbringen.[694] Liegt keine Vereinbarung vor, ist der Arbeitnehmer nur in besonderen Ausnahmefällen aufgrund seiner durch Treu und Glauben (Treuepflicht) modifizierten Arbeitspflicht zur vorübergehenden Überarbeit verpflichtet.[695] Umgekehrt hat der Arbeitnehmer einen Anspruch auf Ableistung von Überstunden ebenfalls nur bei einer entsprechenden Vereinbarung.[696]

Hier muss A freitags grds. nur 8 Stunden arbeiten. Im Arbeitsvertrag ist aber in den Grenzen des ArbZG auch die Verpflichtung zur Leistung von bezahlten Überstunden im Bedarfsfall vereinbart worden, die B nach billigem Ermessen anordnen darf. Eine solche Leistungsbestimmungsklausel ist auch nach der Schuldrechtsreform wirksam.[697] A ist deshalb trotz der kurzfristigen Anordnung zur Ableistung von zwei Überstunden, also zur Arbeitsleistung bis 19.00 Uhr verpflichtet, zumal keine Umstände ersichtlich sind, die der Überarbeit entgegenstehen könnten. Eine längere Arbeitszeit kommt dagegen nach § 3 ArbZG nicht in Betracht. **267**

Eine vorübergehende Verkürzung der Arbeitszeit (sog. **Kurzarbeit**) aufgrund des allg. Direktionsrechts ist nicht zulässig. Erforderlich ist vielmehr eine besondere Regelung, die die Einführung nicht zur einseitigen Disposition des Arbeitgebers stellen darf, sondern grds. auch die Voraussetzungen regeln muss. Die Anzeige der Kurzarbeit gegenüber der Bundesagentur für Arbeit nach § 173 Abs. 1 SGB III ist lediglich Voraussetzung für den Anspruch auf Kurzarbeitergeld, nicht dagegen für die Einführung der Kurzarbeit im Verhältnis zum Arbeitnehmer.[698] **268**

II. Kann A für die Arbeitszeitüberschreitung besondere Vergütung verlangen?

1. Welche Vergütung der Arbeitgeber bei nach Maßgabe des § 3 S. 2 ArbZG zulässiger Überschreitung der werktäglichen Arbeitszeit von acht Stunden schuldet, wird im ArbZG bewusst nicht geregelt, sondern dem Arbeitsvertrag, Tarifvertrag oder der Betriebsvereinbarung überlassen.[699] **269**

   Das ArbZG enthält keine Regelung über eine Mehrarbeitsvergütung, d.h. Vergütung für die über die gesetzliche Höchstarbeitszeit geleistete Arbeit (anders früher § 15 AZO). Vielmehr muss bei Überschreitung der werktäglich zulässigen Arbeitszeit grundsätzlich stets ein Ausgleich innerhalb des Ausgleichszeitraums des § 3 S. 2 ArbZG erfolgen, wenn der Arbeitgeber nicht eine Ordnungswidrigkeit oder Straftat nach §§ 22, 23 ArbZG begehen will.[700]

2. Vorliegend regelt zwar der Arbeitsvertrag die Höhe der Überstundenvergütung nicht ausdrücklich. Da jedoch B in der Vergangenheit die Überstunden mit einem Zuschlag von 25% vergütet hat, steht der A nach dem Inhalt des Arbeitsvertrags für jede Überstunde zunächst die normale Vergütung sowie ein Überstundenzuschlag von 25% jedenfalls aufgrund betrieblicher Übung zu (vgl. dazu Fall 5, S. 68). **270**

---

694 BAG, Urt. v. 03.06.2003 – 1 AZR 349/02, DB 2004, 385; Schaub/Linck § 45 Rn. 43; Salamon/Hoppe/Rogge BB 2013, 1720.

695 LAG Schleswig-Holstein AuA 2001, 517; ErfK/Preis § 611 BGB Rn. 663 m.w.N.

696 BAG, Urt. v. 22.04.2009 – 5 AZR 133/08, DB 2009, 1652; LAG Köln ARST 2000, 44 u. BAG, Urt. v. 07.11.2002 – 2 AZR 742/00, NZA 2003, 1139 (Maßregelung nach § 612 a BGB bei Herausnahme einzelner Arbeitnehmer von Überstundenzuweisung).

697 Dazu ErfK/Preis § § 611 BGB Rn. 663 ff.; Däubler/Dorndorf § 307 BGB Rn. 182; Salamon/Hoppe/Rogge, Fn. 694; Seel DB 2005, 1330; ausführl. zur Arbeitszeitflexibilisierung nach der Schuldrechtsreform BAG, Urt. v. 24.09.2014 – 5 AZR 1024/12, ZTR 2015, 43 und Urt. v. 07.12.2005 – 5 AZR 535/04, NZA 2006, 423 (Arbeit auf Abruf); bestätigt durch BVerfG, Beschl. v. 23.11.2006 – 1 BvR 1909/06, NZA 2007, 85; Thüsing/Pötters BB 2012, 317; Reiserer NZA 2010, Beil. 2, S. 39; Reinecke BB-Spezial 2008, 21; Hohenstatt/Schramm NZA 2007, 238; Wisskirchen/Bissels u. Hanau, NZA 2006, Beil 1 S. 24. u. 34.

698 Vgl. dazu BAG, Urt. v. 16.12.2008 – 9 AZR 164/08, DB 2009, 1246; NZA 1995, 641; 1034; Köhler PersF 2015, Heft 5, 86; Bauer/Günther BB 2009, 662; Ohle ArbRB 2009, 19; Kleinebrink DB 2009, 342; Cohnen/Röger BB 2009, 46.

699 Vgl. ErfK/Preis § 611 BGB Rn. 486 ff.; Hümmerich/Rech NZA 1999, 1132 ff.; Diller NJW 1994, 2726 f.

700 Ausnahme: § 7 ArbZG, der im begrenzten Umfang Abweichungen durch kollektivrechtliche Regelungen oder aufgrund einer Genehmigung der Aufsichtsbehörde zulässt, vgl. dazu Anzinger/Koberski § 7 ArbZG Rn. 10 ff.

Liegt keine besondere Vereinbarung hinsichtlich der **Vergütung von Überstunden** vor, kann eine Überstundenvergütung nur nach Maßgabe des § 612 Abs. 1 BGB verlangt werden. Danach gilt eine Vergütung als stillschweigend vereinbart, wenn die Arbeitsleistung den Umständen nach nur gegen eine Vergütung zu erwarten ist. Die danach erforderliche – objektive – Vergütungserwartung wird zwar in weiten Teilen des Arbeitslebens gegeben sein. Einen allgemeinen Rechtsgrundsatz, dass jede Mehrarbeitszeit oder jede dienstliche Anwesenheit über die vereinbarte Arbeitszeit hinaus zu vergüten ist, gibt es jedoch nicht. Dies gilt insbesondere bei Diensten höherer Art. Die Vergütungserwartung ist deshalb stets anhand eines objektiven Maßstabs unter Berücksichtigung der Verkehrssitte, der Art, des Umfangs und der Dauer der Dienstleistung sowie der Stellung der Beteiligten zueinander festzustellen, ohne dass es auf deren persönliche Meinung ankäme. Darlegungs- und beweispflichtig für das Bestehen einer Vergütungserwartung ist nach allgemeinen Grundsätzen derjenige, der eine Vergütung begehrt.[701]

Die Regelarbeitszeit von 40-Wochenstunden entspricht einer monatlichen Arbeitszeit von 173 Stunden. A kann daher zunächst 2/173 ihres Monatsgehalts (= 1,16%) als zusätzliche Vergütung verlangen. Darüber hinaus kann sie einen Überstundenzuschlag von 25%, also weitere 0,29% ihres Monatsgehalts verlangen. Insgesamt steht der A eine zusätzliche Überstundenvergütung von 1,45% ihres Monatsgehalts zu.

271 In der Praxis wird für Überstunden aufgrund entsprechender Regelungen i.d.R. ein Überstundenzuschlag gezahlt. Liegt keine ausdrückliche Regelung vor, kann der Überstundenzuschlag nur dann verlangt werden, wenn dies – wie hier – stillschweigend als Vertragsinhalt (z.B. Betriebs- oder Branchenüblichkeit) vereinbart worden ist.[702] **Teilzeitkräfte** können die den Vollzeitkräften zustehenden **Überstundenzuschläge** erst bei Überschreitung der regelmäßigen Arbeitszeit einer Vollzeitkraft verlangen, es sei denn, es liegt eine andere Regelung vor.[703]

272 Grundsätzlich kann auch eine **Pauschalvergütung** für die regelmäßige Arbeitszeit und die Überstunden vereinbart werden, die über dem normalen Lohn bzw. Gehalt liegt.[704] Die formularmäßige Vereinbarung einer pauschalen Abgeltung einer unbestimmten Anzahl von Überstunden ist im Hinblick auf das Transparenzgebot des § 307 Abs. 1 S. 2 BGB unwirksam, weil der Arbeitnehmer beim Vertragsschluss nicht erkennen kann, welche Gegenleistung er für die vereinbarte Vergütung schuldet.[705]

273 Bei **leitenden Angestellten** bzw. bei **gehobener und entsprechend vergüteter Tätigkeit** ging die bisher h.M. davon aus, dass die über die regelmäßige Arbeitszeit hinausgehenden Arbeitsstunden mit dem vereinbarten Gehalt grds. abgegolten sind, sodass auch entsprechende Überstundenpauschalen zulässig waren.[706] Nach der neuen Rechtslage sind zwar die Überstundenpauschalen aus den o.g. Gründen nach § 307 Abs. 1 S. 2 BGB unwirksam. Dennoch wird bei diesen Personen regelmäßig ein Vergütungsanspruch wegen fehlender Vergütungserwartung i.S.d. § 612 Abs. 1 BGB ausscheiden, was aber stets eine einzelfallbezogene Begründung erfordert. Ein übertarifl. oder überdurchschnittl. Gehalt allein reicht dabei für die Ablehnung einer Vergütungserwartung für Überstunden noch nicht aus.[707]

Die Überstunden können bei entsprechender Vereinbarung auch durch Freizeit abgegolten werden.[708] Ob und gegebenenfalls inwieweit beim Freizeitausgleich auch Zuschläge für die Überstunden zu machen sind, ist von den bestehenden Vereinbarungen abhängig.[709]

---

701 BAG, Urt. v. 10.04.2013 – 5 AZR 122/12, NZA 2013, 1100; Urt. v. 27.06.2012 – 5 AZR 530/11, NZA 2012, 1147; Urt. v. 21.09.2011 – 5 AZR 629/10, NZA 2012, 145; Hunold DB 2014, 361; Klocke RdA 2014, 223; Strecker BB 2013, 949; Lakies ArbR 2013, 541; Kock DB 2012, 1328; Schramm/Kuhnke NZA 2012, 127 ff.; Fuhlrott EWiR 2012, 7; Eckert DStR 2012, 244.

702 BAG NZA 1994, 1035; ErfK/Preis § 611 BGB Rn. 489; Schaub/Linck § 69 Rn. 5 ff., 10 ff.; Hunold DB 2014, 361 ff.

703 Vgl. EuGH BB 1995, 153; BAG NZA 1999, 939, 941; 1997, 774; Betz AuA 2008, 208; Peifer ZfA 1999, 271, 288 f. m.w.N.

704 Vgl. BAG NZA 2002, 1340 ff. und ausführl. Strecker BB 2013, 949; Hümmerich/Rech NZA 1999, 1132 ff.; jeweils m.w.N.

705 Vgl. BAG, Urt. v. 16.05.2012 – 5 AZR 331/11, NZA 2012, 908; Urt. v. 17.08.2011 – 5 AZR 406/10, NJW 2012, 552; ErfK/Preis §§ 305–307 BGB Rn. 91 ff.; vgl. auch BAG, Urt. v. 28.09.2005 – 5 AZR 52/05, m. krit Anm. Lindemann u. oben Rn. 152.

706 MünchArbR/Reichold § 36 Rn. 66 m.w.N.; a.A. LAG Köln AuR 2002, 193; Bachner NZA 2007, 536, 539.

707 BAG, Urt. v. 21.09.2011, Fn. 701; Urt. v. 17.08.2011, Fn. 705 und die Autoren in Fn. 701; a.A. Müller-Bonnani NJW 2012, 554.

708 Vgl. dazu BAG, Urt. v. 18.09.2001 – 9 AZR 307/00, BB 2002, 359; ErfK/Preis § 611 BGB Rn. 487; Hunold DB 2014, 361 ff.

709 Vgl. Schaub/Linck § 69 Rn. 10 ff.; ErfK/Preis § 611 BGB Rn. 487, 489 m.w.N. und Städtler NZA 2012, 304 zu Auswirkungen der krankheitsbedingten Arbeitsunfähigkeit während des Freizeitausgleichs.

III. Anspruch des Arbeitnehmers auf Verkürzung bzw. Verlängerung der vertraglich vereinbarten regelmäßigen Arbeitszeit, §§ 8, 9 TzBfG

Früher hatte der Arbeitnehmer grds. keinen Anspruch auf die Verkürzung bzw. Verlängerung der vereinbarten regelmäßigen Arbeitszeit, sodass diese nur einvernehmlich abgeändert werden konnte. Diese Rechtslage hat sich seit dem In-Kraft-Treten des Gesetzes über Teilzeit- und befristete Arbeitsverträge (01.01.2001), dessen Ziel es gemäß § 1 TzBfG u.a. ist, Teilzeitarbeit zu fördern, verändert (vgl. dazu auch oben Rn. 191). Denn dem Arbeitnehmer steht nach Maßgabe der §§ 8, 9 TzBfG ein einklagbarer Anspruch auf Verkürzung bzw. Verlängerung seiner bisherigen regelmäßigen Arbeitszeit zu.[710] **274**

1. Anspruch auf Verkürzung und Neuverteilung der Arbeitszeit

Ein Arbeitnehmer, dessen Arbeitsverhältnis länger als sechs Monate besteht, kann von einem Arbeitgeber, der ohne Auszubildende i.d.R. mehr als 15 Arbeitnehmer beschäftigt,[711] die **Verkürzung und eine Neuverteilung der Arbeitszeit** nach Maßgabe des § 8 TzBfG verlangen, sofern dem Änderungswunsch betriebliche Gründe nicht entgegenstehen, § 8 Abs. 4 TzBfG (vgl. auch § 15 Abs. 7 S. 1 Nr. 4 BEEG: „dringende betriebliche Gründe").[712] Auf die Gründe für das Teilzeitverlangen kommt es nicht an.[713] Die Verringerung der Arbeitszeit nach § 8 TzBfG kann auch während der Elternzeit verlangt werden, da dieser Anspruch durch den Verringerungsanspruch nach § 15 Abs. 6 BEEG nicht verdrängt wird.[714] Der Antrag auf Verringerung und Neuverteilung der Arbeitszeit ist ein Angebot i.S.d. § 145 BGB zum Abschluss eines Änderungsvertrages und muss daher zu seiner Wirksamkeit so genau formuliert werden, dass der Arbeitgeber es durch ein schlichtes „Ja" annehmen kann.[715] Der Verringerung der Arbeitszeit kann der Arbeitgeber nicht unter Hinweis auf eine abweichende unternehmerische Vorstellung von der richtigen Arbeitszeitverteilung widersprechen. Vielmehr müssen dafür objektiv Gründe vorliegen, die rational nachvollziehbar sind. Ob dies der Fall ist, ist anhand einer 3-stufigen Prüfung festzustellen (1. Stufe: Ob überhaupt und wenn ja, welches Organisationskonzept liegt der vom AG als erforderlich angesehenen Arbeitszeitverteilung zugrunde; 2. Stufe: Inwieweit steht die Arbeitszeitregelung dem Teilzeitverlangen tatsächlich entgegen; 3. Stufe: Gewichtung der betrieblichen Belange bei fehlender Übereinstimmung zwischen dem Teilzeitverlangen und der betrieblichen Arbeitszeitverteilung).[716] **275**

---

710 BAG, Urt. v. 16.12.2014 – 9 AZR 915/13, NZA 2015, 825 zu § 8 TzBfG; BAG, Urt. v. 16.09.2008 – 9 AZR 781/07, NZA 2008, 1285; Schmidt RdA 2008, 42 zu § 9 TzBfG; vgl. dazu auch ErfK/Preis § 8 TzBfG Rn. 7 ff. u. § 9 TzBfG Rn. 3 ff. m.w.N.

Ausführlich zu Problemen der Arbeitszeitverkürzung nach § 8 TzBfG mit Rspr.-Übersichten Salamon NZA 2013, 865; Schiefer P&R 2013, 103; Seel JA 2011, 608; Bruns BB 2010, 956; Schipp ArbRB 2009, 178; Lorenz NZA-RR 2006, 281; Hunold NZA-RR 2004, 225; Dahlhoff AiB 2008, 238 zu entgegen stehenden betrieblichen Gründen; Bruns BB 2010, 1151; Hahn FA 2007, 130 zur prozessualen Durchsetzbarkeit; Haman NZA 2010, 785 zur Mitbestimmung des BR.

711 Vgl. zur Mindestbeschäftigtenzahl, bei der auf den Arbeitgeber u. nicht den Betrieb abzustellen ist: allgemein Fischer BB 2002, 94; ErfK/Preis § 8 TzBfG Rn. 10 und LAG Köln DB 2002, 1057 zur Verfassungsmäßigkeit.

712 Vgl. zur Verfassungsmäßigkeit des § 8 TzBfG: BAG, Urt. v. 18.02.2003 – 9 AZR 164/02, NZA 2003, 1392 und zum Teilzeitanspruch nach § 15 BEEG BAG, Urt. v. 19.02.2013 – 9 AZR 461/11, NZA 2013, 907 und Fuhlrott/Oltmanns AuA 2015, 404.

713 Vgl. BAG, Urt. v. 16.10.2007 – 9 AZR 239/07, NZA 2008, 289; ErfK/Preis § 8 TzBfG Rn. 25.

714 Vgl. BAG, Urt. v. 08.05.2007 – 9 AZR 1112/06, NJW 2007, 3661u. Reinecke FA 2007, 98; Rudolf/Rudolf NZA 2002, 602 zum Verhältnis TzBfG/BErzGG (jetzt BEEG). Ausführl. zu Änderungen des BEEG Fecker/Scheffzek NZA 2015, 778 ff.

715 BAG, Urt. v. 16.04.2013 – 9 AZR 535/11, juris u. Hopfner DB 2001, 2144 zu formellen Voraussetzungen des Teilzeitantrags.

716 St. Rspr., vgl. BAG, Urt. v. 20.01.2015 – 9 AZR 735/13, NZA 2015, 816; ErfK/Preis § 8 TzBfG Rn. 23 ff. m.w.N.

276 Hat der Arbeitnehmer entsprechend § 8 Abs. 2 TzBfG den Änderungswunsch spätestens 3 Monate vor dem gewünschten Termin geltend gemacht[717] und haben sich die Arbeitsvertragsparteien nicht entsprechend § 8 Abs. 3 TzBfG geeinigt, verringert sich die Arbeitszeit in dem vom Arbeitnehmer gewünschten Umfang, wenn der Arbeitgeber nicht spätestens einen Monat vor dem gewünschten Termin die Arbeitszeitverringerung schriftlich ablehnt, § 8 Abs. 5 S. 2 TzBfG. Die Verkürzung der Arbeitszeit wird also beim Fehlen einer form- und fristgerechten Ablehnung durch den Arbeitgeber gesetzlich fingiert.[718] Die bloße Ablehnung des Teilzeitverlangens ohne Verhandlungen löst dagegen die Fiktion noch nicht aus. Der Arbeitgeber darf allerdings in diesem Fall zu einem späteren Zeitpunkt keine Einwendungen mehr entgegenhalten, die im Rahmen der unterbliebenen Erörterung hätten ausgeräumt werden können.[719] Unter den gleichen Voraussetzungen wird auch eine Einigung hinsichtlich der Verteilung der Arbeitszeit fingiert, wenn nur darüber keine Einigung erzielt worden ist, § 8 Abs. 5 S. 3 TzBfG. In diesem Fall kann allerdings der Arbeitgeber die geänderte Verteilung der Arbeitszeit einseitig nach Maßgabe des § 8 Abs. 5 S. 4 TzBfG wieder ändern. Die Änderungswünsche des Arbeitnehmers (Verringerung und Verteilung) sind als ein Vertragsangebot i.S.d. § 145 BGB grds. bindend (vgl. auch § 8 Abs. 6 TzBfG) und mit einer Klage auf Abgabe einer Willenserklärung (§ 894 ZPO) geltend zu machen,[720] die seit der Schuldrechtsreform (Aufhebung des § 306 BGB a.F., Inkrafttreten des § 311 a BGB) auch eine rückwirkende Vertragsänderung zum Ziel haben kann.[721] Maßgeblich für die Berechtigung der Ablehnung des Teilzeitwunsches ist nach h.M. der Zeitpunkt der Ablehnungsentscheidung des Arbeitgebers, nicht der Zeitpunkt der gerichtlichen Entscheidung.[722] Der Teilzeitanspruch ist grds. auch im Wege der einstweiligen Verfügung durchsetzbar, allerdings wegen der Vorwegnahme der Hauptsache nur unter strengen Voraussetzungen.[723] Nach h.M. kann grds. nur unbefristete Verkürzung der Arbeitszeit verlangt werden.[724]

277 Nach h.M. kann der Arbeitnehmer die **Änderung der Verteilung der Arbeitszeit allein** nicht geltend machen, weil die Festlegung der Arbeitszeit von der Verringerung der Arbeitszeit abhängig ist, also eine bloße Annexfunktion hat.[725] Die Regelung der Verteilung der verkürzten Arbeitszeit bezieht sich nach h.M. nur darauf, im welchen Umfang die bisherige Arbeitszeit bei ansonsten gleich bleibender Lage der Arbeitszeit verkürzt werden soll. Die Arbeitszeitverkürzung kann also nicht zum Anlass für eine generelle Neuverteilung der Arbeitszeit genommen werden kann.[726] Wird hinsichtlich der Lage der Arbeitszeit kein bestimmter Wunsch geäußert, der bis zur Ablehnung des bestimm-

---

717 Vgl. BAG, Urt. v. 20.07.2004 – 9 AZR 626/03, BB 2005, 829: verspäteter Antrag im Zweifel als Antrag zum nächstmöglichen Termin auszulegen; a.A. ErfK/Preis § 8 TzBfG Rn. 13 m.w.N.: Wahrung der Antragsfrist Wirksamkeitsvoraussetzung des Antrags. Der Arbeitgeber kann auf die Einhaltung der Antragsfrist verzichten, was auch stillschweigend durch vorbehaltslose Aufnahme von Verhandlungen erfolgen kann, BAG, Urt. v. 16.12.2008 – 9 AZR 893/07, NZA 2009, 565.

718 BAG, Urt. v. 20.01.2015 – 9 AZR 860/13, juris; Urt. v. 20.07.2004, Fn. 717: Keine Fiktion beim nicht fristgerechten Antrag.

719 BAG, Urt. v. 08.05.2007, Fn. 714; Urt. v. 18.02.2003 – 9 AZR 356/02, BB 2003, 1844 m.Anm. Mengel; ErfK/Preis § 8 TzBfG Rn. 15; Rolfs RdA 2001, 129, 135; a.A. LAG Düsseldorf BB 2002, 1541 m. abl. Anm. Mengel.

720 BAG, Urt. v. 24.06.2008 – 9 AZR 514/07, NZA 2008, 1289; Urt. v. 27.11.2004 – 9 AZR 644/03, NZA 2005, 769; ErfK/Preis § 8 TzBfG Rn. 51 ff.; a.A. Grobys/Bram NZA 2001, 1175, 1178 für Verteilung der Arbeitszeit: Feststellungsantrag.

721 BAG, Urt. v. 20.01.2015, Fn. 716; Urt. v.12.04.2011 – 9 AZR 19/10, DB 2011, 2855; ErfK/Preis § 8 TzBfG Rn. 51 m.w.N.

722 BAG, Urt. v. 13.10.2009 – 9 AZR 910/08, DB 2010, 340; ErfK/Preis § 8 TzBfG Rn. 43 mit Meinungsübersicht.

723 LAG Düsseldorf NZA-RR 2004, 181; Schaub/Linck § 43 Rn. 111 ff., 115 ff.; ErfK/Preis § 8 TzBfG Rn. 52 m.w.N.; ausführl. zur einstw. Verfügung Hahn FA 2007, 130; Reinhard/Kliemt NZA 2005, 545; Dütz AuR 2003, 161.

724 BAG, Urt. v. 12.09.2006 – 9 AZR 686/05, NZA 2007, 253; ErfK/Preis § 8 TzBfG Rn. 2; a.A. Gruber DB 2007, 804 m.m.N.

725 BAG, Urt. v. 11.06.2013 – 9 AZR 786/11, DB 2013, 2091; ErfK/Preis § 8 TzBfG Rn. 6; a.A. Straub NZA 2001, 919 ff.

726 Vgl. BAG, Urt. v. 11.06.2013, Fn. 725 (Anspruchsmissbrauch) u. ErfK/Preis § 8 TzBfG Rn. 6; Hanau NZA 2001, 1168, 1170.

ten Antrags noch geändert werden kann,[727] kann der Arbeitgeber sie aufgrund seines Direktionsrechts nach Maßgabe des § 106 GewO einseitig festlegen, da in diesem Fall dem Arbeitgeber die Verteilung der verkürzten Arbeitszeit nach dem Inhalt des Änderungsangebots überlassen wurde. [728] Beantragt der Arbeitnehmer dagegen auch eine bestimmte Verteilung der verkürzten Arbeitszeit, ist sorgfältig zu prüfen (Antragsauslegung), ob der Verkürzungs- und der Verteilungswunsch eine untrennbare Einheit darstellen (Verkürzung nur bei gewünschter Verteilung). Über einen solchen Antrag kann nur einheitlich entschieden werden, weil sonst ein Verstoß gegen § 308 ZPO vorliegt.[729]

2. Anspruch auf Verlängerung der Arbeitszeit

Nach § 9 TzBfG hat ein teilzeitbeschäftigter Arbeitnehmer, der den **Wunsch nach der Verlängerung seiner regelmäßigen Arbeitszeit** geäußert hat, bei gleicher Eignung einen **Anspruch auf bevorzugte Behandlung** bei der Besetzung eines entsprechenden freien Arbeitsplatzes, wenn dem dringende betriebliche Gründe oder Arbeitszeitwünsche anderer Arbeitnehmer nicht entgegen stehen (vgl. auch oben Rn. 191). Im Ergebnis läuft diese Berücksichtigungspflicht auf einen nach Maßgabe des § 9 TzBfG einklagbaren Anspruch auf Erhöhung der Arbeitszeit hinaus, wobei der Arbeitgeber die Auswahl mehrerer Bewerber nach billigem Ermessen vornehmen muss.[730] Dieser Anspruch kann auch im Wege der einstweiligen Verfügung durchgesetzt werden, solange der Arbeitsplatz noch nicht besetzt worden ist. Insofern sind die Grundsätze der arbeitsrechtlichen Konkurrentenklage (dazu oben Rn. 189) entsprechend übertragbar.[731] Beim Verstoß des Arbeitgebers gegen § 9 TzBfG steht dem übergangenen Arbeitnehmer ein Schadensersatzanspruch aus §§ 280 Abs. 1, 3, 283 BGB zu.[732] **278**

IV. Die Durchsetzung des Anspruchs auf Arbeit. Schadensersatzpflicht des vertragsbrüchigen Arbeitnehmers

Fall 14: Nichtantritt der neuen Stelle

A ist Angestellter bei B. Er erwägt einen Arbeitsplatzwechsel und schließt deshalb im Januar einen Vertrag mit G ab, der u.a. als Arbeitsbeginn den 01.04., eine dreimonatige Probezeit und den Ausschluss der ordentlichen Kündigung vor Dienstantritt vorsieht. Im März bietet B dem A einen unerwartet günstigen Wechsel vom Außendienst in eine leitende Stellung im Innendienst und eine erhebliche Gehaltserhöhung an. A beschließt, deshalb bei B zu bleiben, und teilt G am 26.03. mit, er werde die Stelle nicht antreten. Dabei bleibt A auch, als G ihn unter Hinweis auf die möglichen Konsequenzen der Arbeitsverweigerung zur Überprüfung seiner Entscheidung auffordert. G fragt nach der Rechtslage. Eine Ersatzkraft steht nicht zur Verfügung, könnte aber möglicherweise durch Zeitungsinserate gefunden werden und wäre teurer als A.

---

727 Vgl. BAG, Urt. v. 24.06.2008, Fn. 720; Urt. v. 18.02.2003, Fn. 719.

728 BAG, Urt. v. 16.12.2014 – 9 AZR 915/13, NZA 2015, 825; Urt. v. 13.10.2009, Fn. 722; MünchArbR/Schüren § 46 Rn. 56.

729 BAG, Urt. v. 18.08.2009 – 9 AZR 517/07, NZA 2009, 1207; Urt. v. 24.06.2008, Fn. 720; ErfK/Preis § 8 TzBfG Rn. 53 m.w.N.

730 BAG, Urt. v. 16.09.2008, Fn. 710; Urt. v. 13.02.2007 – 9 AZR 575/05, BB 2007, 1169; ErfK/Preis § 9 TzBfG Rn. 8.

731 LAG Berlin LAGReport 2004, 161; ErfK/Preis § 9 TzBfG Rn. 13; Pröll PersR 2010, 377; Gotthardt NZA 2001, 1183, 1188 f.

732 BAG, Urt. v. 16.09.2008, Fn. 710; MünchArbR/Schüren § 46 Rn. 94 ff.; Hanau NZA 2001, 1168, 1174 und Rn. 191; vgl. aber auch LAG Hessen, Urt. v. 28.11.2014 – 14 Sa 465/12, juris (Rev. 8 AZR 174/15): 615 BGB bei erfolgreicher Klage auf rückwirkende Aufstockung der Arbeitszeit und Zahlungsverlangen für die Vergangenheit.

A. G könnte gegen A einen **Anspruch auf Arbeitsleistung** aus § 611 BGB i.V.m. dem Arbeitsvertrag haben.[733]

I. Ein Arbeitsvertrag ist im Januar geschlossen worden. Daraus ergibt sich grundsätzlich ein Anspruch des G gegen A, ab 01.04. bei G zu arbeiten. Ein Leistungsverweigerungsrecht nach § 275 Abs. 3 BGB steht dem A schon deshalb nicht zu, weil ihm die Erfüllung des mit G abgeschlossenen Arbeitsvertrags trotz der erheblichen Verbesserung der Arbeitsbedingungen bei B nicht unzumutbar war.[734]

II. Das Arbeitsverhältnis könnte wieder aufgelöst worden sein.

1. Die ordentliche Kündigung des Arbeitsverhältnisses vor Dienstantritt wurde im Arbeitsvertrag ausgeschlossen, was zulässig ist *(vgl. oben Fall 9, S. 98 ff.)*. Das Arbeitsverhältnis könnte daher frühestens am 01.04. gekündigt werden.

279 2. Die Vereinbarung einer Probezeit bedeutet nicht, dass jeder Vertragspartner sich beliebig vom Arbeitsverhältnis lösen kann. Vielmehr ist auch während der Probezeit eine Kündigung erforderlich. Das Arbeitsverhältnis kann zwar gemäß § 622 Abs. 3 BGB **während der vereinbarten Probezeit**, längstens für die Dauer von sechs Monaten, auch **ohne besondere Vereinbarung** mit einer „verkürzten" **Kündigungsfrist von zwei Wochen** gekündigt werden. Dafür müsste aber eine Kündigungserklärung des A vorliegen.

A hat zwar die Erbringung der geschuldeten Leistung eindeutig verweigert. Darin kann man aber keine Kündigungserklärung sehen, weil diese zum Inhalt gehabt hätte, das Arbeitsverhältnis wenigstens während der Kündigungsfrist (§ 622 Abs. 3 BGB: zwei Wochen) gelten zu lassen. Im Verhalten des A liegt lediglich eine faktische Arbeitsverweigerung, keine Kündigungserklärung.[735] Außerdem wäre eine Kündigung wegen Nichteinhaltung der Schriftform des § 623 BGB unwirksam.

Somit besteht ein Anspruch des G gegen A, dass dieser am 01.04. mit der Arbeit beginnt. Dieser Anspruch wäre auch einklagbar.

III. Jedoch ist das **auf** Erbringung der **Arbeitsleistung gerichtete Urteil nicht vollstreckbar**.

280 1. Grundsätzlich wird ein Urteil, das auf eine vom Willen des Schuldners abhängige unvertretbare Handlung gerichtet ist, nach Maßgabe des § 888 Abs. 1 ZPO durch Zwangsgeld oder Zwangshaft vollstreckt. Diese Vorschrift ist aber nach **§ 888 Abs. 3 ZPO** „im Falle der Verurteilung zur Leistung von Diensten aus einem Dienstvertrag" nicht anwendbar. Somit ist die Erfüllung der Arbeitspflicht nicht unmittelbar erzwingbar.[736]

---

733 Vgl. ausführlich zu Rechtsfolgen beim Nichtantritt der Arbeit Herbert/Oberrath NZA 2004, 121, 124 ff.

734 Vgl. Beispiele dazu bei ErfK/Preis § 611 BGB Rn. 685 ff.; Palandt/Heinrichs § 275 BGB Rn. 30; Scholl Jura 2006, 283 ff.

735 BAG WM 1976, 776, 777; vgl. dazu auch ErfK/Preis § 611 BGB Rn. 702.

736 Vgl. BAG, Urt. v. 04.03.2004 – 8 AZR 196/03, SAE 2005, 148 m.Anm. Hümmerich: Fehlende Vollstreckbarkeit der Arbeitspflicht als „im Arbeitsrecht geltende Besonderheit" i.S.d. 310 Abs. 4 BGB; dazu auch Niemann RdA 2013, 92, 93 m.w.N.

2. Die Verurteilung zu Handlungen, die auch ein Dritter vornehmen kann (vertretbare Handlungen), kann zwar nach § 887 ZPO im Wege der Ersatzvornahme durchgesetzt werden. Auf Arbeitsleistungen ist aber diese Vorschrift nach h.M. nur dann anwendbar, wenn diese – entgegen der Auslegungsregel des § 613 S. 1 BGB – ausnahmsweise vertretbar sind. Das gilt für Arbeiten, bei denen es dem Gläubiger gleichgültig ist, wer sie verrichtet, also bei bloß mechanischen Dienstleistungen.[737]

Das kann im Falle des A nicht angenommen werden. Es verbleibt somit bei dem Ergebnis, dass der Anspruch auf Arbeit hier nicht vollstreckbar ist.

Umstritten ist, ob und ggf. inwieweit eine einstweilige Verfügung, durch die der Arbeitnehmer zur Erbringung der Arbeitsleistung verurteilt werden soll, im Hinblick auf § 888 Abs. 3 ZPO zulässig ist.[738] Soweit es sich ausnahmsweise um eine vertretbare Handlung i.S.d. § 887 ZPO handelt, scheitert der Erlass der einstweiligen Verfügung am fehlenden Verfügungsgrund, da die Kosten der Ersatzleistung als Schadensersatz geltend gemacht werden können. Da eine auf eine unvertretbare Handlung i.S.d. § 888 ZPO gerichtete einstweilige Verfügung mangels Vollstreckbarkeit (§ 888 Abs. 3 ZPO) nur rein deklaratorischen Charakter hätte, lehnt die h.M. deren Zulässigkeit mangels Verfügungsgrundes ab.[739] **281**

IV. Begrifflich lässt sich aus der Arbeitspflicht des Arbeitnehmers als Kehrseite die Pflicht entnehmen, die Arbeit bei einem anderen zu unterlassen. Dieser **Unterlassungsanspruch** ist nach § 890 ZPO durch Ordnungsgeld oder Ordnungshaft vollstreckbar; eine dem § 888 Abs. 3 ZPO entsprechende Beschränkung ist bei § 890 ZPO zwar nicht vorgesehen. Gleichwohl ist nach h.M. auch ein solcher Anspruch **nicht vollstreckbar**, weil auf diese Weise § 888 Abs. 3 ZPO umgangen würde.[740] **282**

Eine **Ausnahme** gilt dann, wenn der Arbeitgeber mit dem Unterlassungsanspruch mehr erreichen will, als den Arbeitnehmer zur Rückkehr an seinen alten Arbeitsplatz anzuhalten, insbes. wenn er eine ihm nachteilige Wettbewerbstätigkeit bei einem Konkurrenten verhindern will. In diesem Ausnahmefall ist auch eine einstweilige Verfügung zulässig.[741]

B. Da die vorliegende beharrliche Arbeitsverweigerung jedenfalls nach einer Abmahnung grundsätzlich ein wichtiger Kündigungsgrund i.S.d. § 626 BGB ist,[742] könnte G dem A nach § 626 BGB **fristlos kündigen**. **283**

Wegen der Arbeitsunwilligkeit des vertragsbrüchigen Arbeitnehmers hat diese Möglichkeit zwar keine unmittelbare Bedeutung für den Vergütungsanspruch. Eine fristlose Kündigung bewirkt jedoch die Beendigung des Arbeitsverhältnisses und löst den noch zu behandelnden Schadensersatzanspruch gemäß § 628 Abs. 2 BGB aus.

C. G könnte gegen A einen **Schadensersatzanspruch** haben.

I. Zunächst wird davon ausgegangen, dass G gegenüber A keine Kündigung gemäß § 626 BGB ausgesprochen hat. Anspruchsgrundlage für einen Schadensersatzanspruch könnte § 280 Abs. 1, 3 i.V.m. § 281 BGB sein. **284**

---

737 Germelmann in G/M/P/M-G § 62 ArbGG Rn. 62; MünchArbR/Reichold § 38 Rn. 2 f.; a.A. Herbert/Oberrath NZA 2004, 121, 124 f.; Z/L/H § 15 Rn. 2, 3: wegen des personalen Elements stets eine unvertretbare Handlung.

738 Vgl. Meinungsübersichten bei MünchArbR/Reichold § 38 Rn. 4 f.; Germelmann in G/M/P/M-G § 62 ArbGG Rn. 106.

739 LAG Hamburg NZA 2003, 104; LAG Frankfurt NZA 1990, 614; MünchArbR/Reichold § 38 Rn. 4 f.; Schaub/Linck § 45 Rn. 66; Richter ArbR 2013, 509; a.A. ArbG Frankfurt NZA 1995, 552; Herbert/Oberrath NZA 2004, 121, 125.

740 LAG Köln LAGE § 60 HGB Nr. 5; Staudinger/Richardi/Fischinger § 611 BGB Rn. 1089 m.w.N.

741 LAG Köln, Fn. 740; Schaub/Linck § 45 Rn. 67; MünchArbR/Reichold § 38 Rn. 8 m.w.N.

742 BAG, Urt. v. 05.04.2001 – 2 AZR 580/99, NZA 2001, 893; 1997, 487 und 1995, 65 (auch ohne Abmahnung).

1. Aus dem abgeschlossenen Arbeitsvertrag ergab sich entsprechend §§ 241 Abs. 2, 242 BGB für jeden Vertragspartner, also auch für A, die Pflicht, den Vertragszweck und Leistungserfolg weder zu gefährden noch zu beeinträchtigen, sog. Leistungstreuepflicht.[743]

2. Diese Pflicht hat A durch seine Erklärung am 26.03. vorsätzlich und damit schuldhaft verletzt. Denn kein Verhalten gefährdet den Vertragszweck in so starkem Maße wie die eindeutige Erklärung des Schuldners, er werde die geschuldete Leistung nicht erbringen (sog. Vertragsaufsage). Die Voraussetzungen des § 280 Abs. 1 BGB liegen somit vor. Die für einen Schadensersatzanspruch statt der Leistung grds. nach § 281 Abs. 1 S. 2 BGB erforderliche Fristsetzung ist wegen der „Vertragsaufsage" des A nach § 281 Abs. 2 BGB entbehrlich.

285 Da die Arbeitsleistung im Zeitpunkt der Vertragsaufsage noch nicht fällig war, liegt der Schwerpunkt der Vertragspflichtverletzung nicht erst im Nichtarbeiten (Unmöglichkeit u. Schadensersatzanspruch aus § 280 Abs. 1, 3 i.V.m. § 283 BGB)[744] oder Zuspätarbeiten (Verzug u. Schadensersatzanspruch aus § 280 Abs. 1, 2 i.V.m. § 286 BGB), sondern in der in dieser Erklärung liegenden Gefährdung des Vertragszweckes. Die Vertragsaufsage wurde daher früher als positive Vertragsverletzung behandelt,[745] was bei der Qualifizierung der Leistungstreuepflicht als einer Nebenpflicht i.S.d. § 241 Abs. 2 BGB zu einem Schadensersatzanspruch statt der Leistung aus § 280 Abs. 1 i.V.m. § 282 BGB führen würde. Die heute h.M. wendet aber im Falle der endgültigen Leistungsverweigerung vor Fälligkeit bei der Geltendmachung eines Schadensersatzanspruchs statt der Leistung § 281 BGB (z.T. i.V.m. § 323 Abs. 4 BGB analog) entspr. an.[746] Da der haftungsauslösende Tatbestand heute einheitlich in § 280 Abs. 1 BGB geregelt ist, hat die Qualifizierung der endgültigen Leistungsverweigerung vor Fälligkeit nur Bedeutung dafür, ob der Schadensersatzanspruch statt der Leistung aus §§ 281, 282 oder aus § 283 BGB folgt. Da die Voraussetzungen dieser Normen bei der endgültigen Leistungsverweigerung vor Fälligkeit wegen des Fixschuldcharakters der Arbeitspflicht unproblematisch vorliegen, hat die Qualifizierung der Vertragsaufsage auf das Ergebnis selbst keine Auswirkung.

286 II. Hat der Arbeitgeber das Arbeitsverhältnis nach § 626 BGB gekündigt, ist Anspruchsgrundlage für den Schadensersatzanspruch § 628 Abs. 2 BGB.

Für die Haftung wegen „Auflösungsverschuldens" nach § 628 Abs. 2 BGB (= bisher gesetzlich geregelter Fall der pVV) kommt es allerdings nicht auf die Form der Beendigung (fristlose Kündigung), sondern auf den Anlass dazu an. Deshalb greift § 628 Abs. 2 BGB auch dann ein, wenn das Arbeitsverhältnis durch eine ordentliche Kündigung oder durch einen Auflösungsvertrag beendet wurde, sofern die Voraussetzungen der außerordentlichen Kündigung einschl. der Ausschlussfrist des § 626 Abs. 2 BGB im Zeitpunkt des Zugangs der ordentlichen Kündigung bzw. des Abschlusses des Auflösungsvertrags vorlagen und der andere Teil schuldhaft handelte.[747]

Dem G steht somit gegen den A in jedem Fall ein Schadensersatzanspruch dem Grunde nach zu.

Bei beiderseitigem Recht zu einer fristlosen Kündigung des Arbeitsverhältnisses scheidet der Schadensersatzanspruch gemäß § 628 Abs. 2 BGB nach ganz h.M. für beide Parteien aus, wobei die Begründungen unterschiedlich sind.[748]

---

743 ErfK/Preis § 611 BGB Rn. 707 ff.; Palandt/Grüneberg § 242 BGB Rn. 8, § 242 Rn. 23 ff., 27 ff. m.w.N.

744 So Schaub/Linck § 51 Rn. 2 ff.; Hanau/Adomeit Rn. 694; B/R/H Rn. 239, ohne genaue Unterscheidung.

745 BGHZ 49, 56, 59 f.; BAG WM 1976, 776; ErfK/Preis § 611 BGB Rn. 702.

746 Palandt/Grüneberg § 281 BGB Rn. 8 a; ErfK/Preis § 611 BGB Rn. 702; Jauernig/Stadler § 280 BGB Rn. 17 f.; Krause Jura 2002, 299, 300; Herbert/Oberrath NZA 2004, 121, 127 und AS-Skript Schuldrecht AT 1 (2015), Rn. 200 ff.

747 BAG NZA 2002, 1323; Krause JuS 1995, 291; KR/Weigand § 628 BGB Rn. 20 ff.; ErfK/Müller-Glöge § 628 BGB Rn. 18 ff.

748 BAG, Urt. v. 26.07.2007 – 8 AZR 796/06, NZA 2007, 1419; ErfK/Müller-Glöge § 628 BGB Rn. 32; Krause JuS 1995, 291, 295.

III. Welcher Schaden ist zu ersetzen? **287**

Die Schadensprobleme sind im Fall des vertragsbrüchigen Arbeitnehmers im Wesentlichen dieselben, gleichgültig, ob man § 280 Abs. 1 i.V.m. §§ 281, 282 bzw. § 283 BGB oder § 628 Abs. 2 BGB anwendet. Allerdings erfasst § 628 Abs. 2 nur die Schäden, die gerade durch die Auflösung entstanden sind (zukunftsbezogene Schäden), während § 280 Abs. 1 i.V.m. §§ 281, 282 bzw. 283 BGB auch die Schäden seit unterlassenem Arbeitsantritt oder Arbeitseinstellung bis zur Vertragsauflösung erfassen.[749] In der Praxis bereitet allerdings die gerichtliche Durchsetzung dieses Schadensersatzanspruchs durch den Arbeitgeber wegen der Darlegungs- und Beweislast des Geschädigten erhebliche Probleme.[750] Nicht zuletzt aus diesem Grund werden häufig Vertragsstrafen für den Fall des „Vertragsbruchs des Arbeitnehmers" vereinbart (vgl. Rn. 147).

1. Der Arbeitgeber kann als Schaden den entgangenen Gewinn (§ 252 BGB) verlangen, etwa weil er Aufträge nicht hat rechtzeitig ausführen oder nicht hat übernehmen können. Insoweit ist anerkannt, dass dies nur bis zum nächstmöglichen Kündigungszeitpunkt gilt.[751] Vorliegend ist ein solcher Schaden nicht ersichtlich.

2. Es sind die Mehrkosten zu ersetzen, die dem Arbeitgeber dadurch entstehen, dass er zum Zweck des Ausgleichs der ausgefallenen Arbeitsleistung an andere Arbeitnehmer Zuschläge zahlen oder teurere Ersatzkräfte einstellen muss. Somit kann G von A die Mehrkosten verlangen, die G an eine teurere Ersatzkraft zahlen muss, allerdings auch hier wieder nur bis zum nächstmöglichen Kündigungszeitpunkt.[752] **288**

   Dieser Anspruch ist in der Praxis selten, weil beim Ausfall eines Arbeitnehmers die Ersatzkraft i.d.R. keinen höheren Lohn bekommt.

3. Die in solchen Fällen häufig geltend gemachten Schäden sind die Inseratskosten sowie Kosten für eine Stellenausschreibung, die auch vorliegend verlangt werden. Ob sie ein zu ersetzender Schaden sind, richtet sich nach § 249 S. 1 BGB (Differenzbetrachtung). **289**

   a) Die gezahlten Inseratskosten stellen eine Minderung des Arbeitgebervermögens dar.

   b) Wie sähe die Vermögenslage ohne das schadensersatzbegründende Ereignis aus?

      aa) Hätte A seinen Dienst angetreten, könnte man annehmen, dass er die Stelle nicht alsbald wieder wechseln würde, sodass G nicht nach einem Nachfolger inserieren müsste. Mit dieser Begründung könnte ein ersatzfähiger Schaden angenommen werden.

---

749 Bisher wurde § 628 Abs. 2 BGB als eine Sonderregelung für den Fall der selbstgewollten Vertragsbeendigung angesehen, sodass daneben Ansprüche aus pVV ausgeschlossen waren (vgl. BAG, Urt. v. 12.06.2003 – 8 AZR 341/02, BB 2003, 2747). Dies dürfte auch nach der Schuldrechtsreform für die Schäden wegen der vorzeitigen Vertragsbeendigung gelten. Andere Schäden sind dagegen nach den allg. Grundsätzen der §§ 280 ff. BGB zu ersetzen, da insoweit § 628 Abs. 2 BGB nicht eingreift (vgl. ErfK/Müller-Glöge § 628 BGB Rn. 14, 33, 33 a; KR/Weigand § 628 BGB Rn. 32 ff.).

750 Eine Übersicht über die möglichen Schäden bei ErfK/Müller-Glöge § 628 BGB Rn. 34 ff.; Schaub/Linck § 51 Rn. 11 ff.; KR/Weigand § 628 BGB Rn. 32 ff.; Berger-Delhey DB 1989, 2171 ff.

751 Krause JuS 1995, 291, 294 f.; KR/Weigand § 628 BGB Rn. 34 ff.; MünchArbR/Reichold § 57 Rn. 41.

752 Vgl. BAG DB 1984, 1731; ErfK/Müller-Glöge § 628 BGB Rn. 23 ff.; KR/Weigand § 628 BGB Rn. 43 ff.

bb) Jedoch hätte A während der Probezeit mit einer Kündigungsfrist von zwei Wochen (vgl. § 622 Abs. 3 BGB), d.h. hier: zum 15.04. kündigen können. Dann wären für G ebenfalls Inseratskosten entstanden. Es ist hier also der Einwand denkbar, der Schädiger hätte denselben Schaden auch auf rechtmäßige Weise herbeiführen können.

Vgl. dazu Deutsch:[753] „Von überholender Kausalität haben wir gesprochen, wenn von zwei Kausalreihen nur die eine zum Erfolg geführt hat, die andere hingegen abgebrochen ist. Demgegenüber stützt sich der Einwand des rechtmäßigen Alternativverhaltens auf eine völlige Hypothese, nämlich die Annahme, dass der Schaden auch ohne Verletzung hätte eintreten können; und da der In-Anspruch-Genommene nur das eigene Verhalten steuern kann, dass er den Schaden ohne Verletzung hätte herbeiführen können."

290 Das BAG hatte dem vertragsbrüchigen Arbeitnehmer die Berufung auf ein solches **rechtmäßiges Alternativverhalten** zunächst verwehrt.

Im Interesse der Vertragstreue gebühre dem „Prinzip der zivilrechtlichen Prävention" der Vorrang; bei Ablehnung einer Ersatzpflicht bliebe der Arbeitsvertragsbruch weitgehend sanktionslos. Auch gehöre es zum Schutzzweck der arbeitsvertraglichen Kündigungsfrist, die beiden Vertragspartner zu Gesprächen zusammenzuführen und so die Fortsetzung des Vertragsverhältnisses über den erstmöglichen Beendigungszeitpunkt hinaus zu ermöglichen.[754]

In der Folgezeit hat sich das BAG der h.L. angeschlossen: Die Pflicht zur Einhaltung der Kündigungsfrist dient allein dazu, beiden Parteien ausreichend Zeit zu geben, „um die Voraussetzungen für den Abschluss eines Anschlussvertrags zu schaffen. Der vertragsbrüchige Teil muss deshalb seinem Vertragspartner nur den Schaden ersetzen, der durch die überstürzte Vertragsbeendigung entstanden ist, jedoch bei vertragsgemäßer Einhaltung der Kündigungsfrist nicht entstanden wäre."[755]

291 Hätte A ordnungsgemäß zum 15.04. gekündigt und bis dahin bei G gearbeitet, so hätte G zum 16.04. auf seine Kosten einen Nachfolger für A suchen müssen. Zu diesem Zweck hätte G inserieren müssen. Die Inseratskosten wären somit auch bei vertragstreuem Verhalten des A angefallen. Ein ersatzfähiger „Verfrühungsschaden"[756] liegt nicht vor.

Es ist unstreitig, dass auch der Schadensersatzanspruch des Arbeitnehmers zeitlich beschränkt ist, wenn kein Kündigungsschutz eingreift bzw. eine Befristung vorliegt. Denn in diesen Fällen ist der dauerhafte Bestand des Arbeitsverhältnisses nicht geschützt, sodass die Kündigungsfrist bzw. der Befristungsablauf eine zeitliche Anspruchsbegrenzung bilden. Greifen diese Fälle nicht ein, ist nach einem Teil der Lit. der Schadensersatzanspruch des Arbeitnehmers grds. zeitlich unbefristet.[757] Nach dem BAG ist dagegen der Schadensersatzanspruch des Arbeitnehmers auch in diesem Fall durch die fiktive Kündigungsfrist begrenzt, die vom Arbeitgeber einzuhalten wäre; ggf. kann eine Abfindung nach §§ 9, 10 KSchG hinzutreten.[758]

753 Deutsch, Haftungsrecht I, § 12 IV.

754 Vgl. dazu BAG WM 1976, 776; NJW 1970, 1469.

755 BAG DB 1991, 1832; 1984, 1731; KR/Weigand § 628 BGB Rn. 36; ErfK/Müller-Glöge § 628 BGB Rn. 23 ff., 33 m.w.N.

756 Medicus, Anm. zu BAG AP Nr. 5 zu § 276 BGB „Vertragsbruch"; ErfK/Müller-Glöge § 628 BGB Rn. 33.

757 Vgl. dazu Meinungsübersichten bei GK/Rolfs § 628 BGB Rn. 59 ff.; MünchKomm/Henssler § 628 BGB Rn. 80.

758 BAG, Urt. v. 21.05.2008 – 8 AZR 623/07, ArbRB 2008, 298; KR/Weigand § 628 BGB Rn. 34 ff. m.w.N.

D. Schließlich kommt noch eine **pauschalierte Entschädigung** ohne konkreten Schadensnachweis nach § 61 Abs. 2 S. 1 ArbGG in Betracht. **292**

§ 61 Abs. 2 ArbGG lautet: „Spricht das Urteil die Verpflichtung zur Vornahme einer Handlung aus, so ist der Beklagte auf Antrag des Klägers zugleich für den Fall, dass die Handlung nicht binnen einer bestimmten Frist vorgenommen ist, zur Zahlung einer vom Arbeitsgericht nach freiem Ermessen festzusetzenden Entschädigung zu verurteilen. Die Zwangsvollstreckung nach § 887 und § 888 der ZPO ist in diesem Fall ausgeschlossen."

Nach ganz h.M. ist diese Vorschrift auch bei einer Verurteilung des Arbeitnehmers zur Arbeitsleistung anwendbar. Eine Umgehung des § 888 Abs. 2 ZPO liegt nicht vor, weil es sich bei § 61 Abs. 2 ArbGG nicht um eine andere Form der Vollstreckung, sondern um eine Verurteilung zum Schadensersatz handelt. Der Arbeitgeber kann daher auf Arbeitsleistung klagen und über § 61 Abs. 2 ArbGG pauschalierten Schadensersatz verlangen.[759]

B. Der Anspruch des Arbeitnehmers auf Beschäftigung

I. Der allgemeine Beschäftigungsanspruch

Der Arbeitnehmer ist ihm nicht nur zur Arbeit verpflichtet, sondern hat gegenüber dem Arbeitgeber nach ganz h.M. auch einen Anspruch auf tatsächliche Beschäftigung; ihm entspricht die Beschäftigungspflicht des Arbeitgebers.[760] Bei schwerbehinderten Menschen besteht nach § 81 Abs. 4 S. 1 SGB IX ein gesetzlicher Beschäftigungsanspruch.[761] **293**

Die Rechtsprechung und h.L. leiten den Anspruch aus dem Persönlichkeitsschutz der Art. 1 und 2 GG ab; der Arbeitnehmer sei daran interessiert, sich am Arbeitsplatz zu entfalten, sich ggf. weiter auszubilden und seine Leistungsfähigkeit zu erhalten. Abweichend von der h.M. wird in der Literatur z.T. auf das Sozialstaatsprinzip verwiesen oder die Beschäftigungspflicht als Abnahmepflicht des Arbeitgebers entspr. §§ 433 Abs. 2, 640 BGB gedeutet.[762]

Von dem sog. Beschäftigungsanspruch spricht man nur dann, wenn der Bestand des Arbeitsverhältnisses zwischen den Vertragsparteien unstreitig ist. Er besteht auch nach Ausspruch der ordentlichen Kündigung bis zum Ablauf der Kündigungsfrist und entfällt nur ausnahmsweise, wenn dem Arbeitgeber eine Beschäftigung nicht möglich oder nicht zumutbar ist. Ein solches einseitiges Freistellungsrecht des Arbeitgebers kommt insbes. bei Wegfall des Arbeitsplatzes oder bei Klärung des Verdachts einer strafbaren Handlung in Betracht.[763] Die Vereinbarung eines einseitigen Freistellungsrechts des Arbeitgebers im Einzelfall, insbes. für die Dauer der Kündigungsfrist, ist zulässig.[764] Die Vereinbarung eines generellen und einschränkungslosen Freistellungsrechts in einem **294**

---

759 BAG NJW 1985, 91; Schaub/Linck § 45 Rn. 65; Germelmann in G/M/P/M-G § 61 ArbGG Rn. 28; MünchArbR/Reichold § 39 Rn. 46; Ganz ArbR 2014, 352; Richter ArbR 2013, 509; Böhm ArbRB 2006, 93; vgl. aber auch Arndt NJW 1964, 1777.

760 BAG [GS] NZA 1985, 702; BAG, Urt. v. 25.08.2010 – 10 AZR 275/09, NZA 2010,1355; Schrader BB 2012, 445; Herbert/Oberrath NZA 2004, 121, 128; Fischer NZA 2004, 233; Schaub/Koch § 109 Rn. 5 ff.; MünchArbR/Reichold § 84 Rn. 3 ff.; a.A.; Weber/Weber RdA 2007, 344; krit. auch Heinze DB 1985, 111; Bengelsdorf DB 1986, 168 mit abw. Begründungen.

761 Vgl. BAG, Urt. v. 13.08.2009 – 9 AZR 229/05, NZA-RR 2010, 420; Boecken RdA 2012, 210; Mückl/Teibert NZA 2010, 1259.

762 Vgl. dazu MünchArbR/Reichold § 84 Rn. 3 ff.; Berkowsky NJW 1996, 291, 292; Fabricius ZfA 1972, 44 ff.

763 BAG, Urt. v. 27.02.2002 – 9 AZR 562/00, NZA 2002,1099; ErfK/Preis § 611 BGB Rn. 567.

764 ErfK/Preis § 611 BGB Rn. 568 ff. und ausführlich dazu Helml AuA 2013, 218; Hoß/Lohr BB 1998, 2575 ff.

Formulararbeitsvertrag dürfte dagegen unzulässig sein.[765] Der Beschäftigungsanspruch kann auch im Wege der einstweiligen Verfügung durchgesetzt werden.[766]

295 Vom Anspruch auf Beschäftigung zu unterscheiden sind: a) das in manchen Landesverfassungen vorgesehene Recht auf Arbeit (z.B. Art. 24 Abs. 1 S. 3 Landesverfassung NRW) das sich als öffentliches Recht gegen den Staat richtet; b) das Recht auf Erlangung eines Arbeitsplatzes (vgl. 4. Abschnitt, 1.); c) das Recht am Arbeitsplatz als absolut geschütztes Recht, das dem Recht am eingerichteten und ausgeübten Gewerbebetrieb vergleichbar ist.[767]

II. Der Weiterbeschäftigungsanspruch

1. Voraussetzungen

296 Von dem Beschäftigungsanspruch ist der sog. Weiterbeschäftigungsanspruch zu unterscheiden. Beim letzteren Anspruch geht es um die Frage, ob der Arbeitgeber den Arbeitnehmer weiterbeschäftigen muss, obwohl der Bestand des Arbeitsverhältnisses als Grundlage der Beschäftigungspflicht des Arbeitgebers zwischen den Parteien streitig ist. Wegen dieser Ungewissheit, die erst in einem Bestandsschutzverfahren geklärt werden soll, kann eine grundsätzliche Weiterbeschäftigungspflicht des Arbeitgebers nicht generell anerkannt werden. Denn nachträglich kann sich auch das Nichtbestehen des Arbeitsverhältnisses und damit die Rechtsgrundlosigkeit des Leistungsaustausches (bei Abweisung der Bestandsschutzklage) herausstellen. Obwohl ein gesetzlicher Weiterbeschäftigungsanspruch nur bei einem wirksamen Widerspruch des Betriebs- bzw. Personalrats gegen eine ordentliche Kündigung nach Maßgabe des § 102 Abs. 5 BetrVG bzw. § 79 Abs. 2 BPersVG besteht,[768] kann nach ganz h.M. in darüber hinausgehenden Fällen eine Weiterbeschäftigungspflicht des Arbeitgebers aber auch nicht generell abgelehnt werden. Denn nachträglich kann auch der Fortbestand des Arbeitsverhältnisses festgestellt werden. Dem Arbeitnehmer stünde zwar in diesem Fall für die Dauer der Nichtbeschäftigung ein Anspruch auf Annahmeverzugslohn nach § 615 BGB zu (vgl. dazu unten Rn. 378 ff.). Bei einer längeren Nichtbeschäftigung ist aber die Rückkehr an den Arbeitsplatz in der Praxis zumindest erheblich erschwert.

297 Um diesem Interessenwiderstreit Rechnung zu tragen, bejaht die ganz h.M. eine Weiterbeschäftigungspflicht des Arbeitgebers **bei einer offensichtlich unwirksamen Kündigung** (z.B. Nichtanhörung des Betriebsrats nach § 102 BetrVG, Fehlen der Zustimmung nach §§ 85, 91 SGB IX, § 9 Abs. 1, 3 MuSchG) oder nach **erstinstanzlicher Feststellung der Unwirksamkeit der umstrittenen Kündigung durch Urteil**. Etwas anderes gilt nur dann, wenn überwiegende schützenswerte Interessen des Arbeitgebers der Weiterbeschäftigung bis zum Prozessabschluss entgegenstehen.[769] Der Weiterbeschäftigungsanspruch ist grds. auch im Wege der einstweiligen Verfügung durchsetzbar.[770]

765 LAG Hessen AuA 2013, 609; LAG München LAGE § 307 BGB 2002 Nr. 2; ErfK/Preis § 611 BGB Rn. 570 ff.; Meyer NZA 2011, 1249; Bauer NZA 2007, 409, 413; a.A. Kappenhagen FA 2007, 167: nur Ausübungskontrolle im Einzelfall u. oben Rn. 152.

766 LAG Sachsen ZTR 2009, 268; Schrader BB 2012, 445; Schrader/Straube RdA 2006, 98; Reidel NZA 2000, 454 ff.

767 Dagegen: BAG BB 1999, 746; Schaub/Koch § 109 Rn. 2 f.; a.A. Schleusener NZA 1999, 1079 ff. m.w.N.

768 BAG, Urt. v. 09.07.2003 – 2 AZR 305/02, NZA 2003, 1191; 2000, 1056; Lingemann/Steinhauser NJW 2015, 844; Fledermann ArbR 2010, 136; Haas NZA-RR 2008, 57; Schrader/Straube RdA 2006, 98, 103 ff.;

769 BAG [GS] NZA 1985, 702; BAG JZ 1993, 319 m.Anm. Hanau/Rolfs; ErfK/Kiel § 4 KSchG Rn. 42 ff.; Schaub/Linck § 125 Rn. 16 ff.; a.A. Berger-Delhey NZA 1990, 8: unzulässige Rechtsfortbildung; krit. auch MünchArbR/Wank § 99 Rn. 87 ff.

770 LAG Berlin-Brandenburg NZA-RR 2011, 551; Hertzfeld FA 2013, 328; Schäder/Raab ArbRB 2010, 320; Fröhlich FA 2007, 89.

Unter den gleichen Voraussetzungen besteht der allgemeine Weiterbeschäftigungsanspruch beim Streit um die Beendigung des Arbeitsverhältnisses durch **Befristungsablauf oder durch den Eintritt einer auflösenden Bedingung.**[771] 298

Im Verlauf eines Kündigungsschutzverfahrens kann dieser Weiterbeschäftigungsanspruch wieder untergehen, wenn z.B. das erstinstanzliche Urteil auf die Berufung hin aufgehoben wird oder der Arbeitgeber, gestützt auf einen neuen Lebenssachverhalt, eine weitere nicht evident unwirksame Kündigung ausspricht[772] bzw. einen Auflösungsantrag nach §§ 9, 10 KSchG stellt, der nicht offensichtlich unbegründet ist.[773] 299

Bei einer unter Vorbehalt angenommenen **Änderungskündigung** i.S.d. § 2 KSchG (vgl. dazu unten Rn. 509 ff.) ist der Weiterbeschäftigungsanspruch durch § 8 KSchG ausgeschlossen.[774] Etwas anderes gilt aber entspr. § 102 Abs. 5 BetrVG dann, wenn der Vollzug der Änderungskündigung eine Umgruppierung oder Versetzung erfordert und die dafür nach § 99 Abs. 1 BetrVG erforderliche Zustimmung des Betriebsrats fehlt.[775] Allein die betriebsverfassungsrechtliche Unwirksamkeit der Kündigung nach § 102 Abs. 1 BetrVG genügt nach h.M. noch nicht.[776] 300

2. Die Rechtsnatur und die Rechtsfolgen der Weiterbeschäftigung

a) Wird die Unwirksamkeit der Kündigung (Befristung bzw. der auflösenden Bedingung) rechtskräftig festgestellt, dann entstehen keine Rückabwicklungsprobleme, da das Arbeitsverhältnis zwischen den Parteien fortbesteht. 301

b) Problematisch ist dagegen die Rechtslage, wenn der Arbeitnehmer über den vorgesehenen Beendigungszeitpunkt hinaus weiter beschäftigt worden ist und später die Beendigung des Arbeitsverhältnisses zum früheren Zeitpunkt festgestellt wird. Dabei ist wie folgt zu differenzieren:[777]

aa) Verlangt ein Arbeitnehmer vom Arbeitgeber nach einem wirksamen Widerspruch des Betriebsrats eine Weiterbeschäftigung nach **§ 102 Abs. 5 S. 1 BetrVG** über den Ablauf der Kündigungsfrist hinaus, dann besteht das **bisherige Arbeitsverhältnis kraft Gesetzes** mit allen Rechten und Pflichten (Arbeits- und Beschäftigungspflicht, Vergütungsansprüche einschl. Lohnfortzahlung im Krankheitsfall, Annahmeverzug bei Nichtbeschäftigung, Gratifikationen, Urlaubsansprüche, Nebenpflichten usw.) **auflösend bedingt** durch die rechtskräftige **Abweisung der Kündigungsschutzklage** fort. Der Arbeitgeber kann die **Entbindung von dem gesetzlichen Weiterbeschäftigungsanspruch** nur durch eine einstweilige Verfügung nach § 102 Abs. 5 S. 2 BetrVG erreichen.[778] Für die Annahme eines faktischen Arbeitsverhältnisses ist daher kein Raum.[779] 302

bb) Fordert der Arbeitgeber den Arbeitnehmer trotz Festhaltens an der Wirksamkeit der Kündigung auf, die Arbeitsleistung bis zur Entscheidung des Bestandsschutzrechtsstreits zu erbringen, und erklärt sich der Arbeitnehmer damit einverstanden, ist nach 303

771 BAG NZA 1986, 562; LAG Köln BB 2007, 336; LAG Hamm NZA 1989, 823; a.A. LAG Köln NZA 1987, 158.

772 BAG BB 1986, 1435; ErfK/Kiel § 4 KSchG Rn. 44; Helml AuA 2013, 218; Müller BB 2004, 1849 ff.

773 BAG DB 1996, 838; Schaub/Linck § 125 Rn. 21; Müller BB 2004, 1849 ff.

774 BAG DB 1990, 1773, 1775; LAG Mecklenburg-Vorpommern, Urt. v. 03.09.2008 – 2 Sa 15/08, juris; LAG Köln ARST 2002, 45; ErfK/Kiel § 4 KSchG Rn. 43; Schaub/Linck § 125 Rn. 19; a.A. ArbG Hamburg NZA-RR 2010, 139.

775 KR/Etzel § 102 BetrVG Rn. 199 ff.; Zirnbauer NZA 1995, 1073, 1079.

776 LAG Hessen, Urt. v. 19.06.2012 – 15 SaGa 242/12, juris; KR/Rost/Kreft § 2 KSchG Rn. 119 ff.; ErfK/Oetker § 2 KSchG Rn. 22, 38; KR/Etzel § 102 BetrVG Rn. 199 ff. m.w.N.; a.A. LAG Düsseldorf BB 1993, 1151; D/K/K/Bachner § 102 Rn. 280.

777 Vgl. zu Problemen der tatsächlichen Beschäftigung nach einer Kündigung Schrader/Straube RdA 2006, 98 ff.

778 Vgl. BAG, Urt. v. 09.07.2003 – 5 AZR 305/02, NZA 2003, 1191; LAG Nürnberg ZTR 2008, 108; Thannheiser AiB 2013, 185 ff.; 2009, 44 ff.; Haas NZA-RR 2008, 57sowie LAG Hessen ArbR 2013, 216 zur „Entbindungsmöglichkeit" des Arbeitgebers.

779 BAG AP Nr. 7 zu § 102 BetrVG „Weiterbeschäftigung"; KR/Etzel § 102 BetrVG Rn. 213 ff.; Pallasch BB 1993, 2225, 2226.

BAG[780] im Zweifel anzunehmen, dass das **bisherige Arbeitsverhältnis aufgrund einer vereinbarten Befristung, die zu ihrer Wirksamkeit nach § 14 Abs. 4 TzBfG der Schriftform bedarf, bis zum Abschluss des Bestandsschutzverfahrens einvernehmlich fortgesetzt** wird.[781] Für diese einvernehmliche Weiterbeschäftigung gelten die bisherigen Vertragsbedingungen weiter, sofern keine abweichende Regelung getroffen wird. Wird später die Bestandsschutzklage abgewiesen, findet keine Rückabwicklung nach §§ 812 ff. BGB statt, weil diese Weiterbeschäftigung auf einer vertraglicher Grundlage beruhte.[782] Die Beendigung dieses Vertragsverhältnisses ist nur durch einen besonderen Beendigungstatbestand möglich.

304 **cc)** Wird der Arbeitnehmer im Hinblick auf die **drohende Vollstreckung** weiterbeschäftigt, wofür bereits das Vorliegen eines Weiterbeschäftigungstitels genügt,[783] so liegt der Weiterbeschäftigung nach h.M. weder eine gesetzliche (§ 102 Abs. 5 BetrVG entspr.) noch eine vertragliche Rechtsgrundlage zugrunde. Die Grundsätze des faktischen Arbeitsverhältnisses sind auf diese **„aufgezwungene" Weiterbeschäftigung** nicht anwendbar, sodass die Rückabwicklung der tatsächlichen Weiterbeschäftigung nach **§§ 812 ff. BGB** erfolgen muss.[784]

Der Arbeitnehmer erhält in diesem Fall für die geleistete Arbeitsleistung Wertersatz nach §§ 812 Abs. 1, 818 Abs. 2 BGB in Höhe der üblichen Vergütung, die mangels abweichender Anhaltspunkte i.d.R. dem Tariflohn entspricht.[785]

Gratifikationen sind nur dann, ggf. anteilig, zu zahlen, wenn sie eine Gegenleistung für tatsächlich erbrachte Arbeitsleistung darstellen, insbes. keine künftige Betriebstreue voraussetzen.[786]

Urlaubsabgeltung für nicht genommenen Urlaub steht dem Arbeitnehmer nicht zu, da der Arbeitgeber insoweit nichts erlangt hat.[787] Aus dem gleichen Grund scheidet auch Annahmeverzugslohn nach § 615 BGB aus.[788]

Ob bei erzwungener Weiterbeschäftigung ein Anspruch auf Entgeltfortzahlung im Krankheitsfall besteht bzw. die bereits insoweit gezahlten Beträge nach §§ 812 ff. BGB zurückzuzahlen sind, hat zwar das BAG[789] ausdrücklich offen gelassen. Da aber der Arbeitgeber auch in diesem Fall keine Gegenleistung erhalten hat, müsste konsequenterweise ein Entgeltfortzahlungsanspruch abgelehnt bzw. eine Rückzahlungsverpflichtung angenommen werden.[790]

---

780 BAG, Urt. v. 22.10.2003 – 7 AZR 113/03, NZA 2004, 1275, weil – anders als beim Abstellen auf die Abweisung der Klage –, nicht der Eintritt, sondern nur der Zeitpunkt des Ereigniseintritts ungewiss ist.; Sittard/Ulbrich RdA 2006, 218; a.A. zur Schriftform KR/Etzel § 102 BetrVG Rn. 278; Nadler/v. Medem NZA 2005, 1214; dazu auch Bengelsdorf NZA 2005, 277 ff.

781 Teilweise wird angenommen, dass das bisherige Arbeitsverhältnis auflösend bedingt durch die rechtskräftige Abweisung der Bestandsschutzklage einvernehmlich fortgesetzt wird; vgl. z.B. LAG Hamm DB 2003, 1739; ErfK/Müller-Glöge § 14 TzBfG Rn. 76; KR/Etzel § 102 BetrVG Rn. 278, was aber nichts daran ändert, dass es sich dabei um eine Beschäftigung auf vertraglicher Basis handelt und die Schriftform nach § 14 Abs. 4 i.V.m. § 21 TzBfG eingehalten werden muss.

782 BAG, Urt. v. 22.10.2003, Fn. 780; KR/Etzel § 102 BetrVG Rn. 278 f.; ErfK/Preis § 611 BGB Rn. 148; Bengelsdorf FA 2007, 194; a.A. früher BAG NZA 1986, 561: Grds. über das faktische Arbeitsverhältnis anwendbar; dazu oben Rn. 228 ff.

783 Vgl. KR/Etzel § 102 BetrVG Rn. 280; Fröhlich/Hartmann ArbRB 2008, 276 ff.; Barton/Hönsch NZA 1987, 721, 722 m.w.N.

784 BAG JZ 1993, 319 m.Anm. Hanau/Rolfs; KR/Etzel § 102 BetrVG Rn. 282, 297 ff.; Hoppenstaedt/Hoffmann-Remy BB 2015, 245, 247 ff.; a.A. Falkenberg DB 1987, 1534, 1538, da dieses Weiterbeschäftigungsverhältnis nicht als „Arbeitsverhältnis zweiter Klasse" behandelt werden dürfe u. BAG NZA 1999, 1040, 1042 zum Wegfall der Bereicherung.

785 BAG NZA 1998, 199, 200; JZ 1993, 319 m.Anm. Hanau/Rolfs; KR/Etzel § 102 BetrVG Rn. 297 f.; Böhm ArbRB 2012, 382.

786 BAG NZA 1987, 373; 1990, 696, 697; Ruhl/Kassebohm NZA 1995, 497, 499; Pallasch BB 1993, 2225, 2229.

787 BAG NZA 1987, 373, 375; KR/Etzel § 102 BetrVG Rn. 299; Schaub/Linck § 125 Rn. 23, 24.

788 Vgl. BAG AP Nr. 7 zu § 102 BetrVG; KR/Etzel § 102 BetrVG Rn. 297 ff.; Fröhlich/Hartmann ArbRB 2008, 276.

789 BAG NZA 1986, 561, 562; Fröhlich/Hartmann ArbRB 2008, 276; KR/Etzel § 102 BetrVG Rn. 299: Rückzahlung.

790 Vgl. BAG NZA 1998, 199, 200; KR/Etzel § 102 BetrVG Rn. 299; Bengelsdorf FA 2007, 194; Pallasch BB 1993, 2225, 2229 f.
Zum Schadensersatzanspruch aus § 717 Abs. 2 ZPO bei Vollstreckung des Weiterbeschäftigungstitels und späterer Klageabweisung: BAG, Urt. v. 18.12.2008 – 8 AZR 105/08, NZA-RR 2008, 314; Bengelsdorf FA 2007, 194; Barton/Hönsch NZA 1987; zur Vollstreckbarkeit des Weiterbeschäftigungstitels: BAG, Beschl. v. 15.04.2009 – 3 AZR 93/08, NZA 2009, 917; LAG Hessen JurBüro 2010, 608; Leydecker/Heider/Fröhlich BB 2009, 2703; Süß NZA 1988, 19.

C. Die Lohnzahlungspflicht

I. Anspruchsgrundlage und Höhe des Arbeitslohnes

1. Einzelvertraglicher oder tariflicher Lohnanspruch

Regelmäßig wird über die Vergütung eine besondere Vergütungsvereinbarung getroffen, was ausdrücklich oder konkludent erfolgen kann.[791] Die Höhe der Vergütung kann dabei aufgrund der Vertragsautonomie grundsätzlich frei vereinbart werden. Eine Angemessenheitskontrolle gemäß § 307 Abs. 1 S. 1 BGB findet insoweit nicht statt, da die Lohnzahlungspflicht eine der AGB-Kontrolle nicht unterliegende Hauptleistungspflicht des Arbeitgebers ist. Sind allerdings beide Vertragsparteien tarifgebunden (§§ 3 Abs.1, 5 TVG), so darf die Vertragsvereinbarung den tariflichen (Mindest-)Lohn nicht unterschreiten. Die Vereinbarung eines höheren Lohnes ist dagegen nach dem Günstigkeitsprinzip zulässig (vgl. § 4 Abs. 3 TVG). Anspruchsgrundlage für den Lohnanspruch ist daher regelmäßig § 611 BGB i.V.m. dem Arbeitsvertrag bzw. dem Tarifvertrag. **305**

Der Grundsatz der Vertragsfreiheit hat im Bereich der Vergütung nur dann Vorrang vor dem arbeitsrechtlichen **Gleichbehandlungsgrundsatz**, wenn es sich um individuell vereinbarte Vergütungen handelt. Werden die Vergütungen nicht einzeln ausgehandelt, kann dem Arbeitnehmer wegen Verletzung des Gleichbehandlungsgrundsatzes ein höherer Vergütungsanspruch zustehen. Darüber hinaus ist der Grundsatz der Vertragsfreiheit durch das Benachteiligungsverbot des § 7 Abs. 1 AGG und das **Verbot** der **Benachteiligung von Teilzeitbeschäftigten gemäß § 4 Abs. 1 TzBfG** eingeschränkt.[792]

Liegt keine bzw. keine wirksame Vergütungsvereinbarung vor und besteht auch keine Tarifbindung, wird nach § 612 Abs. 2 BGB grundsätzlich der übliche Lohn geschuldet.[793] Dies ist mangels gegenteiliger Anhaltspunkte grundsätzlich der Tariflohn.[794]

Der Ausdruck „Lohn" wird hier aus praktischen Gründen in einem weiteren Sinn verwandt. Darunter wird jedes Entgelt aus dem Arbeitsvertrag verstanden, also auch z.B. „Gehalt", „Stunden- bzw. Wochen-Lohn", „Gage" und die noch unten zu behandelnden Sonderformen.

2. Zwingende gesetzliche Regelungen der Lohnhöhe

a) Bisher konnten die Arbeitsvertragsparteien die Höhe des Lohnes bei fehlender Tarifbindung bis zur Sittenwidrigkeitsgrenze des § 138 BGB grds. frei vereinbaren.[795] Nach dem am 16.08.2014 in Kraft getretenen Mindestlohngesetz, dessen Verfassungsmäßigkeit umstr. ist,[796] haben grds. alle Arbeitnehmerinnen und Arbeitnehmer seit dem 01.01.2015 **branchenübergreifend** nach § 1 Abs. 1 MiLoG einen Anspruch auf Zahlung eines Arbeitsentgelts mindestens in **Höhe des gesetzlichen Mindestlohns**, der nach § 1 Abs. 2 MiloG **je Zeitstunde 8,50 €** beträgt. Der gesetzliche Mindestlohn ist nach **§ 3 MiLoG zwingend**. **306**

791 Vgl. dazu ErfK/Preis § 612 BGB Rn. 35; Schaub/Vogelsang § 67 Rn. 8 ff.

792 Vgl. dazu. MünchArbR/Richardi § 9 Rn. 47 ff.; vgl. auch oben Rn. 71, Fall 6 (S. 71 ff. und Rn. 195 ff.)

793 BAG, Urt. v. 28.01.2004 – 5 AZR 530/02, BB 2004, 1796; ErfK/Preis § 612 BGB Rn. 2 ff., 35 ff.

794 BAG NZA 1998, 594, 595; ErfK/Preis § 612 BGB Rn. 37 ff.; MünchArbR/Krause § 54 Rn. 92.

795 BAG, Urt. v. 24.03.2004 – 5 AZR 303/03, NZA 2004, 971; Urt. v. 23.05.2001 – 5 AZR 527/99, AuR 2001, 509 m.Anm. Peter; Hanau/Adomeit Rn. 788; vgl. auch oben Rn. 152: Keine Inhaltskontrolle nach § 307 BGB.

796 Vgl. dazu Schaub/Vogelsang § 66 Rn. 3; Zeising/Weigert NZA 2015, 15; Sittard/Rawe NJW 2015, 2695; Barczak RdA 2014, 290 sowie BVerfG, Beschl. v. 25.06.2015 – 1 BvR 555/15 (u.a.), NJW 2015, 2242, das die mit dem Antrag auf Erlass einer einstweiligen Anordnung verbundene Verfassungsbeschwerde nicht zur Entscheidung angenommen hat.

Branchenabhängige Mindestlöhne gab es dagegen bereits vor dem Inkrafttreten des MiLoG im **Anwendungsbereich des ArbeitnehmerentsendeG** (AEntG), das weiterhin gilt (vgl. auch § 1 Abs. 3 MiLoG). Soweit der gesetzliche Mindestlohn von 8,50 € höher ist, geht er im Grundsatz den branchenabhängigen Mindestlöhnen vor (§ 3 MiLoG). Insoweit enthält aber § 24 Abs. 1 MiLoG eine Übergangsvorschrift, nach der diese branchenabhängigen Mindestlöhne erst ab dem 01.01.2017 zwingend mindestens 8,50 € betragen müssen.[797]

Das AEntG trat bereits am 01.03.1996 in Kraft, um „unfaire Wettbewerbsbedingungen durch europäische Billiglohnkonkurrenz zu verhindern" und damit die Wettbewerbsfähigkeit der deutschen Bauwirtschaft zu sichern. Dieses Gesetz bot die Grundlage für die Einführung von Mindestarbeitsbedingungen, insbes. von „Mindestlöhnen" für ausländische Bauunternehmen, die auf einer Baustelle in Deutschland tätig waren.[798] Das AEntG 1996 wurde durch das AEntG vom 20.04.2009 ersetzt, das die Schaffung und Durchsetzung angemessener Mindestarbeitsbedingungen für grenzüberschreitend entsandte sowie für regelmäßig im Inland beschäftigte Arbeitnehmer und Arbeitnehmerinnen bezweckt, also **Branchenmindestlohngesetz** ist. Voraussetzung für die Einführung der Mindestarbeitsbedingungen ist auch nach dem neuen AEntG, dass diese in einem für allgemeinverbindlich erklärten Tarifvertrag geregelt sind. Der Anwendungsbereich des AEntG 2009 wurde aber auf die im § 4 AEntG aufgeführten Branchen (u.a. Brief- und Sicherheitsdienstleistungen, Abfallwirtschaft, Schlachten und Fleischverarbeitung und Pflegebereich mit Sonderregelungen) ausgedehnt.[799] Mit Wirkung zum 01.01.2015 können alle, auch die nicht ausdrücklich in Abs. 1 genannten Branchen eine Erstreckung von Tarifverträgen beantragen. Voraussetzung ist aber, dass das für die Katalogbranchen des § 4 Abs. 1 in § 6 Abs. 2 – 9 AEntG verankerte „Überwiegensprinzip" auch in den anderen Branchen eingehalten wird. Ob und inwieweit die Änderung des AEntG verfassungsgemäß ist, ist noch nicht abschließend geklärt.[800]

307 **b)** Aus dem **Geltungsbereich des MiLoG** ausgenommen sind jedoch Kinder und Jugendliche ohne abgeschlossene Berufsausbildung bis 18 Jahre (§ 22 Abs. 2 MiLoG i.V. m. § 2 Abs. 1 und 2 JArbSchG), zu ihrer Berufsausbildung Beschäftigte und ehrenamtlich Tätige (§ 22 Abs. 3 MiLoG). Der Mindestlohn ist außerdem nach § 22 Abs. 4 MiLoG nicht zu bezahlen für die ersten sechs Monate der Beschäftigung eines Langzeitarbeitslosen iSv. § 18 Abs. 1 SGB III (vgl. auch die Übergangsregelung für Zeitungszusteller in § 24 Abs. 2 MiLoG. Bei (echten) Praktikanten steht der Ausbildungszweck im Vordergrund, weshalb sie an sich eher § 22 Abs. 3 MiLoG zuzuordnen und generell aus dem Geltungsbereich des MiLoG auszunehmen wären. Praktikanten i. S. d. § 26 BBiG werden jedoch nach § 22 Abs. 1 MiLoG den Arbeitnehmern i. S. d. MiloG gleichgestellt, es sei denn, dass einer der im Negativkatalog des § 22 Abs. 1 S. 2 Nr. 1 bis 4 MiLoG aufgeführten Fälle vorliegt. Für sog. „Scheinpraktikantenverhältnisse", die in rechtlicher Hinsicht Arbeitsverhältnisse sind, gilt die Ausnahmeregelung des § 22 Abs. 1 MiloG nicht.

Der Ausnahmetatbestand des § 22 Abs. 4 MiLoG soll den Wiedereinstieg von Langzeitarbeitslosen erleichtern und deren Beschäftigungschancen verbessern, während der Ausnahmetatbestand des § 22 Abs. 2 MiloG verhindern will, dass Jugendliche unter 18 Jahren ohne Berufsausbildung dazu verleitet werden, auf eine Berufsausbildung zu verzichten, um stattdessen einer abhängigen Beschäftigung nachzugehen. Die Regelung für Praktikanten in § 22 Abs. 1 MiLoG wird als unnötig kompliziert kritisiert,

---

797 Vgl. dazu ErfK/Franzen § 24 MiLoG Rn. 1; Henssler RdA 2015, 43, 47; Sittard NZA 2014, 951, 954.

798 Zur Verfassungsmäßigkeit und Vereinbarkeit mit EU-Recht BVerfG, Beschl. v. 18.07.2000 – 1 BvR 948/00, NZA 2000, 948 u. EuGH, Urt. v. 24.01.2002 – Rs. C-164/99, DB 2002, 430 m.Anm. Koenigs sowie EuGH, Urt. v. 12.10.2004 – Rs. C-60/03, NZA 2004, 1211; BAG, Urt. v. 28.03.2007 – 10 AZR 76/06, NZA 2007, 613 zur Bürgenhaftung des Hauptunternehmers für Mindestlohn beim Subunternehmer sowie zur Verfassungsmäßigkeit der Bürgenhaftung BVerfG, Beschl. v. 20.03.2007 – 1 BvR 1047/05, NZA 2007, 609; dazu auch Legerlotz ArbRB 2011, 29; Thüsing ZfA 2008, 590; Kocher NZA 2007, 600.

799 Vgl. dazu Stiebert/Pötters RdA 2013, 101; Sittard RdA 2013, 301; ders. NZA 2009, 346; Lakies ArbuR 2013, 69; Bührer NZA 2013, Beil. 1, S. 3; Riechert/Stomps NJW 2013, 1050; Schwab NZA-RR 2010, 225; Bayreuther DB 2009, 678.

800 Vgl. dazu Henssler RdA 2015, 43, 53 ff.; Sittard NZA 2010, 1160; Sodan/Zimmermann NJW 2009, 2001; Bayreuther DB 2009, 678; ders. NJW 2009, 2006; Joussen ZESAR 2009, 355 zur Neufassung des AEntG.

zumal sie in Abs. 1 S. 3 den bisherigen Praktikantenbegriff erweitert.[801] Die Anwendung des MiLoG im Amateursportbereich ist noch nicht abschließend geklärt.[802]

c) Der nach § 3 MiLoG zwingende gesetzliche **Mindestlohn von 8,50 € muss je Zeitstunde** bezahlt werden, wobei für die Erfüllung des Mindestlohnanspruchs auch die **Fälligkeitsregelung des § 2 Abs. 1 MiLoG** zu beachten ist. Der Mindestlohn nach § 1 Abs. 2 MiLoG stellt auf einen nach Stunden berechneten Zeitlohn ab, ohne andere Vergütungsformen (z.B. Monatslohn, Leistungslohn) zu verbieten und ohne zu regeln, welche Zeiten und zusätzliche Vergütungsbestandteile insoweit zu berücksichtigen sind. Einigkeit besteht insoweit im Grundsatz darüber, dass **jede Stunde, die nach bisherigen Kriterien als Arbeitszeit** gilt, zu berücksichtigen ist, wozu auch die vom Arbeitgeber veranlasste Untätigkeit zählt.[803] Nach ganz h.M. zählen auch Bereitschaftszeiten mit Ausnahme der bloßen Rufbereitschaft als Zeiten i.S.d. MiLoG.[804] **Andere Formen der Vergütungszahlung** müssen auf die Maßeinheit des Mindestlohns pro Arbeitszeit umgerechnet werden, damit dem Arbeitnehmer im Ergebnis das unabdingbare Mindestarbeitsentgelt in Geld pro Stunde erhalten bleibt. Bei der Frage, ob der Mindestlohnanspruch erfüllt wird, sind grds. alle Arbeitsentgeltkomponenten zu berücksichtigen, die der Arbeitgeber im maßgeblichen Referenzzeitraum gewährt. Ist die regelmäßige Arbeitsvergütung am Monatsende zu zahlen (vgl. § 614 BGB, § 2 Abs. 1 S. 2 MiLoG), kommt es darauf an, ob die im jeweiligen Monat gezahlten Entgeltbestandteile im Durchschnitt mindestens einen Stundensatz von 8,50 € pro geleisteter Arbeitsstunde ergeben. 308

Zu berücksichtigen sind insbesondere der Grundlohn sowie alle Zulagen und Zuschläge, die keinen besonderen Zweck verfolgen. Nicht berücksichtigungsfähig sind dagegen Leistungen des Arbeitgebers, die keinen Entgeltcharakter haben. Nicht berücksichtigungsfähig sind außerdem nach ganz h.M. Zulagen oder Zuschläge, die voraussetzen, dass der Arbeitnehmer zu besonderen Zeiten (z.B. Zuschläge für Sonn- und Feiertags- und Nachtarbeit, Überstundenzuschläge) oder unter besonders unangenehmen, belastenden oder gefährlichen Umständen arbeitet (z.B. Schmutz-, Hitze- und Gefahrenzulage), mehr Arbeit pro Zeiteinheit leistet (z.B. Akkordprämien) oder eine besondere Qualität der Arbeit (z.B. Qualitätsprämien) erbringt. Neben der Art und dem Zweck eines Entgeltbestandteils ist für die Frage der Anrechenbarkeit von Zahlungen auf den gesetzlichen Mindestlohn zusätzlich der Auszahlungszeitpunkt von wesentlicher Bedeutung. Nach § 2 Abs. 1 MiLoG wird die Anrechenbarkeit durch die gesetzliche Fälligkeitsregelung begrenzt. Da der Mindestlohn nach § 2 Abs. 1 Nr. 2 MiLoG spätestens am letzten Bankarbeitstag (Frankfurt am Main) des Monats fällig wird, der auf den Monat folgt, in dem die Arbeitsleistung erbracht wurde, kommt eine Anrechenbarkeit auf den Mindestlohnanspruch nur dann in Betracht, wenn die Zusatzzahlung innerhalb von maximal zwei Monaten nach der Arbeitsleistung ausgezahlt wird. Da jedoch in der Praxis der Lohn aufgrund der vereinbarten Fälligkeitsregelung regelmäßig am Monatsende oder Mitte des nächsten Monats zu zahlen ist, wird man aufgrund der Fälligkeitsanordnung in § 2 Abs. 1 S. 1 Nr. 1 MiLoG sogar dazu kommen, dass nur Zahlungen bis zum Fälligkeitszeitpunkt auf den Mindestlohn angerechnet werden (vgl. auch § 2 Abs. 1 S. 2 MiLoG). Ob und inwieweit nach dieser Maßgabe auch einmalige Sonderzahlungen, die zumindest auch Entgeltcharakter haben, auf den Mindestlohn zeitanteilig anrechenbar sind, ist noch nicht abschließend geklärt.[805]

In den Fällen, in denen der Arbeitgeber „Lohn ohne Arbeit" schuldet (z.B. Annahmeverzug, Urlaub, Entgeltfortzahlung an Feiertagen oder bei Krankheit), besteht zwar kein Anspruch auf den gesetzlichen Mindestlohn, weil dieser nach h.M. nur für tatsächlich er-

801 Vgl. dazu Burkard-Pötter/Sura NJW 2015, 517; Worzalla P&R 2015, 7; Natzel BB 2014, 2490 und Lakies ArbR 2014, 343.

802 Vgl. dazu Walker SpuRt 2015, 94; Schmidt ArbR 2015, 261 und Kolb CaS 2015, 23.

803 Vgl. dazu ErfK/Franzen § 1 MiLoG Rn. 4 ff., Lakies ArbR 2015,389, 390; Lembke NZA 2015, 70, 73 f.; Kocher AuR 2015, 173.

804 ErfK/Franzen § 1 MiLoG Rn. 4 a, Lakies ArbR 2015, 389, 390; Lembke NZA 2015, 70, 73 f.; Holm DB 2015, 441 u. BAG, Urt. v. 19.11.2014 – 5 AZR 1101/12, DB 2015, 253 zum Mindestlohn in der Pflegebranche; a.A. Thüsing/Hüter NZA 2015, 970.

805 Dazu ErfK/Franzen § 1 MiLoG Rn. 15 f.; Lembke NZA 2015, 70, 74 f; Sittard RdA 2015, 99, 103; Bissels/Falter DB 2015, 2209.

brachte Arbeitsleistung zu zahlen ist. Der in diesen Fällen zu zahlende „Lohn ohne Arbeit" darf jedoch den gesetzlichen Mindestlohn von 8,50 € nicht unterschreiten.[806]

309 **d) Vereinbarungen, die den Anspruch auf den Mindestlohn unterschreiten**, sind insoweit **nach § 3 Abs. 1 MiloG unwirksam**. Ob es sich bei § 3 Abs. 1 MiLoG um ein gesetzliches Verbot i.S.d. § 134 BGB handelt oder diese Norm eine spezialgesetzliche Anordnung der Rechtsfolgen des Gesetzesverstoßes darstellt, sodass ein Rückgriff auf § 134 BGB nicht erforderlich ist, ist ebenso umstritten, wie die Frage welche Rechtsfolgen in diesem Fall eintreten.

- Ist die **Lohnvereinbarung allein wegen Unterschreitung des Mindestlohnes unwirksam**, so ist umstritten, ob § 612 Abs. 2 BGB ohne Weiteres anwendbar ist oder ob § 1 Abs. 1, 2 MiLoG einen gesetzlichen Mindestlohnanspruch von 8,50 € regelt, sodass ein Rückgriff auf § 612 Abs. 2 BGB ausgeschlossen ist.

  Wohl überwiegend wird die Ansicht vertreten, dass auch in diesem Fall mangels einer wirksamen Vergütungsvereinbarung § 612 Abs. 2 BGB ohne Weiteres anwendbar ist mit der Folge, dass dem Arbeitnehmer ein „Aufstockungsanspruch" auf die branchenübliche Vergütung zusteht, die häufig höher als der gesetzliche Mindestlohn ist.[807] Nach der Gegenansicht enthält dagegen das MiLoG ein eigenes und vorrangig zu prüfendes Rechtsfolgeregime, nach dem beim Verstoß der Lohnvereinbarung „nur" gegen das MiloG lediglich ein Anspruch auf den gesetzlichen Mindestlohn nach § 1 Abs. 1 i.V.m. § 20 MiLoG besteht. Der gesetzliche Schutzzweck des MiLoG ist nach dieser Ansicht auf die Mindestlohnsicherung beschränkt. Dementsprechend regele auch § 3 S. 1 MiLoG, dass „Vereinbarungen, die den Anspruch auf Mindestlohn unterschreiten, [nur] insoweit unwirksam sind", als sie ihn unterschreiten. Daraus folge, dass die den Mindestlohn unterschreitende Vereinbarung nicht insgesamt unwirksam sei, sondern geltungserhaltend reduziert werde.[808]

310 - Nach ganz h.M. ist dagegen § 612 Abs. 2 BGB – wie nach der bisherigen Rechtslage – anwendbar, wenn die Lohnvereinbarung nicht nur den Mindestlohn nach § 1 MiLoG unterschreitet, sondern darüber hinaus auch wegen **Sittenwidrigkeit nach § 138 BGB nichtig** ist. Denn die branchenübergreifende Mindestlohngrenze von 8,50 € stellt nur ein absolutes Lohnminimum dar, das nur zur Verbesserung der Rechtsposition aller Arbeitnehmer eingeführt wurde. Die Sittenwidrigkeitskontrolle nach § 138 BGB stellt dagegen ganz konkret auf die Tätigkeit des einzelnen Arbeitnehmers und deren Wert sowie die Region und Branche ab, sodass sie auch nach der Einführung des MiLoG mit der Folge des § 612 Abs. 2 BGB vorzunehmen ist.[809]

311 Wann eine **Lohnvereinbarung sittenwidrig** ist, ist noch nicht abschließend geklärt. Bisher ging man von einer Faustformel aus, nach der jedenfalls die Hälfte des Tariflohnes nicht unterschritten werden durfte. Je nach Einzelfallumständen kommt allerdings eine Sittenwidrigkeit der Vergütungsvereinbarung auch schon bei Unterschreitung des Tariflohnes um 20%–25% in Betracht.[810] Neuerdings hat sich das BAG der Rspr. des BGHSt angeschlossen,[811] der bei einer Vergütung i.H.v. 2/3 des Tariflohnes den Wuchertatbestand des § 302 a StGB bejahte, und diese Grenze als Richtwert angenommen. Für die Sittenwidrigkeit ist nicht allein die Entgelthöhe maßgeblich. Vielmehr muss aus der Zusammenfassung von Inhalt, Beweggrund und Zweck der Gesamtcharakter der Abrede

---

806 BAG, Urt. v. 13.05.2015 – 10 AZR 191/14, juris; Urt. v. 13.05.2015 – 10 AZR 495/14, NZA 2015, 1127 zum Urlaub bzw. Lohnfortzahlung an Feiertagen/Krankheit nach TV Mindestlohn für pädagogisches Personal; Lakies ArbR 2015, 390, 391.

807 So z.B. Bayreuther NZA 2014, 865, 866; Däubler NJW 2014, 1924, 1927); Lakies AuR 2014, 360, 363; wohl auch Henssler RdA 2015, 43, 47; vgl. auch BT-Drucks. 18/1558, S. 34.

808 So z.B. ErfK/Franzen § 3 MiLoG Rn. 1; Lembke NZA 2015, 70, 78.

809 ErfK/Franzen § 1 MiLoG Rn. 1; ErfK/Preis § 612 BGB Rn. 3 c; MünchKomm/Armbrüster § 138 BGB Rn. 123; Däubler NZA 2014, 924, 927; Sittard RdA 2015, 99, 106; Forst/Degen DB 2015, 863. 864 mit Meinungsübersicht.

810 Vgl. dazu LAG Bremen LAGE § 138 BGB 2002 Nr. 2; MünchArbR/Krause § 54 Rn. 73 ff.; ErfK/Preis § 612 BGB Rn. 3 ff.

811 BAG, Urt. 22.04.2009 – 5 AZR 436/08, NZA 2009, 837; Urt. v. 17.12.2014 – 5 AZR 663/13, NZA 2015, 608; BGHSt NZA 1997, 116; dazu Picker RdA 2014, 25, 31 ff.; Lakies ArbR 2011, 554; Böggemann NZA 2011, 493; Henssler/Sittard RdA 2007, 159.

gegen die guten Sitten verstoßen, also ein auffälliges Missverhältnis zwischen Leistung und Gegenleistung vorliegen. Für die Verkehrsüblichkeit der Vergütung, die Ausgangspunkt der Sittenwidrigkeitsprüfung ist, stellt das BAG nicht nur auf die Löhne des jeweiligen Wirtschaftszweiges, sondern auch auf das allgemeine Lohnniveau im Wirtschaftsgebiet ab.[812] Bei einer Vergütung, die weniger als die Hälfte des üblichen Lohns beträgt, spricht eine tatsächliche Vermutung für die verwerfliche Gesinnung des Arbeitgebers und damit die Sittenwidrigkeit der Vergütungsabrede, für die grundsätzlich der Arbeitnehmer die Darlegungs- und Beweislast trägt.[813]

e) Der Arbeitgeber ist nach dem MiLoG nicht nur verpflichtet, selbst den Mindestlohn nach § 1 Abs. 2 MiloG zu zahlen. Vielmehr ordnet **§ 13 MiLoG i.V.m. § 14 AEntG** an, dass er als Unternehmer gleich einem Bürgen, der auf die Einrede der Vorausklage verzichtet hat (§ 774 Abs. 2 BGB), dafür haftet, dass die von ihm mit der Erbringung von Dienst- oder Werkleistungen beauftragten Unternehmen sowie die von diesen beauftragten Nachunternehmen den Mindestlohn zahlen (sog. Haftungskette). Diese **verschuldensunabhängige Unternehmerhaftung für die Zahlung des Mindestlohnes durch Sub- und Nachunternehmer** stellt nach der wohl h.M. keine schrankenlose „Generalunternehmerhaftung" dar, sondern greift nur bei Inanspruchnahme eines Dritten unmittelbar zur Erfüllung der eigenen vertraglichen Verpflichtung ein, nicht dagegen bei Vergabe von Aufträgen an Dritte zur Erfüllung von Eigenaufgaben. 312

Beispiel: Die Versicherung V beauftragt die Firma R mit der Durchführung der Reinigungsarbeiten in dem Versicherungsgebäude. R zahlt die Mindestlöhne nicht.

Keine Haftung der V nach § 13 MiLoG i.V.m. § 14 AEntG, da V die R nicht mit der Erfüllung der eigenen Pflicht, sondern mit Eigenaufgaben betraut hat.

Besonders umstritten sind die Einzelheiten der **Haftung nach § 13 MiLoG i.V.m. § 14 AEntG im Transport- und Speditionsgewerbe,** insbesondere die Frage, ob das MiLoG auch bei Transitfahrten durch Deutschland, welche von EU-ausländischen Transportunternehmen durchgeführt werden, zur Anwendung kommt und eine Haftung des Hauptunternehmens bei Nichtzahlung des Mindestlohnes begründen kann.[814]

II. Formen der Lohnzahlung:

1. Grds. ist der Lohn gemäß § 107 Abs. 1 GewO **in Euro zu berechnen und zu zahlen**.[815] 313
Für die Berechnung gibt es zwei Grundformen:

- **Zeitlohn** (Stundenlohn oder festes Gehalt)
- **Leistungslohn** (Akkordlohn oder Prämienlohn)[816]

2. Eine Sonderform ist der **Naturallohn** (Sachbezüge), der nach Maßgabe des § 107 Abs. 2 GewO gewährt werden darf 314

Nach dem früheren § 115 Abs. 1 GewO war Naturallohn grds. unzulässig. Dieses sog. Truckverbot ist nicht mehr ausdrücklich geregelt. Die Grenzen und Möglichkeiten der Gewährung von Sachbezügen regelt jetzt § 107 Abs. 2 GewO, wo insb. auch das bisherige Kreditierungsverbot (§ 107 Abs. 2 S. 2 GewO)

812 Vgl. auch BAG, Urt. v. 17.12.2014, Fn. 811; Urt. v. 26.04.2006 – 5 AZR 549/05, AP Nr. 63 zu § 138 BGB m. zust. Anm. Zachert: Vergütung von Lehrkräften an privaten Ersatzschulen unter 75% der Vergütung im öffentl. Dienst sittenwidrig.

813 BAG, Urt. v. 16.05.2012 – 5 AZR 268/11, NZA 2012, 974; ErfK/Preis § 612 BGB Rn. 3 ff.; Kühne AuR 2013, 436.

814 Vgl. ausführl. zur der Vereinbarkeit des MiLoG mit der Dienstleistungsfreiheit (Art. 56 ff. AEUV) Forst ZESAR 2015, 205; Sittard NZA 2015, 78; Moll/Katerdahl DB 2015, 555; Bissels/Falter/Evers ArbR 2015, 4; Hohenstein NJW 2015, 1844.

815 Die §§ 105 bis 110 GewO gelten seit dem 01.01.2003 für alle Arbeitnehmer, dazu Schöne NZA 2002, 829.

816 Vgl. ErfK/Preis § 611 BGB Rn. 391 ff.; MünchArbR/Krause § 57; Schaub/Vogelsang §§ 62 ff.; Schwab NZA-RR 2009, 57.

enthalten ist.[817] Häufig werden den Arbeitnehmern Dienstfahrzeuge auch zur privaten Nutzung überlassen, was einen Sachbezug und damit einen Teil der Vergütung darstellt.[818]

3. Sonderformen des Lohnes sind ferner:

a) Lohnzuschläge (z.B. Überstunden, Mehrarbeits-, Erschwerniszuschläge)

Trinkgelder (vgl. § 107 Abs. 3 GewO), die den Arbeitnehmern üblicherweise von Kunden freiwillig gezahlt werden, stellen dagegen keinen Lohn dar, sodass sie beim Fehlen einer besonderen Vereinbarung auch nicht zu der vom Arbeitgeber bei Arbeitsausfall (z.B. Krankheit, Urlaub, Betriebsratstätigkeit) fortzuzahlenden Vergütung gehören.[819]

b) Provision[820]

315 **c)** Gratifikationen (Weihnachtsgeld, zusätzliches Urlaubsgeld, Gratifikationen zum Betriebsjubiläum) – Sonderprobleme bei **Weihnachtsgratifikationen**[821]

aa) Ob ein Anspruch besteht, richtet sich nach den allgemeinen Rechtsgrundlagen: Tarifvertrag, Arbeitsvertrag, Gleichbehandlungsgrundsatz. Einen vertraglichen Anspruch kann auch eine Gesamtzusage oder betriebliche Übung begründen, was nach ganz h.M. voraussetzt, dass die Weihnachtsgratifikation mindestens drei Jahre hintereinander vorbehaltlos gewährt worden ist.[822] Liegt keine besondere Vereinbarung vor, ist für die Weihnachtsgratifikation allein der rechtliche Bestand des Arbeitsverhältnisses maßgeblich, sodass sie grds. auch dann zu zahlen ist, wenn der Arbeitnehmer während des gesamten Bezugszeitraumes arbeitsunfähig krank oder in Elternzeit war.[823]

Vereinbarungen, die eine **Kürzung der Sonderzuwendung um die Dauer des Ruhens des Arbeitsverhältnisses** (z.B. Wehrdienst, Elternzeit) vorsehen, sind grds. zulässig.[824] Die **Kürzung einer Sonderzuwendung i.S.d. § 4 a EFZG wegen krankheitsbedingter Fehlzeiten ist nur beim Vorliegen einer entsprechenden Vereinbarung grds. zulässig, die auch bestimmt sein muss**. Es muss aber die **Kürzungsobergrenze** des § 4 a S. 2 EFZG beachtet werden.[825]

316 **bb)** Da Gratifikationen i.d.R. sowohl eine Anerkennung für geleistete Dienste als auch Anreiz für künftige Betriebstreue sind,[826] sind **Rückzahlungsvereinbarungen** für den Fall des Ausscheidens aus dem Betrieb üblich. Da sie jedoch das Kündigungsrecht und den Arbeitsplatzwechsel (vgl. Art. 12 GG) erschweren, sind sie nur bei Vorliegen einer eindeutigen Vereinbarung und nur in begrenztem Maße zulässig.[827]

---

817 Vgl. dazu ErfK/Preis § 107 GewO Rn. 3; Schaub/Linck § 68 Rn. 2 ff.; Schöne NZA 2002, 829, 831.

818 Vgl. zum Dienstwagen ErfK/Preis § 611 BGB Rn. 522 ff.; Borchard P&R 2011, 6; BAG, Urt. v. 13.04.2010 – 9 AZR 113/09, SAE 2011, 81 m. Anm. Bayreuther; Fröhlich ArbRB 2011, 253; zur Inhaltskontrolle eines Widerrufsvorbehalts im FormularAV Rn. 149; zur Bedeutung der Arbeitsunfähigkeit u. Nutzungsausfallentschädigung beim unberechtigten Entzug der Privatnutzung: BAG, Urt. v. 14.12.2010 – 9 AZR 631/09, DB 2011, 939; Höser BB 2012, 573; v. Bürck/Nussbaum BB 2002, 2278.

819 BAG NZA 1996, 252; ErfK/Preis § 611 BGB Rn. 507 ff.; Zumbansen/Kim BB 1999, 2454 ff.

820 Ausführlich dazu MünchArbR/Krause § 58 Rn. 1 bis 41; Schaub/Vogelsang § 75 und Gründel/Butz BB 2014, 1210.

821 Vgl. dazu BAG, Urt. v. 20.02.2013 – 10 AZR 177/12, NZA 2013, 1015; Lingemann/Pfister/Otte NZA 2015, 65; Reinecke BB 2013, 437; Mittländer AiB 2012, 564; Salamon NZA 2011, 1328 u. zur Inhaltskontrolle §§ 307 ff. BGB Rn. 150 ff., 314 ff.

822 Vgl. o. Fall 5 (S. 68) u. BAG, Urt. v. 13.05.2015 – 10 AZR 266/14, NZA 2015, 992: Anspruch aufgrund schlüssigen Verhaltens.

823 BAG, Urt. v. 10.12.2008 – 10 AZR 35/08, NZA 2009, 258; Hanau/Adomeit Rn. 787; vgl. aber auch BAG BB 1998, 2367.

824 Vgl. EuGH DB 2000, 223; BAG NZA 1999, 767 f.; 1996, 31; ErfK/Preis § 611 BGB Rn. 541 ff.; Reinartz NZA 2015, 83 ff.

825 BAG, Urt. v. 25.07.2001 – 10 AZR 502/00, BB 2001, 2587; NZA 2000, 1062 auch für den Fall eines Arbeitsunfalls; LAG Hamm NZA-RR 2007, 629; Adam ZTR 1998, 438 ff.; Schwarz NZA 1996, 571 ff. jeweils m.w.N.; vgl. aber auch BAG NZA 2001, 785, wonach § 4 a EFZG beim 13. Monatseinkommen, also einer arbeitsleistungsbezogenen Sonderzahlung mit Entgeltcharakter nicht eingreift und eine Kürzung auch ohne Kürzungsvereinbarung möglich ist.

826 Dazu Schaub/Linck § 78 Rn. 1 ff.; Lindemann ArbR 2012, 446 ff.; Thüsing DB 1997, 1130 ff.; Gaul BB 1994, 494 ff.; 565 ff.

827 BAG, Urt. v. 21.05.2003 – 10 AZR 390/02, NZA 2003, 1032; ErfK/Preis § 611 BGB Rn. 547 ff.; Urban ArbR 2011, 528.

Das BAG hat hierzu ähnlich wie ein Gesetzgeber rechtsschöpferisch Grundsätze aufgestellt.[828] Beispielsweise ist bei einer Gratifikation bis 100 € eine Rückzahlungsklausel überhaupt nicht zulässig. Nur bis zum 31.03. des Folgejahres kann dem Arbeitnehmer die Fortsetzung des Arbeitsverhältnisses zugemutet werden, wenn die Gratifikation mehr als 100 € aber weniger als eine Monatsvergütung beträgt, sodass der Arbeitnehmer zum 31.03. ohne Rückzahlungsverpflichtung kündigen kann. Beträgt die Gratifikation einen Monatslohn und hat der Arbeitnehmer bis zum 31.03. des folgenden Jahres nur eine Kündigungsmöglichkeit, dann verliert er die Gratifikation, wenn er zu diesem Termin kündigt; eine längere Bindung ist in diesem Fall nicht zulässig, sodass er zum nächstmöglichen Termin kündigen kann. Durch „besonders eindrucksvolle Gratifikationen" kann eine längere Bindung herbeigeführt werden; jedoch nicht länger als bis zum 30.09. des Folgejahres.[829] Die Vereinbarung der Rückzahlung „in voller Höhe" erfasst auch die abgeführten Lohnsteuern.[830]

cc) Problematisch ist die Wirksamkeit von **„Stichtagsregelungen"** (z.B. Gratifikation erhalten nur die Arbeitnehmer, die am 31.10. in einem ungekündigten Arbeitsverhältnis stehen) oder von **Rückzahlungsklauseln bei betriebsbedingten Kündigungen**, weil die Gratifikationszahlung von einem Umstand abhängig ist, der vom Arbeitnehmer nicht beeinflusst werden kann. **317**

Das BAG hielt früher den Gratifikationsausschluss bei betriebsbedingten Kündigungen sowie entsprechende Rückzahlungsklauseln unter Hinweis auf missbräuchliche Vertragsgestaltung für unwirksam.[831] Später hat das BAG diese Rspr. hinsichtlich der **„Stichtagsregelungen"** zunächst für Tarifverträge und Betriebsvereinbarungen[832] und später auch für Einzelarbeitsverträge[833] aufgegeben und die Ausschlussklauseln für wirksam erklärt, da betriebsbedingte Kündigungen nicht beliebig, sondern nur nach Maßgabe des § 1 KSchG wirksam erklärt werden können, sodass auch der Gratifikationsbezug nicht treuwidrig vereitelt wird.[834] Die Berufung auf die Stichtagsregelung kann aber wegen treuwidriger Vereitelung des Bedingungseintritts nach § 162 BGB ausgeschlossen sein, wenn der Arbeitgeber die Kündigung vor dem Stichtag mit einer wesentlich längeren als der einzuhaltenden Frist ausspricht.[835]

Ob nach der Änderung der BAG-Rspr. zu den „Stichtagsregelungen" auch Rückzahlungsklauseln in Tarifverträgen, Betriebsvereinbarungen und Arbeitsverträgen zulässig sind, die auch die Beendigung des Arbeitsverhältnisses durch eine erst nach der Gratifikationszahlung ausgesprochene betriebsbedingte Kündigung erfassen, wodurch die zulässige Bindungsdauer nicht erreicht wird, ist umstritten.[836]

Bisher wurde die Inhaltskontrolle der o.g. genannten Kürzungsvereinbarung außerhalb des § 4 a EFZG, der Stichtagsregelungen sowie der Rückzahlungsklauseln nicht nach den §§ 9–11 AGBG, sondern nach den Generalklausen der §§ 138, 242, 315 BGB vorgenommen, weil das AGBG gemäß § 23 Abs. 1 AGBG auf Formulararbeitsverträge nicht anwendbar war (vgl. dazu oben Rn. 144 ff.). Die Auswirkungen der Anwendbarkeit der §§ 307–309 BGB und der danach vorzunehmenden Inhaltskontrolle auf die Zulässigkeit dieser Regelungen in Formularverträgen sind noch nicht abschließend geklärt, zumal § 310 Abs. 4 BGB ausdrücklich die angemessene Berücksichtigung der im „Arbeitsrecht geltenden Besonderheiten" vorschreibt.[837] Auszugehen ist allerdings davon, dass Stich- **318**

828 Grundlegend BAGE 13, 129; BAG, Urt. v. 25.04.2007 – 10 AZR 634/06, NJW 2007, 2279; Urt. v. 28.03.2007 – 10 AZR 261/06; NZA 2007, 687; ausführlich dazu Schaub/Linck § 78 Rn. 47 ff.; Reinecke BB 2013, 437; Schiefer NZA-RR 2000, 561

829 Vgl. auch BAG DB 1979, 898; AP Nr. 25 zu § 611 BGB „Gratifikation" u. Gaul BB 1994, 494 ff. u. 565 ff.

830 BAG, Urt. v. 15.03.2000 – 10 AZR 101/99, NZA 2000, 1004; Urt. v. 05.04.2000 – 10 AZR 257/99, DB 2000, 2225.

831 Vgl. BAG AP Nr. 84, 86, 88 zu § 611 BGB „Gratifikation".

832 BAG NZA 1986, 225 für TV und BAG NZA 1991, 765 = SAE 1992, 237 m. zust. Anm. Misera für BV u. Löwisch NZA 2013, 549.

833 Vgl. BAG, Urt. v. 18.01.2012 – 10 AZR 667/10, NZA 2012, 620; kritisch dazu ErfK/Preis § 611 BGB Rn. 534 e. m.w.N.

834 Vgl. BAG NZA 1994, 463 u. DB 1993, 687: Befristung des AV oder der Abschluss eines Aufhebungsvertrags vor dem Stichtag, aber Beendigung zum späteren Ztpkt. kann dem „gekündigten" AV nicht gleichgestellt werden und Rn. 152.

835 Vgl. dazu BAG NZA 1999, 1053, 1055; Schaub/Linck § 78 Rn. 37.

836 Vgl. Hanau/Adomeit Rn. 865; diff. Reiserer NZA 1992, 436 ff.; a.A. Beckers NZA 1997, 129, 137; Schiefer NZA 1993, 1015, 1022, die wegen o.g. Änderung der BAG-Rspr. auch von der Wirksamkeit der Rückzahlungsklauseln ausgehen.

837 Vgl. dazu Birnbaum NZA 2003, 944; Thüsing NZA 2002, 591; Söllner ZfA 2003, 145 und oben Rn. 144 ff.

tags- und Rückzahlungsklauseln grds. auch in den Formularverträgen zulässig sind, wenn eine klare und unmissverständliche Regelung vorliegt.[838] Das BAG differenziert allerdings inzwischen in teilweiser Abweichung von seiner bisherigen Rspr. noch stärker nach dem Zweck der Gratifikation. Zulässig sind danach **Stichtagsregelungen** bei **„reinen" Gratifikationen,** die insbesondere ausschließlich die bisherige Betriebstreue und/oder als „Halteprämien" die künftige Betriebstreue honorieren. Auf den Beendigungsgrund kommt es dabei nicht an, sodass sie auch dann wirksam sind, wenn das Arbeitsverhältnis durch eine betriebsbedingte Kündigung beendet wird.[839] Gratifikationen, die auch eine Vergütung für bereits erbrachte Arbeitsleistung bezwecken (sog. **Gratifikationen mit Mischcharakter**), können dagegen nicht vom ungekündigten Bestand des Arbeitsverhältnisses zu einem Zeitpunkt abhängig gemacht werden, zu dem die Leistung bereits erbracht wurde, da eine solche Stichtagsregelung den Arbeitnehmer unangemessen benachteiligt i.S.d. § 307 Abs. 1 S. 1 BGB, indem sie ihm im Widerspruch zum Grundgedanken des § 611 Abs. 1 BGB den bereits erarbeiteten Lohn entzieht.[840] **Rückzahlungsklauseln** in Formularverträgen, die nach ihrem Wortlaut auch bei betriebsbedingten Kündigungen eingreifen sollen, dürften einer Angemessenheitskontrolle nach § 307 Abs. 1 S. 1 BGB nicht standhalten, sodass sie wegen Verbots der geltungserhaltenden Reduktion insgesamt unwirksam sind.[841]

319 **d)** Gewinnbeteiligung (Tantiemen) und Zielvereinbarungen (vgl. dazu oben Rn. 152).

e) Vermögenswirksame Leistungen

4. Eine Sonderform des Lohnes ist die **betriebliche Altersversorgung**.[842]

III. Fälligkeit des Lohnanspruchs

320 Der Lohn braucht erst nach Leistung der Dienste gezahlt zu werden (§ 614 BGB). Der **Arbeitnehmer** ist somit **vorleistungspflichtig**. Abweichende Vereinbarungen (z.B. Vorschuss) sind aber zulässig. Bei der Festlegung der Zahlungsmodalitäten hat der Betriebsrat ein Mitbestimmungsrecht (§ 87 Abs. 1 Nr. 4 BetrVG). Im Übrigen gelten die allgemeinen Vorschriften des BGB über Geldschulden, z.B. die Verzugsregeln.

IV. Lohnschutz

321 Weil der Lohnanspruch die wirtschaftliche Existenzgrundlage des Arbeitnehmers bildet, gibt es besondere Sicherungen, um zu gewährleisten, dass der Arbeitnehmer über den Lohn auch wirklich verfügen kann:

---

838 BAG, Urt. v. 18.01.2012, Fn. 833; ErfK/Preis § 611 BGB Rn. 547 ff; Reinecke BB 2013, 437, 439; Leder RdA 2010, 93, 98 f.

839 BAG, Urt. v. 18.01.2012, Fn. 833; Urt. v. 28.03.2007 – 10 AZR 261/06, NZA 2007, 687; Reinecke BB 2013, 437.

840 BAG, Urt. v. 22.07.2014 – 9 AZR 981/12, EzA § 611 BGB 2002 „Gratifikation, Prämie" Nr. 40 m. abl. Anm. Lukes; Salamon NZA 2011, 1328; Dzida/Klopp ArbRB 2014, 149; Günther/Biedrzynska ArbR 2014, 66; Freckmann/Grillo BB 2014, 1914.

841 So LAG Düsseldorf NZA-RR 2011, 630 (rechtskr.); LAG München AE 2009, 186 (rechtskr.); vgl. auch BAG, Urt. v. 24.10.2007 – 10 AZR 825/06, NZA 2008, 48: Offen gelassen, ob zwischen Stichtags- und Rückzahlungsklauseln zu differenzieren und unangemessene Benachteiligung vorliegt, wenn nicht nach dem Grund für die Beendigung differenziert wird; dazu Lingemann/Gotham NZA 2008, 509 u. MünchArbR/Krause § 59 Rn. 17 ff.; Leder RdA 2010, 93, 98 f. und oben Rn. 147, 149.

842 Dazu allg.: Schaub/Vogelsang § 272; Seel JA 2012, 207 zu Anspruchsgrundlagen; Krönung BetrAV 2013, 89 zu sog. Unisextarifen; Rspr.-Übersicht bei Matthießen NZA 2014, 1058; 2013, 416; Reinecke BetrAV 2015, 18; 2014, 3; 2013, 9; 2012, 204; 2011, 318; Cisch/Bleck BB 2013, 1205; 2010, 1215; Reichwel/Böhm DB 2007, 1215 zur EuGH-Rspr.; Gelhaar BB 2008, 835 zu betriebl. Übung u. Adomeit/Mohr ZfA 2008, 449 zu Auswirkungen des AGG auf die betriebl. Altersversorgung.

1. Lohnansprüche sind nur nach Maßgabe der §§ 850 ff. ZPO beschränkt pfändbar.[843]

2. Soweit der Lohnanspruch nicht pfändbar ist, kann er nicht abgetreten (§ 400 BGB)

3. Bei Insolvenz des Arbeitgebers ist hinsichtlich des Lohnschutzes zwischen Ansprüchen aus der Zeit vor und nach der Eröffnung des Insolvenzverfahrens zu differenzieren. Ansprüche aus der Zeit nach der Verfahrenseröffnung sind bevorzugte Masseverbindlichkeiten nach § 55 Abs. 1 Nr. 2 InsO.[844] Ansprüche aus der davor liegenden Zeit sind dagegen grds. nur einfache Insolvenzforderungen nach § 38 InsO. Bei Zahlungsunfähigkeit des Arbeitgebers haben allerdings die Arbeitnehmer Anspruch auf Insolvenzgeld nach Maßgabe der §§ 183 ff. SGB III.[845] **322**

D. Erholungsurlaub

I. Gesetzlicher Mindesturlaub

Fall 15: Der Urlaub des Orchestermusikers

Der 36jährige M ist Orchestermusiker. Der Arbeitsvertrag enthält in § 12 folgende Regelung:

1. Jeder Musiker erhält bezahlten Erholungsurlaub.

2. Der Urlaub beträgt 6 Wochen. Er wird im Allgemeinen durch die Dienstbefreiung während der Orchesterferien abgegolten.

3. Durch eine Erkrankung wird der Urlaub nicht unterbrochen. Er muss jedoch mindestens 4 Wochen betragen.

M ist während der gesamten 6-wöchigen Orchesterferien krank. Im Anschluss an seine Krankheit will ihm der Arbeitgeber nur einen vierwöchigen Erholungsurlaub gewähren. M meint, eine Kürzung des Urlaubs verstoße gegen das BundesurlaubsG und sei unzulässig. Wie ist die Rechtslage?

Urlaub ist **bezahlte Freizeit, die zur Erholung bestimmt ist.**[846] **323**

I. Der jedem Arbeitnehmer zustehende Mindesturlaub ergibt sich grds. aus dem BUrlG, das in § 3 Abs. 1 BUrlG einen Erholungsurlaub von 24 Werktagen = 4 Wochen vorsieht (Samstag zählt mit![847]).

Bei Jugendlichen gilt § 19 JArbSchG, der bis zur Vollendung des 18. Lebensjahres altersabhängig einen Mindesturlaub zwischen 25 und 30 Werktagen regelt. Schwerbehinderte haben nach § 125 SGB IX einen Anspruch auf Zusatzurlaub von 5 Arbeitstagen.

---

843 Zur Ermittlung des pfändbaren Teils des Nettoeinkommens BAG, Urt. v. 17.04.2013 – 10 AZR 59/12, NZA 2013, 859; Würdinger NJW 2014, 3121; Bengelsdorf SAE 2014, 37; FA 2009, 162 u. NZA 1996, 176; Richter ArbR 2013, 382; BAG, Urt. v. 17.02.2009 – 9 AZR 676/07, BB 2009, 1303: Umgehung der §§ 850 ff. ZPO durch Verrechnungsvereinbarung u. BAG, Urt. v. 22.10.2008 – 10 AZR 703/07, NZA 2009, 163: Pfändung verschleierten Einkommens, § 850 h Abs. 2 ZPO.

844 Vgl. BAG, Urt. 25.03.2003 – 9 AZR 174/02, BB 2003, 2404 m.Anm. Hess; Wroblewski ArbuR 2015, 210; Zwanziger ArbuR 2013, 199 und Schelp NZA 2010, 1095: AN-Forderungen in der Insolvenz u. Nachw. zum Insolvenzarbeitsrecht o. Fn. 146.

845 Vgl. dazu Lakies ArbR 2013, 121 u. ArbR 2012, 134 zu am 01.04.2012 in Kraft getretenen Änderungen zum Insolvenzgeld.

846 Übersicht über die Rspr. des BAG zum Urlaubsrecht bei Glazel NZA-RR 2015, 393; Hohmeister BB 2015, 1333; 2014, 2037; 2013, 1973; 2012, 1343; 2011, 890; 2010, 1599; 2009, 494 und Höpfner RdA 2013, 16; 65 (Entwicklung des Urlaubsrechts).

847 Vgl. dazu Leinemann/Linck DB 1999, 1498, 1499; Hohmeister BB 1999, 2296 f.

Da zugunsten des 36jährigen M lediglich das BUrlG eingreift, steht ihm ein gesetzlicher Urlaubsanspruch von 24 Werktagen zu.

Der gesetzliche Mindesturlaub ist also recht kurz. Längere Urlaubszeiten werden deshalb allgemein in Tarifverträgen vorgesehen und regelmäßig durch Einzelarbeitsvertrag oder betriebliche Übung auch nicht tarifgebundenen Arbeitnehmern gewährt. Bei kleineren Betrieben kommt aber auch heute noch der gesetzliche Mindesturlaub vor.

324 II. Im vorliegenden Fall könnte M aus der vertraglichen Vereinbarung einen Anspruch auf 6 Wochen bezahlten Jahresurlaub haben.

1. Die Zulässigkeit vertraglicher Abweichungen von den gesetzlichen Urlaubsbestimmungen regelt § 13 BUrlG: Es gilt der Grundsatz der Unabdingbarkeit, d.h., Abweichungen von den Bestimmungen des BUrlG zuungunsten der Arbeitnehmer sind unzulässig, § 13 Abs. 1 S. 3 BUrlG. Nur in Tarifverträgen können für den Arbeitnehmer ungünstigere Regelungen – mit Ausnahme der §§ 1, 2, 3 Abs. 1 BUrlG – getroffen werden, § 13 Abs. 1 S. 1 BUrlG, tarifdispositives Gesetzesrecht.

   Hier ist die Vereinbarung eines 6-wöchigen Urlaubs für M günstiger als die gesetzliche Urlaubsregelung. Diese Vereinbarung ist daher wirksam.

2. Nach dem Vertrag (Nr. 3) soll die Urlaubszeit auch während einer Erkrankung weiterlaufen, solange der Urlaub ohne Erkrankung 4 Wochen dauert. Ist diese Regelung wirksam?

325 a) Nach § 9 BUrlG dürfen zwar nachgewiesene **Erkrankungen während des Urlaubs** auf den Urlaub nicht angerechnet werden. Dieses Anrechnungsverbot bezieht sich aber nur auf den gesetzlich vorgeschriebenen Mindesturlaub nach §§ 1, 3 BUrlG (auch den nach § 5 Abs. 1 c „gekürzten" Vollurlaub), nicht dagegen auf einen durch Tarifvertrag oder Einzelarbeitsvertrag festgesetzten Urlaub. In der Ausgestaltung eines solchen, den gesetzlichen Mindesturlaub übersteigenden Mehrurlaubs sind die Vertragspartner frei, sodass insoweit abweichende Regelungen wirksam vereinbart werden können.[848]

b) Vorliegend garantiert der Vertrag in jedem Fall den gesetzlichen Mindesturlaub von 4 Wochen (= 24 Werktage). Die nur den darüber hinausgehenden Urlaub betreffende Einschränkung ist zulässig. M kann daher nur 4 Wochen Urlaub verlangen. Ein darüber hinausgehender Urlaubsanspruch besteht nicht.

326 Der Zusatzurlaub für Schwerbehinderte nach § 125 Abs. 1 SGB IX von 5 Arbeitstagen im Urlaubsjahr bei 5-Tage-Woche, auf den die Regelungen des BUrlG entspr. anwendbar sind, verlängert den Urlaub, der dem Arbeitnehmer tariflich oder einzelvertraglich zusteht und stockt nicht lediglich den gesetzlichen Mindesturlaub nach § 3 BUrlG auf.[849] Er kann auch nicht im Tarifvertrag wirksam gekürzt werden, da es sich dabei um gesetzlichen Mindesturlaub handelt.[850] Besteht die Schwerbehinderung nicht während des gesamten Jahres, steht dem schwerbehinderten Menschen nicht der volle, sondern nur ein anteiliger Zusatzurlaub nach Maßgabe des § 125 Abs. 2 SGB IX zu. Bei rückwirkender Feststellung der Schwerbehinderteneigenschaft gilt für die Übertragung des Zusatzurlaubs in das nächste Jahr gemäß § 125 Abs. 3 SGB IX die Regelung des § 7 Abs. 3 BUrlG entsprechend.[851]

---

848 Vgl. BAG, Urt. v. 16.07.2013 – 9 AZR 914/117, NZA 2013, 1285; Urt. v. 24.03.2009 – 9 AZR 983/07, NZA 2009, 538; Seel MDR 2013, 133 ff. und EuGH, Urt. v. 20.01.2009 – C-350/06, NZA 2009, 135 zur Vereinbarkeit von § 9 BUrlG mit EU-Recht.

849 Vgl. BAG, Urt. v. 24.10.2006 – 9 AZR 669/05, NZA 2007, 331.

850 BAG, Urt. v. 23.03.2010 – 9 AZR 128/09, NZA 2010, 810 ff.; 1996, 1153, 1154; ErfK/Rolfs § 125 SGB IX Rn. 2 ff.

851 Vgl. dazu BAG NZA 1996, 1153; 1995, 746, 747; ErfK/Rolfs § 125 SGB IX Rn. 2 ff.; Peter AiB 2007, 256; Cramer NZA 2004, 698, 711 und ausführlich zur Neuregelung des Zusatzurlaubs Fenski NZA 2004, 1255 ff.

II. Voraussetzungen des Urlaubs- und Urlaubsabgeltungsanspruchs

Fall 16: Resturlaub bei Vertragsbeendigung

Die Sekretärin S ist nach zweijähriger Tätigkeit im Betrieb des X zum Ende Mai 2015 ausgeschieden, ohne im vergangenen und laufenden Kalenderjahr Urlaub erhalten zu haben. S möchte im Juli 2015 wissen, welcher Urlaubsanspruch ihr noch zusteht, wenn sie in der Zeit vom 15.05.2014 bis zum 30.06.2015 arbeitsunfähig krank war.

I. Erholungsurlaub in Form bezahlter Freizeit (§ 1 BUrlG) kann nur während eines bestehenden Arbeitsverhältnisses beansprucht werden. Das folgt auch aus § 7 Abs. 4 BUrlG, wonach der Urlaub abzugelten ist, wenn er wegen Beendigung des Arbeitsverhältnisses nicht mehr gewährt werden kann. **327**

II. S kann also nur Abgeltung des Urlaubs verlangen (§ 7 Abs. 4 BUrlG), und zwar in Höhe der gewöhnlichen Urlaubsvergütung (§ 11 BUrlG) einschließlich des evtl. geschuldeten zusätzlichen Urlaubsgeldes. Der Abgeltungsanspruch setzt voraus, dass bei Beendigung des Arbeitsverhältnisses ein Anspruch auf Urlaub bereits entstanden war. **328**

1. Ein Urlaubsanspruch entsteht jeweils für ein Kalenderjahr (§ 1 BUrlG). Der Anspruch auf den vollen Jahresurlaub wird erstmalig nach einer Wartezeit von sechs Monaten erworben (§ 4 BUrlG). In den folgenden Jahren entsteht er ohne erneute Wartezeit mit dem Beginn des Kalenderjahres. Da S zwei Jahre bei X beschäftigt gewesen war, konnte sie jedenfalls ab 2014 den vollen Jahresurlaub verlangen.

   Die **Entstehung des Urlaubsanspruchs** setzt nicht die Erbringung der Arbeitsleistung, sondern nur den Bestand des Arbeitsverhältnisses voraus, sodass dem Arbeitnehmer nach heute h.M. der ungekürzte Urlaubsanspruch auch dann zusteht, wenn er im Urlaubsjahr, z.B. wegen Krankheit, unbezahlten Sonderurlaubs, überhaupt keine Arbeitsleistung erbracht hat.[852] Dies gilt nach h.M. ohne Einschränkungen auch dann, wenn das Arbeitsverhältnis ruht.[853] Zulässig ist allerdings eine Vereinbarung, nach der der über den Mindesturlaub nach dem BUrlG hinausgehende Urlaubsanspruch in einem solchen Fall entfällt oder gekürzt wird (vgl. auch oben Rn. 324 f.).

2. Der zunächst für das Jahr 2015 entstandene Anspruch auf Vollurlaub kann jedoch nachträglich auf einen Teilurlaubsanspruch „geschrumpft" sein, weil S zum 31.05.2015 aus dem Arbeitsverhältnis ausgeschieden ist. **329**

   a) Nach § 5 Abs. 1 BUrlG wird der Urlaub gezwölftelt, wenn der Arbeitnehmer die Wartezeit nicht erfüllt hat und/oder in der ersten Hälfte des Kalenderjahres aus dem Arbeitsverhältnis ausscheidet.

   Diese Zwölftelung des Urlaubs im Ein- und Austrittsjahr gilt nicht immer: Wäre S in der zweiten Hälfte des Kalenderjahres ausgeschieden, so wäre die auflösende Bedingung des § 5 Abs. 1 c BUrlG nicht eingetreten, sodass sie ihren vollen Urlaubsanspruch behalten hätte. Hätte S ihren Gesamturlaub bereits im Februar genommen, so brauchte sie bei einem Ausscheiden in der ersten Jahreshälfte das erhaltene Urlaubsentgelt nicht – auch nicht teilweise

---

852 EuGH, Urt. v. 24.01.2012 – C-218/10, NZA 2012, 139; Urt. v. 20.01.2009, Fn. 848; BAG, Urt. v. 06.05.2014 – 9 AZR 678/12, NZA 2014, 959; Urt. v. 14.05.2013 – 9 AZR 844/11, NZA 2013, 1098; ErfK/Gallner § 7 BUrlG Rn. 21; a.A. früher: BAG AP Nr. 6 zu § 3 BUrlG „Rechtsmissbrauch", heute noch z.B. Z/L/H § 19 Rn. 40: Urlaubsverlangen rechtsmissbräuchlich sei.

853 BAG, Urt. v. 07.08.2012 – 9 AZR 353/10, NZA 2012, 1216 mit Meinungsübersicht; dazu auch Fiebert ZESAR 2013, 258; a.A. jedenfalls für den Fall, dass das Arbeitsverhältnis während des gesamten Kalenderjahres ruhte Wicht BB 2012, 1349.

– zurückzuzahlen (§ 5 Abs. 3 BUrlG).[854] Der anteilige Urlaubsanspruch darf auch im Eintrittsjahr nicht von einer Mindestbeschäftigungsdauer abhängig gemacht werden.[855] Die Vorschriften über die Wartezeit und Zwölftelung (§§ 4, 5 BUrlG) gelten im Eintritts- und Austrittsjahr auch für den Zusatzurlaub eines Schwerbehinderten.[856]

b) Da S die sechsmonatige Wartezeit des § 4 BUrlG erfüllt hat, ist jeweils zum Beginn der Jahre 2014 und 2015 nach § 3 Abs. 1 BUrlG ein Anspruch auf den vollen gesetzlichen Jahresurlaub von 24 Werktagen entstanden. Wegen des Ausscheidens der S zum Ende Mai und damit in der ersten Jahreshälfte, verkürzte sich aber ihr Urlaubsanspruch für das Jahr 2015 gemäß § 5 Abs. 1 c BUrlG auf 5/12, also auf 10 Werktage. Da der im Zeitpunkt der Beendigung des Arbeitsverhältnisses noch bestehende Urlaubsanspruch sich mit der Beendigung des Arbeitsverhältnisses automatisch in den Abgeltungsanspruch nach § 7 Abs. 4 BUrlG umwandelt,[857] könnte S ein Anspruch auf Abgeltung eines Urlaubs von insgesamt 34 Werktagen zustehen.

Nach der Erhöhung des gesetzlichen Mindesturlaubs von 18 auf 24 Werktage hat die Aufrundungsregelung des § 5 Abs. 2 BUrlG für den gesetzlichen Mindestteilurlaub nach § 5 BUrlG nur noch dann praktische Bedeutung, wenn die regelmäßige Arbeitszeit abweichend von dem Grundmodell des § 3 BUrlG nicht auf sechs Tage pro Woche verteilt ist. Da die Bestimmungen des BUrlG mangels abweichender Regelungen auch auf den „übergesetzlichen" Urlaub anwendbar sind,[858] ist § 5 Abs. 2 BUrlG außerdem auch insoweit von Bedeutung. Auf Bruchteile des umgerechneten Vollurlaubs ist dagegen § 5 Abs. 2 BUrlG nicht anwendbar.[859]

3. Fraglich ist aber, ob die Voraussetzungen des § 7 Abs. 4 BUrlG für die Abgeltung eines Urlaubs für die Jahre 2014 und 2015 von insgesamt 34 Werktagen vorliegen.

330 a) Nach der früher h.M., insbesondere der Rspr. des BAG war der Urlaubsabgeltungsanspruch nur ein Surrogat des Urlaubsanspruchs, sodass er nur unter den gleichen Voraussetzungen wie der Urlaubsanspruch selbst erfüllt werden konnte. Da die krankheitsbedingte Arbeitsunfähigkeit des Arbeitnehmers nach § 9 BUrlG die Erfüllung des Urlaubsanspruchs hemmt, war dadurch auch die Erfüllbarkeit des Urlaubsabgeltungsanspruchs gehemmt. Erlangte der im Zeitpunkt des Ausscheidens aus dem Arbeitsverhältnis arbeitsunfähig erkrankte Arbeitnehmer die Arbeitsfähigkeit nicht bis zum 31.03. des Folgejahres, erlosch der Urlaubsabgeltungsanspruch. Denn auch der Urlaubsanspruch ginge beim Fortbestand des Arbeitsverhältnisses zum gleichen Zeitpunkt unter, § 7 Abs. 3 BUrlG.[860] Da S, die seit dem 15.05.2014 arbeitsunfähig war, bis zum 31.03.2015 die Arbeitsfähigkeit nicht wieder erlangte, sondern bis zum

---

854 Vgl. aber BAG NZA 1997, 265: Kürzung noch nicht gezahlten Urlaubsentgelts zulässig und BAG NZA 2001, 663 zur Zulässigkeit der Rückzahlungsvereinbarung hinsichtlich des „übergesetzlichen" Urlaubs.

855 EuGH NZA 2001, 827; ErfK/Rolfs § 125 SGB IX Rn. 2 ff.; Schaub/Linck § 104 Rn. 65.

856 BAG NZA 1995, 839; Schaub/Koch § 178 Rn. 61 f.; ErfK/Rolfs § 125 SGB IX Rn. 3 und oben Rn. 326, 328 f.

857 BAG, Urt. v. 16.04.2013 – 9 AZR 731/11, NZA 2013, 850; ErfK/Gallner § 7 BUrlG Rn. 71; MünchArbR/Düwell § 80 Rn. 66.

858 BAG, Urt. v. 23.03.2010, Fn. 850; Urt. v. 04.05.2010 – 9 AZR 183/09, NZA 2010, 1011.

859 BAG NZA 1995, 174; LAG Rheinland-Pfalz, Urt. v. 03.11.2014 – 2 Sa 245/14, juris; ErfK/Gallner § 5 BurlG Rn. 22.

860 Früher St. Rspr. des BAG, Urt. v. 14.03.2006 – 9 AZR 312/05, DB 2007, 465; Leinemann/Schütz ZfA 1994, 1, 4 ff.; a.A. LAG Düsseldorf NZA-RR 2006, 628 (Vorlagebeschluss an den EuGH); DB 1994, 232; Schäfer NZA 1993, 204 ff., die eine „Befristung" des Urlaubs- und damit auch des Urlaubsabgeltungsanspruchs auf den 31.03. des Folgejahres bzw. die Arbeitsfähigkeit als Erfüllbarkeitsvoraussetzung ablehnten.

30.06.2015 arbeitsunfähig krank war, wäre ihr Urlaub nach der früher h.M. für das Jahr 2014 nach § 7 Abs. 3 BUrlG durch Befristungsablauf erloschen und für das Jahr 2015 erst nach der Wiedererlangung der Arbeitsfähigkeit ab dem 01.07.2015 erfüllbar geworden. S könnte daher nach der bisher h.M. von der Firma X Abgeltung des anteiligen Urlaubs für das Jahr 2015 für zehn Werktage verlangen, weil der Urlaubsabgeltungsanspruch, der ebenso wie der Urlaubsanspruch auf das Kalenderjahr befristet ist und nur beim Vorliegen der Übertragungsvoraussetzungen des § 7 Abs. 3 BUrlG auf das nächste Jahr übertragen wird,[861] im Juli 2015 noch nicht erloschen ist.

b) Der EuGH hat jedoch entschieden, dass eine nationale Regelung, nach der der Urlaub mit Ablauf des Kalenderjahres bzw. eines Übertragungszeitraumes erlischt, mit der Richtlinie 2003/88/EG vereinbar ist. Unvereinbar ist jedoch eine Regelung mit der o.g. Richtlinie, nach der der gesetzliche Mindesturlaub auch dann erlischt, wenn der Arbeitnehmer den Urlaub wegen einer krankheitsbedingten Arbeitsunfähigkeit nicht nehmen konnte, sodass in diesem Fall der Urlaubsanspruch nicht erlischt und die Urlaubsabgeltung bei Beendigung des Arbeitsverhältnisses unabhängig von der Wiedererlangung der Arbeitsfähigkeit zu zahlen ist.[862] Im Anschluss daran hat das BAG seine Rspr. zur Befristung des Urlaubs- bzw. Urlaubsabgeltungsanspruchs für den Fall der krankheitsbedingten Arbeitsunfähigkeit unter Hinweis auf eine europarechtskonforme Auslegung des § 7 Abs. 3 BUrlG aufgegeben.[863] Nach diesen Urteilen des EuGH und des BAG könnte man meinen, dass der jahrelange Streit, ob und inwieweit dem § 7 Abs. 3 BUrlG eine Befristung des Urlaubs- bzw. des Urlaubsabgeltungsanspruchs entnommen werden kann, für die Praxis endgültig entschieden wurde. 331

In der Folgezeit hat allerdings der EuGH den im Urt. v. 20.01.2009 aufgestellten Grundsatz, dass der infolge von Arbeitsunfähigkeit nicht genommene Urlaub nicht verfallen dürfe, einer erheblichen zeitlichen Einschränkung unterworfen und entschieden, dass das EU-Recht einer nationalen Regelung, die das Erlöschen des wegen Krankheit nicht genommenen Urlaubs 15 Monate nach dem Ende des Urlaubsjahres vorsieht, nicht entgegen steht.[864] Im Anschluss daran hat das BAG entschieden, dass § 7 Abs. 3 BUrlG zur Vermeidung einer zeitlich unbegrenzten „Ansammlung" des Urlaubs „europarechtskonform" noch weiter auch dahin auszulegen ist, dass der wegen Krankheit nicht genommene Urlaub 15 Monate nach dem Ende des Urlaubsjahres (Ablauf des 31.03. des übernächsten Jahres) erlischt.[865]

861 BAG, Urt. v. 15.03.2005 – 9 AZR 143/05, DB 2005, 1858; Urt. v. 10.02.2004 – 9 AZR 116/03, NZA 2004, 985.

862 EuGH, Urt. v. 22.01.2009 – C-350/06, NZA 2009, 135; zust. Rummel ArbuR 2009, 160; abl. Dornbusch/Ahner NZA 2009, 180; Bauer/Arnold NJW 2009, 631; Thüsing FA 2009, 65; Sabatzus DB 2009, 510; vgl. aber auch LAG Düsseldorf ZTR 2010, 381; Plüm NZA 2013, 11: keine Befristung auch bei Arbeitsfähigkeit des AN nach bisheriger Fassung des § 7 Abs. 3 BUrlG.

863 BAG, Urt. v. 13.12.2011 – 9 AZR 399/10, NZA 2012, 514; Urt. v. 24.03.2009, Fn. 848; MünchArbR/Düwell § 78 Rn. 11; krit. Kock BB 2009, 1181; Picker ZTR 2009, 230: Kritik der europarechtskonformen Auslegung des § 7 Abs. 3 BUrlG u. Ansicht, dass bis zur Gesetzesänderung nur der Staat, nicht dagegen auch der private AG an die EuGH-Vorgaben gebunden ist.

864 EuGH, Urt. v. 22.11.2011 – C-214/10, BB 2012, 59; zust. Bauer/v. Medem NZA 2012, 113; Gehlhaar NJW 2012, 271; Oertel/Chmel DB 2012, 460; Menke EWiR 2012, 199; Hilgenstock ArbR 2012, 239; krit. zur Begr. des EuGH Schinz RdA 2012, 181.

865 BAG, Urt. v. 20.01.2015 – 9 AZR 585/13, BB 2015, 1530; Urt. v. 07.08.2012 – 9 AZR 353/10, NZA 2012, 1216; Fiebert ZESAR 2013, 258; vgl. aber auch LAG Hamm ArbRB 2012, 101: 18-monatiger Übertragungszeitraum unter Hinweis auf Art. 9 Abs. 1 des Übereinkommens Nr. 132 ILO; LAG Düsseldorf ZTR 2012, 350: Änderung des § 7 Abs. 3 BUrlG erforderlich.

Da S den Urlaub für das Jahr 2014 wegen der Arbeitsunfähigkeit nicht nehmen konnte, ist ihr Urlaubsanspruch für das Jahr 2014 nicht mit Ablauf des 31.03.2015 erloschen, sondern bestand noch im Beendigungszeitpunkt fort.

Die Unvereinbarkeit der Befristungsregelungen mit der o.g. EU-Richtlinie bezieht sich nur auf den gesetzlichen Mindesturlaub, sodass die Parteien in der Ausgestaltung des sog. übergesetzlichen Urlaubs frei sind. Fehlt eine eindeutige Regelung, ist deren Inhalt nach §§ 133, 157 BGB auszulegen. Für die Annahme, dass die Urlaubsregelung zwischen gesetzlichen und übergesetzlichen Ansprüchen differenziert, müssen deutliche Anhaltspunkte bestehen. Liegen diese nicht vor, sind „übergesetzliche" und gesetzliche Urlaubsansprüche gleich zu behandeln.[866] Solche deutlichen Anhaltspunkte, für einen Willen der Arbeits- und Tarifvertragsparteien zwischen dem gesetzlichen und dem übergesetzlichen Urlaub zu differenzieren, liegen nach BAG bereits dann vor, wenn sich „die (Tarif-) Vertragsparteien in weiten Teilen vom gesetzlichen Urlaubsregime lösen und stattdessen eigene Regeln aufstellen".[867]

332 S kann somit nach § 7 Abs. 4 BUrlG Abgeltung eines Urlaubs von insgesamt 34 Werktagen verlangen. Die Höhe des nach § 11 BUrlG geschuldeten Urlaubsentgelts ist gemäß § 13 Abs. 1 BUrlG anhand des durchschnittlichen Verdienstes der letzten 13 Wochen zu ermitteln, wobei mangels abweichender Regelung auch das evtl. geschuldete zusätzliche Urlaubsgeld zu zahlen ist.[868]

Da in der Praxis regelmäßig nur an fünf, teilweise aber auch an weniger Tagen in der Woche gearbeitet wird, muss bei der Umrechnung des im Arbeitsvertrag nicht in Arbeitstagen angegebenen Urlaubs die Zahl der Urlaubstage durch 6 (Werktage) geteilt und durch die Zahl der arbeitspflichtigen Tage pro Woche multipliziert werden.[869] Deshalb hat ein Arbeitnehmer, der bei dem gesetzlichen Urlaub von 24 Werktagen in der 5 Tage-Woche arbeitet, einen Anspruch auf 20 Arbeitstage Urlaub.[870] Bruchteile von Urlaubstagen, die sich nach dieser Umrechnung ergeben, sind weder ab- noch aufzurunden. § 5 Abs. 2 BUrlG findet auf die umgerechneten Vollurlaubsansprüche keine Anwendung.[871]

III. Erwerbstätigkeitsverbot während des Urlaubs

333 Nach § 8 BUrlG darf der Arbeitnehmer **während des Urlaubs keine dem Urlaubszweck widersprechende Erwerbstätigkeit** leisten (Zweckbindung des Urlaubs). Er ist insbes. nicht berechtigt, während des Urlaubs zu arbeiten.

Nach früher h.M. hatte der Arbeitgeber bei Verletzung dieser Vorschrift einen Anspruch auf Rückzahlung des Urlaubsentgelts nach § 812 Abs. 1 S. 2 Fall 2 BGB. Eine Erwerbsarbeit während des Urlaubs führe dazu, dass der Zweck des Urlaubs, d.h. der bezahlten Freizeit zur Erholung, verfehlt werde.[872]

Die heute h.M. sieht den Erholungserfolg nicht mehr als rechtsgeschäftlich bezweckt an. Eine Kürzung bzw. Rückforderung des Urlaubsentgelts scheidet daher aus. Es kommen lediglich Ansprüche des Arbeitgebers auf Unterlassung der Erwerbstätigkeit sowie auf Schadensersatz in Betracht.[873]

---

866 BAG, Urt. v. 20.01.2015, Fn. 865; Urt. v. 18.10.2011 – 9 AZR 303/10, NZA 2012, 143; Bürger ZTR 2011, 707; Kamanabrou SAE 2009, 233; kritisch zu der Differenzierung Moderegger ArbRB 2010, 276; Bross EWiR 2009, 377.

867 BAG, Urt. v. 20.01.2015, Fn. 865; Urt. v. 22.05.2012 – 9 AZR 618/10, NZA 2012, 987 u. Powietzka/Fallenstein NZA 2010, 673.

868 BAG, Urt. v. 19.05.2009 – 9 AZR 477/07, DB 2009, 2051; NZA 1993, 85; MünchArbR/Düwell § 79 Rn. 51 ff. und BAG NZA 2000, 1335 zur Bedeutung von Überstunden für die zu bezahlende Zeit.

869 BAG, Urt. v. 05.09.2002 – 9 AZR 244/01, NZA 2003, 826; 2002, 815 ff.; ErfK/Gallner § 3 BUrlG Rn. 13 ff.

870 Vgl. zur Berechnung des Urlaubs bei flexibler Arbeitszeit auch BAG, Urt. v. 31.08.2001 – 9 AZR 314/00, NZA 2002, 815; 1999, 565; BB 1998, 2253 m. abl. Anm. Hohmeister BB 1999, 798 und MünchArbR/Düwell § 79 Rn. 14 ff.

871 BAG NZA 1995, 86, 87; ErfK/Gallner § 5 BUrlG Rn. 22; MünchArbR/Düwell § 78 Rn. 38.

872 Vgl. BAGE 25, 260; Hueck/Nipperdey I § 49 IV 4.

873 Vgl. BAG NJW 1988, 2757; LAG Köln DB 1993, 1931; Schaub/Linck § 104 Rn. 62, 63; MünchArbR/Düwell §78 Rn. 6; a.A. Neumann/Fenski § 8 BUrlG Rn. 7, 11: auch kein Urlaubsentgelt.

IV. Weitere Besonderheiten des Urlaubsrechts

1. Inhalt und Befristung des Urlaubsanspruchs

Der Inhalt des Urlaubsanspruchs nach §§ 1, 3 BUrlG ist nach der neuesten Rspr. des BAG **334** nicht nur die endgültige Freistellung von der Arbeitspflicht für die Dauer der Urlaubszeit (so bisher das BAG), sondern auch die Zahlung des Urlaubsentgelts für die Dauer des Urlaubs. Die Befreiung von der Arbeitspflicht und die Zahlung des Urlaubsentgelts sind also zwei Aspekte des einheitlichen Anspruchs auf bezahlten Erholungsurlaub.[874] Ein Rückruf aus dem Urlaub bzw. der Widerruf des erteilten Urlaubs ist dabei nicht möglich.[875] Steht dem Arbeitnehmer ein über den gesetzlichen Mindesturlaub nach § 3 BUrlG hinaus gehender Urlaubsanspruch zu und wird der Urlaub nicht vollständig gewährt, liegt beim Fehlen einer vertraglichen Differenzierung zwischen dem gesetzlichen und dem übergesetzlichen Urlaub ein einheitlicher Urlaubsanspruch vor, sodass der Arbeitgeber mit der Urlaubsgewährung auch ohne ausdrückliche oder konkludente Tilgungsbestimmung i.S.d. § 366 BGB beide Ansprüche ganz oder teilweise gleichzeitig erfüllt.[876] Der Urlaubsanspruch ist nach grds. auf das Kalenderjahr befristet mit der Folge, dass er mit Ablauf des 31.12. erlischt (Ausnahmen: § 17 S. 2 MuSchG u. § 17 BEEG bei Elternzeit[877]). Liegt keine besondere Vereinbarung bzgl. der Übertragung des Urlaubsanspruchs auf das nächste Jahr vor, wird der Urlaubsanspruch nur unter den Voraussetzungen des § 7 Abs. 3 BUrlG auf die ersten drei Monate des Folgejahres übertragen. Für den **Übergang des Urlaubsanspruchs** selbst ist weder eine Handlung des Arbeitnehmers (z.B. Urlaubsverlangen) noch des Arbeitgebers erforderlich. Auch der übertragene Urlaub erlischt, wenn er nicht bis zum 31.03. des Folgejahres genommen wird. [878] Die Befristung des Urlaubs auf das Kalenderjahr bzw. den Übertragungszeitraum ist mit dem EU-Recht grds. vereinbar. Etwas anderes gilt aber dann, wenn der Arbeitnehmer den Urlaub wegen krankheitsbedingter Arbeitsunfähigkeit nicht nehmen konnte (vgl. o. Rn. 330 f.). Wurde der Urlaub wegen Krankheit auf das Folgejahr übertragen und wird der Arbeitnehmer danach gesund, dann ist auch der übertragene Urlaub nach den o.g. Grundsätzen befristet.[879]

Der **Übertragungszeitraum** nach § 7 Abs. 3 BUrlG kann zugunsten des Arbeitnehmers durch Tarifvertrag, Betriebsvereinbarung oder Arbeitsvertrag verlängert werden,[880] eine Verkürzung bzw. Erschwerung der Übertragung ist aber nur in einem TV möglich, § 13 Abs. 1 BUrlG.[881] Eine **Gewährung des Urlaubs im Vorgriff** auf das Folgejahr ist ebensowenig zulässig wie die **Verrechnung des zuviel gewährten Urlaubs** mit dem Urlaub des Folgejahres.[882]

---

874 Vgl. BAG, Urt. v. 10.02.2015 – 9 AZR 455/13, NZA 2015, 998; Inhester DB 2015, 1904; a.A. noch BAG, Urt. v. 16.07.2013 – 9 AZR 50/12, NJW-Spezial 2013, 659: unwiderrufliche Freistellung genügt; vgl. auch Schaub/Linck § 104 Rn. 2 ff., 21 ff.

875 BAG NZA 2001, 100; LAG Hamm NZA-RR 2003, 347; Schaub/Linck § 102 Rn. 80.

876 Vgl. dazu BAG, Urt. v. 07.08.2012 – 9 AZR 760/10, NZA 2013, 104 m.w.N.; a.A. LAG Nürnberg, Urt. v. 25.03.2014 – 7 Sa 423/13, juris (Rev. 9 AZR 275/14): § 366 Abs. 2 BGB entspr. anwendbar; ausführlich dazu Natzel NZA 2011, 77.

877 Vgl. dazu BAG, Urt. v. 20.05.2008 – 9 AZR 219/07, NZA 2008, 1237: Keine Befristung auch dann, wenn sich eine erneute Elternzeit unmittelbar an eine frühere Elternzeit anschließt; a.A. noch BAG NZA 1998, 648.

878 BAG, Urt. v. 10.07.2012 – 9 AZR 11/11, juris; Urt. v. 13.12.2011 – 9 AZR 420/11, juris; ErfK/Gallner § 7 BUrlG Rn. 34 ff.

879 Vgl. BAG, Urt. v. 10.07.2012, Fn. 878; Urt. v. 09.08.2011 – 9 AZR 425/10, NZA 2012, 29; ErfK/Gallner § 7 BurlG Rn. 47 ff.

880 BAG, Urt. v. 21.06.2005 – 9 AZR 200/04, NZA 2006, 232 m. zust. Anm. Britschgi AiB 2007, 57; Urt. v. 18.11.2003 – 9 AZR 95/03, NZA 2004, 651; MünchArbR/Düwell § 78 Rn. 63 f.; a.A. für Arbeitsvertrag LAG München NZA 1988, 162.

881 ErfK/Gallner § 7 BUrlG Rn. 67 ff., § 13 BUrlG Rn. 12 ff.; Neumann/Fenski § 7 BUrlG Rn. 97 m.w.N.

882 BAG, Urt. v. 11.06.2006 – 9 AZR 535/05, juris; Ausnahme: Regelungen hinsichtlich des übergesetzl. Urlaubs; vgl. aber auch BAG, Urt. v. 17.05.2011 – 9 AZR 189/10, NZA 2011, 1032 zur Zulässigkeit der Urlaubsgewährung im Vorgriff auf das kommende Jahr bei jahresübergreifender Kündigungsfrist; dazu auch Köhler EWiR 2012, 47.

2. Folgen der Nichtgewährung trotz Urlaubsverlangens

335 Hat der Arbeitgeber trotz rechtzeitigen Urlaubsverlangens des Arbeitnehmers keinen Urlaub bis zum 31.03. des Folgejahres bewilligt, erlischt zwar nach h.M. der Urlaubsanspruch, dem Arbeitnehmer steht aber ein Schadensersatzanspruch zu, wenn der Arbeitgeber die Unmöglichkeit der Erfüllung des Urlaubsanspruchs zu vertreten hat. Dieser **Schadensersatzanspruch** aus § 280 Abs. 1 BGB ist im bestehenden Arbeitsverhältnis auf Gewährung von „Ersatzurlaub" gerichtet (§ 249 S. 1 BGB: Naturalrestitution), der in seinem Umfang dem nicht erfüllten Urlaubsanspruch entspricht und nicht befristet ist.[883] Bei Beendigung des Arbeitsverhältnisses ist der Schadensersatzanspruch auf Geld in Höhe der Urlaubsabgeltung gerichtet.[884]

Neuerdings wird allerdings die Auffassung vertreten, dass der Arbeitgeber von sich aus zur Erfüllung des Urlaubsanspruchs und daher auch ohne Geltendmachung zum Schadensersatz beim Erlöschen des Urlaubsanspruchs verpflichtet ist.[885] Davon unabhängig ist sehr fraglich, ob das BAG nach der Änderung der Rspr. zur Rechtsnatur des Urlaubsanspruchs an seiner bisherigen Rspr. festhalten kann, nach der die Erhebung der Kündigungsschutzklage keine Geltendmachung des Urlaubs für die Zeit nach dem vorgesehenen Beendigungszeitpunkt darstellt,[886] da der Antrag auf Abweisung der Kündigungsschutzklage insoweit die endgültige Ablehnung der Erfüllung des Anspruchs auf bezahlte Freistellung von der Arbeitspflicht darstellen dürfte.[887]

3. Vorrang des Urlaubs vor der Urlaubsabgeltung

336 Im fortbestehenden Arbeitsverhältnis hat der Urlaubsanspruch absoluten Vorrang, sodass für die **Dauer des Arbeitsverhältnisses** ein **Urlaubsabgeltungsverbot** besteht.[888] Hat der Arbeitgeber den Urlaub trotzdem abgegolten, erlischt der Urlaubsanspruch nicht, sodass der Arbeitnehmer den Urlaub grds. geltend machen kann. Die vom Arbeitgeber gezahlte „Urlaubsabgeltung" kann nach h.M. nicht zurückgefordert werden. Ausnahmsweise ist eine Urlaubsabgeltung im bestehenden Arbeitsverhältnis zulässig (Günstigkeitsprinzip), wenn der Urlaub anderenfalls (z.B. durch Befristungsablauf) verfallen würde. Da aber der gesetzliche Urlaubsanspruch bei krankheitsbedingter Arbeitsunfähigkeit nach neuer Rspr. des BAG nicht spätestens mit Ablauf des 31.03. des Folgejahres erlischt, dürfte konsequenterweise eine Abgeltung des gesetzlichen Mindesturlaubs nach § 3 BUrlG in diesem Fall nach § 13 Abs. 1 BUrlG unzulässig sein.[889]

4. Selbstbeurlaubung durch den Arbeitnehmer und Erfüllung des Urlaubsanspruchs durch den Arbeitgeber

337 Ein **Selbstbeurlaubungsrecht** steht dem Arbeitnehmer nach h.M. grds. auch dann nicht zu, wenn sich das Urlaubsjahr oder der Übertragungszeitraum ihrem Ende nähern.[890] Die zur Erfüllung des Urlaubsanspruchs demnach erforderliche Erklärung des

883 Vgl. BAG, Urt. v. 14.05.2013 – 9 AZR 760/11, DB 2013, 2155; ErfK/Gallner § 7 BUrlG Rn. 40.

884 BAG, Urt. v. 20.04.2012 – 9 AZR 504/10, NZA 2012, 982; MünchArbR/Düwell § 80 Rn. 70.

885 LAG Berlin-Brandenburg ArbR 2015, 404 (r.k.) und BB 2014, 2163 (r.k.); abl. Ecklebe DB 2014, 1991.

886 So BAG, Urt. v. 13.12.2011 – 9 AZR 420/10, juris: Kündigungserklärung keine endgültige Erfüllungsverweigerung.

887 So LAG Düsseldorf LAGE § 7 BUrlG Abgeltung Nr. 42 für eine fristlose Kündigung.

888 Vgl. BAG, Urt. v. 15.03.2005 – 9 AZR 143/05, DB 2005, 1858: Übergang von der Arbeitsphase in die Freistellungsphase bei Altersteilzeit im Blockmodell keine Vertragsbeendigung und deshalb auch keine Abgeltung des offenen Urlaub

889 Vgl. BAG, Urt. v. 18.10.2011 – 9 AZR 303/10, NZA 2012, 143; Schaub/Linck § 104 Rn. 96; ErfK/Gallner § 13 Rn. 14.

890 BAG NZA 1998, 708; LAG Köln NZA-RR 2014, 13; ErfK/Gallner § 7 BUrlG Rn. 9; Schaub/Linck § 104 Rn. 81; MünchKomm/Henssler § 626 BGB Rn. 156 f. m.w.N.; vgl. aber auch Staudinger/Preis § 626 BGB Rn. 151.

Arbeitgebers muss deutlich zum Ausdruck bringen, dass eine unwiderrufliche Befreiung von der Arbeitspflicht zum Zwecke der Erfüllung des Urlaubsanspruchs erfolgt. Befreit der Arbeitgeber den Arbeitnehmer von der Arbeitspflicht, ohne deutlich zum Ausdruck zu bringen, dass damit auch der Urlaubsanspruch erfüllt werden soll, dann wird durch die **bloße Freistellung** der Urlaubsanspruch noch nicht erfüllt. Der Arbeitnehmer kann deshalb später noch Urlaubsgewährung bzw. Urlaubsabgeltung verlangen.[891]

5. Rechtsnatur des Urlaubs- und des Urlaubsabgeltungsanspruchs und deren Rechtsfolgen

Der **Urlaubsanspruch** ist höchstpersönlicher Natur, soweit er auf die Befreiung von der Arbeitspflicht gerichtet ist, sodass er insoweit **nicht abtretbar, verpfändbar und pfändbar oder vererblich** ist.[892] Da der Urlaub, der wegen Krankheit nicht genommen werden konnte, nach der neuen Rspr. des BAG mit Ablauf des 31.03. des übernächsten Jahres, also noch vor Ablauf der dreijährigen Verjährung nach § 195 BGB erlischt, hat die Verjährungsfrage für den Urlaubsanspruch selbst keine praktische Bedeutung.[893] Der **Urlaubsentgeltanspruch** war dagegen nach der bisher h.M. als ein reiner Zahlungsanspruch diesen Beschränkungen nicht unterworfen.[894] Dies dürfte auch nach der Änderung der Rechtsprechung zur Rechtsnatur des Urlaubsanspruch gelten (dazu oben Rn. 334), sodass der Urlaubsentgeltanspruch weiterhin dem Arbeitslohn gleich stehen dürfte (vgl. aber §§ 850 ff. ZPO, § 399 BGB). **338**

Der **Urlaubsabgeltungsanspruch** ist nach der heute h.M. nicht mehr nur ein Surrogat des Urlaubsanspruchs und daher abtretbar, pfändbar und vererbbar. **339**

Nach der früheren Rspr. des BAG war der Urlaubsabgeltungsanspruch als Surrogat des Urlaubsanspruchs den gleichen Beschränkungen unterworfen und unvererblich.[895] Vererblich war aber der Schadensersatzanspruch, der mit dem Tod des Arbeitnehmers an die Stelle des Abgeltungsanspruchs tritt, soweit der Urlaubsabgeltungsanspruch erfüllbar war und vom Arbeitnehmer ohne Erfolg geltend gemacht worden ist.[896] Nachdem das BAG den Urlaubsabgeltungsanspruch nach der Aufgabe der sog. Surrogationstheorie als reinen Zahlungsanspruch ansieht, ist er nach heute h.M. wie jeder andere Zahlungsanspruch auch abtretbar, pfändbar und vererblich.[897] Voraussetzung für die Vererblichkeit war aber nach der bisher h.M., dass der Urlaubsabgeltungsanspruch bei Tod des Arbeitnehmers bereits bestanden hat. Endete dagegen das Arbeitsverhältnis durch den Tod des Arbeitnehmers, dann erlosch der Urlaubsanspruch als höchstpersönlicher Anspruch mit dem Tod, sodass ein Abgeltungsanspruch nach § 7 Abs. 4 BUrlG, der vererbt werden könnte, gar nicht entstehen konnte.[898] Nachdem der EuGH entschieden hat, dass auch in diesem Fall ein vererblicher Urlaubsabgeltungsanspruch vorliegt, wird das BAG seine bisherige Rspr. ohne erneute Vorlage an den EuGH nicht mehr aufrechterhalten können.[899]

---

891 Vgl. dazu BAG, Urt. v. 16.07.2013, Fn. 874; Urt. v. 14.08.2007 – 9 AZR 934/06, NZA 2008, 473; a.A. Meier NZA 2002, 873 ff.

892 BAG, Urt. v. 20.09.2011 – 9 AZR 416/10, NZA 2012, 326; 1993, 28 f.; MünchArbR/Düwell § 78 Rn. 17 ff.; vgl. aber ErfK/Gallner § 1 BUrlG Rn. 23 f.; Schaub/Linck § 104 Rn. 3 m.w.N. zur Abtretbarkeit und Pfändung.

893 Vgl. dazu ErfK/Gallner § 7 BUrlG Rn. 66; dazu Boecken/Jacobsen ZTR 2011, 267; Moderegger ArbRB 2012, 54.

894 BAG NZA 2001, 100; MünchArbR/Düwell § 79 Rn. 6; ErfK/Gallner § 11 BUrlG Rn. 32; a.A. Fenski DB 2007, 686, 690; Hohmeister BB 1995, 2110, die ausgehend von einem Einheitsanspruch, den auch der EuGH (Urt. v. 22.01.2009 – C-520/06, NZA 2009, 135) annimmt, bestehend aus dem Urlaub u. dem Urlaubsentgelt die Unpfändbarkeit, bejahen.

895 BAG NZA 1997, 879; ErfK/Gallner § 7 BUrlG Rn. 81; a.A. Schäfer NZA 1993, 204, 206 f.; Compensis DB 1992, 888, 891 f.

896 BAG NZA 1997, 879; MünchArbR/Düwell § 78 Rn. 18; a.A. Neumann/Fenski § 7 BUrlG Rn. 115 m.w.N

897 BAG, Urt. v. 22.09.2015 – 9 AZR 170/14, juris; MünchArbR/Düwell § 78 Rn. 18; ErfK/Preis § 613 BGB Rn. 6; ErfK/Gallner § 7 BUrlG Rn. 81; Schubert RdA 2014, 9 ff.; Pfeifer NZA 1996, 738 ff.; a.A. LAG Nürnberg NZA-RR 1999, 402; Neumann/Fenski § 7 BUrlG Rn. 115 u. früher BAG NJW 1988, 269.

898 BAG, Urt. v. 20.09.2011, Fn. 892; Höpfner RdA 2013, 65, 69; Glazel NZA-RR 2013, 514; a.A. LAG Hamm NZA 2011, 106 (Vorinstanz); Bieder ArbuR 2012, 239; Jesgarzewski BB 2012, 1347; Schipper/Polzer NZA 2011, 80 ff.

899 Vgl. dazu EuGH, Urt. v. 12.06.2014 – C-118/13, NZA 2014, 651; LAG Hamm ArbuR 2013, 362 (Vorlagebeschluss zum EuGH); zust. Schmidt NZA 2014, 701; abl. Mückl/Krause EWiR 2014, 529; krit. auch Giesen FA 2014, 231.

6. Unabdingbarkeit der gesetzlichen Urlaubsansprüche

340 Die Urlaubs-, Urlaubsentgelt- und Urlaubsabgeltungsansprüche sind im Umfang des gesetzlichen Mindesturlaubs nach §§ 1, 3 BUrlG während des bestehenden Arbeitsverhältnisses generell unabdingbar und unverzichtbar, § 13 Abs. 1 S. 1 BUrlG (vgl. für einzelvertragliche Abweichungen § 13 Abs. 1 S. 2, 3 BUrlG). Daher kann insoweit auch kein wirksamer Erlassvertrag bzw. Vergleich geschlossen oder im Rahmen eines Prozessvergleichs eine „Ausgleichsklausel" vereinbart werden.[900] Einzelvertragliche und tarifliche Verfallfristen sind unwirksam, soweit sie eine Geltendmachung des nach § 13 Abs. 1 S. 1 BUrlG unabdingbaren (auch des nach § 5 Abs. 1 c BUrlG „gekürzten" Vollurlaubs) Mindesturlaubs vorschreiben, da Freistellungsansprüche dem eigenen Fristenregime des § 7 Abs. 3 BUrlG unterliegen.[901] Der Urlaubsabgeltungsanspruch unterliegt als reiner Geldanspruch dagegen ebenso wie der Urlaubsentgeltanspruch den bestehenden Verfallfristen und der dreijährigen Verjährung des § 195 BGB.[902] Außerdem kann in einem Prozessvergleich in einer „Ausgleichsklausel" vereinbart werden, dass der Urlaubsabgeltungsanspruch, den der Arbeitnehmer vorher geltend machen konnte, nicht besteht, da § 13 Abs. 1 S. 3 BUrlG nur sicherstellt, dass der Arbeitnehmer im laufenden Arbeitsverhältnis einen Anspruch auf den gesetzlichen Mindesturlaub hat.[903]

Regelungen in Tarifverträgen, die im Ein- und Austrittsjahr für jeden Kalendermonat 1/12 des Jahresurlaubs vorsehen, sind insoweit wegen Verstoßes gegen § 13 Abs. 1 S. 1 BUrlG unwirksam, als sie eine Unterschreitung des gesetzlichen Mindesturlaubs zu Folge haben, im Übrigen aber nach § 139 BGB wirksam. Einzelvertragliche Zwölftelungsregelungen, die keine Differenzierung zwischen dem gesetzlichen und dem übergesetzlichen Urlaub enthalten, sind dagegen insgesamt unwirksam, da eine Aufrechterhaltung mit eingeschränktem Inhalt mit dem Zweck der §§ 305 ff. BGB nicht zu vereinbaren wäre.[904]

7. Doppelurlaubsansprüche beim Arbeitgeberwechsel

341 Der **Ausschluss von Doppelurlaubsansprüchen** nach § 6 BUrlG erstreckt sich nach h.M. nur auf das neue Arbeitsverhältnis. Die Nichtgewährung von Urlaub bzw. Urlaubsabgeltung im bisherigen Arbeitsverhältnis enthält nach der neuen Rspr. des BAG keine rechtsvernichtende Einwendung, sondern eine negative Anspruchsvoraussetzung des § 6 BUrlG, für die grds. der Arbeitnehmer die Darlegungs- und Beweislast trägt.[905] Der bisherige Arbeitgeber darf dagegen den Urlaubsabgeltungsanspruch, der an die Stelle des bei ihm entstandenen Urlaubsanspruchs tritt, weder kürzen noch den Arbeitnehmer an den neuen Arbeitgeber verweisen. Hat aber der Arbeitnehmer nach einer Kündigung in einem neuen Arbeitsverhältnis tatsächlich Urlaub erhalten und wird später die Unwirksamkeit der Kündigung festgestellt, dann muss er sich den gewährten Urlaub entspr. § 11 Nr. 1 KSchG und § 615 S. 2 BGB anrechnen lassen, weil er die Arbeitspflicht nicht gleichzeitig in beiden Arbeitsverhältnissen erfüllen konnte. [906]

900 BAG NZA 1999, 80, 81; Schaub/Linck § 104 Rn. 100, 132 ff.; ErfK/Gallner § 13 BUrlG Rn. 14, 21 ff.; vgl. aber BAG NZA 1998, 816 ff. und LAG Hamm BB 1998, 1953 zur Zulässigkeit eines Tatsachenvergleichs.

901 BAG AP Nr. 16 zu § 13 BUrlG m.Anm. Weber; BAG NZA 1997, 44; ErfK/Gallner § 13 BUrlG Rn. 14, 22 m.w.N.

902 BAG, Urt. v. 08.04.2014 – 9 AZR 550/12, NZA 2014, 852; MünchArbR/Düwell § 80 Rn. 67 ff.; Fuhlrott BB 2012, 907.

903 BAG, Urt. v. 10.02.2015 – 9 AZR 455/13, DB 2015, 1666; Urt. v. 14.05.2013 – 9 AZR 844/11, BB 2013, 2427 m. Anm. Scharff.

904 BAG, Urt. v. 18.02.2014 – 9 AZR 765/12, ArbR 2014, 416 zum TV; Urt. v. 16.12.2014 – 9 AZR 295/13, NZA 2015, 827 zum AV.

905 BAG, Urt. v. 16.12.2014 – 9 AZR 295/13, NZA 2015, 827; m. Meinungsübersicht; a.A. BAG BB 1970, 36.

906 BAG, Urt. v. 21.02.2012 – 9 AZR 487/10, NZA 2012, 793; a.A. noch BAG DB 1991, 1987; vgl. auch ErfK/Dörner/Gallner § 6 BUrlG Rn. 3; MünchArbR/Düwell § 80 Rn. 1 ff.; a.A. Neumann/Fenski § 6 BUrlG Rn. 19 ff., 25 f.: Freizeitanspruch habe Vorrang vor dem Abgeltungsanspruch, sodass der AN den vorrangigen Freizeitanspruch geltend machen müsse.

§ 6 BUrlG ist dagegen weder unmittelbar noch analog anwendbar, weil dessen Tatbestand zwei aufeinanderfolgende Arbeitsverhältnisse voraussetzt. Urlaubsansprüche aus verschiedenen Arbeitsverhältnissen sind nach dem BUrlG – mit Ausnahme des § 6 BUrlG – grds. unabhängig voneinander zu erfüllen.

8. Urlaubsgeld

Ein Anspruch auf **zusätzliches Urlaubsgeld**, das vom BUrlG nicht geregelt ist, steht 342
dem Arbeitnehmer nur beim Vorliegen einer besonderen Vereinbarung zu.[907] Ob der Urlaubsgeldanspruch zwingend davon abhängig ist, dass und inwieweit der Arbeitnehmer auch tatsächlich Urlaub nimmt, hängt vom Inhalt der Urlaubsgeldregelung ab.[908]

E. Die Nebenpflichten der Arbeitsvertragsparteien, § 241 Abs. 2 BGB

I. Die Treuepflicht des Arbeitnehmers

Neben der Arbeitspflicht obliegt dem Arbeitnehmer nach § 241 Abs. 2 BGB eine **Vielzahl** 343
von Nebenpflichten, die traditionell unter dem **Oberbegriff „Treuepflicht"** zusammengefasst werden. Als Generalklausel kann die Treuepflicht so umschrieben werden, dass der Arbeitnehmer seine Vertragspflichten so zu erfüllen, seine Rechte so auszuüben und die im Zusammenhang mit dem Arbeitsverhältnis stehenden Interessen des Arbeitgebers so zu wahren hat, wie dies von ihm unter Berücksichtigung seiner Stellung im Betrieb, seiner eigenen Interessen und der Interessen der Arbeitskollegen nach Treu und Glauben billigerweise erwartet werden kann. Es geht also nicht um persönliche Treue, sondern um die aus §§ 241 Abs. 2, 242 BGB folgende Verpflichtung zur **„Vertragstreue"**.

Die Treuepflicht des Arbeitnehmers erfasst insb. die Anzeige- und Nachweispflichten im 344
Krankheitsfall (dazu unten Rn. 375), Sorgfalts- und Schadensabwendungspflichten,[909] das Verbot einer Konkurrenztätigkeit (sog. Wettbewerbsverbot, vgl. §§ 60, 61 HGB, die insoweit allgemeine Rechtsgedanken enthalten[910]), Verbot der Abwerbung von Mitarbeitern,[911] Verschwiegenheitspflicht,[912] Schmiergeldverbot (vgl. auch § 12 UWG) und die Pflicht zur Einhaltung der bestehenden Regeln hinsichtlich des Verhaltens und der Ordnung im Betrieb, insb von Ethik- und Verhaltensregeln.[913] Die Verletzung der einzelnen Nebenpflichten kann insb. Schadensersatzansprüche sowie die Kündigung des Arbeitsverhältnisses zur Folge haben. Dabei ist insb. bei Kündigungen wegen einer Strafanzeige gegen den Arbeitgeber oder Vorgesetzte wegen Missständen im Betrieb (sog. Whistleblowing) stets eine sorgfältige Abwägung der Interessen des Arbeitgebers an der Wahrung der Verschwiegenheitspflicht und der durch Art. 5 Abs. 1 GG verfassungsrechtlich geschützten Meinungsfreiheit des Arbeitnehmers erforderlich.[914]

---

907 Vgl. ausführlich dazu MünchArbR/Düwell § 79 Rn. 51 ff.; Schaub/Linck § 104 Rn. 119 ff. und Sibben DB 1997, 1178 ff.

908 Vgl. dazu BAG, Urt. v. 27.05.2003 – 9 AZR 562/01, NZA 2004, 232; NZA 2001, 512 ff.

909 Vgl. dazu LAG Hamm BB 1994, 2352; Schaub/Linck § 53 Rn. 31, 38; Diller DB 2004, 313 ff.

910 Vgl. BAG, Urt. v. 23.10.2014 – 2 AZR 644/13, NZA 2015, 429; Kittner BB 2011, 1013; zur Nebentätigkeit BAG, Urt. v. 24.03.2010 – 10 AZR 66/99, NZA 2010, 693; Woerz/Klinkhammer ArbR 2012, 183; Hunold NZA-RR 2002, 505 u. zum Wettbewerbsverbot im Ausbildungsverhältnis BAG, Urt. v. 20.09.2006 – 10 AZR 439/05, AiB 2007, 436 m. abl. Anm. Schwab.

911 BAG, Urt. v. 26.09.2012 – 10 AZR 370/10, NZA 2013, 152; Vogt/Oltmanns ArbR 2011, 604; Benneke/Pilz NZA-RR 2005, 561.

912 Dazu Keilich/Brummer BB 2012, 897; Staack/Sparchholz AiB 2012, 103 und Wiese NZA 2012, 1; Hinrichs/Hörtz NJW 2013, 648; Lützeler/Bissels ArbR 2011, 499 und Bissels/Lützeler/Wisskirchen BB 2010, 2433 zur Meinungsfreiheit und Internet.

913 Vgl. Kolbe NZA 2009, 228 zur Kündigung beim Verstoß gegen das Schmiergeldverbot und zu Verhaltensrichtlinien Schulz BB 2011, 629; Schreiber NZA-RR 2010, 617; Däubler NZA 2011, Beil. Nr. 1, S. 42; Schröder/Schreiner BB 2010, 2565.

914 Dazu EGMR, Urt. v. 21.07.2011 – 28274/08, RdA 2012, 109 m. Anm. Schlachter; zust. Seifert EuZA 2012, 411; Ulber NZA 2011, 962; abl. Becker DB 2011, 2202; (strenger); BAG, Urt. v. 27.09.2012 – 2 AZR 646/11, ArbR 2013, 268; Scheicht/Loy DB 2015, 803; Simonet RdA 2013, 236; v. Busekist/Fahrig BB 2013, 119 und Klasen/Schaefer BB 2012, 641.

Die Schadensersatzpflicht des Arbeitnehmers kann sich u.U. auch auf die Erstattung von **Detektivkosten** erstrecken, die dem Arbeitgeber wegen „Beobachtung" des Arbeitnehmers aufgrund eines konkreten Tatverdachts entstanden sind.[915]

345 Die Treuepflicht des Arbeitnehmers beginnt grds. mit der Begründung und endet mit der rechtlichen Beendigung des Arbeitsverhältnisses. Allerdings können dem Arbeitnehmer auch schon bei den Vertragsverhandlungen Aufklärungspflichten sowie in Ausnahmefällen auch eine sog. **nachwirkende Treuepflicht** obliegen. Letztere kommt insb. als nachvertragliche Verschwiegenheitspflicht hinsichtlich der Betriebs- und Geschäftsgeheimnisse in Betracht.[916]Außerdem kann dem ausgeschiedenen Arbeitnehmer bei einer wirksamen Vereinbarung, die insbes. auch die Zahlung einer sog. **Karenzentschädigung** vorsehen muss, auch ein nachvertragliches Wettbewerbsverbot obliegen. Insoweit gelten die Wettbewerbsbeschränkungsregeln der §§ 74 ff. HGB für die vom Wortlaut dieser Vorschriften nicht erfassten Arbeitnehmer gemäß § 110 GewO entsprechend, was bisher auch ohne ausdrückliche Regelung der Fall war.[917]

346 **Gesteigerte Treuepflichten** obliegen dem Arbeitnehmer bei sog. Tendenzunternehmen, insbesondere bei kirchlichen Arbeitgebern wegen der verfassungsrechtlich garantierten Kirchenautonomie.[918] Für **nicht hoheitlich tätige Arbeitnehmer des öffentlichen Dienstes** gelten nach der Neuregelung des Tarifrechts gemäß § 41 S. 1 TVöD **keine weitergehenden vertraglichen Nebenpflichten** mehr als für die Beschäftigten der Privatwirtschaft (anders früher § 8 Abs. 1 BAT), sodass auch für diese Arbeitnehmergruppe insoweit § 241 Abs. 2 BGB gilt (vgl. aber auch § 41 S. 2 TVöD).[919]

II. Die Fürsorgepflicht des Arbeitgebers

347 Die Fürsorgepflicht des Arbeitgebers ist das Gegenstück zur Treuepflicht des Arbeitnehmers. Auch hierbei handelt es sich um einen Oberbegriff für eine Vielzahl von arbeitsvertraglichen Nebenpflichten des Arbeitgebers aus §§ 241 Abs. 2, 242 BGB, die überwiegend dem Schutz des Arbeitnehmers dienen und deren schuldhafte Verletzung Schadensersatzansprüche des Arbeitnehmers aus § 280 Abs. 1 BGB begründen kann.[920]

348 Die **Pflicht zum Schutz von Leben und Gesundheit des Arbeitnehmers** am Arbeitsplatz ist heute weitgehend gesetzlich geregelt (vgl. §§ 617 ff. BGB, § 62 HGB, § 120 a GewO).[921] Das minutiös ausgestaltete öffentlich-rechtlich konzipierte Arbeitsschutzrecht[922] konkretisiert zugleich den Mindestinhalt der arbeitsvertraglichen Schutzpflich-

---

915 Vgl. dazu BAG, Urt. v. 26.09.2013 – 8 AZR 1026/12, juris; Herbert/Oberrath BB 2011, 2936; Maier/Garding DB 2010, 559.

916 Vgl. dazu BAG BB 1999, 212 m.Anm. Wertheimer BB 1999, 1600 und Salger/Breitfeld BB 2005, 154 ff.

917 BAG, Urt. v. 15.01.2014 – 10 AZR 243/13, NZA 2014, 536; Kamann ArbR 2015, 372; Diller NZA 2014, 1184; Straube BB 2013, 117; zu nachvertraglichen Wettbewerbsverboten u. AGB-Kontrolle u. zum Wettbewerbsverbot im gekündigten AV Leuchten NZA 2011, 391; Salamon/Fuhlrott BB 2011, 1018 u. Hunold NZA-RR 2013, 174; 2008, 449 (Rspr.-Übersicht).

918 Grds. der Glaubens- und Sittenlehre; dazu BVerfG, Beschl. v. 22.10.2014 – 2 BvR 661/12, JZ 2015, 188; BAG, Urt. v. 25.04.2013 – 2 AZR 579/12, NZA 2013, 1131; Neureither NVwZ 2015, 493; v. Tilling ArbRB 2015, 175 (zur neuen GrundO der kath. Kirche); Joussen ZMV 2015, 123 u. RdA 2011, 173; Plum NZA 2011, 1194 und Richardi SAE 2013, 14.

919 Vgl. dazu BAG, Urt.v. 28.10.2010 – 2 AZR 293/09, NZA 2011, 112; Urt. v. 10.09.2009 – 2 AZR 257/08, NZA 2010, 220.

920 Vgl. zu Nebenpflichten des Arbeitgebers MünchArbR/Reichold §§ 83 ff.; Kort NZA 1996, 854 zur Personenfürsorgepflicht und Krieger/Herzberg BB 2012, 1089; Edenfeld NZA 2009, 938 beim Auslandseinsatz.

921 Vgl. BAG, Urt. v. 28.04.2011 – 8 AZR 769/09, AiB 2012, 73 (Schadensersatz wegen Asbestbelastung) und BAG DB 1997, 2623; Fröhlich/Hartmann ArbRB 2009, 336; Döring/Böhm AuA 2007, 210; Molketin NZA 1997, 849 zum Leistungsverweigerungsrecht des Arbeitnehmers bei Asbest- bzw. Holzschutzmittelbelastung am Arbeitsplatz.

922 Vgl. zum Arbeitschutzrecht MünchArbR/Reichold § 85 Rn. 1 ff.; Deinert Jura 2014, 1033; Kothe AiB 2014, 31; Satzer AiB 2011, 607; Wilrich DB 2009, 1294 sowie Schucht NZA 2015, 333 zur neuen BetriebssicherheitsVO.

ten des Arbeitgebers in medizinischer und technischer (z.B. ArbeitsstättenVO, Unfallverhütungsvorschriften) sowie in sozialer Hinsicht (z.B. ArbZG, MuSchG).[923] Die Arbeitnehmer haben insoweit nach § 5 Abs. 1 ArbSchG i.V.m. § 618 Abs. 1 BGB einen einklagbaren Anspruch auf Beurteilung der mit ihrer Beschäftigung verbundenen Gefährdung.[924] Zum Gesundheitsschutz kann u.U. auch ein Rauchverbot am Arbeitsplatz gehören (vgl. § 5 ArbeitsstättenVO), wobei grundsätzlich auch auf das Persönlichkeitsrecht der Raucher Rücksicht zu nehmen ist.[925] Bei Verletzung der Arbeitsschutzbestimmungen kann neben einem Schadensersatzanspruch[926] ein Zurückbehaltungsrecht des Arbeitnehmers nach § 273 BGB in Betracht kommen, mit der Folge, dass der Arbeitgeber zur Zahlung von Annahmeverzugslohn nach §§ 611, 615 BGB verpflichtet ist.[927]

Die **Pflicht zum Schutz von Persönlichkeitsbelangen des Arbeitnehmers** umfasst **349**
z.B. das Verbot des heimlichen Mithörens eines Telefongesprächs,[928] die Sicherung personenbezogener Daten gegen Missbrauch,[929] die Gewährung von Einsicht in die Personalakte (§ 83 BetrVG), den **Schutz vor sexuellen Belästigungen am Arbeitsplatz,**[930] **vor Mobbing,**[931] **vor Ehrverletzungen und Ausländerfeindlichkeit** im Betrieb,[932] vor ungerechter Behandlung durch Vorgesetzte sowie das Verbot der grundlosen Videoüberwachung bzw. der Observation durch Privatdetektive. Der Verstoß dagegen kann Entschädigungsansprüche der Beschäftigten wegen Verletzung des allgemeinen Persönlichkeitsrechts aus § 823 Abs. 1 BGB i.V.m. Art. 1 Abs. 1, Art. 2 Abs. 1 GG begründen.[933] Die bereits nach der bisherigen Rechtslage bestehenden Verpflichtungen des Arbeitgebers zum Persönlichkeitsschutz der Arbeitnehmer werden durch **§ 12 AGG,** der verschiedene **„Maßnahmen und Pflichten" des Arbeitgebers im Zusammenhang mit „Belästigungs- und Benachteiligungsschutz"** normiert, jedenfalls konkretisiert. Darüber hinaus schreibt **§ 13 AGG** vor, wie mit Beschwerden von Beschäftigten über mögliche Diskriminierungssachverhalte umzugehen ist.[934]

Nach § 12 Abs. 1 AGG hat der Arbeitgeber die zum Schutz vor Benachteiligungen wegen eines in § 1 **350**
AGG genannten Grundes erforderlichen (auch vorbeugenden) Maßnahmen zu treffen, nach § 12 Abs. 2 AGG in geeigneter Art und Weise, insb. durch Schulungen auf die Unzulässigkeit solcher Benachteili-

923 Vgl. zum Mutterschutz MünchArbR/Heenen § 306; Springer/Kamppeter BB 2010, 2960 sowie zu arbeits- und strafrechtlichen Folgen der Überschreitung der Grenzen der zulässigen Höchstarbeitszeiten Zimmermann ArbuR 2012, 7 ff.

924 Vgl. BAG, Urt. v. 12.08.2008 – 9 AZR 1117/06, AP Nr. 29 zu § 618 BGB m. zust. Anm. Kothe; Thewes BB 2013, 1141.

925 BAG, Urt. v. 19.05.2009 – 9 AZR 241/08, NZA 2009, 775 (Anspruch auf rauchfreien Arbeitsplatz im Einzelfall bejaht); NZA 1999, 546; Ginal/Pinetzki ArbR 2012, 369; Lange SAE 2010, 152; Kühn BB 2010, 120 und Uhl/Poloczek BB 2008, 1114.

926 Vgl. BAG, Urt. v. 14.12.2006 – 8 AZR 628/05, NZA 2007, 263: Schadensersatz wegen Hepatitis-C-Infektion.

927 BAG NZA 1997, 86; Schaub/Koch § 106 Rn. 19.

928 Vgl. BAG, Urt. v. 23.04.2009 – 6 AZR 189/08, AP Nr. 40 zu § 611 BGB m. abl. Anm. Ehmann; Hilbrans ArbuR 2010, 424.

929 Franzen RDV 2014, 200 zur geforderten Einführung eines BeschäftigtendatenschutzG; Wybitul ZD 2015, 453 u. Wybitul/Pötters BB 2014, 437 zur BAG-Rspr. zum Datenschutz; Dzida/Grau ZIP 2012, 504 zu Rechtsfolgen bei Verletzung des Datenschutzes u. NZA 2010, 1201 zu Beweisverwertungsverboten; Riesenhuber NZA 2014, 753; ders. RdA 2011, 257; zur Einwilligung zur Datenerhebung u. Moos/Bandehzadeh/Bodenstedt DB 2007, 1194 zur datenschutzrechtlichen Zulässigkeit der Aufbewahrung von Bewerberdaten unter Berücksichtigung des AGG; Petri ZD 2015, 103; Hilgenstock ArbRB 2015, 121; Zimmermann (Video/Fotos) u. Däubler AiB EXTRA 2015, 29 allg. zum Internet und Datenschutz.

930 Vgl. dazu BAG, Urt. v. 20.11.2014 – 2 AZR 651/13, NZA 2015, 294; Kock NJW 2015, 1197 und Bonanni ArbRB 2013, 82.

931 Dazu BAG, Urt. v. 11.12.2014 – 8 AZR 838/13, NZA 2015, 808; Urt. v. 28.10.2010 – 8 AZR 546/09, ArbR 2011, 168 ; Gorschak/Liemke BB 2015, 757; Wolmerath ArbR 2015, 63; 118; Diringer AuA 2014, 342; Stück MDR 2013, 378 (Rspr.-Übersicht).

932 BAG, Urt. v. 24.09.2009 – 8 AZR 705/08, NZA 2010, 387; Polzer/Powietzka NZA 2000, 970; Krummel/Küttner NZA 1996, 67.

933 BAG, Urt. v. 19.02.2015 – 8 AZR 1007/13, NZA 2015, 994; Urt. v. 21.06.2012 – 2 AZR 153/11, SAE 2013, 71 m. zust. Anm. Melber; Scheicht/Loy DB 2015, 622; Fröhlich ArbRB 2015, 246; Seel MDR 2015, 1212; Byers/Pracka BB 2013, 760 u. Mareck AA 2015, 122; Bergwitz NZA 2012, 353, auch zu Verwertungsverboten bei unzulässiger Videoüberwachung.

934 Vgl. Wolmerath ArbR 2015, 118; v. Roetteken PersR 2014, 17; Gehlhaar NZA 2009, 825; Ring JA 2008, 1; Schneider/Sittard NZA 2007, 654; BAG, Beschl. v. 21.07.2009 – 1 ABR 42/08, NZA 2009, 1049 und Oetker NZA 2008, 264 zu § 13 AGG.

gungen hinzuweisen, und darauf hinzuwirken, dass sie unterbleiben. Neben diesen allgemeinen Schutz- und Informationspflichten (vgl. auch § 15 Abs. 5 AGG) obliegt dem Arbeitgeber nach § 12 Abs. 3, 4 AGG die Verpflichtung, bei tatsächlich erfolgten Diskriminierungen durch eigene Arbeitnehmer oder Dritte aktiv hiergegen vorzugehen.[935] Nach § 12 Abs. 2 S. 2 AGG erfüllt zwar der Arbeitgeber die ihm nach § 12 Abs. 1 AGG obliegenden Verpflichtungen durch geeignete Schulungen, dies kann ihn allerdings allenfalls nur von der Haftung für eine erste verbotene Benachteiligung durch eigene Arbeitnehmer oder Dritte befreien, nicht dagegen von den im Anschluss an den Erstverstoß entstehenden Reaktionspflichten nach § 12 Abs. 3, 4 AGG. Erfüllt der Arbeitgeber die ihm nach § 12 AGG obliegenden Verpflichtungen nicht, kommen Schadens- bzw. Entschädigungsansprüche nach § 15 AGG wegen (eigenen) Organisationsverschuldens in Betracht, wobei die Verletzung der Organisationspflichten die Beweislastumkehr nach § 22 AGG auslösen kann.[936] Außerdem kommt ein Leistungsverweigerungsrecht des betroffenen Beschäftigten nach § 14 AGG in Betracht.

351 Die **Pflicht zum Schutz von Vermögen und eingebrachten Sachen des Arbeitnehmers** gebietet es dem Arbeitgeber u.a., den Arbeitnehmer ordnungsgemäß anzumelden und die geschuldeten Steuern und Sozialversicherungsbeiträge einzubehalten und abzuführen.[937] Den Arbeitgeber trifft zwar keine allgemeine Pflicht, den Arbeitnehmer vor Vermögensnachteilen zu bewahren, er hat aber dafür zu sorgen, dass notwendigerweise mitgebrachte Sachen sicher aufbewahrt werden können.[938] Bei flexiblen Arbeitszeitregelungen, insbesondere bei Altersteilzeitvereinbarungen, ist der Arbeitgeber zu einer Absicherung für den Fall der Insolvenz nach Maßgabe der § 8 a ATG bzw. § 7 e SGB IV verpflichtet. Die Verletzung der Insolvenzschutzpflicht nach § 7 e SGB IV n.F. begründet zwar Schadensersatzansprüche nach Maßgabe des § 7 e Abs. 7 SGB IV n.F. (auch gegen Organvertreter), diese Vorschrift ist aber auf nach dem 30.06.2004 abgeschlossene Altersteilzeitvereinbarungen gemäß § 8 a Abs. 1 S. 1 Hs. 2 ATG nicht anwendbar. Ob und inwieweit die unterbliebene Insolvenzsicherung bei Altersteilzeitvereinbarungen Schadensersatzansprüche auslöst, ist noch nicht geklärt.[939]

352 Ob und ggf. inwieweit der Arbeitgeber den Arbeitnehmer aufgrund der Fürsorgepflicht über die nachteiligen Auswirkungen eines Aufhebungsvertrags aufklären muss, ist umstritten.[940] Das BAG lehnt eine generelle Aufklärungspflicht des Arbeitgebers grundsätzlich ab, weil jeder Vertragspartner grds. selbst für die Wahrnehmung der eigenen Interessen sorgen muss.[941] Je größer aber das für den Arbeitgeber erkennbare Informationsbedürfnis des Arbeitnehmers und je leichter dem Arbeitgeber die entsprechende Information möglich ist, desto eher können sich Auskunfts- und Informationspflichten ergeben. Im Einzelfall können sich daher, insb. im Zusammenhang mit betrieblicher Altersversorgung, nach dem Grundsatz von Treu und Glauben Aufklärungspflichten ergeben. Erteilte Auskünfte müssen allerdings auch dann richtig sein, wenn dem Arbeitgeber keine Aufklärungspflicht oblag.[942] Nach Kündigung eines Arbeitsverhältnisses muss

935 Vgl. BAG, Urt. v. 09.06.2011 – 2 AZR 323/10, NZA 2011, 1342 zur Kündigung wegen sexueller Belästigung am Arbeitsplatz.

936 Vgl. zu Organisationspflichten nach § 12 AGG Müller/Bonnani ArbRB 2007, 50; Göpfert/Siegrist ZIP 2006, 1710.

937 Vgl. BAG NZA 1997, 880; ErfK/Preis § 611 BGB Rn. 631; vgl. dazu auch Schaub/Linck § 71 „Lohnabrechnung, u.a.".

938 Vgl. BAG, Urt. v. 25.05.2000 – 8 AZR 518/99, NZA 2000, 1052; 1996, 417 zum Firmenparkplatz; LAG Düsseldorf DB 1990, 1468; LAG Hamm DB 1990, 1467; ErfK/Preis § 611 BGB Rn. 626 ff.; Schaub/Koch § 106 Rn. 26 ff.

939 Vgl. BAG, Urt. v. 12.04.2011 – 9 AZR 229/10, NZA 2011, 1350 (zur alten Gesetzeslage) sowie ErfK/Rolfs § 8 a ATG Rn. 7 ff. und § 7 e SGB IV Rn. 9 ff.; Schaub/Vogelsang § 83 Rn. 14 f. und Deinert RdA 2014, 327; Froehner NZA 2012, 1405 ff.

940 Vgl. ausführlich dazu Schulte ArbRB 2004, 26; Blomeyer EwiR 2001, 307; Hoß/Ehrich DB 1997, 625 und unten Rn. 418.

941 Vgl. BAG, Urt. v. 13.11.2014 – 8 AZR 817/13, NJW 2015, 1131; Urt. v. 22.01.2009 – 8 AZR 161/08, NZA 2009, 608.

942 BAG, Urt. v. 16.11.2005 – 7 AZR 86/05, NZA 2006, 535; ErfK/Preis § 611 BGB Rn. 633 ff.; BAG, Urt. v. 10.02.2004 – 9 AZR 401/02, NZA 2004, 606 (Auskünfte) u. BAG, Urt. v. 14.01.2009 – 3 AZR 71/07, DB 2009, 1360; Reinecke RdA 2009, 13; DB 2006, 555 ff: Aufklärungspflichten bei Altersversorgungsansprüchen.

der Arbeitgeber dem Arbeitnehmer gemäß § 629 BGB auf Verlangen eine angemessene Zeit zur Stellensuche unter Fortzahlung der Vergütung (§ 616 BGB) gewähren.[943]

Der Arbeitgeber soll zwar nach § 2 Abs. 2 S. 2 Nr. 3 SGB III den Arbeitnehmer vor Beendigung des Arbeitsverhältnisses darauf hinweisen, dass er sich unverzüglich bei der Bundesagentur für Arbeit arbeitssuchend melden muss. Diese sozialversicherungsrechtliche Vorschrift begründet aber nach h.M. weder eine besondere zivilrechtliche Nebenpflicht des Arbeitgebers noch ist dieser aufgrund der allgemeinen Fürsorgepflicht verpflichtet, den Arbeitnehmer vor möglichen Nachteilen der verspäteten Arbeitslosenmeldung zu bewahren. Die Verletzung dieser öffentlich-rechtlichen Verpflichtung des Arbeitgebers aus § 2 Abs. 2 S. 2 Nr. 3 SGB III begründet deshalb nach Sinn und Zweck dieser Norm keine Schadensersatzansprüche des Arbeitnehmers aus § 280 Abs. 1 BGB.[944]

Die Fürsorgepflicht des Arbeitgebers setzt grundsätzlich das Bestehen eines wirksamen Arbeitsvertrages voraus. Mit der tatsächlichen Arbeitsaufnahme entsteht die Fürsorgepflicht aber auch dann, wenn lediglich ein faktisches Arbeitsverhältnis besteht. Einzelne Nebenpflichten können darüber hinaus dem Arbeitgeber bereits bei der Anbahnung des Arbeitsverhältnisses (z.B. Aufklärungspflicht vor Vertragsabschluss[945]) sowie nach dessen Beendigung als sog. nachvertragliche Fürsorgepflicht (z.B. Auskunftserteilung gegenüber dem neuen Arbeitgeber auf Wunsch des Arbeitnehmers[946] und Gewährung der Einsicht in die aufbewahrte Personalakte des Arbeitnehmers[947]) obliegen. Die vom bisherigen Arbeitgeber nach Beendigung des Arbeitsverhältnisses erteilten Auskünfte müssen wahrheitsgemäß im Sinne einer vollständigen, gerechten und nach objektiven Grundsätzen getroffenen Beurteilung sein und dürfen im Regelfall nicht weiter gehen als der Inhalt des ausgestellten Zeugnisses. Die schuldhafte Erteilung einer falschen Auskunft durch den Arbeitgeber oder durch seine Erfüllungsgehilfen (§ 278 BGB) kann Schadensersatzansprüche des Arbeitnehmers begründen.[948] 353

943 Vgl. ErfK/Müller-Glöge § 629 BGB Rn. 3 ff.; Staudinger/Preis § 629 BGB Rn. 17 ff.; Laber/Gerdom ArbRB 2010, 255.

944 BAG, Urt. v. 29.09.2005 – 8 AZR 571/04, BB 2006, 48 ff. mit Meinungsübersicht; ausführlich dazu Rolfs DB 2006, 1009 ff.; Seel NZS 2006, 525 ff.; Raif ArbuR 2006, 209 ff. und Kühl/Vogelsang RdA 2006, 224 ff.

945 Vgl. zum Schadensersatz wegen Verletzung der vorvertraglichen Aufklärungspflicht BAG, Urt. v. 14.07.2005 – 8 AZR 300/04, NZA 2005, 1298; Schaub/Linck § 26 zur Anbahnung des Arbeitsverhältnisses und ausführlich zu vorvertraglichen Aufklärungspflichten Hümmerich NZA 2002, 1305 ff. und Kursawe NZA 1997, 245 ff.

946 Vgl. dazu Schaub/Linck § 106 Rn. 3 und § 147 Rn. 43 ff.

947 Vgl. dazu BAG, Urt. v. 16.11.2010 – 9 AZR 573/09, NZA 2011, 453; abl. Husemann SAE 2011, 155; zust. Krause JA 2012, 147; ausführlich zu Rechtsfragen rund um die Personalakte Herfs-Röttgen NZA 2013, 478 ff.

948 Vgl. dazu LAG Niedersachsen LAGE § 280 BGB 2002 Nr. 4; ErfK/Preis § 611 BGB Rn. 751 ff.; Anton-Dyck/Böhm ArbRB 2014, 55 ff.; Sasse/Stelzer ArbRB 2005, 53.

Rechte und Pflichten aus dem Arbeitsverhältnis

Hauptpflichten: Arbeits- und Vergütungspflicht

Hauptpflicht des AN ist die Arbeitspflicht, die im **Gegenseitigkeitsverhältnis** (§§ 320 ff. BGB) zur Vergütungspflicht des Arbeitgebers steht. Der Arbeitnehmer ist aber grds. vorleistungspflichtig, § 614 BGB.

- Die **Art** der geschuldeten Arbeitsleistung richtet sich nach dem Arbeitsvertrag, der durch das Direktionsrecht des Arbeitgebers konkretisiert wird.
- Der **Umfang** der nach dem Arbeitsvertrag, Tarifvertrag bzw. nach einer Betriebsvereinbarung maßgeblichen Arbeitszeit darf die nach der ArbZG zulässige Höchstarbeitszeit nicht überschreiten.
  Für Überstunden (= Überschreitung der vereinbarten regelmäßigen Arbeitszeit) ist die normale Stundenvergütung und regelmäßig auch ein Überstundenzuschlag zu zahlen. Die Vereinbarung einer Pauschalvergütung für regelmäßige Arbeitszeit und Überstunden ist grds. zulässig und üblich.
- Der Anspruch des AG auf Arbeitsleistung ist **einklagbar**, aber wegen § 888 Abs. 2 ZPO i.d.R. nicht vollstreckbar. Dem AG steht nach Maßgabe des § 61 Abs. 2 ArbGG eine pauschalierte Entschädigung zu. Nichtleistung löst Schadensersatzansprüche des AG nach §§ 280, 283 BGB aus. Vertragsstrafevereinbarungen grds. zulässig.
- Dem AN kann nach Maßgabe der §§ 8, 9 TzBfG ein Anspruch auf Verkürzung bzw. Verlängerung der Arbeitszeit zustehen.

Beschäftigungsanspruch

Während der Dauer des Arbeitsverhältnisses steht dem AN grds. ein Beschäftigungsanspruch zu. Ob und ggf. unter welchen Voraussetzungen beim Streit über die Beendigung des Arbeitsverhältnisses – abgesehen von den Fällen des § 102 Abs. 5 BetrVG, § 79 Abs. 2 BPersVG – ein sog. **Weiterbeschäftigungsanspruch** besteht, ist umstritten. Nach h.M. besteht ein Weiterbeschäftigungsanspruch bei offensichtlich unwirksamer Kündigung oder nachdem die Unwirksamkeit durch Urteil festgestellt worden ist. Wenn die Beendigung des Arbeitsverhältnisses später festgestellt wird, ist die rechtliche Behandlung der Weiterbeschäftigung strittig. Die Rückabwicklung erfolgt nach h.M. nach §§ 812 ff. BGB.

Höhe der Vergütung

Die Vergütungshöhe ergibt sich i.d.R. aus dem **Arbeits- bzw. Tarifvertrag**. Seit 01.01.2015 gibt es branchenübergreifend gesetzlichen **Mindestlohn von 8,50 €,** der unabdingbar ist, §§ 1, 3 MiLoG. Bei beiderseitiger TV-Bindung darf der tarifliche Mindestlohn nicht unterschritten werden, § 4 Abs. 3 TVG. Der Lohn kann als **Zeitlohn** (Stundenvergütung, Festgehalt) oder **Leistungslohn** (Akkord-/Prämienlohn) geschuldet sein. Häufig werden den Arbeitnehmern auch Zusatzleistungen wie Gratifikationen, Gewinnbeteiligung, Betriebsrenten gewährt.

Die Lohnansprüche sind nur nach Maßgabe der §§ 850 ff. ZPO pfändbar, die auch für Abtretung (§ 400 BGB), Verpfändung (§ 1274 Abs. 2 BGB) und Aufrechnung (§ 394 BGB) eine Abgrenzung bilden.

Erholungsurlaub

Jeder AN hat nach §§ 1, 3 BUrlG ein Anspruch auf **Mindesturlaub** i.H.v. 24 Werktagen pro Jahr, der nach einmaliger Erfüllung der Wartezeit des § 4 BUrlG am Anfang eines jeden Jahres als Anspruch auf Vollurlaub entsteht. Im Ein- und Austrittsjahr besteht Teilurlaubsanspruch nach § 5 BUrlG. Abweichende Vereinbarungen zugunsten des AN sind zulässig und üblich. Zulasten des AN kann vom BUrlG nur durch Tarifvertrag nach Maßgabe des § 13 Abs. 1 BUrlG abgewichen werden.

Der **Urlaubsanspruch** ist nach heute h.M. auf bezahlte Freistellung von der Arbeitspflicht für die Dauer der Urlaubszeit gerichtet. Er ist höchstpersönlicher Natur und daher weder abtretbar, pfändbar noch vererblich. Der Urlaubsanspruch ist auf das Kalenderjahr befristet und erlischt spätestens mit Ablauf des 31.3. des Folgejahres, § 7 Abs. 3 BUrlG (Ausnahme: Urlaub konnte wegen Krankheit nicht genommen werden). Hat der Arbeitgeber die Unmöglichkeit der Urlaubsgewährung zu vertreten, schuldet er gemäß § 280 BGB Schadensersatz nach §§ 249 ff. BGB. Krankheit und Urlaub schließen sich aus, § 8 BUrlG.

Kann der Urlaub wegen Beendigung des Arbeitsverhältnisses nicht genommen werden, ist er abzugelten, § 7 Abs. 4 BUrlG. Der **Abgeltungsanspruch** ist zwar ein Surrogat des Urlaubsanspruchs, aber ebenso wie der Urlaubsentgeltanspruch pfändbar, verpfändbar und abtretbar (h.M.). Ob und inwieweit er vererbbar ist, ist umstr. Gesetzliche Mindesturlaubsansprüche sind unabdingbar und unverzichtbar. Der Ausschluss von Doppelurlaubsansprüchen (§ 6 BUrlG) bezieht sich nur auf das neue Arbeitsverhältnis, sodass die Urlaubsgewährung im neuen Arbeitsverhältnis auf den Urlaubsabgeltungsanspruch gegen den alten AG keinen Einfluss hat (str.).

Nebenpflichten

Nebenpflichten der Vertragsparteien aus § 241 Abs. 2 BGB sind umfassende **Fürsorgepflicht** (Arbeitgeber) und **Treuepflicht** (Arbeitnehmer).

3. Abschnitt: Zusammenhang zwischen Lohn und Arbeit. Innerbetrieblicher Schadensausgleich

In diesem Abschnitt werden zwei Problemkreise behandelt:

- Lohnanspruch in den Fällen, in denen nicht gearbeitet worden ist;
- Innerbetrieblicher Schadensausgleich, also Haftung im Arbeitsverhältnis.

Beide Problemkreise lassen sich zwar weitgehend auseinanderhalten, decken sich aber in den Fällen, in denen infolge einer „Störung" (im weitesten Sinne) nicht gearbeitet wurde (z.B. Krankheit des Arbeitnehmers, Betriebsstörung) oder Schlechtleistungen erbracht wurden und die Frage auftaucht, ob der Arbeitnehmer trotzdem Lohnzahlung verlangen kann. Aus letzterem Grund werden beide Problemkreise im demselben Abschnitt behandelt.

A. Fallgruppen „Lohn ohne Arbeit"

I. Grundsätzlich zu den Ausnahmen („Lohn ohne Arbeit").

Fall 17: Arbeitsausfall wegen smogbedingten Verkehrsverbots

A ist seit 5 Jahren als Arbeiter im Chemiewerk des V in X beschäftigt. Er wohnt in dem 30 km von X entfernten Dorf Y und benutzt für den Arbeitsweg sein privates Kfz. An einem Montagmorgen hört A folgende Radiomeldung: „Wegen Smog-Alarm gilt bis auf Weiteres ein absolutes Fahrverbot für private Kraftfahrzeuge …" A benutzt daraufhin öffentliche Verkehrsmittel, mit denen er das Chemiewerk statt um 7.00 Uhr erst um 9.00 Uhr erreicht. V verlangt von A, dieser solle die versäumten zwei Stunden Zeit nachholen.
A lehnt die Nachholung ab und fordert außerdem seinen Lohn für die versäumte Zeit, da das Chemiewerk als emittierender Großbetrieb das Verkehrsverbot und damit den verzögerten Arbeitsantritt zu verantworten habe.

A. Ein Anspruch des V gegen A auf Nachholung der ausgefallenen Arbeitsstunden kann sich aus § 611 BGB i.V.m. dem Arbeitsvertrag ergeben. **354**

I. Aufgrund des geschlossenen Arbeitsvertrags steht dem V ein Anspruch auf Erbringung der Arbeitsleistung zu.

II. Vorliegend geht es nur um die Arbeit am Montag in der Zeit zwischen 7.00 Uhr und 9.00 Uhr. Der Anspruch auf die Arbeitsleistung in diesem Zeitraum könnte wegen Zeitablaufs nach § 275 Abs. 1 BGB erloschen sein. **355**

1. Dann müsste dem A die Arbeitsleistung unmöglich geworden sein.

Die bisher grds. erforderliche Unterscheidung zwischen der objektiven Unmöglichkeit (§ 275 Abs. 1 BGB a.F.) und dem Unvermögen (§ 275 Abs. 2 BGB a.F.), die aber im Arbeitsrecht wegen des persönlichen Charakters der Arbeitspflicht (§ 613 BGB) nicht möglich war, ist nach der Änderung des § 275 BGB entbehrlich.[949]

---

949 Vgl. dazu Schaub/Linck § 49 Rn. 1 ff.; Richardi NZA 2002, 1004, 1006.

Die Unmöglichkeit könnte sich daraus ergeben, dass die ausgefallene Arbeit nicht nachholbar ist. Insoweit folgt die h.M. einer praktischen Betrachtungsweise: Der „normale" Arbeitnehmer schuldet seine tägliche Arbeit. Hat er am Montag nicht gearbeitet, ist diese Arbeit endgültig ausgefallen, denn am Dienstag muss er ohnehin wieder arbeiten. Möglich ist zwar, dass er am Dienstag – oder später – Überstunden macht; das ist dann aber eine andere Arbeit als die am Montag geschuldete.

Würde man die zeitlich festgelegte, aber ausgefallene Arbeit des normalen Arbeitnehmers als nachholbar ansehen, so könnte das zu untragbaren Folgen führen. Einerseits könnte der Arbeitgeber bei einem Arbeitnehmer, der etwa mehrere Wochen unentschuldigt der Arbeit ferngeblieben ist, über Monate und Jahre hinweg zusätzliche Arbeit verlangen. Umgekehrt könnte ein Arbeitnehmer, dessen Arbeit ausgefallen ist, Nachholung anbieten. Es könnten also etwa 1.000 VW-Arbeiter, die an Fließbändern arbeiten und an einem Tag – etwa wegen eines Fußballspiels – nicht zur Arbeit erschienen sind, verlangen, dass die Fließbänder am Samstag extra für sie wieder angestellt werden. Das würde häufig schon daran scheitern, dass für die Nacharbeit andere Arbeiter und Aufsichtspersonen erforderlich wären, von denen man möglicherweise eine zusätzliche Arbeit nicht verlangen könnte.

356 Somit ist die **ausgefallene Arbeit** bei einem normalen Arbeitsverhältnis **i.d.R. nicht nachholbar (Fixschuldcharakter der Arbeitspflicht)**. Allein der Umstand, dass nicht gearbeitet wurde und die vorgesehene Arbeitszeit abgelaufen ist, führt zur Unmöglichkeit während des abgelaufenen Zeitabschnitts.[950]

Die z.T. vertretene Ansicht, das zeitweise Nichtarbeiten sei nicht nach Unmöglichkeitsregeln, sondern als Verzug zu beurteilen, ist aus den oben angeführten Gründen (vgl. dazu oben Rn. 284 f, 355) nach der Schuldrechtsreform erst recht abzulehnen.

Somit ist es A unmöglich geworden, die am Montag zwischen 7.00 Uhr und 9.00 Uhr geschuldete Arbeit zu leisten.

Dieses Ergebnis folgt nicht zwingend aus der Natur der Sache, sondern aus einem vernünftig und der Interessenlage entsprechend ausgelegten Arbeitsvertrag. **Abweichende Vereinbarungen** sind deshalb in Grenzen des § 3 ArbZG zulässig. So kann z.B. ein Tarifvertrag regeln, dass ausgefallene Arbeitszeit bis zu 3 Stunden wöchentlich nachzuholen ist, wobei der Zeitpunkt der Nacharbeit zwischen Firmenleitung und Betriebsrat festgelegt wird. Eine Ausnahme besteht auch bei einer **Arbeitszeitsouveränität des Arbeitnehmers** (Gleitzeit, Vertrauensarbeitszeit, Arbeitszeitkonto), da die Arbeitsleistung in diesen Fällen nach der vertraglichen Vereinbarung zeitlich gerade nicht fest fixiert ist, sondern flexibel ist und dem Arbeitnehmer bis zum Ablauf des Ausgleichszeitraums einen Verfügungsspielraum belässt.[951]

357 2. Nach dem Wortlaut des § 275 Abs. 1 BGB ist für die Befreiung des Schuldners von seiner Leistungspflicht nicht mehr erforderlich, dass er die Unmöglichkeit nicht zu vertreten hat. Folglich ist A von seiner Arbeitspflicht gemäß § 275 Abs. 1 BGB unabhängig vom Verschulden frei geworden.

Dies war abweichend vom Wortlaut des § 275 Abs. 1 BGB a.F. für die Arbeitspflicht auch nach der bisherigen Rechtslage so. Die Verschuldensfrage hat aber Bedeutung für den Schadensersatzanspruch des Arbeitgebers nach § 280 Abs. 1 BGB und den Vergütungsanspruch des Arbeitnehmers nach § 326 Abs. 1 und 2 BGB.[952]

950 MünchArbR/Reichold § 39 Rn. 8 ff.; Z/L/H § 21 Rn. 3; Hanau/Adomeit Rn. 694; Heinrich Jura 1996, 235, 236.

951 ErfK/Preis § 611 BGB Rn. 675 ff.; Richardi NZA 2002, 1004, 1006 f.; MünchArbR/Reichold § 39 Rn. 8 ff. und BAG, Urt. v. 22.01.2009 – 6 AZR 78/08, PersR 2009, 263: Bei Gleitzeit Nacharbeit möglich, sofern Kernarbeitszeit nicht betroffen ist.

952 Vgl. ErfK/Preis § 611 BGB Rn. 678 ff.; Richardi NZA 2003, Sonderbeil. zum Heft 16, S. 14; NZA 2002, 1004, 1006.

III. Ergebnis: V steht gegen A kein Anspruch auf Nachholung der ausgefallenen Arbeitsleistung zu.

Anmerkung: *Nach § 275 Abs. 3 BGB steht zwar dem Arbeitnehmer ein Leistungsverweigerungsrecht zu, wenn ihm die Erbringung der Arbeitsleistung nach Abwägung des seiner Leistung entgegenstehenden Hindernisses mit dem Leistungsinteresse des Arbeitgebers nicht zumutbar war. Die Unzumutbarkeit wird damit im Ergebnis der Unmöglichkeit gleichgestellt.[953] Hier scheidet aber § 275 Abs. 3 BGB schon deshalb aus, weil A kein Leistungsverweigerungsrecht geltend gemacht hat.[954]*

B. Ein Lohnanspruch des A gegen V ergibt sich grundsätzlich aus § 611 BGB i.V.m. dem Arbeitsvertrag. **358**

I. Vorliegend könnte dieser Lohnanspruch für die Zeit von 7.00 Uhr bis 9.00 Uhr nach § 326 Abs. 1 BGB erloschen sein.

1. Der Arbeitsvertrag zwischen V und A ist ein gegenseitiger Vertrag.

2. Dem A ist die Erbringung der in diesem Zeitraum geschuldeten Arbeitsleistung unmöglich geworden (vgl. oben Rn. 355 ff.).

3. Die Unmöglichkeit darf nicht von dem Arbeitgeber V zu vertreten sein.

V könnte als Betreiber eines emittierenden Großbetriebes für den Smog- **359**
Alarm, damit für das Verkehrsverbot und letztlich für die Verspätung des A verantwortlich sein. Dies hätte zur Folge, dass die Voraussetzungen des § 326 Abs. 1 BGB nicht vorlägen und der Lohnanspruch des A nach § 326 Abs. 2 BGB fortbestünde.

Zu bedenken ist jedoch, dass V als Anlagebetreiber – wie lebensnah zu unterstellen ist – eine Genehmigung nach dem BImSchG besitzt. Deshalb kann ihm, solange sein Betrieb diese gesetzlichen Anforderungen erfüllt, wegen der genehmigten Emissionen kein Fahrlässigkeitsvorwurf (§ 276 BGB) gemacht werden, zumal für den Smog[955] noch andere Faktoren, wie insbes. die Wetterlage, bestimmend sind.[956] V hat somit die Unmöglichkeit ebenfalls nicht zu vertreten mit der Folge, dass der Lohnanspruch nach § 326 Abs. 1 BGB erloschen ist, wenn keine Ausnahmeregelung eingreift.
Daraus lässt sich zunächst folgender Schluss ziehen: Hat der Arbeitnehmer nicht gearbeitet, so hat er, da die Arbeit nicht nachholbar und damit unmöglich geworden ist, seinen Lohnanspruch grds. verloren. Das ergibt sich aus § 326 Abs. 1 BGB, ferner aus § 614 BGB, weil bei nicht nachholbarer Arbeit niemals Fälligkeit eintreten kann. Diese Rechtslage wird durch den Satz ausgedrückt: „Ohne Arbeit kein Lohn".[957]

953 Vgl. Schaub/Linck § 49 Rn. 2; ErfK/Preis § 611 BGB Rn. 685 ff.; Richardi NZA 2003, Sonderbeil. zum Heft 16, S. 14, 16 und ausführlich zu § 275 Abs. 3 BGB Scholl Jura 2006, 283 ff.; Gotthardt/Greiner DB 2002, 2106 ff. und Krieger/Herzberg BB 2012, 1089 ff. zur Anwendung des § 275 Abs. 3 BGB bei AN-Entsendung in Krisengebiete.

954 Vgl. Schaub/Linck § 49 Rn. 2 bis 2 b; ErfK/Preis § 611 BGB Rn. 685 ff.; kritisch dazu Löwisch NZA 2001, 465 f.

955 Vgl. zum Lohnrisiko beim Smog Dossow BB 1988, 2455 ff.; Richardi NJW 1988, 1321 ff.; Ehmann NJW 1987, 401 ff.

956 Vgl. zum Lohnrisiko bei Unerreichbarkeit des Arbeitsplatzes wegen Aschewolken Forst BB 2010, 1213; Buchner/Schuhmacher DB 2010, 1124; Gutzeit NZA 2010, 618 und v. Steinau-Steinrück NJW-Spezial 2010, 306 sowie ausführlich zum Zusammentreffen von Betriebs- und Wegerisiko Gräf/Rögele ZA 2013, 1120 ff.

957 BAG, Urt. v. 22.01.2009, Fn. 951; Hueck/Nipperdey I § 44 I; Hanau/Adomeit Rn. 793; Richardi/Annuß, Fall 12, I 1.

360 Allerdings ist dieser Grundsatz kein uneingeschränkt anwendbarer Rechtssatz. Es gibt zahlreiche Fälle, in denen Lohn ohne Arbeit verlangt werden kann. Verfolgt man die Geschichte des Arbeitsrechts, so ist die Entwicklung mehr und mehr dahin gegangen, den Grundsatz: „Ohne Arbeit kein Lohn" aus sozialen Gründen zu durchbrechen (z.B. Urlaub, Entgeltfortzahlung im Krankheitsfall). Deshalb hat dieser Grundsatz heute nur noch die Bedeutung, dass ein Lohnanspruch ohne Arbeitsleistung einer besonderen Rechtfertigung bedarf.[958] Es ist deshalb vorliegend zu prüfen, ob ein solcher Ausnahmefall eingreift.

Außerdem empfiehlt sich i.d.R. Folgendes: Sieht man nach dem Sachverhalt, dass ein Lohnanspruch geltend gemacht wird, obwohl nicht gearbeitet worden ist, so sollte man sofort nach einer besonderen, auf die Situation „Lohn ohne Arbeit" zugeschnittenen Rechtfertigung für die Zahlungspflicht des Arbeitgebers suchen. Ist eine solche besondere Rechtsgrundlage nicht erkennbar, bleibt es bei den allgemeinen Regeln.

Beispiel: Arbeiter A verlangt Fortzahlung des Arbeitslohnes während der Urlaubszeit oder während der Krankheit. Hier ist es nicht sinnvoll, § 611 BGB als Anspruchsgrundlage zu nehmen und danach einen Anspruchsverlust wegen Nichtarbeit nach § 326 Abs. 1 BGB oder gemäß § 614 BGB zu prüfen, ob der Anspruch dadurch fällig geworden ist, dass die Arbeit geleistet wurde.[959] Stattdessen ist sogleich die entsprechende Sonderregelung (z.B. § 611 BGB i.V.m. § 3 EFZG) heranzuziehen. In dieser Weise sind auch die folgenden Fälle aufgebaut.

361 II. Es könnte die Sonderregelung des § 616 BGB eingreifen, die einen Anspruch auf „Lohn ohne Arbeit" rechtfertigt. Voraussetzungen des abdingbaren § 616 BGB[960] (bei Formularverträgen §§ 305 ff BGB zu beachten) sind:

- Verhinderung des Arbeitnehmers an der Arbeitsleistung
- für eine verhältnismäßig nicht erhebliche Zeit
- durch einen in seiner Person liegenden Grund, ohne dass krankheitsbedingte Arbeitsunfähigkeit vorliegt (dann gilt das EFZG, vgl. Fall 19, S. 164)
- den er nicht verschuldet hat,
- ohne dass Sonderregelungen eingreifen (z.B. § 29 TVöD, § 4 BRTV-Bau).

Beispiele:
Schwere Krankheit eines nahen Angehörigen (z.B. Krankheit des Kindes), um den sich der Arbeitnehmer kümmern muss,[961] Goldene Hochzeit der Eltern,[962] Niederkunft der Ehefrau oder der in häuslicher Lebensgemeinschaft lebenden Partnerin, eigene Hochzeit, Hochzeit der Kinder und Begräbnisse im engen Familienkreis und religiöse Feste, wie Erstkommunion/Konfirmation.[963]

Der Smog-Alarm und das Verkehrsverbot sind keine in der Person des Arbeitnehmers liegenden Gründe. A konnte zwar wegen dieser Umstände nicht arbeiten, sie betrafen aber nicht ihn speziell, sondern – ebenso wie z.B. Naturkatastrophen

---

958 Hanau/Adomeit Rn. 793; Söllner AcP 167, 144; vgl. auch Waltermann Rn. 218.

959 So auch Heckelmann JuS 1982, 288.

960 Vgl. BAG, Urt. v. 07.02.2007 – 5 AZR 270/06, ZTR 2007, 391; NZA 2002, 47, 48; ErfK/Preis § 616 BGB Rn. 2 ff.,13.

961 BAG NJW 1978, 2316; zur Arbeitsbefreiung u. Entgeltfortzahlung bei Erkrankung von Kindern Brose NZA 2011, 719; Greiner NZA 2007, 490; Schulz DB 2006, 838 m. Replik von Kießling u. § 45 Abs. 3 S. 1 SGB V (Anspruch auf unbezahlte Freistellung bei Bezug von Kinderkrankengeld); vgl. auch ErfK/Gallner § 2 PflegeZG Rn. 4; Langer/Straßenburg AuA 2009, 92; Preis/Nehring NZA 2008, 729 zur Bedeutung des § 616 BGB im Rahmen des § 2 Abs. 3 PflegeZG; dazu unter Rn. 365.

962 BAG NJW 1974, 663 u. ausführlich zum § 616 BGB MünchArbR/Boewer § 70; Staudinger/Oetker § 616 BGB Rn. 1–160.

963 Vgl. MünchKomm/Henssler § 616 BGB Rn. 20 ff.; ErfK/Preis § 616 BGB Rn. 4; jeweils mit weiteren Beispielen und Kamanabrou, Festschrift für Zachert 2010, 400 und Scholl BB 2012, 53 zur Arbeitsverhinderung aus religiösen Gründen.

und politische Unruhen – auch andere Arbeitnehmer. Es liegt also ein allgemein (objektiv) wirkender Hinderungsgrund und kein persönliches Leistungshindernis i.S.d. § 616 BGB vor.[964]

III. Ein Zahlungsanspruch nach § 615 S. 3 BGB i.V.m. den Grundsätzen der Betriebsrisikolehre (vgl. dazu unten Rn. 386 ff.) scheidet ebenfalls aus, weil keine Störung des Betriebs des V vorliegt. Vielmehr kann A den funktionsfähigen Betrieb nicht erreichen, sodass er das **Wegerisiko** selbst tragen muss.[965] **362**

Anders ist es dagegen, wenn der Arbeitgeber Beförderungsmittel zur Verfügung stellt und die Arbeitnehmer den Betrieb wegen eines technischen Defekts oder des Ausfalls des Fahrers nicht oder nicht rechtzeitig erreichen können.[966]

Der im Zuge der Schuldrechtsreform neu eingefügte § 615 S. 3 BGB ordnet zwar die entsprechende Anwendbarkeit der Abs. 1 und 2 an, wenn der Arbeitgeber das Risiko des Arbeitsausfalls zu tragen hat. Keine Regelung enthält diese Norm aber dazu, wann dies der Fall ist. Insofern bleibt es bei der bisherigen Rechtslage.[967] Schließlich tritt auch keine Änderung aufgrund des § 275 Abs. 3 BGB ein, weil diese Bestimmung nur ein Leistungsverweigerungsrecht bei Unzumutbarkeit der Arbeitsleistung mit der Folge der Befreiung von der Leistungspflicht, nicht aber den Gegenleistungsanspruch regelt. Für diesen sind § 326 BGB bzw. § 616 BGB maßgeblich.[968]

IV. A hat für die zwei ausgefallenen Arbeitsstunden keinen Lohnanspruch.

II. Übersicht der Fallgruppen „Lohn ohne Arbeit" Prüfung des Lohnanspruchs ohne Arbeitsleistung

1. Anspruchsgrundlage § 611 BGB i.V.m. Arbeitsvertrag; mögliche Prüfung: **363**

- Abschluss eines Arbeitsvertrags
- Keine Beendigung des Arbeitsverhältnisses
- Kein Erlöschen des Vergütungsanspruchs, § 326 Abs. 1 BGB

  Soweit eine Unmöglichkeit allein infolge von Nichtarbeit und Zeitablauf in Betracht kommt, sind die Fälle unter 2., zumindest gedanklich, vorweg zu prüfen.

- Fälligkeit nach § 614 BGB, wenn Arbeit geleistet

2. Besondere Rechtsgrundlagen für Lohn ohne Arbeit: **364**

- Unmöglichkeit, vom Arbeitgeber zu vertreten, § 326 Abs. 2 BGB
- **Feiertage, Krankheit sowie Maßnahmen der medizinischen Vorsorge und Rehabilitation:** Regelung der Entgeltfortzahlungspflicht des Arbeitgebers einheitlich für alle Arbeitnehmer im **EFZG**

---

964 Vgl. Pötters/Traut DB 2011, 1751 ff.; Ehmann NJW 1987, 401, 403; Richardi NJW 1987, 1231, 1232; vgl. dazu auch BAG DB 1982, 1547 (starker Schneefall); AP Nr. 59 zu § 616 BGB (starker Schneefall und witterungsbedingtes Fahrverbot).

965 Vgl. BAG DB 1982, 1547; AP Nr. 59 zu § 616 BGB; ErfK/Preis § 615 BGB Rn. 19, 134; Luke NZA 2004, 244, 245 m.w.N.; ausführlich zum Zusammentreffen von Betriebs- und Wegerisiko Gräf/Rögele NZA 2013, 1120.

966 Vgl. dazu LAG Nürnberg NZA-RR 2005, 29; LAG Hamm BB 1981, 367; ErfK/Preis § 615 BGB Rn. 19.

967 Vgl. dazu Reichold ZfA 2006, 223; Luke NZA 2004, 244, 245; Däubler NZA 2001, 1329, 1332 und unten Rn. 389.

968 Vgl. Richardi NZA 2002, 1004, 1007 f.; Däubler NZA 2001, 1329, 1332; vgl. aber auch Scholl Jura 2006, 283 ff.

- **Erholungsurlaub** (BUrlG)
- **Bildungsurlaub** nach Ländergesetzen
- **Betriebsratstätigkeit**, § 37 BetrVG
- **Annahmeverzug des Arbeitgebers**, § 615 BGB
- **Mutterschutzlohn (§ 11 MuSchG), Zuschuss zum Mutterschaftsgeld (§ 14 MuSchG)**

  Der Anspruch auf Mutterschutzlohn nach § 11 MuSchG besteht nur dann, wenn die Beschäftigungsverbote nach dem MuSchG die einzige Ursache für den Arbeitsausfall sind.[969] Nachdem das BVerfG den in § 14 MuSchG a.F. vorgesehenen Zuschuss des Arbeitgebers zum gesetzlichen Mutterschaftsgeld der Krankenkassen (z.Z. 13 € pro Kalendertag) für unvereinbar mit Art. 12 GG erklärte,[970] trat am 01.01.2006 das Aufwendungsausgleichsgesetz (AAG) in Kraft. Danach wird das bisher nur für Kleinbetriebe vorgesehene Umlageverfahren in §§ 10 ff. LFZG auf eine neue gesetzliche Grundlage gestellt und entspr. der Anregung des BVerfG für alle Arbeitgeber verpflichtend zur Finanzierung des vom Arbeitgeber nach § 14 MuSchG zu leistenden Mutterschaftsgeldzuschusses eingesetzt.[971] Dieser Zuschuss ist auch bei Arbeitsunfähigkeit während der Mutterschutzfristen zu zahlen.[972]

- **Sonderurlaub**, § 616 BGB
- **Betriebsrisiko beim Arbeitgeber**, § 615 S. 3 BGB

Die wichtigsten unter 2. aufgeführten Fälle werden, soweit sie nicht schon besprochen wurden (vgl. zum Erholungsurlaub – Fälle 15, (S. 141), 16, S. 143); § 616 BGB – Fall 17, S. 157), nachfolgend behandelt.

365 Das am 01.07.2008 in Kraft getretene und mit Wirkung zum 01.01.2015 geänderte **Pflegezeitgesetz** (PflegeZG) selbst kann an sich nicht als eine weitere Ausnahme von dem Grundsatz „Ohne Arbeit kein Lohn" angesehen werden. Mit diesem Gesetz hat zwar der Gesetzgeber die arbeitsrechtlichen Rahmenbedingungen geschaffen, um Beschäftigten die Pflege von pflegebedürftigen nahen Angehörigen in häuslicher Umgebung i.S.d. § 7 Abs. 3, 4 PflegeZG zu ermöglichen. Es regelt hauptsächlich die Voraussetzungen einer Arbeitsbefreiung für die Pflege naher Angehöriger in häuslicher Umgebung (§§ 2 bis 4 PflegeZG) und einen besonderen Kündigungsschutz für pflegende Angehörige nach Maßgabe des § 5 PflegeZG, der mit dem Sonderkündigungsschutz nach § 9 MuSchG, § 18 BEEG vergleichbar ist.[973] Hinsichtlich der Arbeitsbefreiung differenziert es zwischen der „kurzfristigen" Arbeitsbefreiung nach Maßgabe des § 2 PflegeZG von bis zu zehn Tagen, wenn dies erforderlich ist, um in einer akut aufgetretenen Pflegesituation eine bedarfsgerechte Pflege zu organisieren (ein § 275 Abs. 3 BGB entspr. Leistungsverweigerungsrecht) oder eine pflegerische Versorgung in dieser Zeit sicherzustellen, und der „längerfristigen" Arbeitsbefreiung von bis zu sechs Monaten nach Maßgabe der §§ 3, 4 PflegeZG (u.a. „Kleinbetriebsklausel" in § 3 Abs. 1 PflegeZG) für die Pflege eines nahen Angehörigen (vgl. auch § 3 Abs. 5, 6 PflegeZG).[974] Die Vergütung regelt das PflegeZG nicht. Vielmehr stellt es in § 2 Abs. 3 S. 1 PflegeZG ausdrücklich klar, dass der Arbeitgeber nur dann zur Fortzahlung der Vergütung verpflichtet ist, wenn sich der Vergütungsanspruch aus einer anderen Rechtsgrundlage ergibt. Als eine solche andere Rechtsgrundlage wird überwiegend § 616 BGB angesehen, wobei dann die Frage auftritt, ob zehn Tage noch als eine „verhält-

---

969 BAG, Urt. v. 17.10.2013 – 8 AZR 742/12, NZA 2014, 303; 2002, 738: auch zur Beweiskraft des ärztlichen Attestes; BAG, Urt. v. 20.09.2000 – 5 AZR 924/98, NZA 2001, 657 zur Höhe bei dauerhafter Verdienstminderung; EuGH, Urt. v. 30.03.2004 – Rs. C-147/02, NZA 2004, 839 (Berücksichtigung einer Lohnerhöhung); Schliemann NZA 2000, 13 (Rspr.-Übers. zum MuSchG).

970 Vgl. dazu BVerfG, Beschl. v. 18.11.2003 – 1 BvR 302/96, NZA 2004, 33; Leisner DB 2004, 598; a.A. noch BAG NZA 1996, 377.

971 Vgl. ausführlich zur Neuregelung des Zuschusses zum Mutterschaftsgeld Conze öAT 2012, 55; Buchner NZA 2006, 121 ff.

972 BAG NZA 1997, 663; ErfK/Schlachter § 14 MuSchG Rn. 3 ff.

973 Vgl. ausführlich dazu ErfK/Gallner § 5 PflegeZG Rn. 1 ff.; Liebscher ArbR 2011, 189 und Novara DB 2010, 503.

974 Vgl. BAG, Urt. v. 15.11.2011 – 9 AZR 348/10, juris: § 3 PflegezeitG regelt ein einmaliges einseitiges GestaltungsR des AN.

nismäßig nicht erhebliche Zeit" angesehen werden können, weil bisher für Pflege von nahen Angehörigen ein Zeitraum von bis zu fünf Tagen als eine solche Zeit angesehen wurde. § 2 PflegeZG lässt nicht erkennen, ob und ggf. inwieweit es auf § 616 BGB „ausstrahlt". Außerdem ist unklar, ob der Anspruch in den Fällen insgesamt entfällt, wenn der Verhinderungszeitraum über zehn Tage hinausgeht. Schließlich wird die Problematik der Vergütung noch dadurch „verschärft", dass das PflegeZG selbst zwar nach § 8 PflegeZG unabdingbar ist, § 616 BGB aber dispositiv ist und daher grds. einzelvertraglich und tarifvertraglich „ausgehebelt" werden kann und einige Tarifverträge einen kürzeren Zeitraum für die Pflege eines nahen Angehörigen (z.B. § 29 Abs. 1 Nr. 1 e TVöD: ein Tag pro Jahr) vorsehen. Es bleibt daher abzuwarten, ob aus § 2 PflegeZG eine Einschränkung der Abdingbarkeit des § 616 BGB abgeleitet wird. Schließlich regelt § 6 PflegeZG einen besonderen sachlichen Befristungsgrund. Seit dem 01.01.2015 haben die Beschäftigten einen Anspruch auf Pflegeunterstützungsgeld nach § 2 Abs. 3 S. 2 PflegeZG i.V.m. § 44 a Abs. 3 SGB III, soweit kein Anspruch auf Entgeltfortzahlung gegen den Arbeitgeber besteht.[975]

Keine Ausnahme von dem Grds. „Ohne Arbeit kein Lohn" stellt auch das am 01.01.2012 in Kraft getretene und ebenfalls mit Wirkung zum 01.01.2015 geänderte FamilienpflegezeitG dar, das neben dem PflegeZG anwendbar ist. Nach § 2 Abs. 1, 4 FPfZG n.F. haben die Beschäftigten gegen den Arbeitgeber, der mehr als 25 Arbeitnehmer beschäftigt, einen einklagbaren Anspruch auf teilweise Arbeitsbefreiung für die Pflege naher Familienangehöriger (vgl. auch § 2 a FPfZG). Während der Familienpflegezeit, die auf längstens 24 Monate beschränkt ist, muss die Arbeitszeit mindestens 15 Wochenstunden betragen. Um die mit der Teilzeit verbundene Gehaltsreduzierung besser abmildern zu können, haben die Beschäftigten für die Dauer der Familienpflegezeit gegen die Bundesagentur für Arbeit einen Anspruch auf ein zinsloses Darlehen nach Maßgabe der §§ 3 ff. FPfZG. Dieser Anspruch besteht darüber hinaus auch für alle in § 3 PflegeZG geregelten Freistellungstatbestände. Die bisherige finanzielle Absicherung der (freiwilligen) Familienpflegezeit durch Wertguthaben und Arbeitszeitguthaben ist weggefallen.[976] **366**

B. Vom Arbeitgeber zu vertretende Unmöglichkeit der Arbeitsleistung

Fall 18: Unachtsames Reinigungspersonal

K ist als Klavierspieler im Restaurant des R zu einem Stundenlohn von 15 € in der Zeit von 18.00 Uhr bis 22.00 Uhr beschäftigt. Am 13.12. beschädigte das Reinigungspersonal des R aus Unachtsamkeit das dem K gehörende Klavier. Da eine Reparatur erst am 14.12. möglich war, konnte K am 13.12. nicht spielen. R lehnt die Bezahlung der ausgefallenen vier Stunden ab. Zu Recht?

Da K Lohn ohne Arbeit verlangt, ist dafür eine besondere Rechtfertigung erforderlich. **367** Diese könnte sich aus § 326 Abs. 2 BGB ergeben, wonach der ursprüngliche Lohnanspruch aus § 611 BGB i.V.m. dem Arbeitsvertrag trotz fehlender Arbeitsleistung bestehen bleibt, wenn der Arbeitsausfall auf einer **vom Arbeitgeber zu vertretenden Unmöglichkeit der Arbeitsleistung** beruht.

I. Zwischen K und R bestand ein Arbeitsvertrag, der einen gegenseitigen Vertrag i.S.d. §§ 320 ff. BGB darstellt.

II. K müsste die Erfüllung der Arbeitspflicht unmöglich geworden sein, § 275 BGB.

---

975 Vgl. dazu ErfK/Gallner, PflegeZG; Liebscher ArbR 2011, 189; Joussen NZA 2009, 69; Glatzel NJW 2009, 1377; speziell für den öffentl. Dienst Marburger DÖD 2012, 73 und zur Änderung des PflegeZG Thüsing/Pötters BB 2015, 181; v. Creytz DStR 2015, 128; Sievers jM 2015, 160; Stüben/v. Schwanenflüger NJW 2015, 577; Sasse DB 2015, 310; Müller BB 2014, 3125.

976 Vgl. zur FPfZG Schaub/Linck § 107 Rn. 64 ff.; Krause AiB 2013, 54; Göttling/Neumann NZA 2012, 119 ff.; Schiefer/Worzalla DB 2012, 516 ff. und zur Änderung des FPfZG die in Fn. 975 zur Änderung des PflegeZG genannten Autoren.

K konnte am 13.12. wegen der Beschädigung des Klaviers nicht spielen und damit nicht arbeiten. Mangels Nachholbarkeit der zeitlich festgelegten Arbeit, liegt Unmöglichkeit i.S.d. § 275 Abs. 1 BGB vor (siehe oben Fall 17, S. 157).

368 III. Die Unmöglichkeit müsste vom Gläubiger der Leistung, also vom Arbeitgeber R, zu vertreten sein.

1. R selbst hat die Beschädigung des Klaviers nicht verschuldet, § 276 BGB.
2. R könnte jedoch ein Verschulden seines Reinigungspersonals nach § 278 BGB zu vertreten haben.

Aufgrund der Fürsorgepflicht muss der Arbeitgeber dafür sorgen, dass Sachen des Arbeitnehmers, die berechtigterweise in den Arbeitsräumen aufbewahrt werden, nicht beschädigt werden.[977] Diese Sorgfaltspflicht hatte auch das Personal des R zu beachten, das mit der Reinigung des Restaurants vom R beauftragt wurde. Da das Reinigungspersonal das Klavier infolge von Unachtsamkeit und damit fahrlässig i.S.d. § 276 BGB beschädigt hat, muss R das Verschulden der Erfüllungsgehilfen nach § 278 BGB wie eigenes vertreten. Eine Entlastungsmöglichkeit besteht nicht, sodass die Voraussetzungen des § 326 Abs. 2 BGB vorliegen.

IV. Rechtsfolge: K kann die Bezahlung der vier Arbeitsstunden vom 13.12. nach § 611 BGB i.V.m. dem Arbeitsvertrag verlangen, da § 326 Abs. 2 BGB den Fortbestand des Lohnanspruchs bei vom Arbeitgeber zu vertretender Unmöglichkeit anordnet.

C. Entgeltfortzahlung im Krankheitsfall

369 I. Entgeltfortzahlung bei Arbeitern und Angestellten

Fall 19: Messerstecherei in der Lila Eule

A ist seit 2 Jahren bei der Firma F beschäftigt. Seine Ehefrau hat die Gaststätte „Eule" gepachtet und bewirtschaftet sie. Nach Feierabend hilft auch A in der Gastwirtschaft mit. Als A bei einem Streit zwischen Gästen schlichtend eingreifen wollte, zog ein Gast ein Messer und stach auf A ein. A musste zwei Wochen im Krankenhaus behandelt werden und anschließend noch zwei weitere Wochen zu Hause die erlittenen Verletzungen vollständig ausheilen lassen. Kann A für diese Zeit von der Firma F Lohnfortzahlung verlangen?

Es wird hier nicht der normale Lohnanspruch nach § 611 BGB i.V.m. Arbeitsvertrag geltend gemacht, sondern es wird Lohnzahlung verlangt, obwohl nicht gearbeitet worden ist. Als besondere Rechtfertigung kommt die Vorschrift des § 3 Abs. 1 EFZG über die Entgeltfortzahlung im Krankheitsfalle in Betracht, die allerdings keinen selbstständigen Anspruch begründet, sondern nur den Fortbestand des Vergütungsanspruchs nach § 611 BGB während der krankheitsbedingten Arbeitsunfähigkeit anordnet.[978]

977 Vgl. dazu BAG, Urt. v. 25.05.2000 – 8 AZR 518/99, NZA 2000, 1052; MünchArbR/Reichold § 85 Rn. 15 ff.
978 Vgl. BAG NZA 2002, 746, 747; Schaub/Linck § 98 Rn. 8; ErfK/Reinhard § 3 EFZG Rn. 45.

Die Unmöglichkeit der Arbeitsleistung bei krankheitsbedingter Arbeitsunfähigkeit des Arbeitnehmers folgt unmittelbar aus § 275 Abs. 1 BGB, und zwar auch dann, wenn der Arbeitnehmer die Arbeitsunfähigkeit verschuldet hat (vgl. oben Rn. 357). Die neu eingeführte Unzumutbarkeitsregelung des § 275 Abs. 3 BGB greift deshalb nicht ein.[979] Die Unmöglichkeit tritt allerdings nicht bereits mit der ärztlich attestierten Arbeitsunfähigkeit ein, sondern erst dann, wenn der Arbeitnehmer die Arbeitsleistung wegen der ärztlich festgestellten Arbeitsunfähigkeit nicht erbringt.[980]

Voraussetzungen: **370**

1. Zwischen dem Anspruchsteller und dem Anspruchsgegner muss grds. ein Arbeitsvertrag[981] bestehen, bei dem die **vierwöchige Wartezeit des § 3 Abs. 3 EFZG** abgelaufen ist.[982] Diese Voraussetzungen sind vorliegend erfüllt, weil zwischen A und F seit zwei Jahren ein Arbeitsverhältnis besteht.

   Die vierwöchige Wartezeit muss nach dem Wortlaut des § 3 Abs. 3 EFZG auch bei einem **Arbeitsunfall** erfüllt sein.[983] Nach ganz h.M. führt eine **Erkrankung vor Ablauf dieser Wartezeit** nur zu einer Verschiebung des Beginns und nicht zu einer entsprechenden Verkürzung des sechswöchigen Entgeltfortzahlungszeitraums des § 3 Abs. 1 EFZG.[984] Dies gilt auch bei der Entgeltfortzahlung nach § 8 EFZG bei einer wirksamen Kündigung aus Anlass der Erkrankung.[985] Entgegen dem Wortlaut des § 3 Abs. 3 EFZG ist eine kurzfristige **rechtliche Unterbrechung des Arbeitsverhältnisses** nach h.M. unschädlich, sodass keine neue Wartezeit zurückgelegt werden muss, wenn zwischen dem bisherigen und dem neuen Arbeitsverhältnis zu demselben Arbeitgeber ein enger zeitlicher und sachlicher Zusammenhang besteht. Die Zeit der rechtlichen Unterbrechung des Arbeitsverhältnisses wird allerdings nicht mitgerechnet.[986]

2. Der Arbeitnehmer muss **„durch Arbeitsunfähigkeit infolge Krankheit an seiner Arbeitsleistung verhindert"** sein (vgl. auch § 3 a EFZG: Entgeltfortzahlung bei Spende von Organen oder Geweben). Eine Krankheit im medizinischen Sinne allein genügt also noch nicht.[987] Außerdem muss die krankheitsbedingte Arbeitsunfähigkeit die alleinige Ursache für den Arbeitsausfall sein.[988] Vorliegend sind diese Voraussetzungen erfüllt. **371**

3. Den Arbeitnehmer darf **kein Verschulden an der Krankheit** treffen. Ein echtes Verschulden im Sinne einer Pflichtverletzung des Schuldners gegenüber dem Gläubiger kann damit nicht gemeint sein, weil den Arbeitnehmer gegenüber dem Arbeitgeber keine Schuldnerpflicht trifft, sich unter allen Umständen gesund zu halten. Es handelt sich deshalb um ein Verschulden gegen sich selbst.[989] Insoweit taucht aber die Frage auf, welche Sorgfalt ein Arbeitnehmer vernünftigerweise aufwenden muss, **372**

---

979 Dütz/Thüsing Rn. 222 ff.; Schaub/Linck § 49 Rn. 2 bis 2 b; § 98 Rn. 8 ff.; Däubler NZA 2001, 1329, 1330; Gotthardt/Greiner DB 2002, 2106 ff., die zwischen krankheitsbedingter Unmöglichkeit und Unzumutbarkeit unterscheiden.

980 Vgl. dazu Richardi NZA 2002, 1004, 1007; Schaub/Linck § 49 Rn. 6.

981 Als Arbeitsverhältnis i.S.d. § 3 EFZG ist auch das Berufsausbildungsverhältnis zu verstehen, vgl. BAG, Urt. v. 20.08.2003 – 5 AZR 436/02, BB 2004, 782 m.Anm. Lingemann; Schaub/Linck § 98 Rn. 1 ff.

982 Vgl. aber auch § 8 EFZG und BAG SAE 2003, 200 m. zust. Anm. Besgen; DB 1999, 2268 ff. zum Fortbestehen des Entgeltfortzahlungsanspruchs bei einer Kündigung aus Anlass der Erkrankung auch nach Ablauf der Kündigungsfrist.

983 Vgl. dazu Löwisch NZA 1996, 1009, 1013; Waltermann NZA 1997, 177, 179, die wegen eines gesetzgeberischen Versehens eine teleologische Reduktion des § 3 Abs. 3 EFZG mit der Folge des Wegfalls der Wartezeit vorschlagen; a.A. zu Recht ErfK/Reinhard § 3 EFZG Rn. 33; MünchArbR/Schlachter § 73 Rn. 61 wegen des eindeutigen Gesetzeswortlauts.

984 BAG DB 1999, 2268, 2269; Schaub/Linck § 98 Rn. 45 ff.; Boecken NZA 1999, 673, 677.

985 BAG, Urt. v. 17.04.2002 – 5 AZR 2/01, NZA 2002, 899; Tiedemann ArbRB 2013, 248; a.A. Gaumann/Schafft NZA 2000, 811.

986 BAG NZA 2002, 610 ff.; Schaub/Linck § 98 Rn. 45 ff.

987 Vgl. dazu ErfK/Reinhard § 3 EFZG Rn. 9 ff.; Reinecke NZA-RR 1999, 57 ff.; Stückemann DB 1998, 1662.

988 BAG, Urt. v. 13.12.2011 – 1 AZR 495/10, NZA 2012, 995; LAG Rheinland-Pfalz ArbuR 2015, 373; krit. Gutzeit NZA 2003, 81.

989 Staudinger/Oetker § 616 BGB Rn. 240 ff.; Schaub/Linck § 98 Rn. 30 ff.; Grunsky JuS 1989, 597.

um sich im eigenen Interesse vor Krankheit zu bewahren. Denn es ist keinesfalls so, dass jedermann sich strikt so verhält, dass ihm nichts zustoßen könnte.[990]

Vielmehr sind z.B. gewisse Sportarten durchaus üblich, obwohl man sich dabei verletzen kann, wie z.B. beim Fußballspielen, Boxen, Skifahren, Bergsteigen. Auch sonst wäre es eine übertriebene Bevormundung, wenn man den Arbeitnehmer mit der Obliegenheit belasten würde, zum Schutze seiner Gesundheit nicht zu rauchen, keinen Alkohol zu trinken, abends nicht zu spät ins Bett zu gehen.

Um diese Schwierigkeiten zu vermeiden, ist der Entgeltfortzahlungsanspruch abweichend vom Gesetzeswortlaut nach ganz h.M. nur dann ausgeschlossen, wenn den Arbeitnehmer an dem Eintritt der Krankheit ein **grobes Verschulden** trifft, dessen Folgen auf den Arbeitgeber abzuwälzen (objektiv) unbillig wäre.[991]

Dass A als in der Gaststätte Mithelfender den Streit unter den Gästen schlichten wollte, war verständlich. Deshalb kann ihm grobes Verschulden nicht vorgeworfen werden, sodass er die Krankheit nicht verschuldet hat.

373 4. Fraglich ist, ob der Entgeltfortzahlungsanspruch auch dann besteht, wenn der Arbeitnehmer sich die Krankheit bei einer Tätigkeit zuzieht, die dem Gelderwerb dient, etwa bei einem zweiten Arbeitsverhältnis, bei einer Tätigkeit als selbstständiger Unternehmer oder – wie hier – bei der Mithilfe im Erwerbsgeschäft seiner Ehefrau.

Während früher der Entgeltfortzahlungsanspruch teilweise abgelehnt wurde, wenn die Krankheit „aus der Sphäre einer anderen Erwerbstätigkeit" herrührte, ist es nach heute ganz h.M. grds. unerheblich, wann und bei welcher Gelegenheit der Arbeitnehmer erkrankt. Eine Einschränkung des § 3 EFZG nach der „Sphärentheorie", scheidet aus, weil der „Sphärengedanke" im Gesetz keine Stütze findet.[992]

Die Geltendmachung des Entgeltfortzahlungsanspruchs kann aber unter besonderen Umständen rechtsmissbräuchlich sein.[993] Solche Umstände liegen hier nicht vor.

374 5. Der unabdingbare Entgeltfortzahlungsanspruch (§ 12 EFZG) ist somit begründet, aber nach Maßgabe des § 3 Abs. 1 EFZG auf die **Dauer von sechs Wochen** beschränkt.[994] Dem A steht somit nach §§ 3 Abs. 1, 4 Abs. 1 EFZG für die vier Wochen ein Entgeltfortzahlungsanspruch in Höhe der ausgefallenen Vergütung (sog. **Lohnausfallprinzip**) zu. Ausgefallene Überstunden bleiben mangels einer günstigeren Regelung aber außer Betracht, § 4 Abs. 1 a EFZG.

Überstunden, die bei der Entgeltfortzahlung nach § 4 Abs. 1 a EFZG außer Betracht bleiben, liegen nicht bereits bei Überschreitung der vereinbarten, betriebsüblichen oder tariflichen Arbeitszeit vor. Entscheidend ist vielmehr die regelmäßige persönliche Arbeitszeit des erkrankten Arbeitnehmers,

---

990 Vgl. dazu Boecken NZA 2001, 233; Houben NZA 2000, 128; Schäfer NZA 1992, 529.

991 BAG, Urt. v. 18.03.2015 – 10 AZR 99/14, NZA 2015, 801 (Änderung der Rspr. zur Alkoholabhängigkeit); Gerauer NZA 1994, 496 (Bungee-Springen); BAG DB 1982, 496 und 706 (Drachenfliegen); LAG Saarland NZA 2003, 1404 (Inline-Skating); ArbG Hagen DB 1990, 1422 (Kick-Boxen); LAG Düsseldorf, Urt. v.13.06.2008 – 190 Sa 449/08, juris u. Müller-Roden NZA 1989, 128 (künstliche Befruchtung); BAG NJW 1979, 2326 (Missglückter Selbstmordversuch); OLG Koblenz BB 1994, 719 (Schlägerei); weitere Beispiele bei Schmitt § 3 EFZG Rn. 131 ff.; ErfK/Reinhard § 3 EFZG Rn. 25 ff.

992 BAG NJW 1976, 82; 1984, 1707; MünchArbR/Schlachter § 73 Rn. 12; Boecken NZA 2001, 233 ff. m.w.N.

993 Vgl. dazu MünchArbR/Schlachter § 75 Rn. 34; Schmitt § 3 EFZG Rn. 167 ff.

994 Vgl. aber § 3 Abs. 1 S. 2 Nr. 1 EFZG: Erneuter Anspruch für 6 Wochen, wenn zwischen dem Ende der Ersterkrankung und dem Beginn derselben Krankheit 6 Monate vergangen sind u. § 3 Abs. 1 S. 2 Nr. 2 EFZG: Entgeltfortzahlungsanspruch für 6 Wochen, wenn zwischen dem Beginn der Ersterkrankung und dem Beginn der neuen Arbeitsunfähigkeit wegen derselben Krankheit 12 Monate vergangen sind, sofern die Krankheit nicht über den Ablauf der 12-Monatsfrist hinaus fortbestand: dazu BAG, Urt. v. 14.03.2007 – 5 AZR 514/06, DB 2007, 1360; zur Fortsetzungserkrankung BAG, Urt. v. 13.07.2005 – 5 AZR 389/04, DB 2005, 2359 u. allg. zu den o.g. Zeiträumen MünchArbR/Schlachter § 73 Rn. 65 ff.

die bei Überschreitung der o.g. Arbeitszeit i.d.R. anhand eines Vergleichzeitraumes von 12 Monaten vor Beginn der Arbeitsunfähigkeit festzustellen ist. Hat der AN innerhalb dieses Zeitraumes mit einer gewissen Stetigkeit und Dauer über die vereinbarte oder tarifliche Arbeitszeit hinaus gearbeitet, so ist diese längere Arbeitszeit als die regelmäßige Arbeitszeit (= Zeitfaktor) maßgeblich.[995] Die zusätzlich für Überstunden bezahlten Zuschläge (= Geldfaktor nach § 4 EFZG) bleiben dagegen auch dann außer Betracht, wenn sie in einer Überstundenpauschale enthalten sind.[996]

Fällt der Tag der krankheitsbedingten **Arbeitsunfähigkeit** auf einen gesetzlichen **Feiertag** ist nach § 2 EFZG die Feiertagsvergütung unter Einbeziehung der Überstunden einschließlich der Überstundenzuschläge zu zahlen, weil insoweit § 4 Abs. 2 EFZG ausdrücklich einen **Vorrang der Feiertagsvergütung** anordnet.[997]

6. Gegenüber dem Entgeltfortzahlungsanspruch steht dem Arbeitgeber nach Maßgabe des **§ 7 EFZG** so lange ein **Leistungsverweigerungsrecht** zu, bis der Arbeitnehmer die ihm nach § 5 EFZG obliegenden Verpflichtungen, insbes. die Nachweispflicht durch Vorlage einer ärztlichen **Arbeitsunfähigkeitsbescheinigung**, erfüllt.[998] 375

Nach § 5 EFZG obliegen allen Arbeitnehmern im Krankheitsfall **Nachweis- und Mitteilungspflichten**, die grds. **auch bei einer Auslandserkrankung** bestehen.[999] Die Anzeigepflicht ist unverzüglich zu erfüllen. Die Vorlage einer ärztlichen Arbeitsunfähigkeitsbescheinigung ist grds. erst dann erforderlich, wenn die Arbeitsunfähigkeit länger als drei Kalendertage dauert. In diesem Fall ist die Arbeitsunfähigkeitsbescheinigung an dem darauf folgenden Arbeitstag vorzulegen. Der Arbeitgeber ist allerdings berechtigt, die Vorlage der Arbeitsunfähigkeitsbescheinigung früher zu verlangen, was auch in einem Tarif- oder Arbeitsvertrag generell vereinbart werden kann.[1000]

Ergebnis: A kann für die vier Wochen der krankheitsbedingten Arbeitsunfähigkeit die Fortzahlung seiner ausgefallenen Vergütung (ohne Überstunden) nach §§ 3 Abs. 1, 4 Abs. 1 EFZG verlangen.[1001] Um das Leistungsverweigerungsrecht der F nach § 7 Abs. 1 Nr. 1 EFZG auszuschließen, muss er aber die nach § 5 Abs. 1 EFZG erforderliche ärztliche Arbeitsunfähigkeitsbescheinigung vorlegen.

Die vom AN vorgelegte ärztliche Arbeitsunfähigkeitsbescheinigung hat hohen Beweiswert, weil es der gesetzlich vorgesehene und wichtigste Beweis für die Tatsache der krankheitsbedingten Arbeitsunfähigkeit ist. Der AG kann daher die Richtigkeit des ärztlichen Attestes nicht ohne Weiteres infrage stellen und den Entgeltanspruch verweigern. Gelingt es ihm allerdings durch konkrete Tatsachen den **Beweiswert des ärztlichen Attestes** zu erschüttern, dann muss der AN grds. die begründeten Zweifel an der Arbeitsunfähigkeit ausräumen, um den Entgeltfortzahlungsanspruch nicht zu verlieren.[1002] 376

II. Rückgriffsanspruch des Arbeitgebers

Hat ein Dritter die krankheitsbedingte Arbeitsunfähigkeit verschuldet, so geht der Schadensersatzanspruch, den der geschädigte Arbeitnehmer gegen den Dritten wegen 377

---

995 BAG, Urt. v. 09.07.2003 – 5 AZR 610/01, juris; Urt. v. 21.11.2001 – 5 AZR 296/00, NZA 2002, 439 m. zust. Anm. Caspers SAE 2003, 254; ErfK/Reinhard § 4 EFZG Rn. 6 f.; zur Zulässigkeit einer Abweichung zum Nachteil des AN im TV: BAG, Urt. v. 20.01.2010 – 5 AZR 53/09, NZA 2010, 455; Urt. v. 24.03.2004 – 5 AZR 346/03, BB 2004, 1572.

996 Vgl. BAG BB 2003, 55 ff.; Schaub/Linck § 98 Rn. 81.

997 Vgl. dazu BAG, Urt. v. 01.12.2004 – 5 AZR 68/04, AuA 2005, 45; ErfK/Reinhard § 4 EFZG Rn. 20; Raab NZA 1997, 1144 ff.

998 Ausführl. zu Rechten und Pflichten von Arbeitgeber und Arbeitnehmer bei krankheitsbedingter AU Seel JA 2009, 131 ff.

999 Vgl. § 5 Abs. 2 EFZG u. BAG NZA 1998, 652; Schaub/Linck § 98 Rn. 94 ff., 122 ff.; Aligbe ArbR 2013, 282.

1000 Vgl. dazu BAG, Urt. v. 14.11.2012 – 5 AZR 886/11, NZA 2013, 322; Subatzus DB 2013, 578; Worzalla NZA 1996, 61.

1001 Vgl. zur Ermittlung der Anspruchshöhe BAG NZA 1996, 640 ff.; ErfK/Reinhard § 4 EFZG Rn. 11 ff.

1002 BAG NZA 1998, 372; ausführl. dazu u. zu ausländischen AU-Bescheinigungen Schaub/Linck § 98 Rn. 109 ff., 122 ff. sowie EuGH DB 1996, 1039 u. BAG NZA 1997, 705, wonach der AG bei Vorlage einer ausländischen AU-Bescheinigung eines EU-Arztes den Missbrauchsnachweis (dazu LAG Baden-Württemberg DB 2000, 1570; Subatzus DB 2004, 1613) führen muss.

Verdienstausfalls geltend machen könnte, kraft Gesetzes gemäß § 6 Abs. 1 EFZG insoweit auf den Arbeitgeber über, als dieser Entgeltfortzahlung nach dem EFZG geleistet und Sozialversicherungsbeiträge abgeführt hat.[1003] Die geleistete Entgeltfortzahlung muss bei der Ermittlung des dem Arbeitnehmer entstandenen Schadens selbstverständlich außer Betracht bleiben. Um die **Realisierung des Rückgriffsanspruchs des Arbeitgebers gegen den Schädiger** zu ermöglichen, muss der Arbeitnehmer dem Arbeitgeber gem. § 6 Abs. 2 EFZG die erforderlichen Angaben machen. Bei einer vom geschädigten Arbeitnehmer zu vertretenden **Verhinderung des gesetzlichen Forderungsübergangs** hat Arbeitgeber ein Leistungsverweigerungsrecht nach § 7 Abs. 1 Nr. 2 EFZG.[1004]

378 D. Annahmeverzug des Arbeitgebers

Fall 20: Der Herr im Hause

Arbeiter A war im Betrieb des H beschäftigt. Nachdem H berichtet worden war, A hätte sich über das Betriebsklima kritisch geäußert, stellte H den A am 15.05. zur Rede und forderte ihn auf, den Arbeitsfrieden nicht zu stören. A antwortete, er lasse sich von niemandem den Mund verbieten. Nach einem Wortwechsel erklärte H schließlich: „Sie sehen jetzt, wer der Herr im Hause ist. Sie sind fristlos entlassen." Mit Schreiben vom 17.05. machte A geltend, H müsse erst noch den Betriebsrat anhören. H erwiderte, er verbitte sich rechtliche Belehrungen, und erteilte dem A Hausverbot. A erhob Kündigungsschutzklage und erstritt ein obsiegendes Urteil, in dem die Unwirksamkeit der Kündigung vom 15.05. festgestellt wird. Am 01.06. fand A eine neue Stelle. Kann er von H den Lohn für die Zeit vom 15.05. bis 31.05. verlangen?

Dem A könnte ein Anspruch auf „Lohn ohne Arbeit" aus §§ 611, 615 BGB zustehen.

Anmerkung: *§ 615 BGB gewährt dem Arbeitnehmer beim Annahmeverzug des Arbeitgebers keinen eigenen Anspruch, sondern hält den ursprünglichen Vergütungsanspruch aufrecht.[1005] Dennoch wird als Anspruchsgrundlage für den Vergütungsanspruch häufig nur § 615 BGB allein genannt.[1006]*

I. Das Arbeitsverhältnis zwischen A und H wurde durch die Kündigung des H nach dem Urteil des Arbeitsgerichts nicht beendet. Es besteht somit fort.

379 II. Entscheidende Voraussetzung des § 615 BGB ist, dass der Dienstberechtigte (Arbeitgeber) mit der Annahme der Dienste in Verzug geraten ist. Die Voraussetzungen des Annahmeverzuges ergeben sich aus §§ 293 ff. BGB.[1007]

1. Voraussetzung ist zunächst ein für den Schuldner erfüllbarer Anspruch. Der vertragliche Anspruch des H auf Arbeitsleistung war für A erfüllbar.

380 2. Der Schuldner muss entspr. § 297 BGB objektiv leistungsfähig und leistungsbereit sein.[1008] A war zur Arbeitsleistung imstande und bereit.

1003 Vgl. dazu ErfK/Reinhard 6 EFZG Rn. 4 ff.; Schaub/Linck § 98 Rn. 126 ff., 130 ff.; Kleinebrink ArbRB 2014, 154.
1004 Vgl. dazu ErfK/Reinhard § 7 EFZG Rn. 12 ff.; Schaub/Linck § 98 Rn. 139 ff.; Sieg BB 1996, 1766 ff.
1005 BAG, Urt. v. 19.05.2004 – 5 AZR 434/03, NZA 2004, 1064; MünchArbR/Boewer § 69 Rn. 4.
1006 Vgl. BAG NZA 1993, 550; 1994, 116, 117; Hanau/Adomeit Rn. 813; Richardi/Annuß Fall 5, B II 1.
1007 BAG, Urt. v. 25.04.2007 – 5 AZR 504/06, NZA 2007, 801 und allgemein AS-Skript Schuldrecht AT 1 (2015), Rn. 283 ff.
1008 BAG, Urt. v. 27.05.2015 – 5 AZR 88/14, NZA 2015, 1053; Hanau/Adomeit Rn. 815; ausführl. Kappelhoff ArbRB 2013, 158.

Nicht richtig wäre hier folgende Argumentation: „Da die Arbeit nicht nachholbar und der Zeitraum abgelaufen ist, liegt eine – gemäß § 297 den Annahmeverzug ausschließende – Unmöglichkeit vor." Denn zunächst muss über den Annahmeverzug entschieden werden. Liegt dieser vor, so wird A von seiner Arbeitspflicht frei (§ 615 S. 1 a.E), sodass durch den späteren Zeitablauf Unmöglichkeit nicht mehr eintreten kann. Anderenfalls käme § 615 BGB nie zur Anwendung.

3. Der Schuldner muss dem Gläubiger die Leistung grds. ordnungsgemäß anbieten. **381**
Das dafür nach § 294 BGB grds. erforderliche tatsächliche Angebot fehlt hier.

a) Nach § 295 BGB genügt ein **wörtliches Angebot**, wenn der Gläubiger bestimmt und eindeutig erklärt, er werde die Leistung nicht annehmen. In der fristlosen Kündigung liegt nach ganz h.M. die eindeutige Erklärung des H, dass er die Arbeitsleistung des A nicht annehmen wolle. Nach § 295 BGB war ein wörtliches Angebot des A ausreichend. An dieses wörtliche Angebot sind keine strengen Anforderungen zu stellen. Denn man kann vom Arbeitnehmer nicht verlangen, dass er dem Arbeitgeber, der ihn nicht beschäftigen will, ausdrücklich erklärt, er wolle arbeiten.[1009]
Hier liegt in dem Hinweis des A auf die Anhörungspflicht gegenüber dem Betriebsrat ein Protest gegen die Kündigung und damit zugleich das Angebot zur Vertragsfortsetzung. Ferner kann man in der Kündigungsschutzklage ein schlüssiges Angebot sehen.[1010] Da diese Arbeitsangebote aber nicht zurückwirken, hätte A jedenfalls für den 16.05. keinen Lohnanspruch aus § 615 BGB.

b) Nach ständiger BAG-Rspr. ist bei **Berufung des Arbeitgebers auf eine Beendigung des Arbeitsverhältnisses** durch eine Kündigung für die Zeit nach Ablauf des vorgesehenen Beendigungstermins **ein Angebot der Arbeitsleistung nach § 296 BGB entbehrlich**. Danach bedarf es keines Angebots, wenn für die vom Gläubiger zu erbringende Mitwirkungshandlung eine Zeit nach dem Kalender bestimmt ist und diese Handlung nicht rechtzeitig vorgenommen wird. Die kalendermäßig bestimmte Mitwirkungshandlung des Arbeitgebers besteht darin, „dem Arbeitnehmer einen funktionsfähigen Arbeitsplatz zur Verfügung zu stellen und ihm die Arbeit zuzuweisen".[1011] H hätte den leistungsbereiten A deshalb erneut zur Arbeit auffordern müssen, um seiner Mitwirkungspflicht zu genügen. Eines Protestes des A gegen die Kündigung bedurfte es nur, um dem H seine Leistungsbereitschaft deutlich zu machen.[1012] **382**

Im Einzelnen ist umstritten, ob und unter welchen Voraussetzungen der Arbeitgeber auch ohne ein Angebot des Arbeitnehmers in Annahmeverzug geraten kann.[1013]

4. Der Gläubiger darf die Leistung nicht angenommen haben (§ 293 BGB). H war also seit dem 15.05. im Annahmeverzug, was hier der Fall ist. **383**

Bei unberechtigter Berufung des AG auf Beendigung des Arbeitsverhältnisses durch Befristungsablauf, Eintritt einer auflösenden Bedingung, Betriebsübergang dürfte konsequenterwei-

1009 BAG, Urt. v. 12.07.2006 – 5 AZR 277/06, NZA 2006, 1094; 1999, 1044; ErfK/Preis § 615 BGB Rn. 23 ff.

1010 BAG NJW 1977, 544; KR/Spilger § 11 KSchG Rn. 12; vgl. aber BAG NJW 1985, 2662, 2663: „Fiktion".

1011 Vgl. BAG NZA 1985, 119: (Grundsatzurteil); vgl. auch BAG, Urt. v. 22.10.2009 – 8 AZR 766/08, NZA-RR 2010, 660; Urt. v. 11.01.2006 – 5 AZR 125/05, SAE 2007, 118 m. krit. Anm. Janko; ErfK/Preis § 615 BGB Rn. 27 ff., 39 ff.

1012 Vgl. dazu BAG NZA 1992, 403; 1993, 550 und ausführlich zum Annahmeverzug Schreiber Jura 2009, 592.

1013 Ausführl. dazu KR/Spilger § 11 KSchG Rn. 12 ff.; MünchArbR/Boewer § 69; Schreiber Jura 2009, 592; Waas NZA 1994, 151.

se ebenfalls § 296 BGB anzuwenden sein.[1014] Nicht dagegen, wenn das Zustandekommen eines Aufhebungsvertrages im Streit ist, sodass in diesem Fall grds. ein tatsächliches Angebot nach § 294 BGB erforderlich ist.[1015] Bei einem Betriebsübergang muss sich der Betriebserwerber den bereits beim Betriebsveräußerer eingetretenen Annahmeverzug (z.B. nach Ablauf der Kündigungsfrist) nach Sinn und Zweck des § 613 a BGB zurechnen lassen, weil das Arbeitsverhältnis in dem Zustand übergeht, in dem es sich bei Veräußerung befand.[1016] Befand sich der Betriebsveräußerer nicht im Annahmeverzug, gerät der Betriebserwerber nicht allein dadurch entspr. § 296 BGB in Annahmeverzug, dass er dem AN keinen funktionsfähigen Arbeitsplatz zuweist.[1017] Etwas anderes gilt aber dann, wenn der Betriebserwerber den behaupteten Betriebsübergang bestreitet, weil es für die Entbehrlichkeit des Angebots nach § 296 BGB und damit die Begründung des Annahmeverzuges nicht darauf ankommt, aus welchem Grund der AG den Be- bzw. Fortbestand des Arbeitsverhältnisses mit ihm leugnet.[1018] Die Grundsätze zur Entbehrlichkeit des Angebots nach § 296 BGB sind auch auf den Fall übertragbar, in dem der AN Widerspruch gegen den Betriebsübergang nach § 613 a BGB erklärt mit der Folge, dass der bisherige AG mit Zugang des Widerspruchs in Annahmeverzug gerät, wenn er dem AN keine Arbeit zuweist.[1019]

384 III. Rechtsfolge: A kann von H Fortzahlung des Lohnes nach § 615 S. 1 BGB verlangen. Die Anrechnungspflicht nach § 615 S. 2 BGB wird hier wegen der vorangegangenen Kündigungsschutzklage durch die Sonderregelung in § 11 KSchG verdrängt.[1020] Inwieweit danach eine Anrechnung zu erfolgen hat, lässt sich nach dem Sachverhalt nicht entscheiden. Damit jedoch der Arbeitgeber feststellen kann, ob und ggf. inwieweit **anrechenbarer Zwischenverdienst** vorliegt, kann er vom Arbeitnehmer insoweit Auskunft, u.U. sogar die Abgabe einer eidesstattlichen Versicherung verlangen. Solange der Arbeitnehmer diese Auskunftspflicht nicht bzw. nicht ausreichend erfüllt, steht dem Arbeitgeber ein **Leistungsverweigerungsrecht** zu.[1021] Da der anderweitige Verdienst nach h.M. auf die gesamte Dauer des Verzuges und nicht nur auf den Zeitabschnitt anzurechnen ist, in dem der anderweitige Verdienst erzielt wurde,[1022] kann A den Lohn für die Zeit vom 15.05. bis zum 31.05. ohne Anrechnung des anderweitigen Verdienstes, den er bis zur Beendigung des Arbeitsverhältnisses mit H erzielt hat, nur dann verlangen, wenn er nach § 12 KSchG vorgeht und innerhalb einer Woche nach Rechtskraft des stattgebenden Urteils gegenüber dem H die Fortsetzung des Arbeitsverhältnisses ablehnt. Denn in diesem Fall schuldet der bisherige Arbeitgeber nur den Verdienst für die Zeit zwischen der Entlassung und dem Tag der Begründung des neuen Arbeitsverhältnisses.[1023]

385 Ist der Annahmeverzug wegen Eintritts eines Leistungshindernisses auf Schuldnerseite (Unmöglichkeit, Krankheit) entfallen, fällt später aber das Leistungshindernis wieder weg, muss der **Annahmeverzug neu begründet** werden. Der AN braucht jedoch den Wegfall des Leistungshindernisses dem AG nicht mitzuteilen und ihn zur erneuten Arbeitszuweisung aufzufordern; denn die Mitwir-

---

1014 Vgl. BAG (7. Senat) NZA 1993, 1081; ErfK/Preis § 615 BGB Rn. 41; a.A. BAG, Urt. v. 15.05.2013 – 5 AZR 130/12, NZA 2013, 1076; Urt. v. 19.09.2012 – 5 AZR 627/11, NZA 2013, 101: § 296 grds. nur bei unwirksamer AG-Kündigung anwendbar.

1015 Vgl. dazu BAG, Urt. v. 05.12.2005 – 5 AZR 19/05, NZA 2006, 435.

1016 BAG NZA 1991, 726 ff.; Urt. v. 22.10.2009, Fn. 1011; Urt. v. 08.04.1988 – 2 AZR 681/87, juris; LAG Berlin NZA-RR 2003, 409.

1017 Vgl. dazu BAG NZA 1998, 1233, 1234; ErfK/Preis § 615 BGB Rn. 40 ff.

1018 Vgl. BAG, Urt. v. 08.04.1988 – 2 AZR 681/87, juris; NZA 1998, 1233, 1234; 1991, 726; vgl. aber 5. Senat des BAG, Fn. 1014.

1019 Vgl. BAG, Urt. v. 27.11.2008 – 8 AZR 199/07, ZinsO 2009, 1715 m.Anm. Gerstner ArbR 2009, 138.

1020 BAG, Urt. v. 24.09.2003 – 5 AZR 500/02, NZA 2004, 90; 1994, 116; MünchArbR/Boewer § 69 Rn. 41 ff.

1021 BAG, Urt. v. 19.03.2002 – 9 AZR 16/01, DB 2002, 1508; Klein NZA 1998, 1208; Lüderitz/Pawlak NZA 2011, 313.

1022 BAG, Urt. v. 24.06.2015 – 5 AZR 509/13, NZA 2015, 1256; a.A. LAG Düsseldorf, Urt. v. 06.05.2010 – 13 Sa 70/10, juris, m.w.N.; vgl. aber auch BAG NZA 2000, 818: Anrechnung zunächst nur nach Zeitabschnitten, wenn das AV noch besteht.

1023 KR/Rost § 12 KSchG Rn. 21 ff.; Bauer BB 1993, 2444: „Taktische Erwägungen u. Möglichkeiten im Zusammenhang mit § 12 KSchG"; zur Vermeidung des Annahmeverzugsrisikos Sommer/Wichert AuA 2012, 144; Opolony BB 1998, 1714.

kungspflicht des Gläubigers i.S.d. § 296 BGB setzt keine Kenntnis von der Leistungsfähigkeit des Schuldners voraus, sofern der Schuldner nur seine Leistungsbereitschaft deutlich gemacht hat.[1024]

Der **Annahmeverzug** des Arbeitgebers wird noch **nicht** dadurch **beendet**, dass er den Arbeitnehmer zur Erbringung der Arbeitsleistung für die Dauer des Bestandsschutzstreits auffordert[1025] bzw. die Kündigung zurücknimmt, aber den damit einverstandenen Arbeitnehmer nicht zur Arbeit auffordert.[1026] Die Ablehnung der Arbeitsleistung durch den Arbeitnehmer kann aber insbes. bei betriebs- bzw. personenbedingten Kündigungen böswilliges Unterlassen des anderweitigen Verdienstes i.S.d. § 615 S. 2 BGB bzw. § 11 Nr. 2 KSchG sein.[1027] Die Unterlassung der Arbeitslosenmeldung bzw. der Zwangsvollstreckung aus einem Weiterbeschäftigungstitel während des Annahmeverzuges begründet noch kein böswilliges Unterlassen, weil insofern keine aktive Tätigkeit des Arbeitnehmers erforderlich ist.[1028] Etwas anderes gilt grds. aber auch bei einer verhaltensbedingten fristlosen Kündigung, wenn der Arbeitgeber den Arbeitnehmer nach einer (nicht rechtskräftigen) Verurteilung zur Weiterbeschäftigung zur Arbeitsleistung auffordert.[1029]

Abwandlung:

Ändert sich etwas, wenn A am 20.05. eine Freiheitsstrafe antreten musste?

Annahmeverzug des H?

I. Wegen der Notwendigkeit, beim Arbeitsverhältnis die Leistung und ihre Störungen zeitabschnittsweise zu betrachten, müssen die Voraussetzungen für den Annahmeverzug am 20.05. neu überprüft werden.

II. Ab dem 20.05. scheitert der Annahmeverzug des H an § 297 BGB, da A ab diesem Zeitpunkt die Erfüllung der Arbeitspflicht wegen der Inhaftierung unmöglich geworden ist, was den Annahmeverzug des H ausschließt. Der Lohnanspruch ist somit ab dem 20.05. nach § 326 Abs. 1 BGB erloschen. A kann daher Lohnfortzahlung nach § 615 BGB nur bis einschließlich 19.05., also nur für fünf Tage verlangen.

Im Zusammenhang mit **Annahmeverzug** und dem **§ 297 BGB** ist außerdem zu beachten, dass der Arbeitnehmer bei einer nur rahmenmäßig vereinbarten Tätigkeit nur die Arbeitsleistung in einer den Annahmeverzug begründenden Weise anbieten kann, die ihm der Arbeitgeber in Ausübung seines Direktionsrechts nach § 106 GewO wirksam zugewiesen hat. **Kann der Arbeitnehmer die ihm zugewiesene Tätigkeit aus in seiner Person liegenden Gründen** (z.B. gesundheitsbedingte Leistungseinschränkung) **nicht ausüben** und bietet er dem Arbeitgeber nur eine seinem Leistungsstand entspr. Tätigkeit an, bietet er nicht die geschuldete Arbeitsleistung an. Denn der Arbeitnehmer kann den Inhalt der Arbeitspflicht nicht selbst konkretisieren, was dem § 106 GewO widersprechen würde. In diesem Fall kommt allerdings ein **Schadensersatzanspruch aus § 280 Abs. 1 BGB** wegen der Verletzung der Rücksichtnahmepflicht aus § 241 Abs. 2 BGB in Betracht, wenn der Arbeitgeber es schuldhaft unterlassen hat, sein Direktionsrecht erneut auszuüben und dem Arbeitnehmer die von ihm verlangte und seinem Leistungsstand entspr. Tätigkeit zuzuweisen, was ihm möglich und zumutbar wäre. Die Darlegungs- und Beweislast dafür trägt grds. der Arbeitnehmer.[1030]

1024 BAG NZA 1995, 263; KR/Spilger § 11 KSchG Rn. 18; a. A. noch BAG NJW 1985, 935 ff. unter Hinweis auf § 295 S. 2 BGB.

1025 BAG, Urt. v. 13.07.2005 – 5 AZR 578/04, BB 2006, 50; Urt. v. 24.09.2003, Fn. 1020; ErfK/Preis § 615 BGB Rn. 67 m.w.N.

1026 BAG, Urt. v. 16.05.2012 – 5 AZR 251/11, NZA 2012, 971; NZA 1999, 925; Schaub/Linck § 95 Rn. 58 ff.; a.A. Waas NZA 1994, 151, 156 ff.; krit. Janko SAE 2007, 118 ff.; vgl. dazu auch Fischer NZA 1999, 459 ff.; Schmädicke/Leister ArbRB 2007, 279.

1027 Vgl. dazu BAG, Urt. v. 11.01.2006 – 5 AZR 98/05, NZA 2006, 314; 1998, 750, 752; ErfK/Preis § 615 BGB Rn. 95 ff.; ausführl. zu Kündigung und Annahmeverzugslohn Lüderitz/Pawlak NZA 2011, 313;Opolony AuA 2007, 86; Schier BB 2006, 2578.

1028 Vgl. dazu BAG NZA 2001, 26; 2000, 817; Spirolke NZA 2001, 707; Schirge DB 2000, 1278.

1029 BAG, Urt. v. 24.09.2003 – 5 AZR 500/02, NZA 2004, 90; vgl. Tschöpe DB 2004, 434; Bayreuther NZA 2003, 1365; zur Böswilligkeit bei Änderungskündigung BAG, Urt. v. 16.06.2004 – 5 AZR 508/03, NZA 2004, 1155.

1030 Vgl. dazu BAG, Urt. v. 27.05.2015 – 5 AZR 88/14, NZA 2015, 1053; Urt. v. 19.05.2010 – 5 AZR 162/09, NZA 2010, 1119; Kappelhoff ArbRB 2013, 158 ff.; Kleinebrink FA 2011, 66 ff.; ausführlich und krit. dazu auch Kaiser RdA 2015, 76 ff.

E. Die Lehre vom Betriebsrisiko und vom Wirtschaftsrisiko

I. Lohnzahlungspflicht beim Betriebsrisiko

Fall 21: Betriebsverbot bei Smog (Fortführung von Fall 17)

Als A aufgrund des smogbedingten Verkehrsverbots erst um 9.00 Uhr (statt um 7.00 Uhr) das Chemiewerk erreicht, wird ihm gesagt, dass im Zuge des Smog-Alarms gegenüber dem Werk ein Betriebsverbot für den gesamten Montag angeordnet worden sei. Aus diesem Grund könne man A an diesem Tag nicht beschäftigen.
A ist der Ansicht, ihm stehe gleichwohl der Lohn für alle am Montag ausfallenden Arbeitsstunden zu. V meint: „Ohne Arbeit kein Lohn." Zu Recht?

386 Ein Lohnanspruch aus § 611 Abs. 1 BGB i.V.m. dem Arbeitsvertrag scheidet mangels Arbeitsleistung des A aus. Es ist daher nach einer besonderen Rechtfertigung zu suchen, wobei wegen der unterschiedlichen Ursachen für den Arbeitsausfall zwischen den Zeiträumen 7.00 Uhr bis 9.00 Uhr und 9.00 Uhr bis Arbeitsende zu differenzieren ist.

387 A. Hinsichtlich des Lohnanspruchs des A für die Zeit von 7.00 Uhr bis 9.00 Uhr kann auf die Ausführungen zu Fall 17 (S. 157) verwiesen werden. Auf das dort erzielte Ergebnis (kein Lohn ohne Arbeit) hat der Umstand, dass der Betrieb wegen des gleichen Ereignisses (Smog-Alarm) schließen musste, keinen Einfluss. Da A für diese Zeit nicht imstande war, seine Arbeitsleistungen am Arbeitsplatz anzubieten, konnte V nicht in Annahmeverzug geraten, sodass A seinen Anspruch auch nicht auf § 615 S. 1 BGB stützen kann. Das sog. **„Wegerisiko"** verbleibt somit auch hier bei dem Arbeitnehmer A, weil der Vergütungsanspruch mangels einer besonderen Rechtfertigung für „Lohn ohne Arbeit" gemäß § 326 Abs. 1 BGB erloschen ist (vgl. oben Rn. 362).

388 B. Der Lohnanspruch des A für die Zeit von 9.00 Uhr bis Arbeitsende

I. § 616 BGB greift als besondere Rechtfertigung für „Lohn ohne Arbeit" mangels eines persönlichen Verhinderungsgrundes des A nicht ein (vgl. oben Rn. 361).

389 II. Dem A könnte der Lohnanspruch aus § 615 S. 3 BGB i.V.m. den Grundsätzen der Betriebsrisikolehre zustehen.

§ 615 S. 3 regelt, dass die S. 1 u. 2 des § 615 BGB entspr. gelten, wenn der AG das Risiko des Arbeitsausfalls zu tragen hat. Keine Aussage trifft aber § 615 S. 3 BGB dazu, wann der AG dieses Risiko zu tragen hat. Insofern soll die Rspr. nach dem Willen des Gesetzgebers weiterhin konkretisierend tätig bleiben und den Besonderheiten des Einzelfalles Rechnung tragen. Da in den Fällen, in denen die Arbeit aufgrund einer Betriebsstörung ausfiel, nach der bisherigen Rechtslage mit einer entspr. Begründung sowohl die Annahme von Annahmeverzug als auch einer von keinem bzw. vom Arbeitgeber zu vertretenden Unmöglichkeit mit entspr. Auswirkungen auf den Vergütungsanspruch möglich war, sind von der Rspr. die Grundsätze der Betriebsrisikolehre (§ 615 BGB analog) entwickelt worden.[1031] Da § 615 S. 3 BGB erst auf Bitte des Bundesrats, „die Einführung einer die bisherigen arbeitsrechtlichen Grundsätze absichernden Rechtsnorm zu prüfen", eingeführt wurde, hat der Gesetzgeber damit die bisherige Rspr. zu den Grundsätzen der Betriebsrisikolehre anerkannt, was auch aus der amtlichen Überschrift folgt.[1032]

1031 Vgl. dazu BAG AP Nr. 15 zu § 615 BGB; MünchArbR/Boewer § 69 Rn. 55 ff.; Reichold ZfA 2006, 223 ff.

1032 Vgl. Pötters/Traut DB 2011, 1741; Luke NZA 2004, 244 ff.; Richardi NZA 2002, 1004, 1008; Däubler NZA 2001, 1329, 1332.

1. V hatte gegen A einen Anspruch auf Erbringung der vertraglich geschuldeten Arbeitsleistung.

2. A erbrachte die geschuldete Arbeitsleistung nicht, sodass die Arbeitszeit ausgefallen ist. Fraglich ist somit, ob V nach § 615 S. 3 BGB das Vergütungsrisiko für diesen Arbeitsausfall nach den Grds. der Betriebsrisikolehre zu tragen hat.

   a) Es müssten die **Voraussetzungen der Betriebsrisikolehre** vorliegen. **390**

      aa) Dies setzt zunächst voraus, dass eine Betriebsstörung vorliegt. Die Gründe für die Störung müssen also in der betrieblichen Sphäre liegen.

      Typische Fälle des Betriebsrisikos sind: Abbrennen der Fabrikanlagen, Mangel an Energie, Versagen von Maschinen, Ausfall einer EDV-Anlage; Ausfall anderer Arbeitnehmer, ohne die die Arbeit nicht fortgeführt werden kann; strenger Frost; Naturkatastrophen wie Überschwemmung der Fabrikanlagen.[1033] Es handelt sich also in erster Linie um technische Störungen.

      Wegen des smogbedingten Betriebsverbots kann V den Betrieb seines Chemiewerks nicht aufrechterhalten. Dieser Fall ist den genannten Störungen gleichzustellen.[1034] Somit liegt hier eine Betriebsstörung vor.

      Ist nicht der Arbeitsvorgang selbst gestört, sondern ist die Arbeit wirtschaftlich sinnlos (z.B. keine Aufträge), handelt es sich nicht um eine Betriebsstörung, vielmehr greift die Wirtschaftsrisikolehre ein (vgl. Rn. 393). Einen besonders bedeutsamen Problemkreis bilden die Fälle, in denen die Arbeit selbst oder der wirtschaftliche Sinn der Arbeit durch Arbeitskampfmaßnahmen gestört wird.[1035] Diese Frage wird im Zusammenhang mit dem Arbeitskampfrecht behandelt (vgl. dazu Rn. 662 ff.).

      bb) Die Störung darf weder vom Arbeitgeber noch vom Arbeitnehmer zu vertreten sein. Das Vertretenmüssen des Arbeitgebers ist hier aber analog § 276 BGB, also eng und ohne Berücksichtigung der Risikoverteilung zu prüfen.

      Wegen dieser Voraussetzung wäre oben in Fall 18 (S.165): „unachtsames Reinigungspersonal") die Lehre vom Betriebsrisiko selbst dann nicht anwendbar, wenn bei dem Brand das ganze Lokal zerstört worden wäre. Denn diese Störung wäre vom Arbeitgeber nach § 278 BGB (Reinigungskräfte als Erfüllungsgehilfen) zu vertreten.[1036]

      Vorliegend haben weder A noch V das Betriebsverbot verschuldet.

      cc) Die Grundsätze über das Betriebsrisiko sind abdingbar, insbes. tarifdispositiv. Erforderlich ist aber eine eindeutige Regelung.[1037] Sie sind auch nicht anwendbar, wenn eine anderweitige Regelung besteht.[1038]

      An der grds. Abdingbarkeit der Grundsätze der Betriebsrisikolehre ändert der neue § 615 S. 3 BGB nichts, weil er keine Regelung dazu enthält, wann der Arbeitgeber das Risiko des Arbeitsausfalls zu tragen hat (vgl. oben Rn. 389). Inwieweit die Abbedin-

---

1033 BAG DB 1991, 1525; Schaub/Linck § 101 Rn. 2, 7; ErfK/Preis § 615 BGB Rn. 131 ff.; Sasse/Häcker ArbRB 2013, 219; Spielberger/Heer AuA 2013, 582; Mosch NJW-Spezial 2013, 434 zu Naturkatastrophen u. Luke NZA 2004, 244, 245 mit Bsp.

1034 Vgl. die Stellungnahme des BArbMin., BT-Drs. 11/71 = DB 1987, 1150; Richardi NJW 1987, 1231, 1235.

1035 Vgl. bereits den Ausgangsfall der Betriebsrisikolehre: RGZ 106, 272; Luke NZA 2004, 244, 245.

1036 ErfK/Preis § 615 BGB Rn. 122; zum Verschulden des Arbeitgebers Ehmann NJW 1987, 401, 402.

1037 BAG NZA 1999, 1166, 1167; ErfK/Preis § 615 BGB Rn. 129; MünchArbR/Boewer § 69 Rn. 62.

1038 Vgl. BAG, Urt. v. 22.04.2009 – 5 AZR 310/08, NZA 2009, 913 (Kurzarbeitergeld beim witterungsbedingten Arbeitsausfall).

gung des Betriebsrisikos in Formularverträgen (z.B. Kurzarbeitsklausel) einer Inhaltskontrolle nach § 307 BGB standhält, ist noch nicht abschließend geklärt.[1039]

Im vorliegenden Fall greifen keine Sonderregelungen ein, sodass die Grundsätze der Betriebsrisikolehre anwendbar sind.

391 b) Verteilung des Betriebsrisikos

aa) **Grds. trägt der Arbeitgeber das Betriebsrisiko** für alle technischen Störungen des Betriebsablaufs, die von keiner Partei zu vertreten sind.

Früher wurde das Betriebsrisiko nach der Sphärentheorie verteilt. Danach hatte jede Seite die in ihrer Sphäre liegenden Umstände zu vertreten. Die Sphärentheorie versagt aber in Fällen der vorliegenden Art, da weder der Smog noch die behördliche Anordnung des Betriebsverbots ohne willkürliche Unterstellungen der Sphäre des Arbeitgebers oder des Arbeitnehmers zuzurechnen sind. Die grds. Zuweisung des Betriebsrisikos an den Arbeitgeber rechtfertigt sich dadurch, dass nach den Prinzipien unserer Wirtschaftsverfassung der Unternehmer den Betrieb organisiert und leitet, die Verantwortung trägt und die Erträge erhält. Läuft der Betrieb gut, kommt der Arbeitgeber in den Genuss auch besonders hoher Gewinne. Dann muss er umgekehrt auch die Ausfälle tragen. Er kann sich in seiner Kalkulation darauf einstellen, eine Versicherung abschließen, Solidaritätsfonds mit anderen Unternehmern gründen und in schwerwiegenden Fällen schließlich über seinen Verband auf Regierung und Parlament einwirken. Ein smogbedingtes Betriebsverbot kann der Arbeitgeber, insbesondere durch den rechtzeitigen Einbau von Filteranlagen, abwenden. Dass eine Behörde durch ein Betriebsverbot in seine Betriebsführung eingreift, stellt somit einen Fall des vom Arbeitgeber zu tragenden Betriebsrisikos dar.[1040]

Trägt der Arbeitgeber das Risiko, so hat das zur Folge, dass der Arbeitnehmer seinen Lohn verlangen kann, ohne gearbeitet zu haben.

392 bb) Von diesem Grundsatz kommen zwei **Ausnahmen** in Betracht:

(1) Bei einer **Existenzgefährdung des Betriebs** kommt eine Lohnminderung in Betracht; u.U. entfällt der Lohnanspruch ganz.[1041]

Diese Ausnahme wird z.T. in der Lit. unter Hinweis darauf abgelehnt, dass es hier um wirtschaftliche Fragen gehe und der AG das Wirtschaftsrisiko trage. Praktisch werde hier das Arbeitsverhältnis unzulässigerweise in ein Gesellschaftsverhältnis umfunktioniert. Denn selbst in der Insolvenz habe der AG nur ein Recht zur ordentlichen Kündigung (§ 113 InsO) und müsse den Lohn bis zum Ablauf der Kündigungsfrist zahlen. Diese Rspr. sei überholt, weil sie auf dem überkommenen Gedanken der Betriebsgemeinschaft von Arbeitgeber und Arbeitnehmer beruhe.[1042]

Von Richardi[1043] wird die h.M. so verteidigt, dass die Alternative nicht heiße: „Lohn oder nicht Lohn", sondern: „außerordentliche Kündigung des Arbeitnehmers oder Beibehaltung des Arbeitsplatzes unter Verkürzung des Lohnes wegen zeitweiliger Unmöglichkeit der Beschäftigung". Unter diesem Aspekt habe die Beibehaltung des Arbeitsplatzes Vorrang.

(2) Für **Betriebsstörungen als Folge eines Arbeitskampfes** gelten die Sonderregelungen des Arbeitskampfrisikos (dazu unten Rn. 677 ff.).

1039 Vgl. dazu MünchArbR/Boewer § 69 Rn. 6 f., 62; Hanau/Adomeit Rn. 820; Bauer/Günther BB 2009, 662 und Fn. 392.

1040 Schaub/Linck § 101 Rn. 7; MünchArbR/Boewer § 69 Rn. 57; Dossow BB 1988, 2455, 2459; Richardi NJW 1987, 1231, 1235; a.A. Brötzmann/Tilly BB 1986, 1843, 1845; Ehmann NJW 1987, 401, 403.

1041 BAG AP Nr. 15 zu § 615 BGB „Betriebsrisiko"; B/R/H Rn. 393; Richardi/Annuß, Fall 12, S. 136.

1042 ErfK/Preis § 615 BGB Rn. 126 f.; MünchArbR/Boewer § 69 Rn. 59 f.

1043 Richardi, Fälle und Lösungen, 6. Aufl., S. 37, Anm. 44; im Ergebnis auch MünchKomm/Henssler § 615 BGB Rn. 98.

3. Ergebnis: Hier greift keine dieser Ausnahmen ein, sodass der Lohnanspruch des A für die Zeit von 9.00 Uhr bis Arbeitsende nach den Grundsätzen der Lehre vom Betriebsrisiko begründet ist.

II. Lohnzahlungspflicht und Wirtschaftsrisiko

Die Lehre vom Betriebsrisiko behandelt nur die Lohnzahlung bei Betriebsstörungen; **393**
das sind vorwiegend technische oder gleichgestellte Störungen.

Ist die technisch an sich mögliche Arbeit aus wirtschaftlichen Gründen nicht sinnvoll, weil kein Absatz da ist (Auftragsmangel) oder kein Gewinn zu erzielen ist, so spricht man vom Wirtschaftsrisiko.[1044] Das **Wirtschaftsrisiko** trägt erst recht der Arbeitgeber,[1045] was man auch auf den Grundgedanken des § 276 Abs. 1 S. 1 BGB (Haftung für Beschaffungsrisiko) stützen kann, der in verallgemeinerter Form dem bisherigen § 279 BGB a.F. (Einstandspflicht für eigene finanzielle Leistungsfähigkeit) entspricht. Betriebsrisiko und Wirtschaftsrisiko hängen allerdings eng zusammen, weil sich einerseits technische Störungen finanziell auswirken bzw. durch Kapitaleinsatz vielfach abfangen lassen, andererseits wirtschaftliche Schwierigkeiten des Unternehmers sich technisch auswirken können (z.B. Sperrung der Stromzufuhr wegen Zahlungsrückstandes).

Die Bedeutung des Umstandes, dass der Arbeitgeber das Wirtschaftsrisiko trägt, besteht darin, dass Lohnminderungen nicht automatisch eintreten, sondern dass der Arbeitgeber dafür eine Rechtsgrundlage braucht; das gilt selbstverständlich erst recht bei Entlassungen. Rechtsgrundlage für die Einführung von Kurzarbeit können Tarif- bzw. Arbeitsvertrag oder Betriebsvereinbarung sein.[1046] Sie bedarf der Zustimmung des Betriebsrats (§ 87 Abs. 1 Nr. 3 BetrVG).[1047]

III. Umgehung der Grundsätze des Betriebs- und Wirtschaftsrisikos

Die Grundsätze des Betriebs- und Wirtschaftsrisikos kann der Arbeitgeber **nicht** da- **394**
durch **umgehen**, dass er die jeweilige Produktions- oder Absatzstörung zum Anlass einer außerordentlichen Kündigung nimmt[1048] oder er für diesen Fall eine auflösende Bedingung des Arbeitsverhältnisses vereinbart.[1049]

F. Innerbetrieblicher Schadensausgleich

I. Schlechtleistung des Arbeitnehmers

Fall 22: Vergütung für unbrauchbare Arbeitsleistung?

S wird bei dem Großhändler G seit 2 Jahren als Sachbearbeiterin im Verkauf beschäftigt. Zu ihrem Aufgabenbereich gehört u.a. die Erstellung von Verkaufslisten, die u.a. Verkaufspreise enthalten, die nach vorgegebenen Kriterien zu ermitteln und monat-

---

1044 ErfK/Preis § 615 BGB Rn. 120 f., 135; MünchKomm/Henssler § 615 BGB Rn. 91; MünchArbR/Boewer § 69 Rn. 58.
1045 BAG NZA 1995, 468; NJW 1981, 937; ErfK/Preis § 615 BGB Rn. 120 f., 135; Luke NZA 2004, 244, 245.
1046 Vgl. dazu BAG, Urt. v. 25.10.2000 – 4 AZR 438/99, BB 2001, 677; NZA 1995, 134; vgl. auch oben Rn. 268.
1047 Vgl. dazu LAG Sachsen NZA-RR 2003, 366; Schaub/Linck § 47 Rn. 1 ff., 6; Bischof NZA 1995, 1021 ff.
1048 BAG DB 1973, 187 (Fabrikbrand); ErfK/Preis § 615 BGB Rn. 137.
1049 BAG DB 1982, 121: Lizenzentzug bei Fußballverein; vgl. dazu auch van der Woldenberg NZA 1999, 1033.

lich zu aktualisieren sind. In der Folgezeit schaffte G neue EDV-Anlagen mit neuen Programmen an und ließ die bei ihm beschäftigten Angestellten an entsprechenden Schulungen teilnehmen. Obwohl auch S an diesen Schulungen teilnahm, waren die von ihr für Januar erstellten Verkaufslisten so fehlerhaft, dass sie von einer Arbeitskollegin nahezu völlig neu erstellt werden mussten. Kann G der S das Gehalt kürzen?

Kommt es darauf an, ob S sich genügend Mühe gegeben hat?

Anspruchsgrundlage für den zu prüfenden Lohnanspruch der S ist § 611 BGB i.V.m. dem Arbeitsvertrag.

395 Ein Arbeitsverhältnis zwischen S und B liegt vor.

I. Mangels abweichender Vereinbarung ist der Lohnanspruch nach § 614 BGB erst nach Erbringung der Arbeitsleistung fällig.

396 Da die von der S erstellten Verkaufslisten völlig unbrauchbar waren und von einer Arbeitskollegin neu erstellt werden mussten, könnte man daran denken, die von S abgelieferte Schlechtleistung einer Nichtleistung gleichzustellen. Da die Verkaufslisten innerhalb einer bestimmten Arbeitszeit zu erstellen waren und die verstrichene Arbeitszeit nicht nachgeholt werden kann, könnte schon aus diesem Grunde insoweit Unmöglichkeit i.S.d. § 275 BGB vorliegen, sodass S ihren Lohnanspruch nach § 326 Abs. 1 S. 1 BGB verloren haben könnte. Fraglich ist aber, ob die Unmöglichkeitsregeln bei einer Schlechtleistung des Arbeitnehmers überhaupt anwendbar sind.

1. Vor der Schuldrechtsreform wurde teilweise die Anwendbarkeit der Unmöglichkeitsregeln bejaht, weil der Arbeitnehmer zu einer „ordnungsgemäßen" Arbeitsleistung verpflichtet sei. Dementsprechend sei die Erbringung einer Schlechtleistung als (teilweise) Nichtleistung zu bewerten, sodass eine Lohnkürzung nach § 326 Abs. 1 S. 1 BGB (früher: § 323 bzw. § 325 BGB a.F.) möglich sei.[1050] Danach könnte G zur Lohnkürzung berechtigt sein.

Nach dieser Ansicht stellt sich zunächst die Frage, ob die abgelieferte Schlechtleistung eine vollständige oder nur (inwieweit?) teilweise Nichtleistung ist. Denn auch hier enthält die Verkaufsliste teilweise richtige Angaben. Außerdem ist zu beachten, dass der Arbeitgeber dafür verantwortlich ist, dass dem Arbeitnehmer solche Aufgaben übertragen werden, die er auch erfüllen kann („Richtiger Mann am richtigen Platz"). Die fehlerhafte Arbeitszuweisung begründet zumindest ein Mitverschulden des Arbeitgebers (§ 254 BGB), das zum Ausschluss bzw. Reduzierung des Lohnkürzungsrechts des Arbeitgebers führen kann. Dies zeigt, dass diese Ansicht zumindest bei der Festlegung der Höhe der Lohnminderung zu erheblichen praktischen Problemen führt.

397 2. Gegen diese Ansicht sprach aber schon nach der bisherigen Rechtslage, dass der Arbeitnehmer nach dem Arbeitsvertrag als einem Sonderfall des Dienstvertrags i.S.d. § 611 BGB – anders als der Werkunternehmer nach § 631 BGB – keinen Arbeitserfolg, sondern lediglich die erfolgsorientierte Tätigkeit schuldet. Diese geschuldete Leistungspflicht hat er aber auch dann erfüllt, wenn er die ihm übertragene Tätigkeit, wenn auch schlecht, ausgeführt hat. Die für die Arbeitspflicht des Arbeitnehmers maßgeblichen §§ 611 ff. BGB sehen auch – anders als z.B. §§ 434 ff., 633 BGB – keine (verschuldensunabhängigen) Gewährleistungsvor-

1050 Vgl. Beuthien ZfA 1972, 73 ff.; Z/L/H § 21 Rn. 39 ff.; ausführl. dazu Maschmann, NZA 2006, Beil. 1, S. 13 ff.

schriften vor, die Leistungsminderungsrechte enthalten. Deshalb kann es auch nicht sachgerecht sein, im Ergebnis über § 326 Abs. 1 S. 1 BGB eine verschuldensunabhängige Gewährleistungspflicht des Arbeitnehmers anzunehmen. Denn auch im sonstigen Schuldrecht des BGB wird die Schlechtleistung nicht nach Unmöglichkeitsregeln, sondern nach den Gewährleistungsvorschriften bzw. § 280 Abs. 1 BGB behandelt, wobei letztere nur verschuldensabhängige Schadensersatzansprüche begründet. Wieso im Arbeitsvertragsrecht von den allgemeinen zivilrechtlichen Prinzipien abgewichen und auch eine verschuldensunabhängige Gewährleistungspflicht des Arbeitnehmers angenommen werden sollte, ist nicht ersichtlich. Vielmehr folgt gerade aus dem Fehlen der Gewährleistungsvorschriften in den §§ 611 ff. BGB, dass das Risiko der Schlechtleistung vom Arbeitgeber zu tragen ist. Eine **Lohnkürzung wegen Schlechtleistung des Arbeitnehmers** war daher schon nach der bisherigen Rechtslage **nicht möglich**. Nachdem jetzt § 326 Abs. 1 S. 2 BGB bestimmt, dass der Anspruch auf die Gegenleistung nicht entfällt, wenn der Schuldner bei nicht vertragsgemäßer Leistung nicht zur Nachleistung nach § 275 Abs. 1–3 BGB verpflichtet ist, gilt dies aufgrund des Fixschuldcharakters der Arbeitspflicht (vgl. oben Rn. 355 f.) erst recht.[1051]

Etwas anderes kommt allenfalls dann in Betracht, wenn der Arbeitnehmer eine völlig unbrauchbare Leistung erbracht hat, sodass im Ergebnis keine Schlechterfüllung der übertragenen Arbeit, sondern eine Nichterfüllung vorliegt.[1052] Dieser Ausnahmefall liegt hier nicht vor, weil S die geschuldete Verkaufsliste, wenn auch mit Fehlern, abgeliefert hat.

Zulässig sind dagegen grds. Vereinbarungen im Arbeitsvertrag, Tarifvertrag bzw. in einer Betriebsvereinbarung, wonach bei verschuldeter Schlechtleistung eine Lohnminderung (z.B. bei Akkord- und Prämienlohn) möglich ist, wenn das Arbeitsergebnis bestimmte Mindestanforderungen nicht erfüllt. Voraussetzung dafür war aber schon bisher, dass das Arbeitsergebnis allein von der Arbeitsleistung des Arbeitnehmers abhängig ist und dem Arbeitnehmer der Entlastungsbeweis nicht abgeschnitten wird.[1053] Die Zulässigkeit einer solchen „Lohnminderungsabrede" in einem Formulararbeitsvertrag, die das Transparenzgebot des § 307 Abs. 1 S. 2 BGB beachten müsste, ist im Hinblick auf § 307 Abs. 2 Nr. 1 BGB zweifelhaft geworden.[1054] **398**

II. Auch wenn die Schlechtleistung den Arbeitgeber nicht zu einer Lohnkürzung berechtigt, bedeutet es nicht, dass sie für den Arbeitnehmer keine nachteiligen Folgen haben kann. Denn die Schlechterfüllung der Arbeitspflicht kann einen Schadensersatzanspruch des Arbeitgebers aus § 280 Abs. 1 BGB begründen,[1055] mit dem er gegen den Lohnanspruch des Arbeitnehmers nach §§ 387 ff. BGB aufrechnen kann.[1056] **399**

Im Ergebnis wird dies häufig dasselbe bedeuten wie eine unmittelbare Lohnkürzung, jedoch mit zwei wesentlichen Unterschieden:

- Bei Haftung wegen Schlechterfüllung nach § 280 Abs. 1 BGB ist Verschulden erforderlich (vgl. auch die Beweislastregel des § 619 a BGB[1057]).

1051 Vgl. BAG, Beschl. v. 18.07.2007 – 5 AZN 610/07, BB 2007, 1903; NZA 1999, 141, 142; ErfK/Preis § 611 BGB Rn. 682 ff.; MünchArbR/Reichold § 39 Rn. 60 ff.; Maschmann NZA 2006, Beil. 1, S. 13 ff.; Richardi NZA 2002, 1004, 1011.

1052 Vgl. Richardi NZA 2002, 1004, 1011.

1053 Hanau/Adomeit Rn. 703; Schaub/Linck § 52 Rn. 5; Staudinger/Richardi/Pfischinger § 611 BGB Rn. 1285 ff. m.w.N.

1054 Vgl. dazu ErfK/Preis § 619 a BGB Rn. 36 ff.; §§ 305-310 BGB Rn. 88 ff.

1055 Zur Kündigung wg. Schlechtleistung BAG, Urt. v. 17.01.2008 – 2 AZR 536/06, NZA 2008, 693; Weber DB 2015, 1899; allg. zu Folgen der Schlechtleistung Singer/Schiffer JA 2006, 833; Tschöpe BB 2006, 213; Römermann/Haase MDR 2006, 853.

1056 Vgl. Z/L/H § 21 Rn. 39 ff.; Richardi NZA 2002, 1004, 1011; vgl. aber auch MünchArbR/Reichold § 39 Rn. 60 ff.

1057 Vgl. ausführlich zum § 619 a BGB Oetker BB 2002, 43 ff. und zur Haftung beim Leistungslohn Schwab NZA-RR 2009, 57 ff.

- Eine Aufrechnung ist zum einen nur gegen den Nettolohnanspruch möglich und zum anderen nur insoweit, als dieser den nach §§ 850 ff. ZPO pfändungsfreien Betrag übersteigt (§ 394 BGB). Es ist also gewährleistet, dass der Arbeitnehmer wenigstens den pfändungsfreien Betrag behält.[1058]

  Die Berufung auf das Aufrechnungsverbot des § 394 BGB i.V.m. §§ 850 ff. ZPO ist nach ganz h.M. bei einer vorsätzlich begangenen Vertragsverletzung bzw. unerlaubter Handlung treuwidrig. Dem Arbeitnehmer muss aber das Existenzminimum erhalten bleiben. Denn anderenfalls müsste er Sozialhilfe bekommen, sodass die Aufrechnung letztlich zulasten der öffentlichen Hand und damit der Allgemeinheit ginge.[1059]

1. Hat S sich die gebotene Mühe gegeben, fehlt es an dem für eine Haftung nach § 280 Abs. 1 BGB erforderlichen Verschulden. Es besteht in diesem Fall ein ungeminderter Lohnanspruch.

2. Hat S sich nicht die erforderliche und zumutbare Mühe gegeben, so liegt eine schuldhafte Verletzung der Arbeitspflicht vor. Der dem Arbeitgeber dadurch entstandene Schaden – z.B. weil eine zusätzliche Kraft eingestellt werden musste – ist vom Arbeitnehmer nach § 280 Abs. 1 BGB zu ersetzen. Mit diesem Gegenanspruch kann B gegen den Nettolohnanspruch des S aufrechnen, sodass S nur noch einen Teil ihres Lohnes erhält, mindestens aber den Pfändungsfreibetrag.

   Die Annahme einer Vertragsverletzung mit der Begründung, der AN habe sich nicht genügend Mühe gegeben, ist praktisch aber sehr problematisch. Man denke z.B. an die Berufsfußballspieler, bei denen die Bundesligavereine gelegentlich geltend machen, sie hätten sich in einem Spiel nicht genügend Mühe gegeben, und kürzen das Gehalt. Es ist sehr schwer festzustellen, wann ein Spieler bloß „nicht in Form" oder „vom Pech verfolgt" ist und wann er aus Arbeitsunlust schuldhaft schlecht spielt. Bei anderen AN ist es ähnlich. Es ist deshalb bei der Annahme schuldhafter Schlechtarbeit oder Arbeitsunlust eine sorgfältige Verschuldensprüfung geboten.

II. Sachschaden des Arbeitgebers bei betrieblich veranlasster Tätigkeit Personenschaden des Arbeitnehmers beim Arbeitsunfall

Fall 23: Möbelwagen auf Ölspur

A ist als Kraftfahrer bei der Möbelspeditionsfirma F beschäftigt. Seit mehreren Jahren fährt er überwiegend nachts. Einen Unfall hat er bisher noch nicht verursacht. Eines Nachts gegen 2.00 Uhr nähert er sich auf einer relativ gut ausgeleuchteten Straße einer Linkskurve. Dabei beobachtet er den Gegenverkehr, sodass er eine am Anfang der Kurve beginnende Ölspur nicht rechtzeitig bemerkt. Der Lkw rutscht zur Seite, kommt ins Schleudern und prallt gegen einen Lichtmast. A wird verletzt, ebenso der mitfahrende Möbelpacker P. Am Lkw entsteht Sachschaden in Höhe von 20.000 €, den F von A ersetzt verlangt. Auch P fragt, ob er einen Anspruch auf Ersatz der Krankenbehandlungskosten hat, soweit diese von dem Sozialversicherungsträger nicht getragen werden. Ferner verlangt P ein angemessenes Schmerzensgeld.

1058 Vgl. dazu BAG, Urt. v. 22.09.2015 – 9 AZR 143/14, juris und oben Rn. 321.

1059 Vgl. BAG NZA 1997, 1108; LAG Hamm LAGReport 2005, 384; Palandt/Heinrichs § 394 BGB Rn. 2 und oben Rn. 321.

A. Anspruch der **Firma F gegen A auf Ersatz der Schäden am Lkw aus § 280 Abs. 1 BGB** **400**

I. Zwischen A und F bestand zur Zeit des Unfalls ein Arbeitsverhältnis, aus dem sich für A die Pflicht ergab, seine Arbeit so zu verrichten, dass der von ihm gefahrene Lkw nicht beschädigt wird. Durch die Verursachung des Unfalls wurde diese Pflicht objektiv verletzt.

II. A müsste die **Pflichtverletzung zu vertreten** haben. **401**
Nach § 276 BGB hat der Schuldner Vorsatz und jede, auch die leichteste Fahrlässigkeit zu vertreten mit der Folge, dass er für den verursachten Schaden grds. in vollem Umfang haftet (vgl. aber § 254 BGB „Mitverschulden"). Da es im Arbeitsrecht keine eigenständige gesetzliche Regelung des Verschuldensbegriffs gibt, könnte man eine Haftung des A für den verursachten Schaden mit der Begründung annehmen, dass ein sorgfältiger Fahrer nicht nur den Gegenverkehr, sondern auch die Fahrbahnbeschaffenheit beobachten muss. Hätte A auch Letzteres getan, hätte er die Ölspur auf der relativ gut ausgeleuchteten Straße erkennen und den Unfall vermeiden können. Da für ein Mitverschulden des Arbeitgebers F keine Anhaltspunkte vorliegen, würde A bei uneingeschränkter Anwendung zivilrechtlicher Haftungsgrundsätze („Alles-oder-Nichts-Prinzip") für den verursachten Schaden in vollem Umfang haften, weil eine zugunsten des A von § 276 BGB abweichende Regelung (Arbeitsvertrag, Tarifvertrag) nicht vorliegt.

Die Versuche, eine stillschweigende Vereinbarung eines Haftungsausschlusses unterhalb der Grenze der groben Fahrlässigkeit anzunehmen bzw. einen eigenständigen, arbeitsrechtsspezifischen Fahrlässigkeitsbegriff zu entwickeln, haben sich nicht durchgesetzt.[1060]

III. Trotz der Geltung des Verschuldensbegriffs des § 276 BGB im Arbeitsrecht besteht heute Einigkeit darüber, dass eine **uneingeschränkte Anwendung der zivilrechtlichen Haftungsgrundsätze** (Prinzip: „Alles oder nichts") **auf** die **Haftung des Arbeitnehmers gegenüber** dem **Arbeitgeber nicht sachgerecht** wäre. Denn zum einen lässt sich bei der Dauerhaftigkeit der Arbeitsleistung wegen der Unvollkommenheit der menschlichen Natur nicht ausschließen, dass auch bei einem sorgfältigen Arbeitnehmer die für die Erbringung der Arbeitsleistung notwendige Aufmerksamkeit für kurze Zeit nachlässt und dadurch Schäden verursacht werden, die in keinem Verhältnis zu dem erzielten Lohn stehen. Die volle Haftung des Arbeitnehmers hätte eine Existenzgefährdung zur Folge. Zum anderen ist zu berücksichtigen, dass der Arbeitnehmer eine fremdbestimmte Arbeit leistet und daher auf die Betriebsorganisation sowie die zu verwendenden Materialien und Arbeitsmittel keinen Einfluss hat. Dem Arbeitgeber fließt dagegen der wirtschaftliche Erfolg der Arbeitnehmertätigkeit zu, er kann das Schadensrisiko aufgrund des Betriebsrisikos i.d.R. besser einschätzen und durch entsprechende Versicherungen sowie Preiskalkulationen für sich beherrschbar machen. **402**

Die Notwendigkeit der Begrenzung der Arbeitnehmerhaftung, an der die Schuldrechtsreform nichts änderte, leitete die früher h.M. aus der Fürsorgepflicht des Arbeitgebers ab, heute wird dagegen überwiegend auf das Gebot einer angemessenen Verteilung des Betriebsrisikos (analog § 254 BGB) bzw. auf allg. Gerechtigkeits- und Billigkeitserwägungen (Rechtsgedanke des

---

1060 Vgl. dazu MünchArbR/Reichold § 51 Rn. 25 ff.; Annuß NZA 1998, 1089 ff.

§ 254 BGB) abgestellt. Denn eine unbeschränkte Schadenshaftung des Arbeitnehmers würde einen unverhältnismäßigen Eingriff in das Recht auf freie Entfaltung seiner Persönlichkeit (Art. 2 Abs. 1 GG) und in sein Recht auf freie Berufsausübung (Art. 12 Abs. 1 S. 2 GG) darstellen.[1061]

403 1. Um eine angemessene Begrenzung der Haftung des Arbeitnehmers gegenüber dem Arbeitgeber zu erreichen, wurden von der Rspr. zunächst die **Grundsätze über die gefahrgeneigte (= schadensgeneigte) Arbeit** entwickelt. Danach ist eine Arbeit gefahrgeneigt, wenn sie es ihrer Art nach mit sich bringt, dass auch dem sorgfältigsten Arbeitnehmer gelegentlich Fehler unterlaufen, die zwar – für sich allein betrachtet – jedes Mal vermeidbar gewesen sind, mit denen aber angesichts der menschlichen Unzulänglichkeit erfahrungsgemäß zu rechnen ist. Dabei wurde zunächst das Vorliegen gefahrgeneigter Arbeit generell nach der Art der Tätigkeit beurteilt, sog. typisierende Betrachtungsweise.[1062] In späteren Entscheidungen wurde nicht mehr geprüft, ob eine Tätigkeit generell gefahrgeneigt ist, sondern es wurde darauf abgestellt, ob eine bestimmte Tätigkeit in der konkreten Situation gefahrgeneigt war, sog. situationsbezogene Betrachtungsweise.[1063]

404 2. Das vom BAG aufgestellte Erfordernis der Gefahrgeneigtheit stieß insbes. wegen Fehlens klarer Abgrenzungskriterien von Anfang an auf scharfe Kritik der Lit. Vor allem nachdem sich die situationsbezogene Betrachtungsweise in der Rspr. durchgesetzt hatte, hing es immer vom Einzelfall ab, ob ein Arbeitnehmer uneingeschränkt nach den zivilrechtlichen Haftungsgrundsätzen für den verursachten Schaden einzustehen hatte oder ob nach Bewertung der Einzelfallumstände zunächst eine gefahrgeneigte Tätigkeit und damit die Möglichkeit einer Haftungsbegrenzung anzunehmen war. Danach war wiederum unter Berücksichtigung der Einzelfallumstände festzustellen, ob und ggf. inwieweit die Haftung des Arbeitnehmers zu begrenzen war.[1064] Nach der jetzigen Rspr. des BAG und des **BGH** sowie der **ganz h.L.** ist die **Gefahrgeneigtheit keine Voraussetzung** mehr **für eine Beschränkung der Arbeitnehmerhaftung. Ausreichend und erforderlich** ist, dass **eine betrieblich veranlasste Tätigkeit des Arbeitnehmers** vorliegt.[1065]

405 Bzgl. der **Haftung des Arbeitnehmers** für Schäden, die in Ausführung einer betrieblichen Tätigkeit verursacht worden sind, gilt **abhängig vom Verschuldensgrad und ohne eine starre Haftungshöchstgrenze**:

- Vorsatz – unbeschränkte Haftung

  Voraussetzung für die unbeschränkte Haftung ist aber, dass sich der Vorsatz nicht nur auf den Pflichtverstoß, sondern auch auf den Schaden bezieht.[1066]

1061 Ausführl. dazu BAG DB 1993, 939; MünchArbR/Reichold § 51 Rn. 25 ff.; Pallasch RdA 2013, 338; Schreiner Jura 2009, 26; Marhold JuS 1991, 421 u. Joussen RdA 2006, 129 zum persönlichen Anwendungsbereich der Grds. der AN-Haftung.

1062 Vgl. BAG [GS] NJW 1959, 2194; zur Entwicklung der Rspr. zur gefahrgeneigten Arbeit: BAG NZA 1988, 579.

1063 BAG AP Nr. 56, 80 zu § 611 BGB „Haftung des Arbeitnehmers“ und Schwab AiB 2012, 391 und NZA-RR 2006, 449 ff.

1064 Vgl. dazu Naendrup JuS 1984, 339 „überflüssige Verdoppelung“.

1065 BAG NZA 2003, 37; BGH NZA 1994, 270; BAG [GS] NZA 1994, 1083: Grundsatzbeschluss zum Wegfall des Erfordernisses der Gefahrgeneigtheit nach Anschluss an den vorangegangenen Vorlagebeschluss an den Gemeinsamen Senat der obersten Gerichtshöfe durch den BGH; allg. zur Haftung im Arbeitsverhältnis Pallasch RdA 2013, 338; Waltermann JuS 2009, 193; Schreiber Jura 2009, 26; Rspr.-Übers. bei Schwab AiB 2007, 85 u. NZA-RR 2006, 449; Hübsch NZA-RR 1999, 393.

1066 BAG, Urt. v. 20.06.2013 – 8 AZR 471/12, NZA-RR 2014, 63; Hanau/Adomeit Rn. 705; Dütz/Thüsing Rn. 203.

- **grobe Fahrlässigkeit** – grds. unbeschränkte Haftung

  Ausnahmsweise Haftungsbegrenzung im Einzelfall möglich, wenn der Verdienst des Arbeitnehmers im deutlichen Missverhältnis zum Schadensrisiko der Tätigkeit steht.[1067]

- **normale (= mittlere) Fahrlässigkeit** – Rspr. und h.L. – Schadensteilung. Für den Umfang der Arbeitnehmerhaftung sind Einzelfallumstände maßgeblich.[1068]

  Die im Einzelfall bei der Bemessung der Höhe der Haftung des Arbeitnehmers zu berücksichtigenden Umstände sind insbes.: Verhalten in der Vergangenheit, Art und Schwierigkeit der Tätigkeit, insbes. Gefahrgeneigtheit der Tätigkeit, Schadensrisiko, Ausbildung, Berufserfahrung, Verhalten des Arbeitgebers (Mitverschulden?) und vor allem Versicherbarkeit des Schadensrisikos.[1069] Dabei ist davon auszugehen, dass der Arbeitgeber zwar nicht verpflichtet ist, eine Versicherung abzuschließen. Schließt er aber die zumutbare Versicherung nicht ab, so ist er so zu behandeln, als ob er eine solche Versicherung hätte. Die Haftung des Arbeitnehmers ist im Hinblick auf diese Obliegenheit des Arbeitgebers auf die (fiktive) übliche und angemessene Selbstbeteiligung beschränkt.[1070]

- **geringe Schuld (= leichteste Fahrlässigkeit)** – BAG, BGH und Teil der Lit. – keine Haftung[1071]

  Hanau/Preis:[1072] der Verschuldensgrad sei nur einer von mehreren Faktoren für die Bemessung der Höhe des Schadensersatzanspruchs, sodass bei „geringer Schuld" ein Haftungsausschluss nicht generell angenommen werden könne. Auch nach dieser Auffassung ist jedoch i.d.R. davon auszugehen, dass die Haftung bei leichtester Fahrlässigkeit ausgeschlossen ist.[1073]

3. Vorliegend kann man nicht sagen, dass A durch das Übersehen der Ölspur die erforderliche Sorgfalt in besonders schwerem Maße verletzt hat oder mit normaler Schuld gehandelt hat. Vielmehr ist aufgrund der Nachtzeit und des Gegenverkehrs in einer Kurve davon auszugehen, dass A die Ölspur, die nachts nicht ohne Weiteres als solche zu erkennen ist, lediglich infolge leichtester Fahrlässigkeit übersah. Der Sachschaden am Lkw gehört mithin zu dem Betriebsrisiko der Firma F und ist von ihr allein zu tragen. Vertragliche Ersatzansprüche scheiden aus.

Anmerkung: *Die Einführung der Beweislastregel des § 619 a BGB ändert an diesem Ergebnis nichts, da mit dieser Regelung lediglich der bisherigen Rechtsprechung des BAG zur Nichtanwendbarkeit der Verschuldensvermutungsregel des § 282 BGB a.F. (neu: § 280 Abs. 1 S. 2 BGB) Rechnung getragen wurde.*[1074]

1067 BAG, Urt. v. 15.11.2012 – 8 AZR 705/11, DB 2013, 705; ErfK/Preis § 611 BGB Rn. 18; krit. Krause NZA 2003, 577, 583.

1068 BAG, Urt. v. 18.01.2007 – 8 AZR 250/06, NZA 2007, 1230; BAG [GS] NZA 1994, 1083; BGH, Fn. 1065; ErfK/Preis § 619 a BGB Rn. 16 ff.; a.A. noch BAG NJW 1983, 1693, 1695; Lipperheide BB 1993, 720, 724; Däubler NJW 1986, 867: Keine Haftung.

1069 BAG, Urt. v. 18.01.2007, Fn. 1068; ErfK/Preis § 619 a BGB Rn. 16; MünchArbR/Reichold § 51 Rn. 44 ff.

1070 BAG NZA 1988, 579; LAG Bremen NZA 2000, 126; B/R/H Rn. 252; Hübsch BB 1998, 690 ff.; Worzalla NZA 1991, 166 ff.

1071 BAG, Urt. v. 21.05.2015 – 8 AZR 116/14, juris; Urt. v. 28.10.2010 – 8 AZR 418/09, DB 2011, 711; BGH, Fn. 1065; ErfK/Preis § 619 a BGB Rn. 13, 17; a.A. Z/L/H § 22 Rn. 18; MünchArbR/Reichold § 51 Rn. 41, 43; Brox SAE 1990, 100, 103.

1072 Hanau/Preis JZ 1988, 1067, 1074.

1073 Vgl. auch Brox SAE 1990, 100, 103; MünchArbR/Reichold § 51 Rn. 40, 42 ff. mit Kritik an der „Haftungsdreiteilung".

1074 Vgl. dazu BAG, Urt. v. 21.05.2015, Fn. 1071; ErfK/Preis § 619 a BGB Rn. 2; ausführl. zum § 619 a BGB Oetker BB 2002, 43 ff.

406 IV. Die Grundsätze des innerbetrieblichen Schadensausgleichs gelten **auch gegenüber anderen Anspruchsgrundlagen**, insbes. gegenüber § 823 BGB.[1075] Der Anspruch der Firma F auf deliktischer Grundlage reicht deshalb nicht weiter als der vertragliche Anspruch.

Eine **Abweichung von den Grundsätzen über den innerbetrieblichen Schadensausgleich zum Nachteil des Arbeitnehmers in Tarif- und Arbeitsverträgen ist unzulässig**, weil es sich dabei um **einseitig zwingendes Arbeitnehmerschutzrecht** handelt.[1076] Zulässig sind aber Vereinbarungen von Haftungsverschärfungen, insb. sog. Mankoabreden, wenn dem AN dafür ein besonderer Risikoausgleich gezahlt wird, sodass im Ergebnis keine Schlechterstellung des AN vorliegt.[1077] Wird dem AN ein angemessener Ausgleich gezahlt, dürfte eine Abweichung von den o.g. Grundsätzen auch formularmäßig vereinbart werden, wobei eine Umkehr der Beweislast abweichend von dem grds. dispositiven § 619 a BGB nach § 309 Nr. 12 BGB unwirksam sein dürfte.[1078] In der Zahlung eines höheren Lohnes liegt ein solcher Ausgleich noch nicht.[1079]

407 Nach h.M. ist die Haftungsbegrenzung nach den Grds. über den innerbetrieblichen Schadensausgleich ausgeschlossen, wenn **zugunsten des Arbeitnehmers eine gesetzlich vorgeschriebene Haftpflichtversicherung eingreift**. Denn in diesem Fall wird der Schaden von dem Pflichtversicherer gedeckt, sodass der mit der Haftungserleichterung bezweckte soziale Schutz des Arbeitnehmers nicht erforderlich ist.[1080] Bei einer freiwilligen Versicherung ist dagegen die Begrenzung der Arbeitnehmerhaftung nicht ausgeschlossen.[1081]

408 B. Anspruch des P gegen die **Firma F auf Heilungskosten**, die von dem Sozialversicherungsträger nicht getragen werden, sowie auf ein Schmerzensgeld.

I. Als Anspruchsgrundlagen kommen in Betracht:

1. § 280 Abs. 1 BGB (einschließlich Schmerzensgeld, vgl. § 253 Abs. 2 BGB). Zwar trifft F selbst kein Verschulden, jedoch könnte im Verhältnis zwischen F und P der Fahrer A Erfüllungsgehilfe sein, sodass F für das Verschulden des A nach § 278 BGB einzustehen hat.

2. Da A Verrichtungsgehilfe der Firma F war, könnte auch § 831 BGB eingreifen und sich auch daraus ein Schmerzensgeldanspruch ergeben, § 253 Abs. 2 BGB.

409 II. Dem Anspruch aus beiden Gesichtspunkten könnte aber **§ 104 SGB VII** entgegenstehen. Voraussetzungen der Vorschrift:[1082]

1. Es muss ein **Arbeitsunfall i.S.d. § 8 Abs. 1 SGB VII** vorliegen. Für P ist der Unfall (= plötzliches, schädigendes Ereignis)[1083] ein Arbeitsunfall.

1075 BAG NZA 1999, 141, 144; Schaub/Linck § 59 Rn. 42; MünchArbR/Reichold § 51 Rn. 61 ff.

1076 BAG, Urt. v. 05.02.2004 – 8 AZR 91/03, BB 2004, 1507; NZA 2000, 715; 1999, 141, 144; Schaub/Linck § 59 Rn. 51; a.A. MünchArbR/Reichold § 51 Rn. 68; ErfK/Preis § 619 a BGB Rn. 11, 94; Jacklowsky NZA 2000, 644; Krause NZA 2003, 577, 586 (nur für TV), die aber nur beschränkt Abweichungen zulassen u. daher i.d.R. gleiche Ergebnisse erzielen.

1077 BAG, Urt. v. 05.02.2004, Fn. 1076; NZA 2000, 715 ff.; 1999, 141, 144; Krause RdA 2013, 129 und NZA 2003, 577, 585.

1078 ErfK/Preis § 619 a BGB Rn. 35 ff.; §§ 305-310 BGB Rn. 88 ff.; Waltermann Rn. 251 f.; Schwab NZA-RR 2006, 449, 455; krit. zur h.M. und zu Mankoabreden nach neuem Recht Oberthür ArbRB 2007, 369; Schwirtzek NZA 2005, 437.

1079 Vgl. Peifer ZfA 1996, 69, 75; MünchArbR/Reichold § 51 Rn. 75 m.w.N.

1080 BAG, Urt. v. 28.10.2010, Fn. 1071; NZA 1998, 310, 311; BGH NZA 1992, 688, 689; ErfK/Preis § 619 a BGB Rn. 19 f.; a.A. Schwab NZA-RR 2006, 449, 451: eine vom AN getragene Versicherung dürfe dem Arbeitgeber nicht zugute kommen.

1081 BAG, Urt. v. 28.10.2010, Fn. 1071; ErfK/Preis § 619 a BGB Rn. 20; Henne EWiR 2011, 377; Hübsch NZA-RR 1999, 393, 394.

1082 Vgl. dazu ErfK/Rolfs § 104 SGB VII Rn. 5 ff.; Brose RdA 2011, 205; Schmidt BB 2002, 1859; Rolfs DB 2001, 2294.

1083 Vgl. dazu BAG, Urt. v. 13.12.2001 – 8 AZR 131/01, ZTR 2002, 442 ff.; Schaub/Koch § 61 Rn. 14 ff.

Arbeitsunfälle sind zunächst Unfälle i.S.d. § 8 Abs. 1 S. 2 SGB VII, die die nach §§ 2, 3, 6 SGB VII versicherten Personen bei den dort genannten Tätigkeiten erleiden.[1084] Außerdem gehören dazu auch die sog. Wege- und Arbeitsgeräteunfälle nach § 8 Abs. 2 SGB VII.[1085]

2. Der Anspruchsteller muss **im Rahmen einer unfallversicherungspflichtigen Tätigkeit** für seinen Arbeitgeber tätig gewesen sein. Gleich stehen Angehörige und Hinterbliebene (vgl. § 104 Abs. 1 S. 2 SGB VII). Diese Voraussetzung ist vorliegend erfüllt.

   Der Ausschluss der Haftung des Unternehmers nach § 104 SGB VII setzt nicht voraus, dass ein wirksames Arbeitsverhältnis besteht bzw. der Geschädigte auch Arbeitnehmer des „Unfallbetriebes" ist. Dient die Tätigkeit mehreren Unternehmen, genügt es, dass der Versicherte für sein Unternehmen in dem „Unfallbetrieb" tätig war (vgl. § 2 Abs. 1, 2 SGB VII), sodass z.B. auch Leiharbeitnehmer erfasst werden.[1086]

3. Der Arbeitgeber darf den Arbeitsunfall gemäß § 104 Abs. 1 S. 1 Alt 1 SGB VII **nicht vorsätzlich** herbeigeführt haben, wobei der Vorsatz sich auch auf die Rechtsgutverletzung beziehen muss.[1087]

4. Der Arbeitsunfall darf gemäß § 104 Abs. 1 S. 1 Alt. 2 SGB VII **nicht** „bei einem nach § 8 Abs. 2 Nr. 1–4 SGB VII versicherten Weg (sog. **wegebezogener Unfall**) eingetreten" sein.

   Wegebezogene Arbeitsunfälle, die der versicherungspflichtigen Tätigkeit nur vorausgehen und nicht unmittelbar im Betriebsinteresse liegen, stellen zwar Versicherungsfälle i.S.d. § 2 Abs. 4 Nr. 1 bis 4 SGB VII dar, sodass der AN auf diesem mit der versicherten Tätigkeit im Zusammenhang stehenden „Arbeitsweg" den gesetzlichen Unfallschutz genießt.[1088] Dem Haftungsprivileg des Unternehmers unterliegen die wegebezogenen Unfälle jedoch nicht.

   Ein solcher Unfall liegt nicht vor, wenn – wie hier – das Lenken eines Fahrzeuges oder das Mitfahren zur Arbeitstätigkeit gehört, da der Arbeitnehmer den tätigkeitsbezogenen Gefahrenbereich nicht verlassen hat.[1089] Somit liegen die Voraussetzungen des § 104 SGB VII vor.

   BGH:[1090] „Die Regelung will die Fälle erfassen, in denen der Versicherte den Gefahrenbereich, in dem er durch die Zugehörigkeit zu seinem Betrieb betroffen ist, verlässt und sich als normaler Verkehrsteilnehmer in den Gefahrenbereich des allgemeinen Straßenverkehrs begibt. Deshalb ist nicht allein maßgebend, wo sich der Unfall ereignet hat, sondern auch, inwieweit er mit dem Betrieb und der Berufstätigkeit des Versicherten zusammenhängt".

5. **Rechtsfolge:** Der Arbeitgeber haftet nach § 104 SGB VII nicht für Personenschäden. Darunter fallen nach ganz h.M. auch Schmerzensgeld und Beerdigungskosten, nicht aber sog. Schockschäden Dritter wegen des Unfalls.[1091] 410

1084 Vgl. dazu BAG, Urt. v. 30.10.2003 – 8 AZR 548/02, DB 2004, 656; Plagemann/Radtke-Schwenzer NJW 2015, 1348 ff.

1085 Vgl. BAG, Urt. v. 19.08.2004 – 8 AZR 349/03, FA 2004, 314; Schaub/Koch § 61 Rn. 36 ff.; ErfK/Rolfs § 8 SGB VII Rn. 12.

1086 BAG, Urt. v. 19.02.2009 – 8 AZR 188/08, DB 2009, 1134; BGH, Urt. v. 30.04.2013- VI ZR 155/12, NZA 2013, 1218; LAG Berlin-Brandenburg DB 2013, 2686; ErfK/Rolfs § 104 SGB VII Rn. 20; Schaub/Koch § 61 Rn. 17 ff., 58.

1087 BAG, Urt. v. 19.02.2009, Fn. 1086; BGH, Urt. v. 15.07.2008 – VI ZR 212/07, NJW 2009, 681; ErfK/Rolfs § 104 SGB VII Rn. 12.

1088 Vgl. dazu BSG, Urt. v. 24.06.2003 – B 2 U 40/02, NZA 2003, 1018; Schaub/Koch § 61 Rn. 36 ff., 65 m.w.N.

1089 Vgl. dazu BAG, Urt. v. 19.08.2004, Fn. 1085; BGH, Urt. v. 25.10.2005 – VI ZR 334/04, MDR 2006, 634; Schaub/Koch § 61 Rn. 36 ff.; Lemcke/Heß/Burmann NJW-Spezial 2008, 617; Marschner BB 1996, 2090, 2091: „jedenfalls keine wesentliche Änderung gegenüber der Teilnahme am allgemeinen Straßenverkehr i.S.d. § 636 RVO".

1090 BGH AP Nr. 13 zu § 636 RVO (früher); vgl. auch BAG, Urt. v. 19.08.2004, Fn. 1085; Schaub/Koch § 61 Rn. 36 ff.

1091 BVerfG, Beschl. v. 27.02.2009 – 1 BvR 3505/08, NZA 2009, 509; BGH, Urt. v. 04.06.2009 – III ZR 229/07, juris; BAG, Urt. v. 19.02.2009, Fn. 1086; Schaub/Koch § 61 Rn. 62; a.A. Richardi NZA 2002, 1004, 1009, da Schmerzensgeldanspruch nicht mehr im Deliktsrecht verankert, sondern mit dem § 253 Abs. 2 BGB generell in das Schadensrecht eingefügt.

Der Haftungsausschluss ist damit zu erklären, dass der Geschädigte einen Anspruch auf Leistungen aus der gesetzlichen Unfallversicherung hat. Die für die Unfallversicherung erforderlichen Beiträge werden von den Arbeitgebern allein aufgebracht, sodass den Arbeitgebern das Risiko einer weitergehenden Haftung aus Arbeitsunfällen abgenommen wird. Andererseits ist dem Arbeitnehmer zuzumuten, auf weitergehende Ersatzansprüche (z.B. Schmerzensgeld) zu verzichten, weil ihm für die von der Sozialversicherung gedeckten Schäden in der Gestalt eines öffentlich-rechtlichen Versicherungsträgers ein leistungsfähiger und sicherer Schuldner zur Verfügung gestellt wird. – Dem möglichen Einwand, leichtfertig handelnde Unternehmer könnten dadurch unbillig begünstigt werden, ist damit zu begegnen, dass der Sozialversicherungsträger zwar auch bei Vorsatz und grober Fahrlässigkeit leistungspflichtig ist, aber gegen den Schädiger nach § 110 SGB VII einen Rückgriffsanspruch hat.[1092]

P hat gegen F keinen Anspruch.

411 C. P könnte **Schadensersatz von A** verlangen.

I. Als Anspruchsgrundlage kommt § 823 BGB in Betracht.

II. Diesem Anspruch steht jedoch **§ 105 Abs. 1 SGB VII** entgegen. Danach ist die zivilrechtliche Haftung des Arbeitnehmers **gegenüber einem Arbeitskollegen für Personenschäden** (einschl. des Schmerzensgeldes, s.o. Rn. 410), die auf einem **durch betriebliche Tätigkeit verursachten Arbeitsunfall** beruhen, grds. **ausgeschlossen** (Ausnahmen: Vorsatz oder ein sog. wegebezogener Unfall, s.o. Rn. 409). Der Unfall muss sich nicht unmittelbar bei der Ausübung, sondern im inneren Zusammenhang mit der Betriebstätigkeit ereignen, sodass der Haftungsausschluss u.U. auch bei einer Rauferei eingreifen kann.[1093] Anders als nach dem früheren § 637 RVO erstreckt sich also die Haftungsfreistellung nach § 105 SGB VII nicht nur auf die in demselben Betrieb tätigen Arbeitnehmer. Es genügt vielmehr, dass der Unfallverursacher im Unfallzeitpunkt „wie" ein Beschäftigter für den Unfallbetrieb tätig war, dem der Geschädigte angehörte. Außerdem erweitert § 106 Abs. 3 SGB VII den Haftungsausschluss auf Versicherungsfälle, die sich bei einer bloß vorübergehenden Tätigkeit der in unterschiedlichen Betrieben beschäftigten Arbeitnehmer auf einer „gemeinsamen Betriebsstätte" ereignen.[1094]

Der Haftungsausschluss nach § 105 SGB VII beruht u.a. auf folgendem Gedanken: Würde er nicht bestehen, so hätte P gegen A einen Schadensersatzanspruch aus § 823 BGB. Diese Verpflichtung des A ist eine Folge betrieblicher Tätigkeit und würde deshalb im Verhältnis zum Arbeitgeber (hier: F) unter die Grds. des innerbetrieblichen Schadensausgleichs fallen. A könnte also von F verlangen, dass diese ihn von der Verpflichtung gegenüber P freistellt. Auf diesem Umwege hätte F doch einen Teil des bei dem Arbeitsunfall entstandenen Personenschadens tragen müssen, was ihren „Haftungsfreikauf" durch Finanzierung der Unfallversicherung entwerten würde.[1095]

III. Ergebnis: P hat somit auch gegen A keinen Anspruch.

1092 Vgl. dazu Deinert RdA 2013, 146; Schwab NZA-RR 2006, 505, 510; Marschner BB 1996, 2090, 2092.

1093 BAG, Urt. v. 22.04.2004 – 8 AZR 159/03, AiB 2006 m. krit. Anm. Schwab; Schaub/Koch § 61 Rn. 71; vgl. aber BAG, Urt. v. 19.03.2015 – 8 AZR 67/14, NZA 2015, 1057 m. Anm. Lipinsks/Dommi DB 2015, 2028 zur Haftung eines Auszubildenden.

1094 Vgl. BAG, Urt. v. 19.02.2009, Fn. 1086; BGH, Urt. v. 30.04.2013, Fn. 1086 und oben Rn. 409.

1095 Vgl. dazu ErfK/Rolfs § 105 SGB VII Rn. 1; Denck Jura 1987, 225 ff.

III. Haftung des Arbeitgebers für Vermögensschäden des Arbeitnehmers

1. Verschuldensabhängige Haftung

Hat der Arbeitgeber die Vertragspflichten bzw. die nach §§ 823 ff. BGB geschützten Rechtsgüter des Arbeitnehmers schuldhaft verletzt, haftet er nach allgemeinen zivilrechtlichen Grundsätzen (§§ 280, 281, 283, 286, 311 a BGB und §§ 823 ff. BGB) auf Schadensersatz. Insoweit bestehen keine Besonderheiten. **412**

Beispiel 1: Der Arbeitgeber gerät mit der Erfüllung des Lohnanspruchs in Verzug. Den dem Arbeitnehmer durch den Verzug entstandenen Schaden muss er nach § 280 Abs. 1 BGB ersetzen.

Beispiel 2: Der Arbeitnehmer A stellt auf einem Firmenparkplatz, der sich auf dem Werksgelände befindet, seinen Pkw ab. Dort wird der Pkw beim Entladen eines in unmittelbarer Nähe abgestellten Lkw durch Mitarbeiter der F beschädigt. F haftet dem A auf Schadensersatz nach § 280 Abs. 1 BGB n.F. wegen schuldhafter Verletzung der Fürsorgepflicht (Zurechnung über § 278 BGB) und aus § 831 BGB. § 104 SGB VII greift nicht ein, da danach nur Haftung für Personenschäden ausgeschlossen ist.[1096]

Beispiel 3: Der Arbeitgeber, der vereinbarungswidrig dem Arbeitnehmer einen Dienstwagen, der auch für private Zwecke nutzbar sein sollte, schuldhaft nicht überlässt, hat nach § 280 Abs. 1 BGB dem Arbeitnehmer den entstandenen Schaden zu ersetzen.[1097]

2. Verschuldensunabhängige Ersatzansprüche des Arbeitnehmers wegen Eigenschäden

Inwieweit der Arbeitgeber **ohne** Rücksicht auf sein **Verschulden** verpflichtet ist, dem Arbeitnehmer die in Ausführung der Arbeit erlittenen Sachschäden zu ersetzen, wird noch nicht einheitlich beurteilt. Der Große Senat des BAG hat im „Ameisensäure-Fall" (die Hose eines Arbeiters wurde durch eine zerplatzte Flasche mit Ameisensäure beschädigt) einen Erstattungsanspruch analog § 670 BGB bejaht, sofern der Schaden unverschuldet in Vollzug einer gefährlichen Arbeit entsteht und außergewöhnlich ist. Durch die Vergütung mit abgegolten sind demgegenüber „arbeitsadäquate" Sachschäden, mit denen der Arbeitnehmer nach der Art des Betriebs oder der Arbeit zu rechnen hat.[1098] Diese Grundsätze hat das BAG wie folgt „verdeutlicht":[1099] **413**

a) **Nicht zu erstatten** sind Sachschäden des Arbeitnehmers, **414**

aa) die er nach der Natur der Sache herkömmlicherweise hinnehmen muss (z.B. Laufmasche der Sekretärin, normale Kleider- und Schuhsohlenabnutzung, Kosten für Fahrten zwischen Wohnung und Arbeitsstätte),

bb) für deren Hinnahme er ausdrücklich oder erkennbar bezahlt wird (z.B. Kilometergeld grundsätzlich nur für Kfz-Abnutzung und Betriebskosten[1100]), Schmutzzulage für

---

1096 Vgl. auch BAG SAE 1992, 362 m.Anm. Misera; Schaub/Koch § 61 Rn. 4; zu Ersatzansprüchen der Arbeitnehmer bei Industrieimmissionen Neuhausen NZA 1991, 372; ausführlich zu Einzelheiten der Haftung des Arbeitgebers allgemein Waltermann JuS 2009, 193 ff.; Schwab AiB 2012, 446 und 2007, 233 ff.; ders. NZA-RR 2006, 505 ff.

1097 Vgl. BAG, Urt. v. 21.03.2012 – 5 AZR 651/10, NJW 2012, 1756; Urt. v. 05.09.2002 – 8 AZR 702/01; Meier NZA 1999, 1083 ff.

1098 BAG NJW 1962, 411 f.; Schaub/Koch § 82 Rn. 5 ff.; ErfK/Preis § 619 a BGB Rn. 76 ff. m.w.N.

1099 BAG DB 1981, 115; vgl. auch Waltermann JuS 2009, 193, 198; Schwab AiB 2007, 233; Langenbucher ZfA 1997, 523; Frieges NZA 1995, 403; Reichold NZA 1994, 488; Mayer-Maly NZA 1991, Beil. 3, S. 5; Gick JuS 1979, 638.

1100 Vgl. dazu LAG Baden-Württemberg NZA 1992, 458; ErfK/Preis § 619 a BGB Rn. 83 m.w.N.

erhöhten Reinigungsaufwand und Kleiderverschleiß, es sei denn, dass die Schäden wider Erwarten nach Anlass und Umfang ungewöhnlich („arbeitsinadäquat") sind,

cc) die in seinen persönlichen Lebensbereich fallen (z.B. Schaden am Kfz, das nur zur eigenen Bequemlichkeit eingesetzt wurde).

Nach BAG[1101] stellt die an einen Pfleger in einer psychiatrischen Anstalt gezahlte „Psychiatriezulage" nur eine zusätzliche Vergütung für Arbeitsleistung unter erschwerten Bedingungen und keine Risikopauschale dar, sodass ein Pfleger analog § 670 BGB Ersatz des Schadens wegen Zerstörung seiner Brille durch einen Patienten verlangen konnte.

Nach BAG[1102] hat ein Berufskraftfahrer, gegen den die Staatsanwaltschaft nach einem unverschuldeten Verkehrsunfall zunächst ein Ermittlungsverfahren eingeleitet hat, einen Anspruch auf Erstattung der zu seiner Verteidigung notwendigen Rechtsanwaltskosten.

415 **b) Entsprechend § 670 BGB zu erstatten** sind demgegenüber „arbeitsinadäquate" Schäden (o. Rn. 414) und solche, die in den Betätigungsbereich des Arbeitgebers fallen (z.B. Schaden am Kfz, das der Sache nach als Dienstwagen eingesetzt wird[1103] oder ein häusliches Arbeitszimmer, das auf Veranlassung des Arbeitgebers als Büro genutzt wird).[1104] Hinsichtlich des Erstattungsumfangs sind die Grds. über den innerbetrieblichen Schadensausgleich entspr. anzuwenden.[1105] Das bedeutet, dass geringes Verschulden überhaupt nicht zuzurechnen ist und nur Vorsatz bzw. grobe Fahrlässigkeit dem Arbeitnehmer den Ersatzanspruch vollständig nehmen kann. Ob bei normalem Verschulden ein voller oder nur anteiliger Anspruch besteht, ist umstritten (vgl. dazu oben Rn. 405). Zu beachten ist allerdings, dass bei der Geltendmachung des Erstattungsanspruchs nach § 670 BGB analog nach ganz h.M. die Beweislastregelung des § 619 a BGB nicht zugunsten des Arbeitnehmers eingreift, da diese nur bei Schadensersatzansprüchen des Arbeitgebers anwendbar ist. Dementsprechend muss ein Arbeitnehmer, der den vollen Ersatz seines Eigenschadens nach § 670 BGB analog verlangt, darlegen und ggf. beweisen, dass ihm allenfalls leichte Fahrlässigkeit vorzuwerfen ist.[1106]

In der Lit. wird z.T. vorgeschlagen, den Arbeitgeber im Wege einer Risikohaftung[1107] bzw. Gefährdungshaftung[1108] für alle aus der Betriebsgefahr resultierenden arbeitstypischen Schäden haften zu lassen.

Macht der Arbeitnehmer im Interesse des Arbeitgebers Aufwendungen, die nicht durch die Vergütung abgegolten sind (z.B. Erwerb eines für den Unterricht erforderlichen Schulbuchs durch den Lehrer), ist der Arbeitgeber zum Ersatz dieser Aufwendungen nach § 670 BGB entspr. unmittelbar verpflichtet.[1109]

1101 BAG NZA 1989, 27; vgl. auch ErfK/Preis § 619 a BGB Rn. 84.

1102 BAG NZA 1995, 836; ErfK/Preis § 619 a BGB Rn. 87; ausführlich dazu Friedhofen/Weber NZA 1992, 145 ff.

1103 BAG, Urt. v. 28.10.2010 – 8 AZR 647/09, NZA 2011, 406; vgl. auch BAG NZA 1993, 262: keine Haftung des AG für Kosten der Rückstufung in der Haftpflichtversicherung bei Zahlung einer Kilometerpauschale; ausführl. zur Haftung bei Einsatz des Privat-Pkw bei Dienstfahrten Hansen AA 2013, 212; Fohrmann DAR 2007, 534; Berndt NJW 1997, 2213.

1104 BAG, Urt. v. 14.10.2003 – 9 AZR 657/02, NZA 2004, 604; ausführlich dazu auch Schwab AiB 2007, 233 ff.

1105 BAG, Urt. v. 22.06.2011 – 8 AZR 102/10, NZA 2012, 91; Urt. v. 28.10.2010, Fn. 1103; MünchArbR/Reichold § 85 Rn. 32; Schwab AiB 2012, 446 und 483; Frieges NZA 1995, 403, 404.

1106 BAG, Urt. v. 28.10.2010, Fn. 1103; ErfK/Preis § 619 a BGB Rn. 92; Papatheodorou DAR 2011, 349, ausführlich dazu Salamon/Koch NZA 2012, 658: „Darlegungs- und Beweislast des AN zur Beweislast bei der Gefährdungshaftung des AG".

1107 Z.B. Canaris RdA 1966, 41 ff.; dagegen Gick JuS 1979, 638; vgl. dazu auch ErfK/Preis § 619 a BGB Rn. 23 ff.

1108 Z.B. Köbler NJW 1969, 1413 ff.; dagegen Gick JuS 1979, 638.

1109 Vgl. dazu BAG, Urt. v. 12.03.2013 – 9 AZR 455/11, NZA 2013, 1086.

3. Drittschadenshaftung

Hat der Arbeitnehmer bei einem Arbeitsunfall einen **„Dritten" geschädigt**, d.h. eine Person, die weder Arbeitgeber noch Angehöriger desselben Betriebs ist, so besteht zunächst eine Haftung nach den allgemeinen Vorschriften. Dritten gegenüber können die arbeitsrechtlichen oder sozialversicherungsrechtlichen Haftungseinschränkungen nach ganz h.M. nicht geltend gemacht werden.[1110] **416**

Hat es sich dabei aber um eine betrieblich veranlasste Tätigkeit gehandelt, so sind die oben behandelten Grundsätze (Fall 23, S. 178) entsprechend anwendbar. Der Arbeitnehmer hat daher in dem Umfang, in dem er im Verhältnis zum Arbeitgeber nicht haftet, gegen diesen einen Freistellungs- bzw. Erstattungsanspruch analog § 670 BGB.[1111]

Liegt z.B. leichteste Fahrlässigkeit vor, so hat der Arbeitnehmer wegen der Haftungsbefreiung nach den Grundsätzen über den innerbetrieblichen Schadensausgleich im Innenverhältnis zum Arbeitgeber gegen diesen einen Anspruch auf Freistellung von seiner Verpflichtung gegenüber dem Dritten in voller Höhe. Hat der Arbeitnehmer bereits den Schaden ersetzt, so kann er vom Arbeitgeber seinerseits Ersatz in voller Höhe verlangen.[1112] Dass diese Ansprüche bei Vermögenslosigkeit des Arbeitgebers wertlos sind und der Arbeitnehmer deshalb bei Beschädigung arbeitgeberfremder Betriebsmittel in eine für ihn u.U. ruinöse Außenhaftung gerät, ist nach geltendem Recht nicht zu vermeiden.[1113]

1110 BGH NJW 1989, 3273; DB 1994, 634; Hübsch NZA-RR 1999, 393 f.; ErfK/Preis § 619 a BGB Rn. 23 ff.

1111 Vgl. ausführlich dazu Bittner NZA 2002, 833 ff.; Langenbucher ZfA 1997, 523 ff. und Gross/Wesch NZA 2008, 849 ff. zur Bedeutung der Änderung des Versicherungsrechts (§ 81 VVG) für den Freistellungsanspruch des Arbeitnehmers.

1112 Hanau/Adomeit Rn. 713: „Die Wertung des § 840 II BGB wird hier also umgekehrt."; ausführlich Didier RdA 2013, 285 ff.

1113 BGH NJW 1989, 3273; Denck JZ 1990, 175; vgl. aber auch Otten DB 1997, 1618; Baumann BB 1990, 1833.

Rechte und Pflichten aus dem Arbeitsverhältnis

„Lohn ohne Arbeit"

- Es gilt der Grundsatz: **„Ohne Arbeit kein Lohn."** Aufgrund des Fixschuldcharakters der Arbeitspflicht führt der Zeitablauf bei Nichtleistung zur Unmöglichkeit. Der Arbeitnehmer ist zur Nachholung der ausgefallenen Arbeitsleistung grds. nicht verpflichtet.
- Bei ausgefallener Arbeitsleistung bedarf der Vergütungsanspruch des Arbeitnehmers einer besonderen Rechtfertigung. Die wichtigsten Fälle, in denen **„Lohn ohne Arbeit"** zu zahlen ist, sind:
  - Erholungsurlaub (BUrlG) und Feiertage (§ 2 EntgeltfortzG)
  - „Sonderurlaub" nach § 616 BGB bzw. Mutterschaftsurlaub nach § 11 MuSchG
  - krankheitsbedingte Arbeitsunfähigkeit sowie Maßnahmen der medizinischen Vorsorge und Rehabilitation, §§ 3, 9 EFZG
  - Annahmeverzug des Arbeitgebers, § 615 BGB
  - Unmöglichkeit vom Arbeitgeber zu vertreten, § 326 Abs. 1 BGB
  - Betriebsrisiko des Arbeitgebers, § 615 S. 3 BGB
- Die Entgeltfortzahlungsverpflichtung des Arbeitgebers bei **krankheitsbedingter Arbeitsunfähigkeit** entfällt nur, wenn dem Arbeitnehmer grobes Verschulden gegen sich selbst vorzuwerfen ist.
- § 616 BGB greift nur ein, wenn ein sog. **persönlicher Verhinderungsgrund** vorliegt. Allgemeine Leistungshindernisse genügen also nicht.
- Der **Annahmeverzug des Arbeitgebers** richtet sich nach §§ 293 ff. BGB. Nach Ablauf des vorgesehenen Zeitpunkts der Beendigung des Arbeitsverhältnisses gerät der Arbeitgeber auch ohne ein Angebot des Arbeitnehmers in Verzug, wenn das Arbeitsverhältnis tatsächlich nicht beendet wurde, da er die nach § 296 BGB erforderliche Mitwirkungshandlung (Zurverfügungstellung des Arbeitsplatzes) nicht erbracht hat.
- Kann der Arbeitnehmer die Arbeitsleistung nicht erbringen, weil eine von keiner Partei zu vertretende **Betriebsstörung** vorliegt, muss grds. der Arbeitgeber die Vergütung nach der Lehre vom Betriebsrisiko analog § 615 BGB weiterzahlen. Das Wegerisiko ist dagegen grds. vom Arbeitnehmer zu tragen.

Rechte und Pflichten aus dem Arbeitsverhältnis

Arbeitnehmerhaftung

Der Arbeitgeber ist grds. auch bei schuldhafter Schlechtleistung des Arbeitnehmers zur Lohnkürzung nicht berechtigt. Es kann ihm aber ein in den Grenzen der §§ 850 ff. ZPO mit dem Nettolohnanspruch aufrechenbarer Gegenanspruch auf Schadensersatz aus § 280 Abs. 1 BGB bzw. §§ 823 ff. BGB zustehen.

- Die Arbeitnehmerhaftung für Schäden, die durch betrieblich veranlasste Tätigkeit verursacht wurden, ist eingeschränkt. Vorliegen einer sog. gefahrgeneigten Arbeit ist nicht (mehr) erforderlich. Es gelten nach h.M. folgende **Grundsätze:**
  - Vorsatz und (i.d.R.) grobe Fahrlässigkeit – volle Haftung,
  - mittlere (= normale) Fahrlässigkeit – Haftungsquotelung,
  - leichteste Fahrlässigkeit – keine Haftung.
  - Die Haftung des Arbeitgebers und des Arbeitnehmers für Personenschäden einschl. Schmerzensgeld und Beerdigungskosten infolge von Arbeitsunfällen ist nach Maßgabe der §§ 104, 105 SGB VII ausgeschlossen.
- **Gegenüber Dritten** kann sich der Arbeitnehmer auf die o.g. Haftungsbegrenzungsgrundsätze nicht berufen, u.U. aber Freistellung bzw. Erstattung vom Arbeitgeber verlangen.

Arbeitgeberhaftung

Die **Haftung des Arbeitgebers** für Vermögensschäden des Arbeitnehmers richtet sich bei zu vertretender Pflichtverletzung nach allg. Grundsätzen. Ohne Verschulden haftet der Arbeitgeber analog § 670 BGB für Sachschäden des Arbeitnehmers, die „arbeitsinadäquat" sind oder in den Betätigungsbereich des Arbeitgebers fallen.
Die Grundsätze über den innerbetrieblichen Schadensausgleich sind entsprechend anwendbar.

4. Abschnitt: Die Beendigung des Arbeitsverhältnisses

A. Die einzelnen Beendigungstatbestände – Übersicht 417

Das Arbeitsverhältnis kann als Dauerschuldverhältnis durch nachfolgende Tatbestände für die Zukunft aufgelöst werden:

- Aufhebungsvertrag (§§ 241, 305 BGB) 418

Aufgrund der Vertragsfreiheit können die Vertragsparteien das Arbeitsverhältnis einvernehmlich aufheben. Der Aufhebungsvertrag, der ein gegenseitiger Vertrag i.S.d. §§ 320 ff. BGB ist, für den die allgemeinen Regeln des BGB, insb. die §§ 104 ff., 145 ff. u. 164 ff BGB gelten, bedarf zu seiner Wirksamkeit gemäß § 623 BGB der **Schriftform**. Ein **Rücktritts- oder Widerrufsrecht** steht den Vertragsparteien auch nach den Änderungen des BGB nur dann zu, wenn eine besondere Vereinbarung vorliegt. Etwas anderes ergibt sich nach der ganz h.M. auch nicht aus §§ 312, 355 BGB, wobei die Begründungen dafür (Arbeitnehmer kein Verbraucher i.S.d. § 13 BGB bzw. Aufhebungsvertrag nach der Gesetzessystematik kein Haustürgeschäft i.S.d. § 355 BGB) unterschiedlich sind.[1114] Der Aufhebungsvertrag muss aber frei von Willensmängeln zustande gekommen sein, was bei einer arglistigen Täuschung[1115] bzw. **Drohung mit einer Kündigung**, die ein verständiger Arbeitgeber nicht in Betracht gezogen hätte, nicht der Fall ist, sodass der Arbeitnehmer den Aufhebungsvertrag nach § 123 BGB anfechten kann. Dass die in Aussicht gestellte Kündigung wirksam wäre, ist nicht erforderlich.[1116] Dagegen berechtigt die Unkenntnis des Vorliegens einer Schwangerschaft bzw. einer Schwerbehinderung i.S.d. § 2 SGB IX nicht zu einer Anfechtung, weil es sich dabei nur um einen unbeachtlichen Rechtsfolgenirrtum handelt.[1117] Ein Aufhebungsvertrag, der von einem Betriebsveräußerer veranlasst wird, um den **Übergang des Arbeitsverhältnisses** zu unveränderten Bedingungen **als Folge eines Betriebsübergangs nach § 613 a BGB zu verhindern**, ist wegen Verstoßes gegen § 613 a BGB nach § 134 BGB nichtig.[1118] Wirksam ist dagegen ein Aufhebungsvertrag, der auf eine endgültige Beendigung der Vertragsbeziehung abzielt. [1119]Darüber hinaus kann die Berufung auf den Aufhebungsvertrag in Ausnahmefällen treuwidrig sein.[1120] Allein der Umstand, dass der Arbeitnehmer unvorbereitet auf Veranlassung des Arbeitgebers einen Aufhebungsvertrag abgeschlossen hat, ohne dass ihm eine Bedenkzeit bzw. ein Widerrufsrecht eingeräumt worden ist, (sog. Überrumpelungs- bzw. Überraschungseffekt) reicht allerdings dafür noch nicht aus.[1121] Beim Abschluss eines Aufhebungsvertrags trifft den Arbeitgeber **grds. keine Aufklärungspflicht** hinsichtlich der möglichen Nachteile für den Arbeitnehmer.[1122] Dies gilt grds. auch hinsichtlich der Sperrfrist bei Bezug von Arbeitslosengeld nach § 144 SGB III, die ein Aufhebungsvertrag i.d.R. auslöst, wenn kein wichtiger Grund für die Beendigung des Arbeitsverhältnisses vorliegt.[1123] Ein Irrtum des Arbeitnehmers über die steuer- und sozialversicherungsrechtlichen Rechtsfolgen des Aufhebungsvertrages berechtigt als ein unbeachtlicher Rechtsfolgenirrtum nicht zur Anfechtung.[1124] Erteilte Auskünfte müssen aber richtig sein. Die Falschauskunft führt aber nicht zur Unwirksamkeit des

---

1114 BAG, Urt. v. 18.05.2005 – 8 AZR 523/04, NZA 2006, 145; Urt. v. 27.11.2003 – 2 AZR 177/03, DB 2004, 1858 m.Anm. Mengel; ErfK/Müller-Glöge § 620 BGB Rn. 13 ff. m.w.N.; a.A. Schleusener NZA 2002, 949; Däubler NZA 2001, 1329, 1333.

1115 BAG, Urt. v. 11.07.2012 – 2 AZR 42/11, NZA 2012, 1316; MünchArbR/Wank § 94 Rn. 31 ff.

1116 BAG, Urt. v. 28.11.2007 – 6 AZR 1108/06, NZA 2008, 348; ErfK/Müller-Glöge § 620 BGB Rn. 11a m.w.N.

1117 BAG DB 1992, 1529; Schaub/Linck § 122 Rn. 26; Ehrich DB 1992, 2239 f. m.w.N.

1118 BAG, Urt. v. 18.08.2011 – 8 AZR 312/10, NZA 2012, 152; Dahme EWiR 2010, 735; ErfK/Preis § 613 a BGB Rn. 157 ff.

1119 Vgl. BAG, 25.10.2012 – 8 AZR 572/11; ZInsO 2013, 946 u. BAG, Urt. v. 23.11.2006 – 8 AZR 349/06, BB 2007, 672 zur Wirksamkeit eines dreiseitigen Aufhebungsvertrages mit insolventem Arbeitgeber bei Zwischenschaltung einer Beschäftigungs- und Qualifizierungsgesellschaft und dem Abschluss eines neuen „schlechteren" Arbeitsvertrages mit der BQG; krit. ErfK/Preis § 613 a BGB Rn. 159; dazu auch Pils NZA 2013, 125; Willemsen NZA 2013, 242; Fuhlrott ZA 2012, 549.

1120 Vgl. LAG Niedersachsen AE 2006, 22; MünchArbR/Wank § 94 Rn. 36 und ausführlich dazu Ehrich DB 1992, 2239 ff.

1121 BAG, Urt. v. 22.04.2004 – 2 AZR 281/03, NZA 2004, 1295; Kleinebrink ArbRB 2008, 211; Germelmann NZA 1997, 236; a.A. LAG Hamburg NZA 1992, 309; vgl. auch Dieterich RdA 1995, 1810 u. Bauer/Diller DB 1995, 1810 mit Krit. v. Dieterich.

1122 BAG, Urt. v. 22.04.2004, Fn. 1121; Schaub/Linck § 122 Rn. 9 ff.; Lingemann/Groneberg NJW 2010, 3496 ff.; Bauer NZA-RR 1999, 1 ff.; Nägele BB 1992, 1274; vgl. aber zu Ausnahmefällen BAG NZA 2001, 203, 206; Kleinebrink ArbRB 2008, 121.

1123 BAG NZA 1988, 837; Schaub/Linck § 122 Rn. 11; zur Sperrfrist: BSG, Urt. v. 12.07.2006 – B 11a AL 47/05 R, DB 2006, 2521; Wergin/Schneider ArbR 2013, 279; Lingemann/Groneberg NJW 2010, 3624 u. Schmitt-Rolfes NZA 2010, Beil. 2, S. 81.

1124 BAG AP Nr. 99 zu § 611 BGB „Fürsorgepflicht"; Schaub/Linck § 122 Rn. 26; Dütz/Thüsing Rn. 348.

Aufhebungsvertrages, sondern begründet grds. nur Schadensersatzansprüche nach § 280 Abs. 1 BGB.[1125] Nach der Schuldrechtsreform muss der vom Arbeitgeber formulierte Aufhebungsvertrag allerdings einer **Wirksamkeits- und Inhaltskontrolle nach §§ 305 ff. BGB** standhalten. Da jedoch unter „Arbeitsvertrag" i.S.d. § 310 Abs. 4 BGB nach bisher h.M. nicht nur der zur Begründung des Arbeitsverhältnisses, sondern auch der zur Auflösung desselben geschlossene Vertrag zu verstehen ist, findet die Inhaltskontrolle unter Berücksichtigung von arbeitsrechtlichen Besonderheiten statt.[1126] Die Punkte, die unmittelbar die Hauptleistungspflichten betreffen (Beendigung und die Gegenleistung, insb. die Höhe der Abfindung), sind daher aus Gründen der Vertragsfreiheit (vgl. auch § 307 Abs. 3 BGB) i.d.R. einer Inhaltskontrolle entzogen, nicht aber eine Ausgleichsklausel oder ein Klageverzicht.[1127] Bei Nichtzahlung der in einem Aufhebungsvertrag vereinbarten Abfindung steht dem Arbeitnehmer grds. das **gesetzliche Rücktrittsrecht nach Maßgabe des § 323 Abs. 1 BGB** zu. Unter welchen Voraussetzungen ein stillschweigender Ausschluss dieses Rücktrittsrechts angenommen werden kann (z.B. im Prozessvergleich), ist noch nicht geklärt. Das BAG lehnt jedenfalls ein Rücktrittsrecht bei einer nachfolgenden Insolvenz des Arbeitgebers bzw. einem Antrag auf Eröffnung des Insolvenzverfahrens und Ablehnung der Abfindungszahlung durch den vorläufigen Insolvenzverwalter entspr. § 21 InsO mangels Durchsetzbarkeit der Abfindungszahlung ab.[1128]

419 ■ Anfechtung des Arbeitsverhältnisses (vgl. dazu oben Rn. 237 ff.)

■ Einseitige Lossagung vom faktischen Arbeitsverhältnis (vgl. dazu oben Rn. 226 ff.)

■ Tod des Arbeitnehmers

Dieser Beendigungsgrund folgt aus dem höchstpersönlichen Charakter der Arbeitspflicht des Arbeitnehmers, § 613 BGB.

■ Ordentliche Kündigung – dazu unten unter B. (Rn. 425 ff.) und D.-H. (Rn. 509 ff.).

■ Außerordentliche Kündigung, § 626 BGB – dazu unten C.–H. (Rn. 498 ff.)

■ Auflösung des Arbeitsverhältnisses durch das Arbeitsgericht wegen Unzumutbarkeit der Vertragsfortsetzung nach Maßgabe der §§ 9, 10 bzw. § 13 Abs. 1 S. 3 i.V.m. §§ 9 Abs. 2, 10 KSchG – dazu unten I. (Rn. 569 ff.)

■ Befristungsablauf (§§ 3, 14 ff. TzBfG) – dazu unten J. (Rn. 578 ff.)

■ Eintritt der auflösenden Bedingung – dazu unten K. (Rn. 600 ff.)

420 ■ Verweigerung der Fortsetzung des Arbeitsverhältnisses durch den Arbeitnehmer nach Feststellung der Unwirksamkeit der Kündigung, §§ 12, 16 KSchG

Nach diesen Bestimmungen hat der Arbeitnehmer, der den Kündigungsschutzprozess gewonnen, inzwischen aber ein neues Arbeitsverhältnis begründet hat, das Recht, innerhalb einer Woche nach Rechtskraft des Urteils die Fortsetzung des Arbeitsverhältnisses gegenüber dem alten Arbeitgeber zu verweigern, ohne dass die Kündigungsfrist eingehalten werden muss (vgl. dazu Rn. 569).

421 ■ Vorläufige Einstellung ohne Zustimmung des Betriebsrats endet zwei Wochen nach rechtskräftiger Verweigerung der Zustimmungsersetzung durch das Arbeitsgericht, §§ 100, 101 BetrVG

1125 BAG, Urt. v. 10.02.2004 – 9 AZR 401/02, NZA 2004, 606; 1988, 837.

1126 ErfK/Preis §§ 305-310 BGB Rn. 37 f.; Schaub/Linck § 122 Rn. 13; Bauer NZA 2002, 169, 172; Lingemann NZA 2002, 181, 183; a.A. Thüsing BB 2002, 2666, 2669; Thüsing/Lederer BB 2004, 42, 43.

1127 BAG, Urt. v. 12.03.2015 – 6 AZR 82/14, NZA 2015, 676; Urt. v. 21.06.2011 – 9 AZR 203/10, NJW 2012, 103; Schaub/Linck § 122 Rn. 12; ErfK/Preis §§ 305-310 BGB Rn. 37 f.; Junker BB 2007, 1274, 1279; Thüsing RdA 2005, 257, 266.

1128 Vgl. dazu BAG, Urt. v. 11.07.2012 – 2 AZR 42/11, NZA 2012, 131; Urt. v. 10.11.2011 – 6 AZR 357/10, NZA 2012, 205; Reinfelder NZA 2013, 266; Floeth EWiR 2013, 289; Abele NZA 2012, 487; Sperber BB 2012, 1034; Besgen/Velten NZA-RR 2010, 561 u. LAG Köln BB 1996, 907; Bauer/Haußmann BB 1996, 901; v. Puttkammer BB 1996, 1440 zum stillschw. Ausschluss.

Ob aufgrund der gerichtlichen Entscheidung auch der Arbeitsvertrag automatisch endet, obwohl seine Wirksamkeit nach h.M. von der Zustimmung des Betriebsrates nach § 99 BetrVG nicht abhängig ist, ist umstritten.[1129] Hat der Arbeitgeber den Arbeitnehmer auf den Widerspruch des Betriebsrates und die daraus folgende Möglichkeit der Rückgängigmachung der Einstellung nicht hingewiesen, kann die Verletzung der insoweit bestehenden Aufklärungspflicht Schadensersatzansprüche des Arbeitnehmers begründen.[1130]

- Verbleib des Arbeitnehmers als freiwilliger Soldat bei den Streitkräften im Anschluss an eine Eignungsübung, § 3 EignungsübungsG[1131]

- Wegfall der Geschäftsgrundlage allenfalls in krassen Ausnahmefällen[1132] **422**

Es war schon früher im Hinblick auf eine Umgehung des Kündigungsschutzes umstritten, ob der Wegfall der Geschäftsgrundlage in Ausnahmefällen die automatische Beendigung des Arbeitsverhältnisses bewirken konnte. Da der im Zuge der Schuldrechtsreform eingeführte § 313 Abs. 3 BGB ausdrücklich regelt, dass die Störung der Geschäftsgrundlage bei Unmöglichkeit bzw. Unzumutbarkeit der Vertragsanpassung nur ein Kündigungsrecht begründet, scheidet der Wegfall der Geschäftsgrundlage auch in Ausnahmefällen als eigenständiger Beendigungstatbestand aus. Das Kündigungsrecht ist also gegenüber § 313 BGB lex specialis.[1133]

- Lösende Aussperrung **423**

Die lösende Aussperrung ist nach h.M. zwar zulässig, sie muss aber verhältnismäßig sein (Ausnahmefall). Darüber hinaus ist der Arbeitgeber nach dem Ende der lösenden Aussperrung grds. zur Wiedereinstellung aller Arbeitnehmer verpflichtet, sodass die lösende Aussperrung i.d.R. nur eine „vorläufige Beendigung" des Arbeitsverhältnisses zur Folge hat.[1134]

Keine Beendigungsgründe sind dagegen: **424**

- Tod des Arbeitgebers

Ob der Übergang des Arbeitsverhältnisses auf die Erben nach § 1922 BGB ausnahmsweise ausgeschlossen ist, wenn die Arbeitsleistung ihrer Art nach ausschließlich auf die Person des Arbeitgebers zugeschnitten ist, z.B. Krankenpflegerin, Privatsekretärin, ist umstr.[1135]

- Veräußerung des Betriebs (Betriebsübergang i.S.d. § 613 a BGB)

Im Gegenteil: eine Kündigung, die wegen des Betriebsübergangs ausgesprochen wird, ist gemäß § 613 a Abs. 4 S. 1 BGB nichtig.[1136]

- Insolvenz des Arbeitgebers bzw. Stilllegung des Betriebs

Diese Umstände können grundsätzlich auch keine außerordentliche, sondern nur eine ordentliche Kündigung rechtfertigen.[1137]

- Einberufung zum Wehrdienst (§ 1 ArbeitsplatzSchutzG), zur Eignungsübung (§ 1 EignungsübungsG), zum zivilen Ersatzdienst (§ 78 ZivildienstG)

1129 Dafür F/E/S/T/L § 100 BetrVG Rn. 18 f. m.w.N.; a.A. KR/Lipke § 620 BGB Rn. 26; ErfK/Kania § 99 BetrVG Rn. 45; Z/L/H § 52 Rn. 39; vgl. dazu auch KR/Griebeling § 1 KSchG Rn. 178 ff.

1130 Vgl. dazu BAG AP Nr. 54 zu §§ 22, 23, BAT; F/E/S/T/L § 100 BetrVG Rn. 7 m.w.N.

1131 Vgl. § 3 EignungsübungsG und Schaub/Linck § 121 Rn. 7.

1132 Vgl. § 313 Abs. 3 BGB u. BAG NZA 1996, 29; ErfK/Müller-Glöge § 620 BGB Rn. 15; KR/Lipke § 620 BGB Rn. 51.

1133 Vgl. BAG, Urt. v. 08.10.2010 – 2 AZR 235/08, NZA 2010, 465; GK/Preis Grundlagen K Rn. 72 f.; KR/Fischermeier § 626 BGB Rn. 42; MünchKomm/Hesse Vorbem. zu §§ 620-630 BGB Rn. 56; a.A. für krasse Ausnahmefälle Schaub/Linck § 121 Rn. 4; ErfK/Müller-Glöge § 620 BGB Rn. 41; KR/Lipke § 620 BGB Rn. 51.

1134 Vgl. KR/Lipke § 620 BGB Rn. 25; Schaub/Linck § 121 Rn. 9; Waltermann Rn. 664, 716.

1135 Vgl. Waltermann Rn. 298; ErfK/Müller-Glöge § 620 BGB Rn. 36; Schaub/Linck § 121 Rn. 15.

1136 Ausführlich dazu Commandeur/Kleinebrink BB 2012, 1857; Sprenger AuR 2005, 175; Annuß/Stamer NZA 2003, 1247.

1137 Vgl. Waltermann Rn. 298; Z/L/H § 24 Rn. 27; Schaub/Linck § 127 Rn. 95 m.w.N.; vgl. auch Gehlhaar DB 2009, 176 ff.

B. Die ordentliche Kündigung

I. Die ordentliche Kündigung durch den Arbeitnehmer; Kündigungsfristen

Fall 24: Erschwerte Arbeitnehmerkündigung?

Der Elektriker A ist seit 12 Jahren bei F beschäftigt. Als ihm eines Tages von einer anderen Firma ein günstigerer Arbeitsvertrag angeboten wird, erklärt A am 25.02.2015 schriftlich die Kündigung seines Arbeitsverhältnisses zum 31.03.2015, die er eigenhändig unterzeichnet hat. F lehnt die Annahme der Kündigung mit der Begründung ab, A könne erst zum Ende Juli kündigen. Darüber hinaus verlangt F von A die Zahlung einer Abfindung, die nach dem Arbeitsvertrag für den Fall der Beendigung des Arbeitsverhältnisses durch eine ordentliche Kündigung des F 50% und bei einer Kündigung des A 25% des monatlichen Bruttoeinkommens pro Jahr der Betriebszugehörigkeit betragen sollte. A verweigert die Abfindungszahlung i.H.v. 6000 € (12 Jahre x 2.000 € x 0,25) und tritt zum 01.04.2015 die neue Stelle an. F möchte wegen evtl. Schadensersatzansprüche wissen, ob A das Arbeitsverhältnis ordnungsgemäß beendet hat. Außerdem verlangt er von A die Zahlung der Abfindung.

425 A. Ordnungsgemäße Vertragsbeendigung durch A?

A könnte das Arbeitsverhältnis durch eine fristgerechte Kündigung zum 31.03.2015 wirksam beendet haben.

426 I. Es muss eine wirksame Kündigungserklärung vorliegen.

1. Die **Kündigung** ist eine einseitige, empfangsbedürftige Willenserklärung, mit der der Wille eines Vertragspartners zur Beendigung des Arbeitsverhältnisses zum Ausdruck gebracht wird. Eine ausdrückliche Bezeichnung der Erklärung als Kündigung ist zwar nicht erforderlich, da aber die Kündigung als ein einseitiges Gestaltungsrecht die Beendigung des Arbeitsverhältnisses zu einem bestimmten Zeitpunkt bewirken soll, muss dies auch für den Erklärungsempfänger aus der Erklärung eindeutig hervorgehen.[1138] Da A in dem Schreiben vom 25.02.2015 ausdrücklich die Kündigung des Arbeitsverhältnisses zum 31.03.2015 erklärt hat, liegt eine eindeutige Kündigungserklärung vor, deren Wirksamkeit sich nach den allgemeinen Regeln des BGB richtet.

Aus dem Bestimmtheitsgrundsatz folgt, dass die **Kündigung bedingungsfeindlich** ist.[1139] **Ausnahme:** sog. Potestativbedingung, da deren Eintritt ausschließlich von einem einmaligen Willensentschluss des Kündigungsempfängers abhängig ist, sodass für ihn keine Unsicherheit über die Beendigung des Arbeitsverhältnisses besteht.[1140]

427 Die Kündigung des Arbeitsverhältnisses durch beide Arbeitsvertragsparteien bedarf gemäß **§ 623 BGB** zu ihrer Wirksamkeit der **Schriftform**, was gemäß § 126 BGB die eigenhändige Unterschrift des Erklärenden voraussetzt. Die ei-

1138 BAG, Urt. v. 20.06.2013 – 6 AZR 805/11, NZA 2013, 1137; Schaub/Linck § 123 Rn. 2; Müller FA 2013, 290 ff.
1139 BAG, Urt. v. 15.03.2001 – 2 AZR 705/99, NZA 2001, 1070; ErfK/Müller-Glöge § 620 BGB Rn. 22.
1140 BAG AP Nr. 1 zu § 626 BGB „Bedingung"; Schaub/Linck § 123 Rn. 4; Dütz/Thüsing Rn. 355.

genhändige Unterschrift muss zwar nicht lesbar sein, sie muss aber die Identität des Unterzeichnenden ausreichend kennzeichnen. Daran sind zwar keine besonders strengen Anforderungen zu stellen, ein bloßes Handzeichen (Paraphe) genügt dem Schriftformerfordernis des § 623 BGB nicht.[1141] Da A das Kündigungsschreiben eigenhändig unterschrieben hat, liegt eine nach § 623 BGB formgerechte Kündigungserklärung vor.

Nach § 126 Abs. 3 BGB i.V.m. § 126 a BGB reicht zwar für die Einhaltung der gesetzlichen Schriftform neuerdings grds. auch die elektronische Form aus.[1142] Dies gilt aber aufgrund der ausdrücklichen Regelung in § 623 BGB nicht für die Kündigung des Arbeitsverhältnisses. Eine Abbedingung der zwingenden gesetzlichen Schriftform des § 623 BGB durch Tarif- oder Arbeitsverträge ist nicht zulässig.[1143] Nach der Einführung des Schriftformzwanges des § 623 BGB haben sich für die Praxis die Probleme im Zusammenhang mit einer Beendigung des Arbeitsvertrags durch eine stillschweigende Kündigungserklärung[1144] erledigt, weil eine Kündigung in diesen Fällen wegen Nichteinhaltung der Schriftform des § 623 BGB nichtig ist. Dogmatisch ist aber in solchen Fällen zwischen dem Vorliegen einer Kündigungserklärung selbst und der Einhaltung der Schriftform des § 623 BGB zu trennen. **428**

Bei Kündigung durch einen Vertreter muss die Kündigung von dem Vertreter eigenhändig unterschrieben werden, weil er der Erklärende ist. Die Schriftform ist dabei auch dann gewahrt, wenn er mit dem Namen des Vertretenen unterschreibt.[1145] Unterschreibt der Vertreter nicht mit dem Zusatz „i.V.", sondern mit dem Zusatz „i.A.", ist durch Auslegung der Kündigungserklärung zu ermitteln, ob der Erklärende als Bote (Beauftragter) oder als Vertreter handelte, wobei der Vertretungswille in der Erklärung jedenfalls andeutungsweise Ausdruck gefunden haben muss.[1146] Bei einer **Gesamtvertretung** muss die Kündigung zur Wahrung der Schriftform des § 623 BGB entweder von allen Vertretern oder von einem Vertreter unter Hinweis auf die Vertretung der anderen eigenhändig unterschrieben werden.[1147] **429**

Die **Berufung auf die Nichtigkeit der eigenen Kündigung wegen Verstoßes gegen den Formzwang** des § 623 BGB ist trotz des vom Erklärenden verursachten Mangels grds. zulässig. Anderenfalls würde diese Vorschrift, die auch den Schutz vor Übereilung bezweckt, weitgehend „ins Leere" laufen. In besonders krassen Ausnahmefällen kann die Berufung auf die Nichtigkeit der eigenen Kündigung wegen Formverstoßes rechtsmissbräuchlich sein.[1148] **430**

Da es sich bei der Kündigung um eine empfangsbedürftige schriftliche Willenserklärung handelt, setzt ihre Wirksamkeit auch den Zugang der mit der Originalunterschrift versehenen Kündigungserklärung beim Kündigungsempfänger voraus.[1149] Nach heute ganz h.M. gelten für den **Zugang** keine Besonderheiten, d.h. es gilt die sog. Empfangstheorie. **431**

Nach der **Empfangstheorie** geht die Erklärung dem Empfänger zu, wenn sie so in seinen Machtbereich gelangt ist, dass bei Annahme gewöhnlicher Umstände damit zu rechnen war, dass er von ihr Kenntnis nehmen konnte.[1150] Dies gilt auch dann, wenn sich der Empfänger

1141 Vgl. BGH, Beschl. v. 09.07.2015 – V ZB 204/14, juris; BAG, Urt. v. 20.08.2014 – 7 AZR 924/12, ZTR 2015, 44.

1142 Vgl. KR/Spilger § 623 BGB Rn. 97 und zur Textform im Arbeitsrecht Gotthardt/Beck NZA 2002, 876 ff.

1143 Vgl. ausführlich zu § 623 BGB Preis/Gotthardt NZA 2000, 348 ff.; Böhm NZA 2000, 561 ff.

1144 Z.B. Verlassen des Arbeitsplatzes oder Übersendung der Arbeitspapiere; dazu Frölich NZA 1997, 1273 ff.

1145 Vgl. BGH NJW 1966, 1069; LAG Hamm, Urt. v. 30.04.2008 – 10 Sa 2090/07, juris, m.w.N.

1146 Vgl. BAG, Urt. v. 13.12.2007 – 6 AZR 145/07, NZA 2008, 403: „Unterzeichnung auf dem Firmenbogen in der für die Firma bestimmten Unterschriftzeile reicht für die Andeutung aus"; vgl. aber auch LAG Rheinland-Pfalz NZA-RR 2008, 403 und ausführlich Klein NZA 2004, 1198 zur Formwahrung bei Unterzeichnung mit „i.A.".

1147 Vgl. dazu BAG, Urt. v. 21.04.2005 – 2 AZR 162/04, NZA 2005, 865; BGH, Urt. v. 04.11.2009 – XII ZR 86/07, NJW 2010, 1453.

1148 Vgl. dazu BAG, Urt. v. 16.09.2004 – 2 AZR 659/03, NZA 2005, 162; Schaub/Linck § 123 Rn. 56; Henssen DB 2006, 1613 ff.

1149 BAG, Urt. v. 26.03.2015 – 2 AZR 483/14, NZA 2015, 1183; KR/Spilger § 623 BGB Rn. 97 ff., 116 ff.; Müller FA 2012, 356 ff.

1150 BAG, Urt. v. 26.03.2015, Fn. 1149; Urt. v. 22.03.2012 – 2 AZR 224/11, ArbR 2012, 433; ErfK/Müller-Glöge § 620 BGB Rn. 53 ff.

(z.B. Urlaub, Haft, Krankenhausaufenthalt) nicht an seinem gewöhnlichen Aufenthaltsort aufhält.[1151] Versäumt der Arbeitnehmer wegen vorübergehender Ortsabwesenheit die Klagefrist des § 4 KSchG, kann i.d.R. auf Antrag die Kündigungsschutzklage nachträglich gemäß § 5 KSchG zugelassen werden, sodass die Abweichung vom allgemeinen zivilrechtlichen Zugangsbegriff nicht erforderlich ist, um den Schutz des Arbeitnehmers zu erreichen. Eine **Kündigung per Übergabeeinschreiben** geht grundsätzlich erst mit Aushändigung des Briefes selbst zu.[1152] Der Zugang des Kündigungsschreibens wird fingiert bzw. die Berufung auf den fehlenden bzw. späteren Zugang ist rechtsmissbräuchlich, wenn der Empfänger die **Annahme grundlos verweigert bzw. die erwartete Kündigung trotz Erhalt des Benachrichtigungszettels nicht abholt.**[1153] Ob und ggf. unter welchen Voraussetzungen dies bei einer grundlosen Annahmeverweigerung bzw. Rücksendung des Kündigungsschreibens durch einen Familienangehörigen als Empfangsboten gilt, ist umstritten.[1154]

432 2. Das Kündigungsschreiben vom 25.02.2015 stellt somit eine wirksame ordentliche Kündigungserklärung als solche dar.

Ob die Kündigungsfrist tatsächlich gewahrt worden ist, ist für das Vorliegen einer nach den allg. Regeln wirksamen Willenserklärung unerheblich. Denn die Fristeinhaltung betrifft grds. nur die Wirksamkeit der Kündigung zu einem bestimmten Zeitpunkt, nicht aber die Wirksamkeit der Willenserklärung selbst. Ist bei einer ordentlichen Kündigung die Kündigungsfrist nicht eingehalten worden, ist im Zweifel im Wege der Auslegung nach §§ 133, 157 BGB anzunehmen, dass die Kündigung zum nächstmöglichen Kündigungstermin gelten soll.[1155]

433 II. Für eine **ordentliche Kündigung** des Arbeitsverhältnisses **durch** den **Arbeitnehmer** ist kein Kündigungsgrund erforderlich **(Grundsatz der Kündigungsfreiheit)**, sodass A das Arbeitsverhältnis mangels abweichender Regelung ordentlich ohne besonderen Grund wirksam kündigen kann.

Bei einem befristeten Arbeitsverhältnis ist eine ordentliche Kündigung gemäß § 15 Abs. 3 TzBfG ausgeschlossen, wenn keine abweichende Vereinbarung vorliegt. Darüber hinaus kann die ordentliche Kündigung auch bei unbefristeten Arbeitsverhältnissen aufgrund der Vertragsautonomie ausgeschlossen oder auch eingeschränkt werden. Der Ausschluss des ordentlichen Kündigungsrechts für den Arbeitnehmer ist allerdings nur nach Maßgabe des § 15 Abs. 4 TzBfG wirksam, der für den Arbeitgeber nicht gilt.[1156] Unzulässig sind allerdings Regelungen, die einseitig zum Nachteil des Arbeitnehmers das Kündigungsrecht einschränken, § 622 Abs. 6 BGB.[1157]

434 III. Bei einer ordentlichen Kündigung muss die bestehende **Kündigungsfrist** eingehalten werden, sodass das Arbeitsverhältnis nicht sofort, sondern erst mit Ablauf dieser Frist beendet wird.

1. Nach § 622 Abs. 1 BGB kann das Arbeitsverhältnis eines Arbeitnehmers unter Einhaltung einer Frist von vier Wochen zum 15. oder zum Ende eines Monats gekündigt werden (einheitliche **Grundkündigungsfrist** für Arbeiter und Angestellte). Damit wäre die von A am 25.02. zum 31.03.2015 ausgesprochene Kündigung nach § 622 Abs. 1 BGB fristgerecht.

1151 BAG, Urt. v. 24.06.2004 – 2 AZR 461/03, NZA 2004, 1330; LAG Niedersachsen NZA-RR 2003, 556; Schaub/Linck § 123 Rn. 30 ff.; a.A. noch BAG AP Nr. 11 zu § 130 BGB: Zugang bei bekannter Urlaubsabwesenheit erst nach Rückkehr.

1152 BAG BB 1997, 2058; LAG Hessen NZA-RR 2001, 637; Schaub/Linck § 123 Rn. 37 ff.; Berger-Delhey ZTR 1999, 164.

1153 BAG, Urt. v. 26.03.2015, Fn. 1149; Urt. v. 07.11.2002 – 2 AZR 475/01, NZA 2003, 719; Schaub/Linck § 123 Rn. 42 ff.

1154 Vgl. BAG NZA 1993, 259; Mauer DB 2002, 1442 ff.; Schwarz NJW 1994, 891 ff.; Herbert NZA 1994, 391 ff.

1155 BAG, Urt. v. 15.05.2013 – 5 AZR 130/12, NZA 2013, 1076; Urt. v. 06.07.2006 – 2 AZR 215/05, NZA 2006, 1405; Schaub/Linck § 123 BGB Rn. 65 u. ausführl. dazu Laws ArbuR 2013, 431; Eisemann NZA 2011, 601; Kamanabrou SAE 2007, 141; vgl. aber auch BAG, Urt. v. 01.09.2010 – 5 AZR 700/09, RdA 2012, 173 m. abl. Anm. Muthers; krit. auch Zirnbauer FA 2010, 289.

1156 Vgl. BAG, Urt. v. 25.03.2004 – 2 AZR 153/03, BB 2004, 2303; KR/Lipke § 15 TzBfG Rn. 25 a m.w.N.

1157 Vgl. dazu ErfK/Müller-Glöge § 622 BGB Rn. 43 f.; KR/Spilger § 622 BGB Rn. 116 ff.

2. Die verlängerten Kündigungsfristen des **§ 622 Abs. 2 BGB** stellen nach dem eindeutigen Gesetzeswortlaut **nur Schutzbestimmungen zugunsten der Arbeitnehmer** dar, sodass sie auf Kündigungen der Arbeitnehmer nicht anwendbar sind. Abweichende Vereinbarungen sind zwar aufgrund der Vertragsautonomie zulässig, sofern für die Arbeitnehmerkündigung keine längere Kündigungsfrist vereinbart wird als für die Arbeitgeberkündigung, § 622 Abs. 5 S. 3, Abs. 6 BGB. Hier wurde eine längere Kündigungsfrist für die Kündigung durch den A nicht vereinbart, sodass es bei der Grundkündigungsfrist des § 622 Abs. 1 BGB verbleibt. **435**

Bei der Berechnung der verlängerten Kündigungsfristen sind entgegen dem Wortlaut des § 622 Abs. 2 S. 2 BGB auch Zeiten vor Vollendung des 25. Lebensjahres zu berücksichtigen, weil diese Regelung wegen Verstoßes gegen das europarechtliche Verbot der Altersdiskriminierung nicht anwendbar ist.[1158]

IV. Ergebnis zu (A): A hat das Arbeitsverhältnis entgegen der Ansicht des F wirksam zum 31.03.2015 gekündigt.

Hat der Arbeitgeber den Arbeitnehmer zum Ausspruch einer Eigenkündigung durch Androhung einer fristlosen Kündigung veranlasst, die ein verständiger Arbeitgeber nicht in Erwägung gezogen hätte, ist die Kündigung wegen rechtswidriger Drohung anfechtbar und damit nichtig, §§ 123, 142 BGB.[1159] Der Arbeitnehmer trägt in diesem Fall die Darlegungs- und Beweislast für sämtliche Anfechtungsvoraussetzungen, also auch dafür, dass ein verständiger Arbeitgeber die in Aussicht gestellte fristlose Kündigung nicht ernsthaft in Erwägung ziehen durfte.[1160]

B. Anspruch des F gegen A auf Zahlung der Abfindung i.H.v. 6.000 € aus dem Arbeitsvertrag. **436**

I. Nach dem Wortlaut des Arbeitsvertrags steht F der Zahlungsanspruch zu, weil die Abfindungszahlung auch für den Fall einer wirksamen ordentlichen Kündigung durch A vereinbart worden ist.

II. Durch diese Vereinbarung wird aber der Grundsatz der Kündigungsfreiheit und damit auch das Grundrecht des A auf freie Berufswahl aus Art. 12 GG unzulässigerweise beeinträchtigt, weil die Abfindungsverpflichtung den A dazu zwingt, sich von seinem Arbeitsplatz auch im Fall einer zulässigen Kündigung freizukaufen. An der Unwirksamkeit der Abfindungsvereinbarung zum Nachteil des A ändert auch die Tatsache nichts, dass F im gleichen Fall eine Abfindung in doppelter Höhe zahlen müsste, weil Abfindungen für den Arbeitgeber – wie §§ 9, 10 KSchG zeigen – eine normale Erscheinung des Arbeitslebens sind, während Abfindungszahlungen der Arbeitnehmer dem Gesetz fremd sind. Die Vereinbarung der Abfindungszahlung durch A ist daher als eine unzulässige Kündigungsbeschränkung nach § 134 BGB wegen Verstoßes gegen § 622 Abs. 6 BGB bzw. nach § 138 BGB wegen der „Ausstrahlungswirkung" des Grundrechts aus Art. 12 GG[1161] nichtig.

III. Ergebnis zu (B): Der F steht kein Zahlungsanspruch gegen A zu.

1158 EuGH, Urt. v. 19.01.2010 – C-555/07, NZA 2010, 85; BAG, Urt. v. 20.06.2013 – 6 AZR 805/11, NZA 2013, 1137; Oetker EWiR 2011, 243; Joussen ZESAR 2010, 185; Gaul/Koehler ArbRB 2010, 53; krit. Thüsing RdA 2010, 187; Stensik RdA 2010, 247.

1159 BAG, Urt. v. 09.06.2011 – 2 AZR 418/10, NZA-RR 2012, 12; Urt. v. 05.12.2002 – 2 AZR 478/01, NZA 2003, 1055; BB 1996, 434.

1160 BAG, Urt. v. 03.07.2003 – 2 AZR 327/02, AuA Nr. 6, 47 m.Anm. Reichel.; BAG NZA 1996, 875.

1161 Vgl. dazu BAG NZA 1990, 147 zum gleichlautenden § 622 Abs. 5 BGB a.F. einerseits und KR/Spilger § 622 BGB Rn. 119; Hager SAE 1990, 279 andererseits.

II. Die ordentliche Kündigung durch den Arbeitgeber – Allgemeiner Kündigungsschutz nach dem KSchG

Prüfungsschema für die Kündigung durch den Arbeitgeber

Ordentliche Kündigung	**Außerordentliche Kündigung (§ 626 BGB)**
I. Ordnungsgemäße **Kündigungserklärung des Arbeitgebers** 1. Begrifflich ordentliche Kündigung 2. Wirksamkeit nach §§ 130, 164 BGB (Abgabe und Zugang; Vertretung) 3. Gemäß § 623 BGB Schriftform, aber grds. begründungsfrei	I. Ordnungsgemäße **Kündigungserklärung des Arbeitgebers** 1. Begrifflich außerordentl. Kündigung 2. Wirksamkeit nach §§ 130, 164 BGB (Abgabe und Zugang; Vertretung) 3. Gemäß § 623 BGB Schriftform, aber grds. begründungsfrei
II. Einhaltung der Klagefrist des § 4 S. 1 KSchG (Ausnahme: § 4 S. 3 KSchG) und Verhinderung der Wirksamkeitsfiktion des § 7 KSchG; bei Versäumung keine nachträgliche Klagezulassung nach § 5 KSchG (vgl. dazu Rn. 452)	II. Einhaltung der Klagefrist er §§ 4, 13 Abs. 1 S. 2 KSchG (Ausnahme: § 4 S. 3 KSchGund Verhinderung der Wirksamkeitsfiktion des § 7 KSchG; bei Versäumung keine nachträgliche Klagezulassung nach § 5 KSchG (vgl. dazu Rn. 452)
III. Ordnungsgemäße Anhörung des Betriebsrats nach § 102 BetrVG ▪ § 31 Abs. 2 SprAuG bei leitd. Ang. ▪ § 75 BPersVG bzw. LandesPersVG bei Arbeitnehmern des öff. Dienstes ▪ Mitarbeitervertretung bei „kirchlichen Arbeitnehmern"?	III. Ordnungsgemäße Anhörung des Betriebsrats nach § 102 BetrVG ▪ § 31 Abs. 2 SprAuG bei leitd. Ang. ▪ § 75 BPersVG bzw. LandesPersVG bei Arbeitnehmern des öff. Dienstes ▪ Mitarbeitervertretung bei „kirchlichen Arbeitnehmern"?
IV. Besonderer Kündigungsschutz, z.B. § 9 MuSchG; § 18 BEEG; § 15 KSchG; §§ 85, 90 SGB IX	IV. Besonderer Kündigungsschutz, z.B. § 9 MuSchG; § 18 BEEG; § 15 KSchG i.V.m. § 103 BetrVG; §§ 90, 91 SGB IX
V. Allg. Kündigungsschutz nach KSchG 1. KSchG anwendbar, §§ 1 Abs. 1, 23 Abs. 1 S. 2 2. Soziale Rechtfertigung, § 1 Abs. 1 a) § 1 Abs. 2 S. 1 KSchG ▪ verhaltensbedingt ▪ personenbedingt] (+) Interessen- ▪ betriebsbedingt] abwägung bei betriebsbed. Kündigung außerdem § 1 Abs. 3 KSchG: Sozialauswahl, ggf. Beschränkung der Überprüfung nach § 1 Abs. 4 KSchG; außerdem „Sonderfall" beim Interessenausgleich mit Namensliste nach § 1 Abs. 5 KSchG bzw. § 125 InsO b) § 1 Abs. 2 S. 2, 3 KSchG: absolute Sozialwidrigkeit (keine Interessenabwägung), wenn wirksamer Widerspruch des Betriebsrats	V. Wichtiger Grund i.S.d. § 626 BGB 1. Umstände, die an sich geeignet sind, einen wichtigen Grund abzugeben. 2. Interessenabwägung mit der Folge, dass Fortsetzung des Arbeitsverhältnisses selbst bis zum Ablauf der Kündigungsfrist nicht zumutbar ist 3. Einhaltung der Kündigungserklärungsfrist des § 626 Abs. 2 BGB
V. Keine Unwirksamkeit nach §§ 138, 242 BGB, wenn KSchG nicht anwendbar	VI. Bei Unwirksamkeit der außerordentlichen Kündigung – Umdeutung in eine ordentliche Kündigung nach § 140 BGB?
VI. Einhaltung der Kündigungsfrist	

1. Der Grundsatz der Kündigungsfreiheit

Der Grundsatz der Kündigungsfreiheit gilt auch für den Arbeitgeber, sodass grundsätzlich auch er ordentlich ohne besonderen Grund wirksam kündigen kann.[1162] Dieser Grundsatz wird aber zum einen dadurch eingeschränkt, dass der Arbeitgeber im Anwendungsbereich des Kündigungsschutzgesetzes nach §§ 1 Abs. 1, 23 Abs. 1 KSchG (Arbeitsverhältnis länger als 6 Monate, im Betrieb (grds.) mehr als 10 Arbeitnehmer; vgl. dazu sogleich und unten Rn. 443 ff.) das Arbeitsverhältnis ordentlich nur durch eine sozial gerechtfertigte Kündigung wirksam beenden kann, sog. allgemeiner Kündigungsschutz. Zum anderen bestehen – unabhängig von der Anwendbarkeit des KSchG – zugunsten besonders schutzwürdiger Arbeitnehmergruppen besondere Kündigungsschutzbestimmungen (z.B. § 9 MuSchG; dazu später unter E II., Rn. 522 ff.). 437

Seit dem 01.01.2004 ist gemäß § 23 Abs. 1 S. 2, 3 KSchG der 1. Abschnitt des KSchG mit Ausnahme der §§ 4 bis 7 und 13 Abs. 1 S. 2, 2 nur auf Betriebe (auch Gemeinschaftsbetriebe) und Verwaltungen anwendbar, in denen (grds.) regelmäßig mehr als 10 Arbeitnehmer (bisher 5 Arbeitnehmer) beschäftigt sind,[1163] wobei Auszubildende bei der Ermittlung der Beschäftigtenzahl nicht mitzählen. Teilzeitkräfte sind dagegen nach Maßgabe des § 23 Abs. 1 S. 4 KSchG „anteilig" (bei einer regelmäßigen Arbeitszeit von nicht mehr als 20 Wochenstunden mit 0,5 und von nicht mehr als 30 Wochenstunden mit 0,75[1164]) zu berücksichtigen. (vgl. dazu sogleich unter 2, Rn. 443 ff.). Die Herausnahme der bisherigen Kleinbetriebe aus dem Anwendungsbereich des KSchG nach § 23 Abs. 1 KSchG verstieß nach ganz h.M. weder gegen das EU-Recht[1165] noch gegen die Verfassung, insb. nicht gegen Art. 3 Abs. 1 GG.[1166] Dies galt auch insoweit, als § 23 Abs. 1 KSchG a.F. auf den Betrieb und nicht auf den Arbeitgeber bzw. das Unternehmen abstellte.[1167] Nach der Erhöhung des „Schwellenwertes" auf „mehr als 10 Arbeitnehmer" und Beibehaltung des Betriebes als Anknüpfungspunkt für die Anwendbarkeit des KSchG wird zwar die Vereinbarkeit des § 23 Abs. 1 KSchG mit dem EU-Recht und der Verfassung erneut bezweifelt, weil jetzt wesentlich mehr Betriebe als bisher vom Anwendungsbereich des KSchG ausgeschlossen werden. Nach h.M. ist aber auch die Neufassung des § 23 Abs. 1 KSchG nicht zu beanstanden. Dies gilt auch insoweit, als davon nur in der Bundesrepublik Deutschland liegende Betriebe erfasst werden. [1168]

Der Grundsatz der Kündigungsfreiheit gilt demnach für den Arbeitgeber nur dann, wenn weder der allgemeine Kündigungsschutz nach dem KSchG noch besondere Kündigungsschutzbestimmungen eingreifen. In diesen Fällen kann der Arbeitgeber ohne besonderen Grund ordentlich kündigen, die **Kündigung** darf aber nicht wegen eines Betriebsübergangs (dazu unten Rn. 618) erfolgen und nicht gegen **gesetzliche Verbote i.S.d. § 134 BGB** sowie gegen die allgemeinen zivilrechtlichen **Generalklauseln der §§ 138, 242 BGB** (Sitten- bzw. Treuwidrigkeit) verstoßen. 438

Als gesetzliches Verbot i.S.d. § 134 BGB ist neben den besonderen Kündigungsschutzbestimmungen insbesondere auch das Maßregelungsverbot des § 612 a BGB als Sonderfall des § 138 BGB (Kündigung gewissermaßen als „Racheakt" für zulässige Rechtsausübung) zu beachten.[1169]

1162 Vgl. BVerfG NZA 1998, 470 ff.; BAG NZA 1999, 590 ff.; Schaub/Linck § 129 Rn. 4 ff.; Fuhlrott/Hoppe ArbR 2009, 204.

1163 Ausführlich zu Änderungen des KSchG: Quecke RdA 2004, 86; Preis DB 2004, 70 und Bender/Schmidt NZA 2004, 359 ff.

1164 Vgl. dazu Schaub/Linck § 130 Rn. 9 ff. und ausführlich Berkowsky DB 2009, 1126 zur Darlegungs- u. Beweislast.

1165 EuGH DB 1994, 50; Schaub/Linck § 130 Rn. 16; a.A. noch Kraushaar/Storz BB 1992, 1787.

1166 BVerfG NZA 1998, 470 ff.; BAG NZA 1999, 590 ff.; Schaub/Linck § 130 Rn. 16.

1167 BVerfG NZA 1998, 470; BAG, Urt. v. 28.10.2010 – 2 AZR 392/08, DB 2011, 118; Laber ArbRB 2011, 177; Reichold EWiR 2011, 127; Ulrici SAE 2011, 192; vgl. aber auch Löwisch NZA 1996, 1009 f.; Lakies DB 1997, 1079 u. Preis NZA 1997, 1073, die schon vor der Gesetzesänderung eine „verfassungskonforme" Auslegung i.S.d. „Arbeitgebers" verlangten sowie BAG, Urt. v. 15.03.2001 – 2 AZR 151/00, NZA 2001, 831 zur Berücksichtigung der Arbeitnehmer einer weit entfernten Tischlerei ohne Leitungsapparat u. BAG, Urt. v. 05.11.2009 – 2 AZR 383/08, NZA-RR 2010, 325 zu kleinen Verwaltungseinheiten.

1168 BVerfG, Beschl. v. 12.03.2009 – 1 BvR 1250/08, juris; BAG, Urt. v. 23.05.2013 – 2 AZR 54/12, NZA 2013, 1197; Urt. v. 21.09.2006 – 2 AZR 840/05, DB 2007, 691 m.Anm. Insam/Zöll; krit. KR/Bader § 23 KSchG Rn. 14 ff. m.w.N.

1169 Vgl. dazu BAG, Urt. v. 23.04.2009 – 6 AZR 189/08, NJW 2010, 104; ErfK/Preis § 612 a BGB Rn. 13.

439 Ob das **Benachteiligungsverbot des § 7 Abs. 1 AGG** ein gesetzliches Verbot i.S.d. § 134 BGB ist, ist umstritten. Nach dem Wortlaut des § 2 Abs. 4 AGG gelten zwar für Kündigungen ausschließlich die Bestimmungen zum allgemeinen und besonderen Kündigungsschutz, also nicht § 7 Abs. 1 AGG. Da jedoch die Anti-Diskriminierungsrichtlinien, deren Umsetzung das AGG dient, auch Entlassungsbedingungen und damit auch Kündigungen erfassen, besteht weitgehend Einigkeit jedenfalls darüber, dass die Benachteiligungsverbote auch im Kündigungsrecht beachtet werden müssen, weil ein anderes Ergebnis mit dem vorrangigen EU-Recht nicht zu vereinbaren wäre.[1170] Während aber teilweise die Unwirksamkeit und damit die Unanwendbarkeit der Herausnahmeregelung des § 2 Abs. 4 AGG wegen Verstoßes gegen das vorrangige EU-Recht angenommen wird,[1171] geht die heute ganz h.M. davon aus, dass § 2 Abs. 4 AGG europarechtskonform dahingehend auszulegen ist, dass die Benachteiligungsverbote bei der Auslegung der unbestimmten Rechtsbegriffe der Bestimmungen des allgemeinen und des besonderen Kündigungsschutzes (wichtiger Grund i.S.d. § 626 BGB, soziale Rechtfertigung i.S.d. § 1 KSchG) zu beachten sind.[1172] Ist allerdings das **KSchG nach §§ 1 Abs. 1 bzw. § 23 Abs. 1 KSchG** mangels Erfüllung der sechsmonatigen Wartezeit bzw. wegen eines „Kleinbetriebes" **nicht anwendbar**, greift die „Ausschlussklausel" des § 2 Abs. 4 AGG nach heute h.M. nicht ein, sodass **diskriminierende Kündigungen** in diesen Fällen **nach § 134 BGB unwirksam** sind.[1173] Nach heute h.M. bezieht sich die Herausnahmeregelung des § 2 Abs. 4 AGG nur auf die „Prüfung der Wirksamkeit der Kündigung" mit der Folge, dass bei diskriminierenden Kündigungen neben der Unwirksamkeit der Kündigung auch Entschädigungsansprüche nach § 15 Abs. 2 AGG in Betracht kommen.[1174]

440 Wegen des Grundsatzes der Kündigungsfreiheit können die Generalklauseln der §§ 138, 242 BGB nur in Ausnahmefällen zur Unwirksamkeit der Arbeitgeberkündigung führen.[1175] Denn die vom Gesetzgeber bezweckte Erleichterung der ordentlichen Kündigung in Kleinbetrieben kann nicht dazu führen, dass auf „Umwegen" über die Generalklauseln der §§ 138, 242 BGB ein im Wesentlichen dem KSchG entsprechender Kündigungsschutz „zweiter Klasse" eingeführt wird.[1176] Schutzlos sind allerdings die Arbeitnehmer auch bei Nichtanwendbarkeit des KSchG nicht, weil auch im Rahmen der o.g. Generalklauseln bei europarechtskonformer Auslegung des § 2 Abs. 4 AGG die Benachteiligungsverbote zu beachten sind (vgl. oben Rn. 439) und der durch Art. 12 GG verfassungsrechtlich gebotene Mindestschutz vor Verlust des Arbeitsplatzes durch Arbeitgeberkündigungen gewährleistet werden muss.[1177]

Das BVerfG (FN 1167) hat ausdrücklich festgestellt, dass die Generalklauseln der §§ 138, 242 BGB „einen Grundrechtsschutz des Arbeitnehmers hinsichtlich des Arbeitsverhältnisses vermitteln", „den Arbeitnehmer vor willkürlichen oder auf sachfremden Erwägungen beruhenden Kündigungen schützen", „das durch langjährige Mitarbeit erdiente Vertrauen in den Fortbestand des Arbeitsverhältnisses nicht unberücksichtigt bleiben darf" u. „soweit unter mehreren Arbeitnehmern eine Auswahl zu treffen ist, der verfassungsrechtliche Schutz des Arbeitsplatzes i.V.m. dem Sozialstaatsprinzip ein gewisses Maß an sozialer Rücksichtnahme gebietet".

1170 Vgl. dazu ErfK/Schlachter § 2 AGG Rn. 17 f.; Preis/Temming NZA 2010, 185, 190 f.; Hein NZA 2008, 103 ff.

1171 So ArbG Osnabrück BB 2007, 1504 m. (insoweit) zust. Anm. Thüsing; Sagan NZA 2006, 1257, 1258; Däubler AiB 2006, 738; Busch AiB 2007, 304 und Däubler AiB 2007, 22 u. 97: „Die Kündigung als unmittelbare bzw. mittelbare Diskriminierung".

1172 BAG, Urt. v. 25.04.2013 – 2 AZR 579/12, NZA 2013, 1131; ErfK/Schlachter § 2 AGG Rn. 17 f.; KR/Friedrich § 13 KSchG Rn. 300; Bauer/Krieger NZA 2007, 674 f.; Hanau ZIP 2006, 2189, 2192; Richardi NZA 2006, 881, 886; kritisch Schiefer DB 2009, 733.

1173 Vgl. BAG, Urt. v. 23.07.2015 – 6 AZR 457/14, BB 2015, 2876; abl. dazu Bauer ArbR 2015, 375; BAG, Urt. v. 19.12.2013 – 6 AZR 190/12, NZA 2014, 372; Urt. v. 12.12.2013 – 8 AZR 838/12, NZA 2014, 722; NZA 2014, 372; ErfK/Schlachter § 2 AGG Rn. 17; Glatzel NZA-RR 2015, 475; Günther/Frey NZA 2014, 584; vgl. dazu auch Adomeit/Mohr § 2 AGG Rn. 227 ff.

1174 BAG, Urt. v. 23.07.2015, Fn. 1173; Urt. v. 19.12.2013, Fn. 1173; Urt. v. 12.12.2013, Fn. 1173; zustimmend dazu Däubler, in AP Nr. 17 zu § 15 AGG ; ErfK/Schlachter § 2 AGG Rn. 18; Oberthür ArbRB 2014, 212; Hiebert DB 2014, 1555; Jacobs RdA 2009, 193, 196 und Adomeit/Mohr § 2 AGG Rn. 235 ff. mit einer Übersicht der einzelnen Meinungen; noch offen gelassen: BAG, Urt. v. 28.04.2011 – 8 AZR 515/10, NJW 2011, 2458.

1175 Vgl. dazu allg. GK/Biebl § 13 KSchG Rn. 49, 58; KR/Bader § 23 KSchG Rn. 55 ff.; KR/Griebeling § 1 KSchG Rn. 17 ff.

1176 BVerfG NZA 1998, 470, 472; BAG, Urt. v. 12.09.2013 – 6 AZR 121/12, NZA 2013, 1412; 2002, 87; Berkowsky NJW 2009, 113.

1177 BVerfG, Beschl. v. 21.06.2006 – 1 BvR 1659/04, NZA 2006, 913; dazu Gragert/Wiehe NZA 2001, 934; Preis NZA 1997, 1256.

Die **Darlegungs- und Beweislast** für die Unwirksamkeit der Arbeitgeberkündigung nach den o.g. allgemeinen Regeln, insb. nach den Generalklauseln der §§ 138, 242 BGB trägt nach ganz h.M. grds. der Arbeitnehmer, weil es sich dabei um eine Ausnahme von dem Grundsatz der Kündigungsfreiheit handelt.[1178] Insbesondere bei Kündigung des Arbeitsverhältnisses eines Arbeitnehmers mit langer Betriebszugehörigkeit kann der Beweis der Treuwidrigkeit durch Anwendung einer abgestuften Darlegungs- und Beweislast erleichtert werden.[1179] Nachdem durch die Erhöhung des Schwellenwertes des § 23 Abs. 1 KSchG auf „mehr als 10 Arbeitnehmer" wesentlich mehr Arbeitsverhältnisse vom Anwendungsbereich des KSchG ausgenommen sind, wird die Unwirksamkeit einer Kündigung nach den Generalklauseln der §§ 138, 242 BGB immer häufiger, insb. von älteren Arbeitnehmern mit längerer Betriebszugehörigkeit unter Berufung auf die Feststellungen des BVerfG und das Gebot der „sozialen Rücksichtnahme" geltend gemacht.[1180] 441

Sittenwidrig i.S.d. § 138 BGB ist eine Kündigung, wenn sie gegen das Anstandsgefühl aller billig und gerecht Denkenden verstößt. Da § 138 BGB nur die Einhaltung des „ethischen Minimums" verlangt, kommt die Sittenwidrigkeit nur in krassen Ausnahmefällen in Betracht.[1181]

Treuwidrigkeit einer Kündigung i.S.d. § 242 BGB kann bei Nichterfüllung der Wartezeit des § 1 Abs. 1 KSchG nur aus Gründen angenommen werden, die von § 1 KSchG nicht erfasst sind, weil anderenfalls der durch § 1 Abs. 1 KSchG ausgeschlossene Kündigungsschutz doch gewährt und der Grundsatz der Kündigungsfreiheit umgangen werden würde. Welche Anforderungen sich aus § 242 BGB ergeben, kann nur im Einzelfall entschieden werden. Typische Tatbestände der Treuwidrigkeit sind **Rechtsmissbrauch und Diskriminierungen.**[1182] Zuletzt hat das BAG bei Diskriminierungen nicht nur auf Art. 3 Abs. 3 GG, sondern ausdrücklich auch auf die Anti-Diskriminierungsrichtlinien abgestellt und auf die Beweiserleichterungen hinsichtlich der Diskriminierung nach der bisherigen Rechtslage hingewiesen.[1183] 442

2. Anwendbarkeit des KSchG nach §§ 1 Abs. 1, 23 Abs. 1 KSchG

Die Kündigung des Arbeitsverhältnisses durch den Arbeitgeber muss nach § 1 Abs. 1 KSchG sozial gerechtfertigt sein, wenn das KSchG auf das Arbeitsverhältnis nach § 1 Abs. 1 KSchG in persönlicher und nach § 23 Abs. 1 KSchG in betrieblicher Hinsicht anwendbar ist. Die Darlegungs- und Beweislast für die Anwendbarkeitsvoraussetzungen des KSchG trägt nach h.M. auch im Hinblick auf die Beschäftigtenzahl des § 23 Abs. 1 KSchG der Arbeitnehmer, wobei insoweit an die Darlegungslast des Arbeitnehmers keine strengen Anforderungen zu stellen sind und den Beweisschwierigkeiten des Arbeitnehmers durch eine abgestufte Darlegungs- und Beweislast Rechnung zu tragen ist.[1184] 443

a) In persönlicher Hinsicht setzt die Anwendbarkeit des KSchG nach § 1 Abs. 1 KSchG voraus, dass das **Arbeitsverhältnis im Zeitpunkt des Kündigungszugangs länger als** 444

1178 BAG, Urt. v. 28.08.2008 – 2 AZR 101/07, juris; NZA 2002, 87, 89; Löwisch BB 1997, 782, 787; Preis NZA 1997, 1256, 1268 ff.

1179 Vgl. BVerfG NZA 1998, 470, 472; BAG, Urt. v. 28.08.2008, Fn. 1178; NZA 2002, 87, 89; Schaub/Linck § 129 Rn. 9 ff.

1180 Vgl. BAG, Urt. v. 06.02.2003 – 2 AZR 672/01, BB 2003, 147 m.Anm. Annuß; LAG Schleswig-Holstein, Urt. v. 14.10.2014 – 1 Sa 151/14, juris; BAG NZA 2001, 833 zur betriebsbedingten u. BAG NZA 2001, 951 zur verhaltensbedingten Kündigung eines langjährig beschäftigten Arbeitnehmers; allg. zu den Generalklauseln Baunack PersR 2015, Nr 5, 14; Range-Ditz ArbRB 2013, 187; Fuhlrott/Hoppe ArbR 2009, 204; Berkowsky NJW 2009, 113; Stein DB 2005, 1218; Lettl NZA-RR 2004, 57.

1181 BAG, Urt. v. 28.08.2008, Fn. 1178; Urt. v. 16.09.2004 – 2 AZR 447/03, ArbRB 2005, 167 m.Anm. Boudon; Urt. v. 22.05.2003 – 2 AZR 426/02, NZA 2004, 399; GK/Biebl § 13 KSchG Rn. 49; KR/Friedrich § 13 KSchG Rn. 120 ff.

1182 BAG, Urt. v. 28.08.2008, Fn. 1178; Urt. v. 05.04.2001 – 2 AZR 185/00, NZA 2001, 890: Kündigung zur „Unzeit" reicht allein noch nicht aus; BAG, Urt. v. 16.09.2004, Fn. 1181: keine Treuwidrigkeit der Kündigung kurz vor Ablauf der Wartezeit des § 1 Abs. 1 KSchG wegen Wiederheirat durch einen kirchlichen Arbeitgeber; dazu auch Berkowsky NJW 2009, 113 ff.

1183 Vgl. BAG, Urt. v. 22.05.2003, Fn. 1181 und zu den Beweiserleichterungen Bayreuther DB 2006, 1842, 1846.

1184 Vgl. dazu BAG, 23.05.2013, Fn. 1168; Urt. v. 23.10.2008 – 2 AZR 131/07, ArbRB 2009, 166; a.A. u.a. Berkowsky DB 2009, 1126 unter Berufung auf den Wortlaut des § 23 KSchG und die „Sachnähe" des Arbeitgebers.

6 Monate bestanden hat, ohne dass es auf den Umfang der Arbeitszeit und die Art der Tätigkeit ankommt. Zu berücksichtigen sind auch die Zeiten der Berufsausbildung sowie die Vorbeschäftigungszeiten beim Betriebsübergang nach § 613 a BGB, nicht dagegen Beschäftigung als Leiharbeitnehmer.[1185] Ein Berufspraktikum ist dagegen nur dann anzurechnen, wenn es im Rahmen eines Arbeitsverhältnisses absolviert worden ist.[1186] Nach dem Wortlaut des § 1 Abs. 1 KSchG setzt die Erfüllung der 6-monatigen Wartezeit den ununterbrochenen Bestand des Arbeitsverhältnisses voraus. Nach ganz h.M. sind jedoch **rechtliche Unterbrechungen des Arbeitsverhältnisses** unschädlich, wenn zwischen dem alten und dem neuen Arbeitsverhältnis ein **enger sachlicher Zusammenhang** besteht, weil anderenfalls der Kündigungsschutz nach dem KSchG umgangen werden könnte. Ob ein solcher enger Zusammenhang gegeben ist, hängt insb. von dem Anlass und der Dauer der Unterbrechung sowie von der Art der Weiterbeschäftigung ab. Je länger die Unterbrechung andauert, desto gewichtiger müssen die Gründe sein, die den engen Zusammenhang begründen sollen.[1187] Angerechnet wird aber nach h.M. nur die Dauer des vorangegangenen Arbeitsverhältnisses, nicht dagegen auch die Zeit der rechtlichen Unterbrechung.[1188]

Ein enger sachlicher Zusammenhang besteht insb. dann, wenn das Arbeitsverhältnis wegen fehlenden Beschäftigungsbedarfs von absehbarer Dauer (z.B. Schulferien bei Lehrern,[1189] witterungsbedingte Unterbrechung bei Wald- oder Bauarbeitern[1190]) vom Arbeitgeber gekündigt wird und eine Wiedereinstellung unmittelbar nach Wegfall des Beschäftigungshindernisses erfolgt. Dies gilt insb. dann, wenn bei der Kündigung eine Wiedereinstellungszusage erteilt wird, was aber nicht zwingend erforderlich ist.

445 **b)** In betrieblicher Hinsicht setzt die Anwendbarkeit des KSchG nach der seit dem 01.01.2004 geltenden Fassung des § 23 Abs. 1 S. 3 KSchG grds. voraus, dass im Beschäftigungsbetrieb regelmäßig mehr als 10 Arbeitnehmer beschäftigt sind. Der sog. Schwellenwert von „mehr als 10 Arbeitnehmern“, der im Inland erreicht sein muss,[1191] gilt allerdings nur für die ab dem 01.01.2004 eingestellten Arbeitnehmer sowie in Betrieben, in denen am 31.12.2003 regelmäßig nicht mehr als 5 Arbeitnehmer beschäftigt waren. Die sog. „Altarbeitnehmer“, die am 31.12.2003 in einem Betrieb mit i.d.R. mehr als 5 Arbeitnehmern beschäftigt waren, haben den allgemeinen Kündigungsschutz nach § 1 Abs. 1 KSchG solange, als in dem Beschäftigungsbetrieb mehr als 5 „Altarbeitnehmer“ beschäftigt sind. Sinkt die Zahl der „Altarbeitnehmer“ auf 5 oder weniger, dann greift das KSchG erst dann ein, wenn insgesamt mehr als 10 Arbeitnehmer i.S.d. § 23 Abs. 1 KSchG beschäftigt sind. Hinsichtlich der **Anwendbarkeit des KSchG in betrieblicher Hinsicht** ist also nach § 23 Abs. 1 S. 2, 3 KSchG **zwischen „Alt- und Neuarbeitnehmern“ zu differenzieren, wenn am 31.12.2003 i.d.R. mehr als 5 „Altarbeitnehmer“ beschäftigt waren und seit dem 01.01.2004 insgesamt i.d.R nicht mehr als 10 Arbeitnehmer beschäftigt sind**. Kündigungsschutzrechtlich besteht also seit dem 01.01.

1185 BAG, Urt. v. 20.02.2014 – 2 AZR 859/11, NZA 2014, 1083; Elking BB 2015, 2169; Besgen DB 2014, 2112.

1186 BAG, Urt. v. 20.08.2003 – 5 AZR 436/02, BB 2004, 782 m.Anm. Lingemann; NZA 2003, 145; Gehlhaar DB 2011, 590.

1187 Vgl. BAG, Urt. v.20.02.2014 – 2 AZR 859/11, NZA 2014, 1083; Schaub/Linck § 130 Rn. 26; BAG, Urt. v. 07.07.2011 – 2 AZR 12/10, NZA 2012, 148: Vorbeschäftigung auch bei Anwendbarkeit ausländischen Rechts zu berücksichtigen.

1188 BAG, Urt. v. 17.06.2004 – 2 AZR 257/02, AP Nr. 61 zu § 622 BGB; a.A. GK/Dörner/Vossen § 1 KSchG Rn. 41.

1189 BAG NZA 1999, 481; GK/Dörner/Vossen § 1 KSchG Rn. 37 ff.; vgl. aber auch BAG, Urt. v. 28.08.2008 – 2 AZR 101/07, AE 2009, 57 und Urt. v. 16.03.2000 – 2 AZR 828/98, NZA 2000, 1337: keine Anrechnung bei Einsatz in unterschiedlichen Schultypen und Klassenstufen bzw. bei über die Schulferien hinaus andauernder Unterbrechung.

1190 BAG, Urt. v. 22.08.2001 – 5 AZR 699/99, NZA 2002, 610 = EZA § 3 EFZG Nr. 8 m.Anm. Streckel.

1191 BAG, Urt. v. 26.03.2009 – 2 AZR 883/07, DB 2009, 1409; NZA 1998, 141; KR/Bader§ 23 KSchG Rn. 19 ff. m.w.N.

2004 eine „Zweiklassengesellschaft",[1192] was insbesondere mit zunehmendem Zeitablauf zu Darlegungs- und Beweisschwierigkeiten führen wird.[1193]

Beispiel zu erforderlichen „Schwellenwerten" nach § 23 Abs. 1 KSchG: 446

Ausgangsfall: Im Betrieb des U waren bis zum 31.12.2003 einschließlich der Teilzeitkräfte i.d.R. 6 Arbeitnehmer (Vollzeitkräfte A-E sowie Teilzeitkräfte F und G mit nicht mehr als 20 Wochenstunden) beschäftigt. Anfang Januar 2006 wurden zusätzlich noch die Vollzeitkräfte H und I eingestellt. Konnte U die Arbeitsverhältnisse des Altarbeitnehmers A und des Neuarbeitnehmers I im Dezember 2015 ohne besonderen Kündigungsgrund kündigen?

Eine soziale Rechtfertigung der Kündigung i.S.d. § 1 KSchG ist nur dann erforderlich, wenn auf das Arbeitsverhältnis das KSchG in persönlicher und betrieblicher Hinsicht nach §§ 1 Abs. 1, 23 Abs. 1 KSchG anwendbar ist. In persönlicher Hinsicht ist das KSchG nach § 1 Abs. 1 KSchG auf beide Arbeitsverhältnisse anwendbar, weil die sechsmonatige Wartezeit im Dezember 2015 erfüllt war. Auf das Arbeitsverhältnis des „Altarbeitnehmers" A ist das KSchG auch in betrieblicher Hinsicht nach § 23 Abs. 1 S. 2, 3 KSchG anwendbar, weil U am 31.12.2003 i.d.R. mehr als 5 Arbeitnehmer beschäftigte und diese „Altarbeitnehmer" auch noch im Dezember 2015 beschäftigt waren. Auf das Arbeitsverhältnis des „Neuarbeitnehmers" I ist dagegen das KSchG nach § 23 Abs. 1 S. 3 KSchG nicht anwendbar, weil U nicht i.d.R. mehr als 10 Arbeitnehmer beschäftigt. Die Kündigung des Arbeitsverhältnisses mit dem „Altarbeitnehmer" A bedarf daher einer sozialen Rechtfertigung i.S.d. § 1 KSchG, die nach § 7 KSchG fingiert wird, wenn A nicht entspr. § 4 S. 1 KSchG innerhalb von drei Wochen nach Kündigungszugang Kündigungsschutzklage erhoben hat. Das Arbeitsverhältnis mit dem „Neuarbeitnehmer" I kann dagegen ordentlich ohne besonderen Grund gekündigt werden.

Abwandlung: U stellte in der Zeit von Januar bis März 2015 wegen guter Auftragslage insgesamt 5 weitere Vollzeitkräfte (H-L) ein. In der Folgezeit schied der Altarbeitnehmer A Ende Oktober 2015 aufgrund einer Eigenkündigung aus, um sich beruflich zu verbessern. Bereits im September 2015 schied L aufgrund einer einvernehmlichen Vertragsauflösung aus, ohne dass Ersatzkräfte eingestellt worden sind. Mitte November wird A erneut eingestellt, nachdem über das Vermögen seines neuen Arbeitgebers das Insolvenzverfahren eröffnet wurde. Könnte U das Arbeitsverhältnis mit dem seit dem 01.01.2003 beschäftigten „Altarbeitnehmer" E im Januar 2016 fristgerecht ohne besonderen Grund kündigen?

Ja. Zwischenzeitlich genossen zwar alle Arbeitnehmer, die die 6-monatige Wartezeit erfüllt hatten, den Kündigungsschutz nach dem KSchG, weil entspr. § 23 Abs. 1 S. 3 KSchG i.d.R. mehr als 10 Arbeitnehmer beschäftigt waren. Nachdem jedoch L im September ausschied, ohne dass eine Ersatzkraft eingestellt wurde, waren ab diesem Zeitpunkt nicht „mehr" als 10, sondern „nur" 10 Arbeitnehmer beschäftigt, sodass der Schwellenwert des § 23 Abs. 1 S. 3 KSchG nicht mehr erreicht war. E genoss zwar als sog. „Altarbeitnehmer" nach §§ 1 Abs. 1, 23 Abs. 1 S. 2, 3 KSchG Kündigungsschutz, aber nur solange im Betrieb des U i.d.R. mehr als 5 „Altarbeitnehmer" oder insgesamt mehr als 10 Arbeitnehmer beschäftigt waren. Nachdem der „Altarbeitnehmer" A Ende Oktober aufgrund einer Eigenkündigung ausschied, waren nur noch 5 „Altarbeitnehmer" beschäftigt. Die Tatsache, dass der „Altarbeitnehmer" A nach 2 Wochen wieder eingestellt worden ist, ändert daran zumindest deshalb nichts, weil wegen der Eigenkündigung und des Anlasses für die Neueinstellung keine Anrechnung der früheren Betriebszugehörigkeit erfolgt.[1194] Scheidet also ein „Altarbeitnehmer" aus und sinkt deshalb die Zahl der „Altarbeitnehmer" auf 5 oder weniger, dann greift § 23 Abs. 1 S. 2 KSchG selbst dann nicht mehr ein, wenn der „Altarbeitnehmer" später wieder eingestellt wird[1195] bzw. ohne zeitliche Unterbrechung eine **Ersatzkraft** eingestellt wird.[1196] U könnte also das Arbeitsverhältnis mit dem „Altarbeitnehmer" E im Januar 2016 ordentlich ohne besonderen Kündigungsgrund kündigen.

Unerheblich für die Anwendbarkeit des „Schwellenwertes" des § 23 Abs. 1 S. 2 KSchG ist, 447
ob der „Altarbeitnehmer" am 31.12.2003 die 6-monatige Wartezeit des § 1 Abs. 1 KSchG

1192 So Schiefer/Worzalla NZA 2004, 345, 356; vgl. auch Schaub/Linck § 130 Rn. 8 ff.: „Zweigeteilter Kündigungsschutz".

1193 Ausführlich zum § 23 Abs. 1 KSchG: Bauer/Krieger DB 2004, 651; Bender/Schmidt NZA 2004, 359; jeweils mit Beispielen.

1194 Vgl. zur Beachtlichkeit der Unterbrechung bei Eigenkündigung des Arbeitnehmers: BAG NZA 1990, 221.

1195 Bauer/Krieger DB 2004, 651, 652; Bader NZA 2004, 65, 67; GK/Moll § 23 KSchG Rn. 32 d; vgl. aber auch BAG, Urt. v. 23.05.2013 – 2 AZR 54/12, NZA 2013, 1197 zur Unbeachtlichkeit der Unterbrechung beim „Altarbeitnehmer".

1196 BAG, Urt. v. 27.11.2008 – 2 AZR 790/07, NZA 2009, 484; Urt. v. 21.09.2006 – 2 AZR 840/05, NZA 2007, 438; KR/Bader § 23 KSchG Rn. 33 b; Hergenröder EWiR 2007, 345; Insam/Zöll DB 2006, 726 u. 1216; a.A. Fleischmann DB 2006, 1214.

bereits erfüllt hat. Es zählen also grundsätzlich alle Arbeitnehmer, deren Arbeitsverhältnis am 31.12.2003 bestanden hat.[1197]

Die „Altarbeitnehmer", die am 31.12.2003 keinen Kündigungsschutz hatten, weil i.d.R. nicht mehr als 5 „Altarbeitnehmer" beschäftigt waren, können den Kündigungsschutz nicht dadurch „nachträglich" erwerben, dass die Arbeitszeit der „Altarbeitnehmer" nach dem 31.12.2003 aufgestockt worden ist und allein deshalb der Schwellenwert von mehr als 5 „Altarbeitnehmer" erreicht wird. Entscheidend ist also, ob das KSchG am 31.12.2003 anwendbar war.[1198]

448 Ob der Schwellenwert des § 23 Abs. 1 KSchG erreicht wird, hängt von der **Zahl der regelmäßig beschäftigten Arbeitnehmer** ab. Entscheidend ist also die Personalstärke, die für den Betrieb im Allgemeinen kennzeichnend ist, nicht dagegen die zufällige Zahl der Beschäftigten zum Zeitpunkt des Kündigungszugangs bzw. am 31.12.2003 zur Ermittlung der „Altarbeitnehmer" nach § 23 Abs. 1 S. 2 KSchG. Für die Festlegung der regelmäßigen Beschäftigtenzahl ist grds. ein Rückblick auf die bisherige Beschäftigungssituation und eine Vorausschau auf die geplante Entwicklung erforderlich, wobei regelmäßig beschäftigte Leiharbeitnehmer mitzählen.[1199] Entschließt sich allerdings der Arbeitgeber dazu, das Personal auf Dauer zu reduzieren mit der Folge, dass künftig der Schwellenwert des § 23 Abs. 1 KSchG nicht mehr erreicht wird, dann ist allein die bisherige Zahl der i.d.R. Beschäftigten maßgeblich, die zu kündigenden Arbeitnehmer zählen also mit.[1200] Waren am 31.12.2003 befristet Ersatzkräfte für Arbeitnehmer eingestellt, deren Arbeitsverhältnis (z.B. wegen Wehrdienstes) ruhte oder die aus anderen Gründen (z.B. Krankheit) fehlten, kann bei der Ermittlung des Schwellenwertes nur eine Person berücksichtigt werden. Anderenfalls würde man einen Arbeitsplatz doppelt berücksichtigen. Für die Vertretung für die Dauer der Elternzeit ist das in § 21 Abs. 7 BEEG ausdrücklich geregelt, der insoweit als allgemeingültiger Rechtsgedanke bezeichnet wird.[1201]

3. Personenbedingte Kündigung – Kündigungsfristen

Fall 25: Der leistungsunfähige Walzwerker

Der 45-jährige A ist seit vier Jahren im Betrieb des B mit ca. 200 Arbeitnehmern als Walzwerker beschäftigt. Nachdem er in den letzten zwei Jahren immer häufiger wegen Rückenbeschwerden arbeitsunfähig krank war, stellte sein Arzt zuletzt fest, dass er aus gesundheitlichen Gründen die schweren Tätigkeiten eines Walzwerkers auf Dauer nicht mehr verrichten kann. A bat daraufhin den B, ihm leichtere Tätigkeiten in einer anderen Abteilung zuzuweisen. Da in anderen Abteilungen keine freien Arbeitsplätze vorhanden waren, auf denen A ohne Gefährdung seiner Gesundheit beschäftigt werden könnte, und auch keine Umsetzungsmöglichkeit aufgrund des Direktionsrechts bestand, sprach B nach ordnungsgemäßer Anhörung des Betriebsrats am 15.10. schriftlich eine ordentliche Kündigung zum 30.11. aus. A ist der Ansicht,

---

1197 BAG, Urt. v. 23.10.2008 – 2 AZR 131/07, juris; KR/Bader § 23 KSchG Rn. 33 b; Bader NZA 2004, 65, 67.

1198 So GK/Moll § 23 KSchG Rn. 32 h; dafür Bender/Schmidt NZA 2004, 358, 359.

1199 Vgl. BAG, Urt. v. 24.01.2013 – 2 AZR 140/12, NZA 2013, 726; GK/Moll § 23 KSchG Rn. 29 ff.; KR/Bader § 23 KSchG Rn. 37 ff.; ErfK/Kiel § 23 KSchG Rn. 14; EWiR 2013, 493.

1200 BAG, Urt. v. 22.01.2004 – 2 AZR 237/03, NZA 2004, 479; dazu Gragert/Keilich NZA 2004, 776.

1201 Vgl. dazu BAG NZA 1991, 562; LAGE Hamm LAGE § 23 KSchG Nr. 22; KR/Weigand § 23 KSchG Rn. 40.

dass B einen Mitarbeiter aus der Abteilung „Qualitätskontrolle" nach einer „Austauschänderungskündigung" im Stahlwerk und ihn nach entsprechender Anlernphase in der Abteilung „Qualitätskontrolle" beschäftigen könnte, sodass die Kündigung unwirksam ist. Wirksamkeit der Kündigung?

Es müssten die Wirksamkeitsvoraussetzungen einer arbeitgeberseitigen Kündigung vorliegen. **449**

I. Eine formgerechte Kündigungserklärung gemäß § 623 BGB liegt vor. **450**

Bei Kündigungserklärung eines rechtsgeschäftlichen Vertreters ohne Vorlage einer Vollmachtsurkunde im Original kann der Kündigungsempfänger die Kündigung unverzüglich (Regelfall: eine Woche)[1202] mit der Nichtigkeitsfolge des § 174 S. 1 BGB zurückweisen, es sei denn, die Vertretungsmacht ist ihm (wie z.B. beim Personalleiter wegen seiner Funktion oder beim Prokuristen aufgrund der Registereintragung und Bekanntmachung, §§ 10 Abs. 1, 15 Abs. 2 HGB) bekannt, § 174 S. 2 BGB.[1203] Der Aushang am sog. „Schwarzen Brett" oder Mitteilung im Arbeitsvertrag allein reichen für eine Bekanntmachung i.S.d. § 174 S. 2 HGB nicht ohne Weiteres aus.[1204] Bei einem gesetzlichen Vertreter mit Alleinvertretungsmacht (sog. Organvertretung) ist § 174 BGB nicht anwendbar.[1205]

II. Will A die Unwirksamkeit der Kündigung geltend machen, muss er gemäß § 4 S. 1 KSchG innerhalb von drei Wochen nach Zugang der schriftlichen Kündigung eine Kündigungsschutzklage erheben. Anderenfalls werden etwaige Mangel einer formgerechten Kündigung gemäß § 7 KSchG „geheilt", sodass die Kündigung jedenfalls als wirksam gilt. Einzelheiten dazu später unter H. (Rn. 553 ff.). **451**

Hinweis zum Prüfungsaufbau: Die Arbeitsgerichte haben jedenfalls aus prozessökonomischen Gründen schon immer zunächst die Einhaltung der Klagefrist des § 4 S. 1 KSchG geprüft, da bei deren Versäumung schon nach §§ 4, 7 KSchG a.F. der Umfang der Wirksamkeitsprüfung eingeschränkt war. Da seit dem 01.01.2004 die Einhaltung der Klagefrist des § 4 S. 1 KSchG für die Geltendmachung aller Unwirksamkeitsgründe einer formgerechten und dem Arbeitgeber zurechenbaren Kündigung erforderlich ist, wird jetzt auch in der Literatur überwiegend die Einhaltung der Klagefrist vor den einzelnen Unwirksamkeitsgründen geprüft.[1206] Dagegen könnte zwar vorgebracht werden, dass es auf die Wirksamkeitsfiktion des § 7 KSchG nur bei einer an sich unwirksamen Kündigung ankommen kann. Gleichwohl sollte bei konkreten Zeitangaben im Fall und einer formgerechten Kündigung die Einhaltung der Klagefrist des § 4 S. 1 KSchG zuerst geprüft werden, da nach deren Ablauf die Geltendmachung aller Unwirksamkeitsgründe präkludiert ist.

III. Eine Unwirksamkeit der Kündigung nach § 102 Abs. 1 S. 3 BetrVG wegen fehlender bzw. fehlerhafter Anhörung des Betriebsrats scheidet aus, weil dieser nach dem Sachverhalt ordnungsgemäß angehört worden ist.

Nach dem Wortlaut des § 102 Abs. 1 S. 3 BetrVG ist eine Kündigung nur dann unwirksam, wenn sie ohne Anhörung des Betriebsrats ausgesprochen wurde. Es besteht jedoch Einigkeit darüber, dass die Kündigung auch dann unwirksam ist, wenn der Betriebsrat zwar angehört wurde, die Anhörung aber nicht ordnungsgemäß war.[1207]

1202 BAG, Urt. v. 08.11.2011 – 6 AZR 354/10, NZA 2012, 495; Schaub/Linck § 123 Rn. 19 ff., 29; ausführl. Müller FA 2013, 37 ff.

1203 BAG, Urt. v. 25.09.2014 – 2 AZR 567/13, NZA 2015, 159; Simon/Rein DB 2015, 807; Eufinger BB 2015, 376.

1204 Vgl. BAG, Urt. v. 14.04.2011 – 6 AZR 727/09, NZA 2011, 683 (Angabe nur der Funktion des Kündigungsberechtigten im Arbeitsvertrag); LAG Berlin DB 2007, 468; ausführlich dazu Lux NZA-RR 2008, 393 und Schmiegel/Yalzin ZTR 2011, 395.

1205 BAG, Urt. v. 20.09.2006 – 6 AZR 82/06, NZA 2007, 377 m.Anm. Kappelhoff ArbRB 207, 135; Meyer/Reufels NZA 2011, 5.

1206 So auch Brox/Rüthers Rn. 1133; Dütz/Thüsing Rn. 354; vgl. aber auch Hanau/Adomeit Rn. 900: Klagefrist an der ersten Stelle, also noch vor der formgerechten Kündigung des Arbeitgebers.

1207 BAG, Urt. v. 23.10.2014 – 2 AZR 736/13, NZA 2015, 476; Bader NJW 2015, 1420; Rinke NZA 1998, 88 und unten Rn. 537 ff.

IV. Besondere Kündigungsschutzbestimmungen (z.B. § 9 MuSchG, § 15 KSchG) greifen nicht ein.

V. Die Kündigung könnte jedoch sozialwidrig und damit nach § 1 Abs. 1 KSchG unwirksam sein.

452 1. Das KSchG ist gemäß § 1 Abs. 1 KSchG in persönlicher und nach § 23 Abs. 1 S. 2 KSchG in betrieblicher Hinsicht anwendbar, weil A länger als sechs Monate (vier Jahre) im Betrieb des B, in dem mehr als 10 Arbeitnehmer (ca. 200) beschäftigt sind, tätig ist.

Sind in dem Betrieb – wie hier – mehr als 10 Arbeitnehmer beschäftigt, reicht diese Feststellung für die Begründung der Anwendbarkeit des KSchG in betrieblicher Hinsicht nach § 23 Abs. 1 S. 2 KSchG aus. Auf die Sonderregelung des § 23 Abs. 1 S. 3 KSchG für die „Altarbeitnehmer" ist nur dann einzugehen, wenn das KSchG sonst nach § 23 Abs. 1 S. 2 KSchG nicht anwendbar wäre (vgl. dazu auch oben Rn. 445 ff.).

453 2. Die Kündigung müsste sozial gerechtfertigt sein. Nach § 1 Abs. 2 KSchG ist eine Kündigung nicht sozial gerechtfertigt, „wenn sie nicht durch Gründe, die in der Person oder in dem Verhalten des Arbeitnehmers liegen, oder durch dringende betriebliche Erfordernisse, die einer Weiterbeschäftigung des Arbeitnehmers in diesem Betriebe entgegenstehen, bedingt ist" (vgl. auch § 1 Abs. 3 KSchG). Dementsprechend ist im Einzelfall zu prüfen, ob eine Kündigung durch

- **personenbedingte**,
- **verhaltensbedingte**,
- **betriebsbedingte**.

Gründe „bedingt ist". Diese Gründe müssen dabei so gewichtig sein, dass die **Kündigung unter Berücksichtigung des Verhältnismäßigkeitsprinzips nach einer umfassenden Interessenabwägung** als **billigenswert und angemessen** erscheint.[1208]

Dabei ist zu berücksichtigen, dass das gesamte Kündigungsrecht nicht vergangenheits-, sondern **zukunftsbezogen** ist. Eine personen- bzw. verhaltensbedingte Kündigung ist deshalb nicht schon deswegen gerechtfertigt, weil das Arbeitsverhältnis in der Vergangenheit gestört war. Erforderlich ist vielmehr, dass die Störungen auch in der Zukunft zu erwarten sind und dem Arbeitgeber deshalb die Fortsetzung des Arbeitsverhältnisses nicht zumutbar ist. **Zweck der Kündigung** ist also **nicht die Sanktion** für Vertragsstörungen in der Vergangenheit, sondern die **Vermeidung künftiger Vertragsstörungen** (sog. **Prognoseprinzip**).[1209]

454 a) Da B die Kündigung wegen des Gesundheitszustandes des A erklärt hat, kann die Kündigung nur als personenbedingte Kündigung i.S.d. § 1 Abs. 2 KSchG gerechtfertigt sein.[1210] Die Wirksamkeitsprüfung einer personenbedingten Kündigung ist dabei grds. nach der sog. Zweistufenlehre (1. Stufe: Kündigungsgrund „an sich"; 2. Stufe: Interessenabwägung unter Berücksichtigung der Einzelfallumstände) vorzunehmen.[1211]

1208 Vgl. zur Entwicklung der Rspr. des BAG Bitter/Kiel RdA 1994, 333 ff.; 1995, 26 ff. u. allg. Grundsätze Ahlberg AiB 2013, 176.

1209 BAG, Urt. v. 10.06.2010 – 2 AZR 541/09, NZA 2010, 1227; ErfK/Oetker § 1 KSchG Rn. 105, 196; krit. Adam NZA 1998, 284.

1210 Ausführlich mit Rspr.-Übersichten zur personenbedingten Kündigung: Kock BB 2011, 2998; 2010, 633; 2009, 270; ders. 2006, 1909 und BB 2005, 2350; Berkowsky NZA-RR 2001, 393 ff.; 449 ff.; Tschöpe BB 2001, 2110 ff; Boos NZA-RR 1999, 617.

1211 Vgl. dazu MünchArbR/Berkowsky § 115 Rn. 7 ff.; Bitter/Kiel RdA 1995, 26, 29.

Oft wird auch die Ansicht vertreten, die Wirksamkeitsprüfung sei in drei Stufen (1. Fehlende oder beeinträchtigte Fähigkeiten und Eignung; 2. Künftige Störung des Arbeitsverhältnisses zu erwarten und das Fehlen einer anderweitigen Beschäftigungsmöglichkeit und 3. Interessenabwägung) vorzunehmen.[1212] In der Sache selbst gibt es keinen Unterschied, weil die Umstände, die von der Gegenansicht in den Stufen 1. und 2. zu prüfen sind, bei der Zwei-Stufen-Prüfung innerhalb der ersten Stufe geprüft werden. Denn an sich „bedingen" kann ein Umstand eine personenbedingte Kündigung nur dann, wenn er zu einer Störung des Arbeitsverhältnisses führt und auch keine anderweitige Beschäftigungsmöglichkeit besteht.

Bei einer krankheitsbedingten Kündigung[1213] kommen vier Arten vor: **455**

- **häufige Kurzerkrankungen**,[1214]
- **langandauernde Erkrankung**,[1215]
- **dauerhafte Leistungsunfähigkeit**,[1216]
- **erhebliche krankheitsbedingte Leistungsminderung**.[1217]

Bei allen Arten einer krankheitsbedingten Kündigung erfolgt die **Wirksamkeitsprüfung in drei Stufen**, wobei je nach Kündigungsart Besonderheiten gelten. Zunächst ist eine negative Gesundheitsprognose erforderlich.[1218] In der zweiten Stufe ist zu prüfen, ob die entstandenen und prognostizierten Fehlzeiten zu einer erheblichen Beeinträchtigung betrieblicher Interessen führen. In der dritten Stufe ist dann im Rahmen einer umfassenden Interessenabwägung zu prüfen, ob die erhebliche Beeinträchtigung betrieblicher Interessen zu einer unzumutbaren Belastung des Arbeitgebers führt.[1219] **456**

Maßgeblich für die Wirksamkeit einer krankheitsbedingten Kündigung, insbes. die negative Gesundheitsprognose, ist nach ganz h.M. nur der Zeitpunkt des Kündigungszugangs. Nachträgliche Entwicklungen, insbes. Änderungen des Gesundheitszustandes, können weder zur Bestätigung noch zur Korrektur des Ergebnisses herangezogen werden.[1220] Erweist sich die Prognoseentscheidung nachträglich als falsch, kommt nur ein Wiedereinstellungsanspruch des Arbeitnehmers[1221] bzw. eine erneute Kündigung durch den Arbeitgeber in Betracht. Da der Arbeitgeber die Krankheitsursache i.d.R. nicht kennt, kann er sich zur **Begründung der negativen Gesundheitsprognose** zunächst auf die Fehlzeiten aus der Vergangenheit berufen, die grds. erst dann ausreichen, wenn der Arbeitnehmer während eines Zeitraumes von 2–3 Jahren länger als sechs Wochen pro Jahr arbeitsunfähig krank war. Entkräftet der Arbeitnehmer diese Indizwirkung durch einen konkreten Vortrag bzw. eine ärztliche Stellungnahme, muss der Arbeitgeber das Vorliegen der negativen Gesundheitsprognose (z.B. durch Sachverständigengutachten) beweisen. Arbeitsunfälle bzw. einmalige Ursachen können zur Stützung der negativen Gesundheitsprognose nicht herangezogen werden.[1222] **457**

1212 Vgl. dazu Tschöpe BB 2001, 2110; KR/Griebeling § 1 KSchG Rn. 271 ff.

1213 Vgl. dazu MünchArbR/Berkowsky § 115 Rn. 14 ff.; Richter ArbR 2015, 237; Kocher DB 2015, 2083.

1214 BAG, Urt. v. 20.11.2014 – 2 AZR 755/13, NZA 2015, 612; Schiefer BB 2015, 2613; Willemsen/Fritzsche DB 2012, 670.

1215 BAG, Urt. v. 13.05.2015 – 2 AZR 565/14 , NZA 2015, 1249; BB 2002, 2675; Lingemann/Ludwig ArbR 2010, 385 ff.

1216 BAG, Urt. v. 20.11.2014 – 2 AZR 664/13, NZA 2015, 931; 1999, 152; 1997, 709; Bernardi NZA 1999, 683.

1217 BAG DB 1992, 2196; KR/Griebeling § 1 KSchG Rn. 379 ff.; Schaub/Linck § 131 Rn. 31, 45 ff.

1218 Vgl. BAG, Urt. v. 13.05.2015, Fn. 1215; KR/Griebeling § 1 KSchG Rn. 323 ff.; Fuhlrott/Balupuri-Beckmann AuA 2015, 24.

1219 BAG, Urt. v. 20.11.2014, Fn. 1214; NZA 2002, 1081; KR/Griebeling § 1 KSchG Rn. 323 f.; Kock BB 2010, 633 ff.

1220 BAG, Urt. v. 10.11.2005 – 2 AZR 44/05, NZA 2006, 655; NZA 2002, 1081, 1083; GK/Dörner/Vossen § 1 KSchG Rn. 199 ff.; ErfK/Oetker § 1 KSchG Rn. 181; KR/Griebeling § 1 KSchG Rn. 325 ff., 369 m.w.N.; a.A. noch BAG NJW 1984, 1417.

1221 BAG, Urt. v. 07.11.2002 – 2 AZR 599/01, ARST 2003, 172; NZA 2001, 1135 ff.; 1999, 979; LAG Berlin NZA-RR 2003, 66; ausführl. dazu Strathmann DB 2003, 2438; Kellermann JA 2002, 452; Boewer NZA 1999, 1121 ff.; 1177 ff.

1222 BAG, Urt. v. 10.11.2005, Fn. 1220; Urt. v. 07.11.2002, Fn. 1221; KR/Griebeling § 1 KSchG Rn. 328 m.w.N.

458 Die **Krankheit als solche** ist **keine Behinderung i.S.d. Antidiskriminierungsrichtlinie** 2000/78/EG, sodass einer krankheitsbedingten Kündigung das Verbot der Benachteiligung wegen einer Behinderung nicht entgegen steht.[1223] Insbes. bei langandauernden Erkrankungen und der dauerhaften Leistungsunfähigkeit bzw. Leistungsminderung wird häufig auch eine Behinderung vorliegen (dazu oben Rn. 200), was bei europarechtskonformer Auslegung des § 2 Abs. 4 AGG (dazu oben Rn. 439) im Rahmen der Wirksamkeitsprüfung der krankheitsbedingten Kündigung zu berücksichtigen ist. Dies kann zu verstärkten Wirksamkeitsanforderungen im Einzelfall führen (vgl. dazu auch unten Rn. 463).

459 b) Da A aus gesundheitlichen Gründen die vertraglich geschuldete Tätigkeit als Walzwerker nicht mehr verrichten kann, liegt sog. **dauerhafte Leistungsunfähigkeit** vor.

Kann der Arbeitnehmer auf dem bisherigen Arbeitsplatz nur in der Weise beschäftigt werden, dass sich sein Leiden verschlimmert, ist eine Kündigung nach ganz h.M. grds. nur dann gerechtfertigt, wenn er die gesundheitsschädigende Tätigkeit ablehnt.[1224]

aa) Ein Arbeitsverhältnis, bei dem feststeht, dass der Arbeitnehmer in Zukunft die geschuldete Arbeitsleistung aus Gesundheitsgründen nicht mehr erbringen kann, ist als ein gegenseitiger Austauschvertrag schon aus diesem Grunde auf Dauer ganz erheblich gestört, ohne dass es einer darüber hinausgehenden Darlegung einer unzumutbaren Betriebsbeeinträchtigung bedarf. Die auf das jeweilige Arbeitsverhältnis bezogene unzumutbare Beeinträchtigung betrieblicher Interessen besteht also darin, dass der mit dem Abschluss des Arbeitsverhältnisses bezweckte Leistungsaustausch nicht mehr wie vorgesehen stattfinden kann.[1225]

Die betriebliche Beeinträchtigung kann ausnahmsweise dann entfallen, wenn die Arbeitsleistung des Arbeitnehmers für den Arbeitgeber keinerlei Wert hat, wofür der Arbeitnehmer die Darlegungs- und Beweislast trägt.[1226]

Die erhebliche **Störung der betrieblichen Interessen** kann nicht nur in Produktionsablaufstörungen, sondern auch in erheblichen Lohnfortzahlungskosten liegen, die wegen der negativen Gesundheitsprognose zu erwarten sind. Da aber der Wertung des § 3 EFZG zu entnehmen ist, dass der Gesetzgeber dem Arbeitgeber sechs Wochen Entgeltfortzahlung pro Jahr zumutet, können insofern nur die Entgeltfortzahlungskosten berücksichtigt werden, die für den darüber hinausgehenden Zeitraum zu leisten sind.[1227]

460 bb) Eine ordentliche Kündigung wegen dauerhafter Leistungsunfähigkeit ist – wie jede andere Kündigung auch – nur dann sozial gerechtfertigt, wenn sie nach Berücksichtigung des **Verhältnismäßigkeitsprinzips** einer **Interessenabwägung** standhält. Dies ist nicht der Fall, wenn eine anderweitige Beschäftigungsmöglichkeit, wenn auch zu schlechteren Bedingungen, besteht (Vorrang der Änderungskündigung vor Beendigungskündigung).[1228]

461 Einen anderen **freien Arbeitsplatz**, auf dem A beschäftigt werden könnte, gibt es aber im Betrieb des B nicht. Der Arbeitgeber ist zwar nach dem Ver-

1223 Vgl. EuGH, Urt. v. 11.07.2006 – C-13/05, NZA 2006, 839; BAG, Urt. v. 20.11.2014, Fn. 1216; Selzer EuZA 2014, 95.

1224 BAG NZA 1998, 143; LAG Hessen NZA 1998, 151; KR/Griebeling § 1 KSchG Rn. 379 m.w.N.

1225 BAG, Urt. v. 20.03.2014 – 2 AZR 288/13, NZA-RR 2015, 16; GK/Dörner/Vossen § 1 KSchG Rn. 192.

1226 BAG NZA 1999, 377, 379; KR/Griebeling § 1 KSchG Rn. 376; GK/Dörner/Vossen § 1 KSchG Rn. 192.

1227 BAG, Urt. v. 20.11.2014, Fn. 1214; Urt. v. 10.11.2005, Fn. 1220; NZA 2000, 768; KR/Griebeling § 1 KSchG Rn. 341 ff. m.w.N.

1228 BAG, Urt. v. 13.05.2015, Fn. 1215; Urt. v. 20.11.2014, Fn. 1216; Richter ArbR 2015, 237 ff.

hältnismäßigkeitsprinzip verpflichtet, vor einer krankheitsbedingten Kündigung eine Umorganisation hinsichtlich des Personaleinsatzes vorzunehmen, aber nur insoweit, als sie von dem Direktionsrecht gedeckt ist und der Betriebsrat die für eine Versetzung nach § 99 BetrVG beantragte Zustimmung nicht verweigert.[1229] Vorliegend scheidet aber nach dem Sachverhalt auch diese Möglichkeit aus. Zu einer „Austauschkündigung" im Interesse des leistungsunfähigen Arbeitnehmers ist dagegen der Arbeitgeber – entgegen der Ansicht des A – ebensowenig verpflichtet wie zur Schaffung neuer Arbeitsplätze.[1230]

Hinsichtlich der **anderweitigen Beschäftigungsmöglichkeit** gilt eine **abgestufte Darlegungs- und Beweislast**. Den Arbeitgeber trifft zwar die Darlegungs- und Beweislast für das Fehlen einer anderweitigen Beschäftigungsmöglichkeit. Insoweit genügt aber grds. eine pauschale Behauptung des Arbeitgebers. Erst wenn der Arbeitnehmer konkret vorträgt, wie er sich eine anderweitige Beschäftigung vorstellt und an welche Art der Beschäftigung er denkt, muss der Arbeitgeber darlegen und beweisen aus welchen Gründen im Einzelnen eine solche anderweitige Beschäftigung ausscheidet.[1231] Dabei genügt es grds., wenn er darlegt und beweist, dass ein solcher Arbeitsplatz nicht existiert bzw. nicht frei ist und auch im Wege des Direktionsrechts nicht freigemacht werden kann.[1232] 462

Die Durchführung des **Präventionsverfahrens nach § 84 Abs. 1 SGB IX, das nur bei schwerbehinderten Menschen vorgesehen ist,** ist nach h.M. **keine formelle Wirksamkeitsvoraussetzung** einer Kündigung. Vielmehr stellt diese Vorschrift nur eine Konkretisierung des das gesamte Kündigungsrecht beherrschenden Verhältnismäßigkeitsprinzips dar, sodass die in § 81 Abs. 1 SGB IX genannten Möglichkeiten als mildere Mittel der Wirksamkeit der Kündigung entgegenstehen können.[1233] **Keine formelle Wirksamkeitsvoraussetzung** einer krankheitsbedingten Kündigung, sondern ebenfalls nur eine Konkretisierung des Verhältnismäßigkeitsprinzips ist auch die **Durchführung des betrieblichen Eingliederungsmanagements nach § 84 Abs. 2 SGB IX (BEM)**. Dieses sieht ein (nicht formalisiertes) Verfahren zur möglichst frühzeitigen Beendigung der Arbeitsunfähigkeit und zur Sicherung der Arbeitsplätze schwerbehinderter Arbeitnehmer vor, das **nach h.M. auch bei nicht behinderten Arbeitnehmern** (Begründung: Wortlaut des § 84 Abs. 2 SGB IX: „außerdem bei schwerbehinderten Menschen") **und in Betrieben ohne betriebliche Interessenvertretung** (z.B. Betriebsrat) durchzuführen ist. Die Unterlassung des BEM hat aber Folgen für die Darlegungs- und Beweislast bei der Prüfung der betrieblichen Auswirkungen der Fehlzeiten sowie des Fehlens einer anderweitigen Beschäftigungsmöglichkeit. Denn der Arbeitgeber kann sich nicht auf eine pauschale Behauptung der Nutzlosigkeit des BEM beschränken. Vielmehr muss er alle denkbaren oder vom Arbeitnehmer ggf. außergerichtlich genannten Alternativen würdigen und im Einzelnen darlegen, aus welchen Gründen weder eine Anpassung des bisherigen Arbeitsplatzes an dem Arbeitnehmer zuträgliche Arbeitsbedingungen schafft noch die Beschäftigung auf einem anderen – leidensgerechten – Arbeitsplatz in Betracht kommt.[1234] 463

3. Bei der vorliegenden dauerhaften Leistungsunfähigkeit des A hält eine ordentliche Kündigung im Allgemeinen auch einer abschließenden Interessenabwägung 464

1229 BAG, Urt. v. 20.11.2014, Fn. 1216; NZA 1999, 377, 379; 1997, 709; KR/Griebeling § 1 KSchG Rn. 376; Schaub/Linck § 131 Rn. 4; a.A. noch BAG NZA 1985, 555: grds. keine Verpflichtung des AG zu einem „Arbeitnehmerringtausch".

1230 BAG NZA 1997, 709; Schaub/Linck § 131 Rn. 4; GK/Dörner/Vossen § 1 KSchG Rn. 167.; vgl. aber auch BAG, Urt. v. 20.11.2014, Fn. 1216: Jedenfalls dann keine „Freikündigungspflicht" des Arbeitgebers im Interesse eines Schwerbehinderten, wenn der andere Stelleninhaber den allgemeinen Kündigungsschutz nach dem KSchG genießt.

1231 BAG, Urt. v. 20.11.2014, Fn. 1216; Urt. v. 20.06.2013 – 2 AZR 583/12, NJW 2014, 244; KR/Griebeling § 1 KSchG Rn. 346.

1232 BAG, Urt. v. 20.11.2014, Fn. 1216; NZA 1999, 377, 379; KR/Griebeling § 1 KSchG Rn. 346; Gaul/Kühnreich BB 2003, 254.

1233 BAG, Urt. v. 07.12.2006 – 2 AZR 182/06, NZA 2007, 617; KR/Griebeling § 1 KSchG Rn. 324 ff. mit Meinungsübersichten.

1234 BAG, Urt. v. 13.05.2015, Fn. 1215; Urt. v. 20.11.2014, Fn. 1216; Stück ArbR 2015, 169; Höser BB 2012, 1537 (Rspr.-Übers.).

stand.[1235] Etwas anderes kommt ausnahmsweise dann in Betracht, wenn der Arbeitgeber aufgrund besonderer Umstände (z.B. vom Arbeitgeber verschuldeter Arbeitsunfall) zur Schaffung eines leidensgerechten Arbeitsplatzes verpflichtet ist.[1236] Ein solcher Ausnahmefall ist hier nicht gegeben.

Im Rahmen der abschließenden Interessenabwägung sind insbes. folgende Umstände zu berücksichtigen: Dauer der Betriebszugehörigkeit, Störungsursache, Dauer des ungestörten Arbeitsverhältnisses, Lebensalter, Zahl der Unterhaltspflichten, Schwerbehinderung usw.[1237]

4. Die Kündigung ist daher aus personenbedingten Gründen i.S.d. § 1 Abs. 2 KSchG sozial gerechtfertigt.

465 Neben der Krankheit einschl. der Suchtkrankheiten[1238] kommen in der Praxis als personenbedingte Gründe insbes. in Betracht: fehlende Arbeitserlaubnis bei Ausländern,[1239] fehlende fachliche oder persönliche Eignung, insbesondere unverschuldete Schlechtleistung[1240] und Änderung des Anforderungsprofils,[1241] mangelnde Deutschkenntnisse,[1242] Arbeitsverhinderung wegen Haft,[1243] Verlust der erforderlichen „Berufsausübungserlaubnis",[1244] Verhinderung an bzw. Einschränkung der Arbeitsleistung aus religiösen Gründen oder aus Gewissensgründen[1245] und Sicherheitsbedenken.[1246]

466 VI. Die ordentliche Kündigung durch B vom 15.10. ist nur dann zum 30.11. wirksam, wenn die Kündigungsfrist eingehalten ist.

Vorliegend hat B das Arbeitsverhältnis mit dem Arbeiter A mit der verlängerten gesetzlichen Kündigungsfrist des § 622 Abs. 2 S. 1, 1. Fall BGB von einem Monat zum Monatsende, also fristgerecht gekündigt.

Bei der Feststellung der Unvereinbarkeit des § 622 Abs. 2 BGB a.F. mit Art. 3 Abs. 1 GG hat das BVerfG[1247] zur Wirksamkeit unterschiedlicher tariflicher Kündigungsfristen für Arbeiter und Angestellte keine Entscheidung getroffen, sondern lediglich darauf hingewiesen, dass branchenspezifische Besonderheiten eine unterschiedliche Behandlung der Arbeiter und Angestellten rechtfertigen können (s. auch Rn. 46). Ob eine tarifliche Differenzierung auch nach Einführung der einheitlichen gesetzlichen Kündigungsfristen für Arbeiter und Angestellte noch gerechtfertigt ist, bedarf daher einer sorgfältigen Einzelprüfung,[1248] wobei insbes. bei länger beschäftigten Arbeitnehmern die sachliche Rechtfertigung i.d.R. fehlt.[1249] Zuvor ist aber stets zu prüfen, ob der Tarifvertrag eine

---

1235 Vgl. auch EuGH, Urt. v. 11.07.2006 – C-13/05, NZA 2006, 839 zur Zulässigkeit einer Kündigung wegen Behinderung.

1236 Vgl. dazu BAG, Urt. v. 20.11.2014, Fn. 1216; LAG Hamm NZA-RR 2000, 239; KR/Griebeling § 1 KSchG Rn. 376 ff. m.w.N.

1237 Vgl. dazu KR/Griebeling § 1 KSchG Rn. 347 ff., 374; GK/Dörner/Vossen § 1 KSchG Rn. 168 ff.; jeweils m.w.N.

1238 Dazu BAG, Urt. v. 20.03.2014 – 2 AZR 565/12, NZA 2014, 602; Hey/Linse, BB 2012, 2881; krit. Bengelsdorf SAE 2015, 26 ff.

1239 BAG NZA 1991, 341; LAG Hamm NZA-RR 1999, 240; LAG Baden-Württemberg NZA-RR 1998, 492.

1240 BAG, Urt. v. 17.01.2008 – 2 AZR 536/06, NZA 2008, 693; Urt. v. 11.12.2003 – 2 AZR 667/02, BB 2004, 1682 m.Anm. Hunold; Weber DB 2015, 1899; Hunold NZA-RR 2014, 169, auch zur Abgrenzung zur verhaltensbedingten Kündigung.

1241 BAG, Urt. v. 10.07.2008 – 2 AZR 1111/06, NZA 2009, 312; LAG Hamm NZA-RR 2010, 578; Vogt/Oltmanns NZA 2012, 599; Hunold DB 2009, 846; Wisskirchen/Bissels/Schmidt NZA 2008, 1386 und Mauer/Holthausen NZA 2003, 1370.

1242 BAG, Urt. v. 28.01.2010 – 2 AZR 764/08, NZA 2010, 625; dazu Latzel RdA 2013, 73; Herbert/Oberrath DB 2010, 391.

1243 BAG, Urt. v. 23.05.2013 – 2 AZR 120/12, NZA 2013, 121; Picker RdA 2012, 40; Schrader ArbR 2011, 291.

1244 BAG, Urt. v. 05.06.2008 – 2 AZR 984/06, DB 2009, 123; NZA 1996, 819: Fluglizenz/Führerschein; weitere Beispiele bei KR/Griebeling § 1 KSchG Rn. 292 ff.; ErfK/Oetker § 1 KSchG Rn. 158; Schaub/Linck § 131 Rn. 16 ff.

1245 BAG, Urt. v. 24.02.2011 – 2 AZR 636/09, NZA 2011, 1087; Urt. v. 10.10.2002 – 2 AZR 472/0, NZA 2003, 483; bestätigt durch BVerfG, Beschl. v. 30.07.2003 – 1 BvR 792/03, EzA § 1 KSchG „Verhaltensbedingte Kündigung" Nr. 58 u. 58 a m. abl. Anm. Rüthers; Scholl BB 2012, 53; Hoevels ArbR 2012, 5 u. NZA 2003, 701; Hunold DB 2011, 1580; Adam NZA 2003, 1375.

1246 Vgl. dazu BAG, Urt. v. 21.03.1996 – 2 AZR 479/95, juris; Adam ZTR 2009, 569 ff.

1247 BVerfG NZA 1990, 720; vgl. dazu KR/Spilger § 622 BGB Rn. 22 ff.

1248 BAG NZA 1994, 1045, 1048; vgl. dazu KR/Spilger § 622 BGB Rn. 247 ff.; Marschollek DB 1991, 1069; Hromadka BB 1993, 2372; Preis/Kramer DB 1993, 2125; Worzalla NZA 1994, 145; Müller-Glöge, Festschrift für Schaub zum 65. Geburtstag, 1998, 497 zur Wirksamkeit tariflicher Kündigungsfristen u. BAG, Urt. v. 04.07.2001 – 2 AZR 469/00, DB 2002, 96; Diller NZA 2000, 294 zu Kündigungsfristen und Kündigungsterminen bei Vereinbarung der alten „Quartalskündigungsfristen".

1249 BAG NZA 1995, 1051; 1994, 799; GK/Linck § 622 BGB Rn. 126 f.

selbstständige Regelung der Kündigungsfristen enthält, was bei einer wörtlichen oder inhaltlichen Wiedergabe der gesetzlichen Kündigungsfristen des § 622 BGB a.F. i.d.R. nicht der Fall ist.[1250]

Die tariflichen Grundkündigungsfristen sind z.B. wirksam im Dachdeckerhandwerk,[1251] Baugewerbe,[1252] Friseurhandwerk[1253] sowie im Gaststätten- und Hotelgewerbe.[1254]

VII. Ergebnis: Die von B am 15.10. erklärte Kündigung zum 30.11. ist wirksam.

---

4. Verhaltensbedingte Kündigung; Abmahnung

Fall 26: Voreilige Kündigung

Der 35-jährige A ist seit drei Jahren im betriebsratslosen Betrieb des B, in dem fünfzig Arbeitnehmer tätig sind, als Buchhalter beschäftigt. Bereits im letzten Jahr erschien A an fünf Tagen zu spät zum Dienst. Nachdem A in den letzten Wochen erneut dreimal zu spät erschien, kündigte B das Arbeitsverhältnis wegen der wiederholten Verspätungen mit dem formgerechten Schreiben vom 10.02., das A am selben Tag zuging, zum 31.03. A ist der Ansicht, die Kündigung sei schon deswegen unwirksam, weil es zu keinen Störungen des Betriebsablaufs gekommen sei. Außerdem sei er bisher niemals darauf hingewiesen worden, dass die Verspätungen nicht geduldet werden und arbeitsrechtliche Konsequenzen haben können. Ist die Kündigung wirksam?

B hat das Arbeitsverhältnis mit A unter Einhaltung der einheitlichen gesetzlichen Kündigungsfrist des § 622 Abs. 2 S. 1, 1 Fall BGB formgerecht i.S.d. § 623 BGB gekündigt. Da auf das Arbeitsverhältnis des A das KSchG gemäß §§ 1, 23 Abs. 1 S. 2 KSchG in persönlicher und betrieblicher Hinsicht anwendbar ist, ist die ordentliche Kündigung unwirksam, wenn sie nicht sozial gerechtfertigt ist, § 1 Abs. 1 KSchG. **467**

Da B die Kündigung auf häufige Verspätungen stützt, kann die Kündigung nur durch verhaltensbedingte Gründe i.S.d. § 1 Abs. 2 KSchG gerechtfertigt sein.[1255]

I. Verhaltensbedingte Gründe i.S.d. § 1 Abs. 2 KSchG können insbes. Vertragspflichtverletzungen sein, wobei nach h.M. schuldhaftes Verhalten des Arbeitnehmers nur grds., nicht dagegen zwingend erforderlich ist.[1256]

Das Gesetz kennt keine „absoluten" Kündigungsgründe. Als verhaltensbedingte Gründe kommen im Einzelfall insbes. in Betracht:[1257] Alkoholmissbrauch ohne Alkoholabhängigkeit,[1258] Ankündi-

---

1250 BAG NZA 1997, 97; 726; KR/Spilger § 622 BGB Rn. 209 ff.; vgl. aber auch Creutzfeld AuA 1995, 87.

1251 BAG NZA 1999, 489; KR/Spilger § 622 BGB Rn. 259.

1252 BAG NZA 1992, 886; dazu auch Drüll/Schütte NZA 1994, 398.

1253 BAG, Urt. v. 18.01.2001 – 2 AZR 619/99, EzA § 622 n.F. BGB Nr. 62.

1254 LAG Köln NZA 1995, 1164; KR/Spilger § 622 BGB Rn. 259 mit weiteren Beispielen; kritisch zu der gegenüber den tariflichen Kündigungsfristen „großzügigen" Rspr.: Preis/Kramer DB 1993, 2125, 2129; Staudinger/Preis § 622 BGB Rn. 79.

1255 Allg. zur verhaltensbedingten Kündigung Seel MDR 2011, 1274; Fuhlrott ArbR 2010, 541; Quecke ZTR 2003, 6; Tschöpe BB 2002, 778; Berkowsky NZA 2000, 1; 57; Hoß MDR 1998, 869; Bitter/Kiel RdA 1995, 26, 31 ff.; Preis DB 1990, 630; 685.

1256 BAG, Urt. v. 11.12.2003 – 2 AZR 667/02, BB 2004, 1682 m.Anm. Hunold; KR/Griebeling § 1 KSchG Rn. 400 ff. m.w.N.

1257 Weitere Bsp. bei: Schaub/Linck § 133 Rn. 11 ff.; KR/Griebeling § 1 KSchG Rn. 414.

1258 BAG NZA 1997, 1281; GK/Dörner/Vossen § 1 KSchG Rn. 310; Schaub/Linck § 133 Rn. 12 a, 13; Hoppe/Fuhlrott ArbR 2010, 464; Lepke DB 2001, 269; a.A. Bengelsdorf SAE 2015, 26 und FA 2013, 322 ff. (auch bei Suchterkrankung).

gung einer Krankschreibung bei objektiv nicht bestehender Arbeitsunfähigkeit,[1259] Arbeitsverweigerung,[1260] ausländerfeindliche Äußerungen im Betrieb,[1261] Beleidigungen der Vorgesetzten/des Arbeitgebers, auch in sozialen Netzwerken (z.B. Facebook),[1262] Doping bei Sportlern,[1263] Druckkündigung,[1264] Manipulationen der Arbeitszeiterfassung (z.B. Stempelkartenmissbrauch, falscher Arbeitszeiteintrag),[1265] Mobbing,[1266] Nebentätigkeit trotz Vorlage einer ärztlichen Arbeitsunfähigkeitsbescheinigung,[1267] Private Telefongespräche auf Kosten des Arbeitgebers oder von Arbeitskollegen,[1268] Selbstbeurlaubung, d.h. eigenmächtiger Urlaubsantritt/eigenmächtige Urlaubsverlängerung,[1269] sexuelle Belästigung,[1270] Schlechtleistungen trotz Leistungsmöglichkeit,[1271] Störung des Betriebsfriedens,[1272] Strafanzeigen gegen den Arbeitgeber, Vorgesetzte oder Arbeitskollegen,[1273] Straftaten, insb. auch geringfügige Vermögensdelikte zum Nachteil des Arbeitgebers,[1274] Tätlichkeiten im Betrieb,[1275] Verletzungen der Anzeige- und Mitteilungspflichten im Krankheitsfall,[1276] Verstöße gegen tragende Grundsätze der kirchlichen Glaubens- und Sittenlehre beim kirchlichen Arbeitgeber,[1277] Verletzung der Rücksichtnahmepflicht durch Presseberichte/Internetveröffentlichungen[1278] Unberechtigte Verweigerung der Mitwirkung an einer ärztlichen Untersuchung,[1279] unentschuldigtes Fehlen,[1280] Unerlaubte Privatnutzung des Internets,[1281] Verstöße gegen die Benachteiligungsverbote des § 7 Abs. 1 AGG (vgl. auch § 12 Abs. 3 AGG),[1282] Werbung für Scientology durch eine Jugendbetreuerin.[1283]

468 Dabei ist zu beachten, dass der Pflichtverstoß allein nicht genügt (kein Sanktionscharakter). Vielmehr müssen nach dem sog. **Prognoseprinzip** zukünftige Vertragspflichtverletzungen zu besorgen sein oder die Vertragsstörung muss so schwerwiegend sein, dass sie sich auch künftig belastend auswirkt und deshalb eine vertrauensvolle Fortführung des Arbeitsverhältnisses als ausgeschlossen erscheinen lässt.[1284]

1259 BAG, Urt. v. 13.03.2009 – 2 AZR 251/07, NZA 2009, 779 m.Anm. Braun ArbRB 2009, 226; LAG Köln EzA-SD 2014, Nr 13, 8.

1260 BAG, Urt. v. 13.03.2008 – 2 AZR 88/07, AiB 2008, 683; NZA 1997, 487; SAE 1993, 145 m.Anm. Stebut.

1261 BAG BB 1999, 2302; 1996, 486; Geyer FA 2012, 101; Polzer/Powietzka NZA 2000, 970; Küttner/Krummel NZA 1996, 67.

1262 BAG, Urt. v. 26.04.2004 – 2 AZR 63/03, NZA 2005, 158 (Veröffentlichung im Intranet und Meinungsfreiheit); Deeg/Scheuenpflug ArbR 2010, 547 und LAG Hamm ArbRB 2013, 12 (Facebook); dazu Bauer/Günther NZA 2013, 67; Hinrichs/Hörtz NJW 2013, 648; Kock/Dittrich DB 2013, 934; Pawlak öAT 2013, 26; Burmester ArbRB 2013, 245; Kort NZA 2012, 1321.

1263 Vgl. dazu ausführlich Bauer/Jacobs RdA 2003, 215 ff.; Fischer FA 2002, 134 ff.; Teschner NZA 2001, 1233 ff.

1264 BAG, Urt. v. 18.07.2013 – 6 AZR 420/12, DB 2013, 293; ErfK/Oetker § 1 KSchG Rn. 182 f.; Bergwitz/Vollstädt DB 2015, 2635.

1265 BAG, Urt. v. 07.12.2006 – 2 AZR 182/06, NZA 2007, 617; Sasse ArbRB 2005, 242.

1266 Vgl. BAG, Urt. v. 25.10.2007 – 8 AZR 593/06, NZA 2008, 223; KR/Griebeling § 1 KSchG Rn. 489 ff.; Aigner BB 2001, 1354.

1267 BAG BB 1994, 6142 m.Anm. Hunold; LAG Hamm, Urt. v. 18.12.2003 – 8 Sa 1401/03, juris.

1268 Vgl. dazu BAG, Urt. v. 27.11.2003 – 2 AZR 692/02, NZA 2004, 452; LAG Köln NZA-RR 1999, 192.

1269 BAG NZA 1998, 708; DB 1994, 1042; LAG Hamm NZA-RR 2001, 134; LAG Köln NZA-RR 2001, 533.

1270 BAG, Urt. v. 20.11.2014 – 2 AZR 651/13, NZA 2015, 294; Köhler/Koops BB 2015, 2807; Groß DB 2015, 2755.

1271 Vgl. auch zur Abgrenzung zur personenbedingten Kündigung BAG, Urt. v. 17.01.2008 – 2 AZR 536/06, NZA 2008, 693; Urt. v. 11.12.2003 – 2 AZR 667/02, BB 2004, 1682 m.Anm. Hunold; ders. BB 2009, 167; Richter DB 2015, 1899 und Fn. 1240

1272 BAG, Urt. v. 10.10.2002 – 2 AZR 418/01, DB 2003, 1797; 1999, 1400; Fromm BB 1995, 2578 ff.

1273 Vgl. EGMR, Urt. v. 21.07.2011 – 28274/08, RdA 2012, 108 m. Anm. Schlachter; BAG, Urt. v. 06.12.2006 – 2 AZR 400/05, NZA 2007, 502; Urt. v. 03.07.2003 – 2 AZR 235/02, BB 2004, 1964; ausführl. zum sog. whistleblowing: Scheicht/Loy DB 2015, 803; Seel MDR 2012, 9; Ulber NZA 2011, 962; Forst NJW 2011, 3477, die insb. das Urt. des EGMR berücksichtigen.

1274 BAG, Urt. v. 12.02.2015 – 6 AZR 845/13, NZA 2015, 741; Urt. v. 20.06.2013 – 2 AZR 546/12, DB 2014, 246; Urt. v. 21.06.2012 – 2 AZR 153/11, BB 2013, 125; Becker-Schäufler BB 2015, 629; Wank NZA 2011, 1; Fuhlrott ArbR 2012, 498; Preis ArbuR 2010, 186; a.A. Klueß NZA 2009, 337 für eine „Bagatellgrenze" von 50 €.

1275 BAG, Urt. v. 18.09.2008 – 2 AZR 1039/06, DB 2009, 964; Berkowsky AA 2009, 130; Schrader ArbRB 2009, 197.

1276 BAG NZA 1993, 17; LAG Köln ARST 2001, 164; Schaub/Linck § 133 Rn. 17 f.; Lepke NZA 1995, 1084.

1277 EGMR, Urt. v. 23.09.2010 – 425/03, NZA 2011, 277; BVerfG, Beschl. v. 22.10.2014 – 2 BvR 661/12, JZ 2015, 188; BAG, Urt. v. 25.04.2013 – 2 AZR 579/12, NZA 2013, 1131; ausführl. dazu Annuß/Sammet ZAT 2015, 83; Neureither NVwZ 2015, 493; v. Tilling ArbRB 2015, 175 (zur Änderung der Grundordnung in der kath. Kirche); Trebeck ArbR 2015, 92.

1278 BAG, Urt. v. 23.10.2008 – 2 AZR 483/07, BB 2009, 1186 (Tendenzbetrieb); zust. Dzida BB 2009, 1190; vgl. auch Fn. 1262.

1279 BAG, Urt. v. 07.11.2002 – 2 AZR 475/01, BB 2003, 1178 m.Anm. Mauer; NZA 1999, 1209.

1280 BAG SAE 1992, 116 m.Anm. Bengelsdorf; KR/Griebeling § 1 KSchG Rn. 438 f. m.w.N.

1281 BAG, Urt. v. 19.04.2012 – 2 AZR 186/11, NZA 2013, 27 m. Anm. v. Kramer NZA 2013, 311; Urt. 31.05.2007 – 2 AZR 200/06, NZA 2007, 922; ZRP 2011, 12; ausführl. zu Probl. der Internetnutzung Holzner ZRP 2012, 12; Beckschulze DB 2009, 2097.

1282 Vgl. dazu Adomeit/Mohr § 12 AGG Rn. 37 ff.; Buschmann in Däubler/Bertzbach § 12 AGG Rn. 25 ff.

1283 LAG Berlin DB 1997, 2542; Bauer/Baeck DB 1997, 2534.

1284 BAG, Urt. v. 10.06.2010 – 2 AZR 541/09, NZA 2010, 1227; GK/Dörner § 1 KSchG Rn. 272, 272 a und o. Rn. 453.

II. Wiederholte schuldhafte Unpünktlichkeiten des Arbeitnehmers stellen schuldhafte Vertragspflichtverletzungen dar (= **Störung des Arbeitsverhältnisses im Leistungsbereich**) und sind daher an sich geeignet, eine verhaltensbedingte Kündigung i.S.d. § 1 Abs. 2 KSchG zu rechtfertigen.[1285] Die grds. Eignung dieser Pflichtverletzung als verhaltensbedingter Grund hängt – entgegen der Ansicht des A – nicht davon ab, dass sich die Verspätungen über die Störung des Arbeitsverhältnisses im Leistungsbereich hinaus auch noch konkret nachteilig auf den Betriebsablauf oder den Betriebsfrieden ausgewirkt haben. Denn das Vorliegen konkreter Betriebsstörungen ist keine unabdingbare Voraussetzung für die Eignung als verhaltensbedingter Kündigungsgrund, sondern lediglich ein Umstand, der im Rahmen der erforderlichen Interessenabwägung zu berücksichtigen ist.[1286] **469**

Danach können die schuldhaften Verspätungen des A grundsätzlich einen verhaltensbedingten Kündigungsgrund abgeben.

III. Liegt ein Sachverhalt vor, der an sich geeignet ist, eine verhaltensbedingte Kündigung zu rechtfertigen (1. Prüfungsstufe), ist eine im Einzelfall ausgesprochene Kündigung gleichwohl nur dann wirksam, wenn sie **unter Berücksichtigung des Verhältnismäßigkeitsprinzips** einer **Interessenabwägung** standhält (2. Prüfungsstufe) – sog. **ultima-ratio-Prinzip im Kündigungsschutzrecht**.[1287] **470**

Teilweise wird auch bei einer verhaltensbedingten Kündigung eine dreistufige Wirksamkeitsprüfung empfohlen,[1288] was in der Sache selbst – ebenso wie bei der personenbedingten Kündigung (vgl. oben Rn. 454) – nicht entscheidend ist. Denn auch nach der h.M. ist das Verhältnismäßigkeitsprinzip vor der abschließenden Interessenabwägung zu prüfen.

Die wiederholten schuldhaften Verspätungen stellen Störungen des Arbeitsverhältnisses im sog. Leistungsbereich dar. Eine Kündigung wegen Störungen im Leistungsbereich ist aber nach dem Verhältnismäßigkeitsprinzips grds. nur nach einer vorangegangenen **einschlägigen Abmahnung** wirksam. Denn die Abmahnung ist nach dem Verhältnismäßigkeitsprinzip das mildere Mittel, das einer verhaltensbedingten Kündigung wegen Störungen im Leistungsbereich grds. vorauszugehen hat.[1289] Da B vor der Kündigung keine Abmahnung ausgesprochen hat und diese auch nicht ausnahmsweise (vgl. dazu unten Rn. 481) entbehrlich war, ist die Kündigung unverhältnismäßig (Übermaßverbot) und damit schon aus diesem Grund unwirksam. **471**

Eine verhaltensbedingte Kündigung ist nach dem Verhältnismäßigkeitsprinzip auch dann unwirksam, wenn dem Arbeitgeber eine **anderweitige Weiterbeschäftigung**, wenn auch zu geänderten Bedingungen, zumutbar ist (vgl. dazu auch unten Rn. 484). Voraussetzung dafür ist allerdings, dass ein anderer freier Arbeitsplatz vorhanden und anzunehmen ist, dass der AN das beanstandete Verhalten auf dem neuen Arbeitsplatz nicht mehr fortsetzen wird.[1290] An die Unzumutbarkeit sind insbes. beim schuldhaften Verhalten des AN keine allzu strengen Anforderungen zu stellen.[1291] **472**

1285 BAG NZA 2002, 968, 978; 1997, 761; LAG Hamm BB 1998, 275; ArbG Frankfurt NZA-RR 1999, 133.

1286 BAG NZA 2002, 968, 970; 1997, 761, 763; 1993, 17 ff.; KR/Griebeling § 1 KSchG Rn. 400; ausführlich und zustimmend dazu Bengelsdorf SAE 1992, 121 ff.; a.A. noch BAG EzA § 1 KSchG „Verhaltensbedingte Kündigung" Nr. 26.

1287 BAG, Urt. v. 20.11.2014, Fn. 1270; Urt. v. 10.06.2010, Fn. 1284; KR/Griebeling § 1 KSchG Rn. 409 f.; GK/Dörner/Vossen § 1 KSchG Rn. 342 f.; Bitter/Kiel RdA 1995, 26, 33 f.; krit. zu einer Interessenabwägung Bengelsdorf SAE 1992, 121, 140.

1288 So z.B. GK/Dörner/Vossen § 1 KSchG Rn. 272 ff.; KR/Griebeling § 1 KSchG Rn. 404 ff.; Schaub/Linck § 133 Rn. 2.

1289 Vgl. dazu BAG, Urt. v. 11.07.2013 – 2 AZR 994/12, juris; Urt. v. 25.10.2012 – 2 AZR 495/11, NZA 2013, 319.

1290 Vgl. dazu BAG, Urt. v. 20.06.2013 – 2 AZR 583/12, NJW 2014, 244; Urt. v. 24.06.2004 – 2 AZR 63/03, NZA 2005, 158; GK/Dörner/Vossen § 1 KSchG Rn. 273; ErfK/Oetker § 1 KSchG Rn. 195; KR/Griebeling § 1 KSchG Rn. 406 ff.

1291 BAG, Urt. v. 06.10.2005 – 2 AZR 280/04, NZA 206, 431; GK/Dörner/Vossen § 1 KSchG Rn. 273 m.w.N.

IV. Ergebnis: Die Kündigung ist nicht durch verhaltensbedingte Gründe i.S.d. § 1 Abs. 2 KSchG gerechtfertigt und damit gemäß § 1 Abs. 1 KSchG unwirksam. Um die Unwirksamkeit geltend zu machen (vgl. § 7 KSchG), muss A die dreiwöchige Klagefrist des § 4 S. 1 KSchG einhalten (vgl. dazu später unter H., Rn. 553 ff.).

473 Bei einer verhaltensbedingten Kündigung sind im Rahmen der abschließenden Interessenabwägung – auf die hier nicht mehr einzugehen war – neben den bereits genannten Umständen (s. auch oben Rn. 464) zu berücksichtigen: Art, Schwere und Häufigkeit der Pflichtverletzung, Grad des Verschuldens, Höhe des Vermögensschadens, Vorliegen und Grad von Betriebsablaufstörungen usw.[1292] sowie grds. auch Unterhaltspflichten.[1293]

---

474 Aus dem ultima-ratio-Prinzip im Kündigungsschutzrecht folgt, dass vor Ausspruch einer fristgerechten bzw. außerordentlichen Kündigung aus Gründen, die im Verhalten des Arbeitnehmers liegen, grds. eine **einschlägige Abmahnung**[1294] als milderes Mittel ausgesprochen werden muss. Die Abmahnung ist also in diesen Bereichen als Vorstufe zu einer Kündigung von der Rspr. und Lit. entwickelt worden. Die Erforderlichkeit der Abmahnung wird nach heute h.M. mit dem Verhältnismäßigkeitsprinzip begründet, wobei dieser Aspekt durch die Regelung des § 314 Abs. 2 BGB i.V.m. § 323 Abs. 2 BGB eine gesetzgeberische Bestätigung gefunden hat.[1295]

475 **a)** Die Abmahnung hat den Sinn, dem Arbeitnehmer seinen Vertragsverstoß vor Augen zu führen **(Beanstandungsfunktion)** und ihm gleichzeitig aufzuzeigen, dass er im Wiederholungsfall mit arbeitsrechtlichen Konsequenzen, insbes. mit einer Kündigung des Arbeitsverhältnisses rechnen muss **(Warnfunktion)**.

Die Warnfunktion einer Abmahnung kann erheblich dadurch abgeschwächt werden, dass der Arbeitgeber bei ständigen Pflichtverletzungen des Arbeitnehmers nur mit einer Kündigung droht, ohne jemals arbeitsrechtliche Konsequenzen folgen zu lassen. Bei wiederholten Abmahnungen wegen vergleichbarer Pflichtverletzungen sind deshalb Formverschärfungen erforderlich, damit den Abmahnungen nicht die notwendige **Ernstlichkeit** fehlt.[1296] Außerdem ist zu beachten, dass eine Abmahnung i.d.R. einen konkludenten **Verzicht auf das Kündigungsrech**t aus den gerügten Gründen enthält.[1297]

476 **b)** Im Hinblick auf die Beanstandungs- und Warnfunktion der Abmahnung muss der Sachverhalt, der den Gegenstand der Abmahnung bildet, so genau wie möglich beschrieben werden, damit der Arbeitnehmer klar erkennen kann, was an seinem Verhalten beanstandet wird, und damit weiß, was er in Zukunft unterlassen bzw. verbessern soll. Diesem **inhaltlichen Bestimmtheitserfordernis** genügen daher pauschale Behauptungen, wie z.B. schlechte Arbeitsleistungen, Unzuverlässigkeit, nicht.[1298]

477 **Abmahnungsberechtigt** sind nach h.M. nicht nur kündigungsberechtigte Personen, sondern alle Mitarbeiter, die nach ihrer Aufgabenstellung befugt sind, Anweisungen nach Ort, Zeit sowie Art und Weise der zu verrichtenden Tätigkeit zu erteilen.[1299]

1292 Vgl. dazu KR/Griebeling § 1 KSchG Rn. 409 ff.; GK/Dörner/Vossen § 1 KSchG Rn. 432 f. m.w.N.

1293 Vgl. dazu BAG, Urt. v. 27.04.2006 – 2 AZR 415/05, NZA 206, 1033 und ausführlich dazu Lingemann BB 2000, 1835.

1294 Vgl. dazu Neumann/Hampe DB 2014, 1258; Schrader NJW 2012, 342; Seel MDR 2011, 1274; Hunold NZA-RR 2003, 57;

1295 Vgl. auch BAG, Urt. v. 09.06.2011- 2 AZR 284/10, NZA-RR 2012, 12; GK/Dörner/Vossen § 1 KSchG Rn. 343 ff. m.w.N.

1296 BAG NZA 2002, 968; GK/Dörner/Vossen § 1 KSchG Rn. 430 ff.; Schaub/Linck § 132 Rn. 22; Kammerer BB 2002, 1747.

1297 Vgl. dazu BAG, Urt. v. 26.11.2009 – 2 AZR 751/08, NZA 2010, 823 m.Anm. Reimann BB 2010, 1864.

1298 BAG NZA 1985, 124, 125; LAG Hamm NZA-RR 2006, 290; Hunold NZA-RR 2000, 169; Becker-Schaffner ZTR 1999, 103, 109.

1299 BAG BB 1980, 1269; GK/Dörner/Vossen § 1 KSchG Rn. 408; ErfK/Müller-Glöge § 626 BGB Rn. 30; Bader ZTR 1999, 200, 202; Bock AuR 1987, 217, 220; a.A. Pauly NZA 1995, 449, 450; Adam DB 1996, 476: Kündigungsberechtigung erforderlich.

Der **Ausspruch** einer Abmahnung, mit der der Arbeitgeber sein vertragliches Rügerecht ausübt, ist an **keine Regelausschlussfrist**, insbes. nicht an die sonst einzuhaltenden Ausschlussfristen gebunden.[1300] Die Abmahnung wird auch nicht nach Ablauf einer bestimmten Regelfrist wirkungslos. Vielmehr hängt der **Verlust der Abmahnungswirkung** durch Zeitablauf von den Umständen des Einzelfalles ab.[1301] 478

Für die Wirksamkeit einer Abmahnung ist schließlich nach ganz h.M. nicht erforderlich, dass das abgemahnte Fehlverhalten schuldhaft war und als Grundlage für eine Kündigung im Wiederholungsfall ausreicht. Die Abmahnung darf aber nicht gegen das **Verhältnismäßigkeitsprinzip verstoßen**.[1302] 479

c) Weitere Wirksamkeitsprobleme: Die vorherige Anhörung des Arbeitnehmers ist nur beim Bestehen einer besonderen Regelung (z.B. früher § 13 Abs. 2 BAT[1303]) Wirksamkeitsvoraussetzung der Abmahnung.[1304] Die Einhaltung einer bestimmten **Form** ist ebenfalls nur beim Vorliegen einer entspr. Regelung Wirksamkeitsvoraussetzung einer Abmahnung.[1305] Die **Beteiligung des Betriebsrats** vor Ausspruch einer Abmahnung ist auch dann nicht erforderlich, wenn sie eine Kündigung vorbereiten soll.[1306] 480

Die mitbestimmungsfreie Abmahnung, die nur Androhungscharakter hat, muss häufig von der nach § 87 Abs. 1 Nr. 1 BetrVG mitbestimmungspflichtigen Betriebsbuße abgegrenzt werden, die bereits Sanktionscharakter hat. Für die Abgrenzung ist nach heute h.M. weder auf Bezeichnung und Form noch auf die Art des Verstoßes, sondern auf den Inhalt der Maßnahme abzustellen, wie sie der Arbeitnehmer nach Treu und Glauben unter Berücksichtigung aller Einzelfallumstände verstehen durfte.[1307]

Da die Abmahnung ihre Beanstandungs- und Warnfunktion nur dann erfüllen kann, wenn der Arbeitnehmer von ihrem Inhalt tatsächlich Kenntnis erlangt hat, kann sie nach h.M. ihre Wirkungen nicht bereits mit dem **Zugang** der Erklärung entfalten. Vielmehr ist zusätzlich auch die **tatsächliche Kenntnis** erforderlich. Die Berufung auf fehlende Kenntnis kann allerdings rechtsmissbräuchlich sein. Letzteres kommt insbes. dann vor, wenn sich ein der deutschen Sprache nicht kundiger ausländischer Arbeitnehmer um die Übersetzung der ihm ausgehändigten Abmahnung nicht kümmert.[1308]

d) Erforderlichkeit: Die Abmahnung ist als milderes Mittel grds. vor jeder Kündigung aus verhaltensbedingten Gründen erforderlich. Auch bei Verstößen, die den **Vertrauensbereich** betreffen (z.B. Vermögensstraftaten, Tätlichkeiten, grobe Beleidigungen, Spesenbetrug, Missbrauch von Kontrolleinrichtungen), ist die Abmahnung nicht generell entbehrlich.[1309] Vielmehr muss im Einzelfall unter Berücksichtigung der Art und der Schwere der Pflichtverletzung geprüft werden, ob eine Wiederherstellung des Vertrauens nicht erwartet werden konnte. Eine solche Negativprognoseprüfung kann insbes. 481

1300 BAG NZA 1995, 676; GK/Dörner/Vossen § 1 KSchG Rn. 409; Becker-Schaffner ZTR 1999, 103, 112.

1301 BVerfG NZA 1999, 77; BAG BB 1987, 1252; LAG Hamm AuA 2008, 505; KR/Fischermeier § 626 BGB Rn. 284; a.A. Falkenberg NZA 1988, 489, 492: u.a. aus Gründen der Rechtssicherheit Regelausschlussfrist von zwei bis drei Jahren; noch anders z.B Bader ZTR 1999, 200, 205; Eich NZA 1988, 759: Zeitablauf allein reicht nicht aus; vgl. dazu auch Latzel SAE 2013, 79.

1302 BVerfG NZA 1999, 77; BAG, Beschl. v. 09.09.2015 – 7 ABR 69/13, juris; 1995, 225, 227; Becker-Schaffner ZTR 1999, 103, 111.

1303 Vgl. dazu BAG NZA 1992, 1028, 1030; vgl. auch § 3 Abs. 3 TVöD, der eine Anhörung nicht mehr ausdrücklich vorschreibt.

1304 Wilhelm NZA-RR 2002, 449 ff.; KR/Fischermeier § 626 BGB Rn. 253 m.w.N.; a.A. ArbG Frankfurt DB 2000, 146.

1305 BAG BB 1980, 1269; ErfK/Müller-Glöge § 626 BGB Rn. 31; GK/Dörner/Vossen § 1 KSchG Rn. 366; Pauly NZA 1995, 449.

1306 BAG DB 1990, 483 ff.; KR/Fischermeier § 626 BGB Rn. 278; Schaub/Linck § 132 Rn. 32, 33.

1307 Vgl. BAG NZA 1986, 289; MünchArbR/Matthes § 243 Rn. 24; Schaub NZA 1997, 1185, 1188; Heinze NZA 1990, 169.

1308 BAG NZA 1985, 124, 125; KR/Fischermeier § 626 BGB Rn. 269; Becker-Schaffner ZTR 1999, 103, 112.

1309 Vgl. BAG, Urt. v. 10.06.2010, Fn. 1284; Urt. v. 31.05.2007 – 2 AZR 200/06, NZA 2007, 922, 923; KR/Fischermeier § 626 BGB Rn. 261 ff.; Staudinger/Preis § 626 BGB Rn. 116 ff.; Hunold NZA-RR 2003, 57 ff.; a.A. noch BAG NZA 1994, 656 f.

bei sog. Bagatelldelikten, bei denen der Arbeitgeber nicht erheblich geschädigt worden ist und die Sachen nicht der Obhut des Arbeitnehmers anvertraut sind, zur Erforderlichkeit einer Abmahnung führen. Mit der geringen Höhe des Vermögensschadens allein kann zwar die Entbehrlichkeit der Abmahnung nicht begründet werden, allerdings ist in diesen Fällen besonders sorgfältig zu prüfen, ob auch ohne eine Abmahnung eine negative Prognose angenommen werden kann.[1310] Bei einer besonders schweren Pflichtwidrigkeit im Leistungsbereich kann die Abmahnung nur ausnahmsweise entbehrlich sein (vgl. auch § 314 Abs. 2 S. 2 BGB i.V.m. § 323 Abs. 2 BGB), wenn der Arbeitnehmer unter keinen Umständen mit einer Duldung durch den Arbeitgeber rechnen durfte und mit dem Verlust des Arbeitsplatzes bei Aufdeckung rechnen musste.[1311] Die Abmahnung ist außerdem auch dann entbehrlich, wenn der Arbeitnehmer wegen eines vergleichbaren Sachverhalts bereits eine **unwirksame Kündigung** erhielt, da diese der Beanstandungs- und Warnfunktion der Abmahnung Rechnung tragt.[1312] Diese Funktionen entfaltet auch eine (z.B. wegen fehlender Anhörung des Arbeitnehmers nach § 13 Abs. 2 BAT a.F.) **formell unwirksame Abmahnung.**[1313]

482 **e) Rechte des Arbeitnehmers:** Wird eine Abmahnung in die Personalakte aufgenommen, steht dem Arbeitnehmer das Recht zur Aufnahme einer Gegendarstellung zu (§ 83 Abs. 2 BetrVG). Einigkeit besteht ferner darüber, dass dem Arbeitnehmer ein Anspruch auf Entfernung einer unwirksamen Abmahnung aus der Personalakte zusteht, wobei der Anspruch nach BAG aus entsprechender Anwendung der §§ 12, 862, 1004 BGB i.V.m. § 242 BGB (Fürsorgepflicht des Arbeitgebers) folgt und nach Beendigung des Arbeitsverhältnisses regelmäßig ausgeschlossen ist.[1314]

Ist die in die Personalakte aufgenommene Abmahnung nur teilweise (z.B. wegen Unrichtigkeit einzelner Vorwürfe) unwirksam, muss die Abmahnung insgesamt aus der Personalakte entfernt werden, der Arbeitgeber kann aber eine neue Abmahnung unter Beseitigung der Fehlerquelle aussprechen.[1315]

Ob die „Rücknahme" einer mündlichen Abmahnung im Klagewege durchgesetzt werden kann, ist umstritten.[1316]

5. Betriebsbedingte Kündigung; soziale Auswahl

Fall 27: Personalabbau

Der 40jährige verheiratete und gegenüber drei Kindern unterhaltspflichtige A ist seit achtzehn Jahren im Betrieb des B, der 160 Arbeitnehmer beschäftigt, als Hilfsarbeiter, zuletzt in der Abteilung „Kleinteile" tätig. Früher war er auch in der Abteilung „Groß-

---

1310 BAG, Urt. v. 10.06.2010, Fn. 1284; KR/Fischermeier § 626 BGB Rn. 264 ff.; Bartels RdA 2010, 109; Preis ArbuR 2010, 186 u. 242; Reuter NZA 2009, 594; a.A. LAG Köln BB 2000, 2103; ArbG Hamburg NZA-RR 2001, 416; Klueß NZA 2009, 337 ff.

1311 BAG, Urt. v. 25.10.2012, Fn. 1289; Urt. v. 28.10.2010 – 2 AZR 293/09, NZA 2011, 112; KR/Fischermeier § 626 BGB Rn. 268; ErfK/Müller-Glöge § 626 BGB Rn. 29; Schaub/Linck § 132 Rn. 25-27; Becker-Schaffner ZTR 1999, 103, 108.

1312 BAG NZA 1992, 1028; ErfK/Müller-Glöge § 626 BGB Rn. 32; KR/Fischermeier § 626 BGB Rn. 267 m.w.N.

1313 BAG, Urt. v. 19.02.2009 – 2 AZR 603/07, DB 2009, 1822; KR/Fischermeier § 626 BGB Rn. 267; Schunck NZA 1993, 828 ff.

1314 BAG, Beschl. v. 09.09.2015 – 7 ABR 69/13, juris; 1995, 220 (Arbeitsverhältnis beendet); ausführl. zu Anspruchsgrundlagen Tschöpe NZA 1990 Beil. 2, S. 10, 15 f.; Bock AuR 1987, 217, 220; vgl. auch BAG NZA 1999, 1037: Anspruch auf Widerruf der unzutreffenden Behauptung auch nach Entfernung der Abmahnung aus der Personalakte bejaht.

1315 BAG NZA 1993, 220, 222; LAG Hamm NZA-RR 2006, 290; GK/Dörner/Vossen § 1 KSchG Rn. 416.

1316 Dagegen BAG BB 1986, 594, 595; Hunold BB 1986, 2054, 2054; a.A. Bock AuR 1987, 217, 222; Schmid NZA 1985, 409, 413; zum Rechtsschutz im Zusammenhang mit Abmahnung auch Schaub/Linck § 132 Rn. 37 ff.

teile" tätig und hat dort alle anfallenden Hilfstätigkeiten ausgeführt. Aufgrund eines erheblichen Auftragsrückgangs, von dem vor allem die kostenintensive Abteilung „Kleinteile" betroffen ist, entschließt sich B, diese Abteilung aus Kostengründen zu schließen, die erforderlichen „Kleinteile" nur noch von Drittfirmen zu beziehen und den dadurch entstandenen Personalüberhang durch betriebsbedingte Kündigung abzubauen. Deshalb kündigt er u.a. auch dem A am 10.02. schriftlich zum 31.08., nachdem er den Betriebsrat ordnungsgemäß angehört und dieser keine Stellungnahme abgegeben hat. A hält die Kündigung für unwirksam, weil die Stilllegung der Abteilung „Kleinteile" nicht erforderlich gewesen sei. Außerdem ist er der Ansicht, dass die Kündigung zunächst einem der in der Abteilung „Großteile" tätigen Hilfsarbeitern hätte ausgesprochen werden müssen. Denn insbesondere der 44-jährige Hilfsarbeiter C, dessen Tätigkeit er bereits früher verrichtet habe, sei aufgrund der lediglich 10jährigen Betriebszugehörigkeit und seines Familienstandes (verheiratet, ein Kind) weniger schutzwürdig. Ist die Kündigung wirksam, wenn B allen Mitarbeitern der Abteilung „Kleinteile" gekündigt hat, weil keine anderen Arbeitsplätze vorhanden waren?

Es müssten die Wirksamkeitsvoraussetzungen einer ordentlichen Kündigung vorliegen. **483**

I. Eine formgerechte Kündigungserklärung nach § 623 BGB liegt vor.

II. Eine Unwirksamkeit der Kündigung nach § 102 Abs. 1 S. 3 BetrVG scheidet aus, weil der Betriebsrat nach dem Sachverhalt ordnungsgemäß angehört worden ist.

III. Besonderer Kündigungsschutz greift zugunsten des A nicht ein.

IV. Allgemeiner Kündigungsschutz: Da A seit mehr als sechs Monaten (18 Jahre) im Betrieb des B beschäftigt ist, in dem regelmäßig mehr als zehn Arbeitnehmer (160) tätig sind, ist das KSchG gemäß §§ 1 Abs. 1, 23 Abs. 1 S. 2 in persönlicher und betrieblicher Hinsicht anwendbar. Die Kündigung ist daher nur dann wirksam, wenn sie sozial gerechtfertigt ist, § 1 KSchG.

1. Vorliegend könnte die Kündigung durch dringende betriebliche Erfordernisse, die einer Weiterbeschäftigung des A entgegenstanden, bedingt sein, § 1 Abs. 2 KSchG – sog. **betriebsbedingte Kündigung**.[1317]

   Voraussetzung dafür ist zunächst, dass außerbetriebliche (z.B. Auftragsrückgang, Rohstoffmangel) oder innerbetriebliche Faktoren (z.B. Stilllegung des Betriebs oder von Betriebsteilen, organisatorische oder technische Rationalisierungsmaßnahmen) den **Wegfall eines oder mehrerer Arbeitsplätze** zur Folge haben **und keine anderweitige Beschäftigungsmöglichkeit** in demselben Betrieb oder einem anderen Betrieb desselben Unternehmens in Deutschland besteht – sog. **unternehmensbezogene Weiterbeschäftigungspflicht**.[1318] Es muss also ein Ar- **484**

1317 Zur betriebsbedingten Kündigung m. Rspr.-Übersicht Hunold NZA-RR 2013, 57; Kleinebrink DB 2013, 2448; Stein ArbuR 2013, 243; Schoof AiB 2010, 112; 2009, 655; Bader, NZA 2010, Beil. 2, S. 85; Berkowsky NZA-RR 2007, 169; Schiefer DB 2007, 54 u. NZA-RR 2005, 1 u. Hirdina NZA 2012, 885 sowie Staack/Trümner PersR 2011, 459 speziell zum öffentl. Dienst.

1318 BAG, Urt. v. 24.09.2015 – 2 AZR 3/14, juris; Urt. v. 26.03.2015 – 2 AZR 417/14, NZA 2015, 1083; oben Rn. 460 ff.; Bauer ArbR 2013, 496; Gaul/Kühnreich BB 2003, 254 zur abgestuften Darlegungs- und Beweislast bezüglich einer Beschäftigungsmöglichkeit.

beitskräfteüberhang entstanden sein. Dass gerade der Arbeitsplatz des entlassenen Arbeitnehmers weggefallen ist, ist nicht erforderlich, was schon daraus folgt, dass der Arbeitgeber beim Vorliegen eines dringenden Erfordernisses nach § 1 Abs. 3 KSchG eine soziale Auswahl durchzuführen hat.[1319]

Ausnahmsweise kann auch eine anderweitige Beschäftigungsmöglichkeit in einem Tochterunternehmen der Wirksamkeit der Kündigung entgegenstehen.[1320]

Als **anderweitige Beschäftigungsmöglichkeit** kommen nach ganz h.M. nur gleichwertige oder schlechtere Arbeitsplätze in Betracht, die im Zeitpunkt der Kündigung bereits frei sind, spätestens bis zum Ablauf der Kündigungsfrist frei werden oder bei denen es im Zeitpunkt der Kündigung feststeht, dass sie innerhalb eines Zeitraums nach Ablauf der Kündigungsfrist frei werden, den ein anderer Stellenbewerber zur Einarbeitung benötigen würde.[1321] Dem Arbeitgeber kann eine anderweitige Weiterbeschäftigung auch zumutbar sein, wenn der Arbeitnehmer mit den erforderlichen Umschulungs- oder Fortbildungsmaßnahmen einverstanden ist. Insoweit hat eine **Änderungskündigung Vorrang vor einer Beendigungskündigung.**[1322] Ein Anspruch auf Beschäftigung auf einer freien Beförderungsstelle besteht dagegen grds. nicht.[1323]

Hat der Betriebsrat der Kündigung aus diesem Grunde widersprochen und stellt sich im Rahmen des Kündigungsschutzprozesses die Berechtigung des Widerspruchs aus den in § 1 Abs. 2 S. 2, 3 KSchG genannten Gründen heraus, liegt eine sog. absolute Sozialwidrigkeit der Kündigung vor, d.h., die Kündigung ist schon aus diesem Grunde unwirksam, ohne dass eine darüber hinausgehende Prüfung der Sozialwidrigkeit erforderlich ist. Besteht kein Betriebsrat oder hat der Betriebsrat der Kündigung aus den in § 1 Abs. 2 S. 2, 3 KSchG genannten Gründen trotz des Bestehens einer anderweitigen Beschäftigungsmöglichkeit nicht widersprochen, ist die Kündigung ebenfalls unwirksam, weil ein dringendes betriebliches Erfordernis für die Entlassung eines Arbeitnehmers nach dem Verhältnismäßigkeitsprinzip nur dann vorliegen kann, wenn der Arbeitnehmer auch nicht zu geänderten Arbeitsbedingungen weiterbeschäftigt werden kann (sog. **Vorrang der Änderungskündigung vor Beendigungskündigung**).[1324] Damit hat die Kennzeichnung der Widerspruchsgründe als sog. absolute Gründe der Sozialwidrigkeit jedenfalls insoweit jede praktische Bedeutung verloren, weil auch in diesem Fall eine weitere Prüfung, insbesondere eine Interessenabwägung nicht mehr erforderlich ist.[1325] Praktische Bedeutung hat ein ordnungsgemäßer Widerspruch nach § 102 Abs. 3 BetrVG insoweit, als er einen gesetzlichen Weiterbeschäftigungsanspruch nach § 102 Abs. 5 BetrVG begründet (vgl. dazu oben Rn. 302).

485 Hier liegen dringende betriebliche Erfordernisse vor, weil aufgrund der Stilllegung der Abteilung „Kleinteile" diese Arbeitsplätze auf Dauer ersatzlos weggefallen sind und anderweitige Beschäftigungsmöglichkeiten nicht bestehen. Der Einwand des A, die Stilllegung der Abteilung sei nicht erforderlich gewesen, ist unbeachtlich, weil es sich dabei um eine sog. **freie Unternehmerentscheidung** handelt, die von den Gerichten auf ihre Zweckmäßigkeit hin nicht überprüfbar ist. Denn insoweit wird die verfassungsrechtlich geschützte unternehmerische Freiheit des Arbeitgebers (Art. 2 Abs. 1, 12 GG), der auch das unternehmerische Risiko trägt, unmittelbar betroffen. Anhaltspunkte dafür, dass diese Unternehmerent-

1319 Vgl. BAG, Urt. v. 22.05.2003 – 2 AZR 326/02, ZTR 2003, 521; KR/Griebeling § 1 KSchG Rn. 527 und LAG Berlin DB 2009, 1353; Hamann NZA 2010, 1211 zur Verpflichtung des Arbeitgebers zum Abbau des Einsatzes von Leiharbeitnehmern.

1320 Vgl. BAG, Urt. v. 18.10.2012 – 6 AZR 41/11, DB 2013, 586; Urt. v. 23.04.2008 – 2 AZR 1110/06, NZA 2008, 93; ErfK/Oetker § 1 KSchG Rn. 245 ff.; Fuhlrott BB 2012, 253 ff.; Rid NZA 2011, 1121; v. Vogel NJW-Spezial 2008, 18; Bayreuther NZA 2006, 819.

1321 Vgl. BAG, Urt. v. 15.12.2011 – 2 AZR 42/10, DB 2012, 1445 (Leiharbeitnehmer auf einem Stammarbeitsplatz); dazu Beseler AA 2013, 48; BAG, Urt. v. 05.06.2008 – 2 AZR 107/08, NZA 2008, 1180 zur treuwidrigen Berufung auf das Fehlen eines freien Arbeitsplatzes entspr. § 162 BGB bei Stellenbesetzung kurz vor der Kündigung u. GK/Kiel § 1 KSchG Rn. 600 ff.

1322 BAG, Urt. v. 26.03.2015, Fn. 1318; GK/Kiel § 1 KSchG Rn. 614 ff.; Wank RdA 2012, 139 ff. und Bitter/Kiel RdA 1994, 333, 338.

1323 BAG, Urt. v. 05.06.2008, Fn. 1321; ErfK/Oetker § 1 KSchG Rn. 252 m.w.N.; vgl. aber BAG, Urt. v. 18.10.2000 – 2 AZR 465/99, NZA 2001, 437 zur Umgestaltung des bisherigen Arbeitsplatzes zur Beförderungsstelle; a.A. Houben NZA 2008, 851.

1324 Vgl. dazu BAG, Urt. v. 25.04.2002 – 2 AZR 260/01, NZA 2003, 605; GK/Kiel § 1 KSchG Rn. 623 ff. m.w.N.

1325 Vgl. KR/Griebeling § 1 KSchG Rn. 199; GK/Kiel § 1 KSchG Rn. 583, 651 ff.; Bitter/Kiel RdA 1995, 333, 336 ff.

scheidung offensichtlich unsachlich, unvernünftig oder rein willkürlich war, liegen nicht vor, zumal sie aufgrund erheblichen Auftragsrückgangs und der Notwendigkeit der Kostenersparnis getroffen wurde.[1326]

BAG:[1327] „Es ist nicht Sache des Arbeitnehmers, dem Arbeitgeber eine „bessere" oder „richtigere" Unternehmenspolitik vorzuschreiben und damit in die Kostenkalkulation des Arbeitgebers einzugreifen".

Die Kündigung des Arbeitsverhältnisses mit A ist daher durch betriebsbedingte Gründe i.S.d. § 1 Abs. 2 KSchG veranlasst, da sie aufgrund des dauerhaften Arbeitskräfteüberhangs auch nicht durch Kurzarbeit zu vermeiden war.[1328]

***Beachte:** Die Entscheidung, Personalkosten einzusparen, ist allein noch keine freie Unternehmerentscheidung.[1329] Die Kündigung selbst stellt ebenfalls noch keine freie Unternehmerentscheidung, sondern lediglich deren Folge dar.[1330] Dagegen ist die Entscheidung des Arbeitgebers zu einer dauerhaften Stellenstreichung bzw. Personalreduzierung grds. eine freie Unternehmerentscheidung. Reduziert sich aber die Organisationsentscheidung praktisch auf den Kündigungsentschluss, sind beide Entscheidungen ohne nähere Konkretisierung voneinander nicht zu unterscheiden. Der Arbeitgeber muss deshalb die Organisationsentscheidung hinsichtlich ihrer praktischen Durchführbarkeit und der Dauerhaftigkeit im Einzelnen „verdeutlichen".*[1331] **486**

Die freie Unternehmerentscheidung kann auch darin bestehen, das Anforderungsprofil für einen bestimmten Arbeitsplatz neu festzulegen.[1332] **487**

Eine **Betriebsstilllegung bzw. Stilllegung einer Betriebsabteilung** als freie Unternehmerentscheidungen und Betriebsübergang bzw. Betriebsteilübergang i.S.d. § 613 a BGB schließen sich begriffsnotwendig aus. Denn bei einem Betriebs- bzw. Betriebsteilübergang wechselt nur der Rechtsinhaber des Betriebes bzw. des Betriebsteils. Dies schließt aber nicht betriebsbedingte Kündigung aus anderen Gründen im Zusammenhang mit dem Betriebsübergang aus.[1333] Zu beachten ist dabei, dass die bloße Auftragsvergabe (Funktionsnachfolge) grds. noch kein Betriebsteilübergang ist.[1334]

Fällt noch während des Laufs der Kündigungsfrist der Kündigungsgrund entgegen der Prognoseentscheidung im Zeitpunkt des Kündigungszugangs weg, weil z.B. die beabsichtigte Betriebsstilllegung wegen eines unerwarteten Betriebsübergangs ausbleibt, steht dem Arbeitnehmer grds. ein **Wiedereinstellungsanspruch** zu.[1335] Entsteht dagegen die Weiterbeschäftigungsmöglichkeit erst nach Ablauf der Kündigungsfrist, kommt ein Wiedereinstellungsanspruch nur in Ausnahmefällen (z.B. Betriebsübergang während der Kündigungsfrist zwar beschlossen, aber **488**

1326 Vgl. dazu BAG, Urt. v. 20.11.2014 – 2 AZR 512/13, NZA 2015, 679; ErfK/Oetker § 1 KSchG Rn. 213 ff.; Schrader/Siebert NZA-RR 2013, 113; Roth ZIP 2009, 1845; zum Missbrauch der Unternehmerfreiheit BAG, Urt. v. 26.09.2002 – 2 AZR 636/01, DB 2003, 946 und Rossa/Fuhlrott FA 2012, 2 zu formellen Anforderungen an Unternehmerentscheidungen u. Nw. Fn. 1316.

1327 BAG NZA 1999, 1095, 1097; vgl. auch Bauer AuA 2009, 257 und Schiefer NZA-RR 2005, 1 ff. sowie Walker ZfA 2004, 501ff

1328 Vgl. BAG, Urt.v. 23.02.2012 – 2 AZR 548/10, NZA 2012, 852: Einführung der Kurzarbeit steht der Kündigung nicht entgegen, wenn für einzelne AN Arbeitsplätze auf Dauer weggefallen sind; zur Kündigung bei Kurzarbeit KR/Griebeling § 1 KSchG Rn. 530 ff. und Bonanni/Ludwig ArbRB 2013, 29; Rolf/Riechwald BB 2010, 1597; Wahlig/Jeschke NZA 2010, 607.

1329 Vgl. BAG NZA 1986, 824; GK/Kiel § 1 KSchG Rn. 531; KR/Griebeling § 1 KSchG Rn. 587.

1330 Schaub/Linck § 134 Rn. 6; vgl. auch GK/Kiel § 1 KSchG Rn. 461ff.; KR/Griebeling § 1 KSchG Rn. 524 ff.

1331 BAG, Urt. v. 23.02.2012 – 2 AZR 548/10, NZA 2012, 852; Urt. v. 13.02.2008 – 2 AZR 1041/06, NZA 2008, 819; 1999, 1157; KR/Griebeling § 1 KSchG Rn. 561 ff.; zur Unternehmerentscheidung bzgl. Stellenabbau Hartmann FA 2011, 162; Romme/Pauker NZA-RR 2000, 281; Bitter DB 2000, 1760; B. Preis DB 2000, 1122; krit. dazu Stein BB 2000, 457; Quecke NZA 1999, 1247 u. Löwisch/Buschbaum BB 2010, 1789 zur Darlegungslast des AG bei Kündigungen wegen Auftragsrückgangs.

1332 Vgl. dazu BAG, Urt. v. 18.03.2010 – 2 AZR 337/08, juris; Urt. v. 10.07.2008 – 2 AZR 1111/06, NZA 2009, 312; ausführlich dazu Hunold DB 2009, 846 und NZA-RR 2009, 17 f.; Wisskirchen/Bissels/Schmidt NZA 2008, 1386.

1333 BAG, Urt. v. 21.05.2015 – 8 AZR 409/13, ArbR 2015, 529; Urt. v. 16.02.2012 – 8 AZR 693/10, juris; Urt. v. 23.02.2010 – 2 AZR 959/08, juris; Ganz ArbR 2014, 97; Fuhlrott ArbR 2015, 437; 2014, 431; Hunold NZA-RR 2010, 281: Rspr.-Übersicht zum Betriebsübergang; Fuhlrott BB 2013, 2042 u. Schmädicke NZA 2014, 515 zur Kündigung nach dem Erwerberkonzept.

1334 BAG, Urt. v. 21.05.2015, Fn. 1333; Schiefer/Worzalla DB 2008, 1566; krit. dazu Lemp NZA 2013, 1390 und später Rn. 617.

1335 BAG, Urt. v. 28.10.2004 – 8 AZR 199/04, NZA 2005, 405; 2000, 53; ausführl. dazu Aszmons/Beck NZA 2015, 1098; Krieger/Willemsen NZA 2011, 1128; Bonanni/Nicklas DB 2010, 1826; Oberhofer RdA 2006, 92; Langenbucher ZfA 1999, 299 ff.

erst danach vollzogen) in Betracht. Der Wiedereinstellungsanspruch ist allerdings bei einem nachträglichen **Betriebsübergang** verwirkt, wenn er nicht innerhalb eines Monats nach Erlangung der Kenntnis davon gegenüber dem Betriebserwerber geltend gemacht wird.[1336]

489 2. Wird einem Arbeitnehmer – wie hier dem A – aus dringenden betrieblichen Erfordernissen an sich berechtigterweise gekündigt, weil ein Arbeitskräfteüberhang besteht, so ist die Kündigung trotzdem sozial ungerechtfertigt, wenn der Arbeitgeber **bei der Auswahl des Arbeitnehmers die Dauer der Betriebszugehörigkeit, das Lebensalter, die Unterhaltspflichten und die Schwerbehinderung des Arbeitnehmers** (sog. soziale Gesichtspunkte) nicht oder nicht ausreichend berücksichtigt ...", § 1 Abs. 3 S. 1 KSchG.

490 Nach § 1 Abs. 3 S. 1 KSchG a.F. waren nur „die sozialen Gesichtspunkte" zu berücksichtigen, wobei die drei wichtigsten Grundkriterien Betriebszugehörigkeit, Alter und Unterhaltspflichten waren. Nach § 1 Abs. 3 S. 1 KSchG n.F. ist der Arbeitgeber nur noch verpflichtet, neben den o.g. Kriterien die Schwerbehinderung zu berücksichtigen, wobei keinem dieser vier Kriterien, auch nicht der Betriebszugehörigkeit eine Priorität zukommt.[1337] Dies schließt aber nach h.M. die ergänzende Heranziehung anderer Kriterien (z.B. Chancen auf dem Arbeitsmarkt, Pflegebedürftigkeit von nahen Angehörigen, schlechter Gesundheitszustand) nicht aus.[1338] Das Kriterium „Lebensalter" schützt nach dem bisherigen Verständnis des § 1 Abs. 3 KSchG nur das ansteigende Alter. Nachdem im Zuge der Umsetzung der EU-Antidiskriminierungsrichtlinien das AGG in Kraft getreten ist, ist im Hinblick auf das Verbot der Diskriminierung wegen Alters, das nicht nur Diskriminierungen wegen des höheren, sondern auch wegen des niedrigeren Alters untersagt, umstritten geworden, welche Bedeutung diesem Auswahlkriterium bei einer europarechtskonformen Auslegung des § 1 Abs. 3 KSchG zukommt. Insoweit wird z.Z. die Ansicht vertreten, dass insbesondere nach der Streichung des § 10 S. 3 Nr. 6 AGG a.F. das Lebensalter wie bisher generell nur zugunsten der älteren Arbeitnehmer berücksichtigt werden kann, weil sich die Chancen auf dem Arbeitsmarkt erfahrungsgemäß mit steigendem Alter verschlechtern.[1339] Andere nehmen dagegen an, dass bei europarechtskonformer Auslegung des § 1 Abs. 3 KSchG die Wertungen des § 10 S. 3 Nr. 6 AGG a.F. weiterhin zu berücksichtigen sind, sodass das Alter als eigenständiges Kriterium nur dann zugunsten der älteren Arbeitnehmer mit ausschlaggebender Wirkung berücksichtigt werden kann, wenn eine Prognose bei typisierender Betrachtungsweise ergibt, dass ältere Arbeitnehmer schlechtere Chancen auf dem jeweils einschlägigen Arbeitsmarkt haben.[1340] Überwiegend wird dagegen angenommen, dass das Alter zwar weiterhin generell herangezogen werden, ihm allein aber bei ansonsten gleichen Sozialkriterien kein genereller Vorrang eingeräumt werden kann mit der Folge, dass die Einzelfallumstände maßgeblich sind.[1341] Trotz dieses Meinungsstreits im Einzelnen kann festgestellt werden, dass nach der ganz h.M. das höhere Lebensalter im Rahmen der sozialen Auswahl entspr. dem Wortlaut des § 1 Abs. 3 KSchG weiterhin jedenfalls grds. zugunsten des Arbeitnehmers zu berücksichtigen ist.[1342]

Die **soziale Auswah**l ist auch dann durchzuführen, wenn einem Arbeitnehmer nach dem **Widerspruch gegen den Übergang seines Arbeitsverhältnisses nach § 613 a BGB** betriebsbe-

---

1336 Vgl. BAG, Urt. v. 21.08.2008 – 8 AZR 201/07, NZA 2009, 29; KR/Griebeling § 1 KSchG Rn. 729 ff.; Krieger/Willemsen NZA 2011, 1128; Bonanni/Niklas DB 2010, 1826; Jacobs/Putterer SAE 2009, 41; Oberhofer RdA 2006, 92; Fischer DB 2001, 331.

1337 Vgl. dazu BAG, Urt. v. 29.01.2015 – 2 AZR 164/14, NZA 2015, 426; GK/Kiel § 1 KSchG Rn. 737; KR/Griebeling § 1 KSchG Rn. 670 ff., 678 f.; a.A. LAG Düsseldorf DB 2004, 2588; Betriebszugehörigkeit vorrangig zu berücksichtigen.

1338 BAG, Urt. v. 17.03.2005 – 2 AZR 4/04, DB 2005, 1390; KR/Griebeling § 1 KSchG Rn. 678l; ErfK/Oetker § 1 KSchG Rn. 335 f.; Preis NZA 1997, 1073, 1083 f.: a.A. Pauly MDR 1997, 513; vgl. auch GK/Kiel § 1 KSchG Rn. 732 f.

1339 So z.B. Schiefer DB 2007, 54, 57; Bröhl BB 2006, 1050, 1052 f.; Waltermann ZfA 2006, 305, 307.

1340 So z.B. Brors in Däubler/Bertzbach § 10 AGG Rn. 52 ff.; KR/Griebeling § 1 KSchG Rn. 670 a, 673 f.

1341 So z.B. Thüsing BB 2007, 1506, 1508; Lingemann/Gotham NZA 2007, 663, 665; Bayreuther DB 2006, 1842, 1845; Kamanabrou RdA 2006, 321, 331; Richardi NZA 2006, 881, 884; Adomeit/Mohr § 10 AGG Rn. 78 ff., 83: „flexible Sozialauswahl erforderlich, sodass sich auch Jüngere gegen Ältere durchsetzen können, sofern die Älteren nicht schutzwürdiger".

1342 BAG, Urt. v. 29.01.2015, Fn. 1337; Urt. v. 19.07.2012 – 2 AZR 352/11, NZA 2013, 86; ErfK/Oetker § 1 KSchG Rn. 332; Uffmann SAE 2013, 1; Fuhlrott ArbR 2012, 108; Wendeling-Schröder NZA 2010, 14; Lingemann/Beck NZA 2009, 577; Schiefer DB 2009, 733; Körner NZA 2008, 497; a.A. Kaiser/Dahm NZA 2010, 473; Popke ZRP 2009, 41, die eine europarechtskonforme Streichung des Kriteriums Lebensalter fordern; vgl. dazu auch Straube/Hilgenstock ArbR 2010, 567.

dingt gekündigt wird. Die Gründe für den Widerspruch sind bei der Prüfung der Auswahlentscheidung nach der Beschränkung der Sozialauswahl auf die in § 1 Abs. 3 KSchG n.F. genannten vier Kriterien entgegen der früheren Rspr. nicht mehr zu berücksichtigen.[1343]

In die soziale Auswahl sind nur die Arbeitnehmer des Beschäftigungsbetriebes einzubeziehen, die mit dem zu kündigenden Arbeitnehmer vergleichbar sind. Anders als die anderweitige Beschäftigungsmöglichkeit (vgl. oben Rn. 484) ist also die Sozialauswahl nicht unternehmens-, sondern grds. nur betriebsbezogen (sog. **Grundsatz der betriebsbezogenen Sozialauswahl**).[1344] Die **Vergleichbarkeit der Arbeitnehmer** richtet sich in erster Linie nach arbeitsplatzbezogenen Merkmalen, also zunächst nach der ausgeübten Tätigkeit. Dies gilt nicht nur bei einer Identität der Arbeitsplätze, sondern auch dann, wenn der Arbeitnehmer aufgrund seiner Tätigkeit und Ausbildung eine andersartige, aber gleichwertige Tätigkeit ausführen kann, die ihm der Arbeitgeber kraft seines Direktionsrechts zuweisen kann. Die Notwendigkeit einer kurzen Einarbeitungszeit steht dabei einer Vergleichbarkeit nicht entgegen.[1345] Personen mit besonderem Kündigungsschutz scheiden dagegen aus dem Kreis der vergleichbaren Arbeitnehmer jedenfalls grds. aus, es sei denn die erforderliche Zustimmung zu einer ordentlichen Kündigung (z.B. § 85 SGB IX bei Schwerbehinderten) liegt vor.[1346]

Führen zwei Unternehmen einen **Gemeinschaftsbetrieb**, so erstreckt sich die **Sozialauswahl** auf den gemeinsamen Betrieb, ist also **unternehmensübergreifend**. Etwas anderes gilt aber dann, wenn der Gemeinschaftsbetrieb im Zeitpunkt des Kündigungszugangs nicht mehr besteht oder zu diesem Zeitpunkt aufgrund einer fest gefassten Stilllegungsabsicht, die bereits greifbare Formen angenommen hat, feststeht, dass der gemeinsame Betrieb spätestens bei Ablauf der Kündigungsfrist aufgelöst wird.[1347] Bleibt allerdings die einheitliche personelle Leitung als die „gemeinsame Klammer" trotz der beabsichtigten Stilllegungsentscheidung zunächst bestehen, ist die soziale Auswahl unternehmensübergreifend durchzuführen.[1348] **491**

Besteht für einen Arbeitnehmer aufgrund eines Versetzungsvorbehalts die **Verpflichtung zur Arbeitsleistung auch in anderen Betrieben des Arbeitgebers** und konkurrieren mehrere Arbeitnehmer aus verschiedenen Betrieben um einen freien Arbeitsplatz in einem der Betriebe, so muss der Arbeitgeber bei seiner Entscheidung über die Besetzung dieses Arbeitsplatzes die sozialen Belange der betroffenen Arbeitnehmer jedenfalls entspr. § 315 BGB berücksichtigen.[1349]

Vorliegend sind A und C miteinander vergleichbar, weil beide Hilfsarbeiter sind und A bereits die gleichen Tätigkeiten ausgeführt hat, die C jetzt ausführt, sodass uneingeschränkte Austauschbarkeit vorliegt. C ist zwar vier Jahre älter als A, A hat

---

1343 BAG, Urt. v. 31.05.2007 – 2 AZR 218/06, NZA 2008, 33; KR/Treber § 613 a BGB Rn. 119 ff.; Eylert/Spinner BB 2008, 50; ErfK/Preis § 613 a BGB Rn. 105 ff. m.w.N.; a.A. Pauly ZTR 2009, 63; Steinau-Steinrück/Hurek NJW-Spezial 2005, 417 und früher BAG, Urt. v. 24.05.2005 – 2 AZR 398/04, NZA 2005, 1302.

1344 BAG, Urt. v. 19.12.2013 – 6 AZR 790/12, DB 2014, 781; Urt. v. 07.07.2011 – 2 AZR 476/10, juris; KR/Griebeling § 1 KSchG Rn. 608 ff.; krit. Berkowsky NZA 1996, 290; allg. zur Sozialauswahl Holthausen ArbR 2011, 212; Schoof AiB 2010, 112; Thüsing/Wege RdA 2005, 12 u. Rspr.-Übers. bei Spinner RdA 2008, 153; Bröhl BB 2006, 105; Schiefer NZA-RR 2002, 169.

1345 BAG, Urt. v. 19.12.2013 – 6 AZR 790/12, DB 2014, 781; Urt. v. 10.06.2010 – 2 AZR 420/09, NZA 2010, 1352; KR/Griebeling § 1 KSchG Rn. 614 ff.; Gaul/Bonani NZA 2006, 289; zur grds. Vergleichbarkeit der Arbeitnehmer trotz unterschiedlicher Arbeitszeit BAG, Urt. v. 15.07.2004 – 2 AZR 376/03, DB 2004, 2375; KR/Griebeling § 1 KSchG Rn. 625; Bauer/Klein BB 1999, 1162 und Salamon RdA 2011, 266; Gehlhaar NJW 2010, 2550 zur Sozialauswahl bei unwirksamen Versetzungsklauseln.

1346 BAG, Urt. v. 21.04.2005 – 2 AZR 241/04, NZA 2005, 1307; GK/Kiel § 1 KSchG Rn. 700 ff.; vgl. auch BAG, Urt. v. 20.06.2013 – 2 AZR 295/12, DB 2014, 186: Tarifliche Unkündbarkeit wegen des Altersdiskriminierungsverbots führt nicht ohne Weiteres zum Ausschluss der Vergleichbarkeit; ausführlich dazu KR/Griebeling § 1 KSchG Rn. 665 ff.; MünchKomm/Thüsing § 10 AGG Rn. 43 ff.; Schindler/Künzl ZTR 2014, 395 und Künzel/Fink NZA 2011, 1385 zum einzelvertraglichen Kündigungsschutz.

1347 Vgl. BAG, Urt. v. 20.06.2013 – 6 AZR 805/11, BB 2014, 505; Urt. v. 29.11.2007 – 2 AZR 763/06, ZIP 2008, 1598.

1348 BAG, Urt. v. 29.11.2007, Fn. 1347; Urt. v. 24.02.2005 – 2 AZR 214/02, NZA 2005, 867; Annuß/Hohenstatt NZA 2004, 420.

1349 BAG, Urt. v. 21.09.2000 – 2 AZR 385/99, NZA 2001, 535; KR/Griebeling § 1 KSchG Rn. 613 m.w.N.

aber eine um acht Jahre längere Betriebszugehörigkeit. Außerdem ist A gegenüber drei Kindern unterhaltspflichtig, während C nur gegenüber einem Kind Unterhaltsverpflichtungen hat. Unter Berücksichtigung dieser drei Auswahlkriterien durfte B trotz eines gewissen Beurteilungsspielraums[1350] die Kündigung nicht dem A erklären, weil dieser wegen erheblich längerer Betriebszugehörigkeit und der Unterhaltsverpflichtungen schutzwürdiger war.

492 Bei der vom Arbeitnehmer bestrittenen **sozialen Auswahl** gilt eine sog. **abgestufte Darlegungs- und Beweislast**. Der Arbeitgeber muss dem Arbeitnehmer auf Verlangen die Gründe vollständig mitteilen, die zu der getroffenen sozialen Auswahl geführt haben. Kommt der Arbeitgeber diesem Verlangen nicht nach, ist die bestrittene soziale Auswahl ohne Weiteres als falsch anzusehen.[1351] Nach Erfüllung der Auskunftspflicht muss dann der Arbeitnehmer darlegen und beweisen, welche vom Arbeitgeber in die soziale Auswahl einbezogenen Arbeitnehmer weniger schutzbedürftig sind oder welche anderen Arbeitnehmer zusätzlich zu berücksichtigen waren.[1352] Die in der Praxis üblichen **Punktetabellen** für die soziale Auswahl haben früher nur die Funktion einer Vorauswahl gehabt, an die sich stets eine einzelfallbezogene Gesamtbewertung anschließen musste.[1353] Das BAG hat zwar zum § 1 Abs. 3 S. 1 KSchG n.F. entschieden, dass eine Anschlussprüfung bei Berücksichtigung der vier gesetzlichen Auswahlkriterien nicht mehr erforderlich ist.[1354] Ob diese Rechtsprechung ohne Einschränkungen mit dem Verbot der Altersdiskriminierung vereinbar ist, ist fraglich, weil nach der h.L. eine schematische Berücksichtigung des Lebensalters ohne Einschränkungen (insb. eine Vergabe von Punkten für jedes Jahr des Lebensalters, auch bei „Rentennähe") und damit eine generelle Besserstellung der älteren Arbeitnehmer im Rahmen der Sozialauswahl nicht zulässig ist.[1355] Sind allerdings die **Auswahlkriterien in einem Tarifvertrag, einer Betriebsvereinbarung nach § 95 BetrVG** bzw. einer entspr. Richtlinie nach den PersonalvertretungsG enthalten, ist gemäß § 1 Abs. 4 KSchG eine **Überprüfung der Sozialauswahl nur auf „grobe Fehlerhaftigkeit"** hin zulässig. Dies ist nur dann der Fall, wenn die Auswahl jede Ausgewogenheit vermissen lässt.[1356] Nach heute h.M. ist auch im Hinblick auf das Verbot der Altersdiskriminierung eine schematische Berücksichtigung des (gleitenden) Lebensalters bei den Auswahlrichtlinien weiterhin grundsätzlich zulässig.[1357]

3. Ergebnis zu III: Die Kündigung ist wegen fehlerhafter sozialer Auswahl gemäß § 1 Abs. 1, 3 KSchG unwirksam, weil für den Ausnahmefall des § 1 Abs. 3 S. 2 KSchG keine Anhaltspunkte vorliegen.

493 Nach § 1 Abs. 3 S. 2 KSchG sind in die soziale Auswahl die Arbeitnehmer „nicht einzubeziehen, deren Weiterbeschäftigung, insbesondere wegen ihrer Kenntnisse, Fähigkeiten und Leistungen oder zur Sicherung einer ausgewogenen Personalstruktur des Betriebes, im berechtigten betrieblichen Interesse liegt". § 1 Abs. 3 S. 2 KSchG n.F. verfolgt das Ziel, das Arbeitgeberinteresse an einer leistungsorientierten Auswahl zu stärken, weshalb die Anforderungen an die Herausnahme der einzelnen Arbeitnehmer aus der Sozialauswahl abgeschwächt wurden, was schon daraus folgt, dass das Wort „bedingen" wegfiel.[1358] § 1 Abs. 3 S. 2 KSchG ermöglicht – anders als § 125 Abs. 1 S. 2 InsO – nur die Sicherung, nicht dagegen die Schaffung einer ausgewogenen Personalstruktur.[1359] Die Darlegungs- und Beweislast für die Herausnahmevoraussetzungen

---

1350 BAG, Urt. v. 29.01.2015 – 2 AZR 164/14, NZA 2015, 426; GK/Kiel § 1 KSchG Rn. 737 ff.

1351 BAG, Urt. v. 21.05.2015, Fn. 1333; Urt. v. 27.09.2012 – 2 AZR 516/11, NZA 2013, 559; KR/Griebeling § 1 KSchG Rn. 679 ff.

1352 BAG, Urt. v. 21.05.2015, Fn. 1333; Urt. v. 27.09.2012, Fn. 1351; GK/Kiel § 1 KSchG Rn. 786 ff.

1353 BAG, Urt. v. 05.12.2002 – 2 AZR 549/01, NZA 2003, 791; GK/Kiel § 1 KSchG Rn. 781; Gaul/Lunk NZA 2004, 184 ff. m.w.N.

1354 BAG, Urt. v. 24.10.2013 – 6 AZR 854/11, NZA 2014, 46; KR/Griebeling § 1 KSchG Rn. 678 k.

1355 Vgl. Brors in Däubler/Bertzbach § 10 AGG Rn. 55; Bauer ArbR 2015, 375; Hamacher/Ulrich NZA 2007, 657, 662; Kamanabrou RdA 2007, 199, 202; Willemsen/Schweibert NJW 2006, 2583, 2586 f; Bayreuther DB 2006, 1842, 1845.

1356 BAG, Urt. v. 26.03.2015 – 2 AZR 478/13, BB 2015, 1341; Urt. v. 24.10.2013, Fn. 1354; KR/Griebeling § 1 KSchG Rn. 697.

1357 BAG, Urt. v. 24.10.2013, Fn. 1354; Urt. v. 18.03.2010 – 2 AZR 468/08, NZA 2010, 1059; Fahrig BB 2010, 2569; Kleinebrink ArbRB 2010, 126; Lingemann/Beck NZA 2009, 577; KR/Griebeling § 1 KSchG Rn. 695 ff.; weitere Nachweise in Fn. 1342.

1358 Vgl. KR/Griebeling § 1 KSchG Rn. 629 ff.; GK/Kiel § 1 KSchG Rn. 748 ff.; Buschbaum BB 2011, 309 ff.; jeweils m.w.N.

1359 BAG, Urt. v. 26.03.2015, Fn. 1356; Urt. v. 20.04.2005 – 2 AZR 201/04, NZA 2005, 877; KR/Griebeling § 1 KSchG Rn. 640; GK/Kiel § 1 KSchG Rn. 764 ff., 768; ErfK/Oetker § 1 KSchG Rn. 342 ff. und Bauer/Gotham BB 2007, 1729 zur aktuellen Rspr.

trägt der Arbeitgeber.[1360] Nach h.M. steht das **Verbot der Altersdiskriminierung** der **Bildung von Altersgruppen zum Zwecke der Aufrechterhaltung der ausgewogenen Personalstruktur** grds. nicht entgegen, weil dadurch die älteren Arbeitnehmer nicht benachteiligt werden, sondern nur ihre Bevorzugung begrenzt wird. Die Gruppenbildung muss aber streng proportional erfolgen und der Arbeitgeber muss darlegen, welche Nachteile sich ergeben würden, wenn er die Sozialauswahl allein nach den Kriterien des § 1 Abs. 3 S. 1 KSchG vorgenommen hätte.[1361]

IV. Um die Heilung der Unwirksamkeit der Kündigung nach § 7 KSchG zu verhindern, muss allerdings A innerhalb der dreiwöchigen Klagefrist des § 4 S. 1 KSchG eine Kündigungsschutzklage erheben.

Erfolgt eine betriebsbedingte Kündigung im Rahmen einer **Massenentlassung,** ist nach Maßgabe des § 17 KSchG die **Durchführung eines sog. Konsultationsverfahrens und eine Massenentlassungsanzeige erforderlich.** Der Verstoß des Arbeitgebers gegen § 17 KSchG führte nach der früheren Rspr. des BAG nicht zur Unwirksamkeit der Kündigung, sondern hatte gemäß § 18 KSchG nur eine Entlassungssperre mit der Folge, dass der Arbeitgeber bis zur Beseitigung der Entlassungssperre in Annahmeverzug geriet und den Annahmeverzugslohn zahlen musste, wenn der Arbeitnehmer sich auf die Entlassungssperre berief.[1362] Nachdem jedoch der EuGH feststellte, dass als Entlassung im Sinne der EU-Richtlinie 98/58/EG bereits die Kündigungserklärung gilt, sodass der Arbeitgeber die Kündigung erst nach Durchführung des Konsultationsverfahrens und Erstattung der Massenentlassungsanzeige erklären darf, hat sich das BAG unter Aufgabe seiner bisherigen Rspr. dem EuGH angeschlossen und entschieden, dass unter „Entlassung" bei der gebotenen europarechtskonformen Auslegung des § 17 KSchG bereits die Kündigung zu verstehen ist, die ohne ordnungsgemäße Durchführung des Konsultationsverfahrens bzw. ohne ordnungsgemäße Massenentlassungsanzeige nach § 134 BGB unwirksam ist.[1363] Ein Fehler der Massenentlassungsanzeige wird dabei entgegen der früheren Rspr. nicht dadurch geheilt, dass die Agentur für Arbeit entspr. § 18 KSchG die Zulässigkeit der Entlassungen zu einem bestimmten Zeitpunkt bestandskräftig feststellt.[1364] Liegt eine ordnungsgemäße Massenentlassungsanzeige i.S.d. § 17 KSchG vor, kann der Arbeitgeber nach h.M. die Kündigungen schon unmittelbar danach und noch vor Ablauf der Sperrfrist des § 18 KSchG erklären. Durch die Entlassungssperre werden also die einzuhaltenden Kündigungsfristen nicht verlängert, da jedoch die Kündigungen bei kürzeren Kündigungsfristen erst nach dem Ablauf der Entlassungssperre wirksam werden, hat die Sperrfrist des § 18 KSchG im Ergebnis die Wirkung einer Mindestkündigungsfrist.[1365] Die Verletzung der Unterrichtungs- und Beratungspflichten nach § 17 Abs. 2, 3 KSchG allein begründet keinen Nachteilsausgleichsanspruch nach § 113 BetrVG.[1366] **494**

Eine weitere Einschränkung des Kündigungsschutzes enthält § 1 Abs. 5 KSchG bei ordentlichen Kündigungen aufgrund einer Betriebsänderung i.S.d. § 111 BetrVG und namentlicher Benennung der zu kündigenden Arbeitnehmer in einem Interessenaus- **495**

1360 BAG, Urt. v. 20.04.2005, Fn. 1359; Urt. v. 05.12.2002, Fn. 1353; NZA 2001, 601 ff.; Bader NZA 1999, 64, 69; ausführlich zu § 1 Abs. 3 S. 2 KSchG Buschbaum BB 2011, 309 ff.; Thüsing/Wege RdA 2005, 12 ff. u. Lingemann/Rolf NZA 2005, 264 ff.

1361 BAG, Urt. v. 26.03.2015, Fn. 1356; Urt. v. 24.10.2013, Fn. 1354; Marquardt DB 2015, 1967; Lunk/Seidler NZA 2014, 455; Krieger/Reinecke DB 2013, 1906; Gaul//Niklas NZA-RR 2009, 457; a.A. Busch AiB 2007, 30; dazu auch KR/Griebeling § 1 KSchG Rn. 645 ff.; 695 ff. u. ArbG Siegburg DB 2010, 1466: Vorlagebeschluss an den EuGH: Rechtstreit durch Vgl. erledigt.

1362 BAG, Urt. v. 18.08.2003 – 2 AZR 79/02, NZA 2004, 375; dazu auch Lipinski BB 2004, 1790; Bauer/Powietzka DB 2001, 383.

1363 BAG, Urt. v. 26.02.2015 – 2 AZR 955/13, NZA 2015, 881; Urt. v. 21.03.2013 – 2 AZR 60/12, DB 2013, 1912; GK/Moll § 18 KSchG Rn. 46; Lelley/Taterka DB 2013, 2564; Moll/Katerndahl RdA 2013, 159; Schubert EWiR 2013, 693; a.A. Naber JuS 2007, 614; vgl. auch BAG, Urt. v. 22.04.2010 – 6 AZR 948/08, NZA 2010, 1057: Unwirksamkeit noch offen gelassen, aber festgestellt, dass einer Kündigungsschutzklage i.d.R. bei Verstoß gegen § 17 KSchG stattzugeben ist.

1364 Vgl. dazu BAG, Urt. v. 13.12.2012 – 6 AZR 5/12, ZInsO 2013, 1205; Urt. v. 28.06.2012 – 6 AZR 780/10, NZA 2012, 1029; ausführl. dazu Sittard/Knoll, BB 2013, 2037 und Berger BB 2013, 3065 m. Rspr.-Übersicht zu Massenentlassungen.

1365 BAG, Urt. v. 06.11.2008 – 2 AZR 935/07, BB 2009, 725; KR/Weigand § 18 KSchG Rn. 29 ff.; Bauer/Krieger NZA 2009, 174; a.A. u.a. Ferne/Lipinski NZA 2007, 937, 939: Beginn der Kündigungsfrist erst mit Ablauf der Sperrfrist des § 18 KSchG.

1366 BAG, Urt. v. 30.03.2004 – 1 AZR 7/03, NZA 2004, 931; Pomberg EWiR 2005, 197 und Leuchten/Lipinski NZA 2003, 1361 zur Zulässigkeit der Anrechnung der Sozialplanabfindung auf den Nachteilsausgleich beim Verstoß gegen § 17 KSchG.

gleich. Denn beim Vorliegen einer Betriebsänderung und eines formgerechten Interessenausgleichs mit Namensliste[1367] besteht zum einen eine Vermutung dafür, dass die Kündigung durch dringende betriebliche Erfordernisse i.S.d. § 1 Abs. 2 KSchG bedingt ist, sofern sich die Sachlage nach dem Zustandekommen des Interessenausgleichs nicht wesentlich geändert hat.[1368] Zum anderen ist in diesen Fällen die Überprüfung der Sozialauswahl auf grobe Fehlerhaftigkeit beschränkt. Die Darlegungslast für das Vorliegen einer Betriebsänderung und eines formgerechten Interessenausgleichs mit Namensliste sowie für die ordnungsgemäße Anhörung des Betriebsrates nach § 102 BetrVG trägt zwar der Arbeitgeber, der hinsichtlich der sozialen Auswahl auch in diesen Fällen nach § 1 Abs. 3 S. 2 KSchG auskunftspflichtig ist.[1369] Da aber der Arbeitnehmer nach § 1 Abs. 5 KSchG, der verfassungsmäßig ist, die Darlegungs- und Beweislast für das Fehlen des dringenden betrieblichen Erfordernisses und die grobe Fehlerhaftigkeit der Sozialauswahl bzw. eine wesentliche Änderung der Sachlage i.S.d. § 1 Abs. 5 S. 3 KSchG trägt, sind seine Erfolgsaussichten in einem Kündigungsschutzprozess jedenfalls deshalb gering, weil er nur selten über die Informationen verfügt, die ihm zum Erfolg verhelfen könnten.[1370] Auf außerordentliche betriebsbedingte Kündigungen ist § 1 Abs. 5 KSchG insbesondere deswegen nicht anwendbar, weil anderenfalls die Möglichkeit bestünde, tarifliche Unkündbarkeitsregelungen durch Vereinbarung eines Interessenausgleichs mit Namensliste im erheblichen Umfang zu entwerten.[1371] Ob die o.g. Bedeutung der Namensliste für die Sozialauswahl, der i.d.R. eine schematische Berücksichtigung des Lebensalters ohne Einzelfallprüfung zugrunde liegt, uneingeschränkt mit dem Verbot der Altersdiskriminierung vereinbar ist, ist noch nicht endgültig geklärt (vgl. oben Rn. 492 ff.).

496 Eine weitere Erleichterung der betriebsbedingten Kündigung soll im Ergebnis der neue § 1 a KSchG bewirken. Danach hat der Arbeitnehmer einen Abfindungsanspruch in Höhe von mindestens 0,5 Monatsverdiensten pro Beschäftigungsjahr, wenn der Arbeitgeber das Arbeitsverhältnis aus betriebsbedingten Gründen kündigt und der Arbeitnehmer keine Kündigungsschutzklage erhebt. Voraussetzung für die Entstehung des Abfindungsanspruchs ist aber der Hinweis des Arbeitgebers in dem Kündigungsschreiben darauf, dass die Kündigung auf betriebsbedingte Erfordernisse gestützt wird und der Arbeitnehmer nach Verstreichen der Klagefrist des § 4 KSchG eine Abfindung nach Maßgabe des § 1 a Abs. 2 KSchG beanspruchen kann. Will der Arbeitgeber die Beendigung des Arbeitsverhältnisses bei Zahlung einer von Vorgaben des § 1 a KSchG abweichenden Abfindung anbieten, muss er dies unmissverständlich und eindeutig erklären. Anderenfalls schuldet er die Abfindung nach Maßgabe des § 1 a KSchG.[1372] Die Neuregelung des § 1 a KSchG, die eine Reihe von Problemen mit sich bringt (z.B. Rechtsnatur

---

1367 Vgl. BAG, Urt. v. 06.07.2006 – 2 AZR 520/05, NZA 2007, 266: Wahrung der Schriftform bei fester Verbindung der nicht unterschriebenen Namensliste mit dem formgerechten Interessenausgleich mittels einer Heftmaschine; vgl. aber BAG, Urt. v. 12.05.2010 – 2 AZR 551/08, DB 2010, 2454: Ohne anfängliche feste Verbindung keine Wahrung der Schriftform, wenn zwar der Interessenausgleich auf die Namensliste verweist, diese aber keine Rückverweisung enthält.

1368 BAG, Urt. v. 12.03.2009 – 2 AZR 418/07, NZA 2009, 1023: „Wesentliche Änderung bei Wegfall der Geschäftsgrundlage".

1369 BAG, Urt. v. 27.09.2012 – 2 AZR 516/11, NZA 2013, 559; KR/Griebeling § 1 KSchG Rn. 703-705 a m.w.N.

1370 Vgl. BAG, Urt. v. 27.09.2012, Fn. 1369; Urt. v. 06.09.2007 – 2 AZR 715/06, NZA 2008, 633; a.A. Peter FA 2006, 105 zur Verfassungsmäßigkeit und KR/Griebeling § 1 KSchG, Fn. 1369; ErfK/Oetker § 1 KSchG Rn. 369 ff. zur Beweislastverteilung.

1371 Vgl. dazu BAG, Urt. v. 28.05.2009 – 2 AZR 844/07, NZA 2009, 954; KR/Griebeling § 1 KSchG Rn. 703 b.

1372 BAG, Urt. v. 10.07.2008 – 2 AZR 209/07, DB 2009, 124; Urt. v. 13.12.2007 – 2 AZR 807/06, AiB 2008, 679.

des Abfindungsanspruchs, Zeitpunkt der Entstehung und Vererblichkeit,[1373] Rechtsfolgen bei Willensmängeln, nachträglicher Klagezulassung bzw. Klagerücknahme[1374]) spielt in der Praxis jedenfalls keine besonders große Rolle, weil der Arbeitgeber befürchten muss, dass der Arbeitnehmer, der an sich ausscheiden will, gleichwohl eine Kündigungsschutzklage erhebt, um eine noch höhere Abfindung zu erreichen.[1375]

Bei Insolvenz des Arbeitgebers sind **Kündigungen durch den Insolvenzverwalter** nach Maßgabe der §§ 113, 120–122, 125–128 InsO erleichtert worden. Insbesondere wird nach § 125 InsO vermutet, dass dringende betriebliche Erfordernisse vorliegen, die Schaffung einer ausgewogenen Personalstrukturermöglicht und die Überprüfung der Sozialauswahl auf grobe Fehler beschränkt, wenn die zu kündigenden Arbeitnehmer in einem Interessenausgleich namentlich erwähnt sind.[1376] Außerdem verkürzt § 113 InsO alle, auch tarifliche Kündigungsfristen, bei Kündigungen durch den (nicht nur vorläufigen) Insolvenzverwalter, ohne dass ein Verstoß gegen die durch Art. 9 Abs. 3 GG geschützte Tarifautonomie vorliegt, auf längstens drei Monate zum Monatsende.[1377] **497**

C. Die außerordentliche Kündigung

Fall 28: Verdachtskündigung

In den Umkleideräumen der Firma F wird seit längerer Zeit gestohlen, wobei in unmittelbarer Nähe auch Firmeneigentum entwendet wurde. Schon mehrfach stellten Arbeiter der Firma F fest, dass der Schlosser S sich allein in den Umkleideräumen aufhielt und diese sofort verließ, wenn ein anderer sie betrat. Danach wurden häufig Diebstähle festgestellt. Eines Tages bemerkte X, wie der sich allein im Umkleideraum aufhaltende S in die Tasche eines Anzugs fasste, der ihm nicht gehörte. Als X ihn daraufhin ansprach, nahm S wortlos seine Sachen und lief davon. Der Vorfall wurde am 15.09. der Geschäftsleitung mitgeteilt. Bei seiner Anhörung erklärte S, er habe den fremden Anzug mit seinem eigenen verwechselt. Eine plausible Erklärung, weshalb er davongelaufen sei und wieso es zu einer Verwechslung trotz unterschiedlicher Anzugsfarben kommen konnte, konnte er nicht geben. Nachdem die Betriebsleitung feststellte, dass die Diebstähle nur dann vorkamen, wenn S Dienst hatte und während seiner urlaubs- bzw. krankheitsbedingten Abwesenheit keine Diebstähle festzustellen waren, entschloss sich F, das Arbeitsverhältnis wegen dringenden Diebstahlsverdachts fristlos zu kündigen. Der ordnungsgemäß angehörte Betriebsrat stimmte der Kündigung ausdrücklich zu, sodass dem S am 21.09. fristlos gekündigt wurde.

1373 Dagegen BAG, Urt. v. 10.05.2007 – 2 AZR 45/06, ArbuR 2007, 211 m.w.N.; vgl. auch Reiter BB 2006, 42 ff.

1374 Dagegen BAG, Urt. v. 20.08.2009 – 2 AZR 267/08, NZA 2009, 1197; BAG, Urt. v. 13.12.2007 – 2 AZR 971/06, NZA 2008, 696: Meinungsübersicht; Hergenröder/Wickede RdA 2008, 364; Berkowsky AA 2010, 58; a.A. Ulrici/Mohnke NZA 2006, 77.

1375 Ausführlich zu Problemen des § 1 a KSchG Linnartz StBW 2010, 955; Kögel RdA 2009, 358; Fischinger FA 2008, 260; Thüsing/Wege JuS 2006, 97; Raab RdA 2005, 1; Rolfs ZIP 2004, 333; Altenburg/Reufels/Leister NZA 2006, 71 (Vorausverzicht); Kortstock NZA 2007, 297 (Betriebsübergang); Schindele ArbR 2012, 50; Preis/Schneider NZA 2006, 1297; Seel NZS 2007, 513 (§ 1 a KSchG und Sperrzeit) und Hergenröder ZVI 2006, 173; Stiller NZI 2005, 77 (Pfändung und Insolvenz des AG).

1376 BAG, Urt. v. 19.12.2013 – 6 AZR 790/12, DB 2014, 781; Urt. v. 24.10.2013, Fn. 1354; Urt. v. 16.05.2007 – 8 AZR 772/06, ZIP 2007, 1829; Göpfert/Stark ZIP 2015, 155; Klocke DZWIR 2013, 358; Schöne SAE 2014, 53 und Pakirnus DB 2006, 2742 zur Sozialauswahl; vgl. auch BAG DB 2000, 2021 und Rieble NZA 2007, 1393 zu § 126 InsO; Berkowsky NZI 2010, 10 u. 515; Wisskirchen/Bissels BB 2009, 2142: „Kontrollierte Insolvenz"; Reinhard ArbRB 2010, 184; Nicolai AuA 2010, 652 (Transfergesellschaften in der Insolvenz); weitere Nachweise zum Arbeitsrecht in der InsO und Rspr. dazu oben Fn. 146.

1377 BVerfG NZA 1999, 932; BAG, Urt. v. 20.01.2005 – 2 AZR 134/04, NZA 2006, 1352; zur Kündigung in der Insolvenz auch Fuhlrott 2011, 166; Schulte ArbRB 2012, 94; Lindemann EWiR 2009, 147; vgl. auch KR/Weigand § 113 InsO Rn. 23 ff.

Eine Begründung enthält die formgerechte Kündigung nicht. Danach erhebt S vor dem Arbeitsgericht fristgerecht Klage auf Feststellung der Unwirksamkeit der Kündigung und behauptet, er sei unschuldig. Er tritt Beweis dafür an, dass auch nach seinem Ausscheiden gestohlen wurde und dass die Geschäftsleitung seit einigen Tagen konkrete Hinweise dafür habe, wer in Wirklichkeit der Täter sei. Rechtslage?

498 I. Wirksamkeit der fristlosen Kündigung

Nach § 626 Abs. 1 BGB kann das Arbeitsverhältnis von beiden Vertragsteilen nur dann ohne Einhaltung der Kündigungsfrist wirksam gekündigt werden, wenn Tatsachen vorliegen, aufgrund derer dem Kündigenden die Fortsetzung des Arbeitsverhältnisses nach Abwägung aller Einzelfallumstände selbst bis zum Ablauf der Kündigungsfrist bzw. zu einem früheren Beendigungstermin nicht zumutbar ist. Da S gegen die formgerechte Kündigung fristgerecht i.S.d. § 4, 13 Abs. 1 S. 2 KSchG Klage erhoben hat, gilt die fristlose Kündigung nicht nach § 7 KSchG als wirksam.

In der Praxis wird eine außerordentliche Kündigung i.d.R. **fristlos**, d.h. mit sofortiger Wirkung erklärt. Zwingend ist es nicht, da die außerordentliche Kündigung **auch mit** einer sog. **sozialen Auslauffrist** wirksam erklärt werden kann. Im letzteren Fall muss aber der Kündigende unmissverständlich zum Ausdruck bringen, dass es sich um eine außerordentliche Kündigung handelt, da anderenfalls der Kündigungsempfänger (Empfängerhorizont) von einer ordentlichen Kündigung ausgehen kann, bei der lediglich die Kündigungsfrist nicht eingehalten wurde.[1378] Außerdem ist zu beachten, dass der Vollzug des Arbeitsverhältnisses während der „sozialen Auslauffrist" im Einzelfall gegen die Unzumutbarkeit der Vertragsfortsetzung bis zum Ablauf der Kündigungsfrist sprechen kann.[1379]

II. Voraussetzungen für eine außerordentliche Kündigung im Einzelnen:

499 1. Eine **außerordentliche Kündigung** liegt begrifflich vor, wenn der Kündigende unmissverständlich zum Ausdruck bringt, dass er das Arbeitsverhältnis ohne Einhaltung einer Kündigungsfrist beenden will. Dies kann durch ausdrückliche Erklärung („außerordentlich", „mit sofortiger Wirkung") oder konkludent durch Geltendmachung wichtiger Kündigungsgründe in der nach § 623 BGB formgerechten Kündigungserklärung geschehen.[1380] Hier hat die F dem S schriftlich ausdrücklich die „fristlose" Kündigung erklärt.

500 2. Nach § 626 Abs. 2 S. 3 BGB muss zwar der Kündigende auf Verlangen des anderen Teils den Kündigungsgrund unverzüglich schriftlich mitteilen. Da diese Mitteilungspflicht aber erst nach Zugang der Kündigung entstehen kann und der Kündigungszugang der maßgebliche Zeitpunkt für die Beurteilung der Wirksamkeit einer Kündigung ist,[1381] folgt daraus zugleich nach ganz h.M., dass die **Angabe des Grundes** selbst **keine Wirksamkeitsvoraussetzung** einer außerordentlichen Kündigung ist. Die Verletzung der Mitteilungspflicht nach § 626 Abs. 2 S. 3 BGB kann aber Schadensersatzansprüche begründen. Etwas anderes gilt nur dann, wenn die Grundangabe in einer besonderen Vereinbarung (z.B. TV) oder einer gesetzlichen Regelung (vgl. § 22 Abs. 3 BBiG) ausnahmsweise vorgeschrieben

1378 GK/Dörner/Vossen § 626 BGB Rn. 1; KR/Fischermeier § 626 BGB Rn. 30; jeweils m.w.N.
1379 ErfK/Müller-Glöge § 626 BGB Rn. 190; KR/Fischermeier § 626 BGB Rn. 29; jeweils m.w.N.
1380 KR/Fischermeier § 626 BGB Rn. 27 f.; Schaub/Linck § 123 Rn. 2.
1381 BAG, Urt. v. 10.06.2010 – 2 AZR 541/09, NZA 2010, 1227; 1997, 1158; KR/Fischermeier § 626 BGB Rn. 108, 173 f.

ist.[1382] Die Wirksamkeit der fristlosen Kündigung scheitert somit nicht daran, dass sie ohne Angabe des Grundes erklärt wurde.

Die **Berufung des Kündigenden auf die Unwirksamkeit** einer mündlich ausgesprochenen und auf Vorhalt wiederholt bestätigten **fristlosen Kündigung** ist trotz Fehlens eines wichtigen Grundes und der Nichteinhaltung des Formzwanges des § 623 BGB rechtsmissbräuchlich. Die Berufung auf die Formunwirksamkeit allein begründet aber noch keinen Rechtsmissbrauch.[1383] Die Berufung des Arbeitnehmers auf das Fehlen eines wichtigen Grundes bei einer formgerechten außerordentlichen Kündigung ist dagegen regelmäßig rechtsmissbräuchlich.[1384]

3. Vor jeder, also auch vor einer außerordentlichen Kündigung des Arbeitsverhältnisses mit einem Arbeitnehmer, der kein leitender Angestellter ist (vgl. § 5 Abs. 3 BetrVG), ist gemäß § 102 Abs. 1 S. 1 BetrVG der Betriebsrat ordnungsgemäß anzuhören. Eine ohne **ordnungsgemäße Anhörung des Betriebsrats** ausgesprochene Kündigung ist schon nach § 102 Abs. 1 S. 3 BetrVG unwirksam, ohne dass es auf das Vorliegen eines Kündigungsgrundes ankommt.[1385] Anders als bei der ordentlichen Kündigung beträgt die **Anhörungsfrist** nicht eine Woche (§ 102 Abs. 2 S. 1 BetrVG), sondern lediglich **drei Tage** (§ 102 Abs. 2 S. 3 BetrVG). Darüber hinaus gilt das Schweigen des Betriebsrats zu der beabsichtigten Kündigung nach h.M. auch nicht als Zustimmung, da § 102 Abs. 2 S. 2 BetrVG aufgrund seiner systematischen Stellung auf die außerordentliche Kündigung nicht anwendbar ist, sodass es bei dem allgemeinen Rechtsgrundsatz (Schweigen keine Zustimmung) verbleibt.[1386] Hier hat der Betriebsrat der Kündigung sogar ausdrücklich zugestimmt. **501**

Für **leitende Angestellte** enthält **§ 31 Abs. 2 SprAuG** eine dem § 102 BetrVG vergleichbare Regelung. Allerdings gilt nach dem eindeutigen Wortlaut des § 31 Abs. 2 S. 5 SprAuG das Schweigen des Sprecherausschusses auch bei einer außerordentlichen Kündigung als Zustimmung.

4. **Besondere Kündigungsschutzbestimmungen** (z.B. § 9 MuSchG, § 91 SGB IX; vgl. dazu unten Rn. 522 ff.) greifen zugunsten des S nicht ein.

5. Es müsste ein **wichtiger Grund** i.S.d. § 626 Abs. 1 BGB vorliegen. **502**

   a) Das Gesetz kennt keine „absoluten" Kündigungsgründe. Nach ganz h.M. ist die **Konkretisierung des** unbestimmten **Rechtsbegriffs „wichtiger Grund" durch** eine **abgestufte Prüfung** vorzunehmen, die **aus zwei** systematisch **zu trennenden Prüfungsabschnitten** besteht.[1387]

      aa) Zunächst ist festzustellen, ob ein bestimmter **Sachverhalt** ohne die besonderen Umstände des Einzelfalles **an sich geeignet** ist, einen wichtigen Grund i.S.d. § 626 Abs. 1 BGB abzugeben. Hierzu gehören vor allem besonders schwere Vertragsverletzungen, wobei es nach ganz h.M. nicht darauf ankommt, ob sie dem Kündigenden bekannt sind. Entscheidend ist, dass sie im maßgeblichen Zeitpunkt des Zugangs der Kündigungserklärung objektiv vorlagen.[1388] Auch **Verschulden** ist zwar nach h.M. grundsätzlich

---

1382 BAG DB 1998, 136; GK/Dörner/Vossen § 626 BGB Rn. 162 f.; KR/Fischermeier § 626 BGB Rn. 35 ff. m.w.N.

1383 Vgl. BAG NZA 1998, 420; KR/Spilger § 623 BGB Rn. 204 ff.; GK/Greiner § 623 BGB Rn. 46 ff. und ausführlich dazu Löw ArbuR 2006, 44; Henssen DB 2006, 1613; Eberle NZA 2003, 1121; Singer NZA 1998, 1309.

1384 Vgl. BAG, Urt. v. 09.06.2011 – 2 AZR 418/10, NZA-RR 2012, 139; KR/Fischermeier § 626 BGB Rn. 463 m.w.N.

1385 BAG, Urt. v. 20.06.2013 – 2 AZR 546/12, NZA 2014, 143; KR/Fischermeier § 626 BGB Rn. 20.

1386 Vgl. GK/Koch § 102 BetrVG Rn. 146; KR/Etzel § 102 BetrVG Rn. 130 m.w.N.

1387 BAG, Beschl. v. 13.05.2015 – 2 ABR 38/14, juris; Urt. v. 10.06.2010, Fn. 1381; KR/Fischermeier § 626 BGB Rn. 83 ff. m.w.N.

1388 BAG, Urt. v. 10.06.2010, Fn. 1381; GK/Dörner/Vossen § 626 BGB Rn. 48; KR/Fischermeier § 626 BGB Rn. 173 ff. m.w.N.

nicht zwingend erforderlich. Der Grad des Verschuldens spielt aber bei der Interessenabwägung eine wichtige Rolle.[1389]

Beispiele für wichtigen Grund i.S.d. § 626 BGB (vgl. auch oben Rn. 467)**:**

„Androhung" künftiger Erkrankungen,[1390] beharrliche Arbeitsverweigerung,[1391] ausländerfeindliche Äußerungen im Betrieb,[1392] grobe Beleidigungen von Vorgesetzten oder des Arbeitgebers,[1393] Druck der Belegschaft oder des Betriebsrats entspr. § 104 BetrVG (sog. Druckkündigung),[1394] eigenmächtiger Urlaubsantritt,[1395] geschäftsschädigende Äußerungen bzw. ein grober Loyalitätsverstoß,[1396] genesungswidriges Verhalten,[1397] Konkurrenztätigkeit,[1398] Mobbing,[1399] Manipulationen der Arbeitszeiterfassung,[1400] Nebentätigkeit während ärztlich attestierter Arbeitsunfähigkeit,[1401] sexuelle Belästigung,[1402] Haltlose Strafanzeige gegen den Arbeitgeber bzw. Vorgesetze,[1403] Tätlichkeiten im Betrieb,[1404] Unpünktlichkeiten im Wiederholungsfall bzw. unentschuldigte Fehlzeiten trotz Abmahnung,[1405] Vermögensdelikte zum Nachteil des Arbeitgebers bzw. am Arbeitsplatz zum Nachteil von Arbeitskollegen, und zwar auch dann, wenn die rechtswidrige Verletzungshandlung nur Sachen von geringem Wert betrifft.[1406] „Verlängerung" des Mindesthaltbarkeitsdatums von Lebensmitteln,[1407] Manipulationen am Computer (z.B. vorsätzliches Löschen wichtiger Dateien, unbefugtes Speichern unternehmensbezogener Daten auf einer privaten Festplatte),[1408] Unerlaubte Internetnutzung für private Zwecke bzw. Privattelefonate auf Kosten des Arbeitgebers,[1409] Vortäuschung einer krankheitsbedingten Arbeitsunfähigkeit,[1410] Verstoß gegen ein Rauchverbot.[1411]

503 Umgekehrt scheidet eine Reihe von Sachverhalten von vornherein als wichtiger Grund aus, weil sie sich nicht zum Nachteil des Arbeitnehmers auswirken dürfen (z.B. gewerkschaftliche Tätigkeit, vgl. auch § 75 BetrVG) oder in die Verantwortungs- und Risikosphäre des Arbeitgebers fallen, z.B. Betriebsstilllegung, Insolvenz des Arbeitgebers.[1412]

1389 BAG, Urt. v. 10.06.2010, Fn. 1381; DB 1999, 1400 ff.; Dütz/Thüsing Rn. 475; a.A. GK/Dörner/Vossen § 626 BGB Rn. 75.

1390 BAG, Urt. v. 12.03.2009 – 2 AZR 251/07, NZA 2009, 779; kritisch dazu Polke BB 2009, 2712; Mareck AA 2009, 215.

1391 BAG, Urt. v. 29.08.2013 – 2 AZR 273/12, NZA 2014, 533; BB 1997, 1101 m.Anm. Kukat.

1392 BAG DB 1999, 2216; LAG Baden-Württemberg EzA-SD 2009, Nr. 11 S. 5; Lasnicker/Schwirtzek DB 2001, 865.

1393 BAG, Urt. v. 07.07.2011 – 2 AZR 355/10, NZA 2011, 1412; Deeg/Scheunenpflug ArbR 2010, 547 und Fn. 1262 m.w.N.

1394 BAG NZA 1996, 581; 1993, 593; KR/Fischermeier § 626 BGB Rn. 204 ff.; Benecke/Groß BB 2015, 693 m.w.N.

1395 BAG NZA 1998, 708; DB 1994, 1042; LAG Köln AE 2014, 229; LAG Hamm NZA-RR 2001, 134.

1396 BAG, Urt. v. 25.04.2013 – 2 AZR 579/12, NZA 2013, 1131; LAG Berlin-Brandenburg NZA-RR 2015, 125.

1397 BAG, Urt. v. 02.03.2006 – 2 AZR 53/05, DB 2006, 2183; LAG Hamm PflR 2015, 521; Hunold DB 2014, 1679.

1398 BAG, Urt. v. 23.10.2014 – 2 AZR 644/13, NZA 2015, 429; Urt. v. 28.01.2010 – 2 AZR 1008/08, DB 2010, 1709.

1399 LAG Thüringen NZA-RR 2001, 1783; GK/Dörner/Vossen § 626 BGB Rn. 230 u ff.

1400 BAG, Urt. v. 09.06.2011 – 2 AZR 381/10, NZA 2011, 1027; KR/Fischermeier § 626 KSchG Rn. 444 und LAG Rheinland-Pfalz BB 2010, 2248 m.Anm. Ley und Günther/Vietze ArbR 2010, 492 zu unerlaubten Raucherpausen ohne Ausstempeln.

1401 BAG BB 1994, 142 m.Anm. Hunold; KR/Fischermeier § 626 BGB Rn. 429; Hunold DB 2014, 1679.

1402 BAG, Urt. v. 20.11.2014 – 2 AZR 651/13, NZA 2015, 294; Urt. v. 09.06.2011 – 2 AZR 323/10, NZA 2011, 1342; LAG Hessen NZA-RR 2012, 471; Kock NJW 2015, 1197; Köhler/Koops BB 2015, 2807; Mästle BB 2002, 250.

1403 BAG, Urt. v. 03.07.2003 – 2 AZR 235/02, NZA 2004, 427; LAG Hamm DB 2004, 442; Stein BB 2004, 1961u. oben Fn. 1273.

1404 BAG, Urt. v. 18.09.2008 – 2 AZR 1039/06, DB 2009, 964; NZA 1995, 678; LAG Hamm BB 1994, 2208; Fromm BB 1997, 1946.

1405 BAG SAE 1992, 116 m.Anm. Bengelsdorf; GK/Dörner/Vossen § 626 BGB Rn. 214.

1406 BAG, Urt. v. 12.02.2015 – 6 AZR 845/13, NZA 2015, 741; Preis ArbuR 2010, 186 ff.; 242 ff. m.w.N. und oben Fn. 1274.

1407 Vgl. LAG Köln NZA-RR 2009, 368.

1408 BAG, Urt. v. 24.03.2011 – 2 AZR 282/10, NZA 2011, 1029; KR/Fischermeier § 626 BGB Rn. 418 m.w.N.

1409 BAG, Urt. v. 19.04.2012 – 2 AZR 186/11, NZA 2013, 27; ErfK/Müller-Glöge § 626 BGB Rn. 100; Raif/Kunze SAE 2009, 19.

1410 BAG BB 1994, 142 m.Anm. Hunold; LAG Rheinland-Pfalz, Urt. v. 24.06.2015 – 4 Sa 566/14, juris.; Hunold DB 2014, 1679.

1411 BAG, Urt. v. 27.09.2012 – 2 AZR 955/11, NZA 2013, 425; Mues ArbRB 2013, 104.
Weitere Beispiele bei Schaub/Linck § 127 Rn. 60 ff.; KR/Fischermeier § 626 BGB Rn. 404 ff.; Schulte NZA-RR 2014, 225; Schulte-Westenberg NZA-RR 2012, 169; 2009, 401; 2005, 617; 2002, 561 und Berkowsky ZfPR 2010, 117 (öff. Dienst).

1412 Vgl. KR/Fischermeier § 626 BGB Rn. 91 ff.; GK/Dörner/Vossen § 626 BGB Rn. 71 ff.

Je nach Quelle der Störungen lassen sich systematisch insbesondere folgende Arten von Kündigungsgründen unterscheiden: 504

- **Störungen im Leistungsbereich**, wozu insbes. (schuldhafte) Verletzungen der Arbeitspflicht oder der Vergütungspflicht gehören,

  Diese Gründe sind allerdings i.d.R. nur dann geeignet, eine außerordentliche Kündigung zu rechtfertigen, wenn eine **einschlägige Abmahnung** erfolglos war.[1413]

- **Störungen im Vertrauensbereich**,

  Dazu gehören insbes. Vermögensstraftaten zum Nachteil des Arbeitgebers, Annahme von Schmiergeldern, grobe Beleidigungen usw.

  Bei diesen Gründen ist eine **vorherige Abmahnung zwar regelmäßig, aber nicht generell entbehrlich**. Dies gilt nach ganz h.M. auch dann, wenn sich die Vermögensstraftaten auf Sachen von geringem Wert beziehen.[1414]

- **Gründe in der Person** eines Vertragspartners oder **betriebsbedingte Gründe**,

  Diese Gründe reichen für eine außerordentliche Kündigung i.d.R. nicht aus. Dies gilt vor allem, wenn es sich um Gründe in der Person des Kündigenden handelt.[1415] Etwas anderes gilt aber dann, wenn eine ordentliche Kündigung durch Arbeits- oder Tarifvertrag ausgeschlossen ist. In diesem Fall ist eine außerordentliche Kündigung mit einer der Kündigungsfrist entspr. Auslauffrist möglich, wenn sonst auf Dauer ein „sinnentleertes" Arbeitsverhältnis (z.B. Betriebsstilllegung, dauerhafte Leistungsunfähigkeit) aufrechterhalten werden müsste.[1416]

- **Störungen im betrieblichen Bereich**, wozu insbes. Störungen des Betriebsfriedens gehören.[1417] Auch in diesen Fällen ist eine vorherige Abmahnung zwar regelmäßig, aber nicht generell entbehrlich[1418]

bb) Ist ein Sachverhalt an sich geeignet, einen wichtigen Grund i.S.d. § 626 BGB abzugeben, ist im **zweiten Schritt** zu prüfen, ob die außerordentliche Kündigung nach einer **Interessenabwägung** unter Berücksichtigung aller Einzelfallumstände als gerechtfertigt angesehen werden kann. Dies ist nur dann der Fall, wenn die außerordentliche Kündigung die unausweichlich letzte Maßnahme (ultima ratio) für den Kündigungsberechtigten war, also alle in Betracht kommenden milderen Mittel (z.B. Abmahnung, Versetzung, außerordentliche Änderungskündigung, ordentliche Beendigungskündigung) unzumutbar waren.[1419] 505

Stünde der Diebstahl zum Nachteil des Arbeitgebers und der Arbeitskollegen fest, wäre die fristlose Kündigung nach den o.g. Kriterien gerechtfertigt, da sie entsprechend § 626 Abs. 2 BGB **(Kündigungserklärungsfrist)** 506

1413 Vgl. BAG DB 1999, 2216, 2217; NZA 1995, 65; KR/Fischermeier § 626 BGB Rn. 167 und oben Rn. 481.

1414 BAG, Urt. v. 09.06.2011 – 2 AZR 381/10, NZA 2011, 1027; ErfK/Müller-Glöge § 626 BGB Rn. 25 ff.; Preis ArbuR 2010, 242; a.A. Klueß NZA 2009, 337; Grimberg AIB 2009, 380: „Erheblichkeitsschwelle" von 50 € vorgeschlagen u. o. Rn. 481.

1415 Vgl. KR/Fischermeier § 626 BGB Rn. 129 ff., 155 ff.; GK/Dörner/Vossen § 626 BGB Rn. 309 ff.; 318 a.

1416 Vgl. BAG, Urt. v. 26.03.2015 – 2 AZR 783/13, NZA 2015, 866; Urt. v. 20.06.2013 – 2 AZR 379/12, DB 2014, 63.

1417 Vgl. dazu BAG DB 1999, 1400; KR/Fischermeier § 626 BGB Rn. 416; Fromm BB 1995, 2578 ff.

1418 Vgl. dazu BAG, Urt. v. 10.10.2002 – 2 AZR 418/01, NZA 2003, 1295; Zuber NZA 1999, 1142 ff.

1419 BAG, Beschl. v. 13.05.2015 – 2 ABR 38/14, juris; KR/Fischermeier § 626 BGB Rn. 251 ff.; Schaub/Linck § 127 Rn. 40 ff.

innerhalb von zwei Wochen nach Erlangung der sicheren Kenntnis von dem Kündigungsgrund erklärt worden wäre.[1420]

Geht es um ein strafbares Verhalten des Arbeitnehmers, kann sich der Arbeitgeber am Fortgang des Strafverfahrens orientieren und die Kündigung auch nach seinem Abschluss unter Wahrung der Kündigungserklärungsfrist des § 626 Abs. 2 BGB erklären. Handelt er so, kann er eine Tat- / Verdachtskündigung nur dann vor Abschluss des Strafverfahrens aussprechen, wenn für den gewählten Kündigungszeitpunkt ein sachlicher Grund (z.B. wichtige neue Erkenntnisse während des Ermittlungsverfahrens) besteht.[1421]

Nach Ablauf der Ausschlussfrist des § 626 Abs. 2 BGB wird unwiderlegbar vermutet, dass ein an sich gegebener wichtiger Grund nicht mehr geeignet ist, die Unzumutbarkeit der Vertragsfortsetzung bis zum Ablauf der Kündigungsfrist zu begründen.

507 b) Vorliegend handelt es sich aber um den Sonderfall der sog. Verdachtskündigung, die zwar nach ganz h.M. grds. möglich ist. Da aber nicht ausgeschlossen werden kann, dass eine solche Kündigung auch einen unschuldigen Arbeitnehmer treffen könnte, sind an die Wirksamkeit einer ordentlichen bzw. außerordentlichen Verdachtskündigung sehr strenge Anforderungen zu stellen.[1422]

Eine ordentliche Verdachtskündigung ist deshalb nach der Rechtsprechung des BAG nur dann sozial gerechtfertigt i.S.d. § 1 KSchG, wenn Tatsachen vorliegen, die zugleich eine außerordentliche, fristlose Kündigung gerechtfertigt hätten.[1423]

Die fristlose **Verdachtskündigung** ist nach h.M. nur dann wirksam, wenn folgende **Voraussetzungen** erfüllt sind:

- Verdacht durch objektive Tatsachen begründet, sodass sich ein verständiger und gerecht abwägender Arbeitgeber zum Kündigungsausspruch veranlasst sehen kann.
- Verdacht so dringend, dass bei kritischer Prüfung eine auf Indizien gestützte große Wahrscheinlichkeit der Tatbegehung gerade durch den zu kündigenden Arbeitnehmer besteht.
- Straftat, deren der Arbeitnehmer verdächtigt wird, muss so schwerwiegend sein, dass sie als Kündigungsgrund ausgereicht hätte, wenn die Schuld feststünde.
- Der Arbeitgeber muss alles ihm Zumutbare zur Sachverhaltsaufklärung getan haben, wozu auch gehört, dass der Arbeitnehmer die Möglichkeit zu einer Stellungnahme erhält.
- Der dringende Tatverdacht ist bis zum Schluss der letzten mündlichen Verhandlung in der Tatsacheninstanz nicht ausgeräumt.
- Dem Arbeitgeber war die Fortsetzung des Arbeitsverhältnisses aufgrund des dringenden Tatverdachts nach einer Interessenabwägung selbst bis zum Ablauf der Kündigungsfrist nicht zumutbar.

Nach diesen Kriterien könnte man annehmen, dass die F eine auf dringenden Diebstahlsverdacht gestützte Verdachtskündigung nach Sachverhaltsaufklärung, insb. nach Anhörung des S (Wirksamkeitsvoraussetzung![1424]) ausge-

1420 Vgl. dazu BAG, Urt. v. 20.03.2014 – 2 AZR 1037/12, NJW 2014, 3389; Urt. v. 26.11.2009 – 2 AZR 272/08, NZA 2010, 628; KR/Fischermeier § 626 BGB Rn. 445; ErfK/Müller-Glöge § 626 BGB Rn. 200 ff; Heinmeyer/Thomas BB 2012, 1218.

1421 BAG, Urt. v. 22.11.2012 – 2 AZR 732/11, NZA 2013, 665; Urt. v. 27.01.2011 – 2 AZR 885/09, NZA 2011, 798.

1422 BAG, Urt. v. 12.02.2015 – 6 AZR 845/13, NZA 2015, 741; Fuhlrott/Oltmanns DB 2015, 1719; Eylert NZA-RR 2014, 393; KR/Fischermeier § 626 BGB Rn. 210 ff.; a.A. Grimberg AiB 2009, 380 u. Schütte NZA 1991, Beil. 2, S. 17 im Hinblick auf die Unschuldsvermutung nach Art. 6 Abs. 2 der EMRK; einschränkend Moritz NJW 1978, 402: fristlose Verdachtskündigung nur bei einer besonderen Vertrauensstellung des AN; krit. auch GK/Dörner/Vossen § 626 BGB Rn. 374 ff.

1423 BAG, Urt. v. 21.11.2013 – 2 AZR 797/11, NZA 2014, 243; a.A. Schrader/Thoms/Möller ArbR 2014, 310.

1424 BAG, Urt. v. 20.03.2014 – 2 AZR 1037/12, DB 2014, 1932; KR/Fischermeier § 626 BGB Rn. 214; dazu auch Toma/Reiter NZA 2015, 460; Dzida NZA 2013, 412; Gaul/Schmidt-Lauber ArbRB 2012, 18; Hunold NZA-RR 2010, 186; Fischer BB 2003, 522.

sprochen hat. Die fristlose Kündigung wäre auch bei feststehender Tatbegehung durch S wirksam, sodass auch nach einer Interessenabwägung von einer wirksamen fristlosen Kündigung auszugehen wäre, wenn für die Beurteilung der Wirksamkeit allein der sonst entscheidende Zeitpunkt des Zugangs der Kündigung maßgeblich wäre.

Eine ordentliche Verdachtskündigung ist nach der Rspr. des BAG

Nach h.M. ist aber bei einer Verdachtskündigung abweichend von dem Normalfall nicht nur auf den Zugangszeitpunkt abzustellen, sondern es sind auch die im Verlaufe des Kündigungsschutzverfahrens aufgetretenen Be- und Entlastungsumstände zu berücksichtigen, sofern sie bereits vor Zugang der Kündigung objektiv vorlagen.[1425] **508**

BAG:[1426] „Stellt sich im Verlauf des Rechtsstreits über die Wirksamkeit der Kündigung die Unschuld des verdächtigten Arbeitnehmers heraus, dann ist dies zu seinen Gunsten noch zu berücksichtigen. Ebenso muss das Gericht dem Vorbringen des Arbeitnehmers nachgehen, mit dem er sich von dem Verdacht reinigen will. Wird die Unschuld des Arbeitnehmers erst nach Abschluss des zu seinen Ungunsten ausgelaufenen Kündigungsprozesses festgestellt, dann kann ihm ein Wiedereinstellungsanspruch zustehen."[1427]

Das Arbeitsgericht muss also den von S angebotenen Beweisen nachgehen und zu klären versuchen, ob die Unschuld des S dadurch festgestellt werden kann, dass sich ein anderer Täter ermitteln bzw. der dringende Tatverdacht gegen S entkräften lässt. Gelingt dem S die Entlastung, dann wird die Kündigungsschutzklage Erfolg haben. Bleibt dagegen der dringende Tatverdacht bestehen, wird die Klage abgewiesen.

Solange gegen den Arbeitnehmer nach den o.g. Kriterien ein dringender Tatverdacht bestand, war es dem Arbeitgeber unzumutbar, den Arbeitnehmer weiterzubeschäftigen, sodass nach h.M. bis zur Entkräftung des Verdachts kein Vergütungsanspruch aus dem Gesichtspunkt des Annahmeverzuges gemäß § 615 BGB besteht.[1428]

D. Die Änderungskündigung gemäß § 2 KSchG

Fall 29: Abteilungswechsel

A ist nach dem Inhalt des Arbeitsvertrags seit vier Jahren als Schlosser im Innendienst tätig. Ein Betriebsrat besteht im Betrieb des B, der sechzig Arbeitnehmer beschäftigt, nicht. Nachdem die Aufträge für diesen Bereich erheblich zurückgegangen sind, bietet B dem A eine Tätigkeit als Schlosser im Außendienst an. A möchte lieber im Innen-

1425 BAG, Urt. v. 23.10.2014 – 2 AZR 644/13, NZA 2015, 429; Urt. v. 28.11.2008 – 5 AZR 952/06, NZA-RR 2008, 344; KR/Fischermeier § 626 BGB Rn. 233; a.A. LAG Frankfurt BB 1994, 1150; Busch MDR 1995, 217, 222: Wiedereinstellungsanspruch.

1426 BAGE 16, 72 LS 4; vgl. dazu auch KR/Fischermeier § 626 BGB Rn. 233 ff.

1427 Vgl. aber auch BAG NZA 1998, 726; 1997, 1340: Einstellung des Ermittlungsverfahrens bzw. Ablehnung der Eröffnung des Hauptverfahrens reichen für einen Wiedereinstellungsanspruch noch nicht aus.

1428 Vgl. KR/Fischermeier § 626 BGB Rn. 231; MünchKomm/Henssler § 626 BGB Rn. 28; jeweils m.w.N.

dienst bleiben, um aber die Arbeitsstelle insgesamt nicht zu verlieren, würde er auch im Außendienst arbeiten. Aus diesem Grunde erklärt er sich auch nicht mit einer einvernehmlichen Vertragsänderung einverstanden. Welche Möglichkeiten bestehen für B und A?

509 A. Möglichkeiten des B

510 I. Eine einseitige Zuweisung der Schlossertätigkeit im Außendienst aufgrund des arbeitgeberseitigen Direktionsrechts scheidet aus, weil A nach der eindeutigen Regelung im Arbeitsvertrag nur die Schlossertätigkeit im Innendienst schuldet. Die einseitige Zuweisung der Tätigkeit im Außendienst würde also keine Konkretisierung des Vertragsinhalts kraft Direktionsrechts des B, sondern im Ergebnis eine unzulässige einseitige Abänderung des Arbeitsvertrags darstellen.

II. Eine einvernehmliche Vertragsänderung scheidet ebenfalls aus, weil A freiwillig auf den Arbeitsplatz im Innendienst nicht verzichten will und daher auch den Abschluss einer Änderungsvereinbarung ablehnt.

511 III. Eine ordentliche betriebsbedingte Beendigungskündigung i.S.d. § 1 Abs. 2 KSchG wäre schon wegen der anderweitigen Beschäftigungsmöglichkeit **(Vorrang der Änderungskündigung vor Beendigungskündigung)**[1429] sozial nicht gerechtfertigt und damit nach § 1 Abs. 1 KSchG unwirksam.

512 IV. Für B kommt eine **Änderungskündigung** i.S.d. § 2 KSchG in Betracht.[1430]

1. Die Änderungskündigung ist eine echte Kündigung in dem Sinne, dass sie die Beendigung des Arbeitsverhältnisses bewirken kann, wenn sie wirksam ist und der Arbeitnehmer das Änderungsangebot nicht innerhalb der Kündigungsfrist, spätestens jedoch innerhalb von drei Wochen nach Kündigungszugang angenommen hat, § 2 S. 2 KSchG. Diese Frist kann zwar verlängert, nicht aber verkürzt werden. Eine Verkürzung der Annahmefrist führt aber nicht zur Unwirksamkeit der Änderungskündigung, sondern setzt die gesetzliche Frist des § 2 S. 2 KSchG in Lauf.[1431]

Die Änderungskündigung muss allerdings nur dann sozial gerechtfertigt sein, wenn das KSchG – wie hier – nach §§ 1 Abs. 1, 23 Abs. 1 S. 2 KSchG anwendbar ist.

513 2. Eine Änderungskündigung i.S.d. § 2 KSchG liegt **begrifflich** dann vor, wenn der Arbeitgeber unmissverständlich zum Ausdruck bringt, dass das Arbeitsverhältnis zu einem bestimmten Zeitpunkt (außerordentliche bzw. ordentliche Änderungskündigung) beenden will, wenn der Arbeitnehmer die Fortsetzung des Arbeitsverhältnisses zu den angebotenen geänderten Bedingungen ablehnt bzw. die Annahme des Änderungsangebots nicht innerhalb der Frist des

1429 BAG, Urt. v. 26.03.2015 – 2 AZR 417/14, NZA 2015, 1083; Urt. v. 21.09.2006 – 2 AZR 607/05, NZA 2007, 431; Otto ArbRB 2014, 250; Hertzfeld/Isenhardt DB 2011, 2034; Berkowsky NZA 2006, 687; krit. zu Einzelheiten Rieble/Kolbe SAE 2008, 241.

1430 Dazu allg.: Preis NZA 2015, 1; Diepold AuA 2014, 216; Berkowsky NZA 2010, Beil. 2 S. 50; NZA 2010, 250 (ÄK und Versetzung) u. NZA-RR 2008, 337; 2003, 449 (Rspr.-Übersicht); Hertzfeld NZA-RR 2010, 169 (Angleichung der Arbeitsbedingungen beim Betriebsübergang); Bröhl BB 2007, 437; Fischer NZA 2002, 536 (ÄK in der Insolvenz) u. BAG, Urt. v. 20.06.2014 – 2 AZR 396/12, DB 2014, 190 (Entgeltkürzung); dazu z.T. krit. Moderegger ArbRB 2009, 42; Löwisch SAE 2007, 49.

1431 BAG, Urt. v. 01.02.2007 – 2 AZR 44/06, BB 2007, 1790; Urt. v. 18.05.2006 – 2 AZR 230/05, NZA 2006, 1092; ErfK/Oetker § 2 KSchG Rn. 30; Walk/Burger BB 2007, 1791; Laskawy/Malek ArbuR 2007, 274; krit. dazu Berkowsky RdA 2007, 295.

§ 2 S. 2 KSchG erklärt. Die Änderungskündigung ist also ein **zusammengesetztes Rechtsgeschäft**, das aus zwei Willenserklärungen, nämlich einer Kündigung und einem Änderungsangebot, besteht.[1432] Das Änderungsangebot muss dabei annahmefähig, insbesondere inhaltlich bestimmt sein.[1433]

BAG:[1434] „Nach der Legaldefinition in § 2 Satz 1 KSchG liegt eine Änderungskündigung vor, wenn der Arbeitgeber das Arbeitsverhältnis kündigt und im Zusammenhang mit der Kündigung dessen Fortsetzung zu geänderten Arbeitsbedingungen anbietet. Die Änderungskündigung ist daher ein aus zwei Willenserklärungen zusammengesetztes Rechtsgeschäft. Zur Kündigungserklärung muss als zweites Element ein bestimmtes bzw. bestimmbares, somit den Voraussetzungen des § 145 BGB entsprechendes Angebot zur Fortsetzung des Arbeitsverhältnisses zu geänderten Bedingungen hinzukommen.

Der erforderliche Zusammenhang zwischen Kündigung und Änderungsangebot besteht nur dann, wenn das Änderungsangebot spätestens mit dem Zugang der Kündigungserklärung abgegeben wird. Ein nach diesem Zeitpunkt unterbreitetes Änderungsangebot ist nicht zu berücksichtigen."

Von der Änderungskündigung ist die **Teilkündigung** zu unterscheiden, die nicht auf die Be- **514**
endigung des Arbeitsverhältnisses, sondern auf die Kündigung einzelner Vertragsbestandteile gerichtet ist. Da das Arbeitsverhältnis eine Einheit ist und die Teilkündigung den Fortbestand des Arbeitsverhältnisses nicht berührt, ist die **Teilkündigung grds. unzulässig.**[1435]

Möglichkeiten des Ausspruchs einer Änderungskündigung i.S.d. § 2 KSchG: **515**

- unbedingte Kündigung des bisherigen Arbeitsvertrages verbunden mit dem Angebot zur Fortsetzung des Arbeitsverhältnisses zu geänderten Bedingungen nach dem vorgesehenen Beendigungszeitpunkt,

  Nach h.M. ist die vorbehaltslose Annahme des Änderungsangebots nicht an die Höchstfrist von drei Wochen nach Kündigungszugang (§ 2 S. 2 KSchG) gebunden, sondern richtet sich nach § 147 Abs. 2 BGB. Der Arbeitgeber kann für die Annahme des Änderungsangebots auch eine Frist bestimmen, für die § 2 S. 2 KSchG eine Untergrenze bildet.[1436]

- Änderungsangebot mit gleichzeitiger Kündigung für den Fall, dass das Änderungsangebot nicht bzw. nicht rechtzeitig angenommen wird,

  Gegen die Zulässigkeit einer unter einer solchen aufschiebenden Bedingung erklärten Kündigung bestehen trotz der grds. Bedingungsfeindlichkeit der Kündigung keine Bedenken, weil bei dieser Potestativbedingung der Eintritt der Beendigungswirkung ausschließlich vom Willen des Kündigungsempfängers abhängig ist, sodass für ihn keine Ungewissheit besteht.[1437]

- Kündigung nach dem Scheitern der Abänderungsverhandlungen unter Klarstellung, dass das frühere Abänderungsangebot aufrechterhalten wird.

1432 BAG, Urt. v. 20.02.2014 - 2 AZR 346/12, DB 2014, 2051; MünchKomm/Hergenröder § 2 KSchG Rn. 5; ErfK/Oetker § 2 KSchG Rn. 6; KR/Rost/Kreft § 2 KSchG Rn. 12, 85 f.: „im tatsächl. und im rechtl. Sinne einheitlicher Tatbestand".

1433 BAG, Urt. v. 29.09.2011 - 2 AZR 523/10, NZA 2012, BB 2012, 1216; ErfK/Oetker § 2 KSchG Rn 11, 11 a m.w.N.

1434 BAG, Urt. v. 17.05.2001 - 2 AZR 460/00, NZA 2002, 54; vgl. auch BAG, Urt. v. 16.09.2004 - 2 AZR 628/03, NZA 2005, 635.

1435 Schaub/Linck § 123 Rn. 9; KR/Rost/Kreft § 2 KSchG Rn. 51; GK/Künzl § 2 KSchG Rn. 81; vgl. aber auch BAG, Urt. v. 13.03.2007 - 9 AZR 612/05, NZA 2007: Teilkündigung bzgl. der Aufgaben des Datenschutzbeauftragten zulässig, Änderungskündigung wegen Gefährdung des Bestandes des AV unverhältnismäßig.

1436 BAG, Urt. 01.02.2007 - 2 AZR 44/06, NZA 2007, 925; ErfK/Oetker § 2 KSchG Rn. 30; KR/Rost/Kreft § 2 KSchG Rn. 77-77 b; Schulte ArbRB 2006, 276; a.A. LAG Köln NZA-RR 2000, 303; v. Hoyningen-Huene/Linck § 2 KSchG Rn. 96 ff.

1437 KR/Rost/Kreft § 2 KSchG Rn. 13 ff., 15; GK/Künzl § 2 KSchG Rn. 12; ErfK/Oetker § 2 KSchG Rn. 11.

516 ■ Der erforderliche Zusammenhang zwischen Kündigung und Änderungsangebot besteht nur dann, wenn das Änderungsangebot spätestens mit dem Zugang der Kündigungserklärung abgegeben wird. Ein nach diesem Zeitpunkt unterbreitetes Änderungsangebot ist nicht zu berücksichtigen.[1438]

In den o.g. Fällen liegt eine ordnungsgemäße Erklärung der Änderungskündigung vor. Die äußere Form spielt also für die Änderungskündigung als solche keine entscheidende Rolle.[1439]

517 Nach h.M. erstreckt sich aber der **Schriftformzwang des § 623 BGB** nicht nur auf die **Beendigungserklärung**, sondern auch auf das **Änderungsangebot**.[1440] B kann somit die Kündigung des bisherigen Arbeitsverhältnisses mit dem A unter Einhaltung der Kündigungsfrist erklären und ihm gleichzeitig die Fortsetzung des Arbeitsverhältnisses nach Ablauf der Kündigungsfrist zu den geänderten Bedingungen im Außendienst anbieten, muss aber die Form des § 623 BGB beachten.

518 3. Die ordentliche betriebsbedingte Änderungskündigung ist nur dann wirksam, wenn sie durch dringende betriebliche Erfordernisse bedingt ist (§ 1 Abs. 2 KSchG) und B die richtige soziale Auswahl getroffen hat, § 1 Abs. 3 KSchG.[1441] Die Änderungskündigung selbst ist also keine unternehmerische Entscheidung, sodass die Prüfung der vorhandenen Notwendigkeit der ausgesprochenen Änderungskündigung nicht entbehrlich ist.[1442] Außerdem darf die Änderungskündigung auch nicht aus anderen Gründen (z.B. § 9 MuSchG, § 102 BetrVG) unwirksam sein.

Nach h.M. steht das **Änderungsangebot** bei der **Prüfung der Sozialwidrigkeit** der Kündigung im **Mittelpunkt**, sodass die Änderungskündigung wirksam ist, wenn die angebotene Änderung der Arbeitsbedingungen sozial gerechtfertigt war. Zuvor muss aber stets sorgfältig geprüft werden, ob eine Änderung der bisherigen Arbeitsbedingungen durch eine Änderungskündigung überhaupt dringend erforderlich war. Wird diese Frage bejaht, ist das „Wie" der Änderung auf seine soziale Rechtfertigung hin zu überprüfen.[1443] Der Arbeitgeber muss sich dabei bei einem an sich anerkennenswerten Anlass („Ob") auf solche Änderungen beschränken, die der Arbeitnehmer billigerweise hinnehmen muss.[1444] Wird die Frage dagegen verneint, weil der Arbeitgeber die erstrebte Änderung aufgrund des Direktionsrechts nach § 106 GewO durchsetzen kann, ist die **„überflüssige" Änderungskündigung** unverhältnismäßig und daher unwirksam, die Änderungsschutzklage dennoch unbegründet, weil die vermeintlich erst herbeizuführenden Vertragsbedingungen bereits gelten.[1445]

519 V. Besonderer Kündigungsschutz greift zugunsten des A nicht ein. Ob die Änderungskündigung sozial gerechtfertigt wäre, ist eine Tatfrage.

1438 ErfK/Oetker § 2 KSchG Rn. 12; Schaub/Linck § 137 Rn. 18; krit. KR/Rost/Kreft § 2 KSchG Rn. 20 f.

1439 Vgl. KR/Rost § 2 KSchG Rn. 13 ff.; GK/Künzl § 2 KSchG Rn. 23 ff.; jeweils m.w.N.

1440 Vgl. BAG, Urt. v. 16.09.2004, Fn. 1434; KR/Rost/Kreft § 2 KSchG Rn. 28 a; GK/Preis § 623 BGB Rn. 23 m.w.N.

1441 BAG, Urt. v. 29.01.2015 – 2 AZR 164/14, NZA 2015, 426 ; GK/Künzl § 2 KSchG Rn. 247 ff.; 280.

1442 BAG BB 1999, 320, 321; SAE 1991, 11 m.Anm. Oetker; ErfK/Oetker § 1 KSchG Rn. 42; Berkowsky NZA 2010, Beil. 2 S. 50 ff.

1443 Vgl. BAG, Urt. v. 29.09.2011 – 2 AZR 451/10, NZA-RR 2012, 158; KR/Rost/Kreft § 2 KSchG Rn. 97 ff.; Kühn BB 2011, 1851 und Künzl/v. d. Ehe NZA 2015, 1217: Streitgegenstand und Antragstellung im Rahmen der Änderungsschutzklage.

1444 BAG, Urt. v. 05.06.2014 – 2 AZR 615/13, NZA 2015, 40; ErfK/Oetker § 2 KSchG Rn. 39 ff. und BAG, Urt. v. 28.05.2009 – 2 AZR 844/07, NZA 2010, 954: § 1 Abs. 5 KSchG bei außerordentl. betriebsb. Kündigung nicht anwendbar.

1445 BAG, Urt. v. 28.08.2013 – 10 AZR 569/12, DB 2014, 123; ErfK/Oetker § 2 KSchG Rn. 14; Schramm NJW 2012, 3053; a.A. Hunold NZA 2008, 860: ÄK wirksam; a.A. Preis NZA 2015, 1; Reuter/Sagan/Witschen NZA 2013, 935; Verstege Anm. in AP Nr. 153 zu § 2 KSchG 1969: Unzulässige Verlagerung des Prozessrisikos auf den AN, Klage begründet; Verstege RdA 2010, 302.

Bezweckt der Arbeitgeber mit einer Änderungskündigung eine Versetzung des Arbeitnehmers, dann ist die nach § 99 Abs. 1 BetrVG erforderliche Zustimmung des Betriebsrats nur Wirksamkeitsvoraussetzung für die Versetzung, nicht dagegen auch für die Kündigung. Bis zur Erteilung bzw. gerichtlichen Ersetzung der Zustimmung des Betriebsrats kann der Arbeitnehmer die Erbringung der neuen Arbeit verweigern und bei Nichtbeschäftigung am alten Arbeitsplatz den Annahmeverzugslohn verlangen, § 615 BGB.[1446]

B. Reaktionsmöglichkeit des A

I. A könnte das Änderungsangebot vorbehaltlos annehmen und nach Ablauf der Kündigungsfrist als Schlosser im Außendienst arbeiten. Dies will aber A offenbar nicht.

II. A könnte die Annahme des Änderungsangebots ablehnen bzw. die Annahmefrist des § 2 S. 2 KSchG verstreichen lassen und Kündigungsschutzklage innerhalb der 3-Wochenfrist des § 4 S. 1, 2 KSchG erheben. Wäre die Änderungskündigung nicht sozial gerechtfertigt und damit unwirksam, bliebe das Arbeitsverhältnis zu den bisherigen Bedingungen bestehen. A hätte sein „Maximalziel" erreicht. In diesem Fall müsste er aber mit der Beendigung des Arbeitsverhältnisses rechnen, wenn die Änderungskündigung sozial gerechtfertigt wäre. Dies will A ebenfalls nicht, weil er als „Mindestziel" das Arbeitsverhältnis zu den geänderten Bedingungen erhalten will. Eine „Alles-oder-Nichts-Entscheidung" will A also nicht. **520**

Nach § 4 S. 2 KSchG n.F. kann die Unwirksamkeit einer formgerechten Änderungskündigung wegen fehlender sozialer Rechtfertigung und (entgegen der bisherigen Rechtslage) auch aus anderen Gründen (z.B. fehlerhafte Betriebsratsanhörung, § 102 BetrVG) nur geltend gemacht werden, wenn der Arbeitnehmer die dreiwöchige Klagefrist des § 4 S. 1 KSchG eingehalten hat.

III. Dem Interesse des A würde es am ehesten entsprechen, wenn er das Angebot des B unter der Bedingung annehmen könnte, dass er die Kündigungsschutzklage verliert. **521**

1. Nach den allg. zivilrechtlichen Regeln gilt aber eine solche Annahmeerklärung unter Vorbehalt als Ablehnung des Angebots (§ 150 Abs. 2 BGB), das damit erlischt. Das von A erstrebte Ziel wäre also nach den BGB-Regeln nicht zu erreichen. A müsste sich zwischen den o.g. Möglichkeiten (I) und (II) entscheiden.

2. Um dem Arbeitnehmer diese Art der Annahme zu ermöglichen, bestimmt § 2 KSchG:

„... so kann der Arbeitnehmer dieses Angebot unter dem Vorbehalt annehmen, dass die Änderung der Arbeitsbedingungen nicht sozial ungerechtfertigt ist", d.h., dass die Kündigung sich als wirksam erweist.[1447]

Somit wird A

a) das Angebot des B gemäß § 2 KSchG fristgerecht unter Vorbehalt annehmen;

1446 BAG, Urt. v. 22.04.2010 – 2 AZR 491/09, NZA 2010, 1235;1998, 1225, 1227; KR/Rost/Kreft § 2 KSchG Rn. 140 ff.; vgl. auch Schaub/Linck § 137 Rn. 21 ff.; ErfK/Oetker § 2 KSchG Rn. 19, 26: wegen wirksamer Vertragsänderung keine Verpflichtung zur Arbeit zu bisherigen Bedingungen; ausführlich dazu Gastell/Hubrich AuA 2012, 212; Berkowsky NZA 2010, 259.

1447 Vgl. auch BAG, Urt. v. 21.09.2006 – 2 AZR 120/06, NZA 2007, 435: Änderungskündigung, die auf eine Vertragsänderung vor Ablauf der Kündigungsfrist abzielt, ist schon aus diesem Grunde sozial ungerechtfertigt.

b) fristgerecht Kündigungsschutzklage (§ 4 KSchG) erheben.

Während des Kündigungsschutzprozesses muss A zu den geänderten Bedingungen weiterarbeiten; ein Weiterbeschäftigungsanspruch zu den bisherigen Arbeitsbedingungen wird durch § 8 KSchG ausgeschlossen.[1448]

Gewinnt A die Kündigungsschutzklage, bleibt das alte Arbeitsverhältnis bestehen. Verliert er sie, fällt der Vorbehalt weg und es besteht zwischen A und B ein abgeändertes Arbeitsverhältnis, nach dem A als Schlosser im Außendienst arbeiten muss. A geht also nicht das Risiko ein, seinen Arbeitsplatz bei B ganz zu verlieren.

E. Besonderer Kündigungsschutz

522 Als besonderen Kündigungsschutz bezeichnet man diejenigen Kündigungsschutzbeschränkungen, die nur bestimmten Arbeitnehmern wegen erhöhter Schutzbedürftigkeit oder Schutzwürdigkeit zu Gute kommen. Ob und inwieweit die Kündbarkeit der Arbeitsverhältnisse durch besondere Kündigungsschutzbestimmungen eingeschränkt bzw. ausgeschlossen ist, muss den jeweiligen Bestimmungen entnommen werden.[1449]

I. Kündigungsschutz von Mitgliedern oder Wahlbewerbern der Betriebsverfassungsorgane[1450]

1. Ordentliche Kündigung

523 Nach **§ 15 KSchG** ist eine **ordentliche Kündigung** der Mitglieder eines Betriebsrats, einer Jugend- und Auszubildendenvertretung, einer Bordvertretung, eines Seebetriebsrats und eines Personalrats, der in einem Arbeitsverhältnis steht (§ 47 BPersVG), während der Amtszeit und innerhalb eines Jahres nach dem Ausscheiden ausgeschlossen. Gleiches gilt für die Mitglieder entsprechender Wahlvorstände und Wahlbewerber für die Zeit ab Bestellung des Wahlvorstandes bzw. Aufstellung des Wahlvorschlags (§ 14 Abs. 5 BetrVG; vgl. auch **§ 15 Abs. 3 a KSchG**)[1451] bis sechs Monate nach Bekanntgabe des Wahlergebnisses.[1452] Während der Dauer des Kündigungsschutzes ist grds. jede ordentliche Kündigung **(Ausnahme: § 15 Abs. 4, 5 KSchG)**,[1453] also auch Änderungskündigung und Massenentlassung (h.M.) ausgeschlossen.[1454] Bei Schließung der Betriebs-

---

1448 BAG, Urt. v. 28.05.2009 – 2 AZR 844/07, juris; DB 1990, 1773, 177; ErfK/Oetker § 2 KSchG Rn. 38 und oben Rn. 300.

1449 Übersicht über die besonderen Kündigungsschutzbestimmungen bei Fuhlrott AuA 2015, 154; Eylert/Sänger RdA 2010, 24; zu Zusammenhängen zwischen dem Sonderkündigungsschutz u. KSchG Wilhelm NZA 1988 Beil. 3, S. 18; Preis NZA 1997, 1256, 1258; Hertzfeldt NZA-RR 2012, 1 zum Sonderkündigungsschutz und zum Auflösungsantrag nach § 9 KSchG.

1450 Zum Sonderkündigungsschutz nach § 15 KSchG u. § 103 BetrVG: Windeln ArbRB 2014, 19; Besgen NZA 2011, 133; Haas FA 2011, 98; 226; 2010, 290; Maiß ArbR 2010, 412; Weber/Lohr BB 1999, 2350; Fischermeier ZTR 1998, 433.

1451 Vgl. dazu BAG, Urt. v. 19.04.2012 – 2 AZR 299/11, ArbRB 2012, 297; Urt. v. 04.11.2004 – 2 AZR 6/04, ArbRB 2005, 233; Windeln ArbRB 2014, 19; Schindele/Söhl ArbR 2013, 124; Ziegler/Mosch NJW-Spezial 2010, 242; Löwisch DB 2002, 1503.

1452 Vgl. BAG NZA 1997, 66; 1996, 1032; KR/Etzel § 15 KSchG Rn. 67 ff. und BAG, Urt. v. 19.04.2012 – 2 AZR 233/11, NZA 2012, 1449: Nachwirkender Kündigungsschutz der Ersatzmitglieder des BR nur bei BR-Tätigkeit während der Vertretung.

1453 BAG, Urt. v. 02.03.2006 – 2 AZR 83/05, NZA 2006, 988 (Vorrang „aktiver" BR-Mitglieder vor Ersatzmitgliedern); MünchKomm/Hergenröder § 15 KSchG Rn. 161 ff. und Wiesner/Siemer FA 2008, 66 zur Kündigung von Ersatzmitgliedern.

1454 BAG, Urt. v. 12.03.2009 – 2 AZR 47/08, DB 2009, 1712; Urt. v. 07.10.2004 – 2 AZR 81/04, NZA 2005, 156; Schaub/Linck § 143 Rn. 12, 13; KR/Etzel § 15 KSchG Rn. 13 ff.; a.A. zu Massenänderungskündigung Hilbrandt NZA 1997, 465 ff.

abteilung, in der ein nach § 15 KSchG geschützter Mandatsträger beschäftigt war, ist der Arbeitgeber zur Vermeidung einer Kündigung nach § 15 Abs. 5 KSchG nach h.M. grds. zur „Freikündigung" eines gleichwertigen oder eines geringwertigeren Arbeitsplatzes verpflichtet, auf dem ein nicht besonders geschützter Arbeitnehmer beschäftigt ist und der Mandatsträger beschäftigt werden könnte. Ein Anspruch auf eine „Beförderungsstelle" besteht dagegen nicht.[1455]

2. Außerordentliche Kündigung

Eine **außerordentliche Kündigung** ist durch § 15 KSchG nicht verboten. Nach § 103 BetrVG bedarf sie aber der Zustimmung des Betriebsrats. Wird sie verweigert, kann der Arbeitgeber im Beschlussverfahren eine Zustimmungsersetzung beim Arbeitsgericht beantragen, wenn die Voraussetzungen einer außerordentlichen Kündigung vorliegen, § 103 Abs. 2 BetrVG.[1456] Die zweiwöchige Ausschlussfrist des § 626 Abs. 2 BGB wird (nur) durch einen zulässigen Zustimmungsersetzungsantrag gewahrt.[1457] Die Zustimmung ist allerdings nicht erforderlich, wenn ausgeschiedene Mitglieder der Betriebsverfassungsorgane lediglich den sog. nachwirkenden Kündigungsschutz haben. Eine vor der erforderlichen Zustimmung des Betriebsrats oder Rechtskraft des Zustimmungsersetzungsbeschlusses ausgesprochene Kündigung ist unheilbar nichtig.[1458] **524**

II. Besonderer Kündigungsschutz bei Mutterschutz und Elternzeit

1. Besonderer Kündigungsschutz nach MuSchG

Nach **§ 9 MuSchG** ist jede (ordentliche und außerordentliche) Kündigung gegenüber einer **Frau während der Schwangerschaft** und bis zum Ablauf von 4 Monaten nach der Entbindung unzulässig, wenn dem Arbeitgeber zurzeit der Kündigung die Schwangerschaft oder Entbindung bekannt war oder innerhalb zweier Wochen nach Zugang der Kündigung mitgeteilt wird. Das Überschreiten der Frist ist unschädlich, wenn es auf einem von der Frau nicht zu vertretenden Grund beruht und die Mitteilung unverzüglich nachgeholt wird, § 9 Abs. 1 S. 1 Hs. 2 MuSchG.[1459] Die Darlegungs- und Beweislast für die Einhaltung der Mitteilungsfrist trägt die Arbeitnehmerin.[1460] Die für den Arbeitsschutz zuständige oberste Landesbehörde kann in Ausnahmefällen die Kündigung für zulässig erklären, § 9 Abs. 3 MuSchG.[1461] Die Kündigung kann in diesem Fall nach h.M. schon vor Rechtskraft des Zustimmungsbescheides erklärt werden.[1462] **525**

1455 Vgl. dazu BAG, Urt. v. 23.02.2010 – 2 AZR 656/08, NZA 2010, 1288; ErfK/Kiel § 15 KSchG Rn. 40 ff.; Maiß ArbR 2010, 412; Schorb ArbR 2010, 489; Horcher NZA-RR 2006, 393; a.A: Houben NZA 2008, 851; Freikündigungspflicht auch bei Beförderungsstelle; a.A. zur Freikündigungspflicht Leuchten NZA 2007, 585; Schleusener DB 1998, 2368; Wank SAE 2002, 7.

1456 Vgl. BAG, Beschl. v. 23.04.2008 – 2 ABR 71/07, NZA 2008, 1081; 2000, 158; Besgen NZA 2011, 133; Diller NZA 2004, 579.

1457 BAG NZA 1997, 371; KR/Etzel § 103 BetrVG Rn. 111 ff.; ErfK/Kania § 103 BetrVG Rn. 9, 13.

1458 BAG, Urt. v. 08.09.2011 – 2 AZR 388/10, NZA 2012, 400; 1998, 1273; vgl. aber auch KR/Etzel § 103 BetrVG Rn. 135 ff.

1459 BAG, Urt. v. 26.03.2015 – 2 AZR 237/14, NZA 2015, 734 (Kündigungsschutz bei einer Befruchtung außerhalb des Körpers ab Embryonentransfer); dazu Glazel NZA-RR 2015, 475 und allgemein Pauken ArbR 2015, 297; Wiebauer, BB 2013, 1784.

1460 LAG Berlin NZA 1994, 319, 320; KR/Bader/Gallner § 9 MuSchG Rn. 54 ff., 58; jeweils m.w.N.

1461 Vgl. zum Prüfungsumfang nach § 9 MuSchG, § 18 BEEG bei betrieblich veranlassten Kündigungen Kittner NZA 2010, 198.

1462 BAG, Urt. v. 17.06.2003 – 2 AZR 245/02, NZA 2003, 1329; dazu Schäfer NZA 2004, 833 ff.

Nach dem BAG[1463] trägt die Schwangere nicht das Risiko des Verlustes der schriftlichen Unterrichtung auf dem Postwege, was für die Wahrung der Mitteilungsfrist des § 9 Abs. 1 MuSchG von Bedeutung ist.

2. Besonderer Kündigungsschutz nach BEEG (bisher BErzGG)

526 Nach **§ 18 Abs. 1 BEEG** (früher BErzGG) darf der Arbeitgeber ab dem Zeitpunkt, von dem **Elternzeit** schriftlich verlangt worden ist,[1464] höchstens jedoch acht bzw. vierzehn Wochen vor Beginn der Elternzeit und während der Elternzeit nicht kündigen (Ausnahme: § 18 Abs. 1 S. 3, 4 BEEG). § 18 BEEG enthält also ein dem § 9 MuSchG nachgebildetes Kündigungsverbot mit Erlaubnisvorbehalt, das – anders als § 9 MuSchG – gleichermaßen **zugunsten von Frauen und Männern** gilt.[1465] Die **Kündigungsverbote nach § 9 MuSchG und § 18 BEEG bestehen nebeneinander**, sodass die Zulässigkeitserklärung der Arbeitsschutzbehörde nach beiden Vorschriften erforderlich ist.[1466] Für Arbeitnehmer, die während der Elternzeit bei dem Arbeitgeber als Teilzeitkräfte tätig sind, enthält § 18 Abs. 2 BEEG eine Sonderregelung, die nach h.M. bei Teilzeittätigkeit für andere Arbeitgeber nicht eingreift.[1467]

III. Besonderer Kündigungsschutz bei Wehr- und Zivildienst

1. Besonderer Kündigungsschutz für Wehr- und Zivildienstleistende

527 **a)** Nach **§ 2 Abs. 1 ArbPlSchG** sind **ordentliche Kündigungen** des Arbeitgebers von der Zustellung des Einberufungsbescheides bis zur Beendigung des **Grundwehrdienstes** sowie während einer **Wehrübung** ausgeschlossen (vgl. auch § 16 a ArbPlSchG). Vor und nach dem Wehrdienst kann zwar der Arbeitgeber das Arbeitsverhältnis im Übrigen grds. ordentlich kündigen, der Wehrdienst darf aber nicht Anlass der Kündigung sein, § 2 Abs. 2 S. 1 ArbPlSchG. Bei betriebsbedingter Kündigung i.S.d. § 1 Abs. 2 KSchG darf bei der Auswahl der zu entlassenden Arbeitnehmer die Einberufung zum Wehrdienst nicht zum Nachteil der Arbeitnehmer berücksichtigt werden, § 2 Abs. 2 S. 2 ArbPlSchG.

Die **außerordentliche Kündigung** ist gemäß § 2 Abs. 3 ArbPlSchG **nicht ausgeschlossen**, die Einberufung zum Wehrdienst ist aber grds. kein wichtiger Kündigungsgrund (vgl. aber § 2 Abs. 3 S. 2 ArbPlSchG für unverheiratete Arbeitnehmer im Kleinbetrieb).[1468]

b) Für **Zivildienstleistende** gilt der besondere Kündigungsschutz nach dem ArbPlSchG gemäß § 78 Abs. 1 Nr. 1 ZDG entspr.

In persönlicher Hinsicht gilt der Kündigungsschutz nach § 2 ArbPlSchG bzw. § 78 Abs. 1 Nr. 1 ZDG unmittelbar nur für Wehrpflichtige der Bundeswehr bzw. die Personen, die den zivilen Ersatzdienst leisten. Für EU-Ausländer, die von dem Mitgliedstaat zur Erfüllung der Wehrpflicht bzw. des Zivildienstes herangezogen werden, gelten diese Bestimmungen entsprechend.[1469] Für Nicht-EU-Ausländer gilt das ArbPlSchG bzw. ZDG grds. nicht (vgl. aber die Neuregelung in § 16 Abs. 6 ArbPlSchG).[1470]

1463 BAG BB 2003, 105; vgl. dazu auch ErfK/Schlachter § 9 MuschG Rn. 6 f.

1464 BAG, Urt. v. 11.05.2011 – 2 AZR 384/10, NZA 2012, 208 (Kündigungsschutz beim früheren Elternzeitverlangen erst acht Wochen vor Beginn der Elternzeit); KR/Bader § 18 BEEG Rn. 21 ff. und Wiebauer, BB 2013, 1784 ff.

1465 KR/Bader § 18 BEEG Rn. 12 a ff.; zur Neuregelung des BEEG ab dem 01.01.2015 Fecker/Scheffzek NZA 2015, 778.

1466 BAG, Urt. v. 27.03.2003 – 2 AZR 272/02, NZA 2003, 1391; 1993, 646; KR/Bader § 18 BEEG Rn. 40.

1467 Vgl. BAG, Urt. v. 02.02.2006 – 2 AZR 596/04, NZA 2006, 678; ErfK/Gallner § 18 BEEG Rn. 6; KR/Bader § 18 BEEG Rn. 17 ff.

1468 Vgl. dazu KR/Weigand § 2 ArbPlSchG Rn. 20 ff, 24 ff.

1469 Vgl. BAG AP Nr. 3 zu Art. 177 EWG-Vertrag; a.A. MünchArbR/Berkowsky § 138 Rn. 52 ff.

1470 Vgl. BAG NZA 1989, 464; GK/Dörner/Linck § 2 ArbPlSchG Rn. 4; KR/Weigand § 2 ArbPlSchG Rn. 3 ff. m.w.N.

2. Besonderer Kündigungsschutz für freiwillig Wehrdienstleistende

Der Wehr- und Zivildienst sind zum 01.07.2011 gemäß § 2 WPflG „ausgesetzt" und durch freiwilligen Wehrdienst (§ 54 WPflG) und den Bundesfreiwilligendienst nach dem BFDG ersetzt worden. Die **freiwillig Wehrdienstleistenden** haben nach § 56 WPflG, der durch § 16 Abs. 7 ArbPlSchG umgesetzt wird, den gleichen Status, den bisher die Wehrpflichtigen hatten, also auch den Sonderkündigungsschutz nach § 2 ArbPlSchG. Bei **Tätigkeiten im Rahmen des Bundesfreiwilligendienstes** besteht dagegen kein Sonderkündigungsschutz, da nach § 13 BFDG zwar die Arbeitsschutzbestimmungen, das JArbSchG und das BUrlG entsprechend gelten, nicht aber das ArbPlSchG.[1471]

IV. Besonderer Kündigungsschutz schwerbehinderter Menschen

Fall 30: Nachträgliche Anerkennung der Schwerbehinderung

Der 40-jährige Dreher A ist seit drei Jahren im betriebsratslosen Betrieb des B beschäftigt. Am 10.09. stellte er beim zuständigen Integrationsamt einen Antrag auf Anerkennung als Schwerbehinderter. Am 10.10. erhielt er eine formgerechte fristlose Kündigung wegen grober Beleidigung und tätlichen Angriffs gegenüber B. Eine Entscheidung über den Anerkennungsantrag lag zu diesem Zeitpunkt noch nicht vor, obwohl A die Unterlagen vollständig eingereicht hat und sich am 05.10. auch von dem Gutachter untersuchen ließ. Gegen die Kündigung hatte A am 15.10. beim zuständigen Arbeitsgericht Kündigungsschutzklage erhoben und u.a. unter Hinweis auf den Anerkennungsantrag vom 10.09. geltend gemacht, dass die Kündigung schon wegen fehlender Zustimmung des Integrationsamtes unwirksam sei. Wie wird das Arbeitsgericht über die zulässige Kündigungsschutzklage am 20.12. entscheiden, wenn inzwischen ein Grad der Behinderung von 60% mit Wirkung vom 20.09. von dem zuständigen Integrationsamt festgestellt worden ist?

Das Arbeitsgericht wird der zulässigen Klage stattgeben, wenn die Kündigung unwirksam und die Klage damit begründet ist. 528

I. Eine gemäß § 623 BGB formgerechte Erklärung einer fristlosen Kündigung liegt vor.

II. Da A gegen die formgerechte fristlose Kündigung vom 10.10. am 15.10. und damit fristgerecht i.S.d. § 4 KSchG eine Kündigungsschutzklage erhoben hat, kann die Wirksamkeitsfiktion des § 7 KSchG nicht eingreifen.

III. Die Kündigung könnte nach § 134 BGB i.V.m. § 91 SGB IX nichtig sein. 529

Das seit dem 01.07.2001 geltende SGB IX, in dem u.a. die Regelungen des bisherigen SchwbG enthalten sind, enthält neben der Neufassung des Behindertenbegriffs (§ 2 SGB IX) und der Änderung der Bezeichnung „Hauptfürsorgestelle" in Integrationsamt (§§ 101 ff. SGB) besondere Kündigungsschutzbestimmungen für schwerbehinderte Menschen in §§ 85 ff. (früher §§ 15 ff. SchwbG).

1. Nach § 85 SGB IX bedarf die ordentliche Kündigung des Arbeitsverhältnisses mit einem schwerbehinderten Menschen i.S.d. § 2 Abs. 2 SGB IX (vgl. auch § 2 Abs. 3 SGB IX: Gleichgestellte) der vorherigen Zustimmung des Integrationsamtes (früher: Fürsorgestelle), sofern nicht der Ausnahmetatbestand des § 90 SGB IX ein-

1471 Vgl. GK/Dörner/Linck § 2 ArbPlSchG Rn. 2 u. Tiedmann NZA 2012, 602 zum EFZG.

greift. Dies gilt nach § 91 SGB IX auch für außerordentliche Kündigungen. Eine ohne die **vorherige Zustimmung des Integrationsamtes** ausgesprochene Kündigung ist nach § 134 BGB unheilbar nichtig.[1472] Da der 40-jährige A länger als sechs Monate bei B beschäftigt war (vgl. § 90 Abs. 1 Nr. 1 SGB IX), wäre die fristlose Kündigung nach § 134 BGB i.V.m. § 91 SGB IX nichtig. Auf diesen Unwirksamkeitsgrund könnte sich A auch berufen, weil er die dreiwöchige Klagefrist des § 4 S. 1 i.V.m. § 13 Abs. 1 S. 2 KSchG, die auch bei Geltendmachung des besonderen Kündigungsschutzes für schwerbehinderte Menschen gilt,[1473] eingehalten hat. Fraglich ist aber, ob er Schwerbehinderter i.S.d. § 2 SGB IX ist.

Die Nichtanhörung der Schwerbehindertenvertretung nach § 95 Abs. 2 SGB IX führt dagegen nach h.M. nicht zur Nichtigkeit der Kündigung.[1474]

530 2. Bedenken gegen die Anwendung des § 91 SGB IX könnten deshalb bestehen, weil A im Zeitpunkt des Kündigungszugangs noch nicht als Schwerbehinderter i.S.d. § 2 SGB IX anerkannt war und B im Kündigungszeitpunkt von dem Anerkennungsantrag keine Kenntnis hatte.

a) Der Schwerbehindertenschutz **beginnt** grds. in dem Zeitpunkt, in dem die Voraussetzungen des § 2 Abs. 2, 3 SGB IX tatsächlich vorliegen, mag auch die behördliche bzw. gerichtliche Entscheidung hierüber erst zu einem späteren Zeitpunkt getroffen werden.[1475] Seit dem 01.05.2004 greift aber der Sonderkündigungsschutz für Schwerbehinderte nach § 90 Abs. 2 a SGB IX nicht ein, wenn die Schwerbehinderung nicht nachgewiesen ist oder das Integrationsamt nach Ablauf der Frist des § 69 Abs. 1 S. 2 SGB IX eine Feststellung wegen fehlender Mitwirkung nicht treffen konnte.[1476] Nach h.M. liegt eine fehlende Mitwirkung des Arbeitnehmers vor, wenn er den Anerkennungsantrag nicht mindestens drei Wochen vor Kündigungszugang gestellt hat.[1477] Da jedoch A den Anerkennungsantrag bereits am 10.09., also mehr als drei Wochen vor der Kündigung vom 10.10. gestellt und die ihm obliegenden Mitwirkungshandlungen erbracht hat (vgl. § 60 SGB IX), steht der Anwendung des § 91 SGB IX nicht entgegen, dass die Voraussetzungen des § 2 Abs. 2, 3 SGB IX erst nach der Kündigung mit Rückwirkung festgestellt wurden. Denn A hatte es nicht zu vertreten, dass das Integrationsamt im Zeitpunkt des Kündigungszugangs noch keine Entscheidung über den Anerkennungsantrag getroffen hatte.

531 Früher war sehr umstritten, ob und ggf. wann der Kündigungsschutz nach §§ 85, 91 SGB IX bereits dann bestand, wenn im Kündigungszeitpunkt die Voraussetzungen des § 2 Abs. 2, 3 SGB IX objektiv vorlagen.[1478] Aufgrund der Neuregelung des § 90 Abs. 2 a SGB IX hat sich der Meinungsstreit insoweit erledigt, als das objektive Vorliegen der Schwerbehinderung allein

---

1472 BAG NZA 1992, 503; GK/Vossen § 85 SGB IX Rn. 32; KR/Friedrich § 13 KSchG Rn. 212 und BAG, Urt. v. 09.06.2011 – 2 AZR 703/09, NZA-RR 2011, 407, wonach jedenfalls ein rechtskräftiges Negativattest, das vor Kündigungszugang ausgestellt wurde, ebenso wie eine Zustimmung des Integrationsamtes die zunächst bestehende Kündigungssperre beseitigt.

1473 BAG, Urt. v. 13.02.2008 – 2 AZR 864/06, NZA 2008, 1055; vgl. aber auch § 4 S. 4 KSchG u. KR/Friedrich § 4 KSchG Rn. 196 ff.

1474 BAG, Urt. v. 19.07.2012 – 2 AZR 989/11, NZA 2013, 143; Cramer NZA 2004, 698, 705; GK/Vossen § 85 SGB IX Rn. 31.

1475 BAG, Urt. v. 06.09.2007 – 2 AZR 324/06, NZA 2008, 407; ErfK/Rolfs § 90 SGB IX Rn. 5 ff.; a.A. OVG Koblenz NZA 2006, 1108; KR/Etzel/Gallner §§ 85-90 SGB IX Rn. 53 k, l für Anerkennung im Rechtsmittelverfahren; dagegen Bitzer NZA 2006, 1082.

1476 Vgl. dazu Fröhlich ArRB 2009, 145; Rolfs/Barg BB 2005, 1678; Schlewing NZA 2005, 1218; Griebeling NZA 2005, 494.

1477 BAG, Urt. v. 01.03.2007 – 2 AZR 217/06, DB 2007, 1702 m.w.N.; Lorenz FA 2007, 191; Göttling/Neumann NZA-RR 2007, 281.

1478 Vgl. dazu BAG NZA 2000, 1106, 1107; dazu ausführlich auch KR/Etzel/Gallner §§ 85-90 SGB IX Rn. 53 a ff.

nicht mehr reicht, um den Sonderkündigungsschutz nach §§ 85, 91 SGB IX zu begründen, sodass der AN einen Anerkennungsantrag vor Kündigungszugang gestellt haben muss. Etwas anderes gilt nur bei **Offenkundigkeit der Schwerbehinderung**, bei der mangels Beweisbedürftigkeit auch nach der Gesetzesänderung kein Nachweis erforderlich ist.[1479] Gleichzeitig wird aber durch die Neuregelung des § 90 Abs. 2 a SGB IX auch die bisher ganz h.M. bestätigt, nach der der Sonderkündigungsschutz nach §§ 85, 91 SGB IX nicht die positive Feststellung der Schwerbehinderteneigenschaft im Zeitpunkt des Kündigungszugangs voraussetzt, weil anderenfalls die 2 Alt. des § 90 Abs. 2 a SGB IX keinen Sinn ergeben würde. Eingeschränkt wurde die Möglichkeit der Berufung auf den Sonderkündigungsschutz allerdings insoweit, als die **rückwirkende Feststellung der Schwerbehinderung** dann nicht mehr reicht, wenn der AN es wegen fehlender Mitwirkung zu vertreten hat, dass das Integrationsamt die Feststellung nicht vor Ablauf der Frist des § 69 Abs. 1 S. 2 SGB IX treffen konnte. Diese Einschränkung wurde eingeführt, um Missbrauchsfälle zu verhindern. Denn bisher kam es häufig vor, dass AN, die mit einer Kündigung rechneten, nach entspr. Beratung noch vor dem Kündigungszugang z.T. völlig aussichtslose und unvollständige Anerkennungsanträge gestellt haben, um zumindest bei den nachfolgenden Vergleichsverhandlungen unter Hinweis auf den gestellten Anerkennungsantrag bessere Ergebnisse, insb. eine höhere Abfindung zu erzielen.[1480] Da mit der Einführung des § 90 Abs. 2 a SGB IX nur Missbrauchsfälle verhindert werden sollten, wird die neue Rspr. des BAG (FN 1477) unter Hinweis darauf kritisiert, dass es nicht sachgerecht ist, dass auch der AN keinen Kündigungsschutz genießen soll, der nur deshalb weniger als drei Wochen vor Kündigungszugang den Anerkennungsantrag gestellt hat, weil er vorher keine Anhaltspunkte dafür hatte.[1481] Diese Einschränkung des Kündigungsschutzes gilt nach h.M. auch bei einem noch nicht abgeschlossenen Verfahren auf Gleichstellung i.S.d. § 2 Abs. 3 SGB IX, weil Missbrauchsfälle nicht nur bei Schwerbehinderten, sondern auch bei Gleichgestellten verhindert werden sollen.[1482]

b) Nach ganz h.M. hängt der besondere Kündigungsschutz nach §§ 85, 91 SGB IX **532**
nicht davon ab, dass der Arbeitgeber im Kündigungszeitpunkt **Kenntnis** vom Vorliegen der **Schwerbehinderung** i.S.d. § 2 Abs. 2, 3 SGB IX bzw. von einem entspr. Anerkennungsantrag hatte. Aus Gründen der Rechtssicherheit und im Hinblick auf das berechtigte Interesse des Arbeitgebers zu erfahren, ob für die Wirksamkeit der Kündigung die Durchführung des Zustimmungsverfahrens nach §§ 85, 91 SGB IX erforderlich ist, geht aber die ganz h.M. davon aus, dass der Arbeitnehmer gehalten ist, den Arbeitgeber über seine Schwerbehinderung bzw. über den Anerkennungsantrag innerhalb einer angemessenen Frist zu unterrichten, um das **Recht der Berufung auf** den **Sonderkündigungsschutz** nach §§ 85, 91 SGB IX nicht zu verwirken.[1483] Daran hat sich auch nach der Einfügung des § 90 Abs. 2 a SGB IX nichts geändert, wenn der Arbeitnehmer vor Kündigungszugang den Anerkennungsantrag gestellt und das Integrationsamt innerhalb der Frist des § 69 Abs. 1 S. 2 SGB IX keine Feststellung getroffen hat, ohne dass dem Arbeitnehmer eine Verletzung der Mitwirkungspflichten vorzuwerfen wäre.[1484] Umstritten ist aber, ob der Arbeitnehmer gehalten ist, den Arbeitgeber von der Schwerbehinderung bzw. dem Anerkennungsantrag entspr. § 9 Abs. 1 S. 2 MuSchG innerhalb einer Frist von zwei Wo-

1479 BAG, Urt. v. 13.02.2008, Fn. 1473; vgl. auch BT-Drs. 15/2357, S. 24; KR/Etzel/Gallner §§ 85-90 Rn. 53 b m.w.N.
1480 Vgl. BT-Drs. 15/2357, S. 24 u. Düwell BB 2004, 2811 ff.; Bauer/Powietzka NZA-RR 2004, 505, 507.
1481 Vgl. dazu Lorenz FA 2007, 198 ff. und Blitzer NZA 2006, 1082 ff.
1482 BAG, Urt. v. 01.03.2007, Fn. 1477; Brock/Windeln ArbRB 2008, 21 ff.; Lorenz FA 2007, 198; a.A. Schlewing NZA 2005, 1218, 1223 f.: Hinweis darauf, dass § 90 Abs. 2 a SGB IX nur auf das Verfahren beim Integrationsamt Bezug nimmt.
1483 Vgl. BAG, Urt. v. 23.02.2010 – 2 AZR 659/08, DB 2011, 595; NZA 1992, 23 f.; KR/Etzel/Gallner §§ 85–90 SGB IX Rn. 14 ff.
1484 Schaub/Koch § 179 Rn. 5 ff.; ErfK/Rolfs § 85 SGB IX Rn. 4 ff.; Bauer/Powietzka NZA-RR 2004, 505, 507.

chen,[1485] innerhalb einer Regelfrist von einem Monat[1486] oder entspr. der neuen Rspr. des BAG innerhalb einer **Regelfrist von drei Wochen nach Kündigungszugang** zu unterrichten.[1487] Da A den B bereits fünf Tage nach Kündigungszugang in der erhobenen Kündigungsschutzklage auf den Anerkennungsantrag hingewiesen hat, hat er das Recht der Berufung auf den Sonderkündigungsschutz nach §§ 85, 91 SGB IX nicht verwirkt.

533 Diese Grundsätze gelten nach h.M. auch für Arbeitnehmer, deren Schwerbehinderung bei Kündigungszugang durch einen Bescheid bereits positiv festgestellt war, weil § 90 Abs. 2 a SGB IX eingeführt wurde, um Missbrauchsfälle zu verhindern, weitgehend die bisherige BAG-Rspr. bestätigt und nicht ausdrücklich regelt, dass der Nachweis gegenüber dem Arbeitgeber vor Kündigungszugang zu führen ist. Sonst stünden diese Arbeitnehmer schlechter als die Arbeitnehmer, die den Anerkennungsantrag nur gestellt haben und sich nach der 2. Alt. des § 90 Abs. 2 a SGB IX auch nach der Gegenansicht auf den besonderen Kündigungsschutz berufen können, wenn sie innerhalb der Regelfrist nach Kündigungszugang auf den Anerkennungsantrag hinweisen. Die Annahme einer solchen unterschiedlichen Behandlung der beiden Alt. des § 90 Abs. 2 a SGB IX unter Abweichung von der bisherigen Rspr. wäre nur bei einer unmissverständlichen gesetzlichen Regelung gerechtfertigt.[1488]

Ergebnis: Die ohne die Zustimmung des Integrationsamtes ausgesprochene fristlose Kündigung ist gemäß § 134 BGB i.V.m. § 91 SGB IX unwirksam. Das Arbeitsgericht wird der Feststellungsklage des A stattgeben.

534 ***Beachte:*** *Bei einer außerordentlichen Kündigung kann die Zustimmung des Integrationsamtes gemäß § 91 Abs. 2 SGB IX nur innerhalb von zwei Wochen nach Erlangung der Kenntnis vom Kündigungssachverhalt beantragt werden.[1489] Trifft das Integrationsamt innerhalb von zwei Wochen nach Zugang des Antrags keine Entscheidung, gilt die Zustimmung gemäß § 91 Abs. 3 S. 2 SGB IX als erteilt. Die Kündigung selbst kann auch nach Ablauf der zweiwöchigen Kündigungserklärungsfrist des § 626 Abs. 2 S. 1 BGB erfolgen, wenn sie unverzüglich nach der (ggf. fingierten) Zustimmung erklärt wird, § 91 Abs. 5 SGB IX.[1490] Erhält der Arbeitgeber die Zustimmung noch vor Ablauf der Zweiwochenfrist des § 626 Abs. 2 BGB, muss er nicht unverzüglich kündigen, sondern kann diese Frist, deren Einhaltung von den Arbeitsgerichten unabhängig von dem Zustimmungsbescheid zu prüfen ist,[1491] voll ausschöpfen.[1492] Umstritten ist, ob der Arbeitgeber die Kündigung bereits nach mündlicher bzw. fernmündlicher Bekanntgabe der Zustimmung erklären kann oder ob er die Zustellung des Zustimmungsbescheides abwarten muss.[1493]*
Eine ordentliche Kündigung muss nach § 88 Abs. 3 SGB IX innerhalb eines Monats nach Zustellung des Zustimmungsbescheides zugehen, weil die Zustimmung sonst erlischt.[1494] Die Zustimmung deckt eine neue Kündigung innerhalb dieser Frist jedenfalls dann, wenn sie auf denselben Sachverhalt gestützt wird.[1495] Die Mindestkündigungsfrist des § 86 SGB IX (vier Wochen) ist zwingend und deshalb auch bei sonst kürzerer Frist zu beachten.[1496] Trifft das Integrationsamt inner-

1485 So Dick/Windeln ArbRB 2011, 55; KR/Etzel/Gallner §§ 85–90 SGB IX Rn. 16-24, 25 m.w.N.

1486 So früher st. Rspr. des BAG, Urt. v. 12.01.2006 – 2 AZR 539/05, NZA 2006, 1035 und LAG Hamm, Urt. v. 10.05. 2007 – 8 Sa 263/07, juris: kein sachlicher Zusammenhang zwischen der Mitteilungsobliegenheit und § 4 S. 1 KSchG.

1487 BAG, Urt. v. 09.06.2011 – 2 AZR 703/09, FA 2011, 332; Urt. v. 13.02.2008 – 2 AZR 864/06, NZA 2008, 1055: Grund: Vermeidung von Wertungswidersprüchen mit § 4 S. 1 KSchG; ErfK/Rolfs § 85 SGB IX Rn. 9; GK/Vossen § 85 SGB IX Rn. 12 ff.

1488 BAG, Urt. v. 09.06.2011, Fn. 1487; ErfK/Rolfs § 85 SGB IX Rn. 6 ff.; KR/Etzel/Gallner §§ 85-90 SGB IX Rn. 53c; Düwell BB 2004, 2811, 2812; a.A. Cramer NZA 2004, 698, 704; Bauer/Powietzka NZA-RR 2004, 704, 707: § 90 Abs. 2 a SGB IX verlange nicht nur die objektive Feststellung, sondern den „Nachweis" der Schwerbehinderung.

1489 BAG, Urt. v. 02.03.2006 – 2 AZR 46/05, NZA 2006, 1211; Fenski BB 2001, 570; Grimm/Baron DB 2000, 570.

1490 BAG, Urt. v. 19.04.2012 – 2 AZR 118/11, NZA 2013, 507; Urt. v. 07.11.2002 – 2 AZR 475/01, BB 2003, 1178 m.Anm. Maurer.

1491 Vgl. BAG, Urt. v. 02.03.2006, Fn. 1489; GK/Vossen § 91 SGB IX Rn. 21.

1492 BAG, Urt. v. 15.11.2001 – 2 AZR 380/00, NZA 2002, 970; Joussen DB 2002, 2162; a.A. noch BAGE 55, 9 ff.

1493 Vgl. BAG, Urt. v. 19.06.2007 – 2 AZR 226/06, NZA 2007, 1153; Urt. v. 12.05.2005 – 2 AZR 159/04, NZA 2005, 1173; BAG NZA 1999, 1267 für außerordentliche Kündigung einerseits und BAG DB 1992, 844 für ordentliche Kündigung andererseits.

1494 Vgl. KR/Etzel/Gallner §§ 85–90 SGB IX Rn. 127 ff.; Düwell BB 2004, 2811, 2814.

1495 Vgl. dazu BAG, Urt. v. 08.11.2007 – 2 AZR 425/06, NZA 2008, 471; Roesner BB 2008, 1124.

1496 ErfK/Rolfs § 86 SGB IX Rn. 1; KR/Etzel/Gallner §§ 85–90 SGB IX Rn. 131 ff.

halb eines Monats nach Eingang des Antrags auf Zustimmung zu einer ordentlichen Kündigung keine Entscheidung, gilt die Zustimmung nach § 88 Abs. 5 S. 1 SGB IX in den Fällen des § 89 Abs. 1 S. 1 (Betriebsstilllegung) u. Abs. 3 SGB IX (Eröffnung des Insolvenzverfahrens) als erteilt.[1497]

Hängt die Wirksamkeit einer Kündigung ausschließlich vom Vorliegen einer wirksamen Zustimmung des Integrationsamtes ab, ist umstr., ob der Kündigungsschutzprozess i.d.R. bis zum Abschluss des Verwaltungsverfahrens über die Wirksamkeit der Zustimmung nach § 148 ZPO auszusetzen ist. Die h.M. lehnt das für den Regelfall im Hinblick auf den Beschleunigungsgrundsatz im Kündigungsschutzverfahren (§ 61 a ArbGG) ab und bejaht die Möglichkeit einer Restitutionsklage nach § 580 Nr. 6 ZPO, wenn die Zustimmung verweigert wird.[1498]

V. Sonstige Fälle des besonderen Kündigungsschutzes

Ausbildungsverhältnisse können nur nach Maßgabe des § 22 BBiG gekündigt werden 535
(vgl. dazu 6. Abschnitt). Für Bundestagsabgeordnete gilt besonderer Kündigungsschutz nach Art. 48 Abs. 2 S. 2 GG.[1499] Der Vertrauensmann der Schwerbehinderten hat gemäß § 96 Abs. 3 SGB IX den gleichen Kündigungsschutz wie Betriebsratsmitglieder.[1500] Bei Immissionsschutzbeauftragten ist die ordentliche Kündigung nach Maßgabe des § 58 Abs. 2 BImSchG ausgeschlossen.[1501] Diese Regelung gilt für den Abfallbeauftragten gemäß § 55 Abs. 3 KrW-/AbfG entspr.[1502] Bei einem betriebsinternen Datenschutzbeauftragten ist die ordentliche Kündigung nach Maßgabe des § 4 f Abs. 3 S. 5, 6 BDSG n.F. ausgeschlossen.[1503] Umstritten ist, ob und wann die fehlende Zustimmung des Betriebsrates zur Abberufung eines Betriebsarztes bzw. einer Fachkraft für Arbeitssicherheit nach § 9 Abs. 3 ASiG zur Unwirksamkeit der Kündigung führt.[1504]

In **Tarifverträgen** wird häufig das Recht des Arbeitgebers zu einer ordentlichen Kündi- 536
gung älterer Arbeitnehmer nach einer bestimmten Betriebszugehörigkeit ausgeschlossen. Diese Regelungen sind auch im Hinblick auf das Altersdiskriminierungsverbot grds. zulässig (vgl. oben Rn. 205, 435, 492 f. u. § 10 S. 3 Nr. 7 AGG a.F.). Problematisch ist deren Zulässigkeit aber dann, wenn die Unkündbarkeit bereits nach einer relativ kurzen Betriebszugehörigkeit bzw. bei einem (relativ) jungen Arbeitnehmer eingreifen soll.[1505]

So z.B. § 34 Abs. 2 TVöD: Nach einer Beschäftigungszeit von 15 Jahren u. Vollendung des 40. Lebensjahres; § 10 Mantel TV Einzelhandel NRW: Vollendung des 53. Lebensjahres, mehr als fünfzig Vollzeitbeschäftigte und mindestens fünfzehn Jahre Betriebszugehörigkeit.

1497 Vgl. KR/Etzel/Gallner §§ 85-90 SGB IX Rn. 81 a; Cramer NZA 2004, 698, 704; Düwell BB 2004, 2811, 2814.

1498 Vgl. BAG NZA 1996, 81, 82; GK/Vossen § 85 SGB IX Rn. 38; KR/Etzel/Gallner §§ 85–90 SGB IX Rn. 143 ff. m.w.N.

1499 Vgl. für sonstige Abgeordnete Schaub/Linck § 145 Rn. 2 ff.; KR/Weigand „ParlKschG" Rn. 4 ff.

1500 Vgl. zu den übrigen gesetzlichen Fällen Schaub/Linck § 145; KR/Friedrich § 13 KSchG Rn. 201 ff.

1501 BAG NZA 1993, 55; Eckert DStR 1994, 109 sowie KR/Friedrich § 13 KSchG Rn. 248 ff. und Vogel ArbRB 2010, 83 zum Kündigungsschutz sonstiger Beauftragter.

1502 Vgl. dazu BAG, Urt. v. 26.03.2009 – 2 AZR 633/07, BB 2009, 773 m.Anm. Klages AbfallR 2009, 261.

1503 Vgl. dazu Reinhard NZA 2013, 1049; Dzida/Kröpelin BB 2010, 1026, Deeg ArbR 2010, 365; Gehlhaar NZA 2010, 373.

1504 Vgl. dazu BAG NZA 1989, 60; LAG Hamm NZA-RR 2005, 640 mit Meinungsübersicht.

1505 Vgl. dazu BAG, Urt. v. 20.06.2013 – 2 AZR 295/12, DB 2014, 186 und ausführlich Stein, Gedächtnisschrift für Zachert 2010, 663; Bröhl RdA 2010, 170; Lingemann/Gotham NZA 2007, 663; Adomeit/Mohr § 10 AGG Rn. 93 ff. m.w.N.

F. Anhörung des Betriebsrats; Nachschieben von Kündigungsgründen

I. Grundsätze der ordnungsgemäßen Anhörung des Betriebsrates

537 Schon mehrfach war davon die Rede, dass eine Kündigung nach § 102 Abs. 1 S. 3 BetrVG unwirksam ist, wenn eine Anhörung des Betriebsrats nicht bzw. nicht ordnungsgemäß erfolgt ist.[1506] Dazu noch folgende Ergänzungen:

1. Zur **ordnungsgemäßen Anhörung** gehört mindestens, dass der Arbeitgeber dem Betriebsrat die Personalien des zu kündigenden Arbeitnehmers einschließlich der Dauer der Betriebszugehörigkeit, die Art der Kündigung (z.B. ordentliche oder außerordentliche Kündigung), die Kündigungsfrist, ggf. auch den Kündigungstermin mitteilt und die Gründe für die Kündigung einschließlich der zugunsten des Arbeitnehmers sprechenden Umstände und der Kriterien für die soziale Auswahl nach § 1 Abs. 3 KSchG bei betriebsbedingten Kündigungen angibt. Die kündigungserheblichen Tatsachen sind dabei grds. so zu beschreiben, dass der Betriebsrat die Stichhaltigkeit der Kündigung ohne eigene Nachforschungen prüfen kann (Ausnahme: BR kennt den Kündigungssachverhalt).[1507] Die Unterrichtungspflicht erstreckt sich allerdings nicht auf alle Umstände, die objektiv kündigungserheblich sein könnten, sondern nur auf die Umstände, die aus der (subjektiven) Sicht des Arbeitgebers die Kündigung rechtfertigen sollen, also für seinen Kündigungsentschluss maßgeblich sind, sog. **subjektive Determination**.[1508]

Der Arbeitgeber muss also nach dem Grds. der subjektiven Determination dem Betriebsrat z.B. die Sozialdaten der einzelnen Arbeitnehmer vor einer betriebsbedingten Kündigung ausnahmsweise dann nicht mitteilen, wenn und soweit sie – für den Betriebsrat erkennbar – für seinen Kündigungsentschluss völlig unmaßgeblich waren, weil z.B. nach seiner Ansicht keine vergleichbaren Mitarbeiter vorhanden sind bzw. wegen Betriebsstilllegung keine Arbeitnehmer verbleiben oder die Kündigung noch während der 6-monatigen Wartezeit des § 1 Abs. 1 KSchG erfolgt. Der Arbeitnehmer ist ausreichend dadurch geschützt, dass dem Betriebsrat nicht mitgeteilte Gründe im Prozess nicht zu berücksichtigen sind.[1509]

538 Zur Entgegennahme der Anhörung ist grds. nur der Betriebsratsvorsitzende (bzw. der Vorsitzende des nach § 28 BetrVG gebildeten Personalausschusses) und im Falle seiner Verhinderung sein Stellvertreter befugt. Bei Mitteilung an andere Betriebsratsmitglieder als Erklärungsboten trägt der Arbeitgeber grds. das Übermittlungsrisiko.[1510]

Die Anhörung muss **vor jeder Kündigung**, also auch vor einer **Kündigung während der sechsmonatigen Wartezeit des § 1 KSchG** und grds. auch vor einer **Wiederholungskündigung** erfolgen.[1511] Eine nachträgliche Anhörung heilt den Mangel selbst

---

1506 Rspr.-Übersichten zur BR-Anhörung bei Fuhlrott/Kaempf FA 2015, 106; Bader NZA-RR 2015, 505 und NZA-RR 200, 57; Moderegger ArbRB 2014, 185; Vossen FA 2007, 66; Hümmerich RdA 2000, 345 und Zumkeller NZA 2001, 823 zur Anhörung bei Kündigung von Ersatzmitgliedern des Betriebsrates.

1507 BAG, Urt. v. 12.09.2013 – 6 AZR 121/12, ZTR 2014, 50; zum Umfang der Unterrichtungspflicht: GK/Koch § 102 BetrVG Rn. 86 ff.; KR/Etzel § 102 BetrVG Rn. 58 ff.; ErfK/Kania § 102 BetrVG Rn. 5 ff. und Becker-Schaffner DB 1996, 426 ff.

1508 BAG, Urt. v. 26.03.2015 – 2 AZR 417/14, NZA 2015, 1083; Urt. v. 12.09.2013, Fn. 1507; Urt. v. 03.11.2011 – 2 AZR 748/10, DB 2012, 927; KR/Etzel § 102 BetrVG Rn. 58 ff. u. BAG NZA 1995, 672: Vorlage vorhandener Beweismittel nicht erforderlich.

1509 BAG, Urt. v. 23.04.2009 – 6 AZR 516/08, NZA 2009, 959; KR/Etzel § 102 BetrVG Rn. 62 ff.; a.A. früher BAG BB 1979, 27: Auswahlkriterien grds. erst nach Aufforderung durch den BR erforderlich; so noch heute S/W/S § 102 BetrVG Rn. 55 ff.

1510 BAG, Urt. v. 07.07.2011 – 6 AZR 248/10, NZA 2011, 1108; Urt. v. 23.10.2008 – 2 AZR 163/07, BB 2009, 1758 m.Anm. Kast.

1511 Vgl. BAG, Urt. v. 10.11.2005 – 2 AZR 623/04, NZA 2006, 491; KR/Etzel § 102 BetrVG Rn. 27, 57 a; vgl. aber auch BAG NZA 1997, 1106: entbehrlich bei Kündigung auf Verlangen des BR nach § 104 BetrVG und BAG, Urt. v. 12.09.2013, Fn. 1507; Urt. v. 23.04.2009, Fn. 1509: Mitteilung der durch Tatsachen nicht belegbaren Wertungen bei Kündigung während der Wartezeit ausreichend, wenn diese für den Kündigungsentschluss maßgeblich, da kein Kündigungsgrund erforderlich.

dann nicht, wenn der Betriebsrat die Kündigung billigt. Denn da der Betriebsrat kein echtes Mitbestimmungsrecht hat, ist die Anhörung nur sinnvoll, wenn sie noch auf die Motivation des Arbeitgebers einwirken kann; das ist in vollem Umfange nur vor dem Ausspruch der Kündigung möglich.
Die Unwirksamkeit der Kündigung wegen Verstoßes gegen § 102 BetrVG kann nach der Neufassung des § 4 S. 1 KSchG (entgegen der bisherigen Rechtslage) nur noch dann geltend gemacht werden, wenn die Kündigungsschutzklage innerhalb der dreiwöchigen Klagefrist des § 4 S. 1 KSchG erhoben worden ist.

2. Vor Ausspruch der Kündigung ist nach § 102 BetrVG **nur** die **ordnungsgemäße Anhörung, keine Zustimmung** des Betriebsrats erforderlich. Eine freiwillige Betriebsvereinbarung kann aber die Erforderlichkeit der Zustimmung des Betriebsrats nach Maßgabe des § 102 Abs. 6 BetrVG regeln.[1512] Eine solche Regelung ist nach h.M. auch in einem Tarifvertrag zulässig.[1513] Eine einzelvertragliche Erweiterung der dem Betriebsrat vor einer Kündigung zustehenden Rechte ist dagegen unzulässig.[1514] **539**

Im öffentlichen Dienst steht dem Personalrat bei außerordentlichen Kündigungen ein dem § 102 BetrVG entsprechendes Anhörungsrecht nach § 79 Abs. 3 BPersVG zu. Bei ordentlichen Kündigungen stehen dagegen dem Personalrat gemäß § 79 Abs. 1 BPersVG über den § 102 BetrVG hinausgehende Mitwirkungsrechte nach § 72 BPersVG zu. Daneben hat der Personalrat auch ein Widerspruchsrecht nach Maßgabe des § 79 Abs. 1 S. 3 BPersVG. Die LandesPersVG räumen dem Personalrat häufig über den § 79 BPersVG hinausgehende Beteiligungsrechte ein, vgl. auch § 108 Abs. 2 BPersVG.[1515] Bei **kirchlichen Arbeitgebern** ist die bestehende Mitarbeitervertretung nach Maßgabe der Mitarbeitervertretungsordnung (katholische Kirche) bzw. des MitarbeitervertretungsG (evangelische Kirche) zu beteiligen.[1516] **540**

Hat der Betriebsrat einer ordentlichen Kündigung ordnungsgemäß nach § 102 Abs. 3 BetrVG widersprochen, steht dem Arbeitnehmer nach Maßgabe des § 102 Abs. 5 BetrVG ein Weiterbeschäftigungsanspruch bis zum rechtskräftigen Abschluss des Kündigungsschutzverfahrens zu.[1517] **541**

Beachte: *Bei einer außerordentlichen Kündigung mit einer sozialen Auslauffrist ist der Betriebsrat nach den Grundsätzen der ordentlichen Kündigung anzuhören.*[1518]

3. Hat der Arbeitgeber das Anhörungsverfahren nach § 102 BetrVG ordnungsgemäß eingeleitet und ist die Stellungnahmefrist abgelaufen bzw. gab der Betriebsrat bereits vorher eine abschließende Stellungnahme ab,[1519] so **führen Mängel des Anhörungsverfahrens**, die in den **Verantwortungsbereich des Betriebsrats** fallen (z.B. fehlerhafte Zusammensetzung des Betriebsrats, Fehler bei der Beschlussfassung) nach ganz h.M. grds. auch dann nicht zur Unwirksamkeit der Kündigung, wenn der Arbeitgeber weiß oder vermuten kann, dass das Verfahren des Betriebsrats nicht fehlerfrei war.[1520] **542**

1512 BAG, Urt. v. 07.12.2000 – 2 AZR 391/99, NZA 2001, 495; KR/Etzel § 102 BetrVG Rn. 243 ff.; Matthes FA 2004, 354 ff.
1513 Vgl. BAG, Urt. v. 21.06.2000 – 4 AZR 379/99, NZA 2001, 271; KR/Etzel § 102 BetrVG Rn. 244 mit Meinungsübersicht.
1514 Vgl. BAG, Urt. v. 23.04.2009 – 6 AZR 263/08, ZIP 2009, 1294 m. zust. Anm. Lerch/Weinbrenner AiB 2010, 48.
1515 Vgl. dazu BAG, Urt. v. 27.03.2003 – 2 AZR 699/01, BAGReport 2003, 361 (Umfang der Unterrichtungspflicht wie bei § 102 BetrVG); Schaub/Linck § 124 Rn. 57 ff.; KR/Etzel §§ 72, 79, 108 Abs. 2 BPersVG Rn. 1, 15 ff.; Wieland PersR 2007, 111.
1516 Vgl. BAG, Urt. v. 25.04.2013 – 2 AZR 299/12, NZA 2014, 105; Friedrich § 13 KSchG Rn. 225 f.; Joussen ZMV 2006, 116.
1517 Vgl. dazu BAG NZA 1999, 1154; LAG Hessen ArbR 2013, 216; LAG Schleswig-Holstein BB 2000, 203 und oben Rn. 296 ff.
1518 BAG, Urt. v. 12.01.2006 – 2 AZR 242/05, ZTR 2006, 338; Urt. v. 18.01.2001 – 2 AZR 616/99, DB 2002, 100; Etzel ZTR 2003, 210.
1519 Vgl. dazu BAG, Urt. v. 03.04.2008 – 2 AZR 965/06, NZA 2008, 807 m. abl. Anm. Diller SAE 2009, 1; Hunold NZA 2010, 797.
1520 BAG, Urt. v. 06.10.2005 – 2 AZR 316/04, NZA 2006, 990; KR/Etzel § 102 BetrVG Rn.115 ff. m.w.N.

Die Anhörung muss grds. bei Abgabe der Kündigungserklärung abgeschlossen sein, weil sonst der Arbeitgeber etwaige Einwendungen des Betriebsrates nicht berücksichtigen könnte. Bei Einschaltung eines Boten/Kurierdienstes kann allerdings der Arbeitgeber die schriftliche Kündigungserklärung schon vor Ablauf der Stellungnahmefrist für den Betriebsrat bei Dienstschluss dem Boten/Kurier übergeben, wenn er gleichzeitig dafür gesorgt hat, dass eine Zustellung erst so spät erfolgt, dass er sie noch verhindern kann, wenn der Betriebsrat wider Erwarten doch zu der Kündigungsabsicht Stellung nimmt.[1521]

II. Nachschieben von Kündigungsgründen

543 Die Wirksamkeit einer ordentlichen oder außerordentlichen Kündigung hängt mangels besonderer Regelungen (z.B. § 22 Abs. 3 BBiG, Tarifvertrag) nicht von einer Begründung gegenüber dem Arbeitnehmer ab. Ob und inwieweit **nachgeschobene Kündigungsgründe** durch das Gericht im Kündigungsschutzprozess bei der Prüfung der Wirksamkeit der ausgesprochenen Kündigung zu berücksichtigen sind, ist umstritten, wobei eine Differenzierung erforderlich ist.[1522]

544 **1.** Da für die Wirksamkeit der Kündigung der **Zeitpunkt des Kündigungszugangs** entscheidend ist,[1523] besteht Einigkeit darüber, dass Gründe, die zu diesem Zeitpunkt objektiv noch nicht vorlagen, nicht zur Rechtfertigung einer früheren Kündigung herangezogen werden können.[1524] Es kommt nur eine neue Kündigung in Betracht.

545 **2.** Kündigungsgründe, die im Zeitpunkt des Kündigungszugangs objektiv vorlagen, können grundsätzlich **materiell-rechtlich** uneingeschränkt nachgeschoben werden, wenn **kein Betriebsrat** besteht, weil die Wirksamkeit einer Kündigung vom objektiven Vorliegen der Kündigungsgründe abhängig ist.[1525] Dies gilt auch bei einer außerordentlichen Kündigung, wobei der Arbeitgeber beim später bekannt gewordenen wichtigen Grund die Zwei-Wochen-Frist des § 626 Abs. 2 BGB nicht einhalten muss. Denn nach Ausspruch der außerordentlichen Kündigung hat der Gekündigte kein schutzwürdiges Interesse mehr an der Einhaltung der Ausschlussfrist des § 626 Abs. 2 BGB.[1526]

546 **3.** War vor Ausspruch der Kündigung das Anhörungsverfahren nach § 102 BetrVG durchzuführen, in dem dem Betriebsrat u.a. auch die Kündigungsgründe mitzuteilen waren, ist nach h.M. hinsichtlich der **betriebsverfassungsrechtlichen Zulässigkeit des Nachschiebens** von Kündigungsgründen wie folgt **zu differenzieren:**

- Gründe, die dem Betriebsrat im Rahmen des Anhörungsverfahrens mitgeteilt, die aber gegenüber dem Arbeitnehmer zunächst nicht geltend gemacht wurden, können nachgeschoben werden, weil sie Gegenstand des Anhörungsverfahrens waren. Insoweit gelten zu betriebsratslosen Betrieben keine Besonderheiten.[1527]

- Die dem Arbeitgeber bei Ausspruch der Kündigung bekannten, aber dem Betriebsrat nicht mitgeteilten und auch nicht bekannten Gründe, können nicht nachgeschoben werden. Anderenfalls könnte der Arbeitgeber die ordnungsgemäße Durchführung

1521 BAG, Urt. v. 08.04.2003 – 2 AZR 515/02, NZA 2003, 961; krit. Amn. v. Reiter NZA 2003, 954.
1522 Vgl. dazu Meinungsübersicht bei KR/Etzel § 102 BetrVG Rn. 185 ff.; Legerlotz/Kissel ArbRB 2013, 123.
1523 BAG, Urt. v. 10.06.2010 – 2 AZR 541/09, NZA 2010, 1227; KR/Griebeling § 1 KSchG Rn. 235 ff.; krit. Adam ZTR 1999, 113.
1524 Vgl. KR/Griebeling § 1 KSchG Rn. 237; Legerlotz/Kissel ArbRB 2013, 123; Winterstein NZA 1987, 728, 731 m.w.N.
1525 Vgl. KR/Etzel § 102 BetrVG Rn. 185 c; GK/Koch § 102 BetrVG Rn. 169 ff.; Schaub/Linck § 124 Rn. 40 ff.
1526 BAG, Urt. v. 23.05.2013 – 2 AZR 102/12, BB 2014, 316; Preis § 66 VI 3; krit. Schwerdtner NZA 1987, 361.
1527 Vgl. Winterstein NZA 1987, 728 m.w.N.

der Anhörung des Betriebsrats umgehen. Dies gilt nach h.M. auch dann, wenn der Betriebsrat der Kündigung aufgrund der ihm mitgeteilten Gründe zugestimmt hat.[1528] Zulässig ist aber die bloße Erläuterung bzw. Konkretisierung der ausreichend mitgeteilten Gründe, wobei daran strenge Anforderungen zu stellen sind.[1529]

- Gründe, die dem Arbeitgeber bei Kündigungsausspruch unbekannt waren, können aus Gründen der Prozessökonomie nachgeschoben werden, wenn der Betriebsrat zuvor zu diesen Gründen erneut entspr. § 102 BetrVG angehört worden ist.[1530]

G. Das Verhältnis zwischen der ordentlichen und außerordentlichen Kündigung; Umdeutung einer Kündigung

I. Unterscheidung zwischen ordentlicher und außerordentlicher Kündigung

Ordentliche und außerordentliche Kündigung sind **zwei verschiedene Arten von Rechtsgeschäften**, die sich grds. gegenseitig ausschließen. Entscheidend für das Vorliegen der einen oder der anderen Kündigungsart ist daher nicht, zu welcher Kündigung der Kündigende befugt war, sondern welche Kündigung er tatsächlich erklärt hat. Soweit keine übereinstimmende Vorstellung vom Vorliegen einer bestimmten Kündigungsart gegeben ist, ist durch Auslegung zu ermitteln (§ 133 BGB), wie der Erklärungsempfänger die Erklärung nach Treu und Glauben unter Berücksichtigung der Verkehrssitte verstehen durfte.[1531] Zulässig ist, dass in erster Linie eine **außerordentliche, vorsorglich** aber auch eine **ordentliche Kündigung** für den Fall ausgesprochen wird, dass die außerordentliche Kündigung unwirksam sein sollte.[1532] In Betrieben, in denen ein Betriebsrat besteht, muss das Anhörungsverfahren nach h.M. grds. auch hinsichtlich der vorsorglichen ordentlichen Kündigung ordnungsgemäß durchgeführt werden, da sonst die Rechte aus § 102 Abs. 3 BetrVG (Widerspruchsrecht des BR) und Abs. 5 (Weiterbeschäftigungsanspruch des AN) umgangen werden könnten.[1533] 547

Etwas anderes gilt aber ausnahmsweise dann, wenn der Betriebsrat nur zu einer außerordentlichen Kündigung angehört wurde, dieser vorbehaltlos und ausdrücklich zugestimmt hat und der Arbeitgeber sich bei identischem Sachverhalt auf die Beendigung des Arbeitsverhältnisses durch eine ordentliche Kündigung beruft.[1534]

1528 BAG, Beschl. v. 23.04.2008 – 2 ABR 71/07, NZA 2008, 1081; LAG Baden-Württemberg NZA-RR 2007, 406; KR/Fischermeier § 626 BGB Rn. 183; GK/Koch § 102 BetrVG Rn. 173; Winterstein NZA 1987, 727, 729; jeweils m.w.N.

1529 BAG, Urt. v. 23.02.2012 – 2 AZR 773/10, NZA 2012, 992; 2000, 535, 539; KR/Fischermeier § 626 BGB Rn. 183.

1530 BAG, Urt. v. 10.04.2014 – 2 AZR 684/13, ZTR 2014, 728; KR/Fischermeier § 626 BGB Rn. 183 f.; a.A. Schwerdtner NZA 1987, 361, 363: Prozessökonomie könne nicht zu einer Umgehung des § 102 BetrVG führen; a.A. GK/Koch § 102 BetrVG Rn. 174; Rinke NZA 1998, 77, 81: erneute Anhörung nicht erforderlich u. KR/Etzel § 102 BetrVG Rn. 189 bei Zustimmung des BR und Aufrechterhaltung des Kündigungssachverhalts, der durch die neuen Tatsachen dem Vorwurf nach nicht verändert wird.

1531 Schaub/Linck § 123 Rn. 2 ff.; KR/Friedrich § 13 KSchG Rn. 77 ff.

1532 Vgl. KR/Friedrich § 13 KSchG Rn. 77; Schaub/Linck § 123 Rn. 8; Dollmann BB 2004, 2073 ff.

1533 BAG AP Nr. 15 zu § 102 BetrVG; ErfK/Kania § 102 BetrVG Rn. 5; KR/Friedrich § 13 KSchG Rdnr 103; a.A. Meisel SAE 1975, 35; Eich DB 1975, 1606: Anhörung zu einer außerordentl. Kündigung enthalte Anhörung zu einer ordentl. Kündigung.

1534 BAG, Urt. v. 26.03.2015 – 2 AZR 783/13, NZA 2015, 866; ErfK/Kania § 102 BetrVG Rn. 5; KR/Friedrich § 13 KSchG Rn. 98.

II. Umdeutung der Kündigung gemäß § 140 BGB

1. Umdeutung der außerordentlichen in ordentliche Kündigung

548 Hat eine Vertragspartei eine außerordentliche Kündigung ausgesprochen, erweist sich diese aber als nicht wirksam, so ist stets zu prüfen, ob sie in eine ordentliche Kündigung umgedeutet werden kann.

a) Nach § 140 BGB ist die Umdeutung möglich, wenn ein **unwirksames Rechtsgeschäft** vorliegt, also auch bei einer unwirksamen außerordentlichen Kündigung. Das KSchG schließt eine Umdeutung nicht aus.[1535]

b) Die Umdeutung muss dem **mutmaßlichen Willen** des Erklärenden entsprechen. Es ist also danach zu fragen, ob der Kündigende bei Kenntnis der Unwirksamkeit der außerordentlichen Kündigung den Willen gehabt hätte, die Kündigung als ordentliche aufrechtzuerhalten.[1536] Nach h.M. kann man bei einer außerordentlichen Kündigung des Arbeitgebers im Zweifel davon ausgehen, dass er sich auf jeden Fall von dem Arbeitnehmer lösen wollte, sodass die Umdeutung seinem mutmaßlichen Willen entspricht.[1537]

Spricht dagegen der Arbeitgeber die Kündigung wegen eines ganz bestimmten Grundes (z.B. Diebstahl) aus und stellt sich heraus, dass ein anderer Arbeitnehmer den Diebstahl begangen hat, wird man regelmäßig annehmen müssen, dass bei Kenntnis des Sachverhalts überhaupt keine Kündigung gegenüber dem unschuldigen Arbeitnehmer gewollt war.

c) Der **mutmaßliche Wille** des Kündigenden muss **für** den **Kündigungsempfänger** im Zeitpunkt des Kündigungszugangs erkennbar gewesen sein.[1538]

549 **d)** Die Umdeutung nach § 140 BGB setzt weder einen ausdrücklichen Antrag noch eine Berufung darauf voraus. Wegen der Parteimaxime dürfen aber die ArbG die die Umdeutungslage begründenden Tatsachen nicht von Amts wegen ermitteln. Liegen aber nach dem Parteivorbringen die Voraussetzungen des § 140 BGB vor, tritt die **Umdeutung kraft Gesetzes** ein und bedarf keines richterlichen Gestaltungsaktes. Vielmehr handelt es sich dabei um eine **Frage der Subsumtion des beigebrachten Sachverhaltes unter § 140 BGB** (= Rechtsanwendung), **die das Gericht ohne Weiteres selbst vorzunehmen hat**. Die vielfach anzutreffende Formulierung, „die Umdeutung darf nicht von Amts wegen vorgenommen werden" ist deshalb unscharf und wirkt verwirrend.[1539]

550 **e)** Die **unwirksame außerordentliche** Kündigung muss **als ordentliche Kündigung wirksam** sein, d.h. die ordentliche Kündigung muss möglich sein (z.B. kein § 15 KSchG), und es müssen alle Wirksamkeitsvoraussetzungen vorliegen.

Besteht ein Betriebsrat, muss das Anhörungsverfahren nach § 102 BetrVG grds. auch hinsichtlich der ordentlichen Kündigung ordnungsgemäß durchgeführt worden sein (vgl. dazu oben Rn. 537 ff.), woran die Umdeutung häufig scheitert. Die Umdeutung einer fristlosen Kündigung in eine außerordentliche Kündigung mit sozialer Auslauffrist setzt die Anhörung des Betriebsrats nach den für ordentliche Kündigungen geltenden Regeln voraus.[1540] Greift das KSchG ein, muss die ordentliche Kündigung des Arbeitgebers sozial gerechtfertigt sein, § 1 KSchG. Hat bei Schwerbehinderten das Integrationsamt nur einer außeror-

1535 BAG DB 2002, 1562; ErfK/Kania § 102 BetrVG Rn. 5; KR/Friedrich § 13 KSchG Rn. 77 ff. m.w.N.

1536 BAG, Urt. v. 01.09.2010 – 5 AZR 700/09, NJW 2010, 3740; NZA 1985, 286, 288; KR/Friedrich § 13 KSchG Rn. 77 ff.

1537 BAG DB 2002, 1562, 1563; NZA 1988, 129; v. Hoyningen-Huene/Linck § 13 KSchG Rn. 30 ff. m.w.N.

1538 Vgl. BAG, Urt. v. 12.05.2010 – 2 AZR 845/08, NZA 2010, 1348; KR/Friedrich § 13 KSchG Rn. 78.

1539 BAG DB 2002, 1562, 1563; KR/Friedrich § 13 KSchG Rn. 84 f.

1540 Vgl. BAG, Urt. v. 18.10.2000 – 2 AZR 627/99, NZA 2001, 219 ff.; ErfK/Müller-Glöge § 626 BGB Rn. 237 f.

dentlichen Kündigung zugestimmt (§ 91 SGB IX), scheidet eine Umdeutung mangels Zustimmung zu einer ordentlichen Kündigung (§ 85 SGB IX) aus.[1541] Eine Umdeutung scheitert auch bei **Nichteinhaltung der Klagefrist des § 4 KSchG** an der Fiktionswirkung des § 7 KSchG, wenn die mit zu kurzer **Kündigungsfrist** ausgesprochene Kündigung nicht in eine Kündigung zum nächstmöglichen Kündigungstermin ausgelegt werden kann.[1542] Die **Schriftform des § 623 BGB** steht dagegen der Umdeutung einer außerordentlichen in eine ordentliche Kündigung nach ganz h.M. nicht entgegen.[1543]

2. Umdeutung einer Kündigungserklärung in andere Beendigungstatbestände

Die Umdeutung einer **ordentlichen** Kündigung **in** eine **außerordentliche Kündigung** ist **nicht möglich**, weil es sich dabei, insbes. wegen des Wegfalls der Kündigungsfrist, um ein in den Rechtsfolgen weiterreichendes Rechtsgeschäft handelt.[1544] Aus denselben Gründen kann eine unwirksame ordentliche Kündigung auch nicht in eine **Anfechtungserklärung** nach §§ 119, 123 BGB umgedeutet werden.[1545] Ob dagegen eine außerordentliche Kündigung grds. in eine formfreie Anfechtungserklärung umgedeutet werden kann bzw. umgekehrt (Anfechtungserklärung muss der Form des § 623 BGB genügen), ist umstritten.[1546] **551**

Steht zweifelsfrei fest, dass sich beide Parteien vom Arbeitsverhältnis auf jeden Fall lösen wollten, kann zwar eine unwirksame (ordentliche oder außerordentliche) Kündigung grds. in ein Angebot zum Abschluss eines **Aufhebungsvertrags** umgedeutet werden.[1547] Nach der Einführung des Schriftformzwanges des § 623 BGB scheitert jedoch die Annahme eines Aufhebungsvertrages im Wege der Umdeutung gemäß § 140 BGB letztlich regelmäßig an der Nichteinhaltung der gesetzlichen Schriftform des § 623 BGB, weil ein Aufhebungsvertrag zu seiner Wirksamkeit nach § 126 i.V.m. § 623 BGB die Unterschrift beider Vertragsparteien voraussetzt.[1548] **552**

H. Kündigungsschutzklage; Bedeutung der Klagefrist des § 4 S. 1 KSchG

I. Klage gegen eine ordentliche Kündigung

Fall 31: Späte Klageerhebung

Der Angestellte A erhielt nach dreijähriger Betriebszugehörigkeit am 10.02. von seinem Arbeitgeber B, der zwölf Arbeitnehmer beschäftigt, eine schriftliche fristgerechte Kündigung zum 31.03. aus verhaltensbedingten Gründen. Nachdem er anlässlich der Anmeldung der Arbeitslosigkeit nach Vorlage des Kündigungsschreibens darauf

1541 Vgl. BAG, Urt. v. 23.01.2014 – 2 AZR 372/13, DB 2014, 1813; ErfK/Müller-Glöge § 620 BGB Rn. 61.

1542 Vgl. dazu BAG, Urt. v. 01.09.2010 – 5 AZR 700/09, NJW 2010, 3740 m. krit Anm. Zirnbauer FA 2010, 289 für den Fall, dass der AG eine Kündigung mit einer Kündigungsfrist erklärt hat, die dem wegen Verstoßes gegen das EU-Recht nicht anwendbaren § 622 Abs. 2 S. 2 BGB entsprach; Laws ArbuR 2013, 431; (vgl. dazu oben Rn. 432 und unten Rn. 557).

1543 BAG, Urt. v. 20.06.2004 – 2 AZR 656/02, ZTR 2005, 260; Preis/Gotthardt NZA 2000, 348, 351 m.w.N.

1544 Vgl. ErfK/Müller-Glöge § 620 BGB Rn. 62; KR/Griebeling § 1 KSchG Rn. 167 m.w.N.

1545 Vgl. BAG AP Nr. 4 zu § 119 BGB; ErfK/Müller-Glöge § 620 BGB Rn. 63; Schaub/Linck § 123 Rn. 65.

1546 Dafür LAG Sachsen-Anhalt, Urt. v. 14.03.1995 – 8 Sa 712/94, juris; ErfK/Müller-Glöge § 620 BGB Rn. 63; a.A.: KR/Griebeling § 1 KSchG Rn. 253; Schaub/Linck § 123 Rn. 65 m.w.N., da Anfechtung weitreichendere Rechtsfolgen hat.

1547 Vgl. BAG, Urt. v. 20.02.2008 – 4 AZR 64/07, NZA 2008, 946; AP Nr. 64 zu § 626 BGB; KR/Friedrich § 13 KSchG Rn. 118; Schaub/Linck § 122 Rn. 18; ErfK/Müller-Glöge § 620 BGB Rn. 60.

1548 Vgl. KR/Friedrich § 13 KSchG Rn. 118; Preis/Gotthardt NZA 2000, 348, 352; jeweils m.w.N.

hingewiesen wurde, dass er mit einer 12-wöchigen Sperrzeit gemäß § 144 SGB III rechnen müsse, hat er am 10.03. bei dem örtlichen zuständigen Arbeitsgericht Klage auf Feststellung der Unwirksamkeit der Kündigung unter Berufung darauf erhoben, dass er zwar ein paar Mal verspätet zum Dienst erschien, aber vor Ausspruch der Kündigung nicht abgemahnt worden sei. Zumindest sei aber die Kündigung deshalb unwirksam, weil B trotz Kenntnis von seiner Schwerbehinderung (GdB 50) keine Zustimmung des Integrationsamtes eingeholt habe. Wie wird das Arbeitsgericht entscheiden, wenn die Einwände des A den Tatsachen entsprechen?

Das Arbeitsgericht wird der Klage stattgeben, wenn sie zulässig und begründet ist.

553 A. Zulässigkeit der Klage

I. Die Rechtswegzuständigkeit des ArbG ist gemäß § 2 Abs. 1 Nr. 3 b ArbGG gegeben, da eine Streitigkeit zwischen einem Arbeitnehmer (A) und einem Arbeitgeber (B) über das Bestehen oder Nichtbestehen des Arbeitsverhältnisses vorliegt. Das nach dem Sachverhalt örtlich zuständige ArbG wird im Urteilsverfahren entscheiden, §§ 2 Abs. 5, 46 Abs. 1, 8 Abs. 1 ArbGG.

II. Die Parteifähigkeit bestimmt sich nach § 10 ArbGG i.V.m. § 50 ZPO. A und B sind danach als natürliche Personen parteifähig.

III. Gemäß § 11 ArbGG können die Parteien den Rechtsstreit vor dem Arbeitsgericht auch selbst führen (kein Anwaltszwang).

554 IV. Die Klage auf die Feststellung der Unwirksamkeit der Kündigung ist eine Feststellungsklage i.S.d. § 256 ZPO.[1549]

1. Gegen die Zulässigkeit des dem Wortlaut des § 4 S. 1 KSchG entsprechenden Klageantrags bestehen keine Bedenken.

Nach § 256 ZPO ist die Klage u.a. auf die Feststellung des Bestehens oder Nichtbestehens des (gesamten) Rechtsverhältnisses zu richten. Entspricht die Kündigungsschutzklage dem Wortlaut des § 4 S. 1 KSchG, so ist Streitgegenstand dagegen grds. nur die Frage, ob das Arbeitsverhältnis durch die angegriffene Kündigung zum vorgesehenen Zeitpunkt aufgelöst worden ist oder nicht – sog. **punktuelle Streitgegenstandstheorie**. Da eine evtl. später ausgesprochene Kündigung von diesem Klageantrag jedenfalls dann nicht erfasst wird, wenn sie das Arbeitsverhältnis zu einem späteren Zeitpunkt beenden soll,[1550] kann der Antrag nach § 4 S. 1 KSchG grds. mit dem allgemeinen Feststellungsantrag nach § 256 ZPO verbunden werden. Dadurch wird gewährleistet, dass auch andere Beendigungsgründe Gegenstand der Klage sind und Verfristungsfolgen vermieden werden. **Eine selbstständige allg. Feststellungsklage neben einer punktuellen Kündigungsschutzklage** liegt allerdings i.d.R. noch nicht vor, wenn der Arbeitnehmer keinen eigenständigen Feststellungsantrag nach § 256 ZPO stellt, sondern lediglich „floskelartig" die Feststellung des Bestehens des Arbeitsverhältnisses als Folge der Unwirksamkeit der angegriffenen Kündigung geltend macht.[1551] Das Unterlassen eines selbstständigen Feststellungsantrags durch einen Prozessbevollmächtigten kann Regressansprüche begründen, wenn das Arbeitsverhältnis durch eine andere, nicht angegriffene Kündigung wegen §§ 4 S. 1, 7 KSchG aufgelöst wird.

1549 BAG, Urt. v. 13.12.2007 – 2 AZR 818/06, NZA 2008, 589; KR/Friedrich § 4 KSchG Rn. 17; Schaub/Linck § 138 Rn. 7.

1550 BAG, Urt. v. 18.12.2014 – 2 AZR 163/14, NZA 2015, 635; Merten DB 2015, 1530; Schwab RdA 2013, 357 ff.

1551 BAG, Urt. v. 25.03.2004 – 2 AZR 399/03, NZA 2004, 1216; 1997, 844 (z.B. nur Zusatz im Klageantrag nach § 4 KSchG „sondern fortbesteht", ohne in der Klagebegründung, die zur Auslegung des Antrags heranzuziehen ist, deutlich zu machen, dass auch Unwirksamkeit anderer Beendigungstatbestände geltend gemacht wird; vgl. dazu ausführlich Vossen RdA 2015, 291; Schwab RdA 2013, 357; Stenslik JuS 2011, 15; Berkowsky NZA 2001, 801; Bitter DB 1997, 1407.

2. Das Feststellungsinteresse bei einer Kündigungsschutzklage folgt daraus, dass die rechtzeitige Klageerhebung erforderlich ist, um die Heilung der Unwirksamkeit der Kündigung nach § 7 KSchG zu verhindern. Im Übrigen hat der Arbeitnehmer auch ein schutzbedürftiges Interesse an der Feststellung, ob sein Arbeitsverhältnis als Einkommensquelle durch eine Kündigung des Arbeitgebers aufgelöst worden ist. **555**

   Die **einseitige Rücknahme der Kündigung** ist nicht möglich, weil es sich dabei um eine einseitige Gestaltungserklärung handelt.[1552] Die einseitige Kündigungsrücknahme allein hat deshalb i.d.R. auch keinen Wegfall des Feststellungsinteresses zur Folge.[1553] Es entfällt auch nicht dadurch, dass der gekündigte Arbeitnehmer inzwischen einen neuen Arbeitsplatz gefunden hat (vgl. § 11 KSchG, § 615 BGB).[1554]

V. Nach § 4 S. 1 KSchG kann zwar die Unwirksamkeit einer ordentlichen Kündigung nur bei Einhaltung der 3-wöchigen Klagefrist des § 4 S. 1 KSchG geltend gemacht werden. Ob A diese Klagefrist eingehalten hat, kann an dieser Stelle noch dahinstehen, weil dies nach ganz h.M. keine Zulässigkeits-, sondern eine Begründetheitsfrage ist (vgl. dazu unten Rn. 564).[1555] **556**

VI. Ergebnis zu A: Die Klage ist zulässig.

B. Begründetheit der Klage

Die Klage ist begründet, wenn die Kündigung unwirksam ist.

I. Da auf das Arbeitsverhältnis zwischen A und B das KSchG in persönlicher und betrieblicher Hinsicht gemäß §§ 1 Abs. 1, 23 Abs. 1 S. 2 KSchG anwendbar ist (A länger als sechs Monate beschäftigt, B hat mehr als zehn Arbeitnehmer), könnte die Kündigung nach § 1 Abs. 1 KSchG wegen fehlender sozialer Rechtfertigung unwirksam sein (vgl. dazu oben Fall 25, S. 203).

   Will der Arbeitnehmer die Sozialwidrigkeit nach § 1 KSchG oder sonstige Unwirksamkeitsgründe der Kündigung geltend machen, muss er die Kündigungsschutzklage gemäß § 4 S. 1 KSchG grds. innerhalb von drei Wochen nach Zugang der schriftlichen Kündigung erheben. Die Klagefrist ist dabei auch dann eingehalten, wenn die Klage zunächst beim örtlich unzuständigen Gericht und nur hilfsweise gegen den richtigen Arbeitgeber erhoben wird.[1556] Die **Versäumung der Klagefrist** des § 4 S. 1 KSchG n.F. hat nach der Änderung dieser Vorschrift gemäß § 7 KSchG die **Heilung der Sozialwidrigkeit und der sonstigen Unwirksamkeitsgründe (Ausnahme: Schriftform des § 623 BGB)** einer dem (richtigen) Arbeitgeber zurechenbaren Kündigung zur Folge.[1557] Die Kündigung wird also bei Versäumung der Klagefrist des § 4 S. 1 KSchG aufgrund der Fiktion des § 7 KSchG so behandelt, als ob sie von Anfang an wirksam wäre. **557**

1552 BAG, Urt. v. 16.03.2000 – 2 AZR 75/99, NZA 2000, 1332, 1333; KR/Friedrich § 4 KSchG Rn. 51 ff. m.w.N.

1553 Vgl. Schaub/Linck § 123 Rn. 47 f.; v.Hoyningen-Huene/Linck § 4 KSchG Rn. 27 ff. m.w.N.

1554 Vgl. zur Rücknahme und deren Folgen Schmädicke/Leister ArbRB 2007, 279; Berrisch FA 2007, 6; Fischer NZA 1999, 459.

1555 BAG NZA 1986, 761, 762; LAG Berlin NZA 1992, 386; KR/Friedrich § 4 KSchG Rn. 217 ff.; Hanau/Adomeit Rn. 911; ausführlich zur Rechtsnatur der Klagefrist des § 4 S. 1 KSchG Lepke DB 1991, 2034 ff. u. Laws AuR 2013, 424 zur Reichweite.

1556 BAG NZA 1994, 238; GK/Hesse § 4 KSchG Rn. 56 ff.; KR/Friedrich § 4 KSchG Rn. 181 m.w.N.

1557 Zum Umfang des § 4 S. 1 KSchG: KR/Friedrich § 13 KSchG Rn. 211 ff.; 306 ff.; Vossen RdA 2015, 291; Stensik JuS 2011, 15 ff.

558 Nach § 4 S. 1 KSchG a.F. war die Einhaltung der dreiwöchigen Klagefrist nur für die Geltendmachung der Sozialwidrigkeit einer ordentlichen Kündigung bzw. des Fehlens eines wichtigen Grundes bei einer außerordentlichen Kündigung (§ 4 S. 1 i.V.m. § 13 Abs. 1 S. 2 KSchG) erforderlich, während andere Unwirksamkeitsgründe (z.B. fehlende Anhörung des Betriebsrates nach § 102 BetrVG) bis zur Grenze der Verwirkung auch nach Ablauf der dreiwöchigen Klagefrist geltend gemacht werden konnten. Seit dem 01.01.2004 ist die Einhaltung der dreiwöchigen Klagefrist des § 4 S. 1 KSchG für die Geltendmachung aller Unwirksamkeitsgründe einer Kündigung des Arbeitgebers mit Ausnahme der Schriftform des § 623 BGB[1558] erforderlich, was zu mehr Rechtssicherheit beiträgt. Dass die **Unwirksamkeit der Kündigung wegen fehlender Schriftform des § 623 BGB** nicht innerhalb der Dreiwochenfrist des § 4 S. 1 KSchG geltend gemacht werden muss, ergibt sich bereits aus dem Wortlaut des § 4 S. 1 KSchG („innerhalb von 3 Wochen nach Zugang der schriftlichen Kündigung").[1559] Die Einhaltung der Klagefrist des § 4 S. 1 KSchG ist insb. erforderlich für die Geltendmachung der Unwirksamkeit wegen fehlerhafter Anhörung des Betriebsrates nach § 102 BetrVG, eines Betriebsübergangs nach § 613 a Abs. 4 BGB,[1560] fehlender Zustimmung des Integrationsamtes nach § 85 bzw. § 91 SGB IX,[1561] des Verstoßes gegen § 9 MuSchG bzw. § 18 BEEG,[1562] des Verstoßes gegen das Kündigungsverbot des § 15 Abs. 3 TzBfG bei befristeten Arbeitsverträgen[1563] oder der vertraglichen bzw. tariflichen Unkündbarkeit.[1564] Nach der heute h.M. ist dagegen die Einhaltung der Klagefrist für die **Geltendmachung der fehlenden Vertretungsmacht**[1565] (nicht der Unwirksamkeit nach § 174 BGB) und **der Geschäftsunfähigkeit des Kündigenden**[1566] nicht erforderlich, weil in diesen Fällen die Kündigung dem Arbeitgeber nicht zugerechnet werden kann. Die bloße **Nichteinhaltung der Kündigungsfrist** muss nach h.M. ebenfalls nicht innerhalb der dreiwöchigen Klagefrist des § 4 S. 1 KSchG geltend gemacht werden, wenn die mit zu kurzer Kündigungsfrist erklärte Kündigung als Kündigung zum nächstmöglichen Termin ausgelegt werden kann. Denn in diesem Fall geht es nicht um die Unwirksamkeit der Kündigung, sondern nur um den Beendigungszeitpunkt.[1567] Etwas anderes gilt aber dann, wenn die Auslegung ergibt, dass der Arbeitgeber die Kündigung nur zu dem erklärten Termin gegen sich geltend lassen will. In diesem Fall ist die Kündigungsfrist ausnahmsweise integraler Bestandteil der Kündigungserklärung und muss deshalb innerhalb der Frist des § 4 KSchG angegriffen werden. [1568] Nicht erfasst wurde nach der bisher h.M. auch das **Fehlen einer Massenentlassungsanzeige** nach § 17 KSchG, weil es sich dabei um keinen Unwirksamkeitsgrund der Kündigung handele.[1569] Etwas anderes gilt konsequenterweise aber dann, wenn §§ 17, 18 KSchG richtlinienkonform so auslegt werden, dass als Entlassung bereits die Kündigung anzusehen ist (vgl. dazu oben Rn. 494).[1570]

1558 Grenze für die Geltendmachung dieses Unwirksamkeitsgrundes: Verwirkung, die von Einzelfallumständen (Zeit- und Umstandsmoment) abhängig ist; vgl. dazu KR/Friedrich § 13 KSchG Rn. 387 ff.: 2–3 Monate häufig Obergrenze und Eberle NZA 2003, 1121 zur Geltendmachung der Unwirksamkeit mündlichen Kündigung.

1559 KR/Friedrich § 4 KSchG Rn. 99 ff.; Schiefer/Worzalla NZA 2004, 345, 356; Bender/Schmidt NZA 2004, 358, 361; Schaub/Linck § 138 Rn. 18; krit. Richardi DB 2004, 486, 489; vgl. auch Löwisch BB 2004, 154, 158.

1560 BAG, Urt. v. 13.02.2008 – 2 AZR 864/06, NZA 2008, 1055; KR/Friedrich § 13 KSchG Rn. 180; ErfK/Kiel § 4 KSchG Rn. 4; vgl. aber auch Kamanabrou NZA 2004, 950: Bedenken gegen Vereinbarkeit der Klagefrist für Geltendmachung der Unwirksamkeit wegen Betriebsüberganges nach § 613 a Abs. 4 BGB mit EU-Recht; dazu auch Schaub/Linck § 138 Rn. 19.

1561 Vgl. dazu BAG, Urt. v. 13.02.2008 – 2 AZR 864/06, NZA 2008, 1055 und unten Rn. 561 f.

1562 BAG, Urt. v. 19.02.2009 – 2 AZR 286/07, BB 2009, 2092 m.Anm. Wolff; KR/Friedrich § 13 KSchG Rn. 231 f.; Keßler RdA 2007, 252 ff.; vgl. aber auch Nebe EuZA 2010, 383 ff., die europarechtliche Bedenken erhebt.

1563 BAG, Urt. v. 22.07.2010 – 6 AZR 480/09, NZA 2010, 1142 m.Anm. Mues ArbRB 2010, 299.

1564 BAG, Urt. v. 08.11.2007 – 2 AZR 314/06, NZA 2008, 936; KR/Friedrich § 13 KSchG Rn. 306 ff.

1565 BAG, Urt. v. 06.09.2012 – 2 AZR 858/11, NZA 2013, 524; KR/Friedrich § 13 KSchG Rn. 339 ff., 354 ff.; Meyer/Reufels NZA 2005, 5, 7; ausführl. Siebert NZA 2013, 657; Ulrici DB 2004, 250; a.A. Richardi DB 2004, 486, 489; Bader NZA 2004, 65, 67.

1566 ErfK/Kiel § 4 KSchG Rn. 7; KR/Friedrich § 13 KSchG Rn. 366; Bender/Schmidt NZA 2004, 358, 361; Ulrici DB 2004, 250; Genenger RdA 2010, 274, 277; a.A. GK/Hesse § 4 KSchG Rn. 10; Löwisch BB 2004, 154, 158.

1567 BAG, Urt. v. 15.05.2013 – 5 AZR 130/12, NZA 2013, 1076; Urt. v. 15.12.2005 – 2 AZR 148/05, NZA 2006, 1207; ErfK/Kiel § 4 KSchG Rn. 6; KR/Rost/Kreft § 7 KSchG Rn. 3 b; a.A. Dewender DB 2005, 337 ff.; Bader NZA 2004, 65, 68.

1568 Vgl. dazu BAG, Urt. v. 01.09.2010 – 5 AZR 700/09, NZA 2010, 1409 u. ausführlich zur Auslegung Dollmann BB 2004, 2073.

1569 Schaub/Linck § 138 Rn. 18; Bender/Schmidt NZA 2004, 358, 363 m.w.N.; a.A. Schiefer/Worzalla NZA 2004, 345, 356.

1570 Vgl. LAG Niedersachsen ArbR 2015, 533; Niklas/Koehler NZA 2010, 913, 919; Forst NZA 2010, 144, 146; ErfK/Kiel § 4 KSchG Rn. 4 und BAG, Urt. v. 16.06.2005 – 6 AZR 451/04, NZA 2005, 1109 zur Geltendmachung der Unwirksamkeit der Entlassung ohne Massenentlassungsanzeige nach Ablauf der Klagefrist des § 113 Abs. 2 a.F. InsO entspr. § 6 KSchG.

Da A die Kündigungsschutzklage erst einen Monat nach Kündigungszugang, also nach Ablauf der Klagefrist des § 4 S. 1 KSchG erhoben hat, könnte die Berufung auf die Sozialwidrigkeit nach § 1 KSchG sowie die fehlende Zustimmung des Integrationsamtes nach § 85 SGB IX gemäß § 7 KSchG ausgeschlossen sein. **559**

Hat der Arbeitnehmer die Klagefrist des § 4 S. 1 KSchG schuldlos versäumt, so kann die Kündigungsschutzklage nach Maßgabe des **§ 5 KSchG** nachträglich zugelassen werden, mit der Folge, dass auch die Sozialwidrigkeit der Kündigung geltend gemacht werden kann. Diese Fälle kommen insbes. bei Zugang der Kündigung während Urlaubs- bzw. sonstiger vorübergehender Ortsabwesenheit oder bei arglistiger Täuschung über den Kündigungsgrund in Betracht.[1571] **560**

Den jahrelangen Streit darüber, ob Verschulden des rechtzeitig mit der Klageerhebung beauftragten Prozessbevollmächtigten dem Arbeitnehmer über § 85 Abs. 2 ZPO zuzurechnen ist, hat das BAG nunmehr für die Praxis entschieden und die Zurechnung bejaht.[1572] Die bloße Unkenntnis der Klagefrist rechtfertigt dagegen die **nachträgliche Zulassung der Kündigungsschutzklage** nicht. Auf eine falsche Auskunft der Bundesagentur für Arbeit kann die nachträgliche Klagezulassung nicht gestützt werden.[1573] Ob die falsche Auskunft durch den Betriebs- bzw. Personalrat eine nachträgliche Zulassung rechtfertigt, ist umstr.[1574] War der Arbeitnehmerin im Zeitpunkt des Kündigungszugangs die Schwangerschaft nicht bekannt, kommt bei Versäumung der Klagefrist eine nachträgliche Klagezulassung nach § 5 S. 2 KSchG in Betracht.[1575]

II. Vorliegend war jedoch für die Kündigung aufgrund der Schwerbehinderung des A (GdB 50) i.S.d. § 2 Abs. 2 SGB IX die vorherige Zustimmung des Integrationsamtes nach § 85 SGB IX erforderlich, weil keiner der Ausnahmefälle des § 90 SGB IX eingreift. Bedarf die Kündigung der Zustimmung einer Behörde, beginnt die dreiwöchige Klagefrist des § 4 S.1 KSchG nach § 4 S. 4 KSchG erst mit Bekanntgabe der Entscheidung der Behörde an den Arbeitnehmer zu laufen, wenn dem Arbeitgeber die Tatsachen bekannt waren, die die Zustimmungsbedürftigkeit der Kündigung begründeten. Diese Vorschrift erfasst jedenfalls seit der Änderung des KSchG zum 01.01.2004 sowohl die Fälle der vorherigen (z.B. § 9 Abs. 3 MuSchG, § 85 SGB IX) als auch der nachträglichen Zustimmung der Behörde (z.B. §§ 10 ff. BergmannsversorgungsscheinsG NRW) zu einer Kündigung. Ob der Arbeitgeber die Zustimmung eingeholt hat oder nicht, ist für den Beginn des Laufs der Klagefrist nach § 4 S. 4 KSchG unerheblich. Zeitliche Grenze für die Geltendmachung der Unwirksamkeit der Kündigung bei Nichtbekanntgabe der behördlichen Zustimmung bildet nur die Verwirkung.[1576] **561**

1571 Vgl. dazu BAG, Urt. v. 11.12.2008 – 2 AZR 472/08, NZA 2009, 692; KR/Friedrich § 5 KSchG Rn. 12 ff., 17 ff.; Schrader NJW 2009, 1541; Roloff NZA 2009, 761; Schwab FA 2008, 135 und Nebeling/Schmid NZA 2002, 1310 zur Täuschung.

1572 BAG, Urt. v. 24.11.2011 – 2 AZR 614/10, NZA 2012, 413; Urt. v. 28.05.2009 – 2 AZR 548/08, NZA 2009, 1052; Tschöpe RdA 2010, 120; Schrader BB 2010, 1155; a.A. früher z.B. LAG Hamburg ArbuR 2005, 467; ausführl. dazu KR/Friedrich § 5 KSchG Rn. 98 ff.; Der früher für die Praxis unbefriedigende Rechtszustand beruhte darauf, dass über den Antrag nach § 5 KSchG durch einen Vorabbeschluss zu entscheiden war, gegen den kein Rechtsmittel zum BAG gegeben war. Mit Wirkung zum 01.04.2008 wurde das Verfahren über die nachträgliche Zulassung der Kündigungsschutzklage geändert, sodass darüber nach § 5 Abs. 4 KSchG durch ein Urteil zu entscheiden ist, das auch dann wie ein Endurteil angefochten werden kann, wenn es ein Zwischenurteil ist; zur Neuregelung des § 5 KSchG Roloff NZA 2009, 761; Bader NZA 2008, 620.

1573 LAG Düsseldorf NZA 1992, 44; KR/Friedrich § 5 KSchG Rn. 43 m.w.N.; a.A. wohl Nägele ArbRB 2003, 153.

1574 Dazu LAG Sachsen NZA-RR 1999, 26; KR/Friedrich § 5 KSchG Rn. 45 m.w.N. und ausführl. Mühlhausen NZA 1992, 877.

1575 BAG, Urt. v. 19.02.2009 – 2 AZR 286/07, NZA 2009, 980; ErfK/Kiel § 4 KSchG Rn. 26; KR/Friedrich § 4 KSchG Rn. 203.

1576 Vgl. BAG, Urt. v. 13.02.2008, Fn. 1561; ErfK/Kiel § 4 KSchG Rn. 24; KR/Friedrich § 4 KSchG Rn. 196 ff.; Joussen RdA 2009, 182; a.A. Schiefer/Worzalla NZA 2004, 345, 356: nur nachträgliche Zustimmung erfasst; krit auch Löwisch BB 2004, 154, 158; ausführl. zum § 4 Abs. 4 KSchG n.F. Keßler RdA 2007, 252; Kramer DB 2006, 502; Schmidt NZA 2004, 79.

Kannte dagegen der Arbeitgeber bei Kündigungsausspruch die Tatsachen, aus denen die Zustimmungsbedürftigkeit der Kündigung folgte, nicht, so ist für den Beginn des Laufs der dreiwöchigen Klagefrist des § 4 S. 1 KSchG der Zeitpunkt des Kündigungszugangs maßgeblich.[1577]

562 Da B die nach § 85 SGB IX erforderliche Zustimmung des Integrationsamtes trotz Kenntnis von der Schwerbehinderung des A nicht eingeholt hat, hat die dreiwöchige Klagefrist des § 4 S. 1 KSchG mangels der nach § 4 S. 4 KSchG erforderlichen Bekanntgabe der behördlichen Zustimmung noch gar nicht zu laufen begonnen. Eine Verwirkung des Klagerechts kommt bei einer einen Monat nach Kündigungszugang erhobenen Kündigungsschutzklage, für die die Klagefrist des § 4 S. 1 KSchG nicht gilt, nur beim Vorliegen besonderer Umstände in Betracht, für die hier keine Anhaltspunkte bestehen. A kann sich deshalb auf die Unwirksamkeit der Kündigung gemäß § 134 BGB wegen fehlender Zustimmung des Integrationsamtes nach § 85 SGB IX berufen. Darüber hinaus kann er auch die fehlende soziale Rechtfertigung der Kündigung nach § 1 KSchG geltend machen, weil Verspätungen allenfalls nach einer einschlägigen Abmahnung eine verhaltensbedingte Kündigung rechtfertigen können (vgl. oben Fall 26, S. 209).

563 Erhebt ein Arbeitnehmer Kündigungsschutzklage innerhalb der Dreiwochenfrist des § 4 S. 1 KSchG unter Berufung auf einen ganz bestimmten Unwirksamkeitsgrund (z.B. Sozialwidrigkeit nach § 1 KSchG), kann er gemäß § 6 S. 1 KSchG andere Unwirksamkeitsgründe (z.B. fehlende Betriebsratsanhörung nach § 102 BetrVG) jedenfalls noch bis zum Schluss der mündlichen Verhandlung in der 1. Instanz geltend machen, worauf das ArbG den Arbeitnehmer nach § 6 S. 2 KSchG hinweisen soll. Unterbleibt dieser richterliche Hinweis, können nach h.M. andere Unwirksamkeitsgründe auch noch in der 2. Instanz nachgeschoben und vom LAG geprüft werden.[1578]

C. Ergebnis: Das ArbG wird der Kündigungsschutzklage stattgeben, weil die Kündigung nach § 134 BGB i.V.m. § 85 SGB IX und § 1 KSchG unwirksam ist.

564 Wäre die Einhaltung der **Klagefrist** des § 4 S. 1 KSchG eine Zulässigkeitsvoraussetzung der Kündigungsschutzklage, so stünde die Rechtskraft des klageabweisenden Prozessurteils der Geltendmachung der Unwirksamkeit der Kündigung aus Gründen, die von der Klagefrist des § 4 S. 1 KSchG nicht erfasst sind (unstr. für Schriftform des § 623 BGB), in einem späteren Prozess nicht entgegen (Grenze: Verwirkung). Da aber die Einhaltung der Klagefrist des § 4 KSchG Voraussetzung für die Geltendmachung der materiellen Unwirksamkeit der Kündigung ist, wird die Beendigung des Arbeitsverhältnisses durch die angefochtene Kündigung bei Versäumung der Klagefrist durch ein Sachurteil rechtskräftig festgestellt. Das Sachurteil bezieht sich dabei auf die Wirksamkeit der angegriffenen Kündigung unter allen rechtlichen Gesichtspunkten, sodass sich der Arbeitnehmer in einem neuen Prozess auf andere, im ersten Prozess nicht vorgebrachte Unwirksamkeitsgründe nicht mehr berufen kann – sog. **Präklusionswirkung des rechtskräftigen Urteils**.[1579] Andererseits ist bei einer Klage gegen eine sog. **Wiederholungs- bzw. Trotzkündigung** ohne erneute Wirksamkeitsprüfung von der Unwirksamkeit der Kündigung auszugehen, wenn diese auf den gleichen Sachverhalt gestützt wird, der schon im ersten Verfahren zur Begründung der unwirksamen Kündigung vorgebracht worden ist und nicht ausgereicht hat.[1580]

1577 Vgl. BAG, Urt. v. 13.02.2008, Fn. 1576; KR/Friedrich § 4 KSchG Rn. 196 ff.; 202 b; ErfK/Kiel § 4 KSchG Rn. 25; Schmidt NZA 2004, 79, 81; Preis DB 2004, 70, 77; Schaub/Linck § 138 Rn. 31 ff.; a.A. Schiefer/Worzalla NZA 2004, 345, 356.

1578 Vgl. dazu BAG, Urt. v. 20.08.2014 – 7 AZR 924/12, ZTR 2015, 44; KR/Friedrich § 6 KSchG Rn. 18 ff.; Bender/Schmidt NZA 2004, 358, 365; Bader NZA 2004, 65, 69; Preis DB 2004, 70, 77; a.A. LAG Düsseldorf LAGReport 2005, 106: Zurückweisung an das ArbG; ausführl. zum § 6 KSchG Eylert NZA 2012, 9; Fischer NJW 2009, 1256; Korinth ArbRB 2009, 57.

1579 Vgl. BAG, Urt. v. 20.03.2014 – 2 AZR 840/12, NZA 2014, 1415; 2002, 1171, 1172; KR/Friedrich § 4 KSchG Rn. 217 ff., 262 ff.

1580 BAG, Urt. v. 20.03.2014, Fn. 1579; NZA 1996, 931; MünchKomm/Henssler § 626 BGB Rn. 362; Grimm NJW 2008, 3237; Lingemann/Beck NZA-RR 2007, 225 ff.; KR/Friedrich § 4 KSchG Rn. 262 ff., 271 f.

II. Klagefrist bei einer außerordentlichen Kündigung und bei Nichtanwendbarkeit des KSchG

Fall 32: Kurze Vertragsdauer

Der Angestellte A war vier Monate bei B, der vier Arbeitnehmer beschäftigt, tätig. Am 31.01. erhielt er eine fristlose Kündigung wegen Arbeitsmangels. Hiergegen erhob A am 28.02. beim zuständigen Arbeitsgericht Klage mit dem Antrag festzustellen, dass das Arbeitsverhältnis zwischen den Parteien durch die fristlose Kündigung vom 31.01. nicht aufgelöst wurde, sondern bis zum Ablauf der Kündigungsfrist (28.02.) fortbesteht. Wie wird das Arbeitsgericht über die zulässige Klage der A entscheiden?

Da Arbeitsmangel kein wichtiger Grund i.S.d. § 626 Abs. 1 BGB ist, wird das ArbG der Klage stattgeben, wenn A das Fehlen des wichtigen Grundes noch geltend machen kann. **565**

I. Nach § 13 Abs. 1 S. 1 KSchG werden die Vorschriften über das Recht zu einer außerordentlichen Kündigung durch das KSchG nicht berührt. Danach wäre für die Geltendmachung der Unwirksamkeit der fristlosen Kündigung die Einhaltung der Klagefrist des § 4 S. 1 KSchG nicht erforderlich. Abweichend von dem Grundsatz der Unanwendbarkeit des KSchG auf die außerordentliche Kündigung regelt aber § 13 Abs. 1 S. 2 KSchG, dass die Unwirksamkeit der außerordentlichen Kündigung nur nach Maßgabe der §§ 4 S. 1, 5–7 KSchG geltend gemacht werden kann. Da A die Klage nach Ablauf der 3-Wochen-Frist des § 4 S. 1 KSchG erhoben hat, könnte man annehmen, dass eine etwaige Unwirksamkeit der fristlosen Kündigung ohne Weiteres nach §§ 13 Abs. 1 S. 2, 4 S. 1, 7 KSchG geheilt ist. § 13 Abs. 1 S. 2 KSchG gilt aber unmittelbar nur für die außerordentliche Kündigung des Arbeitsverhältnisses, auf das das KSchG nach §§ 1 Abs. 1, 23 Abs. 1 KSchG anwendbar ist.[1581]

Nach § 13 Abs. 1 S. 2 a.F. KSchG war nur die Geltendmachung der Unwirksamkeit einer außerordentlichen Kündigung wegen Fehlens eines wichtigen Grundes einschließlich des Ablaufs der Ausschlussfrist des § 626 BGB an die Einhaltung der dreiwöchigen Klagefrist des § 4 S. 1 KSchG gebunden, während andere Unwirksamkeitsgründe bis zur Grenze der Verwirkung auch nach Ablauf der Klagefrist des § 4 S. 1 KSchG geltend gemacht werden konnten. Seit dem 01.01.2004 ist für die Geltendmachung aller Unwirksamkeitsgründe einer fristlosen Kündigung die Einhaltung der Klagefrist des § 4 S. 1 KSchG nach § 13 Abs. 1 S. 2 KSchG erforderlich (unstr. Ausnahme: Schriftform des § 623 BGB), was auch durch § 13 Abs. 3 KSchG klargestellt wird.

II. Nach der bisher ganz h.M. war die **Klagefrist der §§ 13 Abs. 1 S. 2, 4 S. 1 KSchG a.F. bei einer außerordentlichen Kündigung** nur dann einzuhalten, **wenn** das KSchG in **persönlicher und betrieblicher Hinsicht** nach §§ 1 Abs. 1, 23 Abs. 1 S. 2 KSchG a.F. **anwendbar** war. **566**

Begründet wurde dies damit, dass es nicht sachgerecht wäre, die Arbeitnehmer, die keinen Schutz nach dem KSchG haben, und damit nicht in den Genuss der Vorteile dieses Gesetzes kommen, die mit diesem Gesetz verbundenen Nachteile (§§ 13 Abs. 1 S. 2, 4 S. 1 KSchG) tragen zu lassen.[1582]

Nach der Änderung des KSchG zum 01.01.2004 müssen **unabhängig von der Anwendbarkeit des KSchG grds. alle Unwirksamkeitsgründe einer außerordentli-** **567**

1581 Vgl. dazu GK/Biebl § 13 KSchG Rn. 8 ff.; MünchKomm/Hergenröder § 13 KSchG Rn. 13; Preis DB 2004, 70, 77.

1582 BAG DB 1991, 500; KR/Friedrich, 6 Aufl., § 13 Rn. 28 ff. mit Meinungsübersicht.

chen und einer ordentlichen Kündigung innerhalb der dreiwöchigen Klagefrist des § 4 S. 1 KSchG geltend gemacht werden, was sich jedenfalls aus der in § 23 Abs. 1 S. 2, 3 KSchG geregelten „Ausnahme von der Ausnahme" ergibt. Denn danach gelten die Vorschriften des ersten Abschnitts mit „Ausnahme der §§ 4–7 und § 13 Abs. 1 S. 2, 3 KSchG" nicht in den sog. Kleinbetrieben. Für Arbeitnehmer, die die 6-monatige Wartezeit des § 1 Abs. 1 KSchG noch nicht erfüllt haben, folgt die Notwendigkeit der Einhaltung der Klagefrist zwar nicht unmittelbar aus § 23 Abs. 1 S. 2, 3 KSchG, weil dort nur der „betriebliche" Anwendungsbereich geregelt wird. Einigkeit besteht jedoch weitgehend darüber, dass auch diese Arbeitnehmer die dreiwöchige Klagefrist des § 4 S. 1 KSchG einhalten müssen, weil nur so dem Willen des Gesetzgebers nach Einführung einer einheitlichen Klagefrist Rechnung getragen werden kann.[1583] Der o.g. Meinungsstreit hat sich damit erledigt.

Da A die Klage gegen die am 31.01. ausgesprochene Kündigung erst am 28.02., also nach Ablauf der dreiwöchigen Klagefrist des § 4 S. 1 i.V.m. § 13 Abs. 1 S. 2 KSchG erhob, sind etwaige Mängel der schriftlichen Kündigung aufgrund der Fiktionswirkung des § 7 KSchG geheilt, obwohl das KSchG aufgrund der Nichterfüllung der 6-monatigen Wartezeit des § 1 Abs. 1 KSchG ansonsten nicht anwendbar ist. Die Kündigung gilt also als wirksam.

III. Ergebnis: Das Arbeitsgericht wird die Klage des A abweisen.

568 Bei **Sittenwidrigkeit** einer Kündigung finden die Vorschriften der §§ 9 Abs. 1 S. 1, Abs. 2, 10–12 KSchG unabhängig davon entspr. Anwendung, ob das KSchG auf das Arbeitsverhältnis in persönlicher und betrieblicher Hinsicht nach §§ 1 Abs. 1, 23 Abs. 1 S. 2 KSchG anwendbar ist.[1584] Der Arbeitnehmer kann daher bei Sittenwidrigkeit der Kündigung die Auflösung des Arbeitsverhältnisses gegen Zahlung einer Abfindung immer verlangen.

I. Auflösung des Arbeitsverhältnisses im Kündigungsschutzprozess durch Gerichtsurteil

Fall 33: Pauschale Beschuldigungen im Prozess

Der 28-jährige Buchhalter B erhielt am 20.01. eine fristgerechte Kündigung zum 31.03., die der Firmeninhaber F mit Rationalisierungsmaßnahmen begründete. Nachdem B fristgerecht Kündigungsschutzklage erhoben hat, hat ihm F pauschal zahlreiche Unregelmäßigkeiten vorgeworfen, die erhebliche Vermögensschäden der Firma zur Folge hätten, wobei eine persönliche Bereicherung des B nicht auszuschließen sei. B dürfe daher das Firmengelände nicht mehr betreten. Die Kündigungsgründe hat F im Prozess trotz entsprechenden gerichtlichen Auflagenbeschlusses nicht im Einzelnen dargelegt, dafür aber die pauschalen Beschuldigungen des B verstärkt, der selbst zum 01.04. eine besser dotierte neue Arbeitsstelle gefunden hat und bei F we-

1583 BAG, Urt. v. 28.06.2007 – 6 AZR 873/06, NZA 2007, 972; GK/Biebl § 13 KSchG Rn. 13; KR/Friedrich § 4 KSchG Rn. 11 ff.

1584 Vgl. dazu KR/Friedrich § 13 KSchG Rn. 120 ff.; GK/Biebl § 13 KSchG Rn. 51 ff.

gen der grundlosen Beschuldigungen nicht mehr arbeiten will. Welche Überlegungen wird der Rechtsanwalt R im Hinblick auf den am 05.04. anstehenden Kammertermin anstellen, um den Interessen des B am besten Rechnung zu tragen? B war vier Jahre bei F, der ca. 30 Arbeitnehmer beschäftigt, tätig.

I. Da auf das Arbeitsverhältnis zwischen B und F das KSchG in persönlicher und betrieblicher Hinsicht gemäß §§ 1 Abs. 1, 23 Abs. 1 S. 2 KSchG anwendbar ist, wird die fristgerechte Kündigungsschutzklage Erfolg haben, weil der für das Vorliegen der Kündigungsgründe darlegungs- und beweisbelastete Arbeitgeber F der ihm obliegenden Darlegungs- und Beweislast trotz entsprechenden Auflagenbeschlusses nicht nachkam. Die pauschale Berufung auf Rationalisierungsmaßnahmen und pauschale Beschuldigungen genügen insoweit nicht. R könnte dem B empfehlen, ein obsiegendes Feststellungsurteil zu begehren und danach nach § 12 KSchG zu verfahren. **569**

§ 12 KSchG lautet u.a.: „Besteht nach der Entscheidung des Gerichts das Arbeitsverhältnis fort, ist jedoch der Arbeitnehmer inzwischen ein neues Arbeitsverhältnis eingegangen, so kann er binnen einer Woche nach der Rechtskraft des Urteils durch Erklärung gegenüber dem alten Arbeitgeber die Fortsetzung des Arbeitsverhältnisses bei diesem verweigern … Mit dem Zugang der Erklärung erlischt das Arbeitsverhältnis." Äußert sich der Arbeitnehmer innerhalb dieser Frist nicht, ist er zur Fortsetzung des alten Arbeitsverhältnisses auch dann verpflichtet, wenn er das nicht will.[1585]

Diese Möglichkeit führt jedoch dazu, dass sich die Kündigungsschutzklage vor allem dann als ziemlich nutzlos herausstellen wird, wenn B die neue Stelle behält. Denn B könnte zwar von F nach § 615 S. 1 BGB an sich Annahmeverzugslohn verlangen, müsste sich aber nach § 11 KSchG (Sonderregelung gegenüber § 615 S. 2 BGB!) den beim neuen Arbeitgeber verdienten Lohn anrechnen lassen. Da die neue Stelle besser dotiert ist, könnte B im Ergebnis von F keine Zahlung verlangen, müsste aber bei fehlender Rechtsschutzversicherung den R trotz Klageerfolges wegen § 12 a ArbGG selbst bezahlen. Der Prozess würde B also noch finanzielle Nachteile bringen. R muss daher überlegen, ob es nicht einen besseren Weg gibt.

II. Eine bessere Möglichkeit könnte § 9 KSchG bieten, der u.a. lautet: **570**

„Stellt das Gericht fest, dass das Arbeitsverhältnis durch die Kündigung nicht aufgelöst ist, ist jedoch dem Arbeitnehmer die Fortsetzung des Arbeitsverhältnisses nicht zuzumuten, so hat das Gericht auf Antrag des Arbeitnehmers das Arbeitsverhältnis aufzulösen und den Arbeitgeber zur Zahlung einer angemessenen Abfindung zu verurteilen."

1. Das Arbeitsgericht wird die Unwirksamkeit der Kündigung wegen fehlender sozialer Rechtfertigung nach § 1 KSchG feststellen. Außerdem wird es die Auflösung des Arbeitsverhältnisses zu dem Zeitpunkt feststellen, zu dem es bei sozialer Rechtfertigung geendet hätte (§ 9 Abs. 2 KSchG), und F bei Unzumutbarkeit der Fortsetzung des Arbeitsverhältnisses für B zur Zahlung einer angemessenen Abfindung verurteilen.[1586]

1585 BAG, Urt. v. 23.05.2013 – 2 AZR 54/12, NZA 2013, 1197; vgl. zum § 12 KSchG Schaub/Linck § 140; Bauer BB 1993, 2444.

1586 Vgl. zu §§ 9, 10 KSchG Lingemann/Steinhauser NJW 2013, 3624; Adam MDR 2012, 442; Bauer ArbR 2010, 3; Haas FA 2010, 104; Müller NZA-RR 2009, 289 (Rspr.-Übersicht); Gravenhorst NZA-RR 2007, 57; Holthausen/Holthausen NZA-RR 2007, 449; Keßler NZA-RR 2002, 1 ff. und Fuhlrott/Balupuri-Beckmann AuA 2013, 640 zum Auflösungsantrag des AG.

571 Die §§ 9, 10 KSchG sind verfassungsmäßig[1587] und auch im Hinblick auf das Verbot der Altersdiskriminierung nach h.M. mit dem EU-Recht vereinbar.[1588] Den Auflösungsantrag nach einer außerordentlichen Kündigung kann nach h.M. nur der Arbeitnehmer stellen.[1589] Bei einer ordentlichen Kündigung kann der Arbeitnehmer den Auflösungsantrag gemäß §§ 9, 10 KSchG nach h.M. auch dann stellen, wenn die Kündigung nicht nur sozialwidrig i.S.d. § 1 KSchG, sondern auch aus anderen Gründen (z.B. § 9 MuSchG) unwirksam ist (vgl. auch § 13 Abs. 2 KSchG zur Sittenwidrigkeit). Dem Arbeitgeber steht dagegen das Antragsrecht gemäß § 9 KSchG nach h.M. grds. nur dann zu, wenn die Kündigung ausschließlich sozialwidrig ist. Anders als bei Arbeitnehmern genügt also nicht, dass die Kündigung „zumindest auch sozialwidrig" ist.[1590] Ist die Kündigung nicht (auch) sozialwidrig, sondern nur aus anderen Gründen unwirksam, steht die Antragsberechtigung nach h.M. keiner Vertragspartei zu.[1591] Voraussetzung für einen Auflösungsantrag ist, dass das Arbeitsverhältnis zu dem Auflösungzeitpunkt bestand. Endete das Arbeitsverhältnis vorher (z.B. Tod des AN), scheidet die Auflösung aus. Die Beendigung des Arbeitsverhältnisses aus anderen Gründen nach dem Auflösungszeitpunkt schließt dagegen nach h.M. der Auflösung des Arbeitsverhältnisses nicht aus. In diesem Fall kommt es darauf an, ob der Auflösungsgrund im Zeitpunkt der anderweitigen Beendigung des Arbeitsverhältnisses vorlag.[1592] Bei einem **Betriebsübergang** i.S.d. § 613 a BGB kann zwar die Kündigungsschutzklage gegen den Veräußerer erhoben, der Auflösungsantrag muss aber gegen den Erwerber gestellt werden, wenn der Auflösungszeitpunkt nach dem Betriebsübergang liegt.[1593]

572 2. Um eine Umfunktionierung des den Bestandsschutz des Arbeitsverhältnisses bezweckenden KSchG zu einem „Abfindungsgesetz" zu verhindern, beurteilte das BAG früher[1594] die Unzumutbarkeit der Vertragsfortsetzung für den Arbeitnehmer nach den gleichen Kriterien wie bei einer außerordentlichen Kündigung nach § 626 BGB. Im Rahmen der Zumutbarkeitsprüfung nach § 626 BGB ist jedoch zu beurteilen, ob dem Kündigenden die Fortsetzung des Arbeitsverhältnisses selbst bis zum Ablauf der Kündigungsfrist nicht zumutbar war. Im Rahmen des § 9 KSchG geht es dagegen um die Zumutbarkeit der dauerhaften Vertragsfortsetzung, sodass insoweit nicht der gleiche strenge Maßstab wie bei § 626 BGB angelegt werden kann. Denn ein Umstand, der die vorübergehende Vertragsfortsetzung gerade noch zumutbar macht, kann einer dauerhaften Vertragsfortsetzung entgegenstehen. Es ist daher gerechtfertigt, an den Auflösungsantrag des Arbeitnehmers **geringere Anforderungen** zu stellen als an eine arbeitnehmerseitige **außerordentliche Kündigung.**[1595] Maßgeblich für die Unzumutbarkeitsprüfung ist nicht der **Zeitpunkt** des Kündigungszugangs, sondern der Zeitpunkt **der Entscheidung über** den **Auflösungsantrag.**[1596]

1587 BVerfG, Beschl. v. 22.10.2004 – 1 BvR 1944/01, NZA 2005, 41; KR/Spilger § 9 KSchG Rn. 13 a.

1588 Adomeit/Mohr § 10 AGG Rn. 76 f.; Brors in Däubler/Bertzbach § 10 AGG Rn. 108; KR/Spilger § 10 KSchG Rn. 40.

1589 BAG, Urt. v. 26.03.2009 – 2 AZR 879/07, NZA 2009, 679; LAG Berlin NZA-RR 1998, 116; MünchKomm/Hergenröder § 13 KSchG Rn. 25; KR/Spilger § 9 KSchG Rn. 29; Sieweke NZA 2011, 1324; krit. Trappehl/Lambrich RdA 1999, 243 ff, 250.

1590 BAG, Urt. v. 31.07.2014 – 2 AZR 434/13, NZA 2015, 358; Urt. v 24.11.2011 – 2 AZR 249/10, NZA 2012, 610; Hertzfeld NZA 2004, 298 ff.; a.A. KR/Spilger § 9 KSchG Rn. 27; GK/Biebl § 9 KSchG Rn. 11; vgl. auch BAG, Beschl. v. 21.09.2000 – 2 AZN 576/00, BB 2001, 1102 m.Anm. Schäfer zur Auflösungsberechtigung des AG bei mehreren Kündigungssachverhalten.

1591 BAG, Beschl. v. 21.09.2000, Fn. 1590; ErfK/Kiel § 9 KSchG Rn. 2; Schaub/Linck § 141 Rn. 11 ff.; a.A. z.T. KR/Friedrich § 13 KSchG Rn. 413 ff. m.w.N., der ein Auflösungsrecht des Arbeitnehmers bejaht.

1592 BAG, Urt. v. 23.02.2010 – 2 AZR 554/08, NZA 2010, 1123; Urt. v. 24.05.2005 – 8 AZR 246/04, AuA 2005, 430 m.w.N.

1593 BAG, Urt. v. 24.05.2005, Fn. 1592; GK/Biebl § 9 KSchG Rn. 32; a.A. Keßler NZA-RR 2002, 1, 5.

1594 Z.B. BAG AP Nr. 20 zu § 7 KSchG; vgl. auch BAG, Urt. v. 10.12.2009 – 2 AZR 534/08, NZA 2010, 1128: „KündigungsschutzG ist vorrangig ein Bestandsschutz- und kein Abfindungsgesetz".

1595 So BAG AP Nr. 8, 9 zu § 9 KSchG m.Anm. Denck bzw. Bernert; KR/Spilger § 9 KSchG Rn. 36 ff., 39; Hansen ArbuR 2014, 34.

1596 BAG, Urt. v. 10.06.2010 – 2 AZR 297/09, NJW 2010, 3796; LAG Rheinland-Pfalz ArbR 2014, 542; GK/Biebl § 9 KSchG Rn. 36.

An den Auflösungsantrag des Arbeitgebers nach § 9 Abs. 1 S. 2 KSchG sind strenge Anforderungen zu stellen.[1597] Allerdings müssen die Gründe, die „eine den Betriebszwecken gedeihliche Zusammenarbeit … nicht erwarten lassen", nicht so schwerwiegend sein, dass eine ordentliche bzw. außerordentliche Kündigung gerechtfertigt wäre. Denn in diesen Fällen bestünde für den Arbeitgeber die Möglichkeit, das Arbeitsverhältnis durch eine wirksame Kündigung und damit ohne Abfindungszahlung zu beenden.[1598] Auflösungsgründe für den Arbeitgeber sind z.B. Störung des Vertrauensverhältnisses, berechtigte Zweifel an für das Arbeitsverhältnis wichtigen Charaktereigenschaften, erheblich getrübtes Verhältnis zu Arbeitskollegen und Vorgesetzten, Verhalten (auch das des Rechtsanwalts) im Kündigungsschutzprozess[1599] Verwertbar sind dabei auch solche Gründe, die dem Betriebsrat im Rahmen der Anhörung nach § 102 BetrVG nicht mitgeteilt wurden.[1600] Bei **leitenden Angestellten** i.S.d. § 14 Abs. 2 S. 1 KSchG bedarf der Auflösungsantrag des Arbeitgebers keiner besonderen Begründung, § 14 Abs. 2 S. 2 KSchG.[1601] **573**

Bei einem **Betriebsübergang** nach § 613 a BGB kann der Arbeitgeber, der eine Kündigung vor dem Betriebsübergang ausgesprochen hat, den Auflösungsantrag nach § 9 KSchG zumindest auch dann stellen, wenn der Auflösungszeitpunkt vor dem Betriebsübergang liegt.[1602] **574**

Der Umstand, dass B eine neue, besser dotierte Stelle gefunden hat, begründet noch keine Unzumutbarkeit der Vertragsfortsetzung.[1603] Dies gilt auch für den Erfolg im Kündigungsschutzprozess allein, da Ziel dieses Verfahrens gerade die Feststellung der Unwirksamkeit der Kündigung ist. Hier hat aber F im Rahmen des Kündigungsschutzprozesses dem B pauschal zahlreiche Unregelmäßigkeiten mit erheblichen Vermögensschäden vorgeworfen und auch eine persönliche Bereicherung des B angedeutet. Angesichts dieser schwerwiegenden Vorwürfe, die die Loyalität des B betreffen und auch den Schluss auf Vermögensstraftaten zulasten des F nicht ausschließen, ist es dem Buchhalter B, dem auch ein „Betriebsverbot" erteilt wurde, nicht mehr zuzumuten, das Arbeitsverhältnis mit F fortzusetzen.

Ob ein Auflösungsgrund auch bei einem Auflösungsantrag beider Vertragsparteien objektiv vorliegen und vom Gericht geprüft werden muss, ist umstritten. Die h.M. lehnt eine Prüfungspflicht des Gerichts bei einem beiderseitigen Auflösungsantrag ab.[1604] **575**

3. Ergebnis: R wird dem B empfehlen, neben dem Feststellungsantrag auch den Antrag nach § 9 Abs. 1 S. 1 KSchG mit dem Ziel der Auflösung des Arbeitsverhältnisses zum 31.3. und der Verurteilung der F zur Zahlung einer angemessenen Abfindung zu stellen.[1605] Die Höhe der Abfindung richtet sich nach den Einzelfall- umständen, wobei die Höchstgrenzen des § 10 KSchG zu berücksichtigen sind.[1606]

Der **Antrag** muss keine Bezifferung der Abfindung enthalten. Ist er aber beziffert und setzt das Gericht eine geringere Abfindung fest, trägt der Arbeitnehmer nach § 46 Abs. 2 ArbGG i.V.m. § 92 ZPO anteilig die Kosten.[1607] **576**

1597 BVerfG, Beschl. v. 22.10.2004, Fn. 1587; BAG, Urt. v. 09.09.2010 – 2 AZR 482/09, NJW 2010, 3798 und Fn. 1596.

1598 BAG AP Nr. 3, 18 zu § 9 KSchG; GK/Biebl § 9 KSchG Rn. 49 ff.; Fuhlrott/Balupuri-Beckmann AuA 2013, 640 ff.

1599 BAG, Urt. v. 10.06.2010, Fn. 1596; Urt. v. 09.09.2010, Fn. 1597; KR/Spilger § 9 KSchG Rn. 55 ff. m.w.N.

1600 BAG, Urt. v. 10.10.2002 – 2 AZR 240/01, DB 2003, 999; ErfK/Kiel § 9 KSchG Rn. 12; GK/Biebl § 9 KSchG Rn. 52; Gravenhorst NZA-RR 2007, 57, 58; Blunk NZA 2000, 807; a.A. KR/Spilger § 9 KSchG Rn. 58 a; Adam MDR 2012, 442; Müller BB 2002, 2014.

1601 BAG, Urt. v. 19.04.2012 – 2 AZR 186/11, NZA 2013, 27; NZA 2002, 1277 zur selbständigen Einstellungs- u. Entlassungsbefugnis u. KR/Rost § 14 KSchG Rn. 37 ff.; Horn NZA 2012, 186; Schulze/Hintzen ArbR 2012, 137; Vogel 2002, 313.

1602 BAG, Urt. v. 24.05.2005, Fn. 1592; ErfK/Kiel § 9 KSchG Rn. 22; KR/Spilger § 9 KSchG Rn. 15.

1603 KR/Spilger § 9 KSchG Rn. 44; GK/Biebl § 9 KSchG Rn. 45.

1604 Dazu und zu den Entscheidungsmöglichkeiten des Gerichts BAG NZA 1994, 264; GK/Biebl § 9 KSchG Rn. 69 ff.; KR/Spilger § 9 KSchG Rn. 65 ff. und MünchKomm/Hergenröder § 9 KSchG Rn. 59 ff.; Leisten BB 1994, 2138.

1605 Vgl. zur Rechtsnatur u. Antragsfassung: GK/Biebl § 9 KSchG Rn. 19 ff.; KR/Spilger § 9 KSchG Rn. 16 ff.

1606 Vgl. dazu KR/Spilger § 10 KSchG Rn. 23 ff., 45 ff.; Popp DB 1993, 734 ff.; Hümmerich NZA 1999, 342 ff.

1607 BAG AP Nr. 3 zu § 10 KSchG; GK/Biebl § 9 KSchG Rn. 23; KR/Spilger § 9 KSchG Rn. 18 f.

Für die **Höhe der Abfindung** sind **insbesondere maßgeblich**: Dauer des Arbeitsverhältnisses, Lebensalter, Einkommenshöhe. **Daneben** sind zu berücksichtigen: Unterhaltspflichten, Gesundheitszustand, Vermittlungsfähigkeit auf dem Arbeitsmarkt, Maß der Sozialwidrigkeit der Kündigung, neues Arbeitsverhältnis sowie nach h.M. die wirtschaftliche Lage des Arbeitgebers.[1608] Nicht zu berücksichtigen sind dagegen die Vermögensverhältnisse des Arbeitnehmers, wohl aber die Nachteile, die er aufgrund der Kündigung erleidet.[1609]

577 Bei **Auflösung des Arbeitsverhältnisses nach einer fristlosen Kündigung** auf Antrag des Arbeitnehmers nach §§ 13 Abs. 1 S. 3 i.V.m. 9, 10 KSchG wird das Arbeitsverhältnis nach § 13 Abs. 1 S. 4 KSchG zum Zeitpunkt des Kündigungszugangs aufgelöst, wobei bei der Bemessung der Abfindung innerhalb der Höchstgrenzen des § 10 KSchG auch der während der Kündigungsfrist entgangene Verdienst zu berücksichtigen ist.[1610] Der bisherige Meinungsstreit zum Zeitpunkt der Auflösung hat sich durch die Regelung des § 13 Abs. 1 S. 4 KSchG erledigt.

J. Befristete Arbeitsverhältnisse

I. Einleitung

578 Nach der bisherigen Rechtslage war die Befristung des Arbeitsverhältnisses nach § 620 BGB grds. zulässig. Beim Bestehen der Möglichkeit einer objektiven Umgehung von Kündigungsschutzbestimmungen, insbes. des KSchG, war eine Befristungsvereinbarung nach ständiger Rspr. des BAG nur dann wirksam, wenn die Voraussetzungen des § 1 BeschFG (Befristung ohne Sachgrund für höchstens 2 Jahre mit dreimaliger Verlängerungsmöglichkeit) vorlagen oder ein sachlicher Befristungsgrund gegeben war.[1611]

Beispiel: Der Unternehmer U, der 15 AN beschäftigt, konnte mit A wegen der Überschreitung der Befristungshöchstdauer des § 1 Abs. 1 BeschFG keinen auf drei Jahre befristeten Arbeitsvertrag ohne Befristungsgrund wirksam abschließen, weil dadurch das KSchG (objektiv) umgangen werden würde. Denn U könnte das Arbeitsverhältnis mit A nach sechs Monaten bei Beschäftigung von mehr als 10 AN (§§ 1 Abs. 1, 23 Abs. 1 KSchG) nur durch eine nach § 1 KSchG sozial gerechtfertigte Kündigung beenden.

Seit dem 01.01.2001 regelt das Recht der befristeten Arbeitsverhältnisse das Gesetz über Teilzeit und befristete Arbeitsverträge (TzBfG), das insoweit die EU-Richtlinie 1999/70 EGV umsetzt und das bisherige BeschFG abgelöst hat.[1612] Ziel des TzBfG ist es u.a., die Zulässigkeit der befristeten Arbeitsverträge grds. einheitlich zu regeln (§§ 14 ff. TzBfG)[1613] und die Diskriminierung sowie Benachteiligung befristet Beschäftigter zu verhindern (§§ 1, 4, 5 TzBfG). Außerdem sollen die Chancen der Arbeitnehmer auf einen Dauerarbeitsplatz erhöht und eine Umgehung der Vorschriften durch aufeinanderfolgende befristete Arbeitsverträge (sog. Kettenarbeitsverträge) eingeschränkt werden.[1614] Den **Begriff des befristeten Arbeitsverhältnisses** regelt § 3 Abs. 1 TzBfG (ka-

1608 KR/Spilger § 9 KSchG Rn. 60; MünchKomm/Hergenröder § 10 KSchG Rn. 24; GK/Biebl § 10 KSchG Rn. 29; einschränkend ErfK/Kiel § 10 KSchG Rn. 10: nur bei Existenzgefährdung des Unternehmens u. in kleineren Unternehmen.

1609 Vgl. MünchKomm/Hergenröder § 10 KSchG Rn. 21; GK/Biebl § 10 KSchG Rn. 27; ErfK/Kiel § 10 KSchG Rn. 8; KR/Spilger § 10 KSchG Rn. 45 ff., 53, 60; v.Hoyningen-Huene/Linck § 10 KSchG Rn. 9 ff. m.w.N.

1610 BAG, Urt. v. 21.06.2012 – 2 AZR 694/11, NZA 2013, 199; KR/Friedrich § 13 KSchG Rn. 70 f.; GK/Biebl § 13 KSchG Rn. 27 f.

1611 BAG, Urt. v. 19.02.2002 – 7 AZR 2/02, NZA 2002, 1336; Hunold NZA-RR 2000, 505 mit Rspr.-Übersicht.

1612 Zur Entwicklung des Befristungsrechts Dörner FA 2009, 322; allg. zum § 14 TzBfG Greiner ZESAR 2013, 305; Schiefer DB 2011, 1120; 1164; Preis RdA 2010, 148; ders. NZA 2005, 714 und Forst FA 2013, 162 zur Befristung bei Leiharbeit.

1613 Vgl. zu Sonderregelungen KR/Lipke § 620 BGB Rn. 77 ff.; vgl. auch Stumpf NZA 2015, 326; Harasch/Holljesiefken NZA 2008, 207; Kortstock ZTR 2007, 350; Löwisch NZA 2007, 479 zur Ablösung der Befristungsbestimmungen des HRG durch das WissZeitG und Hirdina NZA 2009, 712 zur Vereinbarkeit des WissZeitG mit der Verfassung und dem EU-Recht.

1614 Vgl. Kliemt NZA 2001, 296, 297 unter Hinweis auf BT-Drs. 14/4374 S. 12 ff. u. Bruns NZA 2013, 769 zu Kettenbefristungen.

lendermäßige Befristung bzw. Zweckbefristung). Abweichend von der bisherigen Rechtslage stellt das TzBfG nicht mehr auf eine mögliche Umgehung von Kündigungsschutzbestimmungen ab, sondern geht in Umkehr des bisherigen Regel-Ausnahmeverhältnisses davon aus, dass die Befristung eines Arbeitsverhältnisses grds. nur beim Vorliegen eines sachlichen Grundes (§ 14 Abs. 1 TzBfG) zulässig ist, es sei denn, dass der Ausnahmefall des § 14 Abs. 2 TzBfG eingreift.[1615] Auch wenn nach der Konzeption des TzBfG die Sachgrundbefristung nach § 14 Abs. 1 TzBfG die Regel sein soll (dazu unter Rn. 584 ff.), beginnt diese Darstellung mit der Zulässigkeit der Befristung ohne Sachgrund nach § 14 Abs. 2 TzBfG, weil es sich dabei um die einfachere und in der Praxis am häufigsten vorkommende Befristungsform handelt.[1616]

II. Befristung eines Arbeitsverhältnisses ohne Sachgrund

Nach § 14 Abs. 2 S. 1 TzBfG ist es grds. zulässig, **Befristungen von Arbeitsverhältnissen** 579 **bis zur Dauer von zwei Jahren ohne besonderen Befristungsgrund** zu vereinbaren. Außerdem ist eine **dreimalige Verlängerung** des befristeten Arbeitsverhältnisses **bis zu einer Gesamtdauer von zwei Jahren** zulässig. Die Vereinbarung einer sachgrundlosen Befristung ist allerdings nach dem **Anschlussverbot des § 14 Abs. 2 S. 2 TzBfG** ausgeschlossen, wenn mit demselben Arbeitgeber (= derselbe Rechtsträger) bereits zuvor ein befristetes oder unbefristetes Arbeitsverhältnis bestand. Nach dem eindeutigen Gesetzeswortlaut ist zwar § 14 Abs. 2 TzBfG nur bei „Neueinstellungen" anwendbar.[1617] Nach der neuen Rspr. des BAG ist jedoch das Anschlussverbot des § 14 Abs. 2 S. 2 TzBfG „verfassungskonform" dahingehend auszulegen, dass es einer sachgrundlosen Befristung dann nicht entgegen steht, wenn das Ende des vorangegangenen Arbeitsverhältnisses mehr als drei Jahre (Gedanke des § 195 BGB) zurückliegt. [1618] Ein Berufsausbildungsverhältnis ist nach h.M. kein Arbeitsverhältnis i.S.d. Anschlussverbots.[1619] Im **Tarifvertrag** kann gemäß § 14 Abs. 2 S. 3 TzBfG eine von § 14 Abs. 2 S. 1 TzBfG **abweichende Anzahl der Verlängerungen bzw. der Befristungshöchstdauer** (vgl. auch § 14 Abs. 2 S. 4 TzBfG) auch zum Nachteil der Arbeitnehmer vereinbart werden.[1620]

Das Anschlussverbot des § 14 Abs. 2 S. 2 TzBfG weicht erheblich von dem früher geltenden § 1 Abs. 3 BeschFG ab. Hiernach war der erneute Abschluss eines befristeten Arbeitsvertrags ohne Sachgrund nur beim Vorliegen eines engen sachlichen Zusammenhanges ausgeschlossen, der insbes. dann vorlag, wenn zwischen den Arbeitsverträgen ein Zeitraum von weniger als vier Monaten lag.

1615 BAG, Urt. v. 06.11.2003 – 2 AZR 690/02, ZIP 2004, 1428; KR/Lipke § 14 TzBfG Rn. 2 ff.; 21 ff. m.w.N. u. allg. zu sachgrundlosen Befristungen nach § 14 Abs. 2 TzBfG Krause JA 2012, 468; Moderegger ArbR 2011, 180; Heidl RdA 2009, 297.

1616 Rspr.-Übers. zum § 14 TzBfG: Bruns BB 2014, 53; 2013, 3125; NZA-RR 2010, 113; Hunold NZA-RR 2013, 505; Linsenmaier RdA 2012, 193; Preis/Greiner RdA 2010, 148; Kossens NZA-RR 2009, 233; Junker EuZA 2013, 3; Rolfs/de Groot ZESAR 2009, 5 (Rspr. des EuGH); zum öffentl. Dienst: Zimmerling/Zimmerling öAT 2015, 158; Lakies PersR 2012, 59; 285.

1617 So noch BAG, Beschl. v. 29.07.2009 – 7 AZN 368/09, ZTR 2009, 544; vgl. auch BAG, Urt. v. 15.05.2013 – 7 AZR 525/11, DB 2013, 2276 zur rechtsmissbräuchl. Umgehung des Anschlussverbots bei Zusammenarbeit verschiedener VertragsAG.

1618 BAG, Urt. v. 21.09.2011 – 7 AZR 735/10, NZA 2012, 255; ErfK/Müller-Glöge § 14 TzBfG Rn. 99; v. Medem ArbR 2014, 425; a.A. LAG Baden-Württemberg ArbuR 2014, 30 (Rev. 7 AZR 896/13); Junker EuZA 2013, 3; Lakies ArbuR 2011, 190: „Verfassungswidrige Rspr. zur Erleichterung der sachgrundlosen Befristung"; Höpfner NZA 2011, 883: „Arbeitsmarktpolitische Vernunft contra Gesetzestreue" und Schiefer/Pöttering DB 2013, 2928 zur Absicht der Gesetzesänderung.

1619 Vgl. BAG, Urt. v. 21.09.2011, Fn. 1618 mit Meinungsübersicht; zust. Hunold NZA 2012, 431; Schaub/Koch § 39 Rn. 12.

1620 Vgl. BAG, Urt. v. 18.03.2015 – 7 AZR 272/13, NZA 2015, 821; Ludewig SAE 2013, 23; krit. Loth/Ulber NZA 2013, 130; allg. dazu Francken NZA 2013, 122; Boecken/Jacobsen ZfA 2012, 37; BAG, Urt. v. 25.03.2009 – 7 AZR 710/07, BB 2009, 773: Keine Abw. durch kirchl. Arbeitsrechtsregelungen, weil diese keine TV sind; abl. Joussen RdA 2010, 182; v. Tilling ZTR 2009, 458.

580 Die Anwendbarkeit des § 14 Abs. 2 TzBfG setzt **keine besondere Vereinbarung einer sachgrundlosen Befristung** voraus. Es genügt vielmehr, dass die Voraussetzungen des § 14 Abs. 2 TzBfG beim Vertragsschluss objektiv vorliegen. Etwas anderes gilt nur dann, wenn die Anwendbarkeit des § 14 Abs. 2 TzBfG ausdrücklich oder konkludent abbedungen wird. Die Nennung eines Befristungsgrundes allein reicht dafür noch nicht aus. Schreibt allerdings eine besondere Regelung vor, dass die Art der Befristung anzugeben ist (z.B. § 2 Abs. 4 WissZeitVG, Tarifvertrag), kann sich der Arbeitgeber bei Verletzung dieses sog. Zitiergebots nicht auf § 14 Abs. 2 TzBfG berufen.[1621]

581 Eine **Verlängerung des befristeten Arbeitsverhältnisses** i.S.d. § 14 Abs. 2 S. 1 TzBfG setzt nach ganz h.M. zwingend voraus, dass die Verlängerungsvereinbarung vor Ablauf der ursprünglich vereinbarten Befristung abgeschlossen und nur die Dauer des Arbeitsvertrages verlängert wurde. Denn bereits begrifflich setzt das Vorliegen einer Verlängerungsvereinbarung voraus, dass der bisherige Vertrag noch nicht abgelaufen ist.[1622] Inhaltliche Änderungen des bisherigen Vertrags sind allerdings zulässig, wenn sie der Anpassung an die bereits vor der Verlängerung getroffenen Vereinbarungen dienen.[1623]

582 Hat der Arbeitnehmer bei Beginn des Arbeitsverhältnisses **bereits das 52. Lebensjahr vollendet,** ist eine **Befristung ohne Sachgrund bis zu einer Dauer von fünf Jahren nach Maßgabe des § 14 Abs. 3 S. 1 TzBfG n.F zulässig,** wobei innerhalb der Gesamtdauer mehrfache Verlängerungen möglich sind (vgl. auch § 41 S. 3 SGB VI n.F[1624]). Ein Verbot einer Vorbeschäftigung besteht dabei nicht. Ob diese Erweiterung der Zulässigkeit der befristeten Arbeitsverträge mit älteren Arbeitnehmern mit dem EU-Recht zu vereinbaren ist oder ob die Neufassung des § 14 Abs. 3 TzBfG ebenso wie die Vorgängerregelung gegen das Verbot der Altersdiskriminierung verstößt, ist umstritten.[1625]

Bei Annahme eines Verstoßes gegen das Verbot der Altersdiskriminierung könnte § 14 Abs. 3 TzBfG n.F. ebenso wie § 14 Abs. 3 TzBfG a.F. zur Rechtfertigung der Befristung generell nicht herangezogen werden, sodass die Befristung unwirksam wäre.[1626]

583 In den ersten 4 Jahren nach **Gründung eines Unternehmens** können befristete Arbeitsverträge nach Maßgabe des § 14 Abs. 2 a TzBfG ohne Sachgrund abgeschlossen werden, was nach h.M. mit EU-Recht und Verfassung vereinbar ist.[1627]

Eine Regelung im Tarif- bzw. Arbeitsvertrag, nach der eine Befristung abweichend von § 14 Abs. 2 TzBfG nur beim Vorliegen eines sachlichen Rechtfertigungsgrundes möglich ist, ist nach dem Günstigkeitsprinzip zulässig.[1628]

1621 BAG, Urt. v. 29.06.2011 – 7 AZR 774/09, NZA 2011, 1151; KR/Lipke § 14 TzBfG Rn. 77 ff. m.w.N.

1622 BAG, Urt. v. 20.02.2008 – 7 AZR 786/06, NZA 2008, 883; KR/Lipke § 393; Kahl ArbR 2009, 129; a.A. Greiner RdA 2009, 82; Sowka DB 2000, 2427: schriftliche Bestätigung einer rechtzeitigen mündlichen Verlängerungsvereinbarung genügt.

1623 BAG, Urt. v. 16.01.2008 – 7 AZR 603/06, NZA 2008, 701; ErfK/Müller-Glöge § 14 TzBfG Rn. 88; a.A. Reus/Mühlhausen RdA 2013, 226; enger KR/Lipke § 14 TzBfG Rn. 396 ff.; Sowka SAE 2007, 172: für den Arbeitnehmer günstigere Vertragsänderungen zulässig u. Städler NZA 2012, 1082 zur Verlängerung eines zunächst mit Sachgrund befristeten AV.

1624 Vgl. dazu Groeger ZTR 2015, 115; Schmitt-Rolfes AuA 2015, 263; Giesen ZfA 2014, 217; krit. Klösel/Reitz NZA 2014, 1366.

1625 Dagegen BAG, Urt. v. 28.05.2014 – 7 AZR 360/12, ZIP 2015, 287 („jedenfalls bei erstmaliger Anwendung"); ErfK/Müller-Glöge § 14 TzBfG Rn. 110 a m.w.N.; a.A. wegen verfassungs-/europarechtlicher Bedenken Kast/Herrmann BB 2007, 1841.

1626 Vgl. zu § 14 Abs. 3 TzBfG a.F. EuGH, Urt. v. 22.11.2005 – C 144/04, BB 2005, 2748 m.Anm. Strybny und BVerfG, Beschl. v. 06.07.2010 – 2 BvR 2661/06, JZ 2010, 1177 m.Anm. Classen zu europafreundlichen „Reservekontrolle" durch das BVerfG.

1627 Vgl. GK/Backhaus § 14 TzBfG Rn. 415 d; KR/Lipke § 14 TzBfG Rn. 442 ff. m.w.N. und verfassungsrechtl. Bedenken.

1628 BAG, Urt. v. 23.04.2009 – 6 AZR 533/08, juris; ErfK/Müller-Glöge § 14 TzBfG Rn. 84; KR/Lipke § 14 TzBfG Rn. 516 m.w.N.

III. Befristung mit Sachgrund nach § 14 Abs. 1 TzBfG

Abgesehen von den o.g. Fällen des § 14 Abs. 2, 3 TzBfG ist die Vereinbarung von Befristungen gemäß § 14 Abs. 1 TzBfG nur zulässig, wenn ein **sachlicher Befristungsgrund** vorliegt, ohne dass es auf eine Möglichkeit der Umgehung von Kündigungsbestimmungen ankommt.[1629] Mangels besonderer Regelung muss der Sachgrund nicht Vertragsinhalt geworden sein. Es reicht vielmehr aus, dass er im Zeitpunkt des Vertragsschlusses objektiv vorlag (vgl. auch oben Rn. 580).[1630] **584**

Sachliche Befristungsgründe sind nach § 14 Abs. 1 TzBfG insbesondere:

- **vorübergehender Bedarf**, § 14 Abs. 1 S. 2 Nr. 1 TzBfG[1631] **585**

  Erforderlich für diesen Befristungsgrund ist, dass der Arbeitgeber im Zeitpunkt des Vertragsschlusses aufgrund greifbarer Tatsachen mit hinreichender Sicherheit annehmen darf (Prognose), dass der nur vorübergehende Arbeitskräftebedarf wieder wegfällt (z.B. Durchführung eines bestimmten Forschungsvorhabens).[1632] Die bloße Unsicherheit der künftigen Entwicklung des Arbeitskräftebedarfs rechtfertigt dagegen noch keine Befristung wegen vorübergehenden Bedarfs.[1633]

- **Tätigkeit im Anschluss an eine Ausbildung oder ein Studium**, § 14 Abs. 1 S. 2 Nr. 2 TzBfG[1634] **586**

  Diese Regelung soll den Berufsstart erleichtern, indem sie die Tarifnormen aufgreift, die den Auszubildenden im Anschluss an die Ausbildung einen Anspruch auf befristete Beschäftigung verschaffen. Außerdem soll sie Befristungen mit Sachgrund bei Arbeitnehmern erleichtern, die bereits früher als Werksstudenten bei demselben Arbeitgeber tätig waren.[1635] Erfasst wird dabei nur der erste Arbeitsvertrag, den der Arbeitnehmer im Anschluss an seine Ausbildung/Studium abschließt.[1636]

- **Vertretung eines verhinderten Arbeitnehmers**, § 14 Abs. 1 S. 2 Nr. 3 TzBfG[1637] **587**

  Nach h.M. setzt dieser Befristungsgrund nicht voraus, dass der befristet eingestellte Arbeitnehmer auf dem Arbeitsplatz des verhinderten Arbeitnehmers beschäftigt wird, sodass eine sog. mittelbare Vertretung (= Kausalität des Ausfalls für die Einstellung, sog. gedankliche Vertretung) erfasst wird.[1638] Die Vereinbarung wiederholter Befristungen zur Vertretung nach § 14 Abs. 1 S. 2 Nr. 3 TzBfG ist mit EU-Recht grds. vereinbar, aber Einzelabwägung unter Berücksichtigung aller Umstände einschl. der Zahl der Befristungen und der Gesamtdauer der Befristungen erforderlich.[1639]

- **Eigenart der Arbeitsleistung**, § 14 Abs. 1 S. 2 Nr. 4 TzBfG **588**

  Darunter fallen insbesondere Tätigkeiten aufgrund befristeter Arbeitsverträge beim Rundfunk, Fernsehen und Presse sowie befristete Verträge im Berufssport, was neuerdings umstritten ist.[1640]

1629 BAG, Urt. v. 06.01.2003 – 2 AZR 690/02, ZIP 2004, 1428; KR/Lipke § 14 TzBfG Rn. 2 ff., 21 ff. m.w.N.

1630 BAG, Urt. v. 13.02.2013 – 7 AZR 225/11, NZA 2013, 777; NZA 2002, 85; KR/Lipke § 14 TzBfG Rn. 77 ff.

1631 Vgl. BAG, Urt. v. 15.10.2014 – 7 AZR 893/12, NZA 2015, 362; KR/Lipke § 14 TzBfG Rn. 91 ff.; Oberthür ArbRB 2013, 120

1632 Vgl. zur Prognoseentscheidung: Thüsing/Fütterer/Thieken ZfA 2014, 3; Brose/Sagan NZA 2012, 308.

1633 BAG, Urt. v. 09.12.2009 – 7 AZR 399/08, NZA 2010, 847; GK/Backhaus § 14 TzBfG Rn. 139; Gragert FA 2004, 194 m.w.N.

1634 Vgl. BAG, Urt. v. 24.08.2011 – 7 AZR 368/10, BB 2012, 251; GK/Backhaus § 14 TzBfG Rn. 83 ff.; Hunold NZA 2012, 431 u. Schlachter NZA 2003, 1180, die sich krit. mit dem Anwendungsbereich des § 14 Abs. 1 S. 2 Nr. 2 TzBfG auseinandersetzt.

1635 KR/Lipke § 14 TzBfG Rn. 84 ff.; ErfK/Müller-Glöge § 14 TzBfG Rn. 32; Hromadka BB 2001, 621, 622.

1636 BAG, Urt. v. 24.08.2011, Fn. 1634; ErfK/Müller-Glöge § 14 TzBfG Rn. 32; Klasen EWiR 2008, 379; Biswas SAE 2008, 351.

1637 Vgl. KR/Lipke § 14 TzBfG Rn. 133 ff.; Kiel JbArbR 50, 25 (2013); Persch BB 2013, 629; Bayreuther NZA 2013, 23.

1638 BAG, Urt. v. 11.02.2015 – 7 AZR 113/13, NZA 2015, 617; Urt. v. 06.11.2013 – 7 AZR 96/12, NZA 2014, 430; Eisemann NZA 2009, 1113; krit. Sagan, Anm. in AP Nr. 105 zu § 14 TzBfG; GK/Backhaus § 14 TzBfG Rn. 93 mit Meinungsübersicht.

1639 EuGH, Urt. v. 26.01.2012 – C-586/10, NZA 2012, 135; BAG, Urt. 29.04.2015 – 7 AZR 310/13, NZA 2015, 928; Klenter PersR 2014, 193 krit. Bruns NZA 2013, 769; dazu auch Lakies ArbR 2014, 94; Böhm DB 2013, 516; Bayreuther NZA 2013, 23.

1640 BAG, Urt. v. 04.12.2013 – 7 AZR 457/12, NZA 2014, 1018 (Rundfunk); GK/Backhaus § 14 TzBfG Rn. 176 ff. (Bühne); 274 ff. (Rundfunk), 309 ff. (Sport/sonstige Fälle); BAG NZA 1999, 646 (Sporttrainer) sowie ArbG Mainz NZA 2015, 684 (Torwart); dazu abl. Katzer/Frodl NZA 2015, 657; Fröhlich/Fröhlich CaS 2015, 145 und allg. Beckmann/Beckmann SpuRt 2011, 236.

589 ■ **Erprobung**, § 14 Abs. 1 S. 2 Nr. 5 TzBfG[1641]

Die Erprobung stellt dann den sachlichen Befristungsgrund, wenn der Arbeitgeber beabsichtigt, dem Arbeitnehmer bei Bewährung ein Dauerarbeitsverhältnis anzubieten. Ist dem Arbeitgeber die Eignung aufgrund eines bereits vorangegangenen Arbeitsverhältnisses bekannt, liegt dieser Sachgrund nicht vor.[1642] Bei Formularverträgen darf die Probezeitvereinbarung außerdem nicht in einer überraschenden Klausel i.S.d. § 305 c BGB enthalten sein.[1643]

590 ■ **Gründe in der Person des Arbeitnehmers**, § 14 Abs. 1 S. 2 Nr. 6 TzBfG

Als Gründe in der Person des Arbeitnehmers kommen insbesondere in Betracht: Wunsch des Arbeitnehmers oder vorübergehende Beschäftigung aus sozialen Erwägungen mit Rücksicht auf die persönliche Situation des Arbeitnehmers (vgl. auch § 41 S. 3 SGB VI n.F.).[1644]

591 ■ **Haushaltsrechtlich befristete Stelle**, § 14 Abs. 1 S. 2 Nr. 7 TzBfG

Voraussetzung für dieses Sonderbefristungsrecht des öffentlichen Dienstes ist, dass die Mittel haushaltsrechtlich für die befristete Beschäftigung bestimmt sind und der Arbeitnehmer zulasten dieser Mittel eingestellt und beschäftigt wird. Ob § 14 Abs. 1 S. 2 Nr. 7 TzBfG mit EU-Recht vereinbar ist, sollte der EuGH entscheiden, das Verfahren wurde aber übereinstimmend für erledigt erklärt.[1645]

592 ■ **Gerichtlicher Vergleich** (Arbeitsverhältnis im Streit), § 14 Abs. 1 S. 2 Nr. 8 TzBfG [1646]

Kein gerichtlicher Vergleich danach ist nach dem BAG ein auf übereinstimmenden Parteivorschlag durch Gerichtsbeschluss nach § 278 Abs. 6 Satz 1 Alt. 1, Satz 2 ZPO nur festgestellter Vergleich.[1647]

Bei den o.g. Befristungsgründen handelt es sich nur um die wichtigsten **Regelbeispiele** und nicht um eine abschließende Aufzählung, sodass auch andere Gründe, die wertungsmäßig vergleichbar sind, eine Befristung rechtfertigen können.[1648]

593 Die Vereinbarung einer **Sachgrundbefristung** nach § 14 Abs. 1 TzBfG ist auch **im Anschluss an** ein nach § 14 Abs. 2 TzBfG **ohne Sachgrund abgeschlossenen befristeten Arbeitsvertrag** möglich, weil § 14 Abs. 1 TzBfG ein dem § 14 Abs. 2 S. 2 TzBfG entsprechendes Anschlussverbot nicht enthält.[1649] Zulässig ist grundsätzlich auch die nachträgliche Befristung eines zunächst unbefristeten Vertrags, wenn dafür ein sachlicher Grund vorliegt.[1650]

594 Bei sog. **Kettenarbeitsverträgen** (mehrere Befristungen) ist bei der Prüfung des sachlichen Befristungsgrundes i.d.R. nur auf den letzten Arbeitsvertrag abzustellen, wobei mit zunehmender Zahl der Befristungen je nach Befristungsgrund auch die Anforderungen an die Wirksamkeit einer weiteren Befristung steigen können.[1651]

1641 Vgl. KR/Lipke § 14 TzBfG Rn. 210 ff.; GK/Backhaus § 14 TzBfG Rn. 254 ff.; allg. zur Probezeit Blomeyer NZA 2008, 2812.

1642 Vgl. BAG, Urt. v. 02.06.2010 – 7 AZR 85/09, NZA 2010, 1293; ErfK/Müller-Glöge § 14 TzBfG Rn. 49, 50.

1643 BAG, Urt. v. 16.04.2008 – 7 AZR 132/07, NZA 2008, 876; LAG Berlin-Brandenburg NZA-RR 2013, 459 m. abl. Anm. Hunold.

1644 Vgl. BAG, Urt. v. 19.01.2005 – 7 AZR 115/04, ArbRB 2005, 196; ausführlich dazu KR/Lipke § 14 TzBfG Rn. 239 ff. u. BAG, Urt. v. 11.02.2015 – 7 AZR 17/13, NZA 2015, 1066; Bauer/Gottschalk BB 2013, 501 zu Befristungen mit „Altersrentnern".

1645 Vgl. dazu BAG, Urt. v. 13.02.2013 – 7 AZR 225/11, NZA 2013, 777; Urt. v. 09.03.2011 – 7 AZR 728/09, NZA 2011, 911; KR/Lipke § 14 TzBfG Rn. 302 ff.; Persch ZTR 2011, 65; Groeger ArbRB 2010, 282 u. NJW 2008, 465; Löwisch NZA 2006, 457 zur Vereinbarkeit mit Verfassung und EU-Recht u. Joussen RdA 2010, 65 zur Anwendbarkeit im kirchlichen Bereich.

1646 BAG, Urt. v. 12.11.2014 – 7 AZR 891/12, NZA 2015, 379; KR/Lipke § 14 TzBfG Rn. 337 ff.; Bohlen NZA-RR 2015, 449 m.w.N.

1647 BAG, Urt. v. 14.01.2015 – 7 AZR 2/14, juris; a.A. Schulte/Molkenbur ArbRB 2015, 61; dazu auch Bohlen ZESAR 2015, 377.

1648 BAG, Urt. v. 18.03.2015 – 7 AZR 115/13, ArbR 2015, 430; M/H/H § 14 TzBfG Rn. 32; KR/Lipke § 14 TzBfG Rn. 347 ff. mit Bsp.

1649 KR/Lipke § 14 TzBfG Rn. 376.

1650 BAG NZA 1999, 476; KR/Lipke § 14 TzBfG Rn. 12 ff.; ErfK/Müller-Glöge § 14 TzBfG Rn. 13 ff.; Löwisch BB 2005, 1625 ff.

1651 Vgl. BAG, Urt. v. 29.04.2015 – 7 AZR 310/13, NZA 2015, 928; Urt. v. 24.09.2014 – 7 AZR 987/12, NZA 2015, 301; zu Beweislastproblemen Busemann MDR 2015, 314; zu Mehrfachbefristungen auch Rn. 587 und Lakies ArbR 2014, 94; KR/Lipke § 14 TzBfG Rn. 52 ff. und zur Klagefrist des § 17 TzBfG: BAG, Urt. v. 04.12.2013 – 7 AZR 468/12, NZA 2014, 623; a.A. noch BAG AP Nr. 54, 62 zu § 620 BGB „Befristeter Arbeitsvertrag": alle Befristungsvereinbarungen zu prüfen; zur Klagefrist Rn. 598.

IV. Sonstiges zu Befristungsvereinbarungen

1. Schriftform

Nach § 14 Abs. 4 TzBfG bedarf die Vereinbarung einer Befristung zu ihrer Wirksamkeit der **Schriftform**, wobei die elektronische Form des § 126 a BGB genügt.[1652] Beim Verstoß gegen das gesetzliche Schriftformerfordernis besteht ein unbefristetes Arbeitsverhältnis, das gemäß § 16 S. 2 TzBfG bereits vor dem vereinbarten Befristungsende nach allg. Regeln kündbar ist.[1653] Dies gilt auch dann, wenn die Parteien eine zunächst mündlich abgeschlossene Befristungsvereinbarung nachträglich nach Vertragsbeginn mit „Rückwirkung bestätigt" haben. Die Berufung auf die Unwirksamkeit der Befristungsabrede wegen Formverstoßes nach § 125 BGB ist in diesem Fall auch nicht treuwidrig.[1654] 595

Der Schriftformzwang des § 14 Abs. 4 TzBfG erstreckt sich allerdings nur auf die Befristungsvereinbarung selbst, nicht dagegen auch auf die Angabe des Befristungsgrundes. Insofern reicht es aus, dass der Befristungsgrund im Zeitpunkt des Vertragsschlusses objektiv gegeben war. Etwas anderes gilt nur dann, wenn abweichende Regelungen vorliegen.[1655]

2. Beendigung des befristeten Arbeitsverhältnisses

Der **wirksam befristete Arbeitsvertrag** endet bei kalendermäßiger Befristung gemäß § 15 Abs. 1 TzBfG mit Ablauf der vereinbarten Zeit, bei einer Zweckbefristung mit der Zweckerreichung, frühestens aber zwei Wochen nach Zugang der schriftlichen Unterrichtung des Arbeitnehmers über den Zeitpunkt der Zweckerreichung, § 15 Abs. 2 TzBfG. Eine **ordentliche Kündigung** des wirksam befristeten Vertrags ist gemäß § 15 Abs. 3 TzBfG nur zulässig, wenn dies im Arbeits- oder Tarifvertrag vereinbart wurde.[1656] Nach der bisherigen Rechtslage war die ordentliche Kündigung dagegen nur im Zweifel ausgeschlossen. Wird das befristete **Arbeitsverhältnis nach dem Befristungsende mit Wissen des Arbeitgebers fortgesetzt**, so gilt es gemäß § 15 Abs. 5 TzBfG als auf unbestimmte Zeit verlängert, wenn der Arbeitgeber nicht unverzüglich widerspricht oder dem Arbeitnehmer die Zweckerreichung nicht unverzüglich mitteilt. 596

§ 15 Abs. 5 TzBfG schließt in ihrem Anwendungsbereich als eine Sonderregelung den Rückgriff auf die allgemeine Regelung des § 625 BGB aus und ist gemäß § 22 Abs. 1 TzBfG nicht dispositiv.[1657]

3. Folgen unwirksamer Befristungsvereinbarung

Liegt **keine nach § 14 Abs. 1, 2 TzBfG wirksame Befristungsvereinbarung vor**, gilt der **Arbeitsvertrag** gemäß 16 S. 1 TzBfG als **auf unbestimmte Zeit geschlossen**. Er kann vom Arbeitgeber frühestens zu dem vereinbarten Ende ordentlich gekündigt werden, sofern die **ordentliche Kündigung** nicht gemäß § 15 Abs. 3 TzBfG zu einem früheren Zeitpunkt möglich ist. Der Arbeitnehmer kann dagegen den unwirksam befristeten 597

1652 Vgl. KR/Lipke § 14 TzBfG Rn. 507 ff.; ErfK/Müller-Glöge § 14 TzBfG Rn. 114 ff.; Kramer DB 2006, 502, 505.

1653 Vgl. KR/Lipke § 16 TzBfG Rn. 4, 9; ErfK/Müller-Glöge § 14 TzBfG Rn. 122 ff.; Lingemann ArbR 2009, 79.

1654 BAG, Urt. v. 13.06.2007 – 7 AZR 700/06, NZA 2008, 108; LAG Hamm, Urt. v. 19.04.2012 – 8 Sa 63/12, juris; KR/Lipke § 14 TzBfG Rn. 564 ff.; a.A. Greiner RdA 2009, 82 ff.; krit. dazu auch Nadler/v. Medem NZA 2005, 1214 ff.

1655 BAG, Urt. v. 26.07.2006 – 7 AZR 515/05, NZA 2007, 34; KR/Lipke § 14 TzBfG Rn. 77 ff.; 517 ff., 534 ff. sowie BAG, Urt. v. 21.12.2005 – 7 AZR 541/04, DB 2006, 564 u. KR/Lipke § 14 TzBfG Rn. 543 zum Schriftformumfang bei Zweckbefristung.

1656 Vgl. dazu BAG, Urt. v. 05.02.2002 – 8 AZR 639/02, NZA 2004, 845; KR/Lipke § 15 TzBfG Rn. 20 ff.

1657 BAG, Urt. v. 03.09.2003 – 7 AZR 106/03, NZA 2004, 255; ErfK/Müller-Glöge § 15 TzBfG Rn. 25 u. Nehls DB 2001, 2718 ff.

Arbeitsvertrag stets ordentlich kündigen.[1658] Ist dagegen die Befristung allein wegen Verstoßes gegen das Schriftformerfordernis des § 14 Abs. 4 TzBfG unwirksam, ist eine ordentliche Kündigung für beide Vertragsparteien nach § 16 S. 2 TzBfG schon vor dem vereinbarten Befristungsablauf unabhängig von einer Vereinbarung nach § 14 Abs. 3 TzBfG zulässig. Dies gilt nach ganz h.M. auch bei Unwirksamkeit der Befristung mangels Bestimmtheit des Befristungsendes, weil in diesem Fall das Befristungsende nicht bestimmbar ist, sodass die Rechtsfolge des § 16 S. 1 TzBfG (Bindung des Arbeitgebers an die Mindestbefristungsdauer) nicht eingreifen kann.[1659]

4. Einhaltung der Klagefrist

598 Die Unwirksamkeit der Befristung muss nach **§ 17 TzBfG** innerhalb von drei Wochen nach dem (bei Kettenbefristungen) jeweils vorgesehenen Befristungsende gerichtlich geltend gemacht werden. Nach Ablauf dieser **dreiwöchigen Klagefrist** gilt die Befristung gemäß § 17 S. 2 TzBfG i.V.m. § 7 KSchG als wirksam.[1660] Diese Klagefrist bezieht sich auf alle Unwirksamkeitsgründe (vgl. auch § 6 KSchG).[1661] Die Entfristungsklage kann schon vor dem vorgesehenen Ablauf der Befristung erhoben werden.[1662] Bei schuldloser Versäumung der Klagefrist kommt eine nachträgliche Klagezulassung nach § 17 S. 2 TzBfG i.V.m. § 5 KSchG in Betracht (vgl. dazu oben Rn. 560). Beim Streit über das Bestehen der Befristungsabrede muss dagegen die Klagefrist nicht eingehalten werden.[1663]

599 Die **Befristung einzelner Vertragsbedingungen** (z.B. Arbeitszeit, Vergütungshöhe) unterliegt nicht dem TzBfG und damit auch nicht dem Schriftformzwang des § 14 Abs. 4 TzBfG und der Klagefrist des § 17 TzBfG.[1664] Während aber die Befristung der einzelnen Vertragsbedingungen nach bisheriger Rspr. des BAG bei Möglichkeit der objektiven Umgehung des § 2 KSchG zu ihrer Wirksamkeit eines sachlichen Rechtfertigungsgrundes bedurfte, ist sie nach der Schuldrechtsreform der Wirksamkeits- und Inhaltskontrolle nach §§ 305 ff. BGB zu unterziehen, ohne dass es auf die Möglichkeit der Umgehung des KSchG ankommt. Liegt für die Befristung ein sachlicher Grund i.S.d. bisherigen Rspr. vor, dann hält die Befristung der Arbeitsbedingung i.d.R. auch einer Inhaltskontrolle nach §§ 307 ff. BGB stand.[1665]

600 K. Beendigung des Arbeitsverhältnisses durch Eintritt einer auflösenden Bedingung i.S.d. § 158 Abs. 2 BGB, § 21 TzBfG

Die Vereinbarung einer auflösenden Bedingung als Grund für die Beendigung des Arbeitsverhältnisses ist nach der ausdrücklichen Regelung des § 21 TzBfG grds. zulässig.[1666] Die **auflösende Bedingung bedarf** aber **zu ihrer Wirksamkeit der Schriftform** (§ 21 i.V.m. § 14 Abs. 4 TzBfG) und **stets eines sachlichen Rechtfertigungsgrundes**, weil § 21 TzBfG nur auf eine entspr. Anwendung der Sachgrundbefristungsrege-

1658 Vgl. dazu BAG, Urt. v. 23.04.2009 – 6 AZR 533/08, NZA 2009, 1260; KR/Lipke § 16 TzBfG Rn. 5; a.A. GK/Backhaus § 16 TzBfG Rn. 20: Kündigung zum vorgesehenen Befristungsablauf entbehrlich.

1659 BAG, Urt. v. 23.04.2009, Fn. 1658; GK/Backhaus § 16 TzBfG Rn. 2; KR/Lipke § 16 TzBfG Rn. 11; Persch NZA 2012, 1079.

1660 BAG, Urt. v. 16.04.2003 – 7 AZR 119/02, NZA 2004, 28; KR/Bader § 17 TzBfG Rn. 15 ff.; 49 ff.; Zimmermann ArbR 2011, 632.

1661 BAG, Urt. v. 19.01.2001 – 7 AZR 574/00, ARST 2002, 121; KR/Bader § 17 TzBfG Rn. 2 ff. m.w.N.

1662 Vgl. BAG, Urt. v. 12.01.2012 – 7 AZR 112/08, NZA 2012, 575; KR/Bader § 17 TzBfG Rn. 35; Bruns BB 2010, 1151, 1154.

1663 BAG, Urt. v. 23.06.2004 – 7 AZR 440/03, NZA 2005, 520; KR/Bader § 17 TzBfG Rn. 5 mit Meinungsübersicht.

1664 BAG, Urt. v. 14.01.2004 – 7 AZR 213/03, NZA 2004, 719; Urt. v. 03.09.2003 – 7 AZR 106/03, NZA 2004, 255; vgl. auch LAG Berlin-Brandenburg NZA-RR 2013, 459 m. abl. Anm. Hunold: Nicht Befristungsunwirksamkeit nach § 305 c Abs. 1 BGB.

1665 BAG, Urt. v. 10.12.2014 – 7 AZR 1009/12, NZA 2015, 811; Urt. v. 15.12.2011 – 7 AZR 394/10, NZA 2012, 674; KR/Lipke § 14 TzBfG Rn. 16 ff.; ErfK/Preis § 310 BGB Rn. 74 ff. sowie Fledermann ArbR 2015, 367 u. 392; Preis/Bender NZA-RR 2005, 337.

1666 Vgl. zum Begriff KR/Bader § 21 TzBfG Rn. 1 ff. und zum früheren Meinungsstreit Felix NZA 1994, 111.

lung des § 14 Abs. 1 TzBfG (vgl. dazu oben Rn. 584 ff.), nicht aber auf die sachgrundlose Befristung nach § 14 Abs. 2 TzBfG verweist.[1667]

Vor der Einführung des § 21 TzBfG waren an die Zulässigkeit einer auflösenden Bedingung nach ganz h.M. sehr strenge Anforderungen zu stellen. Ob an diesem strengen Prüfungsmaßstab auch nach der Einführung des § 21 TzBfG festzuhalten ist, ist noch nicht geklärt.[1668] Da aber die Grundsätze der Sachgrundbefristungen nach § 14 Abs. 1 TzBfG nur entspr. anwendbar sind, ist die Wirksamkeitsprüfung auch im Hinblick darauf vorzunehmen, ob die auflösende Bedingung auch unter Berücksichtigung von verfassungsrechtlichen und gesetzgeberischen Wertungen im Einzelfall ein sachgerechtes und legitimes Gestaltungsmittel ist.[1669] Dies gilt insbes. dann, wenn es sich um eine auflösende Bedingung handelt, die keinem Regelbeispiel des § 14 Abs. 1 TzBfG entspricht. Daraus folgt:

Die Vereinbarung einer **Vertragspflichtverletzung als auflösende Bedingung** ist danach unzulässig, weil dadurch der Kündigungsschutz ausgeschaltet wird. 601

Beispiel: Die Vereinbarung, dass das Arbeitsverhältnis endet, wenn z.B. der Arbeitnehmer dreimal unentschuldigt fehlt usw., ist unwirksam, sodass das Arbeitsverhältnis ohne die auflösende Bedingung besteht, §§ 21 i.V.m. § 16 TzBfG. § 139 BGB findet keine Anwendung.

Unzulässig sind auch auflösende Bedingungen, die einer **Abwälzung des Unternehmensrisikos auf den Arbeitnehmer** dienen.[1670] 602

Beispiel: Vereinbarungen, wonach das Arbeitsverhältnis endet, wenn die vorhandenen Aufträge den Betrag X nicht erreichen oder wenn im Betrieb Kurzarbeit für längere Zeit als z.B. zwei Wochen eingeführt wird, sind unwirksam. Denn dadurch wird zumindest der Kündigungsschutz bei betriebsbedingten Kündigungen umgangen.

Unzulässig ist auch eine auflösende Bedingung, nach der das Arbeitsverhältnis bei einer länger als (z.B. drei Wochen) andauernden **krankheitsbedingten Arbeitsunfähigkeit** endet, weil damit die Wertungen des KSchG und des EFZG umgangen werden.[1671] Zulässig ist dagegen nach § 21 i.V.m. § 14 Abs. 1 Nr. 6 TzBfG die Vereinbarung, dass der Arbeitnehmer vorläufig unter dem Vorbehalt der Feststellung seiner **gesundheitlichen Eignung** eingestellt wird bzw. der Arbeitsvertrag endet, wenn der Betriebsrat die nach § 99 BetrVG erforderliche **Zustimmung zur Einstellung** nicht erteilt.[1672] 603

Vereinbarungen, wonach das Arbeitsverhältnis mit dem **Eintritt der vollen Erwerbsminderung** endet (§ 21 i.V.m. § 14 Abs. 1 Nr. 6 TzBfG), sind jedenfalls für den Fall einer nur vorläufigen Rentengewährung grds. unzulässig.[1673] Etwas anderes gilt aber nach dem BAG bei einer tariflichen Regelung, wenn dem Arbeitnehmer bei Wiedererlangung der Arbeitsfähigkeit ein Wiedereinstellungsanspruch (vgl. aber auch § 92 SGB IX bei Schwerbehinderten) eingeräumt wird.[1674] Ob und ggf. inwieweit die bisherige Rspr. des 604

1667 Vgl. KR/Lipke § 21 TzBfG Rn. 9; GK/Backhaus § 21 TzBfG Rn. 10; MünchKomm/Hesse § 21 TzBfG Rn. 8.
1668 Dafür GK/Backhaus § 21 TzBfG Rn. 12; dagegen KR/Lipke § 21 TzBfG Rn. 17 ff.; jeweils m.w.N.
1669 Vgl. KR/Lipke § 21 TzBfG Rn. 17 ff.; GK/Backhaus § 21 TzBfG Rn. 12 ff.; jeweils m.w.N.
1670 Vgl. GK/Backhaus § 21 TzBfG Rn. 14; KR/Lipke § 21 TzBfG Rn. 20 ff.; 53; Schaub/Koch § 38 Rn. 39.
1671 Vgl. dazu Schaub/Koch § 38 Rn. 39; KR/Lipke § 21 TzBfG Rn. 53 f. m.w.N.
1672 LAG Hessen DB 1995, 1617; KR/Lipke § 21 TzBfG Rn. 31, 45 a; a.A. GK/Backhaus § 21 TzBfG Rn. 22 für Eignung.
1673 Vgl. BAG NZA 2000, 821; KR/Lipke § 21 TzBfG Rn. 34 ff.; Schmitt-Rolfes NZA 2010, Bei. 2 S. 81, 84; m.w.N.
1674 BAG, Urt. v. 27.07.2011 – 7 AZR 402/10, ZTR 2012, 162; Urt. v. Urt. v. 15.03.2006 – 7 AZR 332//05, ZTR 2006, 548.

BAG, die teilweise schon bisher kritisiert wurde, mit dem Verbot der Diskriminierung wegen des Alters und der Behinderung vereinbar ist, ist noch nicht geklärt.[1675]

Nach BAG[1676] kann in einem TV die Beendigung des Arbeitsverhältnisses wegen Gewährung einer Berufsunfähigkeitsrente auf Dauer nur unter der weiteren Voraussetzung wirksam vereinbart werden, dass eine anderweitige Beschäftigung auf einem freien Arbeitsplatz fehlt.

605 Die Vereinbarung, nach der ein Arbeitnehmer mit dem Erreichen der gesetzlichen Regelaltersgrenze aus dem Arbeitsverhältnis ausscheidet, war nach der bisherigen Rechtslage grds. wirksam und hielt auch bei einem Formulararbeitsvertrag einer Inhaltskontrolle nach § 307 BGB stand, wenn der Arbeitnehmer nach dem Vertragsinhalt und der Vertragsdauer eine ungekürzte gesetzliche Rente erwerben kann oder bereits erworben hat.[1677] Eine solche Regelung, die nach Maßgabe des § 10 S. 3 Nr. 5 AGG auf das Erreichen der Regelaltersgrenze abstellt, ist auch im Hinblick auf das europarechtliche Altersdiskriminierungsverbot nach heute h.M. nicht zu beanstanden.[1678] Altersgrenzen in Kollektivnormen, nach denen Arbeitnehmer vor dem Erreichen der Regelaltersgrenze aus dem Arbeitsverhältnis ausscheiden sollen, sind im Hinblick auf das europarechtliche Altersdiskriminierungsverbot nur in Ausnahmefällen zulässig sind. Erforderlich ist insoweit, dass für die „vorgezogene" Altersgrenze ein besonderer Rechtfertigungsgrund vorliegt.[1679] Dogmatisch stellt dabei die **Vereinbarung einer Altersgrenze** nach der heute h.M. allerdings **keine auflösende Bedingung, sondern eine Befristung** dar.[1680]

Nach § 41 S. 2 SGB VI gilt die Vereinbarung, die die Beendigung des Arbeitsverhältnisses ohne Kündigung zu einem Zeitpunkt vorsieht, zu dem der AN vor Erreichen der Regelaltersgrenze eine Rente wegen Alters beantragen kann, dem AN gegenüber als auf das Erreichen der Regelaltersgrenze abgeschlossen, es sei denn, dass die Vereinbarung innerhalb der letzten drei Jahre vor diesem Zeitpunkt abgeschlossen oder vom AN bestätigt wurde. Diese Norm regelt aber nicht die Zulässigkeit der Befristungsvereinbarung, sondern nur deren Rechtsfolgen. Wirksam ist eine solche Vereinbarung nur dann, wenn der Arbeitnehmer durch den Bezug einer Altersrente wirtschaftlich abgesichert ist.[1681]

606 Das **Arbeitsverhältnis endet** bei einer wirksamen auflösenden Bedingung nach § 21 i.V.m. § 15 Abs. 2 TzBfG mit dem Bedingungseintritt, frühestens aber zwei Wochen nach der Unterrichtung darüber durch den Arbeitgeber, ohne dass Kündigungsschutzvorschriften eingreifen.[1682] Die Unwirksamkeit einer auflösenden Bedingung kann der Arbeitnehmer nur bei Einhaltung der dreiwöchigen Klagefrist des § 21 i.V.m. § 17 S. 1 TzBfG geltend machen. Die Klagefrist muss nach der geänderten Rspr. des BAG auch dann eingehalten werden, wenn die Parteien nicht über die Wirksamkeit der auflösenden Bedingung, sondern über deren tatsächlichen Eintritt streiten.[1683]

1675 Dafür Waltermann ZfA 2006, 305, 323; vgl. auch KR/Lipke § 21 TzBfG Rn. 34 ff.; ErfK/Müller-Glöge § 21 TzBfG Rn. 3 ff.

1676 BAG, Urt. v. 01.12.2004 – 7 AZR 135/04, NZA 2006, 211; vgl. aber auch BAG, Urt. v. 10.12.2014 – 7 AZR 1002/12, ZTR 2015, 329 zur Vertragsbeendigung nach § 33 Abs. 2 TVöD bei Rente auf unbestimmte Dauer wegen voller Erwerbsminderung.

1677 Vgl. dazu BAG, Urt. v. 12.06.2013 – 7 AZR 917/11, DB 2014, 185; Urt. v. 18.06.2008 – 7 AZR 116/07, EzA § 14 TzBfG Nr. 49 m. abl. Anm. Temming; ErfK/Rolfs § 41 SGB VI Rn. 10 ff. und EuGH, Urt. v. 16.10.2007 – Rs. C-411/05, BB 2007, 2629.

1678 EuGH, Urt. v. 12.10.2010 – C 45/09, NJW 2010, 3367 (TV) m.Anm. Bauer; BAG, Urt. v. 05.03.2013 – 1 AZR 417/12, NZA 2013, 916; Bauer/Medem NZA 2012, 945; Bayreuther NJW 2012, 2758; ErfK/Müller-Glöge § 14 TzBfG Rn. 56 ff.; ErfK/Schlachter § 10 AGG Rn. 11 ff. und Schumacher DB 2013, 2331: zur Auslegung „Vollendung des 65. Lebensjahres".

1679 EuGH, Urt. v. 13.09.2011 – C-447/09, NZA 2011, 1039; BAG, Urt. v. 12.01.2012 – 7 AZR 112/08, DB 2012, 98 (TV-Altersgrenze 60 J. für Piloten unwirksam); Mohr SAE 2013, 36; a.A. noch BAG, Beschl. v. 17.06.2009 – 7 AZR 112/08, SAE 2010, 279.

1680 BAG, Urt. v. 12.01.2012, Fn. 1679; Urt. v. 14.08.2002 – 7 AZR 469/01, DB 2003, 394 (Rspr.-Änderung u. Meinungsübersicht).

1681 Vgl. BAG, Urt. v. 18.06.2008, Fn. 1677; Urt. v. 19.11.2003 – 7 AZR 296/03, BB 2004, 892; KR/Lipke § 14 TzBfG Rn. 288 ff.

1682 Vgl. dazu KR/Lipke § 21 TzBfG Rn. 10; Schaub/Koch § 38 Rn. 42; vgl. aber auch § 92 SGB IX.

1683 BAG, Urt. v. 14.01.2015 – 7 AZR 880/13, juris; Urt. v. 27.07.2011, Fn. 1674; a. A. noch BAG, Urt. v. 21.01.2009 – 7 AZR 843/07, RiA 2010, 76; KR/Lipke § 21 TzBfG Rn. 14; vgl. zur Klagefrist des § 17 TzBfG Zimmermann ArbR 2011, 632.

L. Zeugniserteilung

Fall 34: Zeugnisinhalt

Der Buchhalter B war seit 15 Jahren im Betrieb des U beschäftigt und gehörte früher 10 Jahre dem Betriebsrat an. Nachdem B den Betriebsinhaber U grob beleidigte, sprach dieser eine fristlose Kündigung aus, gegen die sich B nicht wehrte. In dem verlangten Arbeitszeugnis erwähnte U zwar die guten Arbeitsleistungen des B, aber auch die langjährige Betriebsratsarbeit und führte zur Beendigung des Arbeitsverhältnisses aus: „Das Arbeitsverhältnis endete am 11.05. durch eine fristlose Kündigung wegen grober Beleidigung des Arbeitgebers." Die Formel: „Für die Zukunft wünschen wir Ihnen alles Gute", nahm U in das Zeugnis nicht auf. B verlangt, dass die Betriebsratstätigkeit und der Beendigungsgrund im Zeugnis nicht erwähnt werden. Dafür soll zum Schluss die „Wunschformel" in das Zeugnis aufgenommen werden. Zu Recht?

Jeder Arbeitnehmer hat bei Beendigung des Arbeitsverhältnisses **Anspruch auf Erteilung eines schriftlichen Arbeitszeugnisses** aus **§ 109 GewO** (Sonderregelung: § 16 BBiG für Auszubildende), das er sich grds. beim Arbeitgeber abholen muss.[1684] Die elektronische Form ist gemäß § 109 Abs. 3 GewO ausgeschlossen. **607**

Da seit dem 01.01.2003 für alle Arbeitnehmer die §§ 105 bis 110 GewO gelten, verliert § 630 BGB, aus dem bisher der Zeugnisanspruch des Arbeitnehmers folgte, seine Bedeutung für das Arbeitsrecht.[1685] Da aber § 109 GewO inhaltlich keine Änderungen bringt, kann insoweit uneingeschränkt auf die bisherige Rspr. und Lit. zu § 630 BGB zurückgegriffen werden.

Vorliegend geht es aber nicht um die Ausstellung, sondern um den Inhalt eines bereits ausgestellten Arbeitszeugnisses. **608**

Der Anspruch auf Erteilung eines Arbeitszeugnisses ist unabdingbar, d.h. der Arbeitnehmer kann darauf während des Arbeitsverhältnisses nicht verzichten. Ein **Zeugnisverzicht** nach Beendigung des Arbeitsverhältnisses ist dagegen nach h.M. zulässig, weil es im Ermessen des Arbeitnehmers steht, ob er den Zeugnisanspruch geltend macht.[1686]

Nach dem Wortlaut des § 109 Abs. 1 S. 1 GewO ist zwar das Zeugnis erst bei Beendigung des Arbeitsverhältnisses zu erteilen, doch es besteht weitgehend Einigkeit darüber, dass der Arbeitnehmer zumindest nach Ablauf der Kündigungsfrist ein Endarbeitszeugnis auch bei Erhebung einer Kündigungsschutzklage verlangen kann.[1687] Ob vor Ablauf der Kündigungsfrist ein „Endzeugnis" oder nur ein „Zwischenzeugnis" verlangt werden kann, ist noch nicht geklärt.[1688] Außerdem kann ein Arbeitnehmer bei besonderem Anlass auch ohne eine Kündigung ein **Zwischenzeugnis** verlangen, was häufig tariflich geregelt ist (z.B. § 35 TVöD).[1689]

I. Der Arbeitnehmer kann ein Zeugnis über die Art und Dauer der Beschäftigung verlangen (§ 109 Abs. 1 S. 2 GewO), aus dem auch die Person des Arbeitnehmers mit Namen, Vornamen und Beruf zweifelsfrei hervorgehen muss. Weitere Angaben (z.B. Entlassungsgrund) darf dieses **einfache Arbeitszeugnis** jedenfalls nicht ohne Zu- **609**

1684 BAG DB 2000, 282; Schaub/Linck § 147 Rn. 15; Ecklebe DB 2015, 923; Ausnahme: Schickschuld nach § 242 BGB.
1685 Schaub/Linck § 147 Rn. 1; ErfK/Müller-Glöge § 109 GewO Rn. 2; Schöne NZA 2002, 829, 832.
1686 Vgl. ErfK/Müller-Glöge § 109 GewO Rn. 52 ff.; Korinth ArbRB 2013, 193 ff.; Schaub/Linck § 147 Rn. 14 m.w.N.
1687 BAG NZA 1987, 628; ErfK/Müller-Glöge § 109 GewO Rn. 7 ff. m.w.N.
1688 Vgl. dazu LAG Hamm NZA-RR 2007, 486; ErfK/Müller-Glöge § 109 GewO Rn. 8; Becker-Schaffner BB 1989, 2105, 2108.
1689 BAG NZA 1999, 894; Schaub/Linck § 147 Rn. 9; ErfK/Müller-Glöge § 109 GewO Rn. 50 f.; Höser NZA-RR 2012, 281, 283.

stimmung des Arbeitnehmers enthalten.[1690] Die „Berichtigung" eines solchen Zeugnisses verlangt B jedoch nicht, weil in seinem Zeugnis nicht nur die Art und Dauer der Tätigkeit, sondern zumindest auch eine Leistungsbeurteilung enthalten ist.

Mit der **„Zeugnisberichtigung"** macht der Arbeitnehmer den ursprünglichen **Erfüllungsanspruch** geltend und kann nach h.M. nicht verlangen, dass das Arbeitszeugnis „rückdatiert" wird.[1691] Bei „Berichtigung" eines Zeugnisses kann er dagegen jedenfalls verlangen, dass das ursprüngliche **Datum** belassen wird, wenn er das Zeugnis rechtzeitig verlangt hat und die verspätete Ausstellung darauf zurückzuführen ist, dass der Arbeitgeber sich zur Änderung des Zeugniswortlauts bereit erklärt.[1692] Das Zeugnis muss auf einem **Firmenbogen** ausgestellt werden[1693] und die **Unterschrift** des Arbeitgebers selbst, seines gesetzlichen Vertreters oder einer Person tragen, die erkennbar ranghöher als der Arbeitnehmer ist.[1694] Ein Anspruch auf ein „ungeknicktes" Zeugnis besteht grds. nicht.[1695]

610 II. Nach § 109 Abs. 1 S. 3 GewO ist auf **Verlangen des Arbeitnehmers** ein Zeugnis zu erstellen, das sich auf die Führung und Leistung erstreckt, sog. **qualifiziertes Arbeitszeugnis.**[1696]

1. Das qualifizierte Arbeitszeugnis, dessen Wortlaut grds. im Ermessen des Arbeitgebers steht, muss über den Inhalt des einfachen Arbeitszeugnisses hinaus eine Gesamtbewertung des Charakterbildes und der Leistung des Arbeitnehmers während der Dauer des Arbeitsverhältnisses enthalten. Da danach die Leistung und die Führung des Arbeitnehmers eine untrennbare Einheit sind, kann der Arbeitnehmer nicht verlangen, dass der Arbeitgeber seine Beurteilung (§ 315 BGB: Beurteilungsspielraum in Grenzen billigen Ermessens) in einem qualifizierten Zeugnis (nur) auf Leistung oder (nur) auf Führung beschränkt. Der Arbeitnehmer, der ein qualifiziertes Zeugnis verlangt, muss daher auch mit negativen Aussagen bezüglich der Leistungs- bzw. Führungsbeurteilung rechnen.[1697] Die **Wahrheitspflicht** hat zwar bei Ausstellung eines jeden Arbeitszeugnisses absoluten Vorrang („keine Schönfärberei", vgl. auch § 109 Abs. 2 GewO), doch soll das unter Beachtung des Wahrheitsgebots ausgestellte Zeugnis auch von einem **verständigen Wohlwollen** gegenüber dem Arbeitnehmer getragen sein und darf ihm **das berufliche Fortkommen nicht unnötig erschweren.**[1698] Aus diesem „Spannungsverhältnis" folgt, dass das Zeugnis nur im Rahmen der Wahrheit wohlwollend sein kann und darf.

2. Nach diesen Grundsätzen gilt für den vom B begehrten Zeugnisinhalt:

611 a) Der **Beendigungsgrund** darf gegen den Willen des Arbeitnehmers nach ganz h.M. nur dann in das Zeugnis aufgenommen werden, wenn er für die Beurteilung von dessen Gesamtpersönlichkeit charakteristisch ist. Einmalige Vorfälle

1690 Vgl. ErfK/Müller-Glöge § 109 GewO Rn. 26; MünchKomm/Henssler § 630 BGB Rn. 29, 45.

1691 BAG DB 1993, 644; ErfK/Müller-Glöge § 109 GewO Rn. 12 m.w.N.

1692 BAG NZA 1993, 698; ErfK/Müller-Glöge § 109 GewO Rn. 12; Schaub/Linck § 147 Rn. 33.

1693 BAG NZA 1993, 697; ErfK/Müller-Glöge § 109 GewO Rn. 14; Schaub/Linck § 147 Rn. 16.

1694 BAG, Urt. v. 04.10.2005 – 9 AZR 507/04, DB 2006, 456; 26.06.2001 – 9 AZR 392/00, NZA 2002, 34.

1695 Vgl. BAG DB 2000, 282; ErfK/Müller-Glöge § 109 GewO Rn. 15; Schaub/Linck § 147 Rn. 16.

1696 LAG Köln BB 2001, 1959; ArbG Frankfurt a.M. NZA-RR 2002, 182: auch bei kurzer Beschäftigungsdauer.

1697 BAG, Urt. v. 12.08.2008 – 9 AZR 632/07, MDR 2009, 36; AP Nr. 17 zu § 630 BGB; ErfK/Müller-Glöge § 109 GewO Rn. 30 ff.

1698 BAG, Urt. v. 18.11.2014 – 9 AZR 584/13, NZA 2015, 435; ausführlich zum Zeugnis Ecklebe DB 2015, 923; Novak ArbR 2015, 443; Müller PersR 2015, Nr. 7-8, 54; Laskawy/Lomb AA 2014, 82 und 101; Burkard-Pötter NJW-Spezial 2013, 50; Köser NZA-RR 2012, 281; Greiser/Kador ArbuR 2012, 201 und Weuster PersF 2007, 52 zum Zeugnis unter Beachtung des AGG.

dürfen dagegen grundsätzlich nicht erwähnt werden, es sei denn, dass deren Auslassung „unverantwortlich" wäre, z.B. Entlassung eines Jugendheimleiters wegen sexuellen Missbrauchs von Schutzbefohlenen.[1699]

Da diese Grundsätze auch dann gelten, wenn gerade das Fehlverhalten des Arbeitnehmers zur Auflösung des Arbeitsverhältnisses geführt hat,[1700] kann B verlangen, dass jedenfalls die Formulierung „wegen grober Beleidigung des Arbeitgebers" gestrichen wird, da keinerlei Umstände dafür ersichtlich sind, dass dieser einmalige Vorfall nach 15-jähriger Betriebszugehörigkeit zur „Abrundung der Gesamtpersönlichkeit" des B erwähnt werden musste. Die Formulierung „durch fristlose Kündigung" ist ebenfalls zu streichen, da sie das berufliche Fortkommen des B unnötig erschwert. Denn bereits durch den für die Beendigung des Arbeitsverhältnisses ungewöhnlichen Zeitpunkt „11.05." wird zum Ausdruck gebracht, dass jedenfalls keine fristgerechte Kündigung (vgl. § 622 BGB) vorlag, sodass sich ein neuer Arbeitgeber bei U durch eine Auskunftserteilung rückversichern kann.[1701]

b) Die langjährige Betriebsratszugehörigkeit darf gegen den Willen des Arbeit- **612**
nehmers grds. auch nicht in einem Arbeitszeugnis erwähnt werden, da sie i.d.R keinen Bezug zu der geschuldeten Arbeitsleistung hat und gegen das Benachteiligungsverbot des § 78 S. 2 BetrVG (§ 8 BPersVG) verstößt.[1702]

B kann daher verlangen, dass die Erwähnung der langjährigen Betriebsratszugehörigkeit unterbleibt, zumal er nicht zuletzt, sondern nur früher dem Betriebsrat angehörte.

Soweit für eine Berufsgruppe oder in einer Branche der allgemeine Brauch besteht, bestimmte Leistungen oder Eigenschaften des Arbeitnehmers im Zeugnis zu erwähnen, ist deren Auslassung regelmäßig ein (versteckter) Hinweis für den Zeugnisleser, dass der Arbeitnehmer in diesem Bereich allenfalls durchschnittlich zu bewerten ist (sog. beredtes Schweigen). Arbeitnehmern, denen aufgrund ihrer Tätigkeit Geld oder andere Vermögensgegenstände anvertraut worden sind (z.B. Buchhalterin, Kassiererin, Auslieferungsfahrer), können daher grundsätzlich die Erwähnung der „Ehrlichkeit" im Arbeitszeugnis verlangen, weil das Unterbleiben einer Aussage dazu negative Rückschlüsse hervorrufen kann.[1703]

c) Die Aufnahme der „Wunschformel" (bzw. einer „Dankensformel") kann B dage- **613**
gen nach h.M. nicht verlangen, weil der Wortlaut des Zeugnisses im Ermessen des Arbeitgebers steht und die Wunschformel nicht zum notwendigen Inhalt eines qualifizierten Zeugnisses gehört.[1704] Es handelt sich dabei nicht um einen notwendigen Zeugnisinhalt und damit um keine unzulässige Auslassung, sondern allenfalls nur um eine Frage der Höflichkeit, zu der ein Arbeitgeber je-

1699 Vgl. dazu Schaub/Linck § 147 Rn. 21 ff.; Popp NZA 1997, 588 ff.; Becker-Schaffner BB 1989, 2105, 2106.

1700 Schaub/Linck § 147 Rn. 21 ff.; vgl. aber auch ErfK/Müller-Glöge § 109 GewO Rn. 22 ff.

1701 Vgl. LAG Düsseldorf NZA 1988, 399, 400; vgl. aber Palandt/Putzo § 630 BGB Rn. 11.

1702 BAG DB 1993, 1526; Witt BB 1996, 2194 ff.; krit. MünchKomm/Henssler § 630 BGB Rn. 44; vgl. auch BAG, Urt. v. 10.05.2005 – 9 AZR 261/04, BB 2005, 2755: Grds. keine Erwähnung der Elternzeit, es sei denn übermäßiger Anteil im Verhältnis zur Gesamtzeit; ausführlich zur Erwähnung einzelner Ausfallzeiten im Zeugnis Mühlhausen NZA-RR 2006, 337 ff.

1703 Vgl. BAG, Urt. v. 12.08.2008 – 9 AZR 632/07, NZA 2008, 1349 (Stressbelastbarkeit beim Zeitungsredakteur) u. LAG Hamm, Beschl. v. 29.07.2005 – 4 Ta 594/04, juris: Ehrlichkeit bei AN mit Geldumgang; Müller, Anm. in EzA § 109 GewO Nr. 7.

1704 BAG, Urt. v. 11.12.2012 – 9 AZR 227/11, NZA 2013, 324 m. zust. Anm. Sprenger SAE 2013, 60; BB 2001, 1957 m.Anm. Schleßmann; LAG Düsseldorf NZA-RR 2009, 177 (jedenfalls dann, wenn kein überdurchschnittliches Zeugnis); ErfK/Müller-Glöge § 630 BGB Rn. 46 m.w.N.; dazu auch ausführlich Fahrig NZA-RR 2009, 178.

denfalls dann nicht gezwungen werden kann, wenn das Arbeitsverhältnis – wie hier – wegen grober Beleidigung fristlos beendet wurde.

3. Ergebnis: B kann die Streichung der Betriebsratszugehörigkeit und der Formulierung „durch eine fristlose Kündigung wegen grober Beleidigung des Arbeitgebers", nicht aber die „Wunschformel" verlangen.

Der Zeugnisanspruch nach § 109 GewO richtet sich nach ganz h.M. immer gegen den aktuellen Arbeitgeber. Bei einer Beendigung des Arbeitsverhältnisses nach einem Betriebsübergang ist daher der Betriebserwerber auch dann zur Ausstellung des Zeugnisses verpflichtet, wenn das Arbeitsverhältnis kurz nach dem Betriebsübergang beendet wird. Die fehlenden Informationen muss er sich notfalls von dem Betriebsveräußerer verschaffen.[1705] Bei einer Beendigung des Arbeitsverhältnisses nach Eröffnung des Insolvenzverfahrens richtet sich der Zeugnisanspruch gegen den Insolvenzverwalter. Gegen den vorläufigen Insolvenzverwalter dagegen nur dann, wenn dieser aufgrund eines allgemeinen Verfügungsverbots nach § 22 Abs. 1 InsO oder einer Einzelermächtigung nach § 22 Abs. 2 InsO die Arbeitgeberstellung erworben hat.[1706]

Dass ein Zeugnis nach h.M. objektiv und individuell abzufassen ist und nach § 109 Abs. 2 S. 2 GewO keine geheimen oder doppelsinnigen Ausdrucksweisen enthalten darf (**Grundsatz der Zeugnisklarheit),**[1707] wird in der Praxis nicht stets beachtet. Üblicherweise werden in der Praxis bei der Leistungsbeurteilung folgende „Abstufungen" in den Formulierungen verwendet:[1708]

„Er hat die ihm übertragenen Arbeiten stets zu unserer vollsten Zufriedenheit erledigt" = sehr gute Beurteilung.[1709]

„Er hat die ihm übertragenen Arbeiten stets zu unserer vollen Zufriedenheit erledigt" = gut.

„Er hat die ihm übertragenen Arbeiten zu unserer vollen bzw. stets zu unserer Zufriedenheit erledigt" = befriedigend.[1710]

„Er hat die ihm übertragenen Arbeiten zu unserer Zufriedenheit erledigt" = ausreichend.

„Er hat die ihm übertragenen Arbeiten im großen und ganzen zu unserer Zufriedenheit erledigt" = mangelhaft.

„Er hat sich bemüht, die ihm übertragenen Arbeiten zu unserer Zufriedenheit zu erledigen" = völlig ungenügend.

Nach Presseberichten soll es sogar z.T. einen „Geheimcode" geben. Danach soll z.B. die Formulierung „Durch seine Geselligkeit trug er zur Verbesserung des Betriebsklimas bei" den Arbeitnehmer als Alkoholiker oder „Für Belange der Belegschaft bewies er ein umfassendes Einfühlungsvermögen" als Homosexuellen kennzeichnen. Ein senkrechter Strich mit dem Kugelschreiber, links von der Unterschrift stehend, soll bedeuten: „Mitglied einer Gewerkschaft"; ein Strich nach rechts: „Mitglied einer linksstehenden Partei".[1711]

1705 Vgl. dazu BAG, Urt. v. 16.10.2007 – 9 AZR 248/07, NZA 2008, 298; Jüchser NZA 2012, 244 ff.

1706 Vgl. BAG, Urt. v. 23.06.2004 – 10 AZR 495/03, NZA 2004, 1392; Korinth ArbRB 2010, 318.

1707 Vgl. BAG, Urt. v. 18.11.2014, Fn. 1698; Urt. v. 11.12.2012, Fn. 1704; Schaub/Linck § 147 Rn. 20 ff.; ErfK/Müller-Glöge § 109 GewO Rn. 36 ff.; Novak ArbR 2015, 443; Laskawy/Lomb AA 2014, 82 und 101; Gäntgen RdA 2012, 371.

1708 LAG Bremen NZA-RR 2001, 287; ErfK/Müller-Glöge § 109 GewO Rn. 40 ff.; Hunold NZA-RR 2001, 113; Kempe AuA 1999, 523 (Rspr.-Übersicht zum Zeugnisrecht u. „Zeugnislexikon") u. zur Interpretation von Zeugnissen Weuster BB 1992, 58.

1709 Vgl. aber LAG Düsseldorf DB 1995, 1135 m.Anm. Sibben: kein Anspruch auf „vollste", weil sprachlich unmöglich; vgl. aber dazu BAG, Urt. v. 21.06.2005 – 9 AZR 352/04, NZA 2006, 104: dann andere Formulierung wählen.

1710 BAG, Urt. v. 14.10.2003 – 9 AZR 12/03, BB 2004, 1500 m.Anm. Müller zur Beweislast bei Abweichungen.

1711 Dazu Düwell/Dahl NZA 2011, 958; Weuster BB 1992, 58; vgl. auch ErfK/Müller-Glöge § 109 GewO Rn. 36 m.w.N.

Der Arbeitgeber muss sich an der im Zeugnis zum Ausdruck gebrachten Beurteilung des Arbeitnehmers in einem Kündigungsschutzprozess grds. festhalten lassen.[1712] Ein Zurückbehaltungsrecht gegenüber dem Zeugnisanspruch steht dem Arbeitgeber nicht zu. Bei verschuldeter Nichterfüllung, Schlechterfüllung oder verspäteter Erfüllung des Zeugnisanspruchs kann der Arbeitnehmer Ersatz des Schadens verlangen, den er dadurch erleidet, dass er infolge der Vertragspflichtverletzung des Arbeitgebers keine oder eine schlechtere Stelle erhält.[1713] Die **Darlegungs- und Beweislast** für eine unterdurchschnittliche **Beurteilung** trägt nach heute ganz h.M. der Arbeitgeber, für eine überdurchschnittliche Beurteilung dagegen der Arbeitnehmer.[1714] Umstritten ist allerdings, ob heute immer noch „befriedigend" oder inzwischen „gut" als eine durchschnittliche Leistungsbeurteilung anzusehen ist.[1715] Verlangt allerdings der Arbeitnehmer die „Berichtigung" eines bereits erteilten Arbeitszeugnisses, ist der Arbeitgeber an seine bisherige Leistungs- und Führungsbeurteilung (z.B. im Zwischenzeugnis, früherer Erfüllungsversuch) grds. gebunden, sodass der Arbeitnehmer die Darlegungs- und Beweislast nur hinsichtlich einer noch besseren Beurteilung trägt.[1716] **614**

Bei bewusst unrichtigem Zeugnis trifft den Aussteller neben der deliktischen Haftung aus § 826 BGB nach h.M. auch eine stillschweigend vereinbarte vertragliche Einstandspflicht dafür, dass ein künftiger Arbeitgeber nicht im Vertrauen auf das Zeugnis Schaden erleidet.[1717]

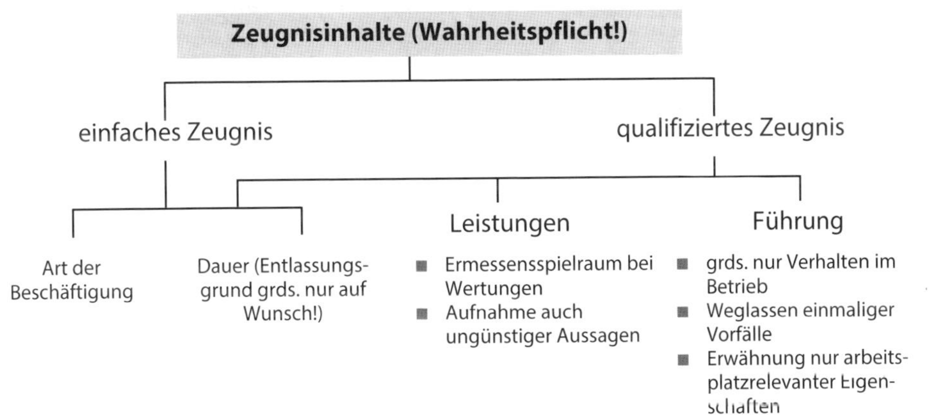

1712 Schaub/Linck § 147 Rn. 29; Höser NZA-RR 2012, 281 ff.; vgl. aber auch ErfK/Müller-Glöge § 109 GewO Rn. 56 f.

1713 Vgl. Novak ArbR 2015, 520; Becker-Schaffner BB 1989, 2105, 2108 f.; ErfK/Müller-Glöge § 630 BGB Rn. 63 ff. m.w.N.

1714 BAG, Urt. v. 18.11.2014, Fn. 1698; Urt. v. 14.10.2003 – 9 AZR 12/03, BB 2004, 1500 m.Anm. Müller; ErfK/Müller-Glöge § 109 GewO Rn. 80 ff.; Schaub/Linck § 147 Rn. 31; Düwell/Dahl NZA 2011, 958 ff.; ausführlich zur Darlegungs- und Beweislast Kolbe NZA 2015, 582; Adam AA 2015, 33; Gäntgen RdA 2005, 182; zur Durchsetzung des Zeugnisanspruchs in der Praxis Korinth ArbRB 2013, 193 u. 2010, 318; Howald FA 2012, 197 und Noe AA 2009, 2 zur Vollstreckung des Zeugnistitels.

1715 So u.a. BAG, Urt. v. 18.11.2014, Fn. 1698; Urt. 14.10.2003, Fn. 1714; ErfK/Müller-Glöge § 109 GewO Rn. 86 m.w.N.; a.A. LAG Berlin-Brandenburg AuA 2013, 617: Durchschnittliche Beurteilung nach heutigem Verständnis des Wirtschaftslebens „gut" und nicht „befriedigend", da entspr. Studien zeigen, dass rd. 87% aller Zeugnisse mind. mit „gut" beurteilt sind.

1716 BAG, Urt. v. 16.10.2007 – 9 AZR 248/07, NZA 2008, 298 (Bindung beim Betriebsübergang); Urt. v. 21.06.2005, Fn. 1709.

1717 BGHZ 74, 281; LAG Düsseldorf LAGReport 2004, 14; Schaub/Linck § 147 Rn. 38 ff.; Kölsch NZA 1985, 382; a.A. ErfK/Müller-Glöge § 109 GewO Rn. 72: „Die Annahme einer vertragsähnlichen Beziehung sei eine Fiktion"; ausführl. zur Haftung des AG gegenüber Dritten für unwahre Angaben im Arbeitszeugnis Novak ArbR 2015, 520 und Kälin SJZ 2007, 113 ff.

Beendigungsgründe eines Arbeitsverhältnisses	
▪ Aufhebungsvertrag, §§ 241, 305 BGB ▪ Anfechtung ▪ einseitige Lossagung vom faktischen Arbeitsverhältnis ▪ Tod des Arbeitnehmers, arg ex § 613 BGB	▪ außerordentliche und ordentliche Kündigung ▪ Auflösung durch Gerichtsurteil §§ 9,10,13 KSchG ▪ Befristungsablauf, § 620 BGB ▪ Eintritt einer aufl. Bedingung, § 21 TzBfG

Ordentliche Kündigung

- Die **Arbeitnehmerkündigung** ist grds. ohne Grund wirksam. Nur die Kündigungsfrist muss eingehalten werden – Grundsatz der Kündigungsfreiheit.
- Bei einer **Arbeitgeberkündigung** ist der Grundsatz der Kündigungsfreiheit durch besondere Kündigungsschutzbestimmungen (z.B. § 9 MuSchG, § 85 SGB IX) und das KSchG (Anwendbarkeitsvoraussetzungen: §§ 1 Abs. 1, 23 Abs. 1 S. 2 KSchG) sehr eingeschränkt (vgl. Prüfungsschema auf S. 184).

Für AN/AG-Kündigung gemäß § 623 BGB Schriftform erforderlich; § 622 Abs. 2 S. 2 BGB nicht anwendbar.

Außerordentliche Kündigung

durch beide Vertragsparteien ist nur unter den Voraussetzungen des § 626 BGB als unausweichlich letzte Maßnahme wirksam. AG muss außerdem die Schriftform des § 623 BGB und besondere Kündigungsschutzbestimmungen beachten (vgl. Prüfungsschema auf S. 184).

Teil- bzw. Änderungskündigung

- Die Kündigung **einzelner Vertragsbedingungen** ist grds. unzulässig.
- **Einseitige Vertragsänderung** kann grds. nur durch eine Änderungskündigung i.S.d. § 2 KSchG erreicht werden. Änderungskündigung bewirkt die Beendigung des Arbeitsverhältnisses, wenn der Arbeitnehmer das Änderungsangebot nicht fristgerecht annimmt und die Änderung der Arbeitsbedingungen („Ob" und „Wie") sozial gerechtfertigt war.
- Außerdem sind besondere **Kündigungsschutzbestimmungen** zu beachten.

Kündigungsschutzklage

ist eine Feststellungsklage i.S.d. § 256 ZPO. Das Feststellungsinteresse liegt i.d.R. vor. Zuständig ist das ArbG, § 2 Abs. 1 Nr. 3 b ArbGG.

- Will der Arbeitnehmer die Unwirksamkeit einer der Form des § 623 BGB entsprechenden ordentlichen oder außerordentlichen Kündigung geltend machen, ist die **dreiwöchige Klagefrist** des § 4 S. 1 KSchG einzuhalten. Nach Fristablauf gelten nach der Änderung des § 4 S. 1 KSchG grds. **alle Unwirksamkeitsmängel** (unstr. **Ausnahme: Schriftform** des § 623 BGB – dafür Grenze: Verwirkung) als geheilt, §§ 4 S. 1, 7, 13 Abs. 1 S. 2 KSchG. Dies gilt unabhängig davon, ob auf das Arbeitsverhältnis das KSchG nach §§ 1 Abs. 1, 23 Abs. 1 KSchG ansonsten anwendbar war.

Umdeutung

einer unwirksamen **außerordentlichen Kündigung** nach § 140 BGB **in eine ordentliche Kündigung** ist möglich, nicht aber umgekehrt. Eine unwirksame ordentl. Kündigung kann nicht in eine Anfechtung umgedeutet werden, da die Anfechtung sofortige Beendigungswirkung hat. Ob eine unwirksame außerordentl. Kündigung in eine Anfechtung umgedeutet werden kann, ist umstr. Die Umdeutung einer unwirksamen Kündigung in ein Angebot zum Abschluss eines Aufhebungsvertrages, das aber vom Erklärungsempfänger angenommen werden muss, scheitert jedenfalls i.d.R. an der Schriftform des § 623 BGB.

Auflösung durch ArbG

Das Arbeitsverhältnis kann trotz Unwirksamkeit einer Kündigung vom ArbG auf Antrag beider Parteien bei einer ordentl. Kündigung bzw. auf Antrag des AN bei einer außerordentl. Kündigung nach Maßgabe der §§ 9, 10, 13 KSchG aufgelöst werden.

Befristung/auflösende Bedingung

Befristungen von Arbeitsverhältnissen und auflösende Bedingungen sind seit dem 01.01.2002 im TzBfG geregelt. Befristungen sind danach grds. nur beim Vorliegen eines Sachgrundes wirksam (§ 14 Abs. 1), es sei denn, der Ausnahmefall des § 14 Abs. 2 greift ein. Auf eine Umgehung von Kündigungsschutzbestimmungen kommt es nicht (mehr) an. Entfristungsklage muss innerhalb von 3 Wochen erhoben werden, § 17 TzBfG. Auflösende Bedingungen sind nur mit Sachgrund möglich, § 21 i.V.m. § 14 Abs. 1 TzBfG. Klagefrist ebenfalls 3 Wochen.

Zeugnis

muss bei Beendigung des Arbeitsverhältnisses erteilt werden, § 109 GewO. Auf Verlangen des AN muss es sich auf Führung und Leistung erstrecken (sog. **qualifiziertes** Zeugnis). Trotz Vorrangs der Wahrheitspflicht darf das Zeugnis das berufliche Fortkommen des Arbeitnehmers nicht unnötig erschweren.

5. Abschnitt: Der Wechsel des Betriebsinhabers (§ 613 a BGB)

A. Zunächst ein Fall zur Einführung

Fall 35: Betriebsveräußerung an die Amerikaner

Der Betriebsinhaber A hat seinen gesamten Betrieb an den K-Konzern veräußert. Der Arbeitnehmer N erfährt, dass zwischen A und K vereinbart worden ist, dass K mit einigen Ausnahmen alle Arbeitnehmer übernimmt und dass N zu den Ausnahmen gehört. Er fragt, wer nunmehr sein Arbeitgeber ist und von wem er den rückständigen Lohn in Höhe von 600 € aus der Zeit vor dem Betriebsübergang verlangen kann.

I. Wer ist Arbeitgeber des N? 615

Geht ein Betrieb durch Rechtsgeschäft auf einen anderen Inhaber über, tritt dieser in die Rechte und Pflichten aus den im Zeitpunkt des Übergangs bestehenden Arbeitsverhältnissen ein, § 613 a Abs. 1 BGB.[1718] Diese Regelung dient dem Schutz der Arbeitnehmer und kann deshalb durch Vereinbarung zwischen Veräußerer und Erwerber nicht ausgeschlossen werden.[1719] Darüber hinaus ist der **Begriff des Betriebs** bzw. Betriebsteils aus Gründen des Arbeitnehmerschutzes **weit auszulegen**.

Der Betriebsübergang setzt nicht den Übergang aller Wirtschaftsgüter, sondern nur der wesentlichen Betriebsmittel voraus, d.h. derjenigen sächlichen und immateriellen Betriebsmittel, mit denen der Erwerber bestimmte arbeitstechnische Zwecke verfolgen kann.[1720] Bei Produktionsbetrieben ist dabei i.d.R. die Übernahme der sächlichen, bei Handels- und Dienstleistungsbetrieben die de immateriellen Betriebsmittel (z.B. Kundenstamm, Geschäftsbeziehungen, „Know-how") entscheidend.[1721] In Branchen, in denen es im Wesentlichen auf die menschliche Arbeitskraft ankommt, kann eine Gesamtheit von Arbeitnehmern, die durch ihre gemeinsame Tätigkeit dauerhaft verbunden ist, eine wirtschaftliche Einheit darstellen, sodass der Übernahme des Personals ein gleichwertiger Rang neben den anderen Kriterien für die Annahme eines Betriebsübergangs zukommt.[1722] 616

Die **bloße Funktionsnachfolge** allein, also Übernahme von einzelnen Aufgaben durch eine neue Firma (z.B.: Reinigungsarbeiten) stellt nach heute ganz h.M. noch keinen Betriebsübergang i.S.d. § 613 a BGB dar.[1723] Etwas anderes gilt aber dann, wenn nicht nur der Auftrag übernommen wird, sondern auch die Betriebsmittel des Auftraggebers vom Auftragsübernehmer zur Erledigung der Aufgabe genutzt werden. Ob in diesem Fall die Betriebsmittel eigenwirtschaftlich genutzt und die Arbeitnehmer übernommen werden, ist für das Vorliegen eines Betriebsüberganges nach heute h.M. unerheblich.[1724] Nach der neuesten Rspr. des BAG und des EuGH ist die Wahrung der wirtschaftlichen Identität des Betriebes bzw. Betriebsteils eine zwingende Voraussetzung des Betriebsübergangs, wobei ein Betriebsteilübergang nur dann vorliegen kann, wenn die übernommenen Betriebsmittel und/oder Beschäftigten bereits beim Veräußerer eine abgrenzbare organisatorische wirtschaftliche Einheit, d.h. einen Betriebsteil dargestellt haben. Der übertragene Betriebsteil muss 617

1718 Rspr.-Übersichten zum § 613 a BGB bei Fuhlrott ArbR 2015, 437; 2014, 431 und 2013, 462; Schiefer BB 2013, 2613; DB 2011, 54; Schipp NZA 2013, 238; Gaul/Jares DStR 2013, 658; Gaul/Straf DStR 2013, 595; Hunold NZA-RR 2010, 281; Müller-Bonanni NZA 2009, Beil. Nr. 1 S. 13 u. Staufenbiel/Brill ZInsO 2015, 173: Betriebsübergang im Insolvenzverfahren.

1719 BAG, Urt. v. 20.03.2014 – 8 AZR 1/13 , ZTR 2014, 472; KR/Treber § 613 a BGB Rn. 3, 6; ErfK/Preis § 613 a BGB Rn. 2, 82 f.

1720 BAG, Urt. v. 19.03.2015 – 8 AZR 150/14, juris; ErfK/Preis § 613 a BGB Rn. 5 ff.; Fuchs/Merkes ZESAR 2010, 257.

1721 BAG, Urt. v. 22.08.2013 – 8 AZR 521/12, juris; BB 2003, 423; KR/Treber § 613 a BGB Rn. 31; Reufels/Pier ArbRB 2014, 247.

1722 BAG, Urt. v. 21.05.2015 – 8 AZR 409/13, juris; Urt. v. 23.05.2013 – 8 AZR 207/12, BB 2014, 61; ErfK/Preis § 613 a BGB Rn. 12 ff.; Schipp NZA 2013, 238; Kappenhagen BB 2013, 696; Salamon NZA 2012, 482; a.A. BAG NZA 1985, 775: nur Rechtsfolge.

1723 EuGH, Urt. v. 20.11.2003 – Rs. C-340/01, BB 2004, 272 m.Anm. Schnitker/Grau; EuGH BB 2002, 464 m.Anm. Thüsing; BAG, Urt. v. 19.03.2015 – 8 AZR 150/14, juris; Urt. v. 23.05.2013, Fn. 1722; Lemp NZA 2013, 1390 ff.; Junker SAE 2010, 239 ff.

1724 Vgl. dazu EuGH, Urt. v. 15.12.2005 – C-232, 233/04, NZA 2006, 29; BAG, Urt. v. 22.08.2013, Fn. 1721; Hützen EWiR 2014, 227; Kock BB 2007, 714 ff.; Schlachter NZA 2006, 80; a.A. Bauer NZA 2004, 1 ff.; krit. auch Hohenstatt/Grau NJW 2007, 29.

allerdings seine organisatorische Selbständigkeit beim Betriebserwerber nicht vollständig bewahren. Vielmehr genügt es, dass der Betriebs(teil)erwerber die funktionelle Verknüpfung zwischen den übertragenen Produktionsfaktoren beibehält und es ihm derart ermöglicht wird, diese Faktoren zu nutzen, um derselben oder einer gleichartigen wirtschaftlichen Tätigkeit nachzugehen.[1725]

618 Maßgeblicher **Zeitpunkt** für den Betriebsübergang ist der Zeitpunkt, zu dem der Erwerber rechtlich nicht mehr gehindert ist, die Leitungs- und Organisationsgewalt anstelle des Betriebsveräußerers auszuüben.[1726] Eine besondere Übertragung der Leitungsmacht ist zwar nicht erforderlich, sie muss aber ausgeübt werden.[1727] Eine Zustimmung des Arbeitnehmers zum Arbeitgeberwechsel ist nicht erforderlich (zum Widerspruchsrecht unten Rn. 619). Eine **Kündigung wegen des Betriebsüberganges** ist gemäß § 613 a Abs. 4 S. 1 BGB nichtig, und zwar auch dann, wenn der geplante Betriebsübergang letztlich scheitert.[1728] Voraussetzung dafür ist aber, dass der **Betriebsübergang die überwiegende Ursache der Kündigung** bildet, weil das Kündigungsrecht selbst gemäß § 613 a Abs. 4 S. 2 BGB durch den Betriebsübergang nicht berührt wird.[1729] Somit ist der K-Konzern Arbeitgeber des N geworden. Eine Kündigung des Arbeitsverhältnisses wegen des Betriebsüberganges wäre nichtig.

II. Haftung für Lohnansprüche:

1. Da der Erwerber insbes. in die Pflichten aus den Arbeitsverhältnissen eintritt, haftet er für den rückständigen Lohn und selbstverständlich auch für die künftigen Lohnansprüche. N kann somit von K Zahlung der 600 € verlangen.

2. Der bisherige Arbeitgeber haftet gesamtschuldnerisch neben dem Erwerber für Verpflichtungen, die vor dem Zeitpunkt des Übergangs entstanden sind und vor Ablauf von einem Jahr nach diesem Zeitpunkt fällig werden (§ 613 a Abs. 2 BGB).

B. Der Zweck des § 613 a BGB

Im Einzelnen verfolgt die Regelung des § 613 a BGB **drei verschiedene Zwecke:**[1730]

I. Schutz der bestehenden Arbeitsverhältnisse[1731]

619 Allerdings braucht sich kein Arbeitnehmer gegen seinen Willen „verkaufen zu lassen“. Deshalb regelt jetzt § 613 a Abs. 6 BGB ausdrücklich, dass dem Arbeitnehmer das Recht

1725 BVerfG, Beschl. v. 15.01.2015 – 1 BvR 499/12, ZIP 2015, 542; EuGH, Urt. v. 06.03.2014 – C-458/12, NZA 2014, 423; Urt. v. 20.01.2011 – C-463/09, NZA 2011, 148; BAG, Urt. v. 21.08.2014 – 8 AZR 648/13, NZA 2015, 167; Urt. v. 20.03.2014 – 8 AZR 1/13, NZA 2014, 1095; ErfK/Preis § 613 a BGB Rn. 5 ff.; Willemsen NZA 2014, 1010; Thüsing/Stiebert ZESAR 2013, 123; Salamon NZA 2012, 482; vgl. auch BAG, Urt. v. 24.08.2006 – 8 AZR 317/05, NZA 2007, 1287: Kein Betriebsteilübergang bei vollständiger Eingliederung in die eigene Organisationsstruktur des Erwerbers; dazu Willemsen/Sagan ZIP 2010, 1205.

1726 EuGH, Urt. v. 26.05.2005 – C-478/03, NZA 2005, 681; BAG, Urt. v. 21.02.2008 – 8 AZR 77/07, NZA 2008, 825.

1727 BAG, Urt. v. 10.05.2012 – 8 AZR 434/11, ZTR 2012, 585; Urt. v. 15.12.2011 – 8 AZR 692/10, juris; MünchKomm/Müller-Glöge § 613 a BGB Rn. 56 ff.; KR/Treber § 613 a BGB Rn. 90 ff.; a.A. noch BAG NZA 1995, 1155: bloße Möglichkeit genügt.

1728 Vgl. BAG NZA 1989, 265; Schaub/Linck § 134 Rn. 47 ff.; Lipinski NZA 2002, 75 ff.

1729 BAG NZA 2003, 93, 98; KR/Treber § 613 a BGB Rn. 176 ff.; Commandeur/Kleinebrink, BB 2012, 1857; Sprenger AuR 2005, 175 und Meyer NZA 2005, 9 sowie BAG, Urt. v. 15.12.2011 – 8 AZR 197/11, ArbR 2012, 170 und Krieger/Willemsen NZA 2011, 1128; Bonanni/Niklas DB 2010, 1826 zum Wiedereinstellungsanspruch gegen den Betriebserwerber.

1730 BAG NZA 1991, 63, 65; KR/Treber § 613 a BGB Rn. 3; ErfK/Preis § 613 a BGB Rn. 2.

1731 Vgl. dazu Feudner DB 1996, 830 ff.; nicht der Ruhestandsverhältnisse: BAG DB 1988, 124.

zusteht, gegen den Übergang seines Arbeitsverhältnisses **innerhalb eines Monats nach einer Unterrichtung über den Betriebsübergang** entsprechend § 613 Abs. 4 BGB nach Maßgabe des § 613 a Abs. 5 BGB **schriftlich einen Widerspruch** zu erklären, der den Übergang verhindert. Der Widerspruch kann gemäß § 613 a Abs. 6 S. 2 BGB sowohl gegenüber dem bisherigen Arbeitgeber als auch gegenüber dem Betriebserwerber erklärt werden. Liegt ein ordnungsgemäßer Widerspruch vor, wirkt er auf den Zeitpunkt des Betriebsübergangs auch dann zurück, wenn er erst nach dem erfolgten Betriebsübergang erklärt wird und der Arbeitnehmer für den Erwerber tätig war.[1732]

Das in § 613 a Abs. 6 BGB geregelte Widerspruchsrecht des Arbeitnehmers war auch früher von der Rspr. anerkannt. Erfolgt die Unterrichtung des Arbeitnehmers über den Betriebsübergang nicht oder nicht ordnungsgemäß nach Maßgabe des § 613 a Abs. 5 BGB, beginnt die einmonatige Widerspruchsfrist nicht zu laufen (zeitliche Grenze: Verwirkung).[1733] Andererseits kann das Widerspruchsrecht bereits vor dem Betriebsübergang erlöschen, wenn der Arbeitnehmer rechtzeitig über den Betriebsübergang unterrichtet wurde, da das Widerrufsrecht an den Zugang der Unterrichtung gebunden ist.[1734] Die Verletzung der Unterrichtungspflicht allein führt nicht zur Unwirksamkeit der Kündigung nach § 613 a Abs. 4 BGB, kann aber Schadensersatzansprüche des Arbeitnehmers nach § 280 Abs. 1 BGB begründen.[1735]

II. Sicherung der Kontinuität des Betriebsrats[1736]

Wechselt bei Erhaltung der Betriebsidentität nur der Rechtsinhaber des Betriebes, hat das auf den Fort- 620
bestand des Betriebsrates und der bestehenden Betriebsvereinbarungen keinen Einfluss. Der neue Betriebsinhaber ist Betriebspartner des Betriebsrates und ist an die zwischen dem Betriebsrat und dem bisherigen Betriebsinhaber abgeschlossenen Betriebsvereinbarungen gebunden. Hat dagegen der Betriebsübergang den Verlust der bisherigen Betriebsidentität zur Folge, regeln das Schicksal der Betriebsvereinbarungen die Bestimmungen des § 613 a BGB Abs. 1 S. 2 bis 4 BGB, wobei dem bisherigen Betriebsrat nach Maßgabe des § 21 a BetrVG ein Übergangsmandat zustehen kann.[1737] Diese Bestimmungen regeln auch die Fortgeltung der Tarifverträge, die bisher aufgrund der Verbandszugehörigkeit des früheren Betriebsinhabers gegolten haben, wenn der neue Betriebsinhaber nicht Mitglied desselben Arbeitgeberverbandes ist. Ist der Betriebsinhaber Mitglied desselben Arbeitgeberverbandes, hat der Betriebsübergang auf die Fortgeltung der bisherigen Tarifverträge keine Auswirkung.[1738]

III. Eintritt des Erwerbers in die arbeitsrechtlichen Rechte und Pflichten des Veräußerers[1739]

Bei einem Betriebsübergang nach Insolvenzeröffnung haftet der Erwerber jedoch weder nach § 613 a 621
Abs. 1 BGB noch nach § 25 HGB für die zur Zeit der Insolvenzeröffnung bereits entstandenen Arbeitnehmeransprüche, weil insoweit die Verteilungsgrundsätze des Insolvenzverfahrens Vorrang haben. Ande-

1732 Vgl. BAG, Urt. v. 11.12.2014 – 8 AZR 943/13, NZA 2015, 481; Urt. v. 23.07.2009 – 8 AZR 199/07, NZA 2010, 89 und KR/Treber § 613 a BGB Rn. 101 ff.; Meyer SAE 2011, 91; Neufeld/Beyer NZA 2008, 1157, auch zu Rechtsfolgen des Widerspruchs.

1733 BAG, Urt. v. 26.03.2015 – 2 AZR 783/13, NZA 2015, 866; krit. zu Anforderungen bzgl. Umfangs der Unterrichtungspflicht Gaul RdA 2015, 206; Gaul/Krause RdA 2013, 39; Nebeling/Kille NZA-RR 2013, 1; Jacobsen/Menke NZA-RR 2010, 393.

1734 BAG, Urt. v. 20.03.2008 – 8 AZR 1016/06, NZA 2008, 1354; Schnitker/Grau BB 2005, 2238; Worzalla, NZA 2002, 353, 357.

1735 BAG, Urt. v. 09.12.2010 – 8 AZR 592/08, juris; Urt. v. 31.01.2008 – 8 AZR 1116/06, AP Nr. 2 zu § 613 a BGB „Unterrichtung" m. abl. Anm. Meyer; ErfK/Preis § 613 a BGB Rn. 94; Lunk RdA 2009, 48; Schneider/Sittard BB 2007, 2230.

1736 ErfK/Preis § 613 a BGB Rn. 2; KR/Treber § 613 a BGB Rn. 3; Fuhlrott/Oltmanns BB 2015, 1013; Kleinebrink ArbRB 2004, 341.

1737 Vgl. zum Übergangsmandat Kittner NZA 2012, 541; Gragert NZA 2004, 289; vgl. auch oben Rn. 694 und ausführlich zur Bedeutung von Umstrukturierungen für den BR: AS-Skript Kollektives Arbeitsrecht, (2012), Fall 16, Rn. 170 ff.

1738 Vgl. zur Fortgeltung und Änderung von TV und BV bei einem Betriebsübergang BAG, Beschl. v. 10.06.2009 – 4 ABR 21/08, NZA 2010, 51 (HausTV); Meyer ZfA 2015, 385; ders. NZA-RR 2013, 225; Müller-Bonanni NZA 2012, 195; Sagan RdA 2011, 163; Bauer/v. Medem DB 2010, 2560 (§ 613 a Abs. 1 S. 2 BGB); BAG, Urt. v. 03.07.2013 – 4 AZR 961/11, NZA-RR 2014, 80 (§ 613 a Abs. 1 S. 3 BGB); Steffan NZA 2012, 473; Sagan EuZA 2012, 247; BAG, Urt. v. 05.05.2015 – 1 AZR 763/13, NZA 2015, 1331; BB 2003, 1387 m.Anm. Grobys u. Salamon RdA 2009, 175 (GesamtBV); ders. NZA 2009, 471 (KonzernBV); allgemein Jacobs NZA 2009, Beil. Nr. 1 S. 45 ff. und oben Rn. 110 zum TV beim Betriebsübergang.

1739 BAG, Urt. v. 15.02.2007 – 8 AZR 397/06, NZA 2007, 739: nicht in Kündigungsschutz nach § 23 Abs. 1 KSchG.

renfalls käme der Belegschaft sowohl der vom Erwerber in die Insolvenzmasse gezahlte Kaufpreis als auch dessen persönliche Haftung zugute. Dieser Vorteil müsste von den übrigen Insolvenzgläubigern insoweit finanziert werden, als der Betriebserwerber den Kaufpreis mit Rücksicht auf die übernommene Haftung mindern und damit die Masse schmälern könnte.[1740] Für Ansprüche der AN, die nach Insolvenzeröffnung durch eine Betriebsfortführung entstanden sind, findet § 613 a BGB hingegen uneingeschränkt Anwendung.[1741] Wird ein insolvenzreifes Unternehmen vor Insolvenzeröffnung bzw. nach Ablehnung der Insolvenzeröffnung mangels Masse übernommen, dann findet § 613 a BGB ebenfalls uneingeschränkte Anwendung.[1742]

C. Überblick über weitere Probleme des § 613 a BGB

622 **I.** Für den Betriebsübergang i.S.d. § 613 a BGB kommt es nach h.M. darauf an, dass die betriebliche Organisation von dem Erwerber aufgrund eines Rechtsgeschäfts tatsächlich übernommen wurde. Die **Wirksamkeit des Rechtsgeschäfts** selbst ist nach h.M. **keine** zwingende **Voraussetzung** des § 613 a BGB.[1743] Auf einen gesetzlichen Übergang des Betriebes findet dagegen § 613 a BGB auch keine entspr. Anwendung.[1744]

623 **II.** Es ist **nicht erforderlich**, dass das **Rechtsgeschäft zwischen** dem **früheren Betriebsinhaber und Erwerber** abgeschlossen wird, da § 613 a BGB einen Auffangtatbestand darstellt, der weit auszulegen ist und alle Fälle der rechtsgeschäftlichen Betriebsnachfolge mit Ausnahme der Gesamtrechtsnachfolge umfasst.[1745]

Für den rechtsgeschäftlichen Betriebsübergang ist schließlich auch **nicht erforderlich**, dass der **neue Betriebsinhaber Eigentümer des Betriebs** wird, da die betriebliche Organisation und Leitungsmacht auch z.B. bei Verpachtung des Betriebs übergeht.[1746]

624 **III.** Beim **Wechsel der Gesellschafter** einer Personenhandelsgesellschaft liegt kein Betriebsübergang i.S.d. § 613 a BGB vor, da die gemäß § 124 Abs. 1 HGB teilrechtsfähige Gesellschaft Arbeitgeber bleibt.[1747] Dies gilt auch beim Wechsel der Gesellschafter einer BGB-Außengesellschaft, die nach neuerer Rechtsprechung eine der Personenhandelsgesellschaft entspr. Teilrechtsfähigkeit hat und daher selbst Arbeitgeber ist.[1748]

6. Abschnitt: Das Berufsausbildungsverhältnis

625 A. Rechtsgrundlagen

Das Berufsausbildungsverhältnis ist im BerufsbildungsG geregelt.[1749] Abweichungen vom BBiG zum Nachteil des Auszubildenden sind nach § 25 BBiG unzulässig. So sind z.B.

1740 BAG, Urt. v. 14.11.2012 – 5 AZR 778/11, juris; NZA 2002, 1034 ff.; die beiden ersten Zwecke, also Bestandsschutz und Sicherung der Kontinuität des Betriebsrats gelten dagegen auch im Insolvenzverfahren: BAG NJW 1984, 627.

1741 BAG, Urt. v. 19.10.2004 – 9 AZR 647/03, BB 2005, 1339; NZA 1997, 94, 95; 1993, 20, 23; BB 1996, 166; Fuhlrott FA 2012, 231.

1742 BAG BB 2003, 423; NZA 1993, 20, 22; zu Besonderheiten beim Betriebsübergang in der Insolvenz Staufenbiel/Brill ZInsO 2015, 173; Mückl ZIP 2012, 2373; Menke/Wolff BB 2011, 1461; Lindemann ZInsO 2010, 792; Lembke BB 2007, 1333

1743 BAG NZA 1985, 735; KR/Treber§ 613 a BGB Rn. 80; Schaub/Koch § 117 Rn. 30 ff.; kritisch Schröder NZA 1986, 286.

1744 BAG, Urt. v. 18.12.2008 – 8 AZR 660/07, juris; GK/Steffan § 613 a BGB Rn. 67 ff. u. 218 f.; vgl. aber auch BVerfG, Beschl. v. 25.01.2011 – 1 BvR 1741/09, NZA 2011, 400 zur Unvereinbarkeit der Versagung des Widerspruchsrechts mit Art. 12 GG bei gesetzlich angeordneten Übergang der Arbeitsverhältnisse; dazu Groeger ArbRB 2011, 152; Ubber BB 2011, 2111.

1745 EuGH BB 2002, 464, 466 m.Anm. Thüsing; BAG, Urt. v. 18.09.2014 – 8 AZR 733/13, NZA 2015, 97; BB 2003, 423, 425.

1746 EuGH, Urt. v. 15.12.2005 – C-232/04, DB 2006, 395; BAG, Urt. v. 18.09.2014, Fn. 1745; ErfK/Preis § 613 a BGB Rn. 46, 59 ff.

1747 Vgl. BAG NZA 1991, 63; Schaub/Koch § 118 Rn. 23; ErfK/Preis § 613 a BGB Rn. 43 ff. m.w.N.

1748 BAG, Urt. v. 30.10.2008 – 8 AZR 397/08, BB 2009, 1077; ErfK/Preis § 613 a BGB Rn. 43 ff.; a.A. noch BAG BB 1989, 2481.

1749 Vgl. zur Neufassung des BBiG 2005 Schneider AuB 2006, 212; Wohlgemuth ArbuR 2005, 241; Opolony BB 2005, 105.

Vertragsklauseln, die eine Entschädigung für die Gewährung einer Ausbildung oder Vertragsstrafen vorsehen, nichtig, § 12 Abs. 2 Nr. 1 bzw. Nr. 2 BBiG. Eine Berufsausbildung i.S.d. BBiG liegt nur bei einer Ausbildung in anerkannten Ausbildungsberufen vor, deren Berufsbilder z.T. durch Verordnungen konkretisiert sind. Auszubildende darf nur einstellen, wer persönlich geeignet ist (§ 28 Abs. 1, 29 BBiG) und über geeignete Ausbildungsstätten verfügt, § 27 BBiG. Ausbildungsberechtigt ist nur, wer persönlich und fachlich geeignet ist (§§ 28 ff. BBiG).

B. Begründung und Inhalt des Berufsausbildungsverhältnisses

Das Berufsausbildungsverhältnis wird durch Vertrag zwischen dem **Ausbildenden** und dem **Auszubildenden** begründet. Auf den Ausbildungsvertrag sind die arbeitsrechtlichen Vorschriften und Grundsätze anwendbar, soweit sich aus dem BBiG oder aus seiner Besonderheit als Ausbildungsverhältnis nichts anderes ergibt, § 10 Abs. 2 BBiG.[1750] 626

I. Der Ausbildende hat nach Maßgabe des **§ 11 Abs. 1 BBiG** eine **Niederschrift über die wesentlichen Bestandteile des Ausbildungsverhältnisses** anzufertigen, die gemäß § 11 Abs. 2 BBiG von ihm, dem Auszubildenden und seinem gesetzlichen Vertreter zu unterzeichnen und dem Auszubildenden auszuhändigen ist. § 11 BBiG enthält aber **keine gesetzliche Formvorschrift**, sondern hat nur deklaratorische Bedeutung. Der Ausbildungsvertrag kann deshalb auch mündlich wirksam abgeschlossen werden.[1751] Zu den wesentlichen Vertragsbestandteilen i.S.d. § 11 BBiG gehören: 627

- Art, Gliederung und Ziel der Ausbildung,
- Beginn und Dauer der Ausbildung,
- Ausbildungsmaßnahmen außerhalb der Ausbildungsstätte,
- Dauer der regelmäßigen täglichen Arbeitszeit,
- Dauer der Probezeit (höchstens 3 Monate, § 20 BBiG),
- Höhe der Vergütung, die zumindest jährlich ansteigen muss (§ 17 BBiG),
- Urlaubsregelung,
- Kündigungsvoraussetzungen (dazu noch unten Rn. 632).

Ein Verstoß des Ausbildenden gegen § 11 BBiG stellt aber eine Ordnungswidrigkeit nach § 99 Abs. 1 Nr. 1 u. 2 BBiG dar und kann nach einer Abmahnung zu einer fristlosen Kündigung durch den Auszubildenden und einer Schadensersatzpflicht des Ausbildenden nach § 23 BBiG führen.[1752]

II. Die **Ausbildun**gsvergütung gemäß § 17 BBiG muss **angemessen** sein. Dies ist i.d.R. nicht mehr der Fall, wenn sie die in einem für den Ausbildungsbetrieb einschlägigen Tarifvertrag vorgesehenen Vergütungen um mehr als 20% unterschreitet.[1753] 628

1750 Vgl. ErfK/Schlachter § 10 BBiG Rn. 3 ff. und zur Gleichstellung des Berufsausbildungsverhältnisses bei Entgeltfortzahlung und Kündigungen: BAG, Urt. v. 20.08.2003 – 5 AZR 436/02, BB 2004, 782 m.Anm. Lingemann.

1751 BAG NZA 1998, 37 ff.; ErfK/Schlachter § 11 BBiG Rn. 1; Schaub/Vogelsang § 174 Rn. 9. m.w.N.

1752 Vgl. ErfK/Schlachter § 11 BBiG Rn. 5; Schaub/Vogelsang § 174 Rn. 10 und BAG, Urt. v. 16.07.2013 – 9 AZR 784/11, NZA 2013, 1202 zum Schadensersatzanspruch des Auszubildenden nach § 23 BBiG (früher § 16 BBiG) bei vorzeitiger Beendigung des Ausbildungsverhältnisses; Lakies in Lakies/Malottke § 23 BBiG Rn. 8 ff.

1753 BAG, Urt. v. 29.04.2015 – 9 AZR 108/14, NZA 2015, 1384; Urt. 26.03.2013 – 3 AZR 89/11, ArbR 2013, 328; NZA 1999, 265; Lakies in Lakies/Malottke § 17 BBiG Rn. 20; vgl. aber BAG, Urt. v. 17.03.2015 – 9 AZR 732/13, ArbR 2015, 352; Urt. v. 22.01.2008 – 9 AZR 999/06, NZA-RR 2008, 565: 2/3 des jeweiligen Betrags nach § 12 Abs. 2 Nr. 1 BAföG bei staatlicher Ausbildungsförderung bzw. Finanzierung durch Spenden nicht zu beanstanden; ausführl. dazu Lipperscheid NZA 2006, 639.

Die Kosten der Berufsausbildung hat der Ausbildende zu tragen. Kosten für Unterkunft und Verpflegung gehören ausnahmsweise dazu, wenn die Ausbildung nicht im Betrieb des Ausbildenden, sondern an einem anderen Ort stattfindet. Eine Vereinbarung, nach der der Auszubildende diese Kosten tragen soll, ist wegen Verstoßes gegen § 12 Abs. 2 Nr. 1 BBiG nichtig.[1754] Das Verbot der Kostenbelastung erstreckt sich nicht auf Maßnahmen, die dem schulischen Bereich der Ausbildung zuzurechnen sind.[1755]

629 **III.** Der Ausbildende muss den Auszubildenden für die Teilnahme am Berufsschulunterricht und an den Prüfungen unter Fortzahlung der Ausbildungsvergütung **freistellen**, §§ 15, 19 Abs. 1 Nr. 1 BBiG.[1756]

Berufsschultage mit mehr als 5 Unterrichtsstunden von mindestens 45 Minuten sind gemäß § 9 Abs. 1 Nr. 2 JArbSchG bei Jugendlichen i.S.d. § 2 Abs. 2 JArbSchG mit jeweils 8 Stunden nur auf die gesetzliche Höchstarbeitszeit von 40 Stunden wöchentlich (§ 8 Abs. 1 JArbSchG) und nicht auf die kürzere tarifliche Ausbildungszeit anzurechnen, es sei denn, es liegt eine spezielle Regelung vor.[1757]

C. Die Beendigung des Ausbildungsverhältnisses

630 Das Berufsausbildungsverhältnis **endet** mit Ablauf der vereinbarten Ausbildungszeit (§ 21 Abs. 1 BBiG). Ist die Abschlussprüfung früher, endet es mit der Bekanntgabe des Bestehens der Prüfung durch den Prüfungsausschuss, § 21 Abs. 2 BBiG. Bei Nichtbestehen der Abschlussprüfung wird das Ausbildungsverhältnis auf Verlangen des Auszubildenden bis zur (ggf. zweiten) Wiederholungsprüfung, längstens aber für die Dauer eines Jahres verlängert, § 21 Abs. 3 BBiG.[1758] Ob und inwieweit sich das Ausbildungsverhältnis verlängert, wenn der Prüfungstermin erst nach der vereinbarten Ausbildungszeit liegt, ist noch nicht abschließend geklärt.[1759]

631 Eine **Kündigung** des Ausbildungsverhältnisses ist **während der Probezeit** jederzeit und ohne Angabe von Gründen möglich, § 22 Abs. 1 BBiG. Sie muss aber schriftlich erfolgen, § 22 Abs. 3 BBiG (Wirksamkeitsvoraussetzung!). Es handelt sich dabei um eine ordentliche, aber entfristete Kündigung, die in ihren Wirkungen einer fristlosen Kündigung gleichkommt und – wie diese – mit einer Auslauffrist versehen werden kann.[1760]

Die Probezeit von mindestens einem Monat und längstens drei Monaten kann auch bei einem Berufsausbildungsverhältnis vereinbart werden, das sich unmittelbar an ein vorhergehendes Arbeitsverhältnis anschließt, ohne dass die in diesem Arbeitsverhältnis zurückgelegte Zeit angerechnet wird. Denn für eine Anrechnung einer solchen Zeit fehlt es an einer Rechtsgrundlage. Auch bei einem solchen Berufsausbildungsverhältnis besteht die entfristete Kündigungsmöglichkeit während der Probezeit nach § 22 Abs. 1 BBiG, die mit der Verfassung, insb. mit Art. 3 Abs. 1 GG vereinbar ist.[1761]

632 **Nach der Probezeit** ist eine ordentliche Kündigung grds. ausgeschlossen. Der Auszubildende kann jedoch mit einer Frist von vier Wochen kündigen, wenn er die Ausbildung aufgeben oder sich einer anderen Ausbildung zuwenden will (vgl. § 22 Abs. 2 BBiG). Das außerordentliche Kündigungsrecht bleibt unberührt. Die Kündigung muss schriftlich und unter Angabe der Gründe erfolgen, § 22 Abs. 3 BBiG.[1762] Auf die Kündi-

1754 BAG, Urt. v. 25.07.2002 – 6 AZR 381/01, DB 2003, 510 ff.
1755 Vgl. dazu BAG, Urt. v. 18.11.2008 – 3 AZR 192/07, NZA 2009, 435
1756 Vgl. BAG, Urt. v. 26.03.2001 – 5 AZR 413/99, NZA 2001, 892 ff.; ErfK/Schlachter § 15 BBiG Rn. 1, 2.
1757 Vgl. BAG SAE 1993, 201 m.Anm. Natzel; ausführl. dazu Taubert BB 1992, 133 u. Zmarzlik DB 1997, 674.
1758 Vgl. dazu BAG NZA 2001, 214 ff.; 1999, 434; Lakies in Lakies/Malotttke § 21 BBiG Rn. 43 ff. m.w.N.
1759 Vgl. dazu BAG, Urt. 14.01.2009 – 3 AZR 427/07, NZA 2009, 738 m. z.T. krit. Anm. Natzel SAE 2009, 250.
1760 BAG, Urt. v. 23.09.2004 – 6 AZR 519/03, NZA 2005, 413; Reinartz DB 2015, 1347 ff.; Hirdina NZA-RR 2010, 65 ff.
1761 BAG, Urteil vom 16.12.2004 – 6 AZR 127/04, NZA 2005, 578 und ausführlich dazu Hirdina NZA-RR 2010, 65 ff.
1762 Vgl. dazu BAG FA 1998, 324; LAG Köln ZTR 2004, 606 und Schaub/Vogelsang § 174 Rn. 102; Reinartz DB 2015, 1347 ff.

gung des Ausbildungsverhältnisses sind die besonderen Kündigungsschutzbestimmungen, insbes. §§ 9 MuSchG, 18 BEEG, §§ 85, 91 SGB IX anwendbar.[1763]

Bei Kündigung des Ausbildungsverhältnisses durch den Ausbildenden ist nach h.M. im Hinblick auf die **Klagefrist** nach §§ 4, 13 Abs. 1 S. 2 KSchG zu unterscheiden, ob ein **Schlichtungsausschuss** nach § 111 Abs. 2 ArbGG vorhanden ist oder nicht. Da die Anrufung des Schlichtungsausschusses nach § 111 Abs. 2 S. 5 ArbGG eine unverzichtbare Prozessvoraussetzung für die Klage ist, sind die §§ 4, 13 Abs. 1 S. 2 KSchG für die Klage nicht anwendbar und sie gelten auch nicht entsprechend für die Anrufung des Schlichtungsausschusses. Der Klageerhebung kann nur der Einwand der Prozessverwirkung entgegen stehen. Besteht dagegen ein solcher Ausschuss nicht, muss die Klagefrist des § 4 S. 1 KSchG n.F. unabhängig von der Anwendbarkeit des KSchG (vgl. oben Rn. 553 ff.) eingehalten werden.[1764]

633 Nach vertragsgemäßer Beendigung des Berufsausbildungsverhältnisses hat der Auszubildende grds. keinen Anspruch auf Übernahme in ein normales Arbeitsverhältnis (Ausnahme: § 78 a BetrVG, § 9 BPersVG für Mitglieder der Jugend- und Auszubildendenvertretung).[1765] Etwas anderes kann sich aber aus tariflichen oder einzelvertraglichen Vereinbarungen ergeben.[1766]

Im Zweifel begründen die „Übernahmeregelungen" nicht automatisch ein Arbeitsverhältnis, sondern begründen lediglich einen Übernahmeanspruch des Auszubildenden. Die Nichterfüllung dieses Übernahmeanspruchs begründet eine Schadensersatzpflicht des Arbeitgebers.[1767]

Außerdem gilt nach § 24 BBiG ein Arbeitsverhältnis als auf unbestimmte Zeit begründet, wenn der Auszubildende nach Beendigung des Ausbildungsverhältnisses weiterbeschäftigt wird, es sei denn, die Vertragsparteien haben ausdrücklich etwas anderes vereinbart. Dies gilt auch bei Beendigung des Ausbildungsverhältnisses mit dem Bestehen der Abschlussprüfung vor Ablauf der vorgesehenen Vertragsdauer, § 24 BBiG.[1768]

D. Berufsfortbildung und berufliche Umschulung

634 Das BBiG erfasst auch die berufliche Fortbildung und die berufliche Umschulung (§ 1 Abs. 1 BBiG), die der Verbesserung der Beschäftigungsstruktur sowie der beruflichen Beweglichkeit dienen und daher von der Bundesagentur für Arbeit gefördert werden. Eine nähere gesetzliche Regelung ähnlich der des Berufsausbildungsverhältnisses fehlt allerdings (vgl. §§ 53 ff., 58 ff. BBiG). So ist selbst umstritten, ob und in welcher Höhe der Arbeitgeber im Rahmen von Fortbildungs- oder Umschulungsmaßnahmen zur Zahlung einer Vergutung verpflichtet ist.[1769] Das BBiG ist auf Umschulungsverträge nicht, auch nicht entspr. anwendbar,[1770] wenn auch für Streitigkeiten daraus die Arbeitsgerichte zuständig sind und die Umschüler als Arbeitnehmer i.S.d. § 5 BetrVG gelten.[1771]

1763 BAG NZA 1988, 428; ErfK/Schlachter § 22 BBiG Rn. 1; Schaub/Vogelsang § 174 Rn. 88; vgl. zur vorzeitigen Beendigung eines Ausbildungsverhältnisses Reinartz DB 2015, 1347; Fuhlrott/Gömöry FA 2012, 133; Laber ArbRB 2005, 182.

1764 Vgl. BAG, Urt. v. 23.07.2015 – 6 AZR 490/14, ArbR 2015, 548; MünchKomm/Hergenröder § 13 KSchG Rn. 10 ff.; a.A. Prütting in G/M/P/M-G § 111 ArbGG Rn. 22 ff. für außerordentliche Kündigung; vgl. dazu auch KR/Weigand §§ 21-23 BBiG Rn. 123; Reinartz DB 2015, 1347 ff.; Bender/Schmidt NZA 2004, 358, 361 f.

1765 BAG, Beschl. v. 17.02.2010 – 7 ABR 89/08, DB 2010, 1355 (Einsatz von LeihAN) m.Anm. Gaul/Ludwig DB 2010, 2334; BB 1997, 1793 m.Anm. Kukat; Lakies ArbR 2012, 34; Opolony BB 2003, 1329; krit. dazu Bengelsdorf NZA 1991, 537.

1766 Vgl. dazu BAG, Urt. v. 06.07.2006 – 2 AZR 587/05, AiB 2007, 315 m.Anm. Wroblewski; NZA 1998, 1013; 1178; Houben NZA 2011, 182; Kleinebrink ArbRB 2010, 279; Schulze NZA 2007, 1329; Kothe NZA 1997, 457 ff. und Hoß DB 1995, 526 ff.

1767 BAG, Urt. v. 29.09.2005 – 8 AZR 573/04, juris; NZA 1998, 1013; 1178; ErfK/Schlachter § 24 BBiG Rn. 2; Kohte NZA 1997, 457.

1768 Dazu ErfK/Schlachter § 24 BBiG Rn. 3 ff.; KR/Fischermeier § 24 BBiG Rn. 3 ff.; Benecke NZA 2009, 820 ff.; jeweils m.w.N.

1769 Vgl. dazu Schaub/Vogelsang § 176 Rn. 9.; dagegen BAG in AP Nr. 25 zu Art. 12 GG.

1770 Vgl. BAG, Urt. v. 12.02.2013 – 3 AZR 120/11, NZA 2014, 31; DB 1992, 896; ErfK/Schlachter § 1 BBiG Rn. 5 m.w.N.

1771 BAG, Urt. v. 19.01.2006 – 6 AZR 638/04, juris; Beschl. v. 24.09.2002 – 5 AZB 12/02, MDR 2003, 156; NZA 1999, 557, 558.

3. Teil: Überblick über das kollektive Arbeitsrecht

1. Abschnitt: Koalitions- und Tarifvertragsrecht

A. Einführung

635 Der heutige Stand des Arbeitsrechts als eines vorwiegend dem Schutz der Arbeitnehmer dienenden Rechtsgebiets ist das Ergebnis einer langen geschichtlichen Entwicklung, an deren Ausgangspunkt die äußerst ungünstigen Arbeitsbedingungen in der Zeit des Frühkapitalismus standen. Um diese Arbeitsbedingungen zu verbessern, haben Arbeitnehmer Gewerkschaften gebildet. Als Gegengewicht zu den Gewerkschaften und Verhandlungspartnern für diese haben Arbeitgeber eigene Verbände gegründet. Als Oberbegriff, der sowohl die Gewerkschaften als auch die Arbeitgeberverbände erfasst, wird herkömmlich der Begriff der Koalitionen verwendet. Aufgrund ihrer historisch gewachsenen Rolle und Bedeutung hat man den Koalitionen die Festlegung der Arbeitsbedingungen weitgehend überlassen – soziale Selbstverwaltung, insbesondere durch Tarifautonomie.[1772] Die Regelung der dadurch entstandenen Rechtsprobleme ist Gegenstand des kollektiven Arbeitsrechts.

636 Zum kollektiven Arbeitsrecht gehört das Recht der arbeitsrechtlichen Koalitionen, das Tarifvertragsrecht, das Arbeitskampfrecht einschließlich des Schlichtungsrechts, das Betriebsverfassungs- und Personalvertretungsrecht sowie das Unternehmensmitbestimmungsrecht. Nachfolgend wird in einem Überblick das Koalitions-, Tarif-, Arbeitskampf- und Betriebsverfassungsrecht dargestellt.

B. Das Koalitionsrecht

I. Begriff der Koalitionen

637 Die Bestimmung des Begriffs der Koalitionen ist zum einen für die Festlegung des Schutzbereichs des Grundrechts der Koalitionsfreiheit des Art. 9 Abs. 3 GG von Bedeutung, das nach Art. 9 Abs. 3 S. 2 GG auch im privaten Rechtsverkehr unmittelbar anwendbar ist (vgl. dazu oben Rn. 83). Zum anderen ist in einer Vielzahl von Arbeitsgesetzen die Mitwirkung der Koalitionen vorgesehen (z.B. § 2 Abs. 2 BetrVG: Zutrittsrecht der Gewerkschaft zum Betrieb; § 20 ArbGG: Beteiligung der Koalitionen bei Berufung der ehrenamtlichen Richter beim ArbG).

Das Vorliegen einer Koalition i.S.d. Art. 9 Abs. 3 GG setzt nach ganz h.M. die Erfüllung nachfolgender Begriffsmerkmale voraus:

638 **1.** Es muss zunächst ein **freiwilliger Zusammenschluss von Arbeitnehmern oder Arbeitgebern vorliegen, der auf eine gewisse Dauer angelegt ist, eine korporative Organisation hat und demokratisch organisiert ist.**[1773]

1772 Vgl. dazu Richardi ZfA 2014, 395; ders. DB 2000, 42; Dieterich DB 2001, 2398; Belling ZfA 1999, 547; Picker ZfA 1998, 573.

1773 Vgl. dazu Schaub/Treber § 188 Rn. 9 ff.; Dütz/Thüsing Rn. 527 ff.; Däubler, Ratgeber, Rn. 47 ff. m.w.N.

Zwangsverbände, insb. öffentlich-rechtliche Verbände mit Mitgliedschaft kraft Gesetzes oder Verwaltungsaktes sind deshalb keine Koalitionen i.S.d. Art. 9 Abs. 3 GG. Davon abweichend steht den Innungen und Innungsverbänden Tariffähigkeit kraft Gesetzes zu (§§ 54 Abs. 3 Nr. 1, § 2 Nr. 3, 85 HandwO). Keine Koalitionen sind auch ad hoc-Vereinigungen, weil sie nicht auf Dauer angelegt sind und deshalb die den Koalitionen eingeräumten Befugnisse nicht sinnvoll ausüben können. Der Verband muss vom Mitgliederwechsel unabhängig sein und korporative Organe haben. Die Gewerkschaften sind aus historischen Gründen nicht rechtsfähige Vereine. Arbeitgeberverbände sind dagegen regelmäßig rechtsfähige Vereine.[1774]

2. Die Vereinigung muss **vom sozialen Gegenspieler** (sog. Gegnerfreiheit) **und vom Staat sowie sonstigen gesellschaftlichen Gruppen unabhängig** (sog. Koalitionsreinheit) und nach h.M. grds. überbetrieblich organisiert sein.[1775] **639**

Die Notwendigkeit der Gegnerfreiheit sowie der Koalitionsreinheit folgt daraus, dass nur ein unabhängiger und an Weisungen Dritter nicht gebundener Berufsverband in der Lage ist, die Interessen seiner Mitglieder gegenüber dem sozialen Gegenspieler wirkungsvoll zu vertreten. Eine partei- oder gesellschaftspolitische Neutralität ist allerdings nicht erforderlich. Da Vereinigungen, die auf einen Betrieb beschränkt sind, leicht unter den Einfluss des Arbeitgebers geraten könnten, müssen sie überbetrieblich organisiert sein. Teilweise wird die Überbetrieblichkeit nur für die Tariffähigkeit gefordert. Bei großen Unternehmen (z.B. Post, Eisenbahn) kann die Überbetrieblichkeit nicht verlangt werden.[1776]

3. Der **satzungsmäßige Hauptzweck** der Vereinigung muss gemäß Art. 9 Abs. 3 GG die **Wahrung und Förderung der Arbeits- und Wirtschaftsbedingungen** sein. **640**

Die Begriffe Arbeits- und Wirtschaftsbedingungen sind weit auszulegen, sodass darunter alles fällt, was Gegenstand eines Arbeits- oder Tarifvertrags sein kann. Es muss aber immer eine Beziehung zu Arbeitsverhältnissen vorliegen, sodass z.B. die bloße Verfolgung der wirtschaftlichen Interessen der Mitglieder (sog. Wirtschaftsvereine) nicht genügt.[1777]

4. Nach h.M. sind **Tarifwilligkeit und Arbeitskampfbereitschaft keine zwingenden Begriffsmerkmale einer Koalition** i.S.d. Art. 9 Abs. 3 GG, weil es den Koalitionen zu überlassen ist, welcher Mittel sie sich zur Durchsetzung ihrer Ziele bedienen wollen. Schließlich ist dafür auch eine gewisse **Durchsetzungskraft** (soziale Mächtigkeit) **nicht erforderlich**, weil anderenfalls in Gründung befindliche Vereinigungen verfassungsrechtlich nicht geschützt wären.[1778] **641**

Nach h.M. ist nicht jede Koalition i.S.d. Art. 9 Abs. 3 GG zugleich auch eine tariffähige Vereinigung i.S.d. § 2 TVG, insbes. ist der **Begriff der Gewerkschaft** im Rechtssinne enger. Denn darunter fallen nur tariffähige Arbeitnehmervereinigungen. Die Tariffähigkeit i.S.d. § 2 TVG setzt neben den o.g. Koalitionsmerkmalen zusätzlich die Tarifwilligkeit und bei Arbeitnehmervereinigungen nach h.M. auch eine gewisse Durchsetzungskraft voraus, um nicht allein vom guten Willen der Arbeitgeberseite abhängig zu sein.[1779] Ob die Arbeitskampfbereitschaft zwingende Voraussetzung für eine tariffähige Vereinigung ist, ist sehr umstritten.[1780] **642**

1774 BAG, Urt. v. 06.05.2003 – 1 AZR 241/02, NZA 2004, 562; Waltermann Rn. 521.

1775 Vgl. dazu BAG NZA 1998, 754; Schaub/Treber § 188 Rn. 15 ff.; Dütz/Thüsing Rn. 531 ff.; jeweils m.w.N.

1776 BAG, Beschl. v. 06.06.2000 – 1 ABR 10/99, NZA 2001, 160; Waltermann Rn. 491; Schaub/Treber § 188 Rn. 18; B/R/H Rn. 632; Stelling NZA 1998 921; ausführlich dazu MünchArbR/Löwisch/Rieble § 155 Rn. 60 ff.

1777 Vgl. dazu Schleusner ZTR 1998, 545 ff.; Schaub/Treber § 188 Rn. 20, 21; Dütz/Thüsing Rn. 537; jeweils m.w.N.

1778 BVerfG AP Nr. 15, 31 zu § 2 TVG; BAG, Beschl. v. 14.12.2004 – 1 ABR 51/03, NZA 2005, 687; 1998, 754, 755; Rieble BB 2004, 885; Richardi NZA 2004, 1025 ff.; B/R/H/ Rn. 635; Dütz/Thüsing Rn. 538; a.A. Hanau/Adomeit Rn. 170.

1779 BVerfG, Beschl. v. 25.04.2015 – 1 BvR 2314/12, NZA 2015, 757; BAG, Beschl. v. 05.10.2010 – 1 ABR 88/09, AP Nr. 7 zu § 2 TVG Tariffähigkeit m. krit Anm. Schmidt; Geffken RdA 2015, 167; Schönhöft/Klafki NZA-RR 2012, 393; dazu auch Greiner NZA 2011, 825; Ulber RdA 2011, 353; Meyer DB 2011, 1920; Franzen BB 2009, 1472; Schüren NZA 2008, 453; Wank/Schmidt RdA 2008, 257; Richardi RdA 2007, 17; anders für die Tariffähigkeit der AG: BAG EzA § 2 TVG Nr. 20 m.Anm. Hergenröder; Schrader NZA 2001, 1337; ausführlich zum Koalitionsrecht AS-Skript Kollektives Arbeitsrecht, (2012), Rn. 4 ff.

1780 Dagegen BVerfG AP Nr. 15 zu § 2 TVG; ErfK/Franzen § 2 TVG Rn. 10; B/R/H Rn. 669; Waltermann Rn. 571; Hanau/Adomeit Rn. 168; a.A. BAG AP Nr. 13 zu § 2 TVG; Dütz/Thüsing Rn. 581; Schaub/Treber § 197 Rn. 7 f.

II. Die Koalitionsfreiheit

Fall 36: Information und Mitgliederwerbung

Die Gewerkschaft G will während der Arbeitspausen durch organisierte Betriebsangehörige gewerkschaftliches Informations- und Werbematerial verteilen. Der Arbeitgeber A will dies verbieten. Wäre ein solches Verbot wirksam?

I. Das Verbot könnte wegen eines Eingriffs in die verfassungsrechtlich geschützte Koalitionsfreiheit nach Art. 9 Abs. 3 S. 2 GG nichtig sein.

643 1. Voraussetzung dafür ist, dass die Verteilung gewerkschaftlichen Informations- und Werbematerials in den Schutzbereich der Koalitionsfreiheit fällt. **Art. 9 Abs. 3 GG gewährleistet:**

- **Individuelle Koalitionsfreiheit:** Geschützt ist dabei das Beitritts- und Betätigungsrecht (sog. **positive Koalitionsfreiheit**) und nach h.M. auch die sog. **negative Koalitionsfreiheit**, also das Recht der Gewerkschaft fernzubleiben.[1781]
- Kollektive Koalitionsfreiheit, d.h. die **Bestands- und Betätigungsgarantie der Koalitionen**. Geschützt wird also nicht nur der Bestand der Koalitionen, sondern auch ihre organisatorische Ausgestaltung sowie ihre Betätigungen, sofern sie der Förderung der Arbeits- und Wirtschaftsbedingungen dienen.[1782]

Nach heute ganz h.M. wird durch Art. 9 Abs. 3 GG nicht nur der sog. Kernbereich der koalitionsmäßigen Betätigung geschützt (z.B. Abschluss von Tarifverträgen, Streik), sondern alle Verhaltensweisen, die sich auf die Erfüllung der Koalitionsaufgaben beziehen, also koalitionsspezifisch sind.[1783]

Der Koalitionsfreiheit können nur solche Schranken gezogen werden, die im konkreten Fall zum Schutz anderer Rechtsgüter geboten sind. Je einschneidender der Eingriff und damit gewichtiger der Schutz ist, desto schwerwiegender müssen die Gründe für die Einschränkung sein.[1784]

644 2. Die **Verteilung von Informations- und Werbematerial** mit koalitionsspezifischem Inhalt durch betriebsangehörige Gewerkschaftsmitglieder im Betrieb ist jedenfalls dann durch Art. 9 Abs. 3 GG geschützt, wenn sie – wie hier – während der Pausen, also außerhalb der Arbeitszeit geschieht.[1785]

Nach BVerfG[1786] ist die Mitgliederwerbung auch während der Arbeitszeit durch Art. 9 Abs. 3 GG geschützt, sodass ein diesbezügliches Verbot des Arbeitgebers als Einschränkung der Koalitionsfreiheit einer sachlichen Rechtfertigung bedarf (z.B. erhebliche Störung des Betriebsablaufs).

Nach BAG steht dem Arbeitgeber grds. kein Anspruch auf Unterlassung der unaufgeforderten Versendung von Werbematerial durch eine Gewerkschaft an die dienstliche E-Mail-Adresse der Arbeitnehmer zu, da auch eine derartige Werbung durch die Koalitionsfreiheit geschützt ist.[1787]

1781 BVerfG, Beschl. v. 10.09.2004 – 1 BvR 1191/03, NZA 2004, 1338; BAG, Urt. v. 22.09.2009 – 1 AZR 972/08, BB 2010, 379.

1782 BVerfG NZA 1999, 992; 1996, 381 ff.; Waltermann Rn. 498 ff.; Schaub NZA 2000, 15.

1783 BVerfG, Beschl. v. 06.02.2007 – 1 BvR 978/05, NZA 2007, 394; BAG, Urt. v. 22.09.2009, Fn. 1781; Dietrich RdA 2007, 110 ff.

1784 BVerfG, Beschl. v. 29.12.2004 – 1 BvR 2283/03, NZA 2005, 153; DB 2001, 1367, 1368; BAG NZA 2002, 1155, 1157.

1785 BVerfG, Beschl. v. 06.02.2007 – 1 BvR 978/05, NZA 2007, 394; ausführlich dazu Schönhöft/Klafki NZA-RR 2012, 393.

1786 BVerfG NZA 1996, 381; ErfK/Linsenmaier Art. 9 GG Rn. 39 ff.; a.A. noch BAG NZA 1992, 690.

1787 BAG, Urt. v. 20.01.2009 – 1 AZR 515/08, NZA 2009, 615; a.A. Arnold/Wiese NZA 2009, 716; ausführl. Dumke RdA 2009, 77.

II. Ergebnis: Das von A beabsichtigte Verbot der Verteilung des Informations- und Werbematerials der G wäre wegen Verstoßes gegen Art. 9 Abs. 3 GG nichtig. Der G stünde ein Unterlassungsanspruch aus § 1004 BGB zu.[1788]

C. Das Tarifvertragsrecht

I. Begriff des Tarifvertrags

Tarifvertrag ist ein (schriftlicher) Vertrag zwischen tariffähigen Parteien zur Regelung von arbeitsrechtlichen Rechten und Pflichten der Vertragsparteien sowie zur Festsetzung von Rechtsnormen, §§ 1, 2 TVG. **645**

Die einzelnen Voraussetzungen für die Wirksamkeit sowie Anwendbarkeit des Tarifvertrags wurden bereits bei den Rechtsquellen behandelt (vgl. oben Rn. 91 ff.).

II. Arten von Tarifverträgen

1. Nach den Parteien eines Tarifvertrags unterscheidet man zwischen **Verbandstarifverträgen** (Verträge zwischen Gewerkschaften und Arbeitgeberverbänden) und **Firmentarifverträgen** (Verträge zwischen einer Gewerkschaft und einem einzelnen Arbeitgeber). Letztere werden häufig auch Haustarifverträge genannt. **646**

In letzter Zeit wird im Zusammenhang mit der Forderung nach Flexibilisierung der Arbeitsbedingungen der Flächentarifvertrag immer häufiger infrage gestellt, weil er grds. keine Berücksichtigung der Wirtschaftskraft der einzelnen Verbandsunternehmen ermöglicht.[1789]

2. Nach dem Gegenstand unterscheidet man **zwischen Mantel- bzw. Rahmentarifverträgen**, die regelmäßig längere Laufzeiten haben und die die allgemeinen Fragen regeln (z.B. Arbeitszeit, Urlaub) und **besonderen Tarifverträgen**, wie z.B. Tarifverträge über Arbeitsentgelt oder Sonderzuwendungen (z.B. Urlaubs- bzw. Weihnachtsgeld).

III. Das Günstigkeitsprinzip

Fall 37: Mehr Lohn und weniger Urlaub

Der A ist bei U angestellt. Die aufgrund beiderseitiger Tarifbindung anwendbaren Tarifverträge sehen für A ein Monatsgehalt von 1.500 € und 30 Arbeitstage Urlaub vor. Da A 25 Arbeitstage für den Urlaub als ausreichend ansah, wurde der Urlaub im Arbeitsvertrag gegen eine Erhöhung der Vergütung auf 1.750 € entsprechend verkürzt.

Wieviel Urlaub und welches Gehalt kann A verlangen?

I. Die aufgrund der beiderseitigen Tarifbindung gemäß § 3 Abs. 1 TVG anwendbaren Tarifverträge sehen als Mindestbedingungen, die gemäß § 4 Abs. 3 TVG zum Nachteil **647**

1788 Ausführl. zu Betätigungsrechten der Gewerkschaften im Betrieb Jansen AiB 2015, Nr. 6, 43; Beyer/Gussone AiB 2009, 207; Däubler DB 1998, 2014 und zum Zutrittsrecht für betriebsfremde Gewerkschaftsbeauftragte BAG, Urt. v. 22.06.2010 – 1 AZR 179/09, SAE 2011, 117; abl. Uffmann SAE 2011, 109 ff.; krit. auch Widmaier PersV 2015, 164; Höfling/Burkiczak, Anm in AP Nr. 142 zu Art 9 GG; Däubler ArbuR 2011, 362.

1789 Vgl. dazu Schaub NZA 2000, 15, 16; 1998, 717 ff. und ausführlich Bahnmüller, Zukunft der Tarifautonomie 2010, 81 ff.

der Arbeitnehmer nicht abgeändert werden können, ein Monatsgehalt von 1.500 € sowie 30 Arbeitstage Urlaub vor.

648 II. Nach dem Wortlaut des Arbeitsvertrags könnte A ein Monatsgehalt von 1.750 € und 25 Arbeitstage Urlaub verlangen. Nach § 4 Abs. 3 TVG sind **jedoch Abweichungen von Tarifverträgen** nur dann wirksam, wenn sie im Tarifvertrag vorgesehen sind (sog. **Öffnungsklausel**) oder für den Arbeitnehmer günstiger sind (sog. **Günstigkeitsprinzip**). Da eine Öffnungsklausel nicht vorliegt, hängt die Wirksamkeit der einzelvertraglichen Regelungen von einem Günstigkeitsvergleich ab.

649 1. Bei einer isolierten Betrachtung ist die Gehaltshöhe im Arbeitsvertrag und die Urlaubsdauer im Tarifvertrag günstiger. Ein solcher genereller Einzelvergleich wäre jedoch nicht sachgerecht, weil er dem Arbeitnehmer stets ermöglichen würde, sich jeweils die „Rosinen herauszupicken". Andererseits ist bei einer Gesamtbetrachtung aller Regelungen (Gesamtvergleich) die Feststellung einer Günstigkeit dann kaum möglich, wenn keine gleichartigen Ansprüche vorliegen. Denn man müsste „Äpfel mit Birnen" vergleichen.[1790] Nach ganz h.M. sind deshalb zur Feststellung der Günstigkeit nur diejenigen Regelungen zu vergleichen, die in einem sachlichen Zusammenhang stehen – sog. **Sachgruppenvergleich**.[1791]

650 2. Da Gehalt und Urlaub verschiedenen Zwecken dienen und deshalb unterschiedlich geartete Regelungsgegenstände betreffen, können sie nicht in einen Sachgruppenvergleich einbezogen werden, sodass mangels Vergleichbarkeit eine Einzelbetrachtung vorzunehmen ist.

Nach BAG ist ein Sachgruppenvergleich auch bei einer Beschäftigungsgarantie als Ausgleich für Arbeitszeitverlängerung bzw. Vergütungskürzung nicht möglich. Es billigte deshalb den Gewerkschaften erstmalig einen Anspruch auf Unterlassung der Anwendung tarifwidriger Einheitsregelungen gegen den einzelnen Arbeitgeber zu.[1792]

Insbesondere im Zusammenhang mit der Kürzung von tariflichen Bedingungen als Gegenleistung für eine Beschäftigungsgarantie (sog. Bündnisse für Arbeit; vgl. dazu oben Rn. 102) sowie mit der Forderung nach Flexibilisierung der Arbeitsbedingungen wird immer häufiger eine Auflockerung der Unabdingbarkeitsbestimmung des § 4 Abs. 3 TVG, eine Neuregelung des § 77 Abs. 3 BetrVG bzw. eine Neuinterpretation des Günstigkeitsprinzips verlangt.[1793]

3. Ergebnis: A kann nach dem Günstigkeitsprinzip ein Gehalt i.H.v. 1.750 € und 30 Arbeitstage Urlaub verlangen.[1794]

Der Geltendmachung des Urlaubs von 30 Arbeitstagen steht der Einwand des widersprüchlichen Verhaltens nicht entgegen, weil die Verwirkung von tariflichen Rechten nach § 4 Abs. 3 TVG ausgeschlossen ist. Teilweise wird bei Vereinbarungen, bei denen für eine Abweichung vom TV zum Nachteil des Arbeitnehmers eine Gegenleistung (z.B. Beschäftigungsgarantie) gewährt wird, die Gesamtnichtigkeit dieser „Zusammenhangsabrede" angenommen.[1795]

1790 BAG NZA 1999, 887, 892 ff.; dazu auch Sutschet ZfA 2007, 207; Natzel NZA 2003, 835; Niebler/Schmiedel BB 2001, 1631.

1791 Vgl. BAG, Urt. v. 15.04.2015 – 4 AZR 587/13, NZA 2015, 1274; Richardi DB 2000, 44, 47; Schliemann NZA 2003, 122 ff.

1792 BAG NZA 2001, 1037; 1999, 887 ff.; zust. Dieterich RdA 2005, 1212; Wohlfahrt NZA 1999, 962; a.A. Kast/Freihube BB 2003, 2569; Hromadka AuA 2000, 13; Buchner NZA 1999, 897; Robert NZA 2004, 633; ausführl. Sutschet ZfA 2007, 207; vgl. auch BAG, Urt. v. 17.05.2011 – 1 AZR 473/09, NZA 2011, 1169: „Der Beseitigungsanspruch umfasst jedoch nicht die Wiederherstellung des tarifkonformen Zustands durch Nachzahlung der tariflichen Leistungen an die Arbeitnehmer".

1793 Vgl. dazu Lehmann BB 2010, 2821; Ubber AuA 2009, 280; Ehlers RdA 2008, 81; Raab ZfA 2004, 371; Kast/Freihube BB 2003, 2569; Kania BB 2001, 1091; Hablitzel NZA 2001, 467; Buchner NZA 1999, 897, 901; Hanau/Adomeit Rn. 11 ff.

1794 So auch Dütz/Thüsing Rn. 630.

1795 So z.B. Richardi DB 2000, 42, 47.

IV. Die Grenzen der Tarifmacht (Tarifautonomie) Einzelne wichtige Tarifvertragsklauseln

Die durch Art. 9 Abs. 3 GG verfassungsrechtlich garantierte Tarifautonomie schützt insb. **651**
auch das Recht der Tarifvertragsparteien, Löhne und sonstige Arbeitsbedingungen in eigener Verantwortung und im Wesentlichen ohne staatliche Einflussnahme durch Tarifverträge frei zu regeln. Die Koalitionen haben aber nach dem GG keinen inhaltlich unbegrenzten und unbegrenzbaren Handlungsspielraum mit Verfassungsrang, sodass gesetzliche Einschränkungen der Koalitionsfreiheit grds. zulässig sind. Ein unzulässiger Eingriff des Gesetzgebers in die verfassungsrechtlich geschützte Koalitionsfreiheit liegt nur vor, wenn dem Betätigungsrecht der Tarifvertragsparteien, insb. der Tarifautonomie Schranken gesetzt werden, die zum Schutz anderer Rechtsgüter von der Sache her nicht geboten sind.[1796] Darüber hinaus können sich Beschränkungen der Tarifautonomie aus dem EU-Recht, der Verfassung sowie aus zwingenden Gesetzen ergeben. Die schwierige Frage, wie weit die Tarifautonomie reicht und wo ihre Grenzen sind, soll nachfolgend anhand einzelner Tarifklauseln verdeutlicht werden.

1. Verhältnis von Tariflohnerhöhungen zur übertariflichen Bezahlung, Effektivklauseln

Fall 38: Aufsaugung einer übertariflichen Zulage

Der Dreher D erhält nach dem Arbeitsvertrag einen Effektivlohn in Höhe von 13,5 €, der aus dem Tariflohn von 12 € und einer übertariflichen Zulage von 1,5 € besteht. Weitere Regelungen dazu enthält der Arbeitsvertrag nicht. Durch einen neuen Tarifvertrag, der wegen beiderseitiger Tarifbindung anwendbar ist, wird der Tariflohn um 5% erhöht. Kann D die Erhöhung des Effektivlohns verlangen?

Abwandlung:

Ändert sich die Rechtslage, wenn der Tarifvertrag u.a. folgende Klausel enthält: „Bisher gezahlte Zulagen sind dem erhöhten Grundlohn hinzuzurechnen und gelten als Bestandteil dieses Tarifvertrags" (sog. Effektivgarantieklausel)?

I. Die Vereinbarung eines über dem Tariflohn liegenden Effektivlohns war nach dem Günstigkeitsprinzip des § 4 Abs. 3 TVG zulässig. Da der bisherige Effektivlohn auch nach der Tariflohnerhöhung den neuen Tariflohn überschreitet, scheidet ein tariflicher Anspruch insoweit jedenfalls deshalb aus, weil der Tarifvertrag dazu keine Regelung enthält. **652**

II. Ob und inwieweit sich eine Tariflohnerhöhung auf den übertariflichen Lohn auswirkt, der auch nach der Erhöhung günstiger ist, hängt ausschließlich vom Inhalt des Arbeitsvertrags ab.[1797]

Fehlt – wie hier – eine ausdrückliche Regelung, ist in individualrechtlicher Hinsicht insoweit wie folgt zu differenzieren:

1796 BVerfG, Beschl. v. 06.02.2007, Fn. 1785; BAG, Urt. v. 20.01.2009, Fn. 1787; ErfK/Linsenmaier Art. 9 GG Rn. 82.

1797 BAG, Urt. v. 16.05.2012 – 10 AZR 252/11, ZTR 2012, 513; ausführlich zur Auswirkung von Tariflohnerhöhungen auf übertarifliche Zulagen und zur Zulässigkeit einzelner Regelungen AS-Skript Kollektives Arbeitsrecht, (2015), Rn. 345 ff.

653 ■ **Allgemeine übertarifliche Zulagen** ohne besonderen Zweck werden i.d.R. gewährt, weil der Tariflohn den Arbeitsvertragsparteien noch nicht als ausreichend erscheint, was aber nach der Tariflohnerhöhung der Fall sein kann. Mangels gegenteiliger Anhaltspunkte (z.B. nur Möglichkeit des Widerrufs) ist daher von einer **automatischen Aufsaugung** (Anrechnung) der Tariflohnerhöhung auszugehen, sodass keine Erhöhung des Effektivlohnes eintritt.[1798] Dies gilt nach h.M. auch dann, wenn die Tariflohnerhöhungen über längeren Zeitraum ungekürzt gewährt wurden, weil im Zweifel davon auszugehen ist, dass die Gewährung von einer erneuten Überprüfung abhängig sein soll. Die Anrechnungsbeständigkeit ergibt sich also i.d.R. auch nicht aus betrieblicher Übung.[1799] Die Auslegung einer allg. übertariflichen Zulage als im Falle von Tariflohnerhöhungen ohne Weiteres anrechenbarer Lohnbestandteil verstößt weder gegen die Unklarheitsregel des § 305 c Abs. 2 BGB noch gegen das Transparenzgebot des § 307 Abs. 1 S. 2 BGB.[1800]

Beachte: *Auch wenn der Effektivlohn nicht steigt, ist die Tariflohnerhöhung für den Arbeitnehmer nicht wertlos. Denn sie führt dazu, dass der nach § 4 Abs. 3 TVG unabdingbare Anteil des Tariflohnes an dem Effektivlohn immer größer wird. Hat sich der Arbeitgeber den Widerruf der übertariflichen Zulage vorbehalten, der bei einer Tariflohnerhöhung i.d.R. dem billigen Ermessen entspricht, kann davon nur die um die Tariflohnerhöhung gekürzte übertarifliche Zulage betroffen sein. Der widerrufbare Anteil der übertariflichen Zulage wird also immer kleiner.*[1801]

654 ■ **Selbstständige Lohnbestandteile**, die den Besonderheiten des jeweiligen Arbeitsverhältnisses Rechnung tragen (z.B. besondere Leistungs-, Erschwernis- oder Gefahrenzulagen), können auf eine Tariflohnerhöhung grds. nicht angerechnet werden, sind also **anrechnungsbeständig**.[1802]

655 Von der individualrechtlichen Zulässigkeit der Anrechnung ist die kollektivrechtliche Zulässigkeit wegen eines **Mitbestimmungsrechts des Betriebsrat nach § 87 Abs. 1 Nr. 10 BetrVG** unter dem Gesichtspunkt der Lohn- bzw. Verteilungsgerechtigkeit zu trennen. Danach ist die Anrechnung grds. nur dann mitbestimmungsfrei wirksam, wenn dadurch das Zulagenvolumen völlig aufgezehrt wird oder die Tariflohnerhöhung vollständig und gleichmäßig auf die übertarifliche Zulage angerechnet wird.[1803]

III. Ergebnis: Da D lediglich eine allgemeine übertarifliche Zulage erhält und keine Anhaltspunkte für einen gegenteiligen Parteiwillen vorliegen, kann er eine Erhöhung des Effektivlohnes wegen einer automatischen Anrechnung (Aufsaugung) der Tariflohnerhöhung nicht verlangen.

Ob die automatische Aufsaugung ohne besondere Regelungen auch bei einem Lohnausgleich für eine tarifliche Arbeitszeitverkürzung eingreift, ist umstritten.[1804]

1798 Vgl. dazu BAG, Urt. v. 17.09.2003 – 4 AZR 533/02, NZA 2004, 437; Schaub/Koch § 235 Rn. 106 ff.

1799 BAG, Urt. v. 03.11.2004 – 5 AZR 622/03, NZA 2005, 1208; v. Hoyningen-Huene NZA 1998, 1081, 1085.

1800 BAG, Urt. v. 27.08.2008 – 5 AZR 820/07, NZA 2009, 49; Urt. v. 01.03.2006 – 5 AZR 363/05, NZA 2006, 746; Lindemann, Anm. in AP Nr. 36 zu § 307 BGB; Roßbruch PflR 2014, 175; a.A. Franke NZA 2009, 245; Bonani/Koehler ArbRB 2009, 24.

1801 Vgl. dazu BAG DB 1993, 384; Richardi NZA 1992, 961, 965.

1802 BAG, Urt. v. 01.03.2006 – 5 AZR 540/05, NZA 2006, 688; 1993, 668, 669; v. Hoyningen-Huene NZA 1998, 1081, 1085.

1803 BAG [GS] NZA 1992, 749; Urt. v. 10.03.2009 – 1 AZR 55/08, AP Nr. 34 zu § 87 BetrVG m. abl. Anm. Richardi; Bonanni/Köhler ArbRB 2009, 24; Kleinebrink ArbRB 2005, 185; Boemke/Seifert BB 2001, 985 ff.; F/E/S/T/L § 87 BetrVG Rn. 474 ff. m.w.N.

1804 Dagegen BAG, Urt. v. 15.03.2000 – 5 AZR 557/98, NZA 2001, 105; 1999, 208; a.A. noch BAG NZA 1987, 848 u. Hoß NZA 1997, 1129, 1130; Lund, Anm. in AP Nr. 58 zu § 1 TVG „Tarifverträge“.

Abwandlung:

Ob im Verhältnis zum Ausgangsfall eine Änderung der Rechtslage eintritt, hängt von der Wirksamkeit der Effektivgarantieklausel ab.

I. Die Effektivgarantieklausel soll zum einen die übertarifliche Zulage trotz der Tariflohnerhöhung erhalten und damit das Aufsaugungsprinzip ausschalten. Zum anderen soll die übertarifliche Zulage in den Tariflohn einbezogen werden und damit unabdingbarer Lohnbestandteil werden.

II. **Die Effektivgarantieklauseln sind nach ganz h.M. unzulässig.**[1805] 656

Zum einen liegt ein Verstoß gegen das Schriftformerfordernis des § 1 Abs. 2 TVG vor, weil sich die Tariflöhne nicht anhand des schriftlichen Tarifvertrags selbst, sondern erst nach Berücksichtigung der (u.U. mündlichen) Arbeitsverträge ermitteln lassen. Zum anderen verstößt die Effektivgarantieklausel gegen das in § 4 TVG verankerte Grundprinzip des Tarifrechts, wonach durch zwingende Tarifnormen nur Mindestarbeitsbedingungen geregelt werden dürfen. Wären die Effektivgarantieklauseln wirksam, würde es keine einzelvertraglichen übertariflichen Zulagen geben, weil man sie „normativ eingefangen hätte". „Der Bereich übertariflicher Löhne bleibt aber dem Tarifvertrag entzogen".[1806] Schließlich wird auch ein Verstoß gegen den arbeitsrechtlichen Gleichbehandlungsgrundsatz angenommen („gleicher Tariflohn für gleiche Arbeit"), weil für die Festsetzung unterschiedlicher Tariflöhne kein sachlicher Grund vorliegt.[1807]

III. Ergebnis: Da die Effektivgarantieklausel unwirksam ist, tritt im Verhältnis zum Ausgangsfall keine Änderung der Rechtslage ein.

Die sog. **begrenzten (beschränkten) Effektivklauseln**, die zwar ebenfalls die Aufsaugung ausschalten sollen, nach denen aber die übertarifliche Zulage nicht Bestandteil des unabdingbaren Tariflohnes sein soll, sind nach h.M. im Wesentlichen aus den gleichen Gründen wie die Effektivgarantieklauseln unwirksam.[1808] 657

---

2. Zulässigkeit sonstiger Tarifklauseln

a) Verdienstsicherungsklauseln, nach denen der Arbeitnehmer den bisherigen Effektivlohn auch dann erhalten soll, wenn er aus bestimmten Gründen (z.B. Alter, Gesundheitszustand, Rationalisierung) auf einen anderen Arbeitsplatz mit an sich schlechterer Entlohnung versetzt wird, sind nach ganz h.M. zulässig. Die übertariflichen Zulagen werden allerdings nicht mit normativer und zwingender Wirkung abgesichert, sondern können mit späteren Tariflohnerhöhungen nach allgemeinen arbeitsrechtlichen Grund- 658

1805 Vgl. dazu BAG AP Nr. 1, 7 zu § 4 TVG „Effektivklausel"; NZA 1988, 29, 31; Richardi NZA 1999, 961, 962.

1806 So Hanau/Adomeit Rn. 242; B/R/H Rn. 693.

1807 So Richardi JZ 1968, 748.

1808 BAG, Urt. v. 15.09.2004 – 4 AZR 416/03, juris; AP Nr. 7 zu § 4 TVG „Effektivklausel"; B/R/H Rn. 693; Hanau/Adomeit Rn. 242 f.; Reiter BB 2004, 437, 440; wohl auch Waltermann Rn. 563; a.A. Hansen RdA 1985, 78 ff.; Kempen AuR 1982, 500 ff.

sätzen ganz oder teilweise verrechnet werden. Im Unterschied zu den Effektivklauseln bezwecken sie auch nicht die Aufstockung des übertariflichen Lohnbestandteiles um die Tariflohnerhöhung, sondern sollen lediglich den Abbau des Effektivlohnes durch Tätigkeitsveränderungen verhindern.[1809] Sie sind auch im Hinblick auf das Verbot der Altersdiskriminierung nach § 10 S. 3 Nr. 1 AGG grundsätzlich zulässig.[1810]

659 **b)** Unzulässig sind dagegen die sog. **Anrechnungsklauseln** (sog. negative Effektivklauseln), mit denen die Tarifvertragsparteien das Aufsaugen eines übertariflichen Lohnbestandteils ohne Rücksicht auf den Inhalt und damit die einzelvertragliche Anrechnungsfestigkeit vorschreiben. Denn sie verstoßen gegen das Günstigkeitsprinzip des § 4 Abs. 3 TVG, indem sie im Ergebnis Höchstlöhne vorschreiben.[1811]

660 **c)** Tarifliche Klauseln, die eine **Differenzierung nach Gewerkschaftszugehörigkeit** (Ausschluss- und Spannenklauseln), also eine Besserstellung der Gewerkschaftsmitglieder normativ zwingend vorschreiben (sog. qualifizierte Differenzierungsklauseln), sind nach h.M. unzulässig, weil dadurch Druck zum Gewerkschaftseintritt ausgeübt und damit die durch Art. 9 Abs. 3 GG geschützte negative Koalitionsfreiheit der Nichtmitglieder verletzt wird. Außerdem greifen sie unzulässigerweise in die Vertragsfreiheit der Arbeitsvertragsparteien und die Rechtsstellung Dritter ein.[1812] Die sog. einfachen Differenzierungsklauseln, die zwar die Gewerkschaftszugehörigkeit eines Arbeitnehmers zur Voraussetzung für einen materiellen Anspruch machen, die aber keine rechtlichen Schranken dafür aufstellen, dass der Arbeitgeber auf einzelvertraglicher Ebene die tariflich vorgesehene Ungleichbehandlung beseitigt, also ausschließlich Ansprüche der Gewerkschaftsmitglieder begründen, sind dagegen nach der heute h.M. wirksam.[1813]

661 Erst recht unzulässig sind nach allgemeiner Ansicht die sog. **Organisations- und Absperrklauseln** (Verbot des Abschlusses von Arbeitsverträgen mit Nicht-Gewerkschaftsmitgliedern), weil sie nicht nur unzulässigerweise in die negative Koalitionsfreiheit (Art. 9 Abs. 3 GG), sondern auch in das Recht der Arbeitnehmer auf freie Wahl des Arbeitsplatzes (Art. 12 GG) eingreifen.[1814]

2. Abschnitt: Das Arbeitskampfrecht

A. Einführung

662 Der Tarifvertrag ist das wichtigste Gestaltungsinstrument zur Regelung der kollektiven Arbeitsbedingungen. Die durch Art. 9 Abs. 3 GG verfassungsrechtlich garantierte Koalitionsfreiheit beinhaltet auch den Abschluss von Tarifverträgen und damit die Festlegung von tariflichen Mindestarbeitsbedingungen. Ein gerichtlich durchsetzbarer An-

1809 BAG AP Nr. 9 zu § 4 TVG „Effektivklausel" m.Anm. Wiedemann; BAG, Urt. v. 16.03.2000 – 5 AZR 557/98, NZA 2001, 396 ff.; 1998, 608 ff.; Z/L/H § 42 Rn. 1 ff.; Hanau/Adomeit Rn. 243; a.A. B/R/H Rn. 694

1810 Vgl. dazu Adomeit/Mohr § 10 AGG Rn. 98, 103; Lingemann/Gotham NZA 2007, 663, 666 m.w.N.

1811 BAG AP Nr. 8, 15 zu § 4 TVG „Effektivklauseln"; Säcker/Oetker ZfA 1996, 85, 94; B/R/H Rn. 692.

1812 BAG [GS] BB 1968, 993; BAG, Urt. v. 15.04.2015 – 4 AZR 796/13, NZA 2015, 1388; Z/L/H § 36 Rn. 3 ff.; Siegfanz-Strauß RdA 2015, 266; a.A. Däubler/Hensche § 1 TVG Rn. 868 ff.; Waltermann Rn. 516; Deinert RdA 2014, 129; Däubler/Heuschmid RdA 2013, 1; Leydecker ArbuR 2012, 195: jedenfalls insoweit, als der Vorteil die Mitgliedsbeiträge nicht übersteigt.

1813 BAG, Urt. v. 22.09.2010 – 4 AZR 117/09, AP Nr 144 zu Art 9 GG; Klebeck SAE 2008, 97; Trümner ArbR 2013, 590; Boemke JuS 2012, 560; krit. Richardi NZA 2010, 417; Greiner/Suhre NJW 2010, 131; ErfK/Franzen § 1 TVG Rn. 62.

1814 Waltermann Rn. 515; Dütz/Thüsing Rn. 622; Däubler, Ratgeber, Rn. 56; Schaub/Treber § 189 Rn. 12 ff.

spruch auf Führung von Tarifverhandlungen und Abschluss eines Tarifvertrags besteht aber nach h.M. nicht.[1815] Die Tarifautonomie kann deshalb nur dann ihre Aufgabe erfüllen, wenn die Tarifvertragsparteien ein Mittel in die Hand bekommen, um den Abschluss eines Tarifvertrags notfalls erzwingen zu können. Dieses Mittel muss vor allem der Arbeitnehmerseite zur Verfügung stehen, weil anderenfalls eine Verbesserung der Arbeitsbedingungen ausschließlich vom Willen der Arbeitgeberseite abhängig wäre. Dieses **Druckmittel ist auf der Arbeitnehmerseite der Streik.**[1816] Ob das Streikrecht in kirchlichen Einrichtungen aufgrund der verfassungsrechtlich garantierten Kirchenautonomie (Art. 140 GG i.V.m. Art. 137 Abs. 3 WRV) ausgeschlossen ist, ist umstritten.[1817]

Das **Arbeitskampfmittel der Arbeitgeberseite** ist die **Aussperrung.** Dem Boykott als einem weiteren Druckmittel, d.h. der Ablehnung von Vertragsabschlüssen mit der Gegenseite der Arbeitnehmer, kommt im Verhältnis zum Streik bzw. der Aussperrung keine große praktische Bedeutung zu.[1818] Streik, Aussperrung und Boykott werden unter dem Begriff Arbeitskampf zusammengefasst. **663**

Die teilweise als neue Kampfform von den Gewerkschaften erwogene Betriebsbesetzung bzw. Betriebsblockade ist abzulehnen, weil sie jedenfalls eine rechtswidrige Eigentumsverletzung i.S.d. § 823 Abs. 1 BGB darstellt.[1819]

B. Die Rechtsgrundlagen des Arbeitskampfrechts

Aus **Art. 9 Abs. 3 GG** folgt zwar, dass der **Arbeitskampf** als solcher **verfassungsrechtlich garantiert ist.** Denn anderenfalls hätte die Regelung, dass sich „Notstandsmaßnahmen nicht gegen Arbeitskämpfe, die von Koalitionen zur Wahrung und Förderung der Arbeits- und Wirtschaftsbedingungen geführt werden" richten dürfen, keinen Sinn. Diese Verfassungsgarantie erfasst dabei nicht nur den rechtmäßigen Streik, sondern aus Gründen der Kampfparität nach ganz h.M. grds. auch die Aussperrung.[1820] **664**

Obwohl der Arbeitskampf ein wichtiges Instrument der Tarifautonomie ist und erhebliche wirtschaftliche Schäden verursachen kann, gibt es keine gesetzlichen Regelungen darüber, wann und unter welchen Voraussetzungen ein Arbeitskampf geführt werden kann. Aus diesem Grunde hat sich deshalb das BAG „zum wahren Ersatzgesetzgeber" im Arbeitskampfrecht entwickelt, was aber der vom BVerfG entwickelten Wesentlichkeitstheorie nicht widerspricht.[1821] Auch die Stimmen in der Literatur haben angesichts des „normativen Vakuums" ein erhöhtes Gewicht. Dabei ist allerdings stets zu berücksichtigen, dass jede Aussage im Arbeitskampfrecht i.d.R. auf einer (rechts-)politischen Entscheidung beruht, was zu einem großen Spektrum von Rechtsansichten und vielen Mei- **665**

1815 BAG, Urt. v. 25.09.2013 – 4 AZR 173/12, FA 2013, 352; a.A. Z/L/H § 36 Rn. 29; Hanau/Thüsing ZTR 2002 506, 508 f. m.w.N.

1816 Vgl. BAG AP Nr. 81 zu Art. 9 GG „Arbeitskampf"; Bartholomä BB 2006, 378 ff.; Blanke NZA 1999, 209, 210: „Tarifverhandlungen ohne das Recht zum Streiken wären nicht mehr als kollektives Betteln der Gewerkschaften".

1817 So grds. BAG, Urt. v. 20.11.2012 – 1 AZR 179/11, NZA 2013, 448; Wegner ZMV 2015, 242; Richardi RdA 2014, 42; Grzeszick NZA 2013, 1377; krit. Reichold NZA 2013, 585; a.A. LAG Hamm NZA-RR 2011, 185; Schubert/Wolter ArbuR 2013, 285.

1818 Ausführl. dazu Kissel § 61 Rn. 122 ff.; Brox/Rüthers, AK, Rn. 64 ff.; Picker ZfA 2011, 443; 557; 2010, 499; Wank RdA 2009, 1 (Aktuelle Probleme des Arbeitskampfrechts) u. Donat/Kühling ArbuR 2009, 1 (Arbeitskampf und Versammlungsrecht).

1819 BAG NZA 1996, 209, 211; Kissel § 61 Rn. 57 ff., 101 ff.; vgl. aber Bieback/Unterhinnghofen in Däubler, AK, Rn. § 17 Rn. 212 ff.; zu weitere Arbeitskampfmaßnahmen Rehder/Deinert/Callsen ArbuR 2012, 103; Greiner NJW 2010, 2977.

1820 BVerfG NZA 1995, 754; SAE 1991, 329 m.Anm. Konzen; BAG NZA 1996, 213; ErfK/Linsenmaier Art. 9 GG Rn. 102; Söllner NZA 1992, 721, 727; a.A. Blanke NZA 1990, 209, 210; Wolter in Däubler, AK, § 21 Rn. 12 ff., da das Streikrecht aufgrund der wirtschaftlichen Machtposition der Arbeitgeberseite die Arbeitskampfparität herstelle.

1821 BVerfG NZA 1991, 2549; Söllner NZA 1992, 721; Preis § 110 II; krit. Löwisch DB 1988, 1013; Ehrich DB 1993, 1237.

nungsstreitigkeiten führt. Diese Meinungsvielfalt wird in letzter Zeit insb. im Zusammenhang mit den Streiks um Firmentarifverträge eines verbandsangehörigen Arbeitgebers, Tarifsozialpläne und um sog. Spezialisten- bzw. Spartentarifverträge deutlich.[1822] Das BAG hält – in Übereinstimmung mit der überwiegenden Ansicht – die Arbeitskampfmaßnahmen und damit auch die Streiks für schädlich, sodass die Voraussetzungen an die Rechtmäßigkeit der Arbeitskampfmaßnahmen eng gefasst werden.[1823]

C. Der Streik

I. Begriff und Rechtmäßigkeitsvoraussetzungen des Streiks sowie Rechtsfolgen für die daran Beteiligten

Fall 39: Unterstützung einer gesetzlichen Rente mit 60 Jahren

Die Gewerkschaft G möchte zur Unterstützung der Forderung nach einer gesetzlichen Rente mit 63 Jahren u.a. zu einer Arbeitsniederlegung im verbandszugehörigen Betrieb des U aufrufen. Welche Rechtsfolgen könnte eine solche Arbeitsniederlegung auslösen?

A. Die Rechtsfolgen, die bei Durchführung der von der G geplanten Arbeitsniederlegung entstehen können, hängen davon ab, ob es sich dabei um einen rechtmäßigen Streik oder ein rechtswidriges Verhalten handeln würde.

666 I. Die Arbeitsniederlegung könnte einen Streik darstellen. Ein **Streik** liegt **begrifflich** nach h.M. beim Vorliegen folgender Voraussetzungen vor:[1824]

- vorübergehende Arbeitsniederlegung durch eine größere Anzahl von Arbeitnehmern;
- gemeinsam und planmäßig, d.h. als Kollektivhandlung;
- zur Erreichung eines bestimmten Ziels, das i.d.R. eine Verbesserung der Lohn- und Arbeitsbedingungen ist (sog. Regelungsstreitigkeit).

Diese begrifflichen Voraussetzungen eines Streiks wären vorliegend erfüllt.

Vom Streik ist begrifflich die (kollektive) Ausübung eines Zurückbehaltungsrechts zu unterscheiden. Beim Streik wollen die Arbeitnehmer etwas erreichen, worauf bisher noch kein Anspruch bestand (sog. Regelungsstreitigkeit). Beim Zurückbehaltungsrecht machen die Arbeitnehmer dagegen (u.U. vermeintliche) Rechte geltend (sog. Rechtsstreitigkeit). Nach BAG müssen Arbeitnehmer, die ein Zurückbehaltungsrecht ausüben wollen, dies auch ausdrücklich erklären. Anderenfalls wird die Arbeitsniederlegung als Streik behandelt.[1825]

1822 Dazu Wank RdA 2009, 1 ff.; Boemke ZfA 2009, 131 ff.; v. Steinau-Steinrück/Glanz NZA 2009, 113 ff.; Bayreuther NZA 2008, 12 ff.; Gaul RdA 2008, 13 ff.; Buchner BB 2008, 106 ff. und A-S Skript, Kollektives Arbeitsrecht (2015), Rn. 102 ff.

1823 BAGE [GS] 23, 292 ff., 306 ff.; Preis § 113 I; Hettlage BB 2004, 714, 715: „Streik durch Richterspruch grds. verboten“; vgl. aber auch Blanke NZA 1990, 209 mit „gewerkschaftsfreundlicher“ Ansicht des Streiks; Rspr.-Übers. zum Arbeitskampfrecht: Litschen NZA-RR 2015, 57; de Beauregard NZA-RR 2013, 617; 2010, 453; Meyer ZTR 2013, 8 u. Jacobs ZfA 2011, 71.

1824 BAGE [GS] 1, 291; ErfK/Linsenmaier Art. 9 GG Rn. 161 ff.; Hanau/Adomeit Rn. 277 ff.; Dütz/Thüsing Rn. 688; B/R/H Rn. 753; zu Rechtmäßigkeitsvoraussetzungen und Rechtsfolgen von Arbeitskämpfen Bartholomä BB 2006, 378.

1825 BAG DB 1977, 728; a.A. die heute h.L. Kissel § 61 Rn. 19; Krause RdA 2006, 228, 234; Brox/Rüthers, AK, Rn. 606, da das Bestehen des Rechts des Einzelnen nicht von seiner Bezeichnung abhängig sein könne.

II. Es müssten die **Rechtmäßigkeitsvoraussetzungen** eines Streiks vorliegen, die nach h.M. sind: 667

- **Einhaltung der tariflichen Friedenspflicht**

  Nach der sog. relativen Friedenspflicht ist während der Laufzeit eines Tarifvertrags auch ohne eine tarifliche Regelung jeder Arbeitskampf verboten, der sich auf die bereits tariflich geregelten Angelegenheiten bezieht. Die absolute Friedenspflicht, die jeden Arbeitskampf während der Laufzeit eines Tarifvertrags verbietet, besteht dagegen nur bei einer besonderen Vereinbarung.[1826] Nach h.M. ist grds. auch der Abschluss eines HausTV mit einem Verbandsunternehmen erstreikbar.[1827]

- Das Streikziel muss Gegenstand eines Tarifvertrags sein können – sog. **tariflich regelbares Ziel**. 668

  Diese Rechtmäßigkeitsvoraussetzung folgt aus der Funktion des Arbeitskampfes als Mittel zur Durchsetzung von Tarifverträgen (Konnexinstitut zur Tarifautonomie).

- Der **Streikgegner** muss jedenfalls grds. der **soziale Gegenspieler** sein. 669

  Dies folgt daraus, dass nur der soziale Gegenspieler durch ein Nachgeben den Streik verhindern bzw. beenden kann. Die sog. politischen Streiks, die sich gegen staatliche Maßnahmen richten, sind deshalb rechtswidrig.[1828] Gleiches gilt nach h.M. grds. auch für einen sog. Solidaritätsstreik (Unterstützungsstreik), der aber nicht generell unzulässig ist.[1829]

- **Durchführung des Streiks durch eine Gewerkschaft**, wobei die Gewerkschaft nach h.M. den zunächst „wilden" Streik nachträglich (umstr. ob mit Rückwirkung) übernehmen kann. 670

  Diese Voraussetzung ergibt sich zum einen aus der Funktion des Streiks als ein Mittel zur Durchsetzung von Tarifverträgen, die auf Arbeitnehmerseite nur von Gewerkschaften abgeschlossen werden können. Zum anderen muss gewährleistet sein, dass nur in begründeten Fällen unter Beachtung der Arbeitskampfregeln gestreikt wird, was beim Fehlen der gewerkschaftlichen Organisation nicht der Fall ist.[1830]

- Ausschöpfung aller zumutbaren Verhandlungsmöglichkeiten einschließlich des vorgesehenen Schlichtungsverfahrens – sog. **Verhältnismäßigkeit bezüglich des „ob"**. 671

  Dieses ultima-ratio-Prinzip gilt für alle Streikformen, also auch für Warnstreiks in Form der sog. neuen Beweglichkeit. Eine förmliche Erklärung der Tarifverhandlungen für gescheitert wird allerdings nicht verlangt.[1831] Das satzungswidrige Unterlassen einer Urabstimmung allein führt nach h.M. nicht zur Rechtswidrigkeit des Streiks.[1832]

1826 Vgl. MünchArbR/Rieble/Klump § 187 Rn. 12 ff.; Dütz/Thüsing Rn. 565 ff., 718 ff.; Däubler/Reim § 1 TVG Rn. 998.

1827 BAG, Urt. v. 10.12.2002 – 1 AZR 96/02, BB 2003, 1125; Stamm RdA 2006, 39; Lobinger RdA 2006, 12 ff.; a.A. Rolfs/Clemens NZA 2004, 410 u. Willemsen/Mehrens NZA 2009, 169 zur Erstreikbarkeit eines HausTV nach Verbandsaustritt.

1828 LAG Rheinland-Pfalz NZA 1986, 265; Preis § 114 I; Schaub/Treber § 192 Rn. 14; Zielke BB 2005, 1274 ff.; jeweils m.w.N.

1829 BAG, Urt. v. 19.06.2007 – 1 AZR 396/06, JZ 2008, 97; NZA 2003, 866, 869; Meyer NZA 2011, 1392; Preis § 114 III; a.A. Otto RdA 2010, 135; Konzen SAE 2008, 1; Rieble BB 2008, 1506; Hohenstatt/Schramm NZA 2007, 1034: generell unzulässig; a.A. Wolter in Däubler, AK, § 17 Rn. 85 ff.: generell zulässig.

1830 Vgl. BAG NZA 1996, 389 ff.; AP Nr. 106 zu Art. 109 GG „Arbeitskampf"; Brox/Rüthers, AK, Rn. 132 ff.; Schaub/Treber § 192 Rn. 26 ff., 36; a.A. Däubler, AK, § 12 Rn. 22 ff.; Zachert AuR 2001, 401 ff.; Ramm AuR 1971, 65 u. 97 unter Hinweis auf Art. 6 Ziff. 4 der Europäischen Sozialcharta sowie Schutz von ad-hoc-Koalitionen durch Art. 9 Abs. 3 GG u. Kissel, § 25 Rn. 2 ff. mit Meinungsübersicht zu Rückwirkung; vgl. zur Abwehrmöglichkeiten des AG Schulte ArbRB 2006, 458.

1831 Vgl. BAG JZ 1989, 85 m.Anm. Löwisch/Rieble; Preis § 115 III 1; Schaub/Treber § 192 Rn. 33 ff.; kritisch gegen die darin erblickte „Aufweichung" des ultima-ratio-Prinzips: Hanau/Adomeit Rn. 295 ff.; Rüthers DB 1990, 113.

1832 MünchArbR/Ricken § 200 Rn. 137; Preis § 115 III; Bartholomä BB 2006, 378, 379; Bobbke BB 1992, 865, 867; BAG 28, 295, 301 für Warnstreiks; a.A. Mayer-Maly BB 1981, 1774, 1176; vgl. dazu auch Hettlage BB 2004, 714, 716 ff.

672 ■ **Verhältnismäßigkeit des Streiks bezüglich des „wie".**

Zur Erreichung des Streikziels dürfen nur die sachlich geeigneten und notwendigen Arbeitskampfmaßnahmen eingesetzt werden (z.B. keine Existenzvernichtung des Gegners; für notwendige Notdienste muss gesorgt werden). Außerdem darf das Gemeinwohlinteresse nicht offensichtlich verletzt werden, was aber nur in krassen Ausnahmefällen in Betracht kommt.[1833]

III. Ergebnis zu A: Der von der G beabsichtigte Streik wäre nach den o.g. Kriterien rechtswidrig. Denn das Streikziel wäre nicht der Abschluss eines Tarifvertrags mit der Arbeitgeberseite, sondern die Unterstützung der politischen Forderung nach Einführung einer gesetzlichen Rente mit 63, sodass ein unzulässiger politischer Streik vorläge.

673 B. **Rechtsfolgen bei Durchführung eines rechtswidrigen Streiks**

I. Ansprüche gegen die Gewerkschaft G

1. Bei **Verletzung der absoluten oder relativen tariflichen Friedenspflicht** stehen sowohl dem Arbeitgeberverband als dem Vertragspartner der Gewerkschaft als auch dem bestreikten Arbeitgeber selbst (VerbandsTV als Vertrag zugunsten der einzelnen Mitgliedsunternehmen, § 328 BGB) **vertragliche Unterlassungs- und Schadensersatzansprüche aus §§ 280 ff. BGB** zu.[1834]

   Die Durchführung der geplanten Arbeitsniederlegung kann vorliegend schon mangels Vorliegens einer entsprechenden Vereinbarung keine Verletzung der absoluten Friedenspflicht begründen. Eine Verletzung der (ungeschriebenen) relativen Friedenspflicht scheidet dagegen deshalb aus, weil sich der geplante politische Streik nicht auf einen tariflich bereits geregelten Gegenstand beziehen würde. Denn der Beginn der gesetzlichen Rente kann naturgemäß nicht Gegenstand eines Tarifvertrags sein, sodass mit dem Streik auch kein bestehender Tarifvertrag infrage gestellt werden sollte. Vertragliche Unterlassungs- bzw. Schadensersatzansprüche scheiden demnach aus.

2. Da ein rechtswidriger Streik nach h.M. einen Eingriff in das Recht am eingerichteten und ausgeübten Gewerbebetrieb i.S.d. § 823 Abs. 1 BGB des bestreikten Unternehmens darstellt, stünden dem U bei der Durchführung der geplanten Arbeitsniederlegung **deliktische Unterlassungs- und Schadensersatzansprüche aus** § 1004 i.V.m. § 823 Abs. 1 BGB zu, wobei sich die G das Verhalten ihrer satzungsmäßigen Vertreter nach § 31 BGB zurechnen lassen müsste.[1835]

   Dem Arbeitgeberverband steht nach h.M. ebenfalls ein deliktischer Unterlassungsanspruch aus § 1004 i.V.m. § 823 Abs. 1 BGB und Art. 9 Abs. 3 GG zu, weil die verfassungsrechtlich geschützte Rechtsstellung der Koalitionen Rechtsschutzcharakter i.S.d. § 823 Abs. 1 BGB hat.

1833 Vgl. BAG [GS] AP Nr. 43 zu Art. 9 GG „Arbeitskampf"; Brox/Rüthers, AK, Rn. 198 ff.; a.A. Däubler in Däubler, AK, § 14 Rn. 14 ff.; ErfK/Linsenmaier Art. 9 GG Rn. 126 ff.; Schaub/Treber § 192 Rn. 38, 41 f.; jeweils m.w.N.

1834 BAG NZA 2003, 734, 739; AP Nr. 81 zu Art. 9 GG; Preis § 128 V 1; Dütz/Thüsing Rn. 773 ff.; B/R/H Rn. 817.

1835 BAG, Urt. v. 19.06.2012 – 1 AZR 775/10, NZA 2012, 1372; 2003, 734, 736; LAG Frankfurt NZA-RR 2015, 441; ErfK/Linsenmaier Art. 9 GG Rn. 224 ff.; Sprenger BB 2013, 1146; Schaub/Treber § 194 Rn. 45 ff.; a.A. Ögüt in Däubler, AK, § 22 Rn. 43 ff.

II. Rechtsfolgen für die am Streik beteiligten Arbeitnehmer **674**

Die Teilnahme an einem rechtswidrigen Streik stellt eine Verletzung der Arbeitspflicht (Arbeitsverweigerung) dar. Dem Arbeitgeber steht deshalb ein einklagbarer **Anspruch auf Erfüllung der Arbeitspflicht** zu, wobei umstritten ist, ob dieser Anspruch auch im Wege der einstweiligen Verfügung durchsetzbar ist.[1836] Mögliche Rechtsfolgen außerdem:

1. **Wegfall der Vergütungspflicht** des Arbeitgebers für die Dauer der Streikteilnahme nach § 326 Abs. 1 BGB.
2. **Abmahnung** wegen Arbeitsverweigerung.
3. **Kündigung** des Arbeitsverhältnisses bei Fortsetzung der Streikteilnahme trotz Abmahnung, die abhängig vom Einzelfall auch fristlos erfolgen kann.[1837]

   Der Arbeitgeber kann grds. nur einzelnen am Streik beteiligten Arbeitnehmern kündigen (sog. **selektive Kampfkündigung**). Die Auswahl des gekündigten Arbeitnehmers darf allerdings nicht willkürlich erfolgen. Als sachlicher Grund für eine Differenzierung kommt insbes. die herausgehobene Kampfbeteiligung eines Arbeitnehmers in Betracht.[1838]

4. Vertragliche und deliktische Schadensersatzansprüche aus §§ 280, 283 BGB wegen Unmöglichkeit der Arbeitsleistung bzw. § 823 Abs. 1 BGB wegen eines Eingriffs in den eingerichteten und ausgeübten Gewerbebetrieb (h.M.)

   Bei Teilnahme an einem gewerkschaftlich organisierten Streik spricht i.d.R. eine Vermutung für die Rechtmäßigkeit des Streiks, sodass das Verschulden regelmäßig fehlt.[1839] Mehrere Arbeitnehmer haften nach h.M. gesamtschuldnerisch, d.h. jeder Arbeitnehmer kann wegen des gesamten Schadens in Anspruch genommen und auf Ausgleichsansprüche gegen die übrigen Arbeitnehmer verwiesen werden.[1840]

Die **Teilnahme eines Arbeitnehmers am rechtmäßigen Streik** bewirkt die **Suspendierung der Hauptleistungspflichten.**[1841] Für die Dauer der Streikteilnahme entfällt daher die Arbeitspflicht der Arbeitnehmer und die Vergütungspflicht der Arbeitgeber (**Ausnahme:** Einteilung zu **Notdienstarbeiten**[1842]). Die meisten Nebenpflichten der Arbeitsvertragsparteien werden dagegen vom Arbeitskampf nicht berührt.[1843] **675**

Das Recht zur Teilnahme an einem rechtmäßigen Streik haben nicht nur die Mitglieder der streikführenden Gewerkschaft, sondern nach heute ganz h.M. auch Mitglieder anderer Gewerkschaften und nicht organisierte Arbeitnehmer.[1844] **676**

1836 Dafür B/R/H Rn. 801; vgl. aber Schaub/Linck § 45 Rn. 65 f. mit Meinungsübersicht und oben Rn. 281.

1837 Vgl. BAG NZA 1984, 34, 35; Schaub/Treber § 194 Rn. 47 ff.; Kissel § 47 Rn. 76 ff.; jeweils m.w.N.

1838 Vgl. BAG AP Nr. 58, 59 zu Art. 9 GG „Arbeitskampf"; B/R/H Rn. 805; Dütz/Thüsing Rn. 792.

1839 BAG NZA 1984, 34, 35; Kissel § 47 Rn. 70 ff.; Waltermann Rn. 707; Schulte ArbRB 2006, 458 zu Reaktionsmöglichkeiten.

1840 BAG AP Nr. 3 zu § 1 TVG „Friedenspflicht"; Nr. 106 zu Art. 9 GG „Arbeitskampf"; a.A.: gesamtschuldnerische Haftung sei unbillig und belaste die Arbeitnehmer unverhältnismäßig; vgl. auch Dütz/Thüsing Rn. 791 m.w.N.

1841 BAG, Urt. v. 13.02.2007 – 9 AZR 374/06, NZA 2007, 573; ErfK/Linsenmaier Art. 9 GG Rn. 192 ff. m.w.N.

1842 BAG NZA 1995, 958; Moderegger ArbRB 2012, 154; Gaumann DB 2001, 1722; Bauer/Haußmann DB 1996, 881 ff.

1843 BAG NZA 1998, 47, 48; Dütz/Thüsing Rn. 758; vgl. zur grds. Zulässigkeit der Kürzung von zusätzlichen Vergütungsbestandteilen für die Dauer der Streikteilnahme: BAG, Urt. v. 13.02.2007, Fn. 1841 und von sog. Streikbruchprämien unter Berücksichtigung des Maßregelungsverbots des § 612 a BGB: BAG DB 1994, 148; ErfK/Preis § 612 a BGB Rn. 16 ff.

1844 BAG NZA 1996, 214, 216; Hanau/Adomeit Rn. 282; Z/L/H § 44 Rn. 22; vgl. aber auch Brox JA 1980, 628, 629, 633 m.w.N.

Die organisierten Arbeitnehmer erhalten von den Gewerkschaften eine Streikunterstützung, deren Höhe sich nach dem gezahlten Beitrag richtet. Arbeitslosenunterstützung wird dagegen an Streikende gemäß § 160 SGB III (Neutralitätspflicht des Staates) nicht gezahlt.[1845]

II. Folgen des Streiks für unbeteiligte Arbeitnehmer; Fernwirkungen des Streiks

Fall 40: Streik im Zulieferbetrieb

Die Firma F, die dem zuständigen Arbeitgeberverband angehört und 150 Arbeitnehmer beschäftigt, ist ein Zulieferbetrieb des Automobilherstellers M, der demselben Arbeitgeberverband angehört. Wegen eines zweiwöchigen rechtmäßigen Streiks um einen Verbandstarifvertrag bei F, an dem sich die meisten Arbeitnehmer beteiligten, wurden keine Motoren an M geliefert, weshalb dort die Produktion für eine Woche eingestellt werden musste. Drei nicht organisierte Facharbeiter boten zwar der F ihre Arbeitskraft an, F lehnte sie jedoch unter Hinweis auf das Fehlen einer wirtschaftlich sinnvollen Tätigkeit ab. Stehen den arbeitswilligen Arbeitnehmern der F und des M Vergütungsansprüche für den streikbedingten Arbeitsausfall zu?

677 A. Ansprüche der arbeitswilligen Arbeitnehmer der F?

I. Da der Streik zu einer Betriebsstörung bei F geführt hat, könnte den arbeitswilligen Arbeitnehmern trotz fehlender Arbeitsleistung ein Vergütungsanspruch aus § 615 S. 3 BGB i.V.m. den Grundsätzen der Betriebsrisikolehre zustehen.

678 II. Den allgemeinen Grds. der Betriebsrisikolehre könnten bei arbeitskampfbedingten Betriebsstörungen die **Sonderregeln des Arbeitskampfrisikos** vorgehen.

1. Nach der früher vertretenen „Sphärentheorie" mussten die Arbeitnehmer für alle Betriebsstörungen aus der Arbeitnehmersphäre stets solidarisch einstehen. Diese Theorie wird aber heute nahezu einhellig abgelehnt,[1846] sodass damit keine Abweichung von den Grundsätzen der Betriebsrisikolehre gerechtfertigt werden kann.

BAG (FN 1846) dazu u.a.: „Die Vorstellung der Solidarität aller Arbeitnehmer, unabhängig von der Gruppenzugehörigkeit und jeder Interessenverschiedenheit, läuft auf eine Fiktion hinaus." ... „Wiedemann (RdA 1969, 321, 326) hat zutreffend darauf hingewiesen, dass der Gedanke der Solidarität der Arbeitnehmer viel zu unscharf ist und in die Nähe klassenkämpferischen Denkens führt. Ein solches Zurechnungsprinzip wäre außerdem nicht auf das Arbeitskampfrecht begrenzbar".

679 2. Einigkeit besteht heute jedoch darüber, dass den arbeitswilligen Arbeitnehmern eines bestreikten Betriebs jedenfalls dann keine Vergütungsansprüche zustehen, wenn – wie hier – eine sinnvolle Beschäftigung während des Streiks unmöglich oder unzumutbar ist. Begründet wird dieses Ergebnis vor allem mit der in der Tarifautonomie wurzelnden Kampfparität, da anderenfalls der Streik eines kleinen Teils der Belegschaft den gesamten Betrieb stilllegen könnte, der

1845 ErfK/Linsenmaier Art. 9 GG Rn. 152 f.; zu sozialrechtlichen Folgen von Arbeitskämpfen Deinert ArbuR 2010, 290; Karasch ArbuR 2007, 257 u. Eichenhofer NZA 2006, Beil. Nr. 2 S. 67 (Folgen von Arbeitskämpfen im Ausland).

1846 BAG AP Nr. 70, 71 zu Art. 9 GG „Arbeitskampf" m.Anm. Richardi; Preis § 131; vgl. aber Adomeit NJW 1987, 33, 34.

Arbeitgeber aber trotzdem zur Zahlung der Vergütung an die arbeitswilligen verpflichtet wäre. Eine durch solche wirtschaftliche Belastung bedingte **Störung der Verhandlungs- und Arbeitskampfparität** wäre nicht sachgerecht, zumal jedenfalls beim rechtmäßigen Streik das Streikergebnis i.d.R. auch der gesamten Belegschaft zugute kommt.[1847]

Nach der Rspr. des BAG ist der Arbeitgeber zu einer Stilllegung des Betriebs für die Dauer des Streiks ohne Lohnfortzahlungspflicht durch eine einseitige Erklärung auch dann berechtigt, wenn eine teilweise Aufrechterhaltung des Betriebs möglich und zumutbar wäre.[1848]

III. Ergebnis: Den arbeitswilligen Arbeitnehmern der F stehen nach den Sonderregeln des Arbeitskampfrisikos keine Vergütungsansprüche zu.

Nach h.M. entfallen die Vergütungsansprüche der arbeitswilligen Arbeitskollegen auch bei einem rechtswidrigen Streik.[1849]

B. Vergütungsansprüche der arbeitswilligen Arbeitnehmer des M.

I. Nach § 615 S. 3 BGB i.V.m. den Grundsätzen der Betriebsrisikolehre stünden den Arbeitnehmern des M die Vergütungsansprüche zu.

II. Da es sich aber um eine Betriebsstörung aufgrund eines Arbeitskampfes in einem **680**
anderen Unternehmen handelt, könnten diese Grundsätze durch die Sonderregeln des Arbeitskampfrisikos verdrängt sein. Inwieweit bei solchen **Fernwirkungen des Arbeitskampfes** die Vergütungsansprüche nach den Sonderregeln des Arbeitskampfrisikos entfallen, ist umstritten.

1. Nach der **Rspr. des BAG** entfällt der Lohnanspruch der Arbeitnehmer in lediglich mittelbar von einem Arbeitskampf betroffenen Betrieben nur dann, wenn die Fernwirkungen des Streiks das Kräfteverhältnis der kampfführenden Parteien beeinflussen können. Eine bloß **abstrakte Störung der Arbeitskampfparität** genügt dabei nicht. Vielmehr muss im Einzelfall die Bedeutung der Fernwirkung auf den Arbeitskampfverlauf aufgrund einer „typisierenden Betrachtungsweise" (z.B. Betriebe gehören demselben Arbeitgeberverband an, Übernahme von erstreikten „MusterTV" eines anderen Regionalverbandes, verschiedene Betriebe desselben Konzerns) festgestellt werden.[1850]
Da F und M demselben Arbeitgeberverband angehören, wird das Ergebnis des Streiks um den VerbandsTV auch den Arbeitnehmern des M zugute kommen. Sie müssen deshalb auch die Streikfolgen nach den Sonderregeln des Arbeitskampfrisikos tragen.

2. Nach der **wohl h.L.** haben die **Arbeitnehmer Fernwirkungen des Streiks unabhängig von einer Beeinträchtigung der Verhandlungs- und Kampfparität** zu tragen. Denn die „typisierende Betrachtungsweise" des BAG ermögliche keine für die Praxis zuverlässige Abgrenzung. Außerdem sei eine Abweichung

---

1847 BAG NZA 1997, 393 ff.; 1996, 214, 216; Schaub/Treber § 194 Rn. 20 ff.; Ögüt in Däubler, AK, § 19 Rdnr 84 ff.

1848 BAG, Urt. v. 13.12.2011 – 1 AZR 495/10, ZTR 2012, 276; NZA 1999, 550; 552; 1997, 394; Meyer SAE 2013, 30; Hanau NZA 1996, 841, 846; a.A. noch BAG NZA 1994, 331; Thüsing DB 1995, 2607; Gamillscheg BB 1996, 212 u. Lieb SAE 1995, 257.

1849 BAG AP Nr. 3 zu § 615 BGB „Betriebsrisiko"; NZA 1996, 214, 216; a.A. Wolter § 21 Rn. 119 ff. m.w.N., weil der Arbeitgeber den rechtswidrigen Streik mit rechtlichen Mitteln verhindern müsse.

1850 Vgl. dazu BAG AP Nr. 70, 71 zu Art. 9 GG; NZA 1997, 393, 395; Preis § 131; Hanau/Adomeit Rn. 314 ff., 821 ff.

vom § 326 Abs. 1 BGB bei streikbedingter Unmöglichkeit auch bei Fernwirkungen unabhängig von der Rechtmäßigkeit des Streiks nicht sachgerecht.[1851]

III. Ergebnis zu B: Auch den Arbeitnehmern des M steht kein Vergütungsanspruch zu, ohne dass es auf eine Beeinträchtigung der Kampfparität ankommt.

D. Die Aussperrung

I. Begriff der Aussperrung

681 **Begrifflich** ist die Aussperrung die von der Arbeitgeberseite planmäßig vorgenommene Nichtzulassung einer Mehrzahl von Arbeitnehmern zur Arbeit unter Verweigerung der Lohnfortzahlung, um damit ein arbeitskampfbedingtes Ziel zu erreichen.[1852]

682 Nach ganz h.M. ist die **Abwehraussperrung**, also eine Reaktion der Arbeitgeberseite auf einen Streik (z.B. um ihn zu verkürzen), aus Gründen der Kampfparität durch Art. 9 Abs. 3 GG verfassungsrechtlich geschützt und daher grds. zulässig. Denn anderenfalls könnten Gewerkschaften durch verschiedene Streikformen, insb. durch eng begrenzte Teilstreiks auf „Schlüsselbetriebe" mit geringem Aufwand an Streikgeldern der Arbeitgeberseite große wirtschaftliche Nachteile zufügen und damit die Verbandssolidarität der Arbeitgeber untergraben.[1853]

683 Nach h.M. ist auch eine **Angriffsaussperrung**, also eine Eröffnung des Arbeitskampfes durch die Arbeitgeberseite (z.B. um bisherige Löhne zu kürzen), grds. zulässig, wobei an die Verhältnismäßigkeit sehr strenge Anforderungen zu stellen sind. Da sie aber in der Praxis bisher kaum eine Rolle gespielt hat, wird sie nicht näher behandelt.[1854]

684 II. Rechtmäßigkeitsvoraussetzungen einer Abwehraussperrung

1. Es muss zunächst ein **Streik** vorliegen.

Nach h.M. kann der Arbeitgeber mit der Abwehraussperrung auch auf einen rechtswidrigen Streik reagieren, weil er anderenfalls schlechter stünde als beim rechtmäßigen Streik.[1855]

685 **2.** Der Arbeitgeber muss die **Aussperrung erklären**: Beim **Streik um einen Verbandstarifvertrag** muss außerdem ein **Verbandsbeschluss** vorliegen, über den die Gewerkschaft zu informieren ist.

Eine von einem Arbeitgeber zunächst „wild" begonnene Aussperrung eines einzelnen Arbeitgebers kann allerdings vom Verband in gleicher Weise wie ein „wilder" Streik nachträglich übernommen werden, wobei umstr. ist, ob dies mit Rückwirkung erfolgen kann.[1856]

1851 Brox/Rüthers, AK, Rn. 172 ff.; Z/L/H § 21 Rn. 73 ff.; Lieb NZA 1990, 289 ff.; Otto RdA 1987, 4 ff.; a.A. Trittin DB 1990, 322 ff.; Colneric in Däubler, AK, Rn. 1194 f.: Fernwirkungen vom Arbeitgeber zu tragen.

1852 BVerfG NJW 1991, 2549; BAG NJW 1980, 1642; Schaub/Treber § 193 Rn. 2 ff.; B/R/H Rn. 769 ff.

1853 BVerfG NJW 1991, 2549; ErfK/Linsenmaier Art. 9 GG Rn. 236 ff.; a.A. Däubler, Ratgeber, Rn. 172 ff.

1854 Vgl. dazu BAG AP Nr. 43 zu Art. 9 GG „Arbeitskampf"; Brox/Rüthers, AK, Rn. 186 ff.; ErfK/Linsenmaier Art. 9 GG Rn. 246 ff.; a.A. Wolter in Däubler, AK, Rn. 927 ff.; vom BAG AP Nr. 64 zu Art. 9 GG „Arbeitskampf" offen gelassen.

1855 BAG NZA 1996, 212, 217; Kissel § 52 Rn. 59 ff.; a.A. Brox/Rüthers, AK, Rn. 217, 341 m.w.N.

1856 BAG NZA 1996, 389; Kissel § 54 Rn. 3 f.; Bartholomä BB 2006, 378, 379 f. und oben Rn. 670 entspr.

3. Die Aussperrung kann nach ganz h.M. alle Arbeitnehmer erfassen, die streiken dürfen, also auch Nichtorganisierte, Betriebsratsmitglieder, Schwerbehinderte und Kranke.[1857] Eine sog. **selektive Aussperrung** nur der gewerkschaftlich organisierten Arbeitnehmer ist nach ganz h.M. wegen Verstoßes gegen Art. 9 Abs. 3 GG unzulässig.[1858] **686**

4. Die nach dem **Verhältnismäßigkeitsprinzip** hinsichtlich der Dauer und des Umfangs zulässige Abwehraussperrung ist von der Dauer und des Umfangs des Streiks abhängig (Übermaßverbot). Maßgeblich dafür ist der Aussperrungsbeschluss.[1859] **687**

Das BAG[1860] hat zunächst hinsichtlich des Umfangs folgende Zahlenverhältnisse als angemessen bezeichnet: Werden weniger als 25% der Arbeitnehmer des Tarifgebiets zum Streik aufgefordert, dürfen höchstens weitere 25% der Arbeitnehmer ausgesperrt werden. Beim Aufruf von mehr als 25% der Arbeitnehmer, dürfen nur so viele Arbeitnehmer ausgesperrt werden, dass vom Streik und der Aussperrung insgesamt nicht mehr als 50% der Arbeitnehmer betroffen sind. Werden 50% der Arbeitnehmer (oder mehr) zum Streik aufgerufen oder von der Aussperrung betroffen, ist eine weitere Aussperrung unzulässig. Nachdem diese „Aussperrungsarithmetik" in der Lit. heftig kritisiert wurde,[1861] hat das BAG[1862] das Zahlenverhältnis zwar als ein wichtiges Indiz für die Beurteilung der Verhältnismäßigkeit bezeichnet, gegen ein festes Zahlenverhältnis aber selbst Bedenken erhoben.
Einigkeit besteht allerdings weitgehend darüber, dass die Aussperrung grds. auf das Tarifgebiet beschränkt ist und bei Teilstreik in einem Betrieb die gesamte Belegschaft erfassen kann.[1863]

III. Die Rechtsfolgen der Aussperrung

1. Die **rechtmäßige Abwehraussperrung** hat grds. nur eine Suspendierung der Hauptpflichten aus dem Arbeitsverhältnis zur Folge (sog. suspendierende Aussperrung; vgl. dazu oben Rn. 675 entspr.). Dementsprechend entfällt die Vergütungspflicht des Arbeitgebers auch gegenüber den Arbeitnehmern, denen an sich Ansprüche nach den Grundsätzen „Lohn ohne Arbeit" zustehen.[1864] **688**

Ob eine sog. **lösende Aussperrung** mit der Folge der Beendigung des Arbeitsverhältnisses und einem Wiedereinstellungsanspruch nach „billigem Ermessen" nach Beendigung des Arbeitskampfes grds. zulässig ist, ist umstr.[1865] Unzulässig ist die lösende Aussperrung jedenfalls gegenüber Personen mit besonderem Kündigungsschutz, wie z.B. Schwangere, Schwerbehinderte.[1866]

2. Bei einer **rechtswidrigen Aussperrung** stehen den Arbeitnehmern **Annahmeverzugslohn** nach § 615 BGB (Arbeitsangebot nicht erforderlich) und ein einklagbarer **Beschäftigungsanspruch** zu.[1867] Den Gewerkschaften steht zumindest ein deliktischer Unterlassungsanspruch aus § 1004 i.V.m. § 823 Abs. 1 BGB und Art. 9 GG wegen eines unzulässigen Eingriffs in das Recht zur koalitionsmäßigen Betätigung zu.[1868] Daneben kommen Schadensersatzansprüche aus § 823 Abs. 1 BGB sowie vertragliche Unterlas- **689**

1857 BAG NZA 1988, 890; 891; 1989, 353; ErfK/Linsenmaier Art. 9 GG Rn. 254 ff.; Kissel § 55 Rn. 2 ff., 11 ff.

1858 BAG AP Nr. 66 zu Art. 9 GG „Arbeitskampf"; Kissel § 55 Rn. 5 ff.; a.A. Thüsing ZTR 1999, 151 ff. m.w.N.

1859 Vgl. BAG AP Nr. 84, 107 zu Art. 9 GG „Arbeitskampf"; NZA 1993, 39; Kissel § 53 Rn. 3 ff.

1860 BAG NJW 1980, 1642, 1653; dazu auch Hanau/Adomeit Rn. 302 ff.; Schaub/Treber § 193 Rn. 4 ff.

1861 Kissel § 53 Rn. 10 ff.; MünchArbR/Ricken § 201 Rn. 8; Schmidt/Preuß BB 1996, 1093, 1097.

1862 BAG AP Nr. 84, 107 zu Art. 9 GG „Arbeitskampf"; vgl. dazu auch Bartholomä BB 2006, 378, 380 f.

1863 Vgl. Brox/Rüthers, AK, Rn. 204; Z/L/H § 44 Rn. 98 ff..

1864 Vgl. BAG NZA 1987, 494; 1988, 890; 1989, 353; für Schwangere bzw. kranke Arbeitnehmer.

1865 Dafür BAG [GS] AP Nr. 43 zu Art. 9 GG „Arbeitskampf"; Bartholomä BB 2006, 378, 382; a.A. Kissel § 52 Rn. 52 ff.; B/R/H Rn. 799: sinnwidrig, weil Streik um künftige Arbeitsbedingungen mit dem Ziel der Vertragsfortsetzung geführt wird.

1866 Vgl. BAG [GS] AP Nr. 43, 44 zu Art. 9 GG „Arbeitskampf"; Schaub/Treber § 193 Rn. 2.

1867 B/R/H Rn. 806 ff.;Preis § 129 II; Dütz/Thüsing Rn. 790 ff.; Waltermann Rn. 727.

1868 BAG AP Nr. 101 zu Art. 9 GG „Arbeitskampf"; Preis § 129 III; B/R/H Rn. 817 ff.; ausführlich dazu Kissel § 58 Rn. 1 ff.

sungs- und Schadensersatzansprüche aus §§ 280, 281, 283 BGB in Betracht (vgl. oben Rn. 674 entsprechend).

690 **3.** Die Fernwirkungen einer rechtmäßigen Aussperrung sind die gleichen wie beim Streik.[1869] Ob die Fernwirkungen einer rechtswidrigen Aussperrung wegen Veranlassung durch die Arbeitgeberseite zu tragen sind, ist umstritten.[1870]

3. Abschnitt: Betriebsverfassungsrecht

A. Einführung

691 Nach unserer Rechtsordnung stehen die Entscheidungen, die die Leitung und Organisation des Betriebs betreffen, grds. dem Betriebsinhaber zu. Da aber viele dieser Entscheidungen (z.B. Arbeitsablauf, Arbeitszeiten, Einstellungen und Entlassungen) die Arbeitnehmer des Betriebs betreffen, haben diese ein Interesse daran, darüber zumindest informiert zu werden, möglichst sogar darauf Einfluss zu nehmen. Hauptanliegen des Betriebsverfassungsrechts ist es deshalb, die absolute Herrschaft des Arbeitgebers im Interesse der Arbeitnehmer einzuschränken, indem dem Betriebsrat als dem Repräsentant der Belegschaft an den einzelnen Entscheidungen des Arbeitgebers auf der Betriebsebene abgestufte Beteiligungsrechte nach Maßgabe des BetriebsverfassungsG eingeräumt werden.

B. Der Anwendungsbereich des BetrVG*

* §§ ohne Gesetzesangaben sind in diesem Abschnitt solche aus dem BetrVG.

I. Betrieblicher Anwendungsbereich

692 **1.** Nach § 1 können Betriebsräte nur „in Betrieben mit i.d.R fünf ständig wahlberechtigten Arbeitnehmern (§ 7), von denen mindestens drei wählbar sein müssen", gewählt werden. Auf Kleinstbetriebe sowie auf Betriebe, in denen die Belegschaft keinen Betriebsrat gewählt hat, findet das BetrVG grds. keine Anwendung.[1871]

Ausnahme: Mitwirkungs- und Beschwerderechte nach §§ 81 ff., die jedem Arbeitnehmer zustehen.[1872]

693 Obwohl dem Betrieb im Betriebsverfassungsrecht eine zentrale Bedeutung zukommt, ist der **Betriebsbegriff** gesetzlich nicht definiert. Einigkeit besteht dabei darüber, dass die Begriffe Unternehmen und Betrieb nicht identisch sind. Bei einem Unternehmen handelt es sich um eine von einem Rechtssubjekt (z.B. GmbH; Firmeninhaber) getragene organisatorische Einheit zur Verfolgung eines wirtschaftlichen oder ideellen Zwecks.[1873] Als ein Betrieb ist dagegen nach h.M. eine organisatorische Einheit zu verstehen, mit der der Arbeitgeber allein oder in Gemeinschaft mit seinen Mitarbeitern einen bestimmten arbeitstechnischen Zweck verfolgt. Ein Unternehmen kann daher mehrere Betriebe haben, mehrere Unternehmen können aber auch einen einheitlichen

1869 Vgl. BAG AP Nr. 70, 71 zu Art. 9 GG „Arbeitskampf" und oben Rn. 674

1870 Dafür BAG AP Nr. 2 zu § 615 „Betriebsrisiko"; Kissel § 72 Rn. 13, 21; a.A. ErfK/Linsenmaier Art. 9 GG Rn. 244 f.

1871 Vgl. aber auch § 4 Abs. 2 u. Wendeling-Schröder DB 2002, 206 ff.

1872 F/E/S/T/L § 81 Rn. 1 ff.; vgl. dazu Reichold NZA 1999, 561 ff.; Löwisch DB 1999, 2209.

1873 Vgl. BAG, Beschl. v. 13.02.2013 – 7 ABR 36/11, NZA-RR 2013, 521; F/E/S/T/L § 1 Rn. 145; Schaub/Koch § 211 Rn. 2.

Betrieb bilden, was § 1 Abs. 1 S. 2 ausdrücklich klarstellt. Ein einheitlicher Betrieb mehrerer Unternehmen setzt nach h.M. eine Vereinbarung über die gemeinsame Führung voraus, die aber nicht ausdrücklich erfolgen muss, sondern sich auch aus tatsächlichen Umständen ergeben kann.[1874] Beim Vorliegen der Voraussetzungen des § 1 Abs. 2 wird das Vorliegen eines einheitlichen Betriebs mehrerer Unternehmen vermutet.

Für eine stillschweigende Führungsvereinbarung sprechen insbes.: gemeinsame Nutzung der technischen und immateriellen Betriebsmittel, gemeinsame räumliche Unterbringung, personelle, technische und organisatorische Verknüpfung, gemeinsame Personalverwaltung, Personalwechsel.[1875]

Wann **Betriebsteile** i.S.d. BetrVG als betriebsratsfähige Betriebe gelten, die einen Betriebsrat wählen können, regelt § 4.[1876] Arbeitnehmer eines Betriebsteiles i.S.d. § 4 Abs. 1 S. 1 können allerdings nach Maßgabe des § 4 Abs. 1 S. 2 bis 5 beschließen, an der Wahl des Betriebsrats des Hauptbetriebes teilzunehmen. **694**

Würde infolge von Umstrukturierungsmaßnahmen ein betriebsratsloser Betrieb entstehen, steht dem bisherigen Betriebsrat ein **Übergangsmandat nach § 21 a** zu.[1877] Ausdrücklich geregelt ist nunmehr in § 21 b auch das bisher anerkannte Restmandat des Betriebsrats.[1878]

2. Nach § 130 findet das BetrVG auf Verwaltungen und Betriebe des Bundes, der Länder und Gemeinden sowie **sonstigen juristischen Personen des öffentlichen Rechts** keine Anwendung. Dort gilt das Personalvertretungsrecht.[1879] **695**

3. Keine Anwendung findet das BetrVG gemäß § 118 Abs. 2 auf alle **Religionsgesellschaften** und ihre karitativen und erzieherischen Einrichtungen ohne Rücksicht auf deren Rechtsform. Diese Ausnahmeregelung ist eine Konsequenz der in Art. 140 GG i.V.m. Art. 137 Weimarer Verfassung verfassungsrechtlich garantierten Kirchenautonomie.[1880] **696**

Bei den kirchlichen Einrichtungen bestehen häufig Mitarbeitervertretungen, deren Rechte in den Mitarbeitervertretungsordnungen geregelt sind.[1881]

4. In **Tendenzbetrieben** und -unternehmen i.S.d. § 118 Abs. 1 ist zwar die Anwendung des BetrVG nicht generell ausgeschlossen. Die einzelnen Bestimmungen des BetrVG finden aber keine Anwendung, „soweit die Eigenart des Betriebs oder des Unternehmens dem entgegensteht".[1882] **697**

II. Persönlicher Anwendungsbereich

In persönlicher Hinsicht ist das BetrVG auf Arbeitnehmer i.S.d. § 5 sowie nach § 5 Abs. 1 S. 2 auf Heimarbeiter anwendbar.

1874 Vgl. BAG, Beschl. v. 13.02.2013, Fn. 1873; Urt. v. 15.12.2011 – 8 AZR 692/10, juris; F/E/S/T/L § 1 Rn. 58 ff.; Schmid/Topoglu ArbR 2014, 40; Schönhöft/Schönleber, BB 2013, 2485-2489; Maiß FA 2010, 70; Haas/Salamon NZA 2009, 299; Rieble/Gistel NZA 2005, 242 u. Rspr.-Übersicht bei Schmädicke/Glaser/Altmüller NZA-RR 2005, 393.

1875 BAG, Urt. v. 15.12.2011, Fn. 1874; Schaub/Koch § 211 Rn. 6 ff.; F/E/S/T/L § 1 Rn. 78 ff.; Haas/Salomon NZA 2009, 299.

1876 BAG, Beschl. v. 07.05.2008 – 7 ABR 15/07, NZA 2009, 328 (Verkaufsfiliale); Maiß FA 2010, 70; Haas/Salamon, Fn. 1875.

1877 Vgl. Kittner NZA 2012, 541; Hahn/Rudolph AiB 2009, 436; Maschmann NZA 2009, Beil. Nr. 1, S. 32; Gragert NZA 2004, 289.

1878 Dazu Griebe ArbR 2014, 506 u. BAG, Urt. v. 05.05.2010 – 7 AZR 728/08, NZA 2010, 1025; Auktor NZA 2003, 950: Rechte der BR-Mitglieder bei Wahrnehmung des Restmandats u. Lelley DB 2008, 1433: Kollision von Übergangs- u. Restmandat.

1879 Überblick zum PersonalvertretungsR bei Schaub/Koch §§ 262 ff.; Waltermann § 37; Rspr.-Übers. bei Vogelsang ZTR 2014, 454 u. 2010, 170; Sasse ArRB 2012, 30; Burkholz PersR 2012, 144 u. 2010, 146; v. Roetteken NZA-RR 2006, 225.

1880 Dazu BAG, Beschl. v. 05.12.2007 – 7 ABR 72/06, AP Nr. 82 zu § 118 BetrVG 1972 m. krit. Anm. Dütz; Beckers ZTR 2000, 63.

1881 Vgl. dazu Fey ZMV 2014, 10; Oxenknecht-Witzsch ZMV 2013, 191; Schliemann NZA 2011, 1189; Dütz ZfPR 2009, 23.

1882 BVerfG NZA 2000, 264; BAG, Beschl. v. 20.04.2010 – 1 ABR 78/08, NZA 2010, 902; Grambow AuA 2015, 219; Thüsing/Pötters RdA 2011, 280; ; Hoppe/Marcus ArbR 2012, 189; Bauer/Mengel NZA 2001, 307 (Medienunternehmen).

698 **1.** Der **Arbeitnehmerbegriff** des § 5 Abs. 1 entspricht dem allgemeinen Arbeitnehmerbegriff.[1883] Daneben ist aber auch der Negativkatalog des § 5 Abs. 2 zu berücksichtigen, in dem Einschränkungen und Klarstellungen des Begriffs i.S.d. BetrVG enthalten sind.

Die Neufassung des § 5 enthält keine Änderung des Arbeitnehmerbegriffs, sondern einige Klarstellungen, wobei nach § 5 S. 3 auch in Privatunternehmen tätige Beamte (u.a.) als Arbeitnehmer gelten.[1884]

699 **2.** Auf **leitende Angestellte** i.S.d. § 5 Abs. 3 findet das BetrVG grds. keine Anwendung (Ausnahmen: §§ 105, 107, 108), obwohl sie Arbeitnehmer i.S.d. Arbeitsrechts sind (vgl. oben Rn. 53 f.). Für leitende Angestellte gilt vielmehr das SprecherausschussG.[1885]

Die Abgrenzungsmerkmale des § 5 Abs. 3 S. 2 sind nach h.M. abschließend aufgezählt. § 5 Abs. 4 ist nur als (Hilfs-)Auslegungsregel bei der Prüfung der Voraussetzungen des § 5 Abs. 3 zu berücksichtigen.[1886]

C. Der Betriebsrat

I. Zusammensetzung und Wahl des Betriebsrats

700 Die **Zusammensetzung und Wahl des Betriebsrats** ist in den §§ 7 ff. geregelt.[1887] Die (ungerade) Zahl der Betriebsratsmitglieder ist von der Betriebsgröße abhängig (§ 9). Beim mehrköpfigen Betriebsrat muss das Geschlecht, das sich in der Minderheit befindet gemäß § 15 Abs. 2 mindestens entsprechend seinem zahlenmäßigen Anteil vertreten sein.[1888] Der Betriebsrat wird für vier Jahre gewählt (§ 21), wobei die Art der Wahl (Verhältnis- bzw. Mehrheitswahl) grds. von der Größe des Betriebsrats abhängig ist (vgl. §§ 14 Abs. 2, 14 a). Der Vorsitzende und sein Vertreter werden vom Betriebsrat nach Maßgabe des § 26 gewählt. Verstöße gegen Wahlvorschriften können zur Anfechtbarkeit der Betriebsratswahl nach § 19 (Anfechtungsfrist 2 Wochen) und in Ausnahmefällen zur Nichtigkeit führen, die – anders als die Anfechtbarkeit – von jedermann, jederzeit und in jeder Form geltend gemacht werden kann.[1889]

Leiharbeitnehmer dürfen wählen (§ 7 S. 2) und zählen auch bei der Ermittlung der Größe des Betriebsrates nach § 9 sowie der Zahl der Freistellungen nach § 38 nach der neuesten Rspr. des BAG mit.[1890]

II. Allgemeine Grundsätze für die Tätigkeit des Betriebsrats

1. Betriebsrat als Repräsentant der Belegschaft

701 Der Betriebsrat ist kein Gewerkschaftsorgan, sondern der gesetzliche Interessenvertreter (Repräsentant) der Belegschaft, ohne Vertreter der Arbeitnehmer i.S.d. §§ 164 ff. BGB zu sein.[1891] Vielmehr übt er die Beteiligungsrechte nach dem BetrVG als Träger freien

---

1883 Vgl. BAG BB 1994, 575; Richardi/Richardi § 5 Rn. 6 ff.; F/E/S/T/L § 5 Rn. 3 ff. m.w.N. und oben Rn. 92 ff.

1884 Vgl. zum § 5 S. 3 BAG, Beschl. v. 15. 12. 2011 – 7 ABR 65/10, NZA 2012, 519; Richardi/Richardi § 5 Rn. 113 ff.

1885 Vgl. Schaub/Koch §§ 247 ff.; Sieg AuA 2009, 578; Mauer EwiR 2009, 691; Goldschmidt FA 2003, 98; Kramer BB 1993, 2153.

1886 BAG, Beschl. v. 05.05.2010 – 7 ABR 97/08, NZA 2010, 955; Richardi/Richardi § 5 Rn. 244 ff.

1887 Ausführl. zu BR-Wahlen Schnelle/Witten/Lunk NZA 2014, 57; Schipp ArbRB 2014, 13; Schulze ArbR 2013, 515; Nimmerjahn ArbR 2013, 97; Burgmer/Richter NZA-RR 2010, 57; 2006, 1; Peter FA 2010, 130 und Schiefer/Korte NZA 2002, 57; 113.

1888 Vgl. dazu BAG, Beschl. v. 16.03.2005 – 7 ABR 40/04, NZA 2005, 1252, auch zur Verfassungsmäßigkeit.

1889 Vgl. BAG, Beschl. v. 21.07.2004 – 7 ABR 57/03, ArbRB 2005, 79 zur Nichtigkeit/Anfechtbarkeit; Beschl. v. 27.07.2011 – 7 ABR 61/10, NZA 2012, 345; Bram FA 2014, 194; Schulze/Willsch ArbR 2013, 593; Heider NZA 2010, 488: Abbruch der BR-Wahl durch einstw. Verfügung u. BAG DB 1986, 1883; Richardi/Thüsing § 19 Rn. 77 ff. zu Rechtsfolgen der Nichtigkeit.

1890 BAG, Beschl. 13.03.2013 – 7 ABR 69/11, NZA 2013, 789; Unger-Hellmich AuA 2015, 148; Zimmermann DB 2014, 2591; Dzida ArbRB 2013, 338; a.A. noch Beschl. v. 16.04.2003 – 7 ABR 53/02, NZA 2003, 1345; Kreutz SAE 2004, 168.

1891 F/E/S/T/L § 1 Rn. 188 ff.; MünchArbR/v.Hoyningen-Huene § 212 Rn. 12 ff.; jeweils m.w.N.

Mandats im eigenen Namen aus. Er ist also auch an Weisungen der Arbeitnehmer bzw. der Belegschaftsvertretung (§ 42) oder der Gewerkschaft nicht gebunden, allerdings nach § 2 zur Zusammenarbeit mit ihr verpflichtet. Die für die Willensbildung des Betriebsrats als Kollegialorgan wichtigen Fragen der Beschlussfassung und Beschlussfähigkeit regelt § 33, der zwingend ist. Eine wirksame Beschlussfassung setzt grds. eine ordnungsgemäße Ladung unter Angabe der Tagesordnungspunkte voraus.[1892]

2. Zusammenarbeit zwischen Betriebsrat und Arbeitgeber

Der Betriebsrat ist zwar Interessenvertreter der Belegschaft, aber kein sozialer Gegenspieler des Arbeitgebers. Denn nach § 2 arbeiten die Betriebsparteien „unter Beachtung der geltenden Tarifverträge mit den im Betrieb vertretenen Gewerkschaften und Arbeitgebervereinigungen **zum Wohl der Arbeitnehmer und des Betriebs** zusammen". Aus diesem allgemeinen **Grundsatz der vertrauensvollen Zusammenarbeit** i.V.m. der Sonderbestimmung des § 74 Abs. 1 folgt eindeutig, dass das BetrVG von den Betriebsparteien „Kooperation statt Konfrontation" fordert. Deshalb bestimmt auch § 74 Abs. 2, dass **Arbeitskämpfe** zwischen Betriebsrat und Arbeitgeber **unzulässig** sind und die Betriebspartner „jede **parteipolitische Betätigung** (nicht aber allgemeinpolitische Äußerungen) im Betrieb zu unterlassen haben, um den Betriebsfrieden nicht zu stören".[1893] 702

Dies bedeutet aber nicht, dass sich Betriebsratsmitglieder völlig neutral verhalten müssen, insbes. nicht – wie andere Arbeitnehmer – am Streik beteiligen dürfen. Sie dürfen dies wegen der Neutralitätspflicht des Betriebsrats vielmehr nur nicht unter Ausnutzung bzw. in ihrer Eigenschaft als Amtsträger tun.

Grobe Verletzungen der Pflichten nach dem BetrVG durch die Betriebsratsmitglieder können nach § 23 Abs. 1 zum **Ausschluss** einzelner Betriebsratsmitglieder bzw. zur **Auflösung** des gesamten Betriebsrats führen.[1894] Bei groben Pflichtverletzungen des Arbeitgebers steht dem Betriebsrat bzw. einer im Betrieb vertretenen Gewerkschaft ein Vornahme-, Duldungs- bzw. Unterlassungsanspruch nach Maßgabe des § 23 Abs. 3 zu.[1895] Bei groben Verstößen des Arbeitgebers gegen arbeitsrechtliche Vorschriften des AGG gilt § 23 Abs. 3 nach § 17 Abs. 2 AGG entspr.[1896](vgl. auch § 17 Abs. 2 S. 2 AGG). 703

Ob und ggf. inwieweit § 23 Abs. 3 als lex specialis einen **allgemeinen Unterlassungsanspruch** (keine grobe Pflichtverletzung erforderlich) ausschließt, ist sehr umstritten.[1897] Das BAG bejaht in st. Rspr. den allg. Unterlassungsanspruch bei Verletzung des Mitbestimmungsrechts nach § 87 Abs. 1,[1898] lehnt ihn aber bei personellen Angelegenheiten (§ 99) [1899] und für § 74 Abs. 2 u. § 75 Abs. 2 ausdrücklich ab.[1900] 704

1892 BAG, Beschl. v. 10.10.2007 – 7 ABR 51/06, NZA 2008, 369; 1993, 466: „Verschiedenes" genügt nicht; zur Heilung einer fehlerhaften Ladung BAG, Beschl. v. 15.04.2014 – 1 ABR 2/13 (B), NZA 2014, 551; zu Wirksamkeitsvorauss. der BR-Beschlüsse Dusny ArbR 2015, 267; Schulze/Schreck ArbR 2014, 11; Kleinebrink ArbRB 2009, 211; Grosjean NZA-RR 2005, 113.

1893 BVerfG AP Nr. 2 zu § 74 BetrVG; BAG, Beschl. v. 17.03.2010 – 7 ABR 95/08, NZA 2010, 490 m.Anm. Wiebauer; F/E/S/T/L § 74 Rn. 11 ff., 37 ff. u. zur vertrauensvollen Zusammenarbeit Hampe DB 2010, 1996; Hunold NZA-RR 2003, 169 ff.

1894 Vgl. dazu BAG NZA 1994, 184; Genz NZA 2004, 1011; Buchner NZA 1996, 1304 ff. und Schwarze SAE 1994, 141.

1895 Vgl. dazu BAG, Beschl. v. 26.07.2005 – 1 ABR 29/04, NZA 2005, 1372; 1998, 559; F/E/S/T/L § 23 Rn. 49 ff.

1896 Vgl. dazu BAG, Beschl. v. 18.08.2009 – 1 ABR 47/08, NZA 2010, 222; Besgen/Roloff NZA 2007, 670; Kleinebrink ArbRB 2007, 24 und Walk/Shipton BB 2010, 1917; Besgen BB 2007, 213 zu Beteiligungsrechten des BR im Rahmen des AGG.

1897 Vgl. dazu BAG, Beschl. v. 26.07.2005, Fn. 1895; F/E/S/T/L § 23 Rn. 54 ff., 96 ff.; Hintzen ArbR 2014, 610; Baur ZfA 1997, 445; Raab ZfA 1997, 183; Walker DB 1995, 1961; Bauer/Diller ZIP 1995, 95; Richardi NZA 1995, 8 und Prütting RdA 1995, 257.

1898 BAG, Beschl. v. 30.06.2015 – 1 ABR 71/13, ArbR 2015, 557; Beschl. v. 26.10.2004 – 1 ABR 31/03, NZA 2005, 538; 1997, 955, 958; Preis § 153 II 6; Roßbruch PflR 2015, 328; a.A. noch BAG AP Nr. 2 zu § 23 BetrVG m. zust. Anm. v. Hoyningen-Huene.

1899 BAG, Beschl. v. 23.06.2009 – 1 ABR 23/08, BB 2010, 768 (Meinungsübers.) m.Anm. Gastell; Tiedemann ArbRB 2014, 253.

1900 BAG, Beschl. v. 17.03.2010, Fn. 1893; Beschl. v. 27.01.2004 – 1 ABR 7/03, NZA 2004, 556; Reichold RdA 2011, 59 ff.

3. Kosten der Betriebsratstätigkeit

705 Die **Kosten der erforderlichen Betriebsratstätigkeit** hat gemäß § 40 Abs. 1 der Arbeitgeber zu tragen, der nach § 40 Abs. 2 für die Betriebsratssitzungen (§§ 29, 30), Sprechstunden (§ 39) und die laufende Geschäftsführung erforderlichen sachlichen Mittel und Büropersonal zur Verfügung stellen muss.[1901]

Nach § 40 Abs. 1 sind vom Arbeitgeber insb. zu tragen die Kosten einer nach § 37 Abs. 6 erforderlichen Schulungsveranstaltung[1902] sowie Rechtsanwaltskosten, soweit der Betriebsrat die Hinzuziehung eines Rechtsanwalts bei pflichtgemäßer Interessenabwägung für erforderlich halten durfte.[1903] Zu den erforderlichen Sachmitteln i.S.d. § 40 Abs. 1 gehören insb. eine Sammlung wichtigster arbeits- und sozialversicherungsrechtlicher Gesetze, eine Fachzeitschrift, die neueste Auflage eines Kommentars zum BetrVG, ohne dass die Erforderlichkeit dieser Sachmittel besonders begründet werden muss.[1904] Nach BAG kann der Betriebsrat auch nach der Neufassung des § 40 einen PC nebst Zubehör verlangen, wenn dies im Einzelfall erforderlich ist,[1905] und den Zugang zum Intranet und Internet, es sei denn, berechtigte Belange des Arbeitgebers stehen dem ausnahmsweise entgegen.[1906]

III. Die persönliche Stellung der Betriebsratsmitglieder

706 Die Betriebsratstätigkeit ist ehrenamtlich, § 37 Abs. 1. Da dem Betriebsratsmitglied dadurch aber auch keine finanziellen Nachteile entstehen dürfen, hat es nach § 37 Abs. 2 für die Dauer der erforderlichen Betriebsratstätigkeit einen **Anspruch auf bezahlte Arbeitsbefreiung**. Außerdem steht dem Betriebsrat in Betrieben mit mehr als 200 Arbeitnehmern ein Anspruch auf generelle Befreiung von der Arbeitspflicht nach Maßgabe des § 38 zu.[1907] Musste ein Betriebsratsmitglied aus betriebsbedingten Gründen Betriebsarbeit außerhalb seiner Arbeitszeit erledigen, steht ihm nach Maßgabe des § 37 Abs. 3 ein Anspruch auf entspr. Arbeitsbefreiung unter Vergütungsfortzahlung zu.[1908] Schließlich darf die Betriebsratstätigkeit nach § 37 Abs. 4 auch nicht zu einer Minderung der Vergütung wegen eines deshalb ausgebliebenen beruflichen Aufstiegs führen.[1909]

Für die Arbeitsbefreiung nach § 37 Abs. 2 ist keine Zustimmung des Arbeitgebers, sondern nur eine Abmeldung unter Hinweis auf den Ort und die voraussichtliche Dauer der Betriebsratstätigkeit erforderlich. Nach Beendigung der Betriebsratstätigkeit besteht eine Rückmeldungspflicht.[1910]

707 Ein Anspruch auf Zahlung der ausgefallenen Vergütung steht dem Betriebsratsmitglied auch bei Teilnahme an einer für die Betriebsratstätigkeit erforderlichen bzw. nützlichen **Schulungsveranstaltung** zu.[1911]

1901 Vgl. dazu Hunold NZA-RR 2011, 57 u. 1999, 113; Klebe/Wedde DB 1999, 1954; Ehrich/Hoß NZA 1996, 1075.

1902 BAG, Beschl. v. 14.01.2015 – 7 ABR 95/12, NZA 2015, 632; Windeln ArbRB 2014, 182; Maties/Wank NZA 2005, 1033.

1903 BAG NZA 2003, 870; BverfG, Beschl. v. 12.01.2000 – 1 BvR 1621/99, NZA 2000, 556; 1996, 893; Radtke ArbR 2015, 97.

1904 Vgl. dazu BAG, Beschl. v. 19.03.2014 – 7 ABN 91/13, juris; F/E/S/T/L § 40 Rn. 119; Richardi/Thüsing § 40 Rn. 69 ff.

1905 BAG, Beschl. v. 16.05.2007 – 7 ABR 45/06, NZA 2007, 1117; Bayreuther NZA 2013, 758; Schiefer P&R 2011, 126 u. 182; Hunold NZA-RR 2011, 57; ausführl. zu modernen Kommunikationsmitteln F/E/S/T/L § 40 Rn. 127 ff.; Novara ArbRB 2011, 21.

1906 BAG, Beschl. v. 18.07.2012 – 7 ABR 23/11, NZA 2013, 49; Beschl. v. 17.02.2010 – 7 ABR 81/08, DB 2010, 2676 (Anschaffungskosten stehen grds. nicht entgegen); Schomaker AiB 2011, 56; vgl. aber noch Beschl. v. 16.05.2007 – 7 ABR 45/06, DB 2007, 2036; a.A. Jansen BB 2003, 1726 (Intranet); Hunold NZA 2007, 314; ders. 2004, 370 ff. (Internet).

1907 Zur Anfechtung der Freistellung BAG, Beschl. v. 20.05.2005 – 7 ABR 44/04, NZA 2005, 1426; Fuhlrott ArbR 2011, 423 (Freistellung); Natzel NZA 2000, 77 (Rechtsstellung freigestellter BR-Mitglieder); Hornung DB 2002, 94 (Teilfreistellungen).

1908 Vgl. BAG, Beschl. v. 16.04.2003 – 7 AZR 423/01, NZA 2004, 171; F/E/S/T/L § 37 Rn. 73 ff.; Byers NZA 2014, 65.

1909 BAG, Urt. v. 14.07.2010 – 7 AZR 359/09, ZTR 2011, 56; Bonanni/Blattner ArbRB 2015, 115; Ebert ArbRB 2011, 344; ausführl. in diesem Zusammenhang zum Begünstigungs- u. Benachteiligungsverbot des § 78 Keilich BB 2014, 2229.

1910 BAG, Beschl. v. 27.06.2011 – 7 ABR 135/09, NZA 2012, 47; a.A. noch BAG BB 1990, 1625: stichwortartige Angaben erforderl.

1911 BAG, Beschl. v. 27.05.2015 – 7 ABR 26/13, ZTR 2015, 676 (Übernachtungs-/Reisekosten); BAG, Beschl. v. 23.06.2010 – 7 ABR 103/08, NZA 2010, 1298 (Kinderbetreuungskosten bei Alleinerziehenden); a.A. Wiebauer BB 2011, 2104 u. Fn. 1902.

Nahm ein vollzeitbeschäftigtes Betriebsratsmitglied über seine regelmäßige Arbeitszeit hinaus an einer Schulungsveranstaltung teil, besteht auch nach der Neufassung des § 37 Abs. 6 kein Freizeit- bzw. Vergütungsanspruch. Teilzeitkräfte können dagegen bei einer ganztägigen Schulungsteilnahme die Vergütung in dem gleichen Umfang wie Vollzeitkräfte verlangen.[1912]

Schließlich steht den Betriebsratsmitgliedern **besonderer Kündigungsschutz** nach Maßgabe der § 15 KSchG und § 103 BetrVG (vgl. § 103 Abs. 3 zur Versetzung) zu.[1913] **708**

D. Mitwirkungs- und Mitbestimmungsrechte des Betriebsrats

I. Allgemeine Aufgaben

Die allgemeinen Aufgaben des Betriebsrats regeln vor allem die §§ 75 und 80. Außerdem regelt das BetrVG Mitwirkungs- und Mitbestimmungsrechte des Betriebsrats auf folgenden Sachgebieten: **709**

- soziale Angelegenheiten (§§ 87 ff.),
- Gestaltung von Arbeitsplatz, Arbeitsablauf und Arbeitsumgebung (§§ 90 ff.),
- personelle Angelegenheiten (§§ 92 ff.) und
- wirtschaftliche Angelegenheiten (§§ 106 ff.).

II. Abgestufte Beteiligungsrechte

Dem Betriebsrat stehen hinsichtlich des Mitspracherechts **abgestufte Beteiligungsrechte** zu. Es gibt zum einen eine Vielzahl von Beteiligungsrechten, die die **Entscheidungskompetenz des Arbeitgebers unberührt** lassen, häufig aber nur eine Vorstufe zu stärkeren Beteiligungsformen bilden (sog. Mitwirkungsrechte). Daneben gibt es Beteiligungsrechte, die dem Betriebsrat eine (unterschiedliche) Mitentscheidungskompetenz einräumen (sog. Mitbestimmungsrechte). **710**

Die sog. **Mitwirkungsrechte sind:** **711**

- **Informationsrechte**, z.B. §§ 80 Abs. 2 (Generalklausel), 85 Abs. 3, 89 Abs. 2, 90 Abs. 1, 99 Abs. 1, 105, 106.
- **Anhörungsrechte** – wichtigster Fall: § 102 bei Kündigungen.
- **Vorschlagsrechte**, z.B. §§ 90, 92 Abs. 2, § 92 a, 96 Abs. 1.
- **Beratungsrechte**, z.B. §§ 90, 92 Abs. 1, 97.

Als **Mitbestimmungsrechte** werden bezeichnet: **712**

- **Zustimmungsverweigerungsrechte**. Die Zustimmung kann aber auf Antrag des Arbeitgebers vom Arbeitsgericht ersetzt werden. Wichtigste Fälle sind § 99 Abs. 2, 3 (personelle Einzelmaßnahmen, z.B Einstellung, Versetzung) und § 103 (fristlose Kündigung eines Betriebsratsmitglieds).

1912 Vgl. dazu BAG, Urt. v. 16.02.2005 – 7 AZR 330/04, NZA 2005, 937; F/E/S/T/L § 37 Rn. 193 ff.

1913 Vgl. dazu Korinth ArbRB 2015, 28; Haas FA 2011, 626; Besgen NZA 2011, 133; Diller NZA 2004, 579 u. oben Rn. 523 ff.

- **Mitbestimmungsrechte im engeren Sinne** als stärkste Form der Betriebsratsbeteiligung (Vetorechte). In diesen Fällen kann die Zustimmung des Betriebsrats auch nicht vom Arbeitsgericht, wohl aber durch Spruch der Einigungsstelle ersetzt werden. Dazu gehören: § 87 (soziale Angelegenheiten als wichtigster Fall), § 94 Abs. 1 (Personalfragebogen), § 95 (Auswahlrichtlinien) und § 112 (Sozialplan).

E. Mitbestimmung in sozialen Angelegenheiten nach § 87

Fall 41: Überstunden am Samstag

U will wegen eines unerwarteten größeren Auftrags zusätzlich an fünf Samstagen jeweils 8 Stunden arbeiten lassen. Nach den Arbeitsverträgen sind zwar die Arbeitnehmer verpflichtet, Überstunden bei betrieblichen Gründen zu leisten, der Betriebsrat ist aber dagegen. U bittet deshalb den Rechtsanwalt R um eine Auskunft.

713 I. In individualrechtlicher Hinsicht sind die Überstunden wegen der entsprechenden Regelungen in den Arbeitsverträgen bei Beachtung der Arbeitszeithöchstgrenzen des § 3 ArbZG zulässig (vgl. oben Rn. 260 ff.).

II. Die Zulässigkeit der Anordnung der Überstunden könnte aber von einer Zustimmung des Betriebsrats abhängig sein.

714 1. Nach § 87 Abs. 1 Nr. 3 steht dem Betriebsrat bei einer **vorübergehenden Verkürzung oder Verlängerung der regelmäßigen Arbeitszeit** grds. ein Mitbestimmungsrecht zu.

Wegen der großen praktischen Bedeutung sollte § 87 zunächst vollständig gelesen werden. Dazu Hanau/Adomeit:[1914] „§ 87 hat **eine > nein – aber – Struktur** <. Mitbestimmung bei der Länge der Arbeitszeit? Nein, aber bei deren Verteilung. Bei der Lohnhöhe? Nein, aber bei Zeit und Ort der Zahlung. Bei Gewährung einer Gratifikation? Nein, aber bei deren Ausgestaltung … Praktisch kann der Arbeitgeber ohne den Betriebsrat doch nichts machen", vgl. aber § 87 Abs. 2.

715 Das Mitbestimmungsrecht des Betriebsrats nach § 87[1915] besteht als ein „Recht der Belegschaft" unabhängig davon, ob die Maßnahmen i.S.d. § 87 einseitig von dem Arbeitgeber vorgenommen oder mit den betroffenen Arbeitnehmern vereinbart worden sind.[1916] Es setzt aber stets einen sog. **kollektiven Tatbestand** voraus (Ausnahme: § 87 Abs. 1 Nr. 5: Urlaub eines einzelnen Arbeitnehmers). Es entfällt deshalb, wenn die Maßnahme nicht die kollektiven Interessen der Belegschaft berührt, sondern nur persönliche Interessen einzelner Arbeitnehmer betrifft. Die Zahl der davon betroffenen Arbeitnehmer ist dabei nur ein Indiz für das Bestehen des kollektiven Tatbestandes. Er kann deshalb auch dann vorliegen, wenn von der Maßnahme nur ein Arbeitnehmer betroffen ist.[1917] Da die Samstagsarbeit die gesamte Belegschaft betreffen sollte, was allerdings für das Vorlie-

---

1914 Hanau/Adomeit, Arbeitsrecht, 12. Aufl., D III 4 c; anschaulich auch Hanau/Adomeit Rn. 446.

1915 Vgl. zum Rechtscharakter der Mitbestimmung nach § 87 Gutzeit NZA 2008, 255 und Schulze/Schuhmacher ArbR 2015, 10; 2014, 508 und 583- sowie Gragert NZA-RR 1999, 449 mit Rspr.-Übersichten zur Mitbestimmung nach § 87.

1916 BAG, Beschl. v. 24.04.2007 – 1 ABR 47/06, NZA 2007, 818; zust. Clemenz RdA 2008, 112.

1917 BAG, Beschl. v. 30.06.2015 – 1 ABR 71/13, ArbR 2015, 557, Beschl. v. 28.05.2002 – 1 ABR 40/01, DB 2002, 2385 (Schichtwechsel); Butzke BB 1997 ff.; Preis § 153 I 2.

gen des kollektiven Tatbestandes nicht zwingend erforderlich ist,[1918] liegt ein mitbestimmungspflichtiger kollektiver Tatbestand vor.

Der kollektive Tatbestand fehlt z.B. bei Verlängerung der Arbeitszeit eines bestimmten Arbeitnehmers aus persönlichen Gründen (z.B. hohe Schulden). Nimmt dagegen der Arbeitgeber aus betrieblichen Gründen einen Wechsel der Schichteinteilung vor, so ist der kollektive Tatbestand auch dann gegeben, wenn davon nur ein Arbeitsplatz betroffen ist.[1919]

2. Das Mitbestimmungsrecht des Betriebsrats nach § 87 Abs. 1 Nr. 3 ist nicht aufgrund des Gesetzes- oder Tarifvorrangs des § 87 Abs. 1 ausgeschlossen, da insoweit keine spezielle Regelung vorliegt.[1920] **716**

Der Gesetzes- oder Tarifvorrang greift nur dann und nur insoweit ein, als die höherrangigen Gesetzes- bzw. Tarifnormen eine zwingende und abschließende Regelung enthalten, weil nur in diesen Fällen der Arbeitgeber aufgrund der Bindung an die vorrangigen Normen keinen Regelungsspielraum hat, sodass auch für die Mitbestimmung des Betriebsrates kein Raum ist.[1921]

Eine eventuelle Tarifüblichkeit i.S.d. § 77 Abs. 3,[1922] die sonst auch beim Fehlen einer Tarifbindung des Arbeitgebers dem Mitbestimmungsrecht des Betriebsrates entgegen steht, würde bei einer Überstundenregelung nach der herrschenden **Vorrangtheorie** (Vorrang des § 87 vor § 77 Abs. 3) das Mitbestimmungsrecht des Betriebsrats nach § 87 nicht ausschließen.[1923]

3. Die geplante Einführung der Samstagsarbeit, die eine Verlängerung der betriebsüblichen Arbeitszeit darstellt, bedarf deshalb jedenfalls nach § 87 Abs. 1 Nr. 3 der Zustimmung des Betriebsrats (vgl. auch § 87 Abs. 1 Nr. 2).[1924] Diese kann in einer Betriebsvereinbarung (wegen der unmittelbaren und zwingenden Wirkung des § 77 Abs. 4 zweckmäßig – vgl. dazu oben Rn. 121 ff.) oder in einer formlosen Regelungsabrede erteilt werden. Weigert sich der Betriebsrat die Zustimmung zu erteilen, muss der Arbeitgeber nach § 87 Abs. 2 die Einigungsstelle anrufen, deren Spruch die fehlende Einigung ersetzt. Etwas anderes gilt nach h.M. auch nicht in Eilfällen, sondern allenfalls bei unvorhersehbaren Notfällen.[1925] **717**

Das Recht zur Anrufung der Einigungsstelle nach § 87 Abs. 2 steht grds. auch dem Betriebsrat zu (sog. Initiativrecht), sodass der Betriebsrat bei sozialen Angelegenheiten eine Regelung u.U. gegen den Willen des Arbeitgebers durch den Spruch der Einigungsstelle erzwingen kann.[1926]

III. Die Verletzung des Mitbestimmungsrechts des Betriebsrats nach § 87 Abs. 1 kann folgende Rechtsfolgen auslösen:[1927] **718**

- Leistungsverweigerungsrecht der Arbeitnehmer, das nach ganz h.M. ohne Rücksicht auf die individualrechtliche Zulässigkeit der Überstundenanordnung besteht – sog. Theorie der doppelten Wirksamkeitsvoraussetzung.[1928]

1918 Teile der Belegschaft reichen aus; vgl. ausführlich dazu Richardi/Richardi § 87 Rn. 15 ff., 29 ff. m.w.N.

1919 Vgl. BAG, Beschl. v. 24.04.2007, Fn. 1916; F/E/S/T/L § 87 Rn. 120 ff. m.w.N.; ausführlich dazu Raab ZfA 2001, 31 ff.

1920 Vgl. BAG, Beschl. v. 22.03.2005 – 1 ABR 64/03, NZA 2006, 383; 1999, 662; F/E/S/T/L § 87 Rn. 28 ff.

1921 Vgl. BAG, Beschl. v. 24.04.2007 – 1 ABR 47/06, NZA 2007, 818; Richardi/Richardi § 87 Rn. 145 ff.

1922 Vgl. BAG, Urt. v. 26.08.2008 – 1 AZR 354/07, BB 2009, 501; Richardi/Richardi § 77 Rn. 66, 267 ff.; F/E/S/T/L § 77 Rn. 90 ff.

1923 BAG, Beschl. v. 18.02.2015 – 4 AZR 778/13 , ArbR 2015, 353; F/E/S/T/L § 87 Rn. 67 ff. m.w.N. und oben Rn. 131 ff.

1924 Vgl. BAG, Beschl. v. 24.04.2007 – 1 ABR 47/06, NZA 2007, 818; F/ES/T/L § 87 Rn. 130 ff. m.w.N. und ausführlich zur Mitbestimmung des BR bei der Regelung der Arbeitszeit Schoof AiB 2012, 46; 2011, 721; Bepler NZA 2006, Beil. Nr. 1 S. 45.

1925 BAG NZA 1999, 662 ff.; ErfK/Kania § 87 Rn. 8; F/E/S/T/L § 87 Rn. 23 ff; jeweils m.w.N.

1926 BAG, Beschl. v. 26.10.2004 – 1 ABR 31/03, NZA 2005, 538; Müller AiB 2008, 590; Richardi/Richardi § 87 Rn. 65 ff.

1927 Vgl. zu Rechtsfolgen mitbestimmungswidrigen Verhaltens des AG allg.: Hanau JuS 1985, 360 ff.; Hunold DB 1988, 1334

1928 BAG, Urt. v. 10.03.2009 – 1 AZR 55/08, NZA 2009, 684; S/W/S § 87 Rn. 3; F/E/S/T/L § 87 Rn. 599; ausführlich dazu Wiebauer RdA 2013, 364; Gutzeit NZA 2008, 255; Wolter RdA 2006, 137; krit. Lobinger RdA 2011, 76; Reichold RdA 2011, 311.

- Unterlassungsanspruch des Betriebsrats bei grober Pflichtverletzung nach Maßgabe des § 23 Abs. 3.
- Vorbeugender allgemeiner Unterlassungsanspruch nach h.M., der auch im Wege der einstweiligen Verfügung durchgesetzt werden kann.[1929]

F. Mitbestimmung in personellen Angelegenheiten

I. Unterrichtungspflicht des Arbeitgebers und Rechte des Betriebsrats bei Einstellungen, Versetzungen, Ein- und Umgruppierungen

719 In Unternehmen und nach h.M. über den Wortlaut hinaus wegen vergleichbarer Interessenlage in Gemeinschaftsbetrieben[1930] mit i.d.R. mehr als 20 wahlberechtigten Arbeitnehmern ist nach § 99 für jede **Einstellung, Versetzung sowie Ein- und Umgruppierung** die Zustimmung des Betriebsrats erforderlich. Die Zustimmungsverweigerung muss gemäß § 99 Abs. 3 S. 1 schriftlich (Schriftform i.S.d. § 126 BGB nicht erforderlich[1931]) innerhalb einer Woche unter Angabe des Grundes erfolgen, wobei die Zustimmungsverweigerungsgründe nach h.M. in § 99 Abs. 2 abschließend aufgezählt sind.[1932] Damit der Betriebsrat das Vorliegen des Zustimmungsverweigerungsrechts beurteilen kann, ist er nach § 99 Abs. 1 vor jeder personellen Einzelmaßnahme unter Vorlage der erforderlichen Unterlagen rechtzeitig und umfassend zu unterrichten.[1933] Liegt keine oder keine ordnungsgemäße Zustimmungsverweigerung vor, gilt die Zustimmung nach § 99 Abs. 3 S. 2 als erteilt.

720 Die Wochenfrist des § 99 Abs. 3 beginnt erst mit einer ordnungsgemäßen Unterrichtung. Um den Eintritt der Zustimmungsfiktion zu verhindern, muss der Betriebsrat den Arbeitgeber auf bekannte Unterrichtungsmängel nach § 2 Abs. 1 innerhalb der Wochenfrist hinweisen, damit dieser den Unterrichtungsmangel beseitigen und eine neue Wochenfrist in Gang setzen kann. Voraussetzung für diese Hinweispflicht ist aber, dass der Arbeitgeber die bisherige Unterrichtung für vollständig halten durfte.[1934] Beim Fehlen jeglicher Unterrichtung kann die Zustimmungsfiktion nicht eintreten.[1935] Für eine ordnungsgemäße Zustimmungsverweigerung genügt es nicht, dass der Betriebsrat lediglich den Wortlaut einer der in § 99 Abs. 2 aufgezählten Widerspruchsgründe wiederholt. Ausreichend ist aber, dass die schriftliche Begründung des Betriebsrates es als möglich erscheinen lässt, dass ein Widerspruchsgrund nach § 99 Abs. 2 vorliegt.[1936]

721 Liegt eine ordnungsgemäße Zustimmungsverweigerung vor, muss der Arbeitgeber, der die Maßnahme durchsetzen will, nach § 99 Abs. 4 eine **Zustimmungsersetzung** durch das Arbeitsgericht beantragen.[1937] Eine **vorläufige Durchführung** der Maßnah-

---

1929 Vgl. BAG NZA 1999, 49; LAG Hamburg, Gesundheitsrecht 2015, 403 m. Anm. Thomae; Wirlitsch/Lang ArbR 2010, 521; Schöne SAE 2010, 218; LAG Köln LAGE § 613 a BGB 2002 Nr. 5 a; Richardi/Richardi § 87 Rn. 139 ff. und oben Rn. 718.

1930 Vgl. dazu BAG, Beschl. v. 29.09.2004 – 1 ABR 39/03, NZA 2005, 420; F/E/S/T/L § 99 Rn. 10 m.w.N.

1931 BAG, Beschl. v. 10.03.2009 – 1 ABR 93/07, NZA 2009, 622 (E-Mail reicht aus, wenn sie den Erfordernissen der Textform i.S.d. § 126 b BGB genügt); Beschl. v. 09.12.2008 – 1 ABR 79/07, NZA 2009, 627 (Fax genügt); F/E/S/T/L § 99 Rn. 260 ff.

1932 Vgl. Schaub/Koch § 241 Rn. 42; F/E/S/T/L § 99 Rn. 187; Preis § 155 III 2; Helml AiB 2009, 1.

1933 Vgl. BAG, Beschl. v. 14.04.2015 – 1 ABR 58/13, NZA 2015, 1081; F/E/S/T/L § 99 Rn. 162 ff.; Schulze/Ratzesberger ArbR 2015, 494; allgemein zu personellen Einzelmaßnahmen Hexel/Lüders NZA 2010, 613 u. Schoof AiB 2009, 48 (Rspr.-Übersicht).

1934 BAG, Beschl. v. 13.03.2013 – 7 ABR 39/11, juris; SAE 1992, 77 m.Anm. Weber; D/K/K/Bachner § 99 Rn. 131.

1935 BAG, Beschl. v. 14.05.2015, Fn. 1933; Beschl. v. 01.06.2011 – 7 ABR 18/10, AuA 2012, 53; F/E/S/T/L § 99 Rn. 269 m.w.N.

1936 BAG, Beschl. v. 30.09.2014 – 1 ABR 32/13, NZA 2015, 370; F/E/S/T/L § 99 Rn. 260 ff.; S/W/S §§ 99-101 Rn. 94 ff.

1937 Vgl. dazu F/E/S/T/L § 100 Rn. 11 ff.; Gottwald BB 1997, 2427; Boemke ZfA 1992, 473 ff.; zum Beschäftigungsanspruch u. zur Stellung des betroffenen Arbeitnehmers beim Zustimmungsersetzungsverfahren Hartmann ZfA 2008, 383 ff.

me gegen den Willen des Betriebsrats ist nach Maßgabe des § 100 nur zulässig, wenn dies aus sachlichen Gründen dringend erforderlich ist.[1938] Führt der Arbeitgeber die personelle Einzelmaßnahme ohne Zustimmung des Betriebsrats durch oder hält er sie entgegen § 100 aufrecht, kann der Betriebsrat deren **Aufhebung** nach Maßgabe des § 101 beim ArbG beantragen. Daneben besteht nach h.M. kein allg. Unterlassungsanspruch,[1939] bei groben Pflichtverstößen des Arbeitgebers kommt aber ein Anspruch aus § 23 Abs. 3 auf Unterlassung künftiger Verletzungen der §§ 99, 100 in Betracht.[1940]

Entgegen dem Wortlaut des § 101 kommt eine Aufhebung einer Ein- bzw. Umgruppierung nicht in Betracht, weil es sich dabei nicht um einen Rechtsgestaltungsakt, sondern um eine Frage der richtigen Rechtsanwendung handelt. Denn die Richtigkeit der Ein- bzw. Umgruppierung hängt ausschließlich davon ab, ob der Arbeitnehmer die Tätigkeitsmerkmale der vom Arbeitgeber angenommenen Vergütungsgruppe erfüllt. Dem Betriebsrat steht deshalb insoweit nur ein Mitbeurteilungsrecht (Richtigkeitskontrolle) zu, sodass er den Arbeitgeber nur zu einer ordnungsgemäßen Durchführung des Zustimmungsverfahrens zwingen kann. Anderenfalls müsste das ArbG dem Arbeitgeber die Aufhebung einer Ein- bzw. Umgruppierung aufgeben, die u.U. materiell-rechtlich richtig ist.[1941] **722**

II. Einstellung und fehlende Zustimmung des Betriebsrates

Der Verstoß gegen §§ 99, 100 bei einer Einstellung hat nach ganz h.M. keine Unwirksamkeit des Arbeitsvertrags, sondern nur ein Verbot der tatsächlichen Beschäftigung zur Folge. Der Arbeitgeber muss deshalb an den betriebsverfassungswidrig eingestellten Arbeitnehmer Annahmeverzugslohn nach § 615 BGB zahlen. **723**

Unter Einstellung i.S.d. § 99 BetrVG ist die tatsächliche Eingliederung des Arbeitnehmers in den Betrieb zu verstehen. Maßgeblich für die Eingliederung ist, ob die zu verrichtende Tätigkeit ihrer Art nach eine weisungsgebundene Tätigkeit ist, die der Verwirklichung des arbeitstechnischen Zweckes des Betriebes zu dienen bestimmt ist und daher vom Arbeitgeber organisiert werden muss. Maßgeblich dafür sind die objektiven Umstände, nicht dagegen die Bezeichnung des Vertragsverhältnisses. Die Wirksamkeit des Vertrages ist nicht erforderlich.[1942] Will der Arbeitgeber den Arbeitsvertrag bereits vor der Eingliederung abschließen, muss er den Betriebsrat vor Vertragsabschluss unterrichten, weil danach keine Bewerber mehr, sondern nur vertraglich gebundene Arbeitnehmer vorhanden sind.[1943]

III. Versetzung und fehlende Zustimmung des Betriebsrates

Eine **Versetzung unter Verstoß gegen §§ 99, 100** (Legaldefinition in § 95 Abs. 3[1944]) hat auch dann die individualrechtliche Unwirksamkeit der Versetzung zur Folge, wenn sie nach dem Arbeitsvertrag an sich zulässig wäre. Der Arbeitnehmer kann deshalb die Befolgung der Versetzung verweigern und bei Nichtbeschäftigung am alten Arbeitsplatz Annahmeverzugslohn nach § 615 BGB verlangen.[1945] **724**

Für eine Änderungskündigung, mit der der Arbeitgeber die Durchführung einer Versetzung bezweckt, ist nur die Anhörung nach § 102, nicht dagegen auch (schon) die Zustimmung nach § 99 erforderlich, **725**

1938 Vgl. F/E/S/T/L § 100 Rn. 3 ff.; Richardi/Thüsing § 100 Rn. 8; Hoppe/Marcus ArbR 2011, 367; Gillen/Vahle BB 2010, 761.

1939 Vgl. mit Meinungsübersicht BAG, Beschl. v. 23.06.2009 – 1 ABR 23/08, BB 2010, 768 m.Anm. Gastell.

1940 BAG AP Nr. 82 zu § 99 BetrVG 1972; Richardi/Thüsing § 101 Rn. 4; Schrader AiB 2013, 172; a.A. wohl S/W/S § 23 Rn. 23.

1941 Vgl. dazu BAG, Beschl. v. 14.04.2010 – 7 ABR 91/08, ZTR 2010, 546; Freiberg P&R 2015, 202; Schaub RdA 2011, 381.

1942 Vgl. zum Einstellungsbegriff BAG, Beschl. v. 13.05.2014 – 1 ABR 50/12, NZA 2014, 1149; Beschl. v. 23.06.2010 – 7 ABR 1/09, NZA 2010, 1302 (Einsatz von DRK-Schwestern); F/E/S/T/L § 99 Rn. 30 ff.; Greiner RdA 2014, 262; Hunold NZA 2012, 113.

1943 Vgl. BAG BB 2002, 47, 48; NZA 1998, 1352, 1353; Schaub/Koch § 241 Rn. 11 ff.

1944 Vgl. dazu BAG, Beschl. v. 17.06.2008 – 1 ABR 38/07, DB 2008, 2771; Fliss NZA-RR 2008, 225; Hunold NZA-RR 2001, 617 ff.

1945 BAG NZA 1998, 476; F/E/S/T/L § 99 Rn. 283 ff.; Schaub/Koch § 241 Rn.53; a.A. Richardi/Thüsing § 99 Rn. 299, 300.

weil diese Vorschriften unterschiedliche Regelungsinhalte haben. Die Verfahren nach § 99 und § 102 können deshalb getrennt durchgeführt werden.[1946] Die Freistellung ist nach h.M. keine Versetzung, weil der Arbeitnehmer von der Arbeitspflicht befreit wird, sodass ihm kein „anderer Arbeitsbereich" i.S.d. § 95 Abs. 3 zugewiesen wird.[1947]

G. Beteiligungsrechte in wirtschaftlichen Angelegenheiten

I. Wirtschaftsausschuss

726 In Unternehmen mit i.d.R. mehr als 100 ständig beschäftigten Arbeitnehmern ist ein **Wirtschaftsausschuss** zu bilden, der die wirtschaftlichen Angelegenheiten mit dem Unternehmer zu beraten und den Betriebsrat darüber zu unterrichten hat. Gegenüber dem Arbeitgeber steht dem Wirtschaftsausschuss nach Maßgabe des § 106 Abs. 2 ein Unterrichtungsanspruch zu.[1948]

Beim Streit über das Vorliegen einer wirtschaftlichen Angelegenheit entscheidet das ArbG im Beschlussverfahren.[1949] Bei Streitigkeiten über den Umfang der Auskunftspflicht entscheidet nach § 109 zunächst die Einigungsstelle.[1950]

II. Betriebsänderungen

727 In Unternehmen mit i.d.R. mehr als 20 wahlberechtigten Arbeitnehmern und nach h.M. wegen der vergleichbaren Interessenlage über den Wortlaut des § 111 hinaus auch in Gemeinschaftsbetrieben mehrerer Unternehmen[1951] hat der Arbeitgeber den Betriebsrat über geplante **Betriebsänderungen**, die nach h.M. in § 111 abschließend aufgezählt sind,[1952] rechtzeitig und umfassend zu unterrichten und darüber zu beraten. Kommt über die Betriebsänderung zwischen den Betriebsparteien auch nach Ausschöpfung der in § 112 Abs. 2, 3 vorgesehenen Vermittlungsmöglichkeiten keine Einigung zustande, kann der Arbeitgeber die Betriebsänderung durchführen. Der Interessenausgleich (ob, wann und wie die Betriebsänderung durchgeführt wird) ist **also nicht erzwingbar**.[1953] Bei Abweichung von einem **Interessenausgleich** ohne zwingenden Grund oder Unterlassung des o.g. Vermittlungsverfahrens steht den aufgrund der Betriebsänderung bzw. Abweichung von dem Interessenausgleich wirksam entlassenen Arbeitnehmern ein Abfindungsanspruch nach Maßgabe des § 113 zu.[1954]

Der Interessenausgleich ist nach h.M. keine Betriebsvereinbarung, sondern eine Kollektivvereinbarung eigener Art, die keine normative Wirkung hat. Ansprüche daraus können einzelne Arbeitnehmer daher

1946 Vgl. BAG, Urt. v. 22.04.2010 – 2 AZR 491/09, NZA 2010, 1235; F/E/S/T/L § 99 Rn. 120 ff. und oben Rn. 519.

1947 BAG, Beschl. v. 28.03.2000 – 1 ABR 17/99, BB 2000, 2414 m.Anm. Hunold; LAG Köln NZA-RR 2001, 310.

1948 Vgl. zum Umfang BAG DB 1992, 435; v. Steinau-Steinrück/Brugger NJW-Spezial 2010, 50; Fleischer ZfA 2009, 787.

1949 BAG AP Nr. 13 zu § 106; F/E/S/T/L § 106 Rn. 113; Schaub/Koch § 243 Rn. 36.

1950 Vgl. BAG, Beschl. v. 11.07.2000 – 1 ABR 43/99, NZA 2001, 402 zur Überprüfung des Einigungsstellenspruchs.

1951 BAG, Beschl. v. 25.09.2004 – 1 ABR 39/03, NZA 2005, 426 zum vergleichbaren § 99; D/K/K/Däubler § 111 Rn. 32 ff.; a.A. Richardi/Annuß § 111 Rn. 26; diff. F/E/S/T/L § 111 Rn. 18 ff mit Meinungsübersicht; vgl. auch BAG, Urt. v. 18.10.2011 – 1 AZR 335/10, NZA 2012, 221: LeihAN zählen – anders als bei §§ 9 u. 38 – grds. mit; a.A. Fandel/Zanotti BB 2012, 970.

1952 Vgl. dazu Welkoborsky ArbR 2014, 196; Lingemann NZA 2002, 934; Steffan NZA-RR 2000, 337 (Rspr.-Übersicht); F/E/S/T/L § 111 Rn. 40 ff. m.w.N. und Kleinbrink ArbRB 2009, 74; Rupp AiB 2009, 649 zum Interessenausgleich und Sozialplan beim „reinen" Personalabbau sowie allgemein zum Interessenausgleich und Sozialplan Seel MDR 2010, 7 ff. und 241 ff.

1953 Vgl. dazu D/K/K/Däubler §§ 112, 112 a Rn. 8; Meyer BB 2001, 882; Zwanziger BB 1998, 477; vgl. auch Hunold NZA-RR 2004, 561 ff. und 2005, 57 ff. zur Rspr. zum Interessenausgleich und Sozialplan.

1954 BAG, Urt. v. 22.01.2013 – 1 AZR 873/11, ArbRB 2013, 20; Urt. v. 16.08.2011 – 1 AZR 44/10, juris; Kleinebrink NZA-RR 2005, 281; Gaul/Naumann ArbRB 2005, 14 u. §§ 121 ff. InsO sowie Moll/Henke EWiR 2004, 239 zur Insolvenz des AG.

nur dann geltend machen, wenn der Interessenausgleich auch Regelungen enthält, die ihrer Art nach Geltung für die Arbeitsverhältnisse beanspruchen und den Arbeitnehmern Rechte oder Ansprüche einräumen. In diesem Fall liegt ein sog. qualifizierter Interessenausgleich vor, der insoweit die Wirkungen einer freiwilligen Betriebsvereinbarung aufweist.[1955] Der Betriebsrat kann nach h.M. die Einhaltung des Interessenausgleichs nicht verlangen, weil § 113 die Folgen der Abweichung abschließend regelt.[1956] Ob und ggf. unter welchen Voraussetzungen der Betriebsrat wegen des insoweit abschließenden Charakters des § 113 die Unterlassung von Maßnahmen, insbes. Kündigungen vor dem Scheitern der Interessenausgleichsverhandlungen verlangen kann, ist sehr umstritten.[1957]

Ein **Sozialplan**, d.h. eine Einigung über den Ausgleich oder Milderung der wirtschaftlichen Nachteile der von der Betriebsänderung betroffenen Arbeitnehmer ist vom Betriebsrat grds. **erzwingbar** (Ausnahme: Neugründungen nach § 112 a Abs. 2).[1958] Denn die fehlende Einigung der Betriebspartner wird gemäß § 112 Abs. 4 durch den Spruch der Einigungsstelle ersetzt. Der Sozialplan hat nach § 112 Abs. 1 S. 2, 3 die (normative) Wirkung einer Betriebsvereinbarung. Da er aber nur die Wirkungen einer Betriebsvereinbarung hat und damit keine Betriebsvereinbarung ist, gilt für ihn die Regelungssperre des § 77 Abs. 3 nicht.[1959] **728**

Eine einvernehmliche Beendigung des Sozialplanes für die Zukunft ist zulässig. Ob und unter welchen Voraussetzungen eine Kündigung oder Anpassung des Sozialplanes nach den Grundsätzen über den Wegfall der Geschäftsgrundlage möglich ist, ist noch nicht abschließend geklärt.[1960]

Nach dem BAG[1961] ist der Ausschluss der „Kleinbetriebe" aus dem Anwendungsbereich der §§ 111 ff. verfassungsgemäß. **729**

In letzter Zeit hat vor allem der Ausschluss bzw. die Kürzung von Sozialplanleistungen unter dem Gesichtspunkt der Gleichbehandlung zu vielen Rechtsstreitigkeiten geführt.[1962] Nach ständiger Rspr. des BAG[1963] kommt es bei der Geltendmachung von Sozialplanleistungen unter dem Gesichtspunkt des Gleichbehandlungsgrundsatzes nicht auf die Form der Vertragsbeendigung, sondern entscheidend darauf an, ob der Arbeitgeber dazu wegen der Betriebsänderung Veranlassung gegeben hat, sodass u.U. entgegen dem Wortlaut des Sozialplanes auch bei Abschluss eines Aufhebungsvertrags bzw. einer Eigenkündigung des Arbeitnehmers der Anspruch auf Sozialplanleistungen bestehen kann.[1964] Die Vereinbarung einer Kürzung der Sozialplanleistungen in solchen Fällen ist dagegen grds. ebenso zulässig wie der Ausschluss älterer „sozial" abgesicherter Arbeitnehmer.[1965] Inwieweit die Benachteiligung älterer Arbeitnehmer durch Sozialplanregelungen (z.B. Kürzung wegen „Rentennähe") mit dem Verbot der Altersdiskriminierung des § 7 Abs. 1 AGG vereinbar ist, ist noch nicht abschließend geklärt.[1966]

1955 BAG, Urt. v. 25.04.2007 – 6 AZR 622/06, DB 2007, 2263; vgl. zur Rechtsnatur auch D/K/K/Däubler §§ 112, 112 a Rn. 16 ff.

1956 Vgl. BAG SAE 1992, 333 m.Anm. Schreiber; Willemsen/Hohenstatt NZA 1997, 345 ff.; Meinungsübersicht bei F/E/S/T/L §§ 112, 112 a Rn. 45 ff.; ausführl. zum Interessenausgleich Gragert/Krieger NZA 2005, 254 ff.

1957 Dafür LAG München BB 2010, 896; LAG Hamm ArbuR 2008, 117; a.A. LAG Nürnberg ZTR 2009, 554; Bonanni/Ludwig ArbRB 2014, 312; Bauer/Krieger BB 2010, 53; Meinungsübersicht bei Dzida ArbRB 2015, 215; Gruber NZA 2011, 1011.

1958 Vgl. dazu BAG BB 1990, 1015; F/E/S/T/L § 112, 112 a Rn. 96 ff.; Loritz NZA 1993, 1105 ff. u. Gaul/Schmidt DB 2014, 300 ff.

1959 BAG, Urt. v. 14.11.2006 – 1 AZR 40/06, NZA 2007, 339 (§ 77 Abs. 3 BetrVG gilt nicht); zum zulässigen Inhalt und Ermessensspielraum der Einigungsstelle: BAG, Beschl. v. 06.05.2003 – 1 ABR 11/02, NZA 2004, 108.

1960 Vgl. dazu BAG NZA 1997, 109; BB 1995, 1242 m.Anm. Kreßel; Bonanni/Mückl ArbRB 2009, 242; Meyer NZA 1995, 974 ff.

1961 BAG NZA 1990, 443; F/E/S/T/L §§ 112, 112 a Rn. 2; D/K/K/Däubler § 111 Rn. 30 ff.; Trittin/Fütterer NZA 2009, 1305.

1962 Vgl. dazu BAG, Urt. v. 22.07.2003 – 1 AZR 575/02, DB 2003, 2658; Hunold AuA 2010, 106; Kleinebrink FA 2010, 66; Gaul/Mückl ArbRB 2009, 45; Fischer DB 2002, 1994; Steffan NZA-RR 2000, 337 ff.; Gaul DB 1998, 1513 ff.

1963 Vgl. dazu BAG, Urt. v. 20.05.2008 – 1 AZR 203/07, NZA-RR 2008, 636; Urt. v. 19.02.2008 – 1 AZR 1004/06, NZA 2008, 719; Urt. v. 26.10.2004 – 1 AZR 503/03, ArbRB 2005, 107; Urt. v. 22.07.2003, Fn. 1962; BB 1995, 620; 1038.

1964 BAG, Urt. v. 20.05.2008, Fn. 1963 (Eigenkündigung); Urt. v. 19.02.2008, Fn. 1963 (Stichtag); Urt. v. 25.03.2003 – 1 AZR 169/02, ARST 2004, 178 (Aufhebungsvertrag) u. ausführlich Bissels/Lützeler BB 2012, 701 ff.; 883 ff.; Kleinebrink FA 2010, 6 ff.

1965 BAG, Urt. v. 23.04.2013 – 1 AZR 916/11, NZA 2013, 980; 1994, 138; 716; Richardi/Annuß § 112 Rn. 105.

1966 BAG, Urt. v. 09.12.2014 – 1 AZR 102/13, NZA 2015, 365; Urt. v. 26.03.2013 – 1 AZR 813/11, NZA 2013, 921; Reuter ZESAR 2015, 279; Willemsen RdA 2013, 166; Zange NZA 2013, 601; Mohr RdA 2010, 44 u. krit zum BAG Temming RdA 2008, 205 ff.; vgl. aber auch BAG, Urt. v. 12.04.2011 – 1 AZR 743/09, BB 2012, 710 u. Löw BB 2012, 711 zu „Alterszuschlägen beim SP".

Stichwortverzeichnis

Die Zahlen verweisen auf die Randnummern.

Unser Skriptenangebot *01/2016*

B – Basiswissen			**€**
BGB AT		2015	9,80
Schuldrecht AT		2015	9,80
Kaufrecht/Werkvertragsrecht	ca. Februar	***2016***	***9,80***
Gesetzliche Schuldverhältnisse		2014	9,80
Sachenrecht		2015	9,80
Strafrecht AT		2015	9,80
Strafrecht BT		2015	9,80
Grundrechte		2015	9,80
Staatsorganisationsrecht		2015	9,80
Verwaltungsrecht		2015	9,80

F – Fälle			**€**
BGB AT		2015	9,80
Schuldrecht AT		2015	9,80
Schuldrecht BT 1 Kaufrecht	ca. Februar	***2016***	***9,80***
Schuldrecht BT 3 GoA, BereicherungsR		2015	9,80
Schuldrecht BT 4 Unerl. Hdl./Allg. SchadensR		2014	9,80
Sachenrecht 1		***2016***	***9,80***
Sachenrecht 2		2013	9,80
Familienrecht		2013	9,80
Erbrecht		***2016***	***9,80***
Strafrecht AT		2015	9,80
Strafrecht BT Vermögensdelikte		in Überarbeitung	
Grundrechte/Staatsorganisationsrecht		***2016***	***9,80***
Europarecht		***2016***	***9,80***
Verwaltungsrecht AT/ VwGO		in Überarbeitung	
Handelsrecht		2013	9,80
Gesellschaftsrecht		2015	9,80
Arbeitsrecht		2015	9,80

S – Skripten €

Zivilrecht

BGB AT 1	2015	16,90
BGB AT 2	2015	16,90
Schuldrecht AT 1	2015	19,90
Schuldrecht AT 2	2014	19,90
Schuldrecht BT 1 KaufR/WerkR	***2016***	***19,90***
Schuldrecht BT 2 Bes. Vertragsarten (MietR)	***2016***	***19,90***
Schuldrecht BT 3 Auftrag, GoA, Bereicherungsrecht	2015	16,90
Schuldrecht BT 4 Unerl. Hdlg./Allg. SchadenR	2015	19,90
Sachenrecht 1 Allg. Lehren/Bewegl. Sachen	2015	19,90
Sachenrecht 2 GrundstücksR	2014	16,90
Familienrecht	2015	19,90
Erbrecht	2015	19,90

Strafrecht

Strafrecht AT 1	in Überarbeitung	
Strafrecht AT 2	2014	19,90
Strafrecht BT 1 Straftaten gegen Eigentum und Vermögen	2015	19,90
Strafrecht BT 2 Nichtvermögensdelikte	2015	19,90

Öffentliches Recht

Staatsorganisationsrecht	2014	19,90
Grundrechte	2015	19,90
Europarecht	in Überarbeitung	
Verwaltungsrecht AT 1	in Überarbeitung	
Verwaltungsrecht AT 2 (mit StaatshaftungsR)	2015	19,90
VwGO	2015	19,90
Besonderes Ordnungsrecht (VerwR BT 1)	2012	19,90
Öffentliches Baurecht (VerwR BT 2)	2015	16,90
Polizei- und Ordnungsrecht NRW	2013	19,90
Kommunalrecht NRW	2014	19,90
Bayerisches Kommunalrecht	2011	19,90

Besondere Rechtsgebiete

Handelsrecht	***2016***	***16,90***
Gesellschaftsrecht	2015	19,90
Arbeitsrecht	***2016***	***22,90***
Kollektives Arbeitsrecht	2015	22,90
ZPO	2015	22,90
StPO	2015	19,90
Insolvenzrecht	2013	19,90
Rechtsgeschichte	2015	22,90
Rechtsphilosophie und Rechtstheorie	2014	19,90

Steuerrecht

Allgemeines Steuerrecht	2015	24,90
Umsatzsteuerrecht	2015	24,90
Einkommensteuerrecht	2015	24,90
Bilanzsteuerrecht	2015	24,90

S2 – Skripten 2. Staatsexamen		**€**
Materielles Zivilrecht in der Assessorklausur	***2016***	***19,90***
Materielles Strafrecht in der Assessorklausur	2013	19,90
Materielles Verwaltungsrecht in der Assessorklausur	2014	19,90
Die zivilrechtliche Assessorklausur	2015	19,90
Vollstreckungsrecht in der Assessorklausur	2015	19,90
Die staatsanwaltliche Assessorklausur	2014	19,90
Strafurteil und Revisionsrecht in der Assessorklausur	2015	19,90
Die verwaltungsgerichtliche Assklausur	2013	19,90
Die behördliche Assessorklausur	2014	19,90

D – Definitionen		**€**
Zivilrecht	2014	10,90
Strafrecht	2014	9,90
Öffentliches Recht	2014	9,90

A – Aufbauschemata		**€**
Zivilrecht	2015	16,90
Strafrecht	***2016***	***14,90***
Öffentliches Recht	2015	14,90

Alpmann Schmidt
Bundesweite juristische Repetitorien
zum 1. und 2. Examen
Die Wahl des richtigen Repetitoriums ist Vertrauenssache,
denn wie gut Ihre Examensvorbereitung wirklich war,
wissen Sie erst nach dem Examen.
Vergleichen Sie! Probehören ist jederzeit möglich.
Wir sind sicher auch in Ihrer Stadt!
Informationen und Anmeldung
www.alpmann-schmidt.de